第 六 卷

1918.1—1919.12

孙中山史事编年

主 编 桑 兵

副主编 关晓红 吴义雄

张文苑 谷小水 著

中 华 书 局

目　　录

1918 年（民国七年　戊午）五十二岁

1月

1月1日　出席军政府元旦庆祝大会。

与军政府成员及工作人员约二百人在大元帅府前合影留念，背景悬五色旗、青天白日满地红旗及十八星旗。（余齐昭：《孙中山文史图片考释》，第 96－98 页）

△　发表元旦布告。

追忆民国肇基以来，"中更祸乱，颠覆者再"，"文自惭首建，未竟全功"，护法运动"犹幸共和大义，深浃人心。西南豪杰，义旗屡举，卒使叛盗计不得逞。由是可知国法不容妄干，而人治断无由再复也"，号召"凡我忠勇国民与海陆诸将，当益奋前功，速图勘定内乱，回复平和，使法治之效，与并世列强同轨。庶足以生存发展，保此民国亿万年无疆之麻，愿与国民共勉之"。（《中华民国七年元旦大元帅布告》，《军政府公报》第 38 号，1918 年 1 月 4 日，"布告"）

△　致电江苏督军李纯、江西督军陈光远，祝贺元旦。（《军政府公报》第 38 号，1918 年 1 月 4 日，"函电"）李、陈二人为当时热心南北和谈的调解人。

报纸纷纷热议南北和谈问题，披露内幕，发表意见。

《申报》本日报导各省对于停战布告之态度,认为李纯态度倾向南方。李纯致北京电报中,"谓中央现既明发布告表示与西南言和之意,第一即不宜用与西南为难之龙济光为两广巡阅使,第二即不宜更用与西南有恶感之段祺瑞为参战督办、段芝贵为陆军总长,深虑中央修好诚意无由表现,从前嫌隙未能尽泯,则嗣后一切进行难望圆满,即此次布告亦难收效果。末后附来孙文反对龙济光电"。另一则消息则谓李纯之电"系唐继尧、陆荣廷、孙文及西南诸要人等各有电致南京,指为中央无调和诚意之一证,而由李纯转来者。电末有李纯自己主张,对于段芝贵为陆长等亦颇不满意","两说未知孰是"。(《各省对于停战布告之态度》,《申报》1918 年 1 月 1 日,"要闻")据称,冯国璋看了李纯的电文后,"大为震怒,即传语左右,嗣后李督来电,不必呈阅"。(《布告停战后之各方》,《时事新报》1918 年 1 月 1 日,"内外要闻一";《北京特约通信·时局中之重要问题》,《新闻报》1918 年 1 月 1 日,"紧要新闻")

关于南北和谈的解决方法,南方提出要求恢复旧国会;而舆论认为,如果唐继尧、陆荣廷关于地方军权、政权的要求得到满足的话,"恢复旧国会"这条完全不给北方面子的要求,"决不成问题,仅孙文政府拼死之争。然今日中央实未承认孙氏之势力,陆唐妥惬后,孙氏之去,直拂轻尘弱草耳"。(字公:《北京特约通信》,《时事新报》1918 年 1 月 1 日,"内外要闻一")

△　称病,秘密与大元帅府参议刘德泽商谈讨伐、驱逐莫荣新的准备。

刘德泽本日深夜以探病为名来谒。指示刘德泽:"我自护法南来,未能实现护法主张,去了一个陈炳焜,又来一个莫荣新,都是护法障碍。这几日,因为我决心要驱逐莫荣新的秘密消息,被李烈钧、吴景濂、王正廷他们晓得了,所以他们时常都来劝解,阻我不要动作,我怕麻烦,故此装病。你若能今晚立刻就去发难,我就立刻起来同你去,跑几十里路毫不相干。你须注意的,就是同海军约定的发难日期,不可误事,因海军升火须遇机会。"刘即遵命去运动滇军和海军。

(刘德泽:《中华革命党外记》①,黄季陆主编:《革命文献》第49辑,第132-135页)

前因:代理广东督军的莫荣新继续多方阻挠军政府的行动,甚至放言"孙某之政府,空头之政府也,彼无兵无饷,吾辈但取不理之态度,彼至不能支持之时,自然解散而去"。1917年年底,莫荣新等人擅捕并屠杀金国治、桂军邓文辉及军政府卫戍部队等六十余名。(邵元冲:《总理护法实录》,罗家伦主编:《革命文献》第7辑,第19页;广东省档案馆编译:《孙中山与广东——广东省档案馆库藏海关档案选译》,第124-125页)同时屡次禁止军政府招募民兵,发布告宣称"嗣后无论何人,如更有私招民军,定当严拿枪毙,决不姑宽"。(《粤闻续志》,《时事新报》1918年1月1日,"内外要闻一")孙中山非常愤怒,认为"非加惩戒,祸乃靡涯"。(叶夏声:《国父民初革命纪略》,孙燕京、张研主编:《民国史料丛刊续编》369,第121-122页)命刘德泽运动滇军,派朱执信等运动李耀汉、李福林部,派许崇智、邓铿往促陈炯明部,一起响应海军,合击桂军。(邵元冲:《总理护法实录》,罗家伦主编:《革命文献》第7辑,第20页)

除了朱执信赞同此次行动,并"奋力策划,全力经营"(吕芳上:《朱执信与中国革命》,第221-222页)外,军政府其他成员及驻穗各军大都反对武力解决。

自海军到粤后,得到陆荣廷、莫荣新等人的财政支持,程璧光于上年9月27日专程赴桂,与陆荣廷等人会商,商定由粤省财政支持海军每月军饷十万元②。据传,莫荣新先是答应每月支付八万元给舰队,且提供几千吨日本煤;从1918年元旦起,每月经费增加至十二万元。(广东省档案馆编译:《孙中山与广东——广东省档案馆库藏海关档案选译》,第155、159页)虽然海军中少数官佐仍愿受命军政府,但程璧光依违其间,海军逐渐转向桂系。1917年11月15日孙中山曾命程璧

---

①　罗家伦主编,黄季陆、秦孝仪增订《国父年谱(增订本)》下册第792页作《中华革命党外纪》,文字稍有出入,"几十里"作"九十里"。

②　详见1917年9月27日条。

光下令海军炮击观音山，程未奉命，且将大部分军舰调驻黄埔，宣布戒严，凡兵舰附近均不准船只通过，以防孙中山对其部属直接指挥①。《申报》《时事新报》《新闻报》等报纸本日发表一封李耀汉的信函，其中称程璧光与孙中山关系破裂，可以策动，"惟海军与孙绝，陆处尚时接洽，倘得中央于程之最后要求量予容纳，收拾自易"。（《李耀汉论粤局书》,《时事新报》1918 年 1 月 1 日，"内外要闻一"）外人亦传言程璧光与伍廷芳在广州组织司令部，"广州人民今已渐知若无海军，则龙军来侵，广州必难安枕也"。（《广东现状之西讯》,《时事新报》1918 年 1 月 6 日，"内外要闻一"）

滇军师长方声涛也"严词谏阻"讨莫的决定。面对大部分人的反对，孙中山非常恼怒，仍决心有所行动："吾意已决，毋劳借箸，吾为民除害，今即以身殉民，份也。汝师不我助，或反助敌，唯君自择，吾无介焉。"（叶夏声：《国父民初革命纪略》,孙燕京、张研主编：《民国史料丛刊续编》369，第 122—123 页）

△ 张于浔、伍毓瑞来电恭贺元旦②。（《军政府公报》第 38 号，1918 年 1 月 4 日，"函电"）

△ 报载军政府在上海销售债票。

称军政府派员赴内地各商埠及南洋一带招募，但承售者寥寥无几，"孙文睹此情形，特派徐季龙、戴天仇二人赴沪与某日商交涉，愿减价销售。闻日昨徐、戴由沪来信，谓债票已与日商交涉妥当，票额一千万元以三成兑现，得洋三百万元。此款或兑回粤，或存银行，请示定夺云"。（《粤闻续志》,《时事新报》1918 年 1 月 1 日，"内外要闻一"；广东省档案馆编译：《孙中山与广东——广东省档案馆库藏海关档案选译》,第 159 页）

---

① 详见 1917 年 11 月 15 日条。
② 电文中尊称大元帅。至 6 月辞大元帅职务前，来电中称大元帅者不少，多是民党一派，如陈炯明及西南一部分军人等；而有的称先生，如唐继尧、陆荣廷、伍廷芳等人。更有一些民间来电仍称总统。

1 月 2 日 晚，张继及方声涛至大元帅府，劝勿进行炮击计划。答称"吾意已决，汝等不应多言"，并将两人羁留帅府，防其对外泄露行动。（罗翼群：《记孙中山南下广东建立政权》，中国人民政治协商会议全国委员会等编：《孙中山三次在广东建立政权》，第 9 页）

△ 任命刘景双、张汇滔为大元帅府参军。（中国国民党中央委员会党史委员会编订：《国父全集补编》，第 501 页）

△ 致函何成濬，请何专意经营长江军事，告知可与荆襄的黎天才、石星川商榷，认为"再战之期，当不在远"；并寄希望于李纯、陈光远，谓"如宁、赣早动，则北寇为不足虑矣"。何的行动由曹亚伯来粤报告，此函亦由曹亚伯传递。（中国国民党中央委员会党史委员会编订：《国父全集》第 3 册，第 506 页）

△ 复原川军师长周道刚部下旅长王奇 1917 年 12 月 18 日电，任命其为四川靖国联军川北总司令。

赞扬王奇"捐川、滇之小嫌，与军府一致讨贼，是用欣慰"，希望他联络川军熊克武、黄复生、石青阳部，"与滇、黔军互相提挈，以蹙北敌"，且称"以北京政府倾覆而后，川、滇必有完满之解决"。

同时致电唐继尧、刘显世，告知王奇 18 日电内容，称王奇"能归附南军，戮力讨贼，系出诚意，且王于文有旧谊"，已由军府电任其为四川靖国军联军川北总司令，"借系军心"，并已电知四川黄复生、熊克武、石青阳。（《大元帅复王司令奇电》《大元帅致唐元帅刘督军电》，《军政府公报》第 38 号，1918 年 1 月 4 日，"函电"）

下令川东招讨使石青阳着改为川北招讨使。（中国国民党中央委员会党史委员会编订：《国父全集补编》，第 501 页）

△ 致电唐继尧，祝贺唐就职滇川黔三省总司令。（《大元帅致唐元帅电》，《军政府公报》第 38 号，1918 年 1 月 4 日，"函电"）

唐继尧复 1917 年 12 月 18 日去电，称据熊克武告知"刘、钟[1]方奉北京伪令，反攻重庆，恐彼终无悔祸之心"，唐本人"力主联川，以冀

---

[1] 即刘存厚、钟体道。

进筹全局","但川局未定,窒疑〔碍〕尚多。以后进行如何,自当随时电达尊处"。(《唐继尧为刘存厚、钟体道附义并非诚意复孙文巧电的密电》,云南省档案馆编:《云南档案史料》第1期,第51页)言下之意似提请孙不要干涉西南的事务。

唐继尧又发一电,转来其致冯国璋的长电。电文表明他对于时局的看法,主要是对段祺瑞的不满,而希望冯国璋"开布公诚,宣示全国,庶以消人民之疑虑,而维国家之治理"。(《军政府公报》第40号,1918年1月16日,"函电")

1月3日 午后,谢持来谒,"以事未见"。(谢持:《谢持日记未刊稿》第3册,302页)

△ 深夜,率"同安""豫章"舰炮击广东督军署。

晚8时许,许崇智、罗翼群来帅府,即嘱两人往惠州会馆粤军总部通知陈炯明准备响应。而许以时间尚早,邀罗宵夜,至粤军总部时已近半夜。两人将行动安排告知陈炯明、邓铿,陈炯明"初谓海军未必听命,即海军听命,陆上部队亦未必轻动",言谈中"颇怪中山先生此举轻率,且以事先不与彼个人商量为嫌,大有袖手旁观,一笑置之之意"。诸人坐等,直到炮声传来。(罗翼群:《记孙中山南下广东建立政权》,中国人民政治协商会议全国委员会等编:《孙中山三次在广东建立政权》,第9页)

深夜,不顾宋庆龄的劝阻,亲率亲信将领数人及少数卫队登同安、豫章两舰①,俟两舰正驶至中流砥柱附近时,亲自指挥开炮,向督军署轰击,又督促炮手发数十炮,于4日拂晓始止。(邵元冲:《总理护法实录》,罗家伦主编:《革命文献》第7辑,第21页)督军署所在观音山约着弹十数枚,均不命中要垒,督军署被中一弹,"惟未伤人,仅微伤夫役

---

① 傍晚时军政府方面在一家大饭店招待两舰舰长,致其酩酊大醉。炮击后程璧光接到莫荣新电话通知,即下令海琛号巡洋舰拦截两艘军舰,带回码头严密监视。(广东省档案馆编译:《孙中山与广东——广东省档案库藏海关档案选译》,第123页;《粤局内讧后之各方面》,《新闻报》1918年1月17日,"紧要新闻";《粤垣变舰暴动之始末详情》,《时报》1918年1月13日,"要闻")同安舰舰长为温树德,豫章舰舰长为吴志馨。

一人"。（《粤垣变舰暴动之始末详情》，《时报》1918 年 1 月 13 日，"要闻"）所发为实心炮弹，故损毁情况不严重，"倘若用各种开花弹，则五羊城中，已无一片净土矣"。随后海琛舰舰长程耀垣（少云）率舰前来截停，国会非常会议议长、议员、省议员"相继抵舰，力陈请顾念大局，磋商多时，始行解决，各乘小轮而回"。（《粤垣炮警之经过》，上海《中华新报》1918 年 1 月 15 日，"紧要新闻"）

据称，在炮击广东督军署前，孙中山曾致函莫荣新，提出几点要求：承认护法政府为南方唯一的军事指挥机构；承认孙为大元帅，有统率所有军队的全权；广东省的外交官员应由护法政府任命；还有第4、5 项是关于督军职责的，"具体情况不详"。（广东省档案馆编译：《孙中山与广东——广东省档案馆库藏海关档案选择》，第 123 页）

在行动前，孙中山命令刘德泽在陆上率滇军响应。据刘的回忆，他之前已运动滇军第 33 团、第 4 师等 12 名滇军军官，当晚计划派33 团营副段相才率该团连长攻东得胜炮台，占领后侧攻观音山；又派 38 团团副周知欧率该团攻击观音山。但遭到滇军第 7 旅旅长朱培德及 38 团团长张怀信极力反对，致滇军 38[①]、33 两团动作不能一致；同时陈炯明命令粤军"严守驻防地点，不得妄动"，于是讨莫计划终无法进行。（刘德泽：《中华革命党外记》，黄季陆主编：《革命文献》第 49辑，第 132－135 页；罗家伦主编，黄季陆、秦孝仪增订：《国父年谱（增订本）》下册，第 793－794 页）邵元冲回忆也称，孙曾命许崇智、邓铿往促陈炯明迅速发动，但陈慑于桂方军力，犹豫未决，命令所部"务须严守驻防地点，不得妄动"。同时朱执信亦往促李耀汉、李福林响应，均未获效果。（邵元冲：《总理护法实录》，罗家伦主编：《革命文献》第 7 辑，第 20 页；《广州军舰轰击督署续志》，《申报》1918 年 1 月 13 日，"要闻二"）

据报载，当日傍晚时分，"长堤即有好身手者十余人，手持红旗二

---

① 孙曾下令"着陈翘协同排长邓孔芝将滇军三十八团一营三连全连迅即带往第四师司令部听候指挥"，（中国国民党中央委员会党史委员会编订：《国父全集补编》，第 501页）此令日期署为 1 月 4 日，但应该是行动前的命令。

面及红布带一大束,分向各军驻地游说,谓今晚已得各方面同意,各人如赞同,可领红布缠臂以免误会,如能出队固佳","到此军则言彼军已赞同","后为某机关觑破,捕其一人,随时用乱枪轰毙。此未闻炮声先闻枪声之一原因也"。(《粤垣变舰暴动之始末详情》,《时报》1918 年 1 月 13 日,"要闻")

　　孙中山在炮击前,曾发出《军政府大元帅布告》,称军政府设立以来"迭遭不法官僚明阻暗挠,一切设施均被阻遏,救国大计,无由进行。每加晓谕,冥顽蔑悟,欲民国复安,法律有效,非先驱除此不法官僚不为功",希望海军、滇军、粤军、桂军"各军官长士兵,遵依密令,迅行进攻,破灭敌人"。(《粤报载炮击观音山之消息·事前之密令》,上海《民国日报》1918 年 1 月 15 日,"要闻")

　　莫荣新接江防司令部电话报告此事后,并未下令还击。据说莫事前得到李福林密告,认为进行抵抗,可能引起其他各军的进击,于己不利,因此没有还击。(李朗如、陆满:《从龙济光入粤到粤军回师期间的广东政局》,《广东文史资料》第 1 辑,第 23 页)李烈钧 5 日致唐继尧电中亦谓"莫置之不理,后亦见未发生别项事故,故钧严令所部,谨守防地,未为左右袒也"[①]。然电中又称"查此事系莫督枪毙李福林部军官二人及招来土匪五十余人,李羞愤,遂诱中山下船"。(《李烈钧陈述孙文令舰炮击观音山督署密电》,中国第二历史档案馆、云南省档案馆合编:《护法运动》,第 456 页)李烈钧其时应已知炮击真相,如此说法,似是有意为孙掩饰。

　　据报载,"当事变未发之先,各机关已接布告,谓今晚必然暴动,故早已特别戒严。及闻炮声,莫代督下令不准还炮。闻莫督昨日对人云,此事虽大,但当以不了了之"。事后,莫荣新下令所部各军备守防地,不许越界。老城区旧将军署前有滇军严密把守,杜绝

---

　　①　李烈钧后来称,莫荣新曾命驻军于江防署的林虎炮击兵舰,为其戒阻,"虎遂不受莫命,仅列队为备而已"。(徐辉琪编:《李烈钧文集》,第 823 页)此为李氏自传中之回忆,与其当时所发电报对照,应有不实。

来往。陶街内地则有陈炯明所部粤军,"不许行人闯入"。双门底南直街一带,由广惠镇守使李福林派出福军两连,分段巡逻。(《粤垣变舰暴动之始末详情》,《时报》1918 年 1 月 13 日,"要闻")广州城连日全城军警戒备极严,"而以东堤、士敏土厂一带为尤甚"。(菊庄:《兵舰炮击后之粤省内情》,《时报》1918 年 1 月 15 日,"要闻")

随后,各地报纸纷纷报道,有称"孙文乘豫章战舰至黄埔,遭鱼珠炮台之攻击,两方各开炮,至七时始行停止";(《香港》,《新闻报》1918 年 1 月 6 日,"专电")有预言"此事之结果,孙文一派不久或将逃出广东亦未可知"。(《北京所传之粤闽战讯》,《新闻报》1918 年 1 月 12 日,"紧要新闻")

△　李汝舟来电,报告其于 1917 年 12 月 29 日就职川北前卫司令,即率队进攻,于本日克复遂宁。(《军政府公报》第 40 号,1918 年 1 月 16 日,"函电")

△　孙洪伊、徐谦、居正从上海发来致西南军政要人电,称"北京停战非诚,况段援助毒龙侵粤,实属民国大憝。苏、赣、鄂三督表同情于护法,幸速联络一致进行,克竟全功"。(《军政府接上海孙洪伊等来电请联络长江三督事》,黄季陆主编:《革命文献》第 50 辑,第 248－249 页)

△　王士珍曾于 1917 年 12 月底来一长电,言"南北不宜自分畛域,致蹈危亡。现在外患方殷,宜息内争。我公海内重望,务恳设法维持"①。据称是冯国璋请王以其名义致电孙中山,代冯疏通。(《布告后之政府态度一斑》,《时报》1918 年 1 月 3 日,"要闻一";《政府与西南之磋商》,《新闻报》1918 年 1 月 3 日,"紧要新闻")报称"某派人物闻而大哗","谓孙文尚在通缉,不应通电"。(《新年新语》,《时报》1918 年 1 月 8 日,"要闻")

关于通缉问题,报载此时"中央对于孙、吴通缉令有取消意"。之前西南方面发表通电,要求惩办祸首,"据知其内蕴者言,此举实

① 该电内容仅见此句,其他未见。

为请撤消孙文、吴景濂等通缉令而发"，如果中央取消对于孙、吴的通缉令，"则此项要求亦将消灭"。（《北京二日亥刻专电》，《时报》1918年1月3日，"国内专电"）北京政府并未通过取消通缉令，据称使在其中周旋的岑春煊极不满意。（《南京快信》，《申报》1918年1月5日，"通电"）

△　报端继续讨论南北和谈问题。

北京消息人士认为，"现在各方面所争持之国会问题，实为一种幌子，将来在粤之非常国会及孙文一派，或且大丢其脸，被人驱逐。现在陆派如莫荣新等愿与孙派勾结，实际仍是互相利用，毫无诚意"。（《北京特约通信》，《时事新报》1918年1月3日，"内外要闻一"）

《叻报》本日亦登载对南北情况的分析，认为"现在反对中央之结果，除恢复约法外，无他道可行。至约法问题，有南京临时约法为其根据。国会方面，较难解决。因解散者为黎元洪，而依约法彼确有解散之权力。南方如坚持召集旧国会，理由未必充分。况其本意只在恢复国民党势力而已，北洋派之沿江各督军岂愿闻之。南方若不察北洋派之心理而坚持到底，使直皖系重归于好，共同抵制，迫矣"，"今南方要求召集旧国会，北方多不赞成，盖有鉴于第一次国会选举，各省大半在国民党掌握中……现在再欲恢复旧国会，而使国民党重占势力，事实非常困难"，"方今北洋派力踞上游，其中某系不过因为一己利益起见，故表面上与陆荣廷联合，即陆荣廷亦不过为傀儡而被操纵。如南方自恃为势力已固而惟所欲为，则争端终未已也"。（《西□之调和冷语》，《叻报》1918年1月3日，"京省"）

△　报端刊登《字林西报》1918年1月1日社论，其中表露对孙中山反对对德宣战一事的不满。

略谓"遍国中有不以政府此举为然者，仅孙文一人而已。孙氏特通电英首相反对中国向德宣战。吾人不知该电固为何而发，惟其借辞实非善意，无形中酿成中国内乱，以致排外恶感"，（《西报之民国六年史》，《时报》1918 年 1 月 3 日，"要闻二"）"字里行间不免多所挑拨，足以激起内乱，或且酿成仇外之事焉"。（《西报之一年回顾谭》，《时事新报》1918年 1 月 3 日，"内外要闻一"）

1 月 4 日 下午，海军总长程璧光和各方负责人在海珠公园开会①，推选国会议长吴景濂和副议长王正廷、省议会议员温某、谭某以及伍朝枢等人为调解人②，负责解决孙中山和莫荣新之间的纠纷③。

代表到大元帅府会谈。据称，孙中山提出五项和解条件：（一）承认元帅府为南方统一军事机关；（二）承认其为大元帅，有指挥军队权；（三）粤省督军须由粤人充当，否则亦有任免权；（四）以后拿获党人须交军政府处分；（五）粤省外交人员由元帅府委任。莫荣新"对于前三条答以须候陆荣廷决夺"，第四、五条则答应办理之前"须取得军政府同意"④。（《粤中孙党与桂军之交恶》，天津《大公报》1918 年 1 月 17 日）粤海关 1 月 7 日报告也称"最后，孙、莫双方订出协议如下：1. 今后，如要惩处国民党的革命分子，必须首先通知临时政府，然后才能采取

---

① 据报道，中午督军署召集会议，决定由程璧光核办此事。（《广州一月三号夜之炮声》，《申报》1918 年 1 月 11 日，"要闻二"）

② 另一说推举国会吴、王两议长，省议会陆孟飞、谭民三及伍朝枢、滇军崔载勋六人为代表，向各方面交涉。（《粤垣变舰暴动之始末详情》，《时报》1918 年 1 月 13 日，"要闻"）

③ 据说炮击事件后，"孙文要求莫督军五天之内离开广州，否则他将采取严厉措施对付莫氏。莫因此已下令对市区和其官署严密防守，以防范孙文"，6 日，莫荣新致电陆荣廷要求辞去广东督军的职位，陆认为"他最好不辞职，相反要为维持和平而竭尽全力"；陆荣廷也给伍廷芳和程璧光发电报，请他们协助莫"解决这一纠纷"，并将派谭超和龚政来广州充当调解人。（广东省档案馆编译：《孙中山与广东——广东省档案馆库藏海关档案选编》，第 124、125 页）邵元冲回忆则称经此事件，"莫荣新始知总理尚有指挥海军之力，乃挽人调停，莫则亲至帅府，卑辞谢罪"。（邵元冲：《总理护法实录》，罗家伦主编：《革命文献》第 7 辑，第 20 页）但莫氏应无登门谢罪之举。

④ 之后以黄大伟名义发布的布告中称莫荣新"表示歉忱，继此尊重军政府"，报称"所谓尊重军政府殆即指前三条笼统而言，其所谓表示歉忱则指枪决民军一事"。（《粤中孙党与桂军之交恶》，天津《大公报》1918 年 1 月 17 日，"紧要纪事"）

行动①；2. 委派外交官员须首先得到临时政府同意"。（广东省档案馆编译：《孙中山与广东——广东省档案馆库藏海关档案选编》，第124页）张开儒7日致唐继尧电中则仅有三个条件，一是"由莫荣新致意孙大元帅及派员道歉"，二是"令广东政府尊重大元帅军政府及非常国会"，三是"广东外交特派员由大元帅任命"。（《张开儒报告孙文与莫荣新冲突等情密电》，中国第二历史档案馆、云南省档案馆合编：《护法运动》，第458页）

在各方调停下，双方取得暂时的妥协。

海军总长程璧光"也承担了责任"，"保证将来不在他所管辖的舰队的军舰上发生问题"。舆论认为"此种种激烈举动，必非海军全体所为"，"程璧光尤不赞成，将来调停之事，必属于程也"。（《广州一月三号夜之炮声》，《申报》1918年1月11日，"要闻二"）据说，孙中山曾对程璧光说："你如果重新归顺中央政府，那么可以这样做；但是假如你同莫督军站在一起，那么我就得说，你对不起我。"（广东省档案馆编译：《孙中山与广东——广东省档案馆库藏海关档案选编》，第124页）

会后，由广东督军、省长公署发出布告，谓"本月三日夜间有龙济光逆党在城外开炮，意图扰乱，经即派队探剿。及天明时该逆党已四散无踪，城厢内外秩序如常"。（《粤垣变乱之真相》，《新闻报》1918年1月13日，"紧要新闻"）布告指为龙济光所为，而掩盖了孙、莫冲突，"故隐其名而以某伟人字样代之"。（《孙文炮轰军署后之粤局》，《新闻报》1918年1月15日，"紧要新闻"）

同时，孙中山却以"事前之密令亦已为莫荣新所得，不能再为隐讳"，用大元帅府参军长黄大伟名义发表布告②，解释炮击督军府的

---

　　① 舆论认为此条"以惩办民军须得军政府同意，看似平平，而不知孙文之唯一政策利用招民军，而此项最足为地方治安之累"。（《孙文炮轰军署后之粤局》，《新闻报》1918年1月15日，"紧要新闻"）

　　② 此布告登载于1918年1月10日出版的《军政府公报》第39号上，发布时间为4日，但报道称是在6日发出。（《孙文炮轰军署后之粤局》，《新闻报》1918年1月15日，"紧要新闻"）

原因是莫荣新的种种暴行①，"本府所委之金国治惨死不久，迩者本府亲军连排长及无辜小民数十人复又无端被捕，大元帅专函保释而督军置若罔闻，受信以后径予枪决"。并称双方会议后，"幸督军勇于觉悟，现已愿意表示歉忱，继此尊重军政府"。(《黄参军长布告》，《军政府公报》第 39 号，1918 年 1 月 10 日，"布告")传言莫荣新称"余对于军政府素来尊重，即余之代理督军由孙大元帅加以委作，余亦乐受之，予年纪已迈，本极冷于仕途"，一旦护法事完结后即行退隐，"荐程玉堂以继予任"；对于此布告，莫阅后，"冷然笑曰，大元帅以炮攻我，我且不理，况区区一布告，更何足较"。(《纷纷扰扰之粤局》，《申报》1918 年 1 月 17 日，"要闻二")

炮击事件后，胡汉民、廖仲恺二人"即赴香港，旋由许崇智往迎之，乃复归广东，熟筹善后之策"。(《东方通信社电》，上海《中华新报》1918 年 1 月 17 日，"东西要电")

△　关于南北和谈，传闻莫荣新和陆荣廷提出不同的条件。

莫荣新要求"如果向广东委派高级官员的问题得不到妥善解决，两广就不会取消独立"，"报纸编辑们说，莫氏指的是龙济光和李耀汉的任命问题"。而陆荣廷已经发出取消两广独立的指示，"因为他非常希望当选为中国的副总统"。莫担心如果取消独立，他就会失去广东督军的地位，"因此，他当然反对这样做"。(广东省档案馆编译：《孙中山与广东——广东省档案馆库藏海关档案选编》，第 122 页)孙中山也听到传闻，在 1 月 25 日致唐继尧电中称"闻陆幹卿业电莫督，取消自主，莫督抗不奉行"。(《孙文译转石青阳等致唐继尧、章太炎、孙文电，并催促唐继尧就元帅职的密电》，云南省档案馆编：《云南档案史料》第 1 期，第 52 页)

陆荣廷前致电北京政府，提出三个条件：北军从岳阳撤出、解散

---

①　舆论认为远因是"据内幕中人传说，则为桂系人物最近之主张南北调和及组织护法各省联合会议，皆于军政府有为根本上推翻之嫌疑，彼辈中人以孙氏一倒则饭碗自丢，实为切身之利害，故不得不为孤注一掷"。(《孙文炮轰军署后之粤局》，《新闻报》1918 年 1 月 15 日，"紧要新闻")

临时参议院(恢复旧国会还是召集新国会则"均可随时磋商")、令龙济光停止进攻,如答应则西南前敌才能停战,并派代表前往会商。(《陆、谭力求和平之要电》,上海《中华新报》1918年1月13日,"紧要新闻")后派出参谋长钮永建赴京与王士珍磋商议和事件①,途中过沪,与岑春煊磋商,并同赴南京与李纯会面。(《钮永建过沪》,上海《中华新报》1918年1月1日,"本埠新闻";《主战声中之议和消息·岑西林致冯总统电》,上海《中华新报》1918年1月20日,"紧要新闻")李纯称钮永建述西南意见,"亦易就范围"。(上海《中华新报》1918年1月14日,"本馆专电")

舆论认为"南方党人固以恢复旧国会为唯一之根本主张,虽曰南方党人之反对毫无实力,不足虑,然无实力之党人,得与有实力者团结一致,将来障碍难免迭生,此为当局者悬念之三"。(《日来时局之推测谈》,《时报》1918年1月4日,"要闻一")

1月5日　谢持来谒,谈张佐(左)丞事。未谈及炮击事,谢氏"不愿过问也"。(谢持:《谢持日记未刊稿》第3册,第305页)

△　派江西籍议员朱念祖、陈鸿钧②持函往晤赣督陈光远。

信中申明"此次西南兴师,纯为出于护法","是故今兹之事,诚能恢复约法原有之效力,国会重集,祸首伏辜,总统、内阁诸问题自可迎刃而解。使国人咸晓然于大法之不可侵,非特可以弭此日之争,亦且可以绝他年之患。盖必尊崇约法,始有真正共和之可言",称"执事谋国至忠,酷爱和平之念,正与文不谋而合。所望共励坚贞,争回被毁之法,则国人拜嘉大德,宁有穷期也"③。(《孙中山致赣督陈秀峰书》,上海《民国日报》1918年1月5日,"要闻")之前陈光远派赣南镇守使李廷玉、李纯派军署秘书白坚武为代表赴粤与孙中山等人磋商时局问题。

---

①　钮永建此次似乎并未赴京。

②　据报道,朱、陈二人之后又到南京与李纯接洽,"孙中山派朱念祖、陈鸿钧来宁接洽,闻已由粤抵沪,不日来宁"。(《南京快信》,《申报》1918年1月9日,"要闻二")3月份新闻则称孙中山派陈鸿钧、吕健秋来宁与李纯接洽和议。(《南京快信》,《申报》1918年3月5日,"要闻二")

③　此件未署时间,系上海《民国日报》刊载日期,《时报》同日亦有刊载。

朱念祖称两人"均系个人私事回赣",受托"带有函件致陈督答谢,不过私人交际,并非代表名义"。(《陈光远近日之举动》,《时报》1918年 1 月 26 日,"要闻")有报道则称陈光远对两人"颇为言听计从","前此赣督自请援军,而对于鲁省军队来赣,又复力阻,即系此种原因"。(《党人监视中之陈光远》,《晨钟报》1918 年 2 月 2 日,"紧要新闻")

1 月 23 日,陈光远会晤朱念祖、陈鸿钧后复信,称"函示各节,欲以法治之精神,达止戈之目的,诚为宏谟卓识",自己勉任调和,"苟有和平希望,终不惮竭尽绵薄,以贯彻此宁人息事之初志也"。(《陈光远致孙中山书》,《时事新报》1918 年 2 月 15 日,"内外要闻一")

△ 黎天才复 1917 年 12 月 28 日去电,称接林德轩、张学济、胡瑛奉孙中山命令在湘西起事的消息,"曷胜欣佩","常澧与鄂唇齿相依,谨遵电示,互相提携",并希望"时赐教言为祷"。(《湖北黎联军总司令致大元帅电》,《军政府公报》第 39 号,1918 年 1 月 10 日,"函电")

有报道认为,湖北荆襄的黎天才、石星川两军,"以石与民党较接近,黎则与民党颇疏远",黎天才此次宣布独立,是受部下胁迫。黎与鄂督王占元(子春)通电,"颇有保全治安取消自主之意义","但荆州局面已为民党所把持,闻民党现极力要求黎将王安澜之众改编为靖国第三军"。(《荆襄现势之观察》,《时报》1918 年 1 月 5 日,"要闻二")

△ 陈炯明与莫荣新、李烈钧、程璧光、方声涛等联名致电北京政府,提出停战条件:(一)召集旧国会;(二)改组内阁;(三)取消龙济光为巡阅使命令;(四)北军退出岳阳;(五)莫擎宇军调往他处。(《旧桂系统治时期(1917—1920)》,《广东文史资料》第 43 辑《广东军阀史大事纪》,第 99 页)

有报道称陆荣廷与龙济光为莫逆交,"和衷共济,已非一日",龙入粤"并不为中央政府图利,乃谋如何消灭粤中各党派,使与南方督军沆瀣一气,趋同一之政策",而此政策"绝非国民党所主张者"。(《陆龙交替后之近状》,《时报》1918 年 1 月 5 日,"要闻一")

△ 本日莫荣新邀集广州商团公安会、自治研究社、总商会、九

善堂等主要社团负责人及李耀汉等人茶会，"宣告海军开炮轰击督署原因及了结情况"。莫称事变前一日已有所闻，故能有备无患，而以地方为重"只有不与计较而已"，此事已查明且有证据确由孙中山所为，与程璧光绝无关系。陈香邻（广州广济医院、方便善堂创办人之一）称广东人"为治安起见，似不能不说句公道话"，而"众咸默然，无人和议"。李耀汉则称事变后才知悉，事后地方治安有赖肇军及李福林命令福军维持，"故能弭患于俄顷"。莫荣新重申前数日枪毙之凶匪数十人确系"迭次劫掳之重犯"，"并无冤枉"。众人"唯唯诺诺而散"。（《粤垣炮警之经过》，上海《中华新报》1918 年 1 月 15 日，"紧要新闻"）

报载广东督军署对于旧国会人员极端推重，"于凡督军署中顾问、参议多位置国会议员，而粤省之财政厅长曾彦、筹饷局副办李茂之亦国会议员也"，加上之前有西南会议的提议，于是有传说"倘使和局不成，粤中当另行组织军政府，此议发之于某某人。但碍于孙中山之军政府，不得不与之联络，使其融合为一"。（《停战后之粤省近况》，《时报》1918 年 1 月 5 日，"要闻一"）

△ 舆论认为西南方面所谓的外交"无主体以为表示，外人固不甚注重也"。在粤军攻占潮州后，军政府所委的潮海关监督被潮海关税务司查禄德发函拒绝。查禄德来函称原潮海关监督郑浩"确未潜逃，郑系中央任命，陈前督亦经加委，到关以来，为本税务司公认"，"今遽易新手，本司尚未通过"，请广州督军取消成命。（《停战后之粤省近况》，《时报》1918 年 1 月 5 日，"要闻一"）

△ 本日，宗方小太郎在《中国时局观》中称："孙文依然是偏于理想迂于实际，部下渐次离散"，"大元帅名号虽存，而陆海军无法受其节制"；"多数的民党分子既以革命供糊口之资便不免堕落，故到处平地起风波不止"。宗方小太郎支持日本援段，所以对反对日本援段政策的孙中山持有不满的态度。（李吉奎：《龙田学思琐言——孙中山研究丛稿新编》，第 181 页）

△ 主战派督军再次在天津会议，要求北京政府下令讨伐西南。

（《天津会议与最近之主战者》，《申报》1918年1月9日，"要闻一"）会议至15日结束。

1月6日　任命林祖密为闽南军司令，（《任林祖密为闽南军司令状》，中国国民党中央委员会党史委员会编订：《国父全集》第4册，第276页）李建中为湘军劳军使。（罗家伦主编，黄季陆、秦孝仪增订：《国父年谱（增订本）》下册，第795页）

△　因军政府派往四川的邓天翔、张得尊、黄季陆、温宗铠滞留云南，致电唐继尧，请唐发给护照，让四人得以由滇赴川。并请唐继尧转告张佐丞："冯君到，函悉。请仍留滇，所需款，稍缓当汇。"（《致唐继尧电》，《孙中山全集》第4卷，第290页）

△　李元白告知谢持，"中山新提出条件"，两人同访吴景濂，未果，约第二天集商照霞楼。（谢持：《谢持日记未刊稿》第3册，第304页）

△　章太炎、郭同等人发来密电，就湖南军情"进步甚少"一事，认为是因粤、桂不和，导致陆荣廷、陈炳焜等人不敢全力援湘，谓"湘事不进，西南终无巩固之日"；希望程璧光、汪精卫、胡汉民、黄大伟等人"速主张大义，以息内讧，使陆、陈无内顾之忧，再促湘事之进行"。（《章炳麟等望桂粤息争以促湘事密电》，中国第二历史档案馆、云南省档案馆合编：《护法运动》，第403—404页）

△　四川靖国军招讨司令陈凤石来电，痛斥北洋系自袁世凯称帝以来，倪嗣冲胁迫解散国会、张勋复辟、段祺瑞窥图西南等种种祸国殃民行动。认为"此后南人苟不亟急以卫国者自卫，更有何术可以图存"，报告其本人已于1917年12月14日在四川天竹县①设靖国军招讨司令部，宣言独立，"一俟部署就绪，决意随西南首义诸君子后，以与伪政府相周旋，同此主义者，皆吾与也，背此主义者皆吾敌也"。又谓西南各军林立，"欲结齿唇之好，必除肘腋之忧"，"究应如何设法，以弭内讧而策进行，谨布区区，伫候明教"。（《军政府公报》第46号，

----

①　原文如此，即四川大竹县。

1918年2月11日，"函电"）

△　报载"二十二省旅沪绅商张侠夫、黄英武"等五百四十八人致西南军政要人通电，表示对北方政府的失望及对南方的支持。谓"叛党尚据要津，国会仍无恢复之望"，"卖国阴谋尚未中止"，"冯氏停战布告，复不问约法，不提国会，伪言和平以欺天下，延长战祸，罪有攸归"。称"义军勉以护法自矢，必能贯澈始终，求遂初志，否则，暂图苟安，将来必同归于尽。国民历年牺牲生命财产，任诸公从事改革，为求真正共和耳。若此次不清乱源，国家之祸正未有艾，既非诸公谋国之本心，亦非国民所希望于诸公者也，务望努力，共竟前功"。（《二十二省旅沪绅商致西南电》，上海《民国日报》1918年1月6日，"要闻"）

1月7日　午后，谢持与吴景濂来见。

许崇智、田桐、吴忠信、卢仲琳（伯琅）在照霞楼会商。许崇智言"非新提条件也，根据往日条件而具体言之也"，吴景濂认为是"中山变异往日之说"。谢持与吴景濂商定"劝中山先生率兵赴前敌"后，一同来见。（谢持：《谢持日记未刊稿》第3册，第306页）

△　靖国招讨军司令官兼川东宣慰使夏之时来电，极力反对与北方议和。

略谓"昨接转广东来电，谓和议难成，仍将直捣燕幽，捧诵之余，曷胜雀跃"，报告川黔滇各军在四川的战绩，认为"为今之计，欲图一劳永逸，惟有直起急追，川中一隅，自可荡平"，设想"闽粤出舰队以援津沽，湘桂简饶〔骁〕健以键（？）武汉，滇黔则经抵荆襄，川东则旁收秦晋……燕赵豫齐，传檄可定"。并告知"至嘱推唐继尧总司令，已如电办理"。（《军政府公报》第41号，1918年1月21日，"函电"）

△　湖北前第八师第十五旅旅长阚龙①来电，称自己奉前湖北第八师师长季雨霖命令，召集旧部在襄阳下游起事，已于1917年12月1日攻克仙桃镇，组织湖北靖国军，"遥合天潈各部，听季公指挥，

_____

①　原出处作"关龙"，为"阚龙"之误。下文"天潈各部"，"天"应为天门县。

修我戈矛，共靖国难，会师武汉，努力前驱"。（《军政府公报》第 41 号，1918 年 1 月 21 日，"函电"）

△　湖北民党吴崑、胡祖舜、韩玉宸、彭汉遗、刘成禺等三十四人联名发表通电[①]，针对传言王占元"以湖北为局部之争，竟向西南义军及北京政府，请求由其自行处分"，对王的做法表示强烈反对。

称"鄂为西南之门户，亦起义之旧邦，无鄂则西南数省失其重心，更岂有言和之基础"，建议加速进攻，"利在速攻，岳州一下，势若建瓴，庶武汉会师之初衷，乃能贯澈"，表示"荆襄之众，自知无法不能立国，非战不可图存，秣马励兵，已非一日，誓言犹在，到底坚持"，希望西南各要人"力拒非诚意之调和，始终以护法为此次兴师之本旨"。（《鄂民党请西南援鄂攻岳通电》，上海《民国日报》1918 年 1 月 22 日，"要闻"）

舆论也认为北京政府明面上不下讨伐令，而实际主张武力，于是王占元请将荆襄划为治匪区域，"适用惩治盗匪条例，不涉西南范围"；北京政府"即本此意电复主战各督军，谓讨伐令万不可明发，此后凡反抗中央者以匪论"。（《时报》1918 年 1 月 15 日，"国内专电"）

△　报端对于 3 日晚至 4 日晨间广州炮击事件的报导，各种猜测。

或称"李福林率肇军统领李华秋进攻驻白云山桂军，以桂军帮统黄明光为内应，在东城外激战甚烈，粤军尚得手，程璧光闻讯由海珠逃入沙面，求某领保护，未允，现匿居某洋行"，或称"龙、李[②]联军攻省城，三日开攻，四日上午四时龙部由观音山攻击督署，现莫荣新逃"。（《时事新报》1918 年 1 月 7 日，"北京专电"）或称"李福林等运动豫章、同安两鱼雷艇攻击观音山"。（上海《中华新报》1918 年 1 月 7 日，"本馆专电"）

---

①　8 日吴崑等又致电孙中山，内容基本相同，联名人共三十六人，略有不同。见《吴崑等致大元帅电》，《军政府公报》第 42 号（1918 年 1 月 26 日）。

②　即龙济光、李福林。

8 日，报纸报道对于此事原因的猜测，仍称"系李福林与莫督军意见不和所致。先是莫拘得李部下七十人，疑其为探子。李闻之，请保释。莫不允，当场枪毙四十八人。李即与程璧光商议，传令向观音山开枪（莫与参谋部扎在该处）"，"其妻之一及其子女之一均死焉。莫不知炮舰在何所，故并不还击。炮舰攻击毕即离广州而去"。（《时报》1918 年 1 月 8 日，"译电·国内杂电"；《迷离惝恍之粤局》，《时事新报》1918 年 1 月 8 日，"时评一"）亦有称是龙济光运动江固舰背叛所致，又一报告云"闻因孙中山于是时乘豫章舰往黄埔，行经鱼珠炮台时，因黑夜误会，遂致发炮轰击"。（《孽龙军运动军舰图攻粤垣之详情》，上海《中华新报》1918 年 1 月 11 日，"紧要新闻"）

《晨钟报》则消息灵通，据广州 5 日电，谓炮击事件"皆孙所为"，"其原因全由陆幹卿派向来过于蔑视孙派，故孙派愤而出此"，事件之后，"据一般观察，孙文不久亦将某种名义以离去广州"。（《闽粤战讯·孙派攻击观音山之原因》，《晨钟报》1918 年 1 月 8 日，"紧要新闻"）

至 15 日左右，各地报纸纷纷报道，"已证实为孙文所为"，"驱莫之事，虽由孙文主张，而粤省派别混杂，交相利用，欲借激烈派之发难而徐起以增长势力者，亦未始无人。如某某要人等倾向中央，仇视桂军，曾致电京中，言拟率省队进逼者也"，"粤人栗栗危惧，甚虑成都之惨祸，演于广州"。（菊庄：《兵舰炮击后之粤省内情》，《时报》1918 年 1 月 15 日，"要闻"；《孙文炮轰粤垣之续报》，《时事新报》1918 年 1 月 15 日，"内外要闻一"）而直到 15 日记者采访北京内阁秘书长张一麐（仲仁）时，张仍称"闻莫、李两军自江日（三日）冲突后已各派代表议和，其他消息俱甚停滞"。（《张一麐之时局谈》，《时报》1918 年 1 月 16 日，"要闻"）

炮击消息传到桂林，称"闻广州海军鱼雷艇于 3 日夜内向督署连放炮四十余次，损民房不少"，白坚武认为"约系急进派与经验派不相容之所致也。急进派固有近妄举，然经验派过于持重，亦足招致反动也"。11日，白坚武读俄革命女党魁布利修谷夫嘉娜①的事迹，至其被捕后宣言"俄国社会革命党原以失败为荣者也，故皇帝加罪于吾人之头上，吾人夙知之，不以为悲"，认为"此言可以赠中山"，"盖先时人物无不涵有此精神，俗人之所谓成败，非真知成败者也"。（中国社会科学院近代史研究所编，杜春和、耿来金整理：《白坚武日记》第1册，第116、117页）

1月8日　任命但焘为大元帅府秘书。（《任但焘为秘书令》，中国国民党中央委员会党史委员会编订：《国父全集补编》，第502页）

△　邵元冲来见，对炮击督署事"颇述己意，有所谏正"。邵认为此后宜从外间图发展，宜忍辱负重，为国家设想，"不宜以一身轻试"，"孙公颇颔其言"。

褚辅成、蒋尊簋②、姚吾刚等人来见。蒋"陈浙事失败之由，暨此来拟请浙军及海军相援之意"。

邵又往见李烈钧，李"对于孙公近事，有所商榷，且表示滇军拥护军府之意"。邵于次日将李烈钧言论来告。（邵元冲：《广州护法日志》，《建国月刊》第12卷第6期，1935年6月，第1—2页）

△　谢持亦至帅府，来询昨日所陈之率兵赴前敌之事，"中山之答确也"。谢持推荐褚辅成任军政府秘书长，可"面面俱到"，众人以为然，"中山先生亦曰宜，惟徐季龙有电拍与沧伯来粤，则待季龙之至③可也"。

晚，派人告知谢持，请其代理秘书长。（谢持：《谢持日记未刊稿》第3册，第307页）

程璧光、伍廷芳再次在海军办事处与军政府、督军府及各方代表会商，讨论到孙中山督师征闽问题，军政府代表称"如由大元帅督师，

① 现通译为布列什柯夫斯卡娅（1844—1934），俄国社会革命党创始人和领导人之一。

② 北京政府于1月4日下令褫夺蒋尊簋等浙军军官的勋位并通缉之。（《大总统令》，《政府公报》第703号，1918年1月6日，"命令"）

③ 徐谦（季龙）于2月下旬抵广州。（《致孙洪伊电》，廖仲恺、何香凝著，尚明轩、余炎光编：《双清文集》上卷，第98页）

仍须招编卫队,其营额编配,仍应磋商妥洽,乃能实行"。(《孙中山督师征闽消息》,上海《民国日报》1918年1月15日,"要闻")

　　△　西北靖国军总司令卢占魁来电,报告所部详情,并派代表来见。

　　卢称自己率军起义以来,"连战连捷,北军胆裂",虽之前已经"数奉函电",但"邮电交阻,未能详为奉闻,而当道狐狸又从而掩抑之,于是消息益形滞塞说",而且谣传"有借本军名义进渎左右者,或且甚事招摇,统希俯察拒绝,庶免遗误",特派正式代表刘百泉"趋谒钧座及蓝经略麾下,即恳俯授方略,遥赐提携"。(《军政府公报》第44号,1918年2月4日,"函电")

　　卢为绥远巨匪,徐永昌等人认为孙中山一派"使卢占奎[①]自举,为此种种,记不胜记。其中尤多可笑亦可怜之黑幕",强烈认为"懦将将多兵以驭土匪且不可得,以执笔混饭的驭土匪可得乎? 徒为土匪伥而已"。(徐永昌:《徐永昌日记》第1册,第153—154页)

　　△　批复何民魂函,"复以无款,但措词须谦抑"。

　　何民魂本日呈函,备述去年在浙江谋划起事及事败后各同志牺牲情事,以及继续进行的决心,谓浙省同志频来函敦促,"温、台二属确有十分把握,当此时机,何不揭橥而起,以天台、仙居两县为发难地点,然后进发宁、绍,直扑省垣,则嘉、湖亦必附义,逆督授首之期,指顾间耳"。请求拨款相助,"发给公债票十万元,以便向沪上戚友劝募"。(《何民魂上总理函》,环龙路档案第03959号)

　　何曾经于1917年11月6日从香港来函求助。1月12日由秘书处复函,嘉奖之余,告知此间亦异常拮据,"所需之费爱莫能助,债券亦未印得"。(《秘书处复何民魂函稿》,环龙路档案第03978号)

　　△　李纯致电北京政府,称接陆荣廷、莫荣新、孙文、谭浩明、刘志陆、唐继尧、刘显世各先后来电,"已一致公推岑云阶君为总代表,

---

　　①　即卢占魁。

担负和议上完全责任"。(《和局延宕中之各方面》,《新闻报》1918 年 1 月 8 日,"紧要新闻")

有报道称南京为"今日时局之中心,关于南北接洽,大半集中此地",已有若干代表驻扎,"兹特调查其姓氏如下:中央代表:王芝祥、殷鸿寿;岑西林代表:冷御秋;谭延闿代表:张其煌;柏文蔚代表:陈策;孙文代表:张继、汪兆铭;陆荣廷代表:彭允彝,雷殷;唐继尧代表:李宗黄;陈光远代表:任寿祺"。(《和战未定之时局谈》,《时报》1918 年 1 月 8 日,"要闻")甚至有"南京组织非常国会及临时政府,拟举李纯为临时大总统"的传言(《国内专电·北京八日东方通信社电》,《时报》1918 年 1 月 9 日,"译电")。据称"非常国会将迁往南京。非常国会议长王正廷及其许多同事已离开广州前往上海。一百多名旧国会议员现呆在南京,同李纯督军一道,对抗冯总统和王总理。这些议员写信给王正廷等人,邀请他们立即到南京去"。(广东省档案馆编译:《孙中山与广东——广东省档案馆库藏海关档案选编》,第 127 页)1 月底有报道称李纯、孙洪伊将联络陈光远,讨伐卢永祥、杨善德,然后在南京召开新国会,推选李纯为大总统,"孙中山亦赞成此举,并承认于此时辞大元帅职"。(《南京民党计划说》,《晨钟报》1918 年 1 月 27 日,"紧要新闻")

冯国璋于 8 日晚电李纯,询问真相,"望速电复以明心迹"。(《国内杂电》,《时报》1918 年 1 月 11 日,"译电")记者更以此传闻调侃孙中山炮轰督军署的行为,称"现非常国会会员纷纷赴宁……非常国会如再开于南京,吾不知蛰居水泥厂之大元帅是否与之偕往。如其偕往也,李督军应竭诚优待,表示尊崇之意。不然,炮击督署之滑稽剧,安知不再演"。(冷观:《非常国会之乔迁》,《时事新报》1918 年 1 月 10 日,"时评一")

冯国璋派王芝祥南下,先至梧州与陆荣廷会晤,询问陆氏"对于国会意见","务获真意,以为解决根据"。王称与陆会晤后,约于 1 月 10 日将至广州,与伍廷芳、唐绍仪等"接洽一切"。15 日,王芝祥与陆荣廷会面后,致电北京,建议授予陆荣廷两广湖南宣抚使,"必有利于和局之前途",据称王士珍赞成,而冯国璋反对。(《讨龙声中之杂讯·

王芝祥到粤目的》,上海《中华新报》1918年1月15日,"紧要新闻";《东方通信社电》,上海《中华新报》1918年1月21日,"东西要电")

11日,李纯通电称"调人"难做,"惟有自请罢免,即时解职"。(《李督军为国辞职电》,上海《中华新报》1918年1月14日,"紧要新闻")

报纸评论,认为北京某些"别有作用已成造谣专家"之"督军团报纸"的报道,"殆欲置李纯于孙文等不负责任者之列,而使全国稳健派尽蔑视之耳";"李已明白表示不赞成威吓南方之政策,换言之,即李并不反对南方领袖之所求也"。(《西报论时局之因果》,《申报》1918年1月18日,"要闻一")北方十五省区督军、省长频发电报,要求罢黜李纯,重行开战,此种电报"多系在北京制造"。(《西报最近之时局谈》,上海《中华新报》1918年1月18日,"紧要新闻")

△ 张继在日本东京《朝日新闻》上发表文章,"谓中国若仍以今日之情状而推移,则将不免于灭亡。欧美诸国视中国与非洲相同,故中国仅能藉日本以救济之,而日本政府无始终一贯之对华方针,无从信赖,故希望日本此时确立彻底的对华方针,以救中国并以自救云云"。(《国外近电·东京八日共同通信社电》,《时报》1918年1月9日,"译电")

据岑春煊代表冷通13日透露,岑春煊、唐绍仪、伍廷芳等人"早知南北和议万无成理,暗中从事于南北划分之计划,已非一日",张继在日本,"与犬养、山县诸氏不下十余次磋商。希冀由日与美倡首,承认西南另立政府"。(章伯锋整理:《马凤池密报》,《近代史资料》总36号,第72页)谷钟秀亦在岑春煊力邀下,于14日抵沪,"闻政府亦有所委托",此行"专欲尽力和平办法"。(《谷九峰抵沪志闻》,上海《中华新报》1918年1月17日,"本埠新闻")岑春煊派章士钊为驻京代表,与北京政府接洽。(《调停运动之代表忙》,上海《中华新报》1918年1月22日,"紧要新闻")章士钊21日抵京后,谈话中称南方数省希望于中央者不过三事:撤消龙济光、更易四川督军与撤退岳州北军,而国会问题"据彼观察,如地方问题解决后,似容易商量"。(《章行严回京后之所闻》,上海《中华新报》1918年1月26日,"紧要新闻")在沪国会议员因此致函岑春煊,询问岑一向以来"主持大义",屡次通电所主张南北问题及国会恢复各节,"正义昭然",而章氏出此言论,希望岑氏通电表明真相。岑春煊复函称此次托章士钊北上代达各节,已由冷遹面告赵世钰(其相),"谅已转达",自己于国会问题,"迭经通电,早在鉴照,报纸所载,无根之谈,不足信也"。(《岑西林最近之声明》,上海《中华新报》1918年1月26日,"本埠新闻")

本日《大阪每日新闻》报道称"南北两派争议之点甚多,第一为国会问题","第二为四川问题","第三为广东问题","第四为湖南问题",其余如北京通缉孙中山、吴景濂及南方要求惩办祸首"早已不成问题"。陆荣廷之态度"今已未必固执旧国会之恢复,但须觇广东问题于陆有利否","故今广东一面,陆龙二氏之角逐,诚为此际最堪注目者也"。(《东报论新春之中国政局》,《时报》1918年1月14日,"要闻二")

9日《大阪朝日新闻》论日本驻华公使林权助的进退,批评林氏对华政策,认为"若其当援,则宜援南方派,使确立共和政治,而使中国依赖文明之治道;若取非干涉主义,则今日为其时机,宜任中国自谋而察其自然之倾向";不同意"今人言南方,动云孙逸仙等",认为孙中山派仅为南方之一部分,"若广义言之,冯总统、王总理皆属南方派,且形势益迫,则京畿之下,难保不更有南方派","中国之实力,不在北方而在南方也明矣"。(《东报论日政府援段之不当》,上海《中华新报》1918年1月17日,"紧要新闻")

1月9日　谢持来见,辞代理秘书长,不许。谢持即开始任事,召集在府秘书"议数日内之办法",连日清理秘书处积牍。(谢持:《谢持日记未刊稿》第3册,第308、309页)

△　下午2时在大元帅府举行招待会,邀请伍廷芳、程璧光、吴景濂、徐绍桢以及广州九善堂、商会等代表共百余人①,会上对炮击

---

①　邵元冲《广州护法日志》称到者六十余人。

广东督署事件进行解释。

在招待会上作长篇讲话①，称"此次兄弟与程总长率舰南来，系图共和之恢复。共和之真义在使人民脱离奴隶，凡百政制，以民为主"，提出军政府是"真正中华民国之正统者"，"恰如一父已死亡之遗腹子"，各省军民"承认军政府者甚多"，然而"独吾粤官民冷淡视之"，以致军政府"仅有外形，毫无实力"。然后历数桂系军阀破坏护法罪行，当陈炳焜督粤时"听军政府自生自灭"，"今则愈迫愈急，只许自灭，不许自生"，因此，"三号炮轰督署之事，实所以表公道、伸不平，而使军政府自辟生路者也"。又称莫荣新"勇于觉悟，绝不还炮，事后又承认军政府所要求之条件"，"且我对于莫督私交向来颇好。彼督粤未久，所行政令亦无劣迹可评"，故将贯彻"断不过问广东事"的宣言，今后粤人是欢迎还是反对莫，"本军政府都断不过问"。最后，提出解决办法，"决将吾粤多余军队率令出发，实行讨逆。出发之后，即使行乞，亦可减吾粤人之负担，而我军政府亦可日辟生机"，承诺"今后断不至再有惊扰"，请众人"一致承认军政府"。（《粤局内讧后之各方面》，《新闻报》1918年1月17日，"紧要新闻"；《孙中山请各界茶会记》，上海《民国日报》1918年1月17日，"要闻"）

记者报道，"当时演说至莫荣新不任军政府自生自灭而必欲军政府即行死灭，叫兄弟如何忍受数语，目光如炬，大有摩拳擦掌之态，又谓莫氏枪决六十九人，其中除良民外多是福军兵士②，故李福林尤为愤恨，经决定迟3日即行发难，幸兄弟克期放数十炮得以发泄各人不平之气，故是晚之炮，谓为足以消弭粤省之祸事亦无不可"。记者因此称"此公真巧于词令矣"。

之后伍廷芳、程璧光、徐绍桢相继演说。伍廷芳称据其返粤后观

① 《新闻报》登载此篇演讲，称"以上演说词为孙氏自叙之稿送交粤省报界公会照录者"。（《粤局内讧后之各方面》，《新闻报》1918年1月17日，"紧要新闻"）

② 演讲中称有原为李福林部下而时任大元帅府卫队连长、排长二人被督军署枪毙，认为"此二人虽曾通贼，但曾通贼便要杀，又何以处督军、省长"？

察,"所谓护法种种,仅系纸面上一名词,以至弄成有三号晚之事,则皆粤人不肯实心向护法二字走去之过也"。程璧光则陈述了事件发生前后他的举动,称3号晚其在海珠办公至12时后方憩,被炮声惊醒,"急以电话问江防司令部,诘问该部,尚不知其海军炮,及得督军电知,余遂急令海琛拦截,并电令该二舰回省听候办法。至开炮之原因,孙中山业已详言,兄弟无庸再述。惟有一言,海军现以护法之故来粤,则以后有违法者,海军皆得轰击之"云云。记者评论"此则言近于滑矣"。徐绍桢演说"则一味崇拜孙氏之言,并谓亲见孙氏回粤时在沪曾与某犹太人借款一百五十万,得以办理各事云云",记者表示"未悉其有无吹拍也"。(《粤局内讧后之各方面》,《新闻报》1918年1月17日,"紧要新闻")

据邵元冲回忆,炮击事件后,程璧光"以开罪桂系,深自危惧,颇怨先生",要严惩同安、豫章两舰舰长,"两舰长隐匿得免,以后程与先生隔阂渐深"。(邵元冲:《总理护法实录》,罗家伦主编:《革命文献》第7辑,第21页)粤海关的情报中,程璧光的态度更为严厉:"程璧光海军总长通令他的独立舰队下属说,将来谁胆敢擅自行动,谁就要受到严厉处置;企图强行登舰者,不论是谁,都得撵走。"(广东省档案馆编译:《孙中山与广东——广东省档案馆库藏海关档案选译》,第126页)

各团体代表亦发言,"谓当赞助大元帅之主张,尽力辅助军府",又提出拟组织广东地方联合会,"以谋发展人民实力,巩固自治基础"。(邵元冲:《广州护法日志》,《建国月刊》第12卷第6期,1935年6月,第2页)此时各省议会在试图组织省议会联合会,提倡和议。(《各省会同声赞助联合会》,上海《中华新报》1918年1月7日,"紧要新闻")李纯大力主张,甚至提出新旧国会问题如南北绝对不能妥议,则由各省省议会联合会解决。(《岑西林先生关于国会问题之谈话》,上海《中华新报》1918年3月8日,"紧要新闻")

之后一段时间,孙"极力与各方面接洽联络",分日宴请各界代表。18日请滇军第四师宴会,20日请滇军第三师宴会,22日请贵州刘、严两代表宴会,23 日又请报界宴会。(《孙中山连络滇军》,《顺天时报》1918 年 2 月 3 日,"地方新闻·广东")

然而,随着炮击事件真相传开,粤港地方人士纷纷表示不满,香港本日消息谓"香港、广州中外各报对于孙文近来举动一致抨击,孙将以亲率军队征闽为词出离广州"。(《香港电》,《申报》1918 年 1 月 11 日,"专电")

△ 熊克武发表通电,宣布接受滇川黔靖国各军总司令唐继尧任命,就四川靖国各军总司令职,"所有川省加入联军各部队,均归节制指挥"。(《熊克武宣布就任四川靖国军各军总司令与唐继尧来往电·熊克武电》,中国第二历史档案馆、云南省档案馆合编:《护法运动》,第 291 页)

各报登载唐继尧就任川滇黔靖国联军总司令通电。(《唐继尧就川滇黔联军总司令》,《申报》1918 年 1 月 9 日,"要闻一";《唐督就川滇黔靖国联军总司令电》,上海《民国日报》1918 年 1 月 10 日,"要闻")唐继尧于 1917 年 12 月 28 日发表通电宣告就职。

△卢永祥致电北京政府,报告军政府在上海发售债票。

称风闻孙中山运公债票一千万①至上海发售,"实收只三百万,至其用何抵押无从探悉","中外人民购买颇多";认为如不及早打消,"将来增加国民负担事犹小,而发生国际交涉,弊无限也",请求命令外交部向各国公使申明"此等债票不经华政府允许者,将来华政府概不承认"。(《孙文发售债票事请查照办理由》,北洋政府外交部档案《借款·债券债票·七年公债案》,档号:03—20—053—01—002)

同时,报载"广东暨旅粤各省全体国民"致国内各大报馆及各省议会、商会的通电,指称"广州伪军政府"成立后,发行军用公债票五千万元,孙中山派徐谦、戴季陶赴沪"与某国商人交涉","竟以二三成贱价售与外人,实与卖国无异",呼吁北京政府严行查禁。(《旅粤各省商民之公电》,《时事新报》1918 年 1 月 9 日,"内外要闻一")

---

① 又有报道称卢上报数额为三千万。(《查禁孙文公债》,《时报》1918 年 1 月 16 日,"本埠新闻")

12日,北京政府国务例会中讨论到卢永祥的来电。(《阁议与天津会议》,《申报》1918年1月16日,"要闻一")13日,"外交部电上海交涉员、税务处电海关,一律禁止孙文发行之公债票"。(《北京电》,《申报》1918年1月14日,"专电")15日,北京政府外交部照会驻京各国公使,"略谓近来南方军政府发行公债,有特在上海减价售于外国人之说,请注意通知各国人民勿购此项公债"。(《国内杂电》,《时报》1918年1月16日,"译电")

廖仲恺也曾经谈到黎勇锡(仲实)来言"外人购债券百万圆,出价三成",表示"窒碍难行"。(《致丁景良电》,廖仲恺、何香凝著,尚明轩、余炎光编:《双清文集》上卷,第118页)

4月3日朱执信经上海准备赴日时,还来电报告有外国人愿购买公债事。(吕芳上:《朱执信与中国革命》,第228页注40)

1月10日　准居正呈请任命钟嘉澍为佥事。(《准代理内政总长居正呈请任钟嘉澍为佥事令》,中国国民党中央委员会党史委员会编订:《国父全集补编》,第502页)

△　之前秘鲁李介年等人来函,为设立秘鲁总支部事。本日秘书处代复,谓:倘该支部有组织之必要,大元帅无有不允许者也。(《□□代理复秘鲁总支部李介年函》,环龙路档案第08384.2号)

△　派胡汉民、陈炯明拜会莫荣新,协商援闽军事派遣。"达成必要的安排",商定援闽的全部粤军、部分滇军以及独立舰队一部分将交孙中山统率。(广东省档案馆编译:《孙中山与广东——广东省档案馆库藏海关档案选译》,第126页)陈炯明所部援闽粤军得以脱离征闽海陆联军总司令程璧光节制,而由军政府大元帅统率。

据称陈从莫荣新处领到军费18万元,俟广海舰回粤,即率部出发赴汕,"孙中山语人云,俟陈炯明之军队出发后,彼将前往汕头,目的在发展其势力于闽湘方面"。(《东方通信社电》,上海《中华新报》1918年1月17日,"东西要电")

△　传闻"孙文于十日下午遄返黄埔公园,拟迁回该处为办事

所"。报载广州城内防卫加强,大元帅府士敏土厂"附近一带,并筑炮台数座,所有往来人民,均须盘诘。入夜九钟,即断绝交通","豫章、同安二舰今复泊厂前,以资保卫"。(《粤省近闻纪要·士敏土厂恐慌之近状》,《时事新报》1918 年 1 月 20 日,"内外要闻一")

督军府更于 11 日晚突然发出布告,"谓乱党潜入省垣,肆行挑拨,欲利用内讧以售其祸粤之计"。记者认为是莫荣新"宣示强硬宗旨,借龙党为名而实对付某方面者","特不知变起仓促者,其果指龙党乎,抑指军政府乎",并认为"至于粤省事,仍多取决于陆幹卿,惟陆之来电,仍极浑涵,令人不可测度"。(菊庄:《风云酝酿之粤垣》,《时报》1918 年 1 月 20 日,"要闻二")

另有传闻程璧光将任广东代理督军,称"广东海军军官大集会议,全体议决务期将莫荣新及桂军一律驱逐出粤,如若不从,则以武力从事,并公举程璧光代理督军,嗣后不许再有他省军队入粤"。(《时报》1918 年 1 月 10 日,"国内专电")1 月 26 日李烈钧密电唐继尧,称"刻有请程玉堂出任粤督之议,钧虽尽力周旋其间,殊觉爱莫能助"。2 月 20 日李再次密电唐,称粤、桂难以融洽,"粤军各统领并省议会电陆,易莫以程,陆复电讽之,而融合遂愈困难"。(《李烈钧以陆荣廷顽旧孤行寄希望于唐继尧密电》,中国第二历史档案馆、云南省档案馆合编:《护法运动》,第 479—480、489 页)

△　唐继尧来电,详述川滇黔联军与刘存厚川军在和议声中又再起战端的经过。

称冯国璋首先罢黜违法之人,"毅然有改弦更张之意",此前成都川省议会也联络停战磋商,但刘存厚川军仍准备作战,布置 1 月 2 日进攻泸州,"正拟电请代总统严令停止间,乃川军于本月 2 日实行攻击,本军忍无可忍,避无可避,当赴前敌猛力反攻",目前据各军报称"川东、川北、川南三面略已肃清"。表示如刘存厚等仍无悔祸之心,再开战衅,"惟有督饬川滇黔三省联军,协力平乱,以维大局而靖地方,除电陈代总统外,特此电闻,尚乞鉴察"。(《军政府公报》第 41 号,

1918 年 1 月 21 日,"函电")

　　△　覃振自湖南常德来电,称"湘西各军如能一致援鄂,颇增战力",请迅速致电张学济(溶川)、周则范(蔚生)、田应诏(凤丹)三总司令"慰劳劝嘉,勉以大义"。(《覃振自常德电请国父慰勉湘西护法军》,黄季陆主编:《革命文献》第 50 辑,第 68 页)1 月 15 日致电此三人。

　　△　黄志桓通电西南各界,宣言护法。痛斥龙济光在徐闻、海康、遂溪、阳江各属"逐官勒饷,穷兵黩武",自己"誓与约法相始终"。称龙军劫掠琼崖镇守使署,印信被夺,为免假冒,之后镇署行文用琼崖宣抚使关防。(《黄志桓拥护护法通电》,中国第二历史档案馆、云南省档案馆合编:《护法运动》,第 404 页)

　　△　报载外交团向北京政府提出警告,"谓我国民党暗与俄、德社会党勾通,参助停战运动,并妨害欧战全局",要求注意查禁。(《北京电》,《申报》1918 年 1 月 10 日,"专电")

　　1 月 11 日　任命万斌、冯中兴为四川军事委员。(《任万斌冯中兴为四川军事委员令》,中国国民党中央委员会党史委员会编订:《国父全集补编》,第 502 页)

　　△　下午邀请国会议员茶会,到者百数十人,作演说。吴景濂、吕剑秋、童杭时、褚辅成、田桐等亦有演说。(邵元冲:《广州护法日志》,《建国月刊》第 12 卷第 6 期,1935 年 6 月,第 3 页)

　　演说中着重将军政府与国会联为一体,称"军政府为国会议员所组立,藐视军政府即为藐视国会","世无无国会之立宪国,更无无国会之民主立宪国,民主立宪国之国会,其权能当较其他立宪国为宏大。其有淡视之者虽日言护法,已是口不应心"。又称莫荣新"自经此炮之惩戒,已大觉悟",今后"互策进行,务使约法、国会得以恢复,而发展真正之共和"。(《军政府进行计划·尊重国会》,上海《民国日报》1918 年 1 月 20 日,"要闻")

　　然而非常国会议员与军政府之间暗流涌动,据称有议员认为军政府被人藐视"亦有自取之咎","即如现在大元帅府中某某等三人

（闻即朱某、许某、黄某三人），恃其小智，把持用事，贤者望而却步，非将此等人罢免，必致众叛亲离，故有□倡改组之论者"。（《粤局内讧后之各方面》，《新闻报》1918 年 1 月 17 日，"紧要新闻"）

据报载，莫荣新于同日宴请各要人，与会者有海军程璧光及各舰长，滇军李烈钧、张开儒、方声涛，联军参谋长钮永建及国会吴景濂、王正廷、褚辅成、易次乾、汤漪等人，及陈炯明、蒋尊簋、魏邦平、伍朝枢等人，"下午三句钟后经已齐集，督军亲出招待，宾主极形款洽"，"席间讨论护法大计甚详，各员亦多所献议"。（《粤省要闻汇志·军署大开会宴》，上海《中华新报》1918 年 1 月 21 日，"紧要新闻"）

△ 章太炎、郭同由四川来电，报告于 10 日克抵成都，刘存厚仍顽抗，靖国联军决意声讨，已进逼至离成都三百里地，"平定当不在远"。又称川中人心多归熊克武，"其军实亦较前大有增加，川定尚有余力东下"。（《军政府公报》第 40 号，1918 年 1 月 16 日，"函电"）

△ 湖北联军总司令黎天才来电，称"中央诈言停战，仍调重兵纷纷进逼"，曹锟部下等直窥襄樊，"衅自彼开"，黎自己"严阵以待"，并请西南各路"一致质诘"，加以声援。（《军政府公报》第 40 号，1918 年 1 月 16 日，"函电"）

北京政府参陆办公处于 10 日下令申讨石星川、黎天才，谓其于停战令后"仍复多方扰乱，实属形同匪类"，令曹锟、王占元等人克日发兵会剿。（《政府明发电令申讨石黎》，《顺天时报》1918 年 1 月 11 日，"时事要闻"）冯国璋此举，既是对北方主战派的让步，又欲为与南方继续和谈留下余地，谓此为剿匪，并非对西南宣战。（《中华民国史事纪要（初稿）——中华民国七年（一九一八）一至六月份》，第 25—26 页）

△ 唐继尧复 1917 年 12 月 28 日去电，称"北方言和并无诚意，特缓我师，乘间图南，此间早已窥破，始终一致主张，积极进行"，目前各军报告"川东、川南、川北略已次第肃清"，"一俟川局少定，即当东出夔门，为荆襄策应"。（《军政府公报》第 41 号，1918 年 1 月 21 日，"函电"）

△　四川靖国军司令颜德基、陈炳堃来电(由上海《民国日报》杨庶堪转),报告所部在川北节节进逼,于 1 月 9 日攻下顺庆①,敌军从小西门退却,"正追击间,石青阳所部汤子模军间道入城","我军以一部分驻城,余队搜索前进。现正联络各友军进取成都,计日可下"。(《军政府公报》第 46 号,1918 年 2 月 11 日,"函电")

川北招讨使石青阳亦来电②,称据所部第九路汤子模、第五路陈鸿图电报,两人率部于 6 日进攻顺庆,"激战四小时,始将敌军击溃","午前九时,将顺庆城完全占领,敌军纷向南部方面逃走"。顺庆形势可称天险,三面沿江,为川北要冲,成都门户。(《军政府公报》第 41 号,1918 年 1 月 21 日,"函电")

1 月 12 日　任命焦易堂为大元帅府参议;准居正呈请任和耀奎为内政部秘书。(《任焦易堂为参议令》《准代理内政总长居正呈请任和耀奎为内政部秘书令》,中国国民党中央委员会党史委员会编订:《国父全集补编》,第 503 页)

其后焦易堂曾提出辞职,军政府秘书处以"奉大元帅谕,执事学识宏通,素所钦佩,军府当军事旁午,凡百进行,端资伟画",请其勿辞参议一职。(《大元帅府秘书处致焦易堂函》,环龙路档案第 02222 号)

△　指示秘书回复杨虎上年 12 月 28 日来函,称"军府经济艰窘,所请筹汇现金一节碍难允准"。(《秘书处复杨虎函》,环龙路档案第 02895 号)

△　复川北前卫司令李汝舟 1 月 3 日电,嘉奖其攻下遂宁。

称现在"川事复杂",希望"鼓励将士,奋勉戎机,俾川局内部融洽,一致向南,会师武汉,歼灭破法诸逆,促成真正共和"。(《军政府公报》第 40 号,1918 年 1 月 16 日,"函电")

△　致电唐继尧,告知甘肃焦桐琴起事各情。

焦桐琴等在甘肃起事,杀新建右军分统,北洋政府电令马安良

---

①　今南充。
②　此电无日期,应是 7 日或 8 日发出。

(翰如)制防。因为与马平时有"通溯气声",故致专电,请唐转交马。并请唐亦致电,"晓以大义,并现在时局情形",使马为我所用。

13日拍发致马安良电,称与滇军、海军及国会同人组军政府,"义声所播,大敌为摧。环顾国中,纷纷响应",而"大局安危,西北所关实巨","执事举足重轻,国人企仰",请马举兵援助焦,"与南方一致进行"。唐收电后批"无法转,暂存"。(《孙文请加电甘肃马安良使为我用密电》《孙文请马翰如举兵护法电》,中国第二历史档案馆、云南省档案馆合编:《护法运动》,第294页)

△ 湖北靖国第一军总司令石星川与唐克明、朱兆熊来电,报告湖北军情,反对议和。

鄂督王占元频频电令剿匪,而"中央此次对付西南,阳为调和,以老我师,阴实进兵,以乘我隙","中央对□西南仍以武力解决"。探得北军作战计划,将先进攻荆州、襄阳,再取道湘西,同岳州北军进窥长沙,"荆襄不保,西南之危"。石等人一方面极力备战,一方面致电谭浩明、黎天才,"请示机宜",呼吁"各方面勿为和议所误"。(《军政府公报》第41号,1918年1月21日,"函电")

△ 上午,援闽粤军总司令陈炯明在广州东校场宣誓就职。传闻孙中山将同陈炯明一道乘坐广海号炮舰离开广州。(广东省档案馆编译:《孙中山与广东——广东省档案馆库藏海关档案选译》,第126—127页)

报载本日军政府开重要会议,参加者为胡汉民、冯自由、陈炯明、吴景濂、王正廷、郭参谋长、覃哲民、财政厅长曾彦、魏邦平、欧阳荣之等。会议"最要之点,为大元帅亲自出马征闽问题,已完满解决,所有大元帅亲征需用饷械,由广东极力担任";金国治死事"照少将恤典办理"。(《军政府进行计划·攻闽援浙》,上海《民国日报》1918年1月20日,"要闻")

据报道,孙中山亲征为已定之计划,"各界人士多赞成之,然军府中人亦有反对者"。"军府中重要分子者"认为"轻言远征,益显内讧,局外人将疑依法公组之军府竟被逐于倡义护法之督军。有志之士,将见瓦解,影响固甚大也","亲行征闽,予绝对反对者也。予之主张,为军政府计,即为民国计,非仅为中山个人已也"。(《孙中山亲征之近讯》,《时报》1918 年 1 月 26 日,"要闻二")

1 月 13 日　湖南联军总司令谭浩明来电,回应黎天才 11 日通电,称"敌竟违约开衅,实堪痛恨,浩明已通告全军,并另电李、王、陈三督,严词诘责,并已准备攻岳","并祈诸公一致主张,严电诘责为祷"。(《军政府公报》第 40 号,1918 年 1 月 16 日,"函电")

同日谭氏发表通电,披露北军在湖北的进攻,谓"荆襄自主,与西南一致护法,亦早为国人所共谅,政府既以和平为标帜,自宜一律停止军事行动,以示大信于国人,今乃衅端自开,阴谋毕露,和平绝望,诚可大哀",声援黎天才。(《谭联帅通电宣布北政府罪状》,上海《民国日报》1918 年 1 月 24 日,"要闻")

本日曹锟领衔、北方十七省区督军都统联名致电北京政府,"力陈和局之难成,务恳中央速颁宣战明令,措词极为激烈"。(《十七省区又联电请战》,上海《中华新报》1918 年 1 月 18 日,"紧要新闻")

△　湖北丁复来电,谓"奉命回鄂,与各军共策进行,已一致主战,整军待发。石公①处代达钧意,深表同情,拟俟张使西来再商"。(《军政府公报》第 41 号,1918 年 1 月 21 日,"函电")丁复列名 1 月 7 日《鄂民党请西南援鄂攻岳通电》。

△黎天才来电,报告鄂督王占元任命征襄总司令,进逼襄樊;黎派部队于 11 日起发起攻击,连日攻克太平店、仙人渡等情。(《军政府公报》第 41 号,1918 年 1 月 21 日,"函电")

△　张继奉孙中山和国会非常会议命,12 日从上海出发再到日本活动,继续"联日"的外交方针。

本日抵大阪,迎接者有杨寿彭及议员今井嘉幸、菊池良一等。15 日,由菊池良一、冢原喜三郎陪同到东京。张继先后会见日本朝野各

---

①　应即石星川。

界人士头山、犬养、寺尾、原敬等人，并与殷汝耕、何天炯会合，又与其后访日的唐绍仪接洽，在日活动到 7 月份，未能阻止寺内内阁援段方针。（李吉奎：《孙中山与日本》，第 478—479 页）

到达日本后，张继接受采访，称"南北争斗为新人物与旧人物之冲突，民国成立于今仅及七年，故若是之争端，实为当然之事"，孙中山、陆荣廷二人之争持，"仅为区域问题，而其根本思想，实相一致"。（《国外近电》，《时报》1918 年 1 月 15 日，"译电"）

1 月 14 日 下午，邀请广东省议员在大元帅府开茶话会，并发表讲话，为国会召开筹集经费。据称因在闭会期间，省议员在广州的只有四十余人，"俱到齐"。

略谓"此次西南护法，省会首先发起欢迎国会议员到粤开会，诸君对于西南护法之责任至大至重。但诸君既于去年欢迎国会来粤开非常会议，今年亦须欢迎尚未到粤之议员，以期早日得法定人数开正式会议，解决诸大问题。召集国会，按照约法，国会自身有权召集，无须要求武人恢复，惟开正式会须预备一笔的款，为国会开会经费。顷闻省议员某君云广东省今年收入自番摊及山票开后多收千余万，省会有权在此款内指定一笔为国会经费。国会能恢复与否，责任在发起欢迎国会之粤省会，望诸君下一决心，指定的款，继续欢迎未到粤之议员，俾早日开正式会议，更望诸君从今日起发奋为强，认定此为解决中国纠纷不二之方法"。

随后副议长陆孟飞发言，称省议会"无力要求省行政机关提出的款以充国会开正式会议经费"，议员曾国琼主张"由国会议决，提用广东政府所收之国家税以充国会开会经费，此为至正当办法"，范洪畴称"非粤一省之事，应与西南各省协商分担其经费"，谭民三亦认为"应由粤省会发起提议，由西南各省分担之为愈"。简琴石认为"与其向当道交涉制定的款，莫若即由范议员提议咨请粤当道提出一笔的款，并通电西南各省协助为正当"。

孙中山认为要其他三省分担并不现实，仍希望由省议会负责筹垫款数十万以实现国会开会,称"西南各省只有两广云贵,在满清之季,广西、云南、贵州三省行政经费须他省协解,民国成立,他省不协,勉强敷衍,若要广西、云南、贵州等省协助国会开会经费,恐其力有不逮。吾粤三千万人民代表之省议会,视其力之所及救一已死之国会,焉有不成功之理,此为诸君之责,非官吏之责也。望诸君不惮烦劳,游说各界协助,使国会早日在粤开会。开会后各国必争前恐后承认,军政府即有权提用广东截留应解中央海关税及盐税余款。如能由省会与各社团磋商,协同垫款数十万以供国会开会之用,国会恢复后即在截留海关税及盐税余款内提还。愿省会不可将此责任推让于他省,须竭力为之"云云。

开会至上灯时始散。(《粤省议员之两茶话会》,《申报》1918年1月24日,"要闻二")

△　任命刘星海为澳洲筹饷委员。(《任刘星海为澳洲筹饷委员令》,中国国民党中央委员会党史委员会编订:《国父全集补编》,第503页)

△　复熊克武1月6日电,谓"刘、钟托言爱蜀,牵制义师,为护法计,断不能听其助张逆势,破坏大局也","顷闻川中同人公推执事为川军总司令,提挈得人,川局不难迎刃而解"。(《军政府公报》第40号,1918年1月16日,"函电")

谢持分别致电刘存厚、熊克武等人,劝刘响应护法,或守中立,勿助北庭。谢认为"吾川国民、共和将来必携手",应积极合作。(谢持:《谢持日记未刊稿》第3册,第313页)

△　唐继尧、程璧光、伍廷芳、谭浩明、刘显世、莫荣新、李烈钧、程潜、黎天才、陈炯明、石星川、熊克武等十二人联名致电冯国璋,重申西南各省护法主张,称"当局者欲息事宁人,惟有依法律以解决,其他无他,即恢复旧国会",认为如召集新国会"于法无根据,则犹之段氏之参议院也"。(《国内杂电》,《时报》1918年1月17日,"译电")舆论注意到此西南十二名重要人物中,"除伍廷芳外,皆为握有一部分军权之人,而孙文辈皆不与也"。(《时局混沌之各方面》,《时事新报》1918年1

月 21 日,"内外要闻一")

伍廷芳、程璧光前于 7 日致电王士珍,一力主张恢复旧国会,称南北之争,"一言可尽,曰国会存废","恢复明令朝颁,则天下干戈立息"。(《伍程力主恢复旧国会之要电》,上海《中华新报》1918 年 1 月 17 日,"紧要新闻")

23 日报载王士珍力主和议,北京政府向陆荣廷提出和议条件:一、依旧国会组织法、两院选举法召集新国会;二、岳州之北军与湖南之桂军同时撤退;三、谭延闿必令赴湘督任;四、龙济光回矿务督办本任;五、四川方面驻滇军一师一旅,驻黔军一师,刘存厚仍为督军。(《最近和战形势之变化》,上海《中华新报》1918 年 1 月 23 日,"紧要新闻")多次对话之后,冯国璋、王士珍对和局表示乐观,因"陆、唐之意见,亦与政府渐相接近",章士钊及桂、滇、宁、鄂等各方代表及各国务员将在北京开联席会议。(《若隐若现之和局》,上海《中华新报》1918 年 1 月 24 日,"紧要新闻")陆、唐、岑三人"提携一致,已形成南方势力之中心",北京政府"以此三人俱主张和平,遂认为调停之有望也"。(《中央之和战并用情形》,上海《中华新报》1918 年 1 月 25 日,"紧要新闻")

1 月 15 日　任命李锦纶为外交委员,郭泰祺、陈家鼎、岑楼、徐世强为大元帅府秘书。16 日,任命罗诚为军政府广州交涉员[①]。(《任李锦纶为外交委员令》《任郭泰祺为秘书令》《任陈家鼎岑楼为秘书令》《任徐世强为秘书令》《任罗诚为广州交涉员令》,中国国民党中央委员会党史委员会编订:《国父全集补编》,第 503—504 页)

△　下午 4 时许,设宴招待援闽粤军总司令陈炯明及官佐共七十余人,出席作陪者有胡汉民、谢持等军政府要员及前浙江都督蒋尊簋等。

席上发表讲话,寄厚望于粤军,称"民国七年以前,可谓无共和;盖一坏于袁,二坏于张,三坏于段",称赞粤军仗义"再造共和",军政

---

①　罗诚为北京政府 1917 年 9 月任命的粤海关监督兼任外交部特派广东交涉员。(《大总统令》,《政府公报》第 608 号,1917 年 9 月 24 日,"命令")

府发起时"尽属文人,只可名为文政府","今得诸君拥戴,从此军政府可望发展"。同时,总结目前南北军队情形,指出目前虽然北强南弱,但"我士气发扬,我正彼邪,我直彼曲",在四川、湖南、福建,"我以公理胜彼,彼所以不能抗也","今日出师援闽,决无不克"。

陈炯明演说,谓:此次国会组织非常会议,选出大元帅,原为统领海陆军,拥护共和。凡西南护法各省均应拥护军政府、服从大元帅。兄弟今日谨代表粤军全体,以诚意拥护共和、非常国会及国会产出之军政府,并以诚意服从大元帅之命令。随后蒋尊簋演说,欢迎粤军至浙,并详述"取浙计划"。刘成禺演说则期盼将来粤军长驱入鄂,并谓西南各省无不尊重国会及其产出之大元帅,"长江流域无人不愿意服从,其不服从我大元帅者实属少数"。胡汉民称美国人以华盛顿为国父,"今可为我中华民国国父者,舍大元帅其谁","粤军以真正之精神,拥护我真中华民国之国父孙先生,率师出发,谁敢敌我"。田桐演说鼓励粤军奋勇攻击,"成万世不朽之勋业,使中国此后不致再有革命之事发生"。李炳荣、邓铿均表示一心拥护大元帅。(《孙中山宴援闽粤军诸将纪盛》,上海《民国日报》1918年1月25日,"要闻";邵元冲:《广州护法日志》,《建国月刊》第12卷第6期,1935年6月,第4页)

△　致电湘西护法将领张学济、田应诏、周则范,请出师援鄂。

指出岳阳不克,牵制北伐之师,目前"北军伪令停战,南方应备进行。将胜之棋,一着难缓",望其出师援鄂,攻下武汉,"则长江流域,不崇朝而定"。并告知已派秘书李建中为湘西劳军使,"到时自馨〔罄〕鄙怀"。(《孙大元帅与各要人最近往来电》,上海《民国日报》1918年1月26日,"要闻")

△　复唐继尧1月11日电,表示王季抚到来时,"自当妥为接洽",希望唐将川事情形"随时电示"。(《军政府公报》第40号,1918年1月16日,"函电")

△　复陈凤石1月6日电,称赞其"痛言北洋系误国,独具只眼,钦佩良深",认为"川事之坏,责在重私仇,而轻大义","望当事眷爱桑

梓之心，为息事宁人之举"；而滇黔联军决计进攻成都，"川事一定，会师东下，扑灭破法诸逆，意中事矣"。(《西南军事要讯之粤闻·孙大元帅请纾蜀难电》，上海《民国日报》1918 年 1 月 24 日，"要闻")

△　下午 1 时，莫荣新邀请省长李耀汉、海军总长程璧光以及李烈钧①、陈炯明、伍廷芳等人到督军署，"商量如何尽早组织西南护法联合会来对抗北方的问题"。(广东省档案馆编译：《孙中山与广东——广东省档案馆库藏海关档案选译》，第 127 页)

会上莫荣新提出联合会议组织条例，共七条，明确提出联合会议职权有"停战议和事件"，推选军事、外交、财务、议和总代表。(《征闽靖国军总指挥处秘书厅转达联合会议组织条例密电》，中国第二历史档案馆、云南省档案馆合编：《护法运动》，第 465—466 页)其中议和总代表举定由岑春煊担任，伍廷芳、唐绍仪分别任外交、财政总代表，唐继尧、程璧光、陆荣廷任军事总代表。(莫汝非：《程璧光殉国记》，沈云龙主编：《近代中国史料丛刊》第 57 辑，第 81 页)莫荣新、程璧光之前起草《中华民国护法各省联合条例》共三章九条，1917 年 12 月 31 日分电西南各要人征求意见，陆荣廷于 1 月 9 日复电，称"联合条件极所赞同，即请公决，速行组织为盼"。(《西南联合会议之进行》，上海《中华新报》1918 年 1 月 21 日，"紧要新闻")

当晚，谢持与焦易堂、丁超五、李汉丞、周震鳞等讨论此条例，认为联合会议完全与国会非常会议、军政府立于不相容之地，"尤足以启护法各省之分裂"，遂电话李烈钧，李称并未赞成此条例。(谢持：《谢持日记未刊稿》第 3 册，第 314 页)

16 日，莫荣新与程璧光联名通电西南各方速派代表参加联合会议，告知将于 20 日举行宣誓式，并推荐唐继尧、程璧光、陆荣廷和唐绍仪为联合会议军事和财政总代表。得到谭浩明、陆荣廷、陈炯明等人复电赞同。李烈钧、张开儒则对联合会议持犹疑、反对态度，致电唐继尧劝其斟酌应付。(《莫荣新等请护法各省速派代表参加联合会议密电》等，中

---

① 　实际上李烈钧并未到会。(《征闽靖国军总指挥处秘书厅转达联合会议组织条例密电》，中国第二历史档案馆、云南省档案馆合编：《护法运动》，第 465—466 页)

国第二历史档案馆、云南省档案馆合编:《护法运动》,第 466、468、470—471、461—462、465 页)尤其是李烈钧,认为联合会议将会受陆荣廷控制,一反之前极力主张西南联合的态度。

19 日,陈炯明复电莫荣新,对总代表之推举,表示"洵庆得人,先电驰贺"。(《护法各省联合会议详纪·成立后之要人要电》,上海《民国日报》1918 年 1 月 26 日,"要闻")

19 日报纸报道,称西南组织护法联合会"已有条例出现,凡三章九条","将设议院,代表各省每省派代表一人,该院有准元老入院之特权,无论何省,一经加入同盟,即不得退出,或订立与国家领土、矿产或公共产业有关系之借款或契约"。(《时事新报》1918 年 1 月 19 日,"北京专电";《路透社·广州电》,《时事新报》1918 年 1 月 19 日,"本国电讯")20 日《申报》登载《中华民国护法各省联合条例》全文。(《西南联合会议之条例》,《申报》1918 年 1 月 20 日,"要闻二")

1 月 16 日　大元帅府开会,"以解决时局,终用武力究不若仍循法律之为佳",主张速开正式国会。以广东省自主后"停解中央款项为数既巨,且新增入款数在千万之多",提议从中"酌提数十万为正式国会召集之用,似亦无难",请广东省议会先开谈话会征求意见。省议会于 17 日开谈话会讨论。(《粤省议员之两茶话会》,《申报》1918 年 1 月 24 日,"要闻二")

△　复章太炎 1 月 11 日电,探询川局情况。

称熊克武"洵吾党难得之士",请章勉励他"破除顾忌,提兵进取"。谢持得川电,谓熊克武被公推为川军总司令并已就职,此事是否属实,因之前与唐继尧电商,已委任黄复生、卢师谛为川军总、副司令,"如公推属实,则军府应加以委任,请召熊、黄两兄妥商办法,密复为祷"。(《致章太炎等电》,胡汉民编:《总理全集》第 3 集,第 53 页)

△　军事委员赵志超来函,报告其随吉林宣抚使秦广礼至吉林后所办理各事及计划。

赵氏谋划离间吉林督军孟恩远与北京政府、张作霖的关系,"用吉林公民全体名义上书于冯国璋,力述孟督与军政府代表联络图谋独立,扰害地方,请即解职",复用旅吉安徽同乡名义上书于段祺瑞、用旅奉同乡名义致函张作霖,"云孟督已与军政府代表密约",使孟不得复职,"孟氏一日不复职,则南向之心一日不去"。再由秦广礼与吉林扶农镇守使高士傧联络黑龙江军队,"则吉、江两省同属义军矣"。展望如孙再派干员相机力图奉天,"则东省全部可收统一之效"。

(《赵志超上总理呈》,环龙路档案第 12699 号)

黑龙江招讨使秦广礼来电[①],痛斥段祺瑞等人"权奸祸国","重兵南下,逆军四出",谓"礼虽愚弱,愿与关外健儿,执干戈以追随诸大君子之后也"。(《军政府公报》第 44 号,1918 年 2 月 4 日,"函电")

　△　下午,伍廷芳、程璧光、徐绍桢在广州商会举行茶会,招待本地绅商,"将地方治安情形略为宣布,俾安众心"。广东督军、省长代表、非常国会、省议会及各方人士参加者"凡二三百人",开至六时始散会。

伍廷芳称"日前误会之事,各人震动,实系不明此事原委故耳。今各方面解释明白,可以无虑"。程璧光称海军坚持护法宣言,万无改变,"今西南各省业已一致,何患不达目的,最怕自私自利耳";已与莫荣新沟通,不会强迫商船运兵,海军维持粤省商业,"有一日即维持一日,有一分力即尽一分力"。徐绍桢演讲称伍、程、孙三人南下护法,"宗旨实无不皆同","孙先生以数十年艰难诸辛苦,排除专制,所争者法律耳";又谓"且先生前挟百余万金,偕海军南来。如有私利之见,则挟巨金可作海外富家翁矣。诸君可知今日南方举动,纯为保持共和,无可疑也"。莫荣新代表覃超发言称莫对地方治安"是完全负责",主张"与伍、程诸公一致",约法未恢复前决不取消自主。

吴景濂、罗晓峰、陆孟飞、魏邦平、胡汉民等人皆有发言,"大致均以治安为言",并提及"要求恢复国会不如自行正式开会"。(《伍程徐

---

① 此电未署日期,上海《民国日报》1918 年 1 月 22 日登载内容相同之《秦广礼之通电》。暂系于此。

宣布粤省治安记》，上海《民国日报》1918年1月24日，"要闻"）

程璧光还谈到"某些声称对龙作战的人"可能会"要求得到督军的职位"，而现在本省全体军人"已经联合起来共同对敌"，"这类事情绝不会发生，公众对此尽可放心"①。（广东省档案馆编译：《孙中山与广东——广东省档案馆库藏海关档案选译》，第128页）

△　舆论批评"亲征福建"说，将其与段祺瑞之前统兵亲讨南方之说对应。谓"方今国库空虚，人民涂炭，军械缺乏，兵士胁弱，两方战斗，徒苦局外之人。不如约两方主义之实不兼容者互相决斗，一方之总理，一方之元帅……其事不简而易行乎？或曰是何言，亲征亲讨且属有名无实之言，况乎其身临乎？以元帅、总理之尊，而肯出此乎"？（景寒：《大元帅亲征》，《时报》1918年1月16日，"批评"）

率师攻闽一事，后有报道称"闻此议发生后，孙初颇赞成，大有灭此朝食之慨。嗣经迭次会议，发见种种困难，而就中接济饷械一节，尤属棘手。因此一切计划不无窒碍难行之处。闻刻下消息，系对于攻闽一事，决拟暂缓进行。俟体察情形，再筹别项发展云"。（《粤闻汇志》，《时事新报》1918年1月29日，"内外要闻一"）

△　报端报道湖北局势，称"近日南北再战之势，似已无可避免"，荆军副司令"已由民党领袖季雨霖接任，故荆州局面，迩日已悉变为民党势力"。报称孙中山曾派员携公债票四十万元到荆州要求商会劝募，石星川以荆军独立之后曾向绅商劝捐军饷一次，未便再募公债，"赠给来吏黄某（元帅府参军）川资四百元，黄辞不受，现尚在沙自行设法劝募"。（《战云弥漫之鄂州》，《申报》1918年1月16日，"要闻二"）

14日黎天才下令枪毙季雨霖、阙龙，通电称两人"假举义为名，以掠劫为实"，祸害仙桃，"全同土匪行为"，"尤复煽惑军心，离间同人"。

①　此处似乎是对莫荣新表示其对督军位置并无野心，当时有不少公推程璧光为督军的传言，如"旬日以来，广东者广东人之广东一语，又颇喧嚣于一时……前时驱陈，各方面曾公认推程璧光为督军矣。在程虽宣言海军来粤，为护法期间，绝无权利思想，决不愿就粤督任。然其就任与否，与事之能成否，且须观之异日"。（菊庄：《兵舰炮击后之粤省内情》，《时报》1918年1月15日，"要闻"）。

《黎天才枪毙季雨霖等通电》，上海《中华新报》1918年1月22日，"公函"）

据称季雨霖因为试图离间石星川、黎天才，独树一帜而被黎天才枪毙，记者认为"黎天才藉护法之名脱离鄂省而独立，对于党人，似宜引为同志矣。乃不但拒绝联络且诛锄之不遗余力，最近有枪毙季雨霖之举，其对待党人之毒辣于兹可见。季雨霖盖在鄂省包办革命事业者也，辛亥、癸丑、丙辰无不躬与其役"。（冷观：《呜呼季雨霖》，《时事新报》1918年1月22日，"时评一"；《季雨霖伏诛之详情》，《时事新报》1918年1月23日，"内外要闻一"）

1月17日　下午，参加广东省议会谈话会。

下午1时，粤省议会应请开谈话会，商议解决国会召集经费问题。

会上发言，谓现在几乎全国用兵，而"广东同邻省的战争几乎已持续了一年，耗资一千万以上，迄今仍无任何战果"，"默念徒以武力解决，究不若仍以法律解决之为愈"，国会如能正式召集，"事无大小，悉待解决，何患大局之不趋于平和"？称已有二百多名议员抵达广州，还有大约四百名留在津、沪，希望能由粤省议会解决经费问题，于新增之千余万收入中"酌拨百万或五十万，移诸国会，则正式开会立可告成"。

在场赞成开临时会讨论此事者共六十八人，并同意谭民三的动议，由议长宣布1月22日开临时会，咨请行政长官召集。（《粤省议员之两茶话会》，《申报》1918年1月24日，"要闻二"；广东省档案馆编译：《孙中山与广东——广东省档案馆库藏海关档案选译》，第129页）

旋又参加非常国会谈话会，提议"国会设法召集未到粤之议员赶程前来，俾足法定人数，刻日开正式国会"。（《非常国会最近谈话会记》，上海《民国日报》1918年1月24日，"要闻"）

△　非常国会召开谈话会，民党议员对护法各省联合会议的组织多起非难，认为该会可推举外交、财政诸总代表，实为侵夺军政府权限；而且其条件中，以护法省借款事宜，非经该会认可，不得发生效

力，是将国会之权而并夺之。辩论至为激烈。（《非常国会最近谈话会记》，上海《民国日报》1918 年 1 月 24 日，"要闻"）

另一报道亦称非常国会开谈话会，国会议员对西南联合会议，"多起非难，以该会有推举外交财政诸总代表，为侵夺军政府权限"，批准借款则是"并国会之权而并夺之"，辩论至为激烈。而对非常国会迁移南京之说，"闻孙中山对此意见，持极端之反对。其意以为军政府之成立，纯然产出于非常国会"，两者相依为命，"一旦迁移，军府不啻与之脱离，势成孤立"。"吴、王两议长，亦与中山同意。"（《非常国会之近况》，《时事新报》1918 年 1 月 26 日，"内外要闻一"）

又有称孙中山与非常国会"虽不公然反对广州所组织之护法联合会"，但"不以实行联合会之手续为正当"，"颇不以为然"。（《广州电》，《申报》1918 年 1 月 27 日，"外电"；《国内杂电》，《时报》1918 年 1 月 27 日，"译电"）

谢持发言，称北京政府军械借款及中国银行抵借之款，"皆由南方护法各省于国际上无发言资格，而其咎应由总长不就职者负之，为国计，非促其就职不可，固非只为军政府也"，会议遂推定谢持、陈家鼎、刘芷芬、焦易堂、讷谟图五人为代表，促请各总长就职。（谢持：《谢持日记未刊稿》第 3 册，第 316、317 页）

1 月 13 日李烈钧密电唐继尧，称联合会议将推陆荣廷为领袖，"徒供彼利用"，影响到滇、黔、川大局，"同人之意，如能设法劝西林前来，照前年军务院办法，始较妥当"。18 日唐复电则称如陆荣廷"能顾大局，即以为领袖，亦无不可"。（《李烈钧恐联合会议为陆荣廷所利用与唐继尧往来密电》，中国第二历史档案馆、云南省档案馆合编：《护法运动》，第 461 页）数日间，谢持等人频频来见李烈钧，商量如何对待。

1 月 15 日张开儒密电唐继尧，称"因各省代表、非常国会并各界之有识者一致反对，伍、程两公不允就职，故其条例虽经宣布，其势已不能成立。现有人主张将联合会议与军政府合并，改组为一机关，各方正在商洽"。（《张开儒报告莫荣新已向孙文谢罪道歉等情密电》，中国第二

历史档案馆、云南省档案馆合编：《护法运动》，第465页）

△　任命颜如愚为四川军事特派员。（《任颜如愚为四川军事特派员令》，中国国民党中央委员会党史委员会编订：《国父全集补编》，第505页）

△　潮梅镇守使刘志陆、道尹吕一夔来电，对援闽粤军表示欢迎，谓"兹闻援闽义声所传，万民欣跃，师行何日，乞电示知，俾便欢迎，藉表诚悃"。（《军政府公报》第41号，1918年1月21日，"函电"）

△　征闽靖国军总指挥李烈钧来电，以事关各军派代表参加西南联合政府事宜，表示自己"非敢卸责，道远实难兼顾"，除贵州全权代表刘燧昌已到粤外，请"滇川两省并望速派代表，共策进行"。（《军政府公报》第42号，1918年1月26日，"函电"）

1月18日　下午，宴请滇军第四师官佐并作长篇演讲。到者李烈钧、方声涛、彭程万（凌霄）、张肇通（敏斋）①、朱培德、杨益谦、徐绍桢、蓝天蔚（秀豪）、李烈钧副官及滇军第四师各营、连长五六十人。（邵元冲：《广州护法日志》，《建国月刊》第12卷第6期，1935年6月，第4页）

演讲中解释南北之争，南方是"争在有知识、保护约法，与背叛共和者争"，称美国、爱尔兰之叛英，立即成立政府，"既有政府，即有统治权"，外国即不以土匪、叛徒对待；如今南方无统一政府，外人"辄指我为叛徒、为土匪"，粤海关千万税款仍解北京，"购枪械以杀南方"；而"军政府成立半年，尚未经外人承认"的原因是"我们自己不承认自

---

①　张勋堂侄。据说其奉张勋之命，于1917年底至上海，"携三十万金赴沪向岑西林及所谓南方各要人处运动"，（《张勋运动特赦之趣谈》，《晨钟报》1918年3月4日，"紧要新闻"）"于民党方面颇形活动，柏文蔚、孙少侯各获巨资"。（《中华通信社电》，《晨钟报》1918年1月12日）张氏"谋其所以恢复势力，苟有其道则无所不可，固不惜与民党联络也"，"民党者刻下经济困穷，达于极点，忽焉有人以多金啗之而与联络，自应含笑握手，认为亲善之友，亦不必计其复辟党宗旨与民党之不相容也"，双方各有所需，"其大旨不外于张氏出资本，民党出死力，互相提携"。（《张勋亦联络党人》，《晨钟报》1918年1月16日，"紧要新闻"）张勋又派其至广州，"与李烈钧接洽，谓果能推翻段派，则张愿担任一切饷糈"。（《李烈钧与张勋》，《晨钟报》1918年3月2日，"紧要新闻"）后人回忆，则有称张肇通南下活动是张勋夫人曹琴一力主张。（方群：《张勋原配——曹琴》，中国人民政治协商会议江西省奉新县委员会文史资料研究委员会编：《张勋史料》，《奉新文史资料》第2辑，第49页）

己"。现在广东有六个团体,其中"尊重军政府者,第一为莫督军,第二为粤军",要求滇军各将士承认军政府。认为南北各势力拥兵自固,"各有一团体","今日中国遂成一纷纷之逐鹿之现象","吾人应预防之,故不能无统一机关",寄"莫大之希望于我滇军诸将士也"。(《军政府宴请滇军席上之演说》,上海《民国日报》1918 年 2 月 2 日,"要闻")之后李烈钧、方声涛、徐绍桢、蓝天蔚等皆有演说,李烈钧、方声涛"皆声言惟中山先生之命是听","至九时退席"。(邵元冲:《广州护法日志》,《建国月刊》第 12 卷第 6 期,1935 年 6 月,第 4 页;谢持:《谢持日记未刊稿》第 3 册,第 317 页)

19 日,滇军二十五团团长赵德裕以该团驻扎黄埔,接柬时已是 18 日午后 4 时,"致使团长及所部官佐未克躬逢盛会",来函致歉。(《赵德裕上总理函》,环龙路档案第 03059 号)

△　任命萧辉锦为大元帅府秘书(《军政府公报》第 41 号,1918 年 1 月 21 日,"大元帅令"),准居正呈请任命张世忱为秘书,乔根、方作桢为佥事。(《准代理内政总长居正呈请任张世忱为秘书乔根为佥事令》《准代理内政总长居正呈请任方作桢为佥事令》,中国国民党中央委员会党史委员会编订:《国父全集补编》,第 505 页)

△　靖国联军滇军第二路司令杨春芳来电,报告其于 14 日在雷波县境宣布独立,愿执鞭干以追随。谓"只知论其法与不法,而遑问其川与不川,苟非拥护约法之人,皆当认为仇敌","不达恢复旧有国会之目的不止,伏望诸公坚持到底,共策进行"。(《军政府公报》第 43 号,1918 年 1 月 30 日,"函电")

△　龙济光部攻占化州,高雷镇守使隆世储及桂军统领农有兴不敌阵亡。(《广东电》,《申报》1918 年 1 月 29 日,"外电";《粤省攻龙声中之种种》,《申报》1918 年 2 月 3 日,"要闻二")

后批令隆、农两人"照例给恤","俟大局稍定,再行汇案办理"[1]。(《令警卫军统领胡汉卿等请恤隆世储、农有兴呈》,《军政府公报》第 48 号,1918

---

[1]　原件未署日期,暂系于此。

年2月18日,"大元帅批令")

　　△　宫崎寅藏在上海联络岑春煊、孙洪伊,本日去函向犬养毅、头山满报告两人的态度。岑、孙两人都强调南方接受了新思潮、新文明,请日本同志努力改变日本政府援北的方针。孙洪伊认为,"第一革命后的六年,中国国民有过非凡的进步。今日的民国已经不是孙中山的民国,也不是段、冯的民国,而是国民的民国。这的确是可喜的现象"。([日]宫崎滔天著、近藤秀树编,陈鹏仁译:《宫崎滔天书信与年谱》,第49—52页)

　　1月19日　下午,邵元冲偕张肇通、刘佑宸、彭程万从李烈钧办事处农林试验场来见。张、刘等人备陈皖豫诸军近事,四时许离开。

　　张、刘等人称皖、豫"各军结合甚固,惟单独发动,不得外援,恐力孤破败,反减损势力,故暂镇静保持,待闽战胜捷,或以偏师出皖南,或徐淮有警,则势必次第发动,乃可冀全功",而张肇通被倪嗣冲侦缉殊急,拟暂留粤,"从大元帅出发"。

　　上午邵元冲在农林试验场晤李烈钧,胡汉民亦携参谋总长委任状至,两人劝李就职。李烈钧答称"参谋总长名,恐骇众闻,或军队意见分歧,转滋号令阻碍",如改称总参谋或总参谋长,则可担任,"嘱代达大元帅"。

　　午后,邵氏又往照霞楼见陈家鼎、褚辅成、焦易堂、讷谟图等议员,商量各总长就职事。焦易堂称张开儒已允即日就任,伍廷芳"于联合会议与军政府关系,恐生冲突,犹有所怀疑,倘能合二者为一,则渠必可就任",程璧光则视伍廷芳之去就为进止。(邵元冲:《广州护法日志》,《建国月刊》第12卷第6期,1935年6月,第5页)

　　△　任命刘燧昌、严培俊为大元帅府参议。(《军政府公报》第41号,1918年1月21日,"大元帅令")

　　刘燧昌为贵州督军刘显世之子,严培俊为刘显世参谋。两人携来刘显世函,函中称"所愿声气常通,畛域胥化,庶免主将歧异,牵制良多",特派刘燧昌、严培俊赴粤"代达黔情,藉联声气,特嘱上谒钧

辕,敬聆钧诲"。(《军政府公报》第41号,1918年1月21日,"函电")26日
有报道称"贵州督军刘显世,特令其公子燧昌协同参谋严培俊来粤,
晋谒孙中山,以资联络"。(《粤闻汇志》,《时事新报》1918年1月26日,"内
外要闻一")

△ 复刘志陆、吕一夔1月17日电,慰劳其战克潮汕之功,告知
"此间出发事件,布置尚未有周。俟定行期,再为电达"。(《军政府公
报》第42号,1918年1月26日,"函电")

△ 复黎天才1月13日电,嘉贺其战功,并望随时电告各路战
守情形。(《军政府公报》第42号,1918年1月26日,"函电")

△ 复唐继尧1月11日电,称四川"平定有日",而荆、襄、岳剧
战就在目前,望其尽快率领军队援助[①]。(《军政府公报》第42号,1918年
1月26日,"函电")

△ 李烈钧来电,谓接到唐继尧11日、14日电,得知中央在湖
北"阳托言和,阴修战备",黎天才"着手迎剿"、唐继尧"力为举援"、岳
州、福建"分头进取",期望能"使义军势力日益发展,则言战言和,均
不失为优势";称赞唐继尧"此举实为扼要之图,不世之功也"。(《军
政府公报》第42号,1918年1月26日,"函电")

△ 广东高雷护法讨龙军指挥覃吉等来电,报告本日龙济光部
下符次权试图收买高雷护法军,"许以重酬,以图煽惑",被护法军捆
报,"经即提验枪决"。痛斥龙济光祸粤行为,称赞高雷护法军"原受
陆军教育,分明顺逆,不为利诱,堪称明义"。(《军政府公报》第46号,
1918年2月11日,"函电")

△ 谭浩明、程潜、马济、韦荣昌、林俊廷、陆裕光、赵恒惕、刘建
藩、林修梅发表通电,就李纯提出辞职表示"不胜骇异",称段祺瑞把
持政柄,"即主张调停之人,亦竟不能相容",是"与全国宣战而已",
"和平固已绝望矣",表明彼等"护法初心,宁有所惧,一息尚存,誓贯

---

① 电文为"皓"电,上海《民国日报》载于4月4日,《申报》载于4月3日,《孙中山集
外集》认发电日期为3月19日,应误。

始终"，希望李纯"毅力坚持，不挠不屈"，"全国同胞出最后之决心，图正当之防卫，则民国其庶几尚有一线之望乎"①。（《谭浩明等揭露段祺瑞等迫李纯去职望国人图正当防卫电》，张黎辉、蒋原寰等编：《北洋军阀史料·黎元洪卷》第2册，第19—24页）

　　△　进步党留日支部长刘雄亚发表致各方通电，认为民国之乱，"皆自解散国会召之"，赞同恢复国会，称"居今日而言议和，非将国会恢复，直无置喙之余地"，谓"前者本党理事梁启超、汤化龙，求便一己之私图，曾与解散国会之逆谋，近者汤化龙欲顺潮流之趋向，又有恢复国会之主张，狐埋狐㧱，唯利是归"。（《进步党留日支部通电》，上海《民国日报》1918年1月29日，"要闻"）

　　1月20日　上午，邵元冲来见。对发展军政府势力抱乐观态度，告邵氏曰："现在政府亟应完全成立之故，因外交上近已渐生佳状，美国当军政府未成立以前，已有承认之表示。近月法国新内阁成立，其总理即我昔年故交，是以我苟能将机关组织完全，外交必获胜利。美、法承认，则日本必继其后，英国亦无能为抗矣。且如协和能就参谋总长职，则可显示军队拥护军府之确实，伍秩庸自可劝勉其就职，程玉堂当随伍为转移。张藻林前已允就职，余事即可迎刃而解，故仍宜往告协和，迅速就职。"

　　邵元冲、谢持随即至农林试验场，将谈话意思告知李烈钧，李对是否能指挥滇军不敢预断，认为"现在欲谋军力之团聚，似仍以总参谋长较合"，表示如同意改名称，"则即可通电就职"。邵元冲、廖仲恺等人商量后，孙中山"乃草手令"，改任李烈钧为总参谋长。（邵元冲《广州护法日志》，《建国月刊》第12卷第6期，1935年6月，第5—7页；谢持：《谢持日记未刊稿》第3册，第319页）

　　△　下午4时至晚9时，宴请海军、滇军官佐并发表讲话。程璧

---

　　①　原文"马济"误为"马继"，"林俊廷"误为"林玉廷"。《军政府公报》第42号（1918年1月26日）载《湘粤桂联军总司令谭浩明等致大元帅电》为"浩"电，应是"皓"（19日）之误，内容一致，仅署名缺程潜，及"林玉廷"作"林俊廷"。

光、伍廷芳、徐绍桢、蓝天蔚、海圻舰舰长汤廷光以及各舰长、执事，滇军将领十余人，国会议员十余人参加。(邵元冲:《广州护法日志》,《建国月刊》第12卷第6期,1935年6月,第6页)

讲话中强调海军和滇军在护法斗争中的重要地位和作用，希望同德同心，一致进行，称"近来军政府渐渐已有起色，从此可望大放光明，都是由滇军之欢迎，由海军之护送"。称"程总长所以不肯急进者，以小心谨慎，统筹全局所致"，对程璧光在之前炮击事件中守中立的行为表示谅解。演讲中还对伍廷芳出任外交总长表示欢迎，然此时伍廷芳并未宣言就职。

随后，程璧光、戴永莘(滇军第三师旅长)、伍廷芳、徐绍桢、林森、胡汉民、褚辅成、蓝天蔚、刘燧昌等人先后演说。程璧光表示"将来希望大家一致进行恢复约法、保障共和"。戴永莘称代表滇军表明心迹，"我滇军始终护法不怕死、不变志，拥护非常国会，服从大元帅，一致进行，以达到护法之目的"。伍廷芳演说称"今日程总长说的甚好"，"希望大家总不要自私自利，要以国家为前提，不要口头说护法，心里实不护法。在座诸君，有则改之，无则加勉"，"希望诸君化除私利，一致进行。孙先生说的极是，现在北京政府事违法解散国会，我们是一定要恢复旧国会。彼辈不觉悟，我们即以武力逐他"。(《二十日军政府宴会志详》,上海《民国日报》1918年1月30日,"要闻")

徐绍桢认为"我今日所以未得外人承认者，实由各处自己行动所致。若长此以往，不拥护军政府，不服从大元帅，不一致进行，必至亡国而后已"，认为如果恢复国会，"外人必不承认违法政府，转而承认我"；再次鼓吹"孙大元帅手创民国，毫无私利，为国人所公知。不特当时大总统地位让他人，其自垫中国之款，不下数百万。今日我们若不拥护，必至亡国"。胡汉民称赞海军、滇军义举，谓"此次到粤，所以有所不能发展，因饷械无从接济，实广东人之罪也"；又称伍廷芳所提之"去私利"不易做到，"北洋派为尤甚。彼辈只有私利，利尽则交疏。今日利尚未尽，故尚团结也"；讲话中试图拉近孙、程关系，谓"大元帅胆大,程总长小心","胆大者得小心为之扶助,小心者得胆大者为之提携,将来胜利必矣"。

褚辅成认为现在军政府渐加巩固,护法海、陆军应会同速下福建,请张开儒倾力"同大元帅出福建、入浙江,痛饮黄龙",不一定要班师回滇;希望伍廷芳能力任外交之责任。(《二十日军政府宴会志详(续)》,上海《民国日报》1918年1月31日,"要闻")

△　任命李安邦为行营守卫队司令。(罗家伦主编,黄季陆、秦孝仪增订:《国父年谱(增订本)》下册,第797页)

大元帅府招抚局原已停办,报载孙中山与莫荣新商妥,"从新将该局再行设立,以便抚戢暴徒,并闻当道拟酌拨枪械,俾大元帅成卫队十队,以为护卫。招抚局长一职,仍拟由前局长邓耀担任"。(《粤省近闻述要》,《时事新报》1918年1月31日,"内外要闻一")

△　护法各省联合会在广东督军署成立。民党人士纷纷表示反对。

上午十二时开会,举行宣誓式,讨论至下午六时始散会。与会者除各省代表外,尚有伍廷芳、程璧光、林葆怿、饶鸣銮、李烈钧、张开儒、方声涛、林虎、李耀汉、李福林、曾其衡、吴景濂、杨永泰、汤漪、周震鳞、罗晓峰、陆孟飞、伍朝枢等在粤军政各界要人,胡汉民代表军政府参加。(《护法各省联合会之宣誓式》,《申报》1918年1月26日,"要闻二")公布了《中华民国护法各省联合条例》,规定:联合会议由护法各省各军代表及民国元老组成;非联合会议许可,各省各军不得募集外债、以公产抵押与外人订约,不能擅自提出停战议和。

莫荣新领衔,与李耀汉、李烈钧、陈炯明、谭浩明、陈炳焜、唐继尧、刘显世、程璧光、林葆怿、程潜、黎天才、熊克武等共十三人致电孙中山,告知成立消息及《中华民国护法各省联合条例》内容。(《军政府公报》第43号,1918年1月30日,"函电")

报纸披露护法各省联合会成立原委,称该会"初名为西南各省联合会议,今则名为护法各省联合会议","初军政府组织未完,各部总长延未就职,孙中山虑将来进行之棘手也,愿集合西南各省有力者之代表,以协助之,故曾通电主张开西南各省代表会议",唐继尧复电赞成,"且屡电促成立,然和者极稀,此议作罢"。

其后政学系议员汤漪等人,第二次发起西南各省联合会议,"与初次由孙中山倡议者略有不同。盖孙中山之意,系以军政府名义召集会议,此会议之性质乃附属于军政府名义之下;而第二次之发起,则其性质非属于他机关者也"。之所以有此提议,因其时陆荣廷尚养疴于武鸣,未肯出而领袖群雄,主持大计,故欲借此会议以催促之。但"陆氏仍无所可否"。随后又"邀集各要人在海珠会议,一面挽留伍老,一面提起修改条例,拟以伍廷芳为外交总代表,唐绍仪为财政总代表,陆荣廷、唐继尧、程璧光均为军事总代表,孙中山为政务委员长,故加入民国元老一条,即为位置孙中山而起。不料政客中有人不以加入有民国元老一条为然,乃设法搁置之,此为联合会议中止之原因"。

1 月 3 日炮击事件后,"咸以为各方面意见尚未融合,益知联合会议之必要。磋商结果,删去政务委员长一职,仍拟推孙中山为军事总代表,与陆、唐、程三人相同,此为联合会议复活之原因"。但修正条例中有组织政府字样,据说李烈钧持此商于孙中山。孙谓"已有军政府存在,何得再有第二政府",不允赞成。1 月 15 日督军署会议"遂将政府二字删除,惟国会议员中仍有以联合条例所定之权限,易与国会权限淆混,颇有疑问,故 17 日特开国会议员谈话会研究此事"。

17 日国会谈话会上,议员因其中有推举外交、财政诸总代表之条侵夺军政府权限,且各省借款须由该会议认可一条,"尤有侵夺国会权限之嫌,故颇多表示不赞成之意",辩论激烈。后有周震鳞、谢持、裴章浍、詹调元、丁超五等提出折衷之办法,"其意见直将军政府改组,以期护法各省得切实之联合",但未被采纳。(《护法各省联合会议详纪·联合会议之前因后果》,上海《民国日报》1918 年 1 月 26 日,"要闻";

《联合会议之前因后果》，上海《中华新报》1918年1月26日，"紧要新闻"）

　　谢持等在折衷方案遭到拒绝后，以《护法各省联合会为野心家所利用，请予根本取消》为题，致电云南督军唐继尧、川军总司令熊克武和在重庆的大元帅府秘书长章太炎等，谓："中山先生发起西南联合会议，不图为野心家利用，所拟该会之条例内容，实为联合政府性质，与中山、协和两公初意相反"，"恳力辟其谬，并根本取消联合会议，拒绝邪谋，亟筹团结护法"。（汤锐祥：《孙中山与海军护法研究》，第86页）

　　李烈钧则对陆荣廷持反对意见，26日致电唐继尧，称陆氏持广西主义，一意孤行，"对湘则势虽骤张，感情日坏；对粤则极力把持，而破绽日甚"，粤中"有请程玉堂出任粤督之议"，桂系"势力失坠，恐终不免"。主张联络粤湘，"总求达吾辈目的，造成南部大团体"。而唐继尧称自己对于大局自有主张，之所以一再推重陆荣廷，是"欲南方不生意见，得以一致对北"。（《李烈钧以陆荣廷顽旧孤行寄希望于唐继尧密电》《唐继尧申述遇事推重陆荣廷理由密电》，中国第二历史档案馆、云南省档案馆合编：《护法运动》，第479—480、474页）

　　报道称"孙中山对于此条件有反对之处，故实施之前，尚需修正"，"依此条件公布之手续，此同盟实无异又一督军团会议，其非法与北洋督军团会议相同"。（《西报之广州通信·孙中山对于联合会议之主张》，上海《民国日报》1918年2月1日，"要闻"）孙中山4月20日致陈炯明电中，谓美领事称此事是"西南督军团勾结违法之机关"，美国政府及国民决不承认。美领事告知伍朝枢，"人必与军政府联为一致，得国会之通过乃可"。（《致陈炯明辟改组军政府事电》，中国国民党中央委员会党史委员会编订：《国父全集》第3册，第557页）

　　时在重庆的章太炎亦持反对态度，2月9日自重庆致电伍廷芳、唐绍仪、程璧光，称岑春煊、李烈钧发起护法各省联合会议，"观其条例行事，干预宪法，则是倪嗣冲第二也；预派议和代表，则是李完用第二也。夫以武汉且下，荆襄且复，逆寇命在咽喉之间，亦方宣战，而我遽主和，堕三军之心，长仇雠之气，真无异自杀政策"；指出岑、李等是准备推倒黎元洪，拥护冯国璋，希望三人"不与群小同流合污"，否则"大则无以对全国，小则无以对黎公一人"。（莫汝非：《程璧光殉国记》，沈云龙主编：《近代中国史料丛刊》第 57 辑，第 82—83 页）章氏此函在于表示其反对联合会议的态度，未知其是否清楚此次力主组织联合会议之人为唐、程等人，李烈钧则已改变之前大力支持联合会议的态度。

联合会议最终因各方反对未成事实，于是改组军政府之议被重新提起。

对于护法各省联合会的成立，《字林西报》社论认为，"此消息是否即为中国南方及西南与北京完全脱离关系之先声，此时尚难预"，"此项新同盟要当严重注意，而其足以减少政争中互相冲突各派，则亦未尝不为我人所欢迎也"，"即以广州而论，孙逸仙一派，跳踉叫嚣，图辟新天地，苟未能一如其意，且不惜与其本身之影相争"。认为南北议和，南方主张恢复 1913 年之旧国会，而北方则主张召集恢复临时参议院所规定之新国会，"双方要求皆能持之成理，言之有故，而实非也。临时参议院非南方之所承认，不能藉以规定国会之形式。而一九一三年之旧国会，则并未由国民为正当之选举，今其议员大率为依附孙逸仙一派顽梗不化之徒而已。维时双方领袖，则各以冗长之电，互相攻击。然其结果惟有徒多一番笔墨口舌之争而已"。主张"择一中立之地，聚而会议，相与讨论其争执之点"，认为李纯、陈光远"此二人皆主张以和平方法，调停两极端派，并能代表冯总统之个人意志者也"。（《西报之解决时局策》，《时事新报》1918 年 1 月 20 日，"内外要闻一"）

报纸评论认为，西南联合会的成立，"最初用意在另组一有实力之统一机关以代孙文之军政府"，"政府颇加注意。盖冯、王等睹西南有此团结则对于北部之离涣，当然发生一种感触"，"欲北洋各督军亦组织一联合机关以为调停之后盾"，"颇赞成由南京重新召集一种会议"。（《时局仍有调和希望》，《申报》1918 年 1 月 24 日，"要闻一"）

后来政学系的杨永泰称"联合会议,系由军政府之独任制一变为合议制则有之,若谓排斥中山,则绝非事实也"。因为初稿原定民政总代表一席,"实预为中山而设";后来胡汉民主张孙应该与陆、唐、程三人同任军事总代表,而不是另设民政名目,于是定举孙为军事总代表;岑春煊通电汪精卫,"且允负疏通中山承认之责",不料迭次疏通无效。而反对联合会议之声大作,于是"该会议之进行遂生顿挫"。（《广东改组联合政府之经过谈》,《新闻报》1918 年 4 月 14 日,"紧要新闻"）

△　周则范来电,表示对劳军使的欢迎,称"吾湘实当冲要""敢不奋励",部队已经云集常德,将"会师荆沙,夹攻宜昌,直扼武汉",表示驰驱沙场的决心。（《军政府公报》第 42 号,1918 年 1 月 26 日,"函电"）

湘西援鄂总司令田应诏、副司令胡学伸来电,称秉承联军总司令谭浩明命令,"亲率湘西健儿,星夜北进,总期荆襄名城不落虏手,河洛誓师,速定中原",期望诸公"杀敌是求,不为和议所误"。（《军政府公报》第 43 号,1918 年 1 月 30 日,"函电"）

△　河南靖国军总司令王天纵及唐克明等将领发表通电,称黎天才"护法救国,极佩热诚,士饱马腾,汉帜生色",已由"各路司令"公推黎天才为鄂豫联军总司令,"以谋提揭,而利进行"。（《王天纵等公推黎天才为鄂豫联军总司令电》,张黎辉、蒋原襄等编:《北洋军阀史料·黎元洪卷》第 2 册,第 25—29 页）

后来有报道,称"鄂西各军前此最为散漫,兹经孙文、唐继尧、谭浩明各派代表会于巴东,力为调融,议决将黎天才、王天纵、唐克明、刘英、梁钟汉、牟鸿勋、陈瑞兰、韩退之、李少伯十部合并改组,以黎为总令,悉受节制"。（《鄂西战事之近况》,《新闻报》1918 年 4 月 22 日,"紧要新闻";《鄂西军事之近况》,天津《益世报》1918 年 4 月 25 日,"各省近事"）

1 月 21 日　午刻,邵元冲与彭程万（凌霄）自李烈钧处来,由程缕述李烈钧不能即就总参谋长一职之意:李烈钧称要与方声涛等滇军将校及川滇黔方面联络意见,"意于职务必就,但须稍缓时日,始可发表"；"公允之，但任状仍嘱凌霄带回，惟发表待协和处决定"。

下午四时，宴请刘燧昌、刘洪基（王芝祥代表）、刘佑宸、彭程万、傅畅和、吴景濂、徐绍桢、蓝天蔚、刘成禺（禹生）、褚辅成、林森、邵元冲等人。（邵元冲：《广州护法日志》，《建国月刊》第 12 卷第 6 期，1935 年 6 月，第 7 页）

△　因"恐海外传闻失实"，特派殷汝耕（前经任命为军政府驻日外交代表秘书）携带其分致日本友人信函，赴日"面陈一切"。殷汝耕前自日本返粤，报告头山满等人组织日支国民协会事，及对张继、戴季陶等人在日活动的热心支持。

致宫崎寅藏函称"底定全局，当在不远矣"，致犬塚信太郎[①]函称"时局变化虽多，大体日趋良好"，态度较乐观。致寺尾亨函中则表示忐忑心理，"徒以棉薄，未能指日收效，引颈东望，何胜惭惶"，称"我曹不能不更赖贵邦有志鼎力者也"。

致头山满、萱野长知、菊池宽、今井嘉幸等人信件中，对其成立的日支国民协会颇寄厚望，称"敝国拜赐实多，大德不谢，惟矢努力前途，以当报答"，希望他们鼎力支助，"俾援段政策，勿得再萌"，"以期敝国早日奠安，进图东亚大局耳"。

致菊池宽函中并表示将正式派人赴日，"遣使之事，正在磋商，不久当见诸实事也"。（《致日人宫崎寅藏声讨莫荣新真相函》等，中国国民党中央委员会党史委员会编订：《国父全集》第 3 册，第 507—510 页）

事实上，犬养毅、头山满等人一面在具体行动上支持日本政府的对华外交，一面又与孙中山等中国革命党人时相过从，"这种得到日本当局支持、默许的活动，或者就是日本在中国'培植势力'的一种渠道罢"。（李吉奎：《护法战争时期孙中山与日本》，中山大学学报编辑部编：《孙中山研究论丛》第 1 集，第 55 页）

---

①　此函中称呼"犬塚仁兄"，《国父全集》定标题为"致犬塚木函"，查孙文纪念馆编《孙文·日本关系人名录》（2011 年）并无"犬塚木"其人，其他资料亦未有发现，故"犬塚木"疑应为"犬塚某"之误，应是犬塚信太郎。

△　复黄复生、卢师谛 13 日电，对改任两人为四川靖国联军总、副司令一节，已经唐继尧加委，"近闻赴毕，秉承唐帅策划进行，极为嘉慰"。要求两人积极准备，提挈川中各军，与滇黔共图川中。对之前持观望态度的将领，"苟可转圜，幸勿深拒，想两兄必能酌划得宜也"。又告知杨庶堪尚在沪，"已据兄处及渝电来粤商度办法后，冀行赴川"。(《孙文鼓励黄夏生卢师谛与滇黔共图进取川中等情密电》，中国第二历史档案馆、云南省档案馆合编:《护法运动》，第 303 页)

致电四川重庆纵队长吕超、团长王维纲，嘉慰其竭诚护法，奋勇冲锋，希望早日平定川境，"东下武汉，会师中原"。

复靖国军司令官兼川东宣慰使夏之时 7 日电，称"(义师)终将战胜。调和二字，国人厌闻。自应贯彻初衷，为根本之解决"。

复川北招讨使石青阳 7 日电，亦表示期望奋勇前进，平定全川。

复唐继尧 10 日电，除表示对克复四川的乐观期望，对刘存厚派人与劳军使王湘、吴忠慈接洽一事，提醒"(刘)反复无常，难保不别怀私意，务望烛察情伪，相机进行"。(《军政府公报》第 42 号，1918 年 1 月 26 日，"函电")唐继尧接电后批示俟吴、王来时"检送一阅"。(《孙文为刘存厚反复无常，建议唐继尧烛察情伪电》，云南省档案馆编:《云南档案史料》第 1 期，第 52 页)

在四川省议会议员赵铁桥等人的调停下，唐继尧、王文华、刘显世等人一面试图与刘存厚言和，一面积极准备进攻，"此间本拟调和川事，因刘反复无常，恐姑息养奸，终为我患，故决以武力锄此祸根"。因争战数月，损失严重，2 月 1 日唐继尧致电叶荃表示为保持实力，准备按照叶所献策略，稳健求全，"允刘调停，并催其代表到此面议"。同时也电令赵钟奇、赵又新、叶荃等，称刘部反攻，要求各军切实联络备战、分途进攻。(《唐继尧为拟允调停但仍应严防密电》等，中国第二历史档案馆、云南省档案馆合编:《护法运动》，第 233—237 页)

△　夏芝芳来函，报告已遵命取销之前筹设的机关及关防各事，

以符合调查的秘密性质。称李纯出任调人,"确系阴谋手段,其良心上并非反对主战,因深知北军不敌南军之义勇",试图调和以保直系势力及博护法佳名。认为联军坐守长沙而不进攻岳州,即是"大受李纯阴谋误国"。并称经济困难,"情形实不堪言状","鲁豫皖三省之事亦困于经济不克积进",请求拨款资助。

又报告接东北秦广礼、杨振春先后来函,皆谓孟恩远"对于时局,决抱调和主义,并不反对旧国会";发给杨振春的任命状已经转寄。

在来函上批示"复以请款一节,碍难照准"。(《夏芷芳上总理函》,环龙路档案第 11137 号)1 月 26 日秘书处代复,嘉奖夏氏热心任事,但军府亦困窘,拨款一节"实难照准"。(《秘书处复上海夏芷芳函》,环龙路档案第 02896 号)

△　报载日本某外交官发表对中国局势的讨论,提出"革命究谁之功",认为"孙文、黄兴等之政客,果有鼓吹之力,然实际上倒清室而造共和政府者,武昌举义之黎元洪与不惬意于清室所为之袁世凯一派(即北方军人团)是也","盖以彼时若仅有孙、黄之徒,恐早为袁世凯及段祺瑞之统率军队所攻击而全部覆灭矣","彼等不过假袁段之实力而坐收渔人之利而已"。

又称南北相争的原因"不外由于毫无实力之南方派所望甚奢,且已忘却其曾蒙北方军人相助之往事而俨然以共和政府为彼等所手造故耳",提出"为中国计,为南方政客计,为日本计","切望南方政客翻然大悟,抛弃其排北的感情,急与北方握手而迁就其所提出之调和条件也。不然政争将永无告终之日"。进一步认为如今南方借助陆荣廷等军人之力,也与其昔日反对武人干政主义相矛盾,称南方政客"其口头上皆有极鲜明之主义,实亦争权夺利之朋党而已","其所非难北方军人者,彼陆荣廷、唐继尧辈之于川湘,亦无一不躬自蹈之",而且不认为南方有"能从政之力"。(《日本某外交官之论中国观》,《时事新报》1918 年 1 月 21 日,"内外要闻一")

此文章于 14、15 日发表在日本报纸上,寺尾亨认为此外交官即林权助,且该文"内容之杜撰,其议论根据事实之错误,令人不能无惊"。寺尾认为"革命成立之真因,要以孙文之力为多,黄兴等次之",孙中山等人勷力革命,且传播革命思想于全国,"其成绩之伟大,其北方军人团无论矣,即袁世凯等亦梦想不到"。并力辩南方派无实力论之非,认为"今南方既步步结束坚固,甚至能联合北洋派之督军,良以其大义名分光明正大,能作拥护民国之大主义而行动耳"。批评寺内内阁坚持援段,"是直使排日思想愈益弥漫,不独中国而已,且害及中日亲善之关系,实帝国对华政策之至愚者"。(《寺尾博士之中国观》,上海《中华新报》1918 年 1 月 25 日,"紧要新闻")17、18 日东京《朝日新闻》发表文章,对此外交官之《吾辈之支那观》各观点"痛加纠正",批评寺内内阁称北方派有实力,"实全为武力之意味","不独眼中无南方派,且无中国之国民,无重要之冯总统",将极大损害东洋和平乃至日本对华经济关系,反对林权助回任公使;指出中国革命之成功"实南方多年倡导之言论力也,由南方渐浸润于全国之新思想之力也"。(《东报力斥日政府援段之误谬》,上海《中华新报》1918 年 1 月 26 日,"紧要新闻")

17 日报称非常国会议员易次乾谈"日本朝野各政党甚愿与我国有力之人物结合,冀挈东亚全力以抵御德祸","因段派近已失败,西南义师正当方兴未艾,故有此联络结合之美意,并闻松井大佐已赴粤入邕,与陆干老磋商此事云"。(《西南最近之大发展》,上海《民国日报》1918 年 1 月 17 日,"要闻")

22 日徐树铮致各省督军电,则称:"冯、王与西南,近虽表面以和战两议盘旋惑众,而暗中密议,实专施南北划分之策。其实行之期,一听日政府消息。彼邦要人如原敬、犬养、山县诸人均赞成划分,惟寺内尚力持之。美国方面则由伍廷芳父子疏通之。"

针对近期日本朝野对华的态度,报端发表评论,认为"日人之对于我国也,分亲南与亲北两派,亲南派以寺尾亨等人主之,而《朝日新闻》亦其代表也,宪政会亦微具此臭味,第未若浪人之趋乎极端耳。若亲北派则林公使不免有此色彩"。痛斥民党,"若皆以为有人援助,引为深喜,斯真亡国之根性矣。吾国民党,窃怜外人,恬不为耻,纵使如其大愿,将北派铲除净尽,吾知以此种根性,而谓能树国基于不敝,则刀加吾颈亦不敢承也"。(东□:《读日本某外交官之中国观》,《时事新报》1918 年 1 月 22 日,"论说")

22 日日本国会开会,"连日以来,讲场中对于寺内首相及本野外相之演说,论战甚烈,而就中以对华问题质问尤多中讨论对华政策"。(《日议会关于对华外交之舌战》,《时报》1918 年 1 月 30 日,"要闻二")本野外相演说"略谓日本之对华外交,仍取不干涉内政主义,对于掌握政治实权之民国政府,不问其党派如何,与之接触,与以必要之援助,而谋改善中日之关系",杉田定一质问"在事实上何以又有干涉之形迹",本野称是"因现在之北京政府为各国所承认故也,若南方而掌握政权,亦与以同样之援助"。(《日本》,《时事新报》1918 年 1 月 24 日,"各国电讯";《日本国会中对华方针之质问战》,《时事新报》1918 年 1 月 27 日,"内外要闻一")

众议院尾崎行雄、押川方义、望月小太郎、岛田三郎均反对外相助北段压迫南方,今井嘉幸称现内阁一意援助北方,"不能不慨我对华外交之失败",本野辩称"若言南方因此而反对日本,是亦与事实不符。今有南方派之名士张继君在日,可就证之"。(《日议会关于对华外交之舌战》,《时报》1918 年 1 月 30 日,"要闻二")

《时事新报》报道则持鲜明立场,称"今井嘉幸氏登坛大放厥词,昌言日本之对华方针不可不与南方派相提携,而现内阁乃竟援助北方,贷以军械与金钱者何故……并痛论林公使断不可使之回任",本野外相"略谓日本极望中国之发达,而不愿见其南北分立,故如今井氏之拥护南方论,断然不能赞同,政府当依公明正大之方针,而决不干涉其内部之政争也"。(《日本国会中对华方针之质问战(续二十七日)》,《时事新报》1918 年 1 月 30 日,"内外要闻一")

1 月 22 日　谢持来，"商联合海陆宣言事"。23 日,谢持"以中山计告汉民",偕访李烈钧,"得其具体办法"。然而 24 日,谢持再访李烈钧,李辞而不见,"所计议者大半无望矣"。(谢持:《谢持日记未刊稿》第 3 册,第 321—323 页)

△　参加广东省议会第四次临时会。

称北方提出和议是示我以弱,西南宜乘此时会召集正式国会,再次呼吁从速议决国会经费问题,但无结果。会上吴景濂、陆孟飞、谭民三等人相继演说。(《粤闻汇志》,《时事新报》1918 年 1 月 29 日,"内外要闻一")

△　任命杨华馨为滇边宣慰使、邓伯年为大元帅府参议。(《军政府公报》第 42 号,1918 年 1 月 26 日,"大元帅令")

任命余祥炘为军事委员。(《任余祥炘为军事委员会》,中国国民党中央委员会党史委员会编订:《国父全集补编》,第 507 页)

△　致信孙洪伊,告知已颁发任命朱廷燎为苏沪总司令的委任状。

朱氏为苏督李纯的部下,之前已与孙洪伊有所接触。信中称已命李建中取道上海,与孙洪伊商量如何与李纯接洽办理。并告知已委任李建中为湘西劳军使。(《致孙洪伊告已委朱廷燎为苏沪总司令函》,中国国民党中央委员会党史委员会编订:《国父全集》第 3 册,第 510 页)

△　复湖北靖国第一军总司令石星川、唐克明等 1 月 12 日电,称得知"逆贼阳为调和,阴实备战","已叠电各省"使决不堕其术中,谓"荆、襄地当冲要,全局安危所系,除征闽粤军克日出发,并电促川中联军速下归、宜,夹击吴逆光新外,诸君独当其难,望即力挫贼锋"。(《军政府公报》第 42 号,1918 年 1 月 26 日,"函电")

△　复吴崑等 1 月 8 日电,告知"文亦将移斾亲征,以作士气","敢不力任艰巨,始终不渝,树政治革命之风声,促成纯粹共和之盛举"。(《军政府公报》第 42 号,1918 年 1 月 26 日,"函电")

△　程潜发表通电,痛斥段派"虚伪调和"之阴谋,谓将"协同桂军,即日进击岳州,以破段派之奸谋,而伸天下之公愤"。(《湘军程总

司令要电三则》,上海《民国日报》1918年2月3日,"要闻")

1月23日 午,宴请在粤各报记者,国会、省议会议员及军政官员多有列席。

席间演说,称军政府"渐见巩固,且有发展进行之希望","使无军政府,则段祺瑞击退张勋复辟之师,不法政府告成,民国前途如何,殊难逆料",请各报纸"主持公理"。至于有同志老朋辈劝其下台,"余答以不必作此思想。余一息尚存,惟有打算上台,决不见难思退也"。提出"知难行易","以兄弟见解,实则行之非艰,知之维艰乃为真理","可知凡百事物,先行而后知者居大多数。我国人苟扩此思想以行,即可促中国之进步"。(《孙中山宴请粤报记者之演说》,上海《民国日报》1918年2月2日,"要闻")邵元冲旁听,称演说"知之维艰"时,"曲行旁证,闻之心折"。(邵元冲:《广州护法日志》,《建国月刊》第12卷第6期,1935年6月,第8页)

据到场记者报道,"是日报界到者二十余人"①,之后徐绍桢、黄宪昭暨报界之人罗少翱、杨桂芬等相继演说,"大致均感孙大元帅之伟论而愿彼此戮力同心以固共和民国,而策国民之进步";"至散会,时已逾六句钟矣"。(《孙中山连络滇军》,《顺天时报》1918年2月3日,"地方新闻")

广东省议会副议长陆孟飞来函,因病未能赴宴。(《陆孟飞上总理函》,环龙路档案第03060号)

1月24日 任命田永正为大元帅府秘书。(《军政府公报》第42号,1918年1月26日,"大元帅令")任命徐瑞霖为潮汕筹饷委员长,准居正呈请任命李焕章、甘华黼、张治中为佥事。(《任命徐瑞霖为潮汕筹饷委员长令》等,中国国民党中央委员会党史委员会编订:《国父全集补编》,第508页)

△ 陈炯明来电,并发表同文通电,希望挽留李纯,"请诸公一致坚留"。(《援闽粤军陈总司令致孙中山电》,桑兵主编、何文平编:《各方致孙中山函电汇编》第3卷,第237—238页)

————————————

① 邵元冲亦称到者二十余家。(《广州护法日志》,第7页)

△ 湖北靖国第一军总司令石星川、唐克明联名来电,报告王占元与吴光新联合围攻荆沙,石、唐"苦战数日,卒以力不能支",退保江南。目前在公安集合四千余众,"誓不歼除丑类不止",呼吁"一致申讨"。(《军政府公报》第45号,1918年2月8日,"函电")

唐克明同日以湖北靖国第一军总司令名义另发一电,报告荆沙败绩,称石星川"顾此艰难,心灰气沮,既不愿再图恢复","而朱师长兆熊又不愿与闻善后",唐不愿湖北军队就此四散,于是集合将士,退保江南,将士"以大义相责","坚请克明继任湖北靖国第一军总司令",唐因此发电宣告就职。(《军政府公报》第44号,1918年2月4日,"函电")

△ 报载本日北京内阁讨论冯国璋提出的议和办法,"内列三项办法,(一)国会,(二)军队,(三)用人各问题,均有具体决定","今日开国务会议,阁员全体出席,讨论依据旧约法召集新国会及和平解决后南北军队之配置等件。当即全体赞成可决冯总统所提出之议和条件。随即通电各省";称"和局可望",政府将任命唐继尧为滇黔巡阅使。(《时报》1918年1月25日,"国内专电")

传闻北京政府将同意如下条款:1.组织新国会;2.重新任命陆荣廷为粤桂湘三省巡阅使;3.提升唐继尧为云贵川三省巡阅使;4.中央政府保证提供解散孙文的临时政府所需的款项;5.湖南督军由中央政府任命,同时要取得西南各省的同意;6.湖南省长由中央政府任命,但同时要得到湘人同意;7.成立新内阁,海军总长程璧光将得到重新任命;8.李烈钧和国民党的另两位成员将受命担任重要职务;9.岑春煊将被任命为扬子江舰队司令。据说,南方许多知名显要已表示愿意接受上述条款。(广东省档案馆编译:《孙中山与广东——广东省档案馆库藏海关档案选译》,第130页)

1月25日 午,邵元冲偕杨庶堪来见。杨氏于24日由沪抵粤。

以川事不佳,留杨在粤办事,日后再图西北之发展。杨称如川中黄复生、石青阳、熊克武竭诚相邀,则返川一行,否则留此待机。

任许崇智为福建宣抚使，以便其指挥福建民军。许崇智决定将与吴忠信先赴汕头，且闽中有蒋克诚（国斌）等人举事，"当有可为"。（邵元冲：《广州护法日志》，《建国月刊》第 12 卷第 6 期，1935 年 6 月，第 8 页）

次日，准许崇智辞去署理陆军总长兼职。（《军政府公报》第 43 号，1918 年 1 月 30 日，"大元帅令"）

△　任命张鉴安为大元帅府参议。（《军政府公报》第 42 号，1918 年 1 月 26 日，"大元帅令"）免去大元帅府参军席正铭、军事委员彭瑞麟职务。此二人因犯刑事嫌疑被免职，归案讯办。（《军政府公报》第 43 号，1918 年 1 月 30 日，"大元帅令"）

△　因"恐传闻失实"，就炮轰督军府事致电唐继尧、章太炎、刘显世、王安澜、熊克武、石青阳等西南军政要人，称因莫荣新逮捕大元帅府卫队人员，函保遭拒，擅行枪毙，故于 4 日清晨炮轰广东督署，而莫荣新当日午间"遣人来言和，现已无事"。（《孙文为莫荣新部捕去军府卫队人员擅行枪毙事致唐继尧、刘显世、章太炎等电》，云南省档案馆编：《云南档案史料》第 1 期，第 53 页）

△　致电唐继尧，译转重庆石青阳、林镜台、朱之洪[①]、宋轼先 10 日致唐继尧、章太炎、张左丞、孙中山电文。

该电文详细讨论川滇黔军事情况，提出三方面问题："一、川滇黔三省无实际联合之办法；二、对军政府无一致服从之明文；三、南北构和条件若何，是否推戴冯氏？"以及如何位置熊克武。石青阳等人提出，"拟请钧座迅商大元帅及黔督，将三省军队统称国民〔军〕或靖国军，并酌拟以省纲为标准，宜隶于军政府，听联军总司令指挥"，"构和条件应合西南六省一致，□年中宣示，贯彻护法目的"，"川中各军长官，应以军政府名义发表，或先加锦帆以军长名义，与□王一律，俟后再行酌定"。石青阳本人前受委川东招讨使，提出此名号"与现势迥异"，"如何处理，应恳钧座统筹全局，迅示方略"。

---

①　原文为"烬之洪"，尚明轩主编《孙中山全集》第 6 卷第 311 页校订为"朱之洪"。

　　除译转电文外，又告知"粤中局势，恐有变动，闻陆干卿业电莫督，取消自主，莫督抗不奉行，消息樾密。但陆以龙宣布就任，遽通电卸职，是取消自主无异成为事实"，仍望唐毅然就元帅职，"并拍电张藻林①兄维持一切"，"大局不难迎刃而解"。告知已改委石青阳为川北招讨使。（《孙文译转石青阳等致唐继尧、章太炎、孙文电，并催促唐继尧就元帅职的密电》，云南省档案馆编：《云南档案史料》第1期，第52—53页）

　　之前唐继尧与熊克武密电商议如何处置川中民党各军。1月18日唐继尧致电熊克武，认为石青阳、夏之时等人"或称招讨，或称宣慰，殊不足昭统一而利进行"，指示熊克武"酌量情形规定编制名义，由此间统一发表"，统归熊克武指挥，"以一事权，于川事实有裨益"。1月22日，熊克武复电同意应统一名义，但认为"各该军成立已非一日，而所称官阶又均不小，骤易名目，必致分心"，影响战局，建议缓办，只是在财政、政务、枪械、募兵等实际事务上通令严禁自由行动，非熊克武下令执行，概不承认。27日唐继尧批示"应准照办，并通令各军一体遵照"。（《唐继尧请规定川中民党各军编制名义与熊克武来往密电》，中国第二历史档案馆、云南省档案馆合编：《护法运动》，第301页）

　　△　陈炯明来电，申明"今日非有誓守约法、恢复国会、确立共和之保证者，炯明虽刀折矢尽，誓不还顾。宁裹马革之尸，断不与败法逆竖同戴天日"②，将率师出发援闽。（《军政府公报》第43号，1918年1月30日，"函电"）

　　△　谭浩明来电，报告其于23日向岳州开始攻击，迭接捷报，"已有破竹之势，特此捷闻"。（《军政府公报》第43号，1918年1月30日，"函电"）

　　△　王安澜发表就职通电，称因湖北各路司令张定国、梁钟汉、刘英等"再四以湖北靖国第二联军总司令相推举，大敌当前，固辞不获"，于1月25日在荆门宣布就职。（《王安澜就靖国司令职电》，上海《民

---

　　①　即张开儒。
　　②　同时发表内容基本一致之出师通电。（《陈总司令出师通告决心电》，上海《民国日报》1918年2月4日，"要闻"）

1918年1月（民国七年　戊午）五十二岁　/2885

国日报》1918 年 2 月 16 日，"要闻"）

　　1 月 26 日　偕宋庆龄宴请欧美留学生。向与会来宾九十余人作英语演说，鼓励留学生投身共和国家之建设，用自己的能力"组织一善良政府"。

　　大旨谓："共和国家之建设，端赖人才。留学诸君，关系于民国前途甚大，今夕与诸君讨论，即为筹备中华民国自立之方针。诸君须知欧战终局，各国情势，必有一番大变动，风潮之激荡，我国实受其害，各人宜趁此时机，力图实业教育之发展。至交通不便，实为中国进步之大阻力，尤宜特别注意。"（《军府之留学生宴会》，上海《民国日报》1918 年 2 月 4 日，"要闻"）又称："要使国家富强，必先有一善良政府。现在的政府可以富强国家吗？留学生中，多不愿意谈政治，恐怕涉及政府与自己位置有妨害，这是错了。留学生都是有学问、有知识的。为什么几百有学识的人，不能组织一善良政府？反要怕那几个无学识的伪造政府呢？我以为诸君虽有学问、有知识，却是没有觉悟，就是没有发明自己所有学识的能力。所以我今天希望大家觉悟，结个团体，运用学识的威权，以再造中国！"（《孙中山先生在欧美同学会席间演说》，《欧美同学会丛刊》第 1 卷第 1 期，1920 年 3 月 10 日）

　　△　湘粤桂联军总司令谭浩明来电，告知收到石星川、唐克明 24 日电文，得悉湖北荆沙失陷，自己道远不及援应，"曷胜疚仄"。报告岳州战况，"此间攻岳之军节节得手，且晚可下，护法护国在此一举，固不仅复我荆沙故物，声讨一二逆贼而已。并祈各省诸公同时并举，用集大勋"。（《军政府公报》第 43 号，1918 年 1 月 30 日，"函电"）

　　湘粤桂联军于 27 日占领岳州。

　　岳州情势危急以来，冯国璋因时局不利于北方，"对于主战派各督军面子上不能不稍事联络，且恐自己之地位或将因之有变动，遂决意抛弃其平素之主张，自任大元帅率师亲征以收拾北方之人心"，24日与徐世昌、段祺瑞密议，"讨伐令二三日内将发表"。25 日北京总统府大开会议，讨论"对南方讨伐令之发表事件"及"大总统亲征事

件"。(《东方通信社电》,上海《中华新报》1918 年 1 月 26 日,"东西要电")三人
密议时,冯"先说时局之困难,军队之不受调遣,末谓事势至此,只有
我亲自出马",而徐、段两人不仅不挽留,"反竭力赞成,谓是总统亲去
的好",于是冯不得不行,"几有骑虎之势",论者疑徐、段欲乘此攫取
大权,徐为临时总统、段为内阁总理之说"洋溢人口"。(《北京特别通
信》,上海《中华新报》1918 年 1 月 29 日,"紧要新闻")本日晚,冯国璋以"宣
抚督军"之名义出京,准备赴天津、济南、南京、汉口,行程定一星期。
冯氏离京缘由一时有各种猜测,有评论认为是为段派所逼而出走,因
岳州被南军攻下,北方主战派大愤怒,冯出走"藉避剧变"。(上海《中
华新报》1918 年 1 月 27 日,"本馆专电";《东方通讯社电》,上海《中华新报》1918
年 1 月 27 日,"东西要电")

之前,北京政府对时局"渐抱乐观",最大原因即为"天津会议之
无形解散",曹锟之态度已大转移,督军团内部各种矛盾,"政府乃放
大胆与南方言和";(《三日前之和议运动》,上海《中华新报》1918 年 1 月 27
日,紧要新闻)内阁"正式协商折中条件,旧法召集新国会,陆(荣廷)仍
巡阅两广,岳州北军、桂军均出境,滇军酌留川两省自商,孙(文)吴
(景濂)通缉令取消,督军团祸首不究",提出阁议,但随即得知岳州陷
落,和议讨论于是搁置。(《时报》1918 年 1 月 26 日,"国内专电")

　△　湘西援鄂第一路总司令田应诏、第二路总司令周则范来电,
称自和议停战,"诏等顿兵湘隅,静待解决",现因北军频频进攻襄樊、
荆沙,"逼我湘边,抵命背约",忍无可忍,"挥涕誓师","誓驱丑类"①。
(《军政府公报》第 44 号,1918 年 2 月 4 日,"函电")

　△　唐继虞复 1 月 1 日去电②,表示"承谕奖勖,深愧不逮",将转
发各将领,"共相劝勉"。(《军政府公报》第 45 号,1918 年 2 月 8 日,"函电")

---

　　①　此电日期署为"宾",应是"寝(26 日)"之误,因 2 月 4 日孙中山有复电称此为"宥
(26)电"。上海《民国日报》1918 年 2 月 19 日《湘西义军大举援荆记》载李书城、田应诏、周
则范三人通电,内容基本一致。

　　②　唐氏来电中称"东电敬悉",应为 1 月 1 日所发。此去电未见收录。

△　湖北联军总司令黎天才来电,谓在湖北捷报频传,22日攻下老河口,"现拟会师荆州,协攻宜昌,进取武汉"[①]。(《军政府公报》第42号,1918年1月26日,"函电")

△　上午8时,援闽粤军第一批乘坐广海、福安两艘炮舰离开广州,前往汕头。

因船只不敷,攻闽粤军决定分批出发。由莫荣新拨定广海、福安、宝璧三舰泊近黄埔,为各军运载之需。第一批于本日辰刻拔队,由天字码头用小轮渡往黄埔登舰,"舰上伙食由各营自行购备,预足七日粮食,其余军用食品,俟抵汕后再行就地购办"。(《粤省近闻述要》,《时事新报》1918年1月31日,"内外要闻一")

1月27日　谢持偕杨庶堪、卢仲琳、卢师撰(燮卿)来谒,议川事。决定杨庶堪返川。(谢持:《谢持日记未刊稿》第3册,第326页)

△　任命徐忠立、陈家鼎、于均生、恩秉彝为大元帅府参议。(《军政府公报》第43号,1918年1月30日,"大元帅令")

委派朱执信、叶夏声、萧萱审判伪造任状行骗案。(《派朱大符为究办伪造任状骗款私逃一案临时审判长叶夏声萧宣为临时审判员令》,中国国民党中央委员会党史委员会编订:《国父全集补编》,第510页)

△　派胡汉民到码头为陈炯明送行。陈氏率领粤军总司令部人员乘宝璧舰离穗。(《粤军出发援闽之盛况》,上海《民国日报》1918年2月4日,"要闻")25日,北京得龙济光电称"孙中山率若干营图闽"。(上海《中华新报》1918年1月26日,"本馆专电")

陈炯明所部于29日抵汕。

△致函孙洪伊,告知军政府参议、江西省议员邓惟贤取道上海回赣,"联络赣督,助我义师",嘱孙洪伊作函介绍于陈光远。(《致孙洪伊函》,《孙中山全集》第4卷,第320页)

△　湘西护国军总司令张学济来电,称之前荆州失陷的原因"一

---

①　此电未署日期,载于本日刊发的《军政府公报》第42号上,应在22日至25日间发出并收到。

由石军单薄,一由本军未奉明令开战",目前已奉联军司令命赴援,将于 29 日与石青阳部、王正雅部一起进攻,荆州"当不难克复"。(《军政府公报》第 44 号,1918 年 2 月 4 日,"函电")

△　湘西护国军右翼司令胡瑛来电,详述南北议和停战后,熊秉三电嘱监利退兵,而 13 日后,北兵步步进逼;在塔市双方激战后退却,但"惟我军既允退兵之后,敌军无理相逼,尽烧塔市市街,且利用外舰干与战事,实外交上之特例"。因有敌军侦探四处散布谣言,特来电据实报告。(《军政府公报》第 45 号,1918 年 2 月 8 日,"函电")

△　唐继尧复 21 日去电,关于军政府债券事,表示"请俟正式债券造成后,即就近交由香港富记解幼山查收为荷"。(《唐继尧自毕节行营上国父电》,黄季陆主编:《革命文献》第 50 辑,第 278 页)

△　报载北京政府将发布特赦令,大赦三种政治犯,"一为梁士诒及助袁称帝之罪魁,一为张镇芳及与张勋同谋复辟之人,一为孙文及广州非常国会有关之人",记者认为"调停尚未就绪,遽大赦帝制派,其足激怒南方之舆论乃意中事"。(《北京电》,《申报》1918 年 1 月 27 日,"外电")

2 月 4 日北京政府发布对梁士诒、朱启钤、周自齐等帝制犯的特赦命令,"政府对南政策表明其强硬之意"。(《东方通信社电》,上海《中华新报》1918 年 2 月 6 日,"东西要电")

△　湘粤桂联军攻克岳州,程潜发表通电[①]。称此次用兵岳州,并非不顾停战命令,实因中央将已经加入西南靖国军的石、黎两军认为土匪,派兵攻击,占领荆襄;"破坏和局之咎,中央应负此责","衅开自鄂,本司令决难袖手";因此"会师岳州,将北军阵线完全击破,遂于本日占领岳州,特恐中央颠倒是非,外间不明真相,特电声明,即希公鉴"。(《湘军程总司令要电三则》,上海《民国日报》1918 年 2 月 3 日,"要闻")

1 月 28 日　午后三时,邵元冲来见。邵于 27 日晤褚辅成,褚称

---

①　此电未署日期,但称"本日占领岳州",故应是 27 日发出。

"修正联合会议条例,及改正军政府组织大纲事,孙公前已赞同,近忽不肯通融",请邵氏为之疏说。(邵元冲:《广州护法日志》,《建国月刊》第12卷第6期,1935年6月,第9页)

△ 下午,何某来报告冯国璋行踪,称据日本领事馆电讯,冯氏于27日下午抵济南,今晨至南京,"随带总统印绶,暨卫队千五百人"。又转告外人认为"冯既不容于北京,则其来宁也,或将联络西南,而于宁召集旧国会",局势或将有变。

与何某的谈话中指出"此后我国形势,应注意于西北。若俄国现在之革命政府能稳固,则我可于彼方期大发展也"。(邵元冲:《广州护法日志》,《建国月刊》第12卷第6期,1935年6月,第9页)之前报载由日本转来苏俄政府对于中国问题的声明,宣称"中国之事由中国自身处理,不许他国干涉,关于其领土保全一端亦然,惟以国境相邻之关系,又为东洋和平计,当与日本提携,以应时局"。(《共同通信社电》,上海《中华新报》1918年1月18日,"东西要电")

冯国璋至天津后,与曹锟、梁启超、熊希龄等密议,随即往济南、徐州,与张怀芝、张敬尧等会面;本日偕张怀芝、张敬尧抵蚌埠,与倪嗣冲、李纯之代表等会见后,即"变更预定日程",启程返京。(上海《中华新报》1918年1月29日,"本馆专电";《东方通信社电》,上海《中华新报》1918年1月29日,"东西要电")蚌埠会议,"确将主战政策表决"。(《冯河间由蚌回京之所闻》,上海《中华新报》1918年2月1日,"紧要新闻")

△ 下午四时,宴请广州警厅及各警区官长,并发表演说。勉励"警吏为亲民之官,务宜躬为模范,以示公仆之责,则庶为民治之初基"。(邵元冲:《广州护法日志》,《建国月刊》第12卷第6期,1935年6月,第9页)

△ 任命方毅为大元帅府秘书,马素为美东筹饷局长。(《任方毅为秘书令》等,中国国民党中央委员会党史委员会编订:《国父全集补编》,第510页)

△ 广东省议会开会,决定从番摊赌捐中提取五十万元为非常

国会日常经费费。莫荣新不同意,"因为这笔税款须用来满足其他紧急需要"。(广东省档案馆编译:《孙中山与广东——广东省档案馆库藏海关档案选译》,第161页)

31日,财政总长廖仲恺呈文,报告广东省议会当日来函,谓"经于本月二十八日开会议决①,由防务经费项下拨支国会正式会议经费五十万元,除咨请本省行政长官执行外,相应备函报告大部存查,并请转呈大元帅咨照国会,从速召集"。(《财政总长廖仲恺为拨支国会经费呈大元帅文》,黄季陆主编:《革命文献》第49辑,第342—343页)

2月4日,发文咨请国会非常会议讨论增加国会经费五十万元,由防务经费项下拨支。(《军政府公报》第44号,1918年2月4日,"咨文")

△ 贵州督军刘显世复2日电,表示遵嘱转饬黔军前敌将领与王奇互相提携。(《军政府公报》第44号,1918年2月4日,"函电")

△ 湘粤桂联军总司令谭浩明发来捷报,报告联军自22日起进攻,至27日已攻克岳州,"夺获枪炮子弹不计其数"。(《军政府公报》第44号,1918年2月4日,"函电")

桂军总司令韦荣昌亦来电,详述"我军进占岳阳大获胜利之大概情形",称本人担任正面战线,率部奋勇猛击,"我部先将岳州完全收复,湘粤各军陆续集合"。(《军政府公报》第46号,1918年2月11日,"函电")

岳州既下,30日谭浩明致电李纯,谓已饬前敌停止进攻,相约不入鄂境,请李"毅力斡旋,促成和议"。(《李纯主张停战议和电》,《申报》1918年2月5日,"公电")

△ 湘西护国军总司令张学济来电,报告其援鄂战况艰难,已电请联军总司令谭浩明饬各军克日赴援。表示会妥慎接待劳军使李建中。(《军政府公报》第45号,1918年2月8日,"函电")

对于派遣劳军使一事,记者讽称"广东洋灰厂大元帅,既不能令,

---

① 2月1日吴景濂电中称是1月29日开会议决。

又不受命"，"对于护国护法靖国诸军，遍遣劳军使"，"闻张、田等对于此项劳军使，不欲招待，又不便不招待，正不好如何处置也"。（《湘中要闻》，《时事新报》1918 年 2 月 26 日，"内外要闻一"）

1 月 29 日 任命卢振柳为华侨义勇队司令。（《军政府公报》第 44 号，1918 年 2 月 4 日，"大元帅令"）

△ 致电刘显世，询问张煦于宁远战死及黄以镛败退盐源后，川滇情形如何，望刘示知援宁计划。（《致刘显世询援宁远计划电》，中国国民党中央委员会党史委员会编订：《国父全集》第 3 册，第 511 页）

据陈遐龄报告北京政府，谓张煦于 1 月 10 日"伤重毙命"。（《川边镇守使陈遐龄报告张煦伤重毙命电》，《申报》1918 年 1 月 22 日，"公电"）

△ 收到周知礼 1 月 16 日香港来函。周氏以母病，经香港返南洋省亲。函中忧虑党人中争权夺利、是非不分之现状。

周知礼之前曾受委任为云南劳军副使，然"旋以忌启同人，又复中止"。周氏谓自己亦不愿为此鸡鹜之争，"特恐大权旁落，为钧座前途虑耳"。又谓 1 月 3 日炮击事，"怙势揽权者往往以是非之口乱人黑白，彰己之长，摘人之短。功则归己，过则归人"，"舍弟①影响所及，置饷薪行李于不顾，云不死者，几希矣。现逃匿何方，尚无的准"，认为"某员做事，在忌刻而不能容物，迭次失败，实基于此"。周氏失望之余，亦表示如有需要，将"破浪前来，躬承鞭策"。（《周知礼上总理函》，环龙路档案第 01886 号）

1 月 30 日 任命梁醉生为大元帅府秘书，侯湘涛为大元帅府参议。（《军政府公报》第 44 号，1918 年 2 月 4 日，"大元帅令"）

△ 靖国军川北总司令官杨宝民来电，报告所部与第五师吕超部 1 月 6 日"和衷共济，补助成功"，以一日之力克复遂宁。称赞吕超部"军风两纪异常严明，所经之地歌声载道，诚出征军队未有之状也"。（《军政府公报》第 43 号，1918 年 1 月 30 日，"函电"）

---

① 疑为滇军第 38 团团副周知欧。

△　援闽粤军总司令陈炯明来电,报告于 29 日抵汕,"地方平靖,居民欢洽"。(《军政府公报》第 44 号,1918 年 2 月 4 日,"函电")

△　报载广东非常国会致英国公使书,称"按照敝国约法规定,凡缔结国库有负担之契约,非经两院议决,不能发生效力","同人等在广州开会,一致议决,代表中华民国国民多数民意,通告贵领袖公使",要求日后对于北京政府,"勿供给以资金,所有盐饷关税缓付赔款等项,在大局平定前暂勿交付"。(《广东非常国会为借款事致英公使书》,《时报》1918 年 1 月 30 日,"要闻二")

△　冯国璋签署讨伐令,任曹锟为两湖宣抚使,张敬尧为援岳总司令,讨伐湖南之谭浩明、程潜及湖北之石星川、黎天才所部。(《政府公报》第 728 号,1918 年 1 月 31 日,"大总统令")冯国璋随即通电各省,"述发布命令之经过及不得已之苦衷",另电苏、赣"表示武装调停意"。(上海《中华新报》1918 年 2 月 1 日,"本馆专电"、"命令")和议决裂,传闻王士珍将辞职。(《时报》1918 年 1 月 31 日,"国内专电")

1 月 31 日　谢持来谒,详叩"近日对于粤局如何"。谢持谓"于是知外间所传皆□也。木必先腐而虫生,然听者能密,尚不至自扰也"。

国会非常会议开谈话会,商议召集正式国会事宜,议定 4 月 8 日为开会期。(谢持:《谢持日记未刊稿》第 3 册,第 330 页)

△　下午,唐绍仪来见,"商讨重大问题"。(广东省档案馆编译:《孙中山与广东——广东省档案馆库藏海关档案选译》,第 131 页)唐氏本日由香山返抵广州。(《唐绍仪已到广州》,《晨钟报》1918 年 2 月 2 日,"紧要新闻")

△　陈炯明来电①,表示深受岳州胜利的鼓舞,自己已经进驻潮州,会同李烈钧,准备提师援闽。(《军政府公报》第 44 号,1918 年 2 月 4 日,"函电")

△　收到钟达卿、李中正 20 日自广西东兴发来之函。建议在东

---

①　同时致电西南军政各要人,内容基本一致。

西南北洋华侨聚集之地，"抽捐建造海军，设立二十四等专门学堂"，与南洋回国之人会谈，"无不赞成"；又谓如果华侨相从捐抽助国，"此条财政每月有数千万员〔圆〕之多，如先生有用兵之日，定可拨款接济"；如此法不行，其华侨友人"亦可招呼五十万员〔圆〕之国债票"。请发下委任状两张，即往筹办。（《钟达卿上总理函》，环龙路档案第02608页）

△　南京督军李纯发表长电，表示"姑就调人之位置，试进最后之忠言"。谓"请为拟订简单之要约，先各停战，双方限日提出一定条件，明白宣布，通告国人，必如此而后和"，"如以和为是，请各赐电言和，即联同申请中央立颁停战之令"，"若以战为是，亦请各赐电言战"，痛陈"破此沈冥，存亡只有两途，是非决于一语"。（《军政府公报》第47号，1918年2月15日，"函电"）此电为致各方通电，北方主战派极为反对，2月8日内阁九总长联名电复加以驳斥，而总理王士珍并未署名。（《李督三十一日通电之反响·九总长联名电复》，上海《中华新报》1918年2月15日，"紧要新闻"）

△　章太炎发表通电，"痛诋冯总统，为最激烈者矣"。认为冯国璋首鼠两端，不应该与其和议，称"盖南北战争本由解散国会、迫胁总统而起，此事造意于段党，而决议实在冯国璋"；南方不应"再坠术中"。既已克岳州，应该以进取武汉为第一步、不承认代理总统为第二步，坚持护法到底。（《章太炎对于冯河间之非议》，上海《中华新报》1918年2月22日，"紧要新闻"；《军政府公报》第50号，1918年2月28日，"函电"①）

是月　南非杜兰士哇埠的朱印山、朱质彬等组织筹饷部，"集资刊刻《澄清宇内》一书，唤起非洲侨胞筹助军饷"，梅县华侨踊跃捐款，支持军政府护法行动。于1月6号、4月7号两次筹得一百六十英镑，通过台湾银行，"将捐款直寄广东军政府财政总长收"。（赖绍祥、房学嘉编著：《客籍志士与辛亥革命》，第127—130页）

①　《军政府公报》所登为同一电文，惟署名还有郭同。

2 月

2月1日　至督军署与莫荣新会晤，商量将广东盐款及关税"一律截留，拨归军政府充作经费"，"至外交方略，则由军政府完全负责"，据称李烈钧在座。晤谈良久后辞出，又至李福林镇守使署稍事休息，始返。(《军政府之新气象·交际》，上海《民国日报》1918年2月24日，"要闻")

△　伍廷芳、胡汉民来见，"晤商至数小时之久"，并招待夜宴。

据称，"所商极为秘密，似系另有关系重大之问题"。记者认为外间传伍氏是来就职西南联合会财政总代表，"此说实属不确"。同时，国会议员赵世钰、温世霖、彭巨川、覃振等前承孙中山之命，前往宁、沪疏通意见，也于31日返粤，带来消息，"闻上海已集合国会议员多人，一俟由粤将川资旅费汇到，即可启程来粤。现拟每人先给百元，正式国会开会之期想必不远"。(《粤省近闻之种种》，《顺天时报》1918年2月15日，"地方新闻")

谢持偕焦易堂、陈家鼎、讷谟图往劝唐绍仪就军政府财政总长职。(谢持:《谢持日记未刊稿》第3册，第331页)

△　任命杨庶堪为四川宣抚使，(《任杨庶堪为四川宣抚使》，中国国民党中央委员会党史委员会编订:《国父全集补编》，第512页)易廷熹、马超群为大元帅府秘书。(《军政府公报》第44号，1918年2月4日，"大元帅令")

准代理参军长黄大伟呈请任命赵精武、辛焕庭、丁士杰等二十六人为大元帅府参军处副官，准署理财政总长廖仲恺呈请任命安瑞荘为财政委员。(《准代理参军长黄大伟呈请任赵精武等二十六人为参军处副官令》等，中国国民党中央委员会党史委员会编订:《国父全集补编》，第513页)

△　任命陈其权为广州地方审判厅厅长。(《军政府公报》第48号，

1918年2月18日,"大元帅令")

陈"于即日就职视事",发表布告,称"本厅所存款项,因军政府财政部商借,业已全数拨交应用,所有各当事人应领之款,现在无款可发,应俟还款到日,再行给领"。(《粤闻述要》,《时事新报》1918年2月15日,"内外要闻一")陈其权(与可)的行为,给军政府造成极大的麻烦。5日,廖仲恺、谢持检视审判厅款项清单,谓其可杀。此后谢持数次往劝陈氏,劝其"毋徒徇利,自误前程",而陈氏不听。叶夏声亦主张使其去职。(谢持:《谢持日记未刊稿》第3册,第335、337—338、348—349页)

后因各当事人要求发还到期款项,6日,财政部宣布将到期者"先行发还,以免当事者有所损害"。(《财政部致广州地方审判厅函》,《军政府公报》第48号,1918年2月18日,"函电")据称,"在二百元以上者拟即暂行发给债票,定期□还","其余零星细数则拟改发现洋,或将债票按成搭发"。(《孙文之借钱法》,《香港华字日报》1918年2月19日,"粤闻一")

据报道,军政府"将法庭所存司法经费、讼费与及诉讼人应领之款十四万余元尽行提去。个人到法庭追讨,缠扰不休,几致激起风潮。后经多方调处,凡二百元以下之款则分别发还给领,二百元以上者暂行拨充军政府军需之用。除先后拨海军外,军政府实系所得无几。然因此一举,未免大失人心"。监狱学校毕业生、前任番禺县管狱员周庆祺上条陈于军政府,建议对犯人实行"以工代赎之法"及改良监狱,据称军政府内政部总长华夏生[①]认为"此举既与现行刑律相符,且藉此可得大宗巨款以济目前燃眉之急,实一举而数善","经面请孙大元帅训示,极为嘉许",准备仿照意大利、瑞典等国办法,另设监狱独立机关,名为广东监狱局,由周庆祺办理。记者不无讽刺地祝愿"我粤省数年来法界之黑暗将于此一扫而空,我粤人之生命财产将从此可得保障矣"。(《粤省军政府统辖法权》,《顺天时报》1918年3月5日,

---

① 原文如此,应是叶夏声,时代理内政次长。

"地方新闻")

更有报载,在孙中山辞大元帅职后,军政府附属各机关次第结束,因省长李耀汉久留肇庆,未回省城,"司法一部分仍未改隶省长监督","广州地方审判厅长陈其权明知职位不能久保,竟将司法所有各款项席卷潜逃,并胆敢将重要人犯、已革开平县知事柳谦释放,并得贿万元,法界有此怪剧,亦军政府历史中之污点也"。(《粤省近闻种种》,《顺天时报》1918年6月2日,"地方新闻")

△　复湖北靖国第一军总司令唐克明1月17日电[1],激励其坚持,"荆州小挫,胜败乃兵家之常"。告知据探报,北方政府准备宣战,分三路进兵,湖北将有大战,望唐率部协同湘桂联军进逼武汉,"幸勿再为调和所误"。勉励其与石星川"协力同谋规复,用壮护法声威"。(《军政府公报》第44号,1918年2月4日,"函电")

△　复湘粤桂联军总司令谭浩明1月28日电,嘉贺收复岳州,告知北军准备分三路进兵,望其协同湖北义军,"会战鄂湘,扼武汉以窥淮、皖,则大局不难早日底定"。(《军政府公报》第44号,1918年2月4日,"函电")

△　护国第二军总司令林虎连发两电,详细报告阳江战事进程。

林虎所部与魏邦平部于2月1日攻克阳江,向电白方向追击敌军,"是役苏团长夺获退管炮三尊,黄团长、陈帮统所部及机关枪第一连各得一尊,计共六尊,机关枪、步枪及子弹甚多,魏司令现亦率队出追"。(《军政府公报》第44号,1918年2月4日,"函电")

△　非常国会议长吴景濂来电[2],称国会同人"准据院法,国会本有自行集会之权,爰拟召集两院同人,依法集会广东,将时局重要问题次第解决",广东省议会1月29日临时会议决"由粤省库筹垫国会经费五十万元,指定的款,自二月起支,分五个月拨讫,业已咨达粤

---

①　前未见唐克明17日电。此复电内容与唐克明1月24日敬电有关。

②　《军政府公报》标题为《吴议长致大元帅电》,抬头亦是"孙大元帅鉴",但根据内容,应是吴景濂发出给西南各省军政要人的通电,希望各省一起筹措资金。

省政府在案"，希望各省就目下本省财力所及，协同筹垫，将来"由国库如数拨还"。国会集会时间定在4月8日。（《军政府公报》第45号，1918年2月8日，"函电"）

因到粤议员人数不足，3月18日国会非常会议开会，议决推迟至6月12日在广州开正式会议。

△　杨熙绩来电，报告湘军林伯轩①部援鄂战绩，占领来凤、施南、鹤峰，"敌军全数退守野山关外"。（《军政府公报》第45号，1918年2月8日，"函电"）

本日，林德轩亦派程如兰携函来见。函中报告已在湘西重新编制成四支队，"计有六千余人，快枪二千六百余支"，驻扎在施南、来凤、鹤峰各县，正在开赴宜昌、荆沙，"为会师武汉之举"。希望能拨公债三十万元以便应付。接函后，批示："着萧萱代见，秘书代复后交财部办理。"（《林德轩上总理函》，环龙路档案第04693号）

△　报载熊希龄提出建立联邦的建议，认为南北双方所争者仍在国会，所求相去甚远，"大家均不能于约法之中，得变通之术"，"实不如改为地方分权之联邦政治"，由各省各派代表，组织联邦会议，先定一最良之联邦宪法，召开联邦会议，将之前"所谓新旧国会、南北统系、激进渐进、帝党民党之各派一概涤除净尽，为新共和革命之一纪元"。（《熊秉三主张联邦政治》，上海《中华新报》1918年2月1日，"紧要新闻"）冯国璋请其"勿于中央努力统一之时，主张地方分权"，熊称其主张图彻底之救济，并非与中央为敌，"亦为桂军驻湘而发"。（《冯、王对于联邦制之意见》，上海《中华新报》1918年2月6日，"紧要新闻"）随后，《中华新报》辟出专栏"联邦制问题"，讨论研究"联邦制能否实现于我国"，"无论正反两说，一律搜容"。（上海《中华新报》1918年2月17日，"本馆特别启事二"）

2月2日　参加海珠会议。

因军政府在事实上无法统一，西南联合会议亦不为各方接受，有

---

①　即林德轩。

国会议员重提改组军政府,冀将军政府之统帅制改为合议制,"以容纳各方面之意见",程璧光"力赞其议",于陆荣廷、孙中山之间作调停疏通。

本日,程璧光、伍廷芳、唐绍仪邀请孙中山、莫荣新在海珠开会,讨论改组军政府办法:元帅改为政务总裁,设若干人;西南联合会议职权限于军事范围,"隶属于合议政府之下"。孙中山"至是亦无异词。惟于原定案稿,略为更变一二条而已"。于是,"联合会议之幕告终,而改组军政府之幕开始"。(莫汝非:《程璧光殉国记》,沈云龙主编:《近代中国史料丛刊》第57辑,第83—84页)另有报道称"由罗家衡、褚辅成、张我华等另提出《军政府组织大纲修正案》,是时适唐少川氏来省,遂由唐、伍、程等居间疏通。当时孙中山并声言'少川如何主张,我必听从',遂由少川协议罗等提案,经中山删定,于八日提出非常国会谈话会"。(《西南护法联合会之波折》,上海《中华新报》1918年2月19日,"紧要新闻")

张开儒6日致电唐继尧,称此改组议案为唐绍仪提出,"主张改组军政府为合议制",唐氏且明确提出联合会议不必成立,"以免画蛇添足,自相纷扰";而国会多数议员则主张"请军政府各部总长就职,以维持现状,不必再事改组",只是要速谋开正式国会,组织正式政府,"而一切内政外交即可迎刃而解"。张开儒认为赞成改组军政府为合议制的,"实居少数"。(《张开儒请唐继尧竭力主张召开正式国会密电》,中国第二历史档案馆、云南省档案馆合编:《护法运动》,第482页)

△　任命曾景星、林君复为大元帅府参议。(《军政府公报》第45号,1918年2月8日,"大元帅令")

任命松筠、赵介宸、刘万里、汪宪琦、宋惠卿为军事委员。(《民国六至七年大元帅府特任人员职务姓名录》,中国国民党中央委员会党史委员会编订:《国父全集》第4册,第321页)

△　致函谭延闿,表示"北庭无诚意停战,最近冯氏南行,游说直鲁淮上,和议无效,战局复开","文始终护法,罔识其他,区区之心,当为国人共亮",希望谭于时局"有待商榷之处,统希不吝指示"。此函

托议员陈家鼎携至沪①。

谭氏之前曾派代表来谈。(《致谭延闿为托陈家鼎来沪商时局函》,中国国民党中央委员会党史委员会编订:《国父全集》第 3 册,第 511 页)

2 月 3 日　军政府援鄂军总司令蔡济民等来电②,称所部于 1 月 1 日进据施南、利川、咸丰、来凤等县,"一俟施鹤各属完全收复,即整率东下,会师武汉",表示"愿执鞭策以随其后,并希不时指示机宜为祷"。(《军政府公报》第 48 号,1918 年 2 月 18 日,"函电")

蔡氏曾于 1 月 28 日至帅府谒见。(邵元冲:《广州护法日志》,《建国月刊》第 12 卷第 6 期,1935 年 6 月,第 9 页)

△　报载独立舰队消息,称"前因饷项无着,一时有归诚中央之说。现闻此项舰队已经陆荣廷氏担任发饷,收为己用。归诚中央之说,业已消灭,但与孙文似将已断关系"。(《独立舰队之近状》,《顺天时报》1918 年 2 月 3 日,"时事要闻")

△　报载公使团有劝告南北调停说。(上海《中华新报》1918 年 2 月 3 日,"本馆专电")

2 月 4 日　任命周道万为大元帅府秘书,谢心准、潘训初、陈祖烈③、郑德元、黄肇河、李自芳为大元帅府参议。(《军政府公报》第 45 号,1918 年 2 月 8 日,"大元帅令")

任命林翔为广州地方检察厅检察长,准居正呈请任命宋华荀为秘书。(《任林翔为广州地方检察厅检察长令》等,中国国民党中央委员会党史委员会编订:《国父全集补编》,第 516 页)

5 日,广州的通信员发出报道,注意到"孙中山现在任命法官多人",称"广州当局,已承认孙中山为大元帅之军政府,孙派中人有已

---

①　此函与 1918 年 2 月 25 日致谭延闿函内容略同,且同为托陈家鼎携至沪。疑此信书就后陈并未动身,至月底方出发,于是 25 日再作一函。

②　同时发表内容一致之通电。(《鄂省又有义军崛起》,上海《民国日报》1918 年 2 月 5 日)

③　《军政府公报》第 45 号刊印为陆祖烈,第 48 号更正为陈祖烈。陈祖烈为闽籍国会议员。

被任为地方官吏者,军政府现得自由使用电报机关及其他较小权利,如选任交涉使一员等皆是","广西派或将最后服从孙中山之主张"。又称"孙意欲使程璧光为粤督军,唐绍仪为粤省长",联合会议"因另有较良计划,正在筹议中,此项会议或将作罢"。(《粤局变幻之西讯》,上海《中华新报》1918年2月6日,"紧要新闻")

△ 致电柏文蔚,希望柏联络芜湖、安庆等地党员,"制造骚乱,以帮助南方对北方的战争"①。(广东省档案馆编译:《孙中山与广东——广东省档案馆库藏海关档案选编》,第131—132页)

柏文蔚回忆,其受孙中山指示,到川、湘、鄂边区策动地方军队,"准备抓到一部分军队作为凭藉"。柏与谭浩明、程潜接洽,准备召集旧部,"在湘边加以训练,然后带兵出长江,在江淮之间作为湘粤联军之前驱",谭、程复函表示赞同,柏遂带一部分同志至汉口。(柏文蔚:《五十年经历》,《近代史资料》总40号,第45页)

△ 复湘西援鄂军李书城、田应诏、周则范26日电,称赞"诸君举义湘西","足壮义师之气",望其奋励进行护法,"伫盼捷音"。(《军政府公报》第45号,1918年2月8日,"函电")

△ 命秘书处函复张汇滔(孟介),谓"需款一节,以军府近状亦万分支绌,无从设法"。(《秘书处复张孟介函》,环龙路档案第02897号)

△ 汪精卫上海来电,称冯国璋此次离京南下,受曹锟、张怀芝冷遇,"过徐晤倪嗣冲,受倪辱骂。并谓汝如往宁,我必扣留等语",冯国璋哭而还京,"故主战之令虽下而军无斗志"。(余齐昭:《孙中山文史图片考释》,第466—467页)

收到徐朗西上海来电,称曹世英、胡景翼派成伯仁至沪,报告"该军十七营分三路攻西安",请求速汇款接济;冯玉祥占领安庆,称"救国军"。又询问如何处置房屋和马匹。(《军政府接上海来电报告陕西靖国军起义》,黄季陆主编:《革命文献》第50辑,第342页)

---

① 未见原电,粤海关档案载于2月4日条,同时所载致谭浩明电为2月1日去电。

　　△　贵阳王文华来电，认为"军政府成立已久，尚有貌合神离者，就远方观察之，似尚鲜统一实力之效"，祈望孙与国会议员善为疏通，委曲迁就，"俾握实力居奇货者，无所借口，以促进行"。希望能"提领百万或数十万"军政府发行的公债票，由刘燨昌寄回贵阳，"在川行使，以充军饷"。（《王文华自贵阳上国父电陈述国是意见》，黄季陆主编：《革命文献》第 50 辑，第 278－279 页）

　　△　省议会开谈话会讨论军府改组事。广东交涉员罗诚来报告外国将承认西南为交战团消息，谢持认为伍廷芳介绍其来"以促改组之速成"，是有意算计，起而厉声诘问，"伍老无辞，遂与唐少川、程玉堂相率引去"。接着讨论改组，赞同者占多数。（谢持：《谢持日记未刊稿》第 3 册，第 334 页）

　　2月5日　谢持来见，言上海及闽事（曹笃所谋）。（谢持：《谢持日记未刊稿》第 3 册，第 335 页）

　　△　**任命崔肃平为军事委员。**（《任崔肃平为军事委员令》，中国国民党中央委员会党史委员会编订：《国父全集补编》，第 516 页）

　　△　彭邦栋来函，报告赴湘劳军经过及粤军、桂军在湘之专横，并谭浩明谢绝大元帅劳军赏物，不让在辖区发行军政府公债等事。

　　彭邦栋奉命赴湖南慰劳湘军，携孙中山函见到程潜、赵恒惕、林修梅，三人"均极端表示欢迎"，"因电局均系谭军管理"，不便电谢，将以信函奉复。湘军将士对于粤、桂各军抢枪械、夺马匹，"大有不满意处，即程、赵亦愤愤不平。现为大局上虽极力调和维持，而心理上实愿军府发展实力，以稍伸郁气"，"又大兵本可直攻武汉，而或以张怀芝出赣相挠，故事实上尤甚愿军府速攻闽，以牵赣师也"。

　　谭浩明连续电召赵、程，"据言为解决西路问题。盖谭于西路，已穷于应付，故转有须于湖南军官也"。针对这种状况，彭"曾进言主张维持"，程潜也"深以为然"，"然刻下会议究竟何如，容日电来再为报告也"。

　　赵恒惕认为"大元帅何不稍颁赏物，以励将士"，彭称"大元帅本命栋采办猪、酒约银万元,因联帅(按即谭浩明)已经谢绝,故对于湘军士亦未敢将来"。湘军"上下士兵,对于大元帅莫不各具一种信仰钦敬之意","一般军人心理,荣于得大元帅赏赐也"。

彭携有三百纸内国公债,但谭浩明处不能交涉,"未便开局劝办,虽曾派人劝办,亦未发生效力",程潜虽有意,"但事权不属,亦终成空言而已"。

阅后批示:"看过拟复"。(《彭邦栋上国父报告赴湘劳军经过及桂系在湘文专横函》,黄季陆主编:《革命文献》第50辑,第68—69页)

此批公债最终因未交涉妥当,"未敢招募,以蹈招摇之咎",彭邦栋5月份报告待回府后缴回财政部。(《彭邦栋上总理函》,环龙路档案第04441号)

△ 命秘书处复函杜润昌(若泉),惋惜张煦之亡,谓"夺国干城,痛惜尤深也",杜氏所任宁远军事特派员,"现既无从进行,当然解除",望今后再有可为。之前杜润昌来函报告宁远之变。(《大元帅秘书处复杜润昌函》,环龙路档案第04122号)

2月6日 午后,曹笃(叔实)来,命其赴汕头粤军处,"商榷进行"。(邵元冲:《广州护法日志》,《建国月刊》第12卷第6期,1935年6月,第10页)次日,曹即赴汕头。

11日,陈炯明来电,称"曹叔实所商闽事,极为赞成。惟绌于费,请径汇千元往沪。俟叔实归,会同姜雅亭前往办理"[1]。(《陈炯明为闽事上国父电》,黄季陆主编:《革命文献》第50辑,第201页)

20日,廖仲恺复电陈炯明,称已汇一千元给姜汇清(雅亭),"并促其赴汕矣"[2]。(《复陈炯明电》[2],廖仲恺、何香凝著,尚明轩、余炎光编:《双清文集》上卷,第120页)

---

[1] 此电为"尤"(11日)电,无月份,注有"汕头来电,十八日到"。《革命文献》断为2月,与邵元冲所记本日曹氏来见事相呼应,应确。

[2] 此电为"号"(20日)电,无年月,《双清文集》定为1918年,据电中谓已出发的援闽粤军筹济七千余元及姜汇清事,应为2月20日。

△ 午后 2 时许,多名国会议员来见,询问对于联合会议的意见。

略谓"联合会议本余所发起,嗣以西南人自为政,故无赞同之者。今渠等以事有利,遂欲自为之,而复厄于外交无援,不得已与军府会商","倘渠等能隶属于军政府,自可有商榷之余地。不然,事既非法,予亦不能赞同,即甚有益于予,而为予表赞同,国会亦不应盲从予也。""众皆心折而去。"(邵元冲:《广州护法日志》,《建国月刊》第 12 卷第 6 期,1935 年 6 月,第 10 页)

报端称西南联合会议受到非常国会抵制,谓"联合会之牵丝扯线者为一般民众之政客","咸主张以武人为主体,而不欲徒拥虚名之机关及人物有所干预于其间";"非常国会中人,以此会议有侵国会权限,此会成立后,将来一切问题大都由该会议决,非常国会退处于无权,故大存醋意,然又甚难显然反对。因联合会当时曾由孙中山发起,李协和及多数民党有名人物,原始亦固极端赞成,既不便明言反对",于是"力争该会条例须由非常国会议决,声言否则是为非法会议机关",故"有武力之西南各要人""对于兹会,未免心意灰冷"。(《粤闻述要》,《时事新报》1918 年 2 月 15 日,"内外要闻一")

报载某西人来函,看重西南势力,认为"西南各省恢复旧国会与维持约法之意,至为坚决,其用意无非为尊重国家之威权,使国家得真正之统一",然特将孙中山一派区分出来,称"现有许多人将孙逸仙之急激派与西南各省之联合混为一谈,其实不然。孙派或为其中之一部分,然非其全体也"。(《旁观者对于西南各省之观察》,上海《中华新报》1918 年 2 月 6 日,"紧要新闻")

湘桂粤联军总参谋钮永建本日通电西南军政要人,称"近日外交情形颇有变动","外人见段氏人心解体,兵不任战,附和者亦徒尚诡谋,罔识治本,渐失信用",美国、日本均倾向于西南义军,钮氏近日"迭与诸同人晤商,伍、唐二老以非有明确统一机关,对外殊难着手"。提议应一面集中兵力,迅速决战,"以示实力消长之显证",一面迅速成立统一机关对外,与美、日两国妥筹联络。(《西南当局最近拍发之要电·钮总参谋主张迅速决战电》,上海《中华新报》1918年2月26日,"紧要新闻")7日,钮永建离粤抵达长沙,8日接受记者访谈,称"两广本系民党根据地,初无两种目的。孙中山醉心共和,不过因一时之误会,小有意见,现与莫代督相见以诚,依然握手"。(《钮总参谋长一席谈》,上海《中华新报》1918年2月28日,"紧要新闻")

△ 出席伍廷芳、程璧光和唐绍仪之宴请,赴宴的还有其他民党成员以及高级官员,"据说,他们已经决定撤销广东的临时政府,另行组织管辖西南七省的正式政府"。(广东省档案馆编译:《孙中山与广东——广东省档案馆库藏海关档案选译》,第132页)实际应该是讨论改组军政府事宜。

△ 任命李述膺、甄元熙为大元帅府参议,沈靖为大元帅府参军,邹苦辛为大元帅府秘书。(《军政府公报》第48号,1918年2月18日,"大元帅令")

△ 长函致仰光同志,通告粤省情形。

称因莫荣新对军政府多加梗阻,"如胡汉民兄虽屡经省会催促,而仍不能接省长任,及枉杀攻潮梅前敌司令金国治等",故有炮击督军署事。事后莫荣新"俯就范围",于是"亦当予以迁善之路,继此以往,不至再有破裂之虞"。

本日张开儒就任陆军总长,广东地方审检两厅厅长亦均由军府委任,乐观估计情势日趋佳胜,"而军府地位较前更为巩固,差堪告慰"。

告知援闽粤军进行情况,称刘志陆与驻潮滇军冲突,被调回广州,由陈炯明代理潮梅镇守使。援闽如能成功,则"东南财富之区尽归我省矣"。高雷方面,龙济光"料不足为患"。李纯、陈光远"原有心与南军一致行动",而目前"权守中立,以待时机"。湖南、四川方面,已着着得手,荆州虽小挫,有唐克明(春鹏)收拾整合,士气一振。而北方冯段相轧,内讧未已,"逆军既无斗志,南军进取正天与之良机也"。

只是饷械困难,加上"机关增加,经费尤巨",希望仰光同志"勉任其难,源源接济以维军用"。(余齐昭:《孙中山文史图片考释》,第465—466页)

△　张开儒就军政府陆军总长职。

军政府成立后,各部总长迄今无一就职。

4日,非常国会派议员刘芷芬、陈家鼎、焦易堂、讷谟图、谢持等五人再次敦请张就陆军总长职。张开儒于本日在八旗会馆滇军第五军办事处行就职式,启用陆军总长印。并发表通电,表示鉴于"刻下敌焰日张,大局日趋纷扰,若再存徘徊观望之心,势必贻不可收拾之患",宣布就职;称"开儒之迟迟就职,致失国人厚望之心,复增一己放弃责任之咎,抚膺自忖,惭感交并。从此宣言就职以后,愿竭意志,以与诸公拥护此千钧一发之国会",号召服从"大元帅之明令"及"尊重国会产生之机关及法人",呼吁"速谋开正式国会,组织正式政府"。(《陆军总长致各机关就职函》《陆军总长张开儒致大元帅就职电》[1],《军政府公报》第46号,1918年2月11日,"函电")并宣告"誓率所部,扫除叛逆,恢复约法,巩固共和"。(《张开儒就陆军总长职文告·就职宣言》,上海《民国日报》1918年2月16日,"要闻")

同时,呈文大元帅,报告就职事,表示"第开儒资浅望薄,学回〔问〕颛陋,曷克胜此重任,不过聊尽区区爱国护法之心而已。俟大局底定,仍恳我大元帅续简贤能接任"。(《军政府公报》第45号,1918年2月8日,"公文")

张就陆军总长职后,于2月23日密电唐继尧,请唐就元帅职,略曰:"往者,军政府类似虚设,大元帅徒负空名,两元帅就职迁延,各总长意存观望。既曰护法靖国无权利之争,何有此徘徊携贰之行。揆诸护法本旨,得勿相悖!"唐继尧接到此电后大发雷霆,唐之秘书长周

---

[1]　标题如此,实际为致各方通电。

钟岳批谓"胡说"，唐在信封上批示"不理"。(《张开儒请唐继尧就任元帅职电》，中国第二历史档案馆、云南省档案馆合编：《护法运动》，第 493—494 页；陈锡祺主编：《孙中山年谱长编》上册，第 1100 页)

在此之前，唐继尧要求张开儒率部回滇(后又要求其出兵湘西)，张与莫荣新磋商，"拟定军费二十八万元，令由财政厅提前拨领，惟财政厅现尚未有的款可以指拨，故张部尚滞留粤"，"日来唐督又连电张开儒师长，令其率所部军队，从速开拔回滇"，张则再次"派员往财政厅坐守催发军费云"。(《粤省近闻纪要》，《时事新报》1918 年 1 月 20 日，"内外要闻一")张开儒宣称"只知护法维国，不知人眼之黑白，在未领获旅费以前，则在粤一日，当与海陆军警，担荷维持一日"，(《张开儒最近之宣言》，上海《中华新报》1918 年 1 月 18 日，"紧要新闻")一直未遵照唐继尧命令离粤，且向军政府靠拢，引起唐氏的强烈不满。3 月底，唐继尧下令撤去其滇军第三师师长之职。

△　报载"现在滇黔两军之兵力，难以战胜川军，故近日孙文特电川省议会，婉劝川省加入南系，一致讨北"。而四川省议会致电孙中山，态度并不客气，称"维持共和、保护约法、诛伐违法政府，此国人共有之责，非贵处及滇黔两省独然也。至川军与在川之滇黔两军一再开战"，"贵处能令滇黔两军退出川境，则川省与贵处当有最圆满之结果云云"，"向南向北，自属易事"。

据称孙中山"接阅此电后，深怨唐继尧不善睦邻，妄纵滇军在川开衅"，特致电唐继尧，"劝其对于川事速释前嫌、重修旧好。所有在川之滇军速令退出川境，以便与川省携手云云"。

之前派林镜台到川接洽各方势力，"未得何种之结局"，"川中军政各界均请林先遣滇黔两军退出川境，然后再议商一切"，"滇黔军对于林氏一味敷衍应承，离川一事总未实行，致林大有左右做人难之现象"，"(川中之)民党中诸伟人无不要求林氏转请孙大元帅速助大批款项、大批军械、大批委任状到川，以便进行一切"。林镜台以"川事非己之游说能力所能了□，只好抱一肚皮哑气回南向孙大元帅复命而已"。一个收获是四川各派将"有代表同林诣南方军政府,与孙大元帅面商一切",有各界代表王湘、吴宗慈、熊兆渭、林耀辉、周翰等,国民党系李国定、丁厚堂、卢师谛、谭创之等,滇军代表马聪、唐继禹等人。(《川中各派最近之态度》,《顺天时报》1918年2月6日,"地方新闻")

2月7日　午后2时,在省议会宴请国会及省议会议员,并发表长篇演说,希望早日召开正式国会,制定宪法。

阐述二十世纪宪法与民权的关系,称"质言之,现在我们非从民权上着手不可。即以民权主义为我中华民国建国之方针可也",以宪法为立国基础,但《天坛宪法草案》多仿于十八世纪的陈法,是为防止皇帝作恶之宪法,并不适合二十世纪时代,指出"十九世纪以后之宪法,应防民权流弊","吾国宪法应本是以成,始算二十世纪之完全宪法"。

称五权宪法并非自己的发明,而是"中国良好之旧法","中国实为世界进化最早之第一国",希望民国成立七年后,早日"产生完全优美之宪法,驾于欧美以上,作成一中西合璧的中国","将见各国效我国之成规,抄袭我之宪法,此兄弟所馨香盼祷于诸君者"。(《军政府之新气象》,上海《民国日报》1918年2月24日,"要闻")

据邵元冲记,到者约四百人,随后吴景濂、汪精卫、胡汉民、徐绍桢、戴季陶皆有演说。(邵元冲:《广州护法日志》,《建国月刊》第12卷第6期,1935年6月,第11页)谢持谓,说五权宪法,"和之者希"。(谢持:《谢持日记未刊稿》第3册,第337页)

粤海关情报称,待正式国会召开,"现行使大元帅职权的孙文将被选为南方总统"。(广东省档案馆编译:《孙中山与广东——广东省档案馆库藏海关档案选译》,第132页)

△　任命张仁普为广东高等检察厅检察长,秦树勋为广东高等审判厅长。(《任张仁普为广东高等检察厅检察长令》等,中国国民党中央委员会党史委员会编订:《国父全集补编》,第517页)

△　陈炯明来电,告知收到莫荣新5日电(电中转译岑春煊3日

电），但未见到李纯31日电。赞同如果李纯的提议"果不戾于我诸义师公同之旨向"，"自可筹议，促进和平，早息兵争"。（《护法要人之和平主张》，上海《民国日报》1918年2月24日，"要闻"）

△　徐朗西、寇遐、李含芳、王鸿宾、周愚夫、刘治洲等由沪来电[1]，报告陕西军情。混成团长胡景翼、骑兵团长曹世英已于1月26日晚，以军政府陕西靖国军名义，在渭北宣告讨逆，先后占领三原、翰县等处，不日会同杨振彪、刘锡麟、耿直等军，进取西安。（《军政府公报》第47号，1918年2月15日，"函电"）

曹世英、胡景翼等随后来电（以军政府陕西靖国军司令名义），历数陕督陈树藩之罪恶，报告于1月25日[2]率所部"高举义旗，进据三原，陈师河北，直逼西安，为西北特树风声"，与东南遥相策应，"企候明教"。（《军政府公报》第49号，1918年2月23日，"函电"）

2月8日　晚，在大元帅府宴请日本领事太田喜平、副领事冈田兼一、书记官米内山庸夫、海军少佐盐岛美雄[3]、陆军大尉依田四郎、陆军中佐管谷荣、台湾银行长小笠原三九郎、三井洋行长冈崎省藏及数位日本军官，莫荣新、伍廷芳、唐绍仪、程璧光、李烈钧、胡汉民、张开儒、郭松年、吴景濂等出席，至九时许方散，"备极一时之盛"，"其热闹状况实自有元帅府以来所仅见"。（《军政府之新气象·宴会》，上海《民国日报》1918年2月24日，"要闻"；广东省档案馆编译：《孙中山与广东——广东省档案馆库藏海关档案选译》，第133—134页）

同日，松井石根致电给日本参谋次长田中义一，希望前赴广东，并望"就有关日本援助南方派的必要条件及其他问题，给予详细的指示"。松井还对日本政府援助段祺瑞提出异议。（《松井中佐致参谋次长电》，章伯峰、孙彩霞：《北洋军阀（1912—1928）》第3卷，第1034—1035页）

---

①　此电9日收到。黄季陆主编《革命文献》第50辑第342—343页亦收录，但文字稍有出入。

②　原文如此。本电无日期。

③　《民国日报》印作盐坞美雄，谭人凤日记则作盐岛美雄，（石芳勤编：《谭人凤集》，第294页）似应为盐岛美雄。

△　特任戴季陶代理大元帅府秘书长。(《军政府公报》第48号，1918年2月18日，"大元帅令")

任命李元白为四川调查员①。准居正呈请任命陈承经、王荫槐、彭年为佥事。(《任李元白为四川调查员令》等，中国国民党中央委员会党史委员会编订:《国父全集补编》，第518页)

△　批复刘柱石、朱大同等人请设保卫局的请求，认为"省河护卫商旅，既属原有保商卫旅营，自未便再事纷更，致惑观听"，不准其创设保卫局的请求。(《军政府公报》第45号，1918年2月8日，"大元帅批令")

批复海军学校学生李锡熙等呈文，称"所陈各节，现正派员查办，候查复后再行核办可也"。(《批李锡熙等呈办各节令》，中国国民党中央委员会党史委员会编订:《国父全集》第4册，第276页)

△　致电唐继尧，称从3日来电中得知克复叙城的消息，而且"安、岳等处次第皆下"，深为欣贺，致电祝捷。(《军政府公报》第47号，1918年2月15日，"函电")唐继尧来电中称叙府克复是袁祖铭、丁泽煦军队之力，"此足与昨日李国定电印证矣"。(邵元冲:《广州护法日志》，《建国月刊》第12卷第6期，1935年6月，第10—11页)

△　复刘显世1月来函，称赞其函中"化畛域而免分歧"之意。

谓"今大局纷扰，群情望治，文甚愿北庭悔祸，依法解决诸问题"，然北方政府仍黩武穷兵，甚至"复辟风炽，徐、段诸逆不惜牺牲国家，孤注一掷"，希望刘"鼓舞前敌，早日出兵夔、峡"，称自己亦将督师征闽，沿海而江，"以期会猎中原"②。(《军政府公报》第45号，1918年2月8日，"函电")

△　湘粤桂联军总司令谭浩明连来两电。

---

①　谢持不值李元白的为人，称此任命是借机疏远。李元白请谢主张委任其父李国定(静安)为招讨使或其他名义，谢托辞不从。(谢持:《谢持日记未刊稿》第3册，第336页)

②　此函未署日期，登载于2月8日出版的《军政府公报》第45号，函中有"乃者冯氏南下"，孙于1月28日得知冯国璋南下消息，故此函应作于1月28日至2月8日间，暂系于此。

其一对李纯 1 月 31 日重促和议电文表示"极度赞同",称"区区之心,希望和平解决,固始终不稍移易。故至长沙而即止,至岳州而再止","一俟取消主战之令,即当依据法理,提出适当条件,俾大局易于解决,并望各省护法诸公,海内爱国人士,一致主持大局"。(《军政府公报》第 47 号,1918 年 2 月 15 日,"函电")

另一电复 2 月 1 日嘉贺其攻下岳州的去电,称岳州"坚垒深沟,负嵎自固,攻取之势本不易言","所赖前敌诸将士敌忾同仇,奋死冲击,五日剧战,遂下坚城"。针对北军三路进兵计划,宣言"此间亦惟厉兵秣马,以待决最后之胜负耳"[①]。(《军政府公报》第 47 号,1918 年 2 月 15 日,"函电")

△ 报载蓝天蔚、徐绍桢奉孙中山密令,"又行北上,分赴鲁、奉等省,意图扰乱",参陆办公处"日昨通电,各省一体严拿"。(《中央通缉蓝徐》,《顺天时报》1918 年 2 月 8 日,"时事要闻")

△ 非常国会开谈话会,讨论军政府改组事件。伍廷芳、唐绍仪、程璧光三人提出《中华民国军政府组织大纲修正案》草案。会上"争论颇烈",谢持发言甚多,认为"主张办法已占胜著矣",然因田桐提出表决方法,"自没全军",叹"用兵者之覆败,非敌败之,皆自败也"。(谢持:《谢持日记未刊稿》第 3 册,第 338 页)

伍廷芳等三人于开会前联名致电西南军政要人,称经与孙中山、莫荣新及在粤军政各界往返磋商,拟定修正案七条,主要是将军政府之单独制改为合议制,设政务总裁若干组成政务会议,议决事件,及护法各省各军派代表组织联合会统筹军事。本日非常国会议员将开谈话会讨论,"大约可得多数同意"。

9 日,三人及吴景濂联名致电西南军政要人,报告 8 日国会非常会议谈话会情形,称经大多数议决,大纲为:一、用合议制,改组军政府;二、以改组之军政府,对内对外,执行政务;护法各省联合会,认

---

① 电文日期署"唐",疑为"庚"之误。暂系于此。

为军事机关,属于军政府。故通电各方"征求同意",希望各方从速赞成,"俾统一机关早日成立",以对抗北京政府。(莫汝非:《程璧光殉国记》,沈云龙主编:《近代中国史料丛刊》第57辑,第84—87页)护法各省联合会改为军事机关一事由汤漪提出,记者认为"此次能举联合一致之效,实由各方面皆能以大局为重,牺牲意见所致。此实西南形势上变迁之一大纪念也"。(《西南护法联合会之波折》,上海《中华新报》1918年2月19日,"紧要新闻")

杨永泰亦称"改组之案,实先得军府同意,然后发齐、佳两电征求各省赞同"。(《广东改组联合政府之经过谈》,《新闻报》1918年4月14日,"紧要新闻")

据孙中山4月20日致陈炯明电,则称在美领事反对西南联合会议后,伍朝枢来商改组问题,"直以违法拒绝之"。后来对方请唐绍仪来省调和,出改组条例,"文顺笔改其'联合'二字为军政府","唐始有难色,乃持归示伍,甚满足"。第二天提交国会,"立欲国会通过,称为经文修改者以惑众,众多为所动,几败乃事矣。为时过促,不能通过。后各议员来问文,文以实答之,故国会搁之为悬案"。(《致陈炯明辟改组军政府事电》,中国国民党中央委员会党史委员会编订:《国父全集》第3册,第557页)

此事既非孙中山一派亦非桂系的主张,故两电发出后,各方反应冷淡,"去电月余,各省各军迟迟不复,湘中来电,且有深滋疑虑者"。(《广东改组联合政府之经过谈》,《新闻报》1918年4月14日,"紧要新闻")2月14日程潜发电表示反对,"陈述长、岳已如何得利,政局应如何收束,不宜复设机关与北方对峙,致碍和议之进行"。程潜15日再次通电,称改组军政府三不可行,联合会议"现虽未正式开会,而精神实际已贯彻",反对与军政府合并;20日谭浩明、程潜联名通电,更是直称应"以联合会议主张一切,况联合会议业经成立宣誓遵守,尤利进行",设立政府之事可缓图。(莫汝非:《程璧光殉国记》,沈云龙主编:《近代中国史料丛刊》第57辑,第88—89页)程潜、谭浩明之反对改组,主张坚持西南联合会议，"实系桂系的授意"。（蒋永敬：《民国胡展堂先生汉民年谱》，第 220 页）随后伍廷芳、唐绍仪仍"迭电程、谭诸君，为之解释。待至长岳失守，北方和平之假面具，完全揭破，始再无反对之议者"。（莫汝非：《程璧光殉国记》，沈云龙主编：《近代中国史料丛刊》第 57 辑，第 90 页）

随后唐绍仪筹划赴日，军政府改组事又被重提。3 月 1 日王正廷自上海致电徐谦、胡汉民、吴景濂、林森、汪精卫、褚辅成、汤漪诸人，称"改组军政府宜从速进行"，"此举为全体声誉所系，对内对外均为紧要，能即日确定为妙，俾少川得早达赴日之目的"。（《王正廷致徐谦等函》，《近代史资料》总 42 号，第 6—7 页）同为益友社议员的王正廷、吴景濂、褚辅成、张继（正在日本活动）等人事实上一直在筹划军政府的改组以促进南北和议，与政学系议员杨永泰、汤漪等人相互声援。

2 月 9 日　得知冯国璋托外国公使调停国内战争的消息，嘱通知议员次日到大元帅府筹议应付之策。

因秘书处无人，谢持（已卸代理秘书长之职）代写一函，"不图竟以此函修词失体，吴廉伯电沮议员到会，且其中外交委员报告又误为交涉员罗诚报告，一画而铸三错"，"陷大元帅失其尊严"。此后数日，谢持因此失误不敢来见，请吴山代达歉忱。（谢持：《谢持日记未刊稿》第 3 册，第 340 页）

△　湖北靖国军第一军总司令唐克明连来两电。

其一长篇痛诉湖北督军兼省长王占元的十大罪状，称"凡在天下，靡不均知，其余隐恶私奸、诡谋秽德，罄竹难书，更仆难数"，"克明虽败北之将不足言战，敢腼颜整率士卒，誓复荆沙，歼灭北丑，指日可待。总之，武昌一日不下，则西南大局一日不安，王逆一日不死，则克明之胸一日不释，伏冀诸公按罪据法，勿使漏网，务须食其肉而寝其皮，庶足以寒逆胆而靖妖气"。（《军政府公报》第 50 号，1918 年 2 月 28 日，"函电"）

另一电复 2 月 1 日去电，称"职军前经败挫，人人愤慨，卧薪尝胆，志切复仇”，“现与敌军对峙，一俟援军齐到，即当前进猛攻”，“承示北虏三路进兵之计，克明早已闻知，望我公及陆、谭诸公善为规划，破此奸谋”。（《军政府公报》第 48 号，1918 年 2 月 18 日，“函电”）

14 日，邵元冲代拟复电，“告以军事近情，并奖励其努力讨逆”。邵又拟复夏之时自重庆来电，“意亦略同”。（邵元冲：《广州护法日志》，《建国月刊》第 12 卷第 6 期，1935 年 6 月，第 12 页）

2 月 10 日　午后 2 时，招国会议员来商榷外交问题，称“法、美各公使受冯国璋意旨，令其驻粤领事与军府磋商议和条件”。（邵元冲：《广州护法日志》，《建国月刊》第 12 卷第 6 期，1935 年 6 月，第 12 页）

△　因上海方面情势变迁，“未便遽事进行”，下令撤销夏芝芳驻沪调查员职务及朱廷燎苏沪总司令职务，“即行取消，停止办理”，两人任命状“着即交丁仁杰收回缴销”。（中国国民党中央委员会党史委员会编订：《国父全集》第 4 册，第 276－277 页）

同时致函孙洪伊，告知两人职务撤消事，称朱的任命是“当日因湖南议员诸君再四恳求，故照准任命”，“现在苏、沪方面，既无特别军事进行之必要，自应照手书①所云，取消任命”，表示“上海方面一切事件，统由尊处全权处理，以归划一”。称“今日盛传长江方面形势日佳，皆系我兄鼎力之果”，希望努力进行，俾大局早定。（中国国民党中央委员会党史委员会编订：《国父全集》第 3 册，第 512 页）

△　复李纯 1 月 31 日通电，称“此次战衅重开，罪在北京当局无悔祸之诚，故平和之声甫唱，旋即躬为戎首。西南为自卫计，不得不为相当之应付”，重申“所主张者，只废除一切不法命令，回复约法效力与国会以永久之保障”。（《军政府公报》第 47 号，1918 年 2 月 15 日，“函电”）

△　张开儒报告陆军部筹办情况，委任孙天霖、段定元、王灿章、张舰安、李月秋、秦天枢、曹铭等七人为陆军部筹办员。（《军政府公

---

①　孙洪伊 1 月 31 日来函，此函未见。前一日，谢持与邵元冲因朱廷燎事起冲突，各有主张。（谢持：《谢持日记未刊稿》第 3 册，第 339 页）

报》第 50 号,1918 年 2 月 28 日,"公文")

2 月 11 日　复王文华 2 月 4 日来电,对军政府前途持乐观态度。

称军政府成立以来,"元帅及各部总长皆不就任","西南各省,又未协同一致",因此"始终未尝通告各国,求其承认"。之前的西南联合会议欲求外交团承认,"各国领事闻其条例未经国会通过、军政府承认,乃谓此无异天津督军团,而拒绝之"。军政府"前途现象,日趋光明","倘能由兄处主张,联合黔、滇、川各省军民长官及诸将士,一致主张,表示拥戴军政府,承认大元帅,则一切困难,皆可迎刃而解",请王劝唐继尧即日宣布就元帅职。

同意王所请,将军政府发行债券供其在川行使。(《致王文华盼联合黔滇川各省拥戴军政府并促唐继尧就元帅职电》,中国国民党中央委员会党史委员会编订:《国父全集》第 3 册,第 513—514 页)

△　莫荣新来电,对李纯 1 月 31 日通电、谭浩明 2 月 8 日电进行回应。称"顾全大局,诸公既具同情,息事宁人,宁非荣新素愿",表示"中央果能表示和平诚意,大局即不难得根本解决",自己"严勒部众,以待后命"。(《军政府公报》第 47 号,1918 年 2 月 15 日,"函电")

2 月 12 日　英、法、日三国领事来访。

之前冯国璋向三国公使请求"出面调停并设法解决纠纷",三国驻粤领事因此"拜会孙文,征询他的意见和愿望"。答曰:临时政府是非常国会建立的,因此,未经非常国会同意,无论对于战争还是对于和平,他都不能发表意见。随即,将领事来访一事通知非常国会,"要求举行全体会议审议这个问题"。(广东省档案馆编译:《孙中山与广东——广东省档案馆库藏海关档案选译》,第 132 页)

三国领事又于 2 月 21 日拜访莫荣新、李耀汉,"劝他们通过互谅互让同北方达成妥协"。(广东省档案馆编译:《孙中山与广东——广东省档案馆库藏海关档案选译》,第 135 页)

△　任命张我华[①]、张兆辰为大元帅府参议,彭素民为大元帅府秘书。(《军政府公报》第48号,1918年2月18日,"大元帅令")

任命罗剑仇为湘西军事委员。(《任命罗剑仇为湘西军事委员令》,中国国民党中央委员会党史委员会编订:《国父全集补编》,第519页)

△　川北招讨使石青阳来电,报告2月10日至11日战况,即将"窥取射洪""会攻中江"。(《军政府公报》第51号,1918年3月4日,"函电")

△　大元帅府参议王安富来电[②],报告其经酉、秀、黔、彭四县官绅共推为靖国军总司令,已于2月11日宣布就职,"袍泽相关,理合电闻,即希指示方略,共策进行"。(《军政府公报》第49号,1918年2月23日,"函电")

2月13日　议员二十余人来见,讨论军政府改组。孙谓:研究改组之利害,害多而利少,个人进退尚待熟思。

谢持亦来谒,谓窥此语意,"是决定与陆荣廷辈共图国事也"。谢提出国会期迫,筹备尚未着手,莫荣新别有用意,应促伍廷芳先就外交总长职,"庶国会如期而集,而改组之议未实行以前之岁月,亦不至坐失之也","众皆曰然"。14日,谢持往促伍廷芳就职,未果。(谢持:《谢持日记未刊稿》第3册,第343、344页)

△　复刘显世8日来电。

刘氏来电中称宜"积极准备战事",川滇黔联军已积极向成都方向前进,询问援闽军能否"分出湘中"。

复电谓"此间攻闽之举,所以固粤防,且促浙动,以闽如不得手,浙力万难自动也",不主张分出兵力援湘。重申"至大局根本问题,在由国会自行召集正式国会,依法解决国事,则其余支节皆不难迎刃而

---

①　《国父全集补编》第519页改为张义华,似误,应为张我华(安徽人,民国参议员)。

②　原电日期为"支"(4日),但从内容看,此电发出应在2月11日之后,"支"疑是"文"(12日)之误。但《军政府公报》第50号刊载复电,亦称此为"支电"。《各方致孙中山函电汇编》第3卷第262页疑为旧历正月初四(2月14日),但一篇电文用两种历法,似不太可能。暂系于此。

解矣"。

同时致电陈炯明,告知刘显世来电及复电内容。(《复刘显世赞同备战由国会解决国事电》等,中国国民党中央委员会党史委员会编订:《国父全集》第3册,第514—515页)

△ 吴宗慈在毕节唐继尧行营"接孙先生数电,促返粤",吴于是与唐继尧商,唐氏约其同往重庆,吴以不便坚却,暂缓返粤。(吴宗慈:《护法计程》,黄季陆主编:《革命文献》第49辑,第455页)

△ 陈炯明从漳州发来通电,告知"本日午后二时十七分本埠地震,居民颇有损伤,房屋倒塌不少,刻下市面安堵如常,知注特闻"。(《广东公报》第1689号,1918年2月22日,"公电")

2月14日　谢持来见,携来上海孙洪伊、张百麟关于山东情形的两函。(谢持:《谢持日记未刊稿》第3册,第344页)

△ 复陈炯明2月7日来电,告知复李纯31日电文大意。

李纯31日通电请西南义军复电"表示主和主战,以便与北京当局再行交涉",将复以"文与西南将帅均望和平,始终如一。所主战者为废除不法命令,回复约法效力与国会以永久之保障。国会能完全行驶职权,一切纠纷,不难依法解决云云"。

并告知"昨得沪电,冯君玉祥已进兵攻下安庆,陕西曹、胡两司令会兵十七营攻西安"。(《护法要人之和平主张·只求依法解决·孙大元帅》,上海《民国日报》1918年2月24日,"要闻")

15日陈炯明致电西南各要人,称仍未见到李纯电文,"既未悉其内容,自无从表示赞同"。认为北方毁弃约法,近期复又宣战,"将何以弭乱息争"? 重申要坚持护法,也愿意早泯内讧,共御外侮,"诸公明达,谅有妥善解决之方,炯明无不乐从也"。(《陈炯明表示坚持护法电》,中国第二历史档案馆、云南省档案馆合编:《护法运动》,第408页)

△ 复刘显世2月9日两电,认为刘回应李纯之电,"主张与文甚同",并将自己复李纯电内容转发给刘。告知13日上海来电冯玉祥发兵攻下安庆,曹、胡率兵进攻西安,称"北方军队中,具护法爱国

之心者,颇不乏人,倘北京当局犹复怙恶不悛,则各省义军力图进取,本护法之决心,求根本之解决,大成功之期,亦必不在远也"。(《致刘显世告各省义军近况电》,中国国民党中央委员会党史委员会编订:《国父全集》第3册,第515页)

△ 石星川、唐克明来电,报告11日击退来袭敌军,将"指日会湘川滇黔各友军进攻沙市","誓必光复旧物,歼除丑虏,以壮我西南声势,而慰诸公期望之殷"。(《军政府公报》第49号,1918年2月23日,"函电")

△ 报载护法海军动向,称"林绍斐自粤来电,称海军已离孙文支配,由陆月拨七万元,尚未能为中央用,元帅府未解散,陆、龙位置请中央主持"。(《时事新报》1918年2月14日,"北京专电")

△ 报载粤军派人至沪招兵传闻,称"闽粤两省近因战事缺少士卒,现派某某等来沪,在某租界内密设招兵机关,派人四出招募,刻已招得一千余人,将次搭轮离沪",卢永祥密令稽查员等驰往调查。(《闽粤派人来沪招兵之传闻》,《时事新报》1918年2月14日,"本埠时事")

2月15日 准居正呈请任命宋树勋、曹利民为佥事。(《准代理内政总长居正呈请任宋树勋曹利民为佥事令》,中国国民党中央委员会党史委员会编订:《国父全集补编》,第519页)

△ 致电上海丁景良,告知"屋毋迁,马由兄处分",询问徐朗西处需款若干。盼蒋介石、徐谦速来粤。告知许崇智率攻闽军前队已抵闽境,询问冯玉祥占领安庆后情形。(《致丁景良告攻闽军队由许崇智率往电》,中国国民党中央委员会党史委员会编订:《国父全集》第3册,第515页)

△ 收到聂守仁2月5日自天津来函。函中历陈谋画陕甘经过,报告北方各派相争的局势。

聂氏在甘肃运动起事失败,被甘肃督军张广建通缉,蛰伏天津租界。报告"冯段交恶,有如冰炭不相容",和议恐属泡影,应趁冯段两派相争,"力图扩张,万不可因和误事,再受人愚"。又谓张作霖图踞东三省,陈树藩为卢占魁等人四五万大军牵制,张广建庸贪之辈,陆洪涛宣布中立,皆"不能以一兵助段也",河南督军赵倜亦有中立之意,"段系分崩已成事实",再"游说曹锟,使与冯合,则张敬尧必能为李纯用","段系无复生机",北洋派即无能为患,"冯曹两氏中付一副总统以豢养之,不久则天然淘汰矣"。

建议急攻闽浙,"为我根据",派人收罗郭坚、耿直等人,联合马安良,"北洋派立见灭亡","总须派人游说耳"。谓甘肃之难以起义,"一由于种族之意见未泯,一由于财力之支付无着",无财尤为首要原因,"倘得十数万以为之斡旋,不难应手成功"。如能统一陕甘,"实行西北主义,驱关中之健儿,开关直下,拊晋之背而捣豫之腹,直隶不能终日矣。必如此而西北主义与西南主义并行不悖,共和乃可保,中华乃能存"。

聂氏谓月内定能南来,面呈详细筹画。(《聂守仁上总理函》,环龙路档案第 13232 号)

△　唐继尧来电,告知因接黎天才、石星川电,以湖北荆襄战事激烈,稍改"原定全力定川"计划,命驻扎夔、万队伍"下趋宜昌,以牵敌势","并酌派部队继续进发",援助黎、石[1]。(《军政府公报》第 47 号,1918 年 2 月 15 日,"函电")

△　黎天才来电,告知接章太炎电(电中请黎任联合会议和代表),坚决反对议和,称"此次西南兴师,系法律上争执,非欲利上冲突","若亟欲以议和为务,必至画虎不成,贻患将来",自己在襄城起兵,将"再接再厉,秣马厉兵,誓捣贼巢"。(《军政府公报》第 54 号,1918 年 3 月 12 日,"函电")

△　石青阳来电,报告于 13 日占领射洪,再图进取;"敌军分两路退遁,一向中江,一向潼□〔南?〕,抵死扼守"。(《军政府公报》第 51 号,1918 年 3 月 4 日,"函电")

△　报载 13 日寺尾亨、今井嘉幸在东京开中国问题研究会,日

---

[1]　原电未署日期,载于本日刊发的《军政府公报》第 47 号。

本贵族院、众议院议员等百余人出席,今井演说中国南北两派之现势,反对寺内政府的援段政策,认为应速承认南方为交战团体;后由旅华归来的水野梅晓演说南北各派之趋势;寺尾亨则详说中国革命之由来,谓此次南北之争"要不过新旧思想之冲突",日本为维持东洋平和,"当然不可不援新派而逐旧派"。并有小川代议士主张以日本民间之有力人物调停南北两派。(《共同通信社电》,上海《中华新报》1918年2月15日,"东西要电";《东邦之中国问题研究会》,上海《中华新报》1918年2月21日,"紧要新闻")

2 月 16 日　吴志馨来函,谓因程璧光命,次日一早要赴黄埔鱼雷局公干,故不能应召。此前吴氏受命"明日上午九钟前同毛仲方少将到府",已经转知毛氏,但自己届时不能赴会,希望改为当晚或后日赐见。批示:"照约来见。"(《吴志馨上总理呈》,环龙路档案第 03035 号)吴氏因 1 月 3 日炮击事件,已被免去豫章舰舰长一职。

△　刘存厚以川军全体将领的名义发表领衔通电,将四川方面的护法战争,称为因滇、黔在川军队"因主客感情偶伤,致启兄弟阋墙之衅","实系省界猜嫌,于南北主张并无服从反对之可言"。又宣言"今惟有与西南各省一致进行,拥护约法,共维国本",以期"解除川省之战祸",促进和平。

唐继尧批此电"措词毫不落边际,狡猾已极"。(《刘存厚等愿与西南各省一致拥护约法通电》,中国第二历史档案馆、云南省档案馆合编:《护法运动》,第 324 页)

△　报载大元帅府将设立援闽军大本营,"孙文以征闽各军集中潮汕,克日大举进兵,特与各部伪总长议决,在士敏土厂内附设大本营,日内即行成立云"。(《南军征闽之进行》,《顺天时报》1918 年 2 月 16 日,"时事要闻")

2 月 17 日　上午,偕众游白云山并野餐。

同行者有宋庆龄、邵元冲、谢持、吴铁城、戴季陶及女宾、秘书、参军、卫兵等五十余人。驻守白云山的桂军排队致敬。"众皆餍饫欢愉,觉有郊外行军风味也。"(邵元冲:《广州护法日志》,《建国月刊》第 12 卷第 6 期,1935 年 6 月,第 12—13 页;谢持:《谢持日记未刊稿》第 3 册,第 347 页)

△　陈炯明来电,报告援闽粤军情况。

称"北派仍欲以武力鞭笞天下,已无疑义",李厚基部连续来袭,其"奉密命再寇我疆,已露端倪"。本部应克日前进,但是叠奉莫荣新、谭浩明、岑春煊各人电,"均以统筹全局,暂取守势为词",于是"两旬于兹,迄未差发,军心郁愤已极"。(《军政府公报》第 49 号,1918 年 2 月23 日,"函电")

△　川军第一师师长徐孝刚、第三师师长钟体道等十八名川军将领来电,提出对于目前川局的主张。

历数辛亥以来,四川频受祸变,"其实护法主张莫非一致,徒以双方事机间多舛误,畛域之见遂以日深,言念及此,良为浩叹"。"今幸靖国各军煌煌宣言,川事由川人自主,决无侵犯之心",刘存厚 31 日通电"亦愿牺牲名位,推让贤能","是双方已得事理之平允,宜共结辅车之势"。称熊克武"功在民国,望重西南,维持川局深费苦心",一致推戴熊克武"用主川军"。(《军政府公报》第 50 号,1918 年 2 月 28 日,"函电")徐孝刚等人同时通电宣布与刘存厚脱离关系,"以后凡刘前督一切文电,列有刚等名义者,概作无效"。(《徐孝刚拟于资中筹饷后移驻荣威电》,中国第二历史档案馆、云南省档案馆合编:《护法运动》,第 269 页)

之前与刘存厚议和时,刘显世、唐继尧商量,认为应由熊克武商令徐、钟及旅长以上诸人"宣布与南方一致"。(《唐继尧鉴于荆襄告急及各方迭电请和拟允停战征询意见与刘显世等往来密电》,中国第二历史档案馆、云南省档案馆合编:《护法运动》,第 309—310 页)2 月初,川军第一、三师即分别派代表与熊克武接洽。(《熊克武报告川军一三两师派人接洽议和问题密电》,中国第二历史档案馆、云南省档案馆合编:《护法运动》,第 315 页)

22 日复电,赞扬诸将领"明大义,矢志护法,不胜钦感",重申"民国根本在于约法,而中心在于国会",勉励"努力进行,俾约法效力速复为祷"。(《军政府公报》第 50 号,1918 年 2 月 28 日,"函电")

　　唐继尧则认为徐孝刚等人"一面派员接洽表示向南,一面分兵反攻乐至,所言绝不可信",16 日命川、滇联军"如届时未能确切表示,我军应照计划一致进行"。(《唐继尧以徐孝刚反攻乐至请饬赵又新等向机一致进攻密电》等,中国第二历史档案馆、云南省档案馆合编:《护法运动》,第262、264 页)2 月 27 日唐继尧致电吕超,认为"如徐、钟等尚无诚意,不难设法歼除也"。(《唐继尧令徐钟所部移驻仁寿以便两资与简阳联军联为一气密电》,中国第二历史档案馆、云南省档案馆合编:《护法运动》,第 276 页)

　　同时,唐继尧、刘显世密电往来,商定由熊克武主持四川军民两政。(《刘显世建议刘存厚交出军政两权密电》等,中国第二历史档案馆、云南省档案馆合编:《护法运动》,第 330—332 页)

　　△　石青阳来电,认为刘存厚并无议和诚心。

　　刘存厚部下虐杀议和代表向绀怀事,"电刘诘责,置之不理",刘部更有残杀战俘的暴行。16 日查到彼部信函,称中央任刘存厚兼国军一十[①]师师长,"就二师编充",准备进攻叙城。称"中央电日日言和而致力如此,宁有丝毫诚心耶"?(《军政府公报》第 51 号,1918 年 3 月 4 日,"函电")

　　石青阳同时发表致西南军政要人通电,内容大致相同。(《石青阳关于川局之要电》,上海《民国日报》1918 年 3 月 5 日,"要闻")

　　△　冯国璋下令公布修正之《中华民国国会组织法》《参议院议员选举法》和《众议院议员选举法》。据称冯国璋同意颁布,"不过在缓和段派之感情",将来和议欲获有利之地步或目的达到后,"再发布命令取销此次所布之各法条亦未可知"。或称"政府将于三个月内召集新国会"。(上海《中华新报》1918 年 2 月 19 日,"命令";《东方通信社电》,上海《中华新报》1918 年 2 月 19 日,"东西要电")王士珍随即于 19 日称病辞职,20 日由钱能训代理总理,北方主战派倒阁目的达到。

　　2 月 18 日　金幼舟来见,"请示方略"。

────────

　　①　上海《民国日报》1918 年 3 月 5 日登《石青阳关于川局之要电》中则为"二十"。

谓金氏曰:冯玉祥并无正式通电,其攻下安庆的消息不知是否准确,即使是真的,则冯志在全皖,"决不容异军突起";因此金幼舟返皖无济于事,不如随许崇智到闽;闽、浙定后,再率一军赴皖,"为势顺也"。"幼舟无言而退。"(邵元冲:《广州护法日志》,《建国月刊》第 12 卷第 6期,1935 年 6 月,第 12—13 页)

△ 咨文国会非常会议,请讨论设立大理院并选举院长"是否有当"。(《军政府筹设大理院》,上海《民国日报》1918 年 3 月 4 日,"要闻")

先是,内政部以护法各省"欲期克尽保护人民之责任,为人民谋享受法律保护之幸福,舍从速设立最高终审机关之大理院,其道无由",为完善司法机关,呈请由大元帅咨请国会,仿照美国,由国会组织大理院及选举院长。(《军政府公报》第 49 号,1918 年 2 月 23 日,"公文")

3 月初,提交大理院组织大纲,咨请国会非常会议讨论。(《军政府公报》第 52 号,1918 年 3 月 5 日,"咨文")6 日,国会非常会议开会讨论,"即付审查"。14 日再次开会,提交审查报告,称"此案经众讨论决议,俟国会正式开会后再议","至目前对于应设终审机关,可由军政府按照法院编制法办理"。(《军政府公报》第 72 号,1918 年 4 月 17 日,"咨文")

随后居正呈文,提请按照法院编制法,先行组织大理分院,于广东高等审判厅内设立广东大理分院,简任广东大理分院监督推事、监督检察官各一员,由该员等"迅筹进行,庶粤省司法前途日臻完善"。(《军政府公报》第 64 号,1918 年 3 月 27 日,"公文")

4 月 13 日,命居正体察,如有设立终审机关之必要,"即拟具办法,呈候令遵"。(《军政府公报》第 72 号,1918 年 4 月 17 日,"命令")

△ 由邵元冲拟批令一通,驳斥闽南军司令林祖密改称总司令之请,令其所部归粤军直接统辖。(邵元冲:《广州护法日志》,《建国月刊》第 12 卷第 6 期,1935 年 6 月,第 13 页)

△ 湖南省议会来电,控诉十万麇集湖南的北军暴行。北军奸淫杀戮,纵火抢劫,"到处廛市为墟,衡山、岳阳受祸尤烈","盖其将领之统帅有方,不为民害者百不一二"。(《军政府公报》第 48 号,1918 年 2

月 18 日,"函电")

△　陈炯明来电,报告就任惠潮梅军事督办。

因刘志陆"奉调讨龙,奉队返省",所遗潮梅镇守使一职,莫荣新前委于陈,陈以"援闽任重"而辞。莫再以暂设惠潮梅三属督办机构,"三属治安完全付托",陈推辞不获,将于 19 日就职视事。(《军政府公报》第 50 号,1918 年 2 月 28 日,"函电")

报载刘志陆在潮州设筹饷局,对抵达潮州的滇军"饷项并无何等商榷",滇军以其无诚意,"大生冲突",莫荣新请陈炯明赶往调停,将刘志陆调赴高雷。(《粤闻述要》,《时事新报》1918 年 2 月 15 日,"内外要闻一")

《申报》有评论,认为"陈炯明之开拓地盘,崭然树一独立之局,此举亦颇奇异"。陈炯明以攻闽总司令之名义而出发,然到潮汕以后,"军政、财政皆归独断,颇有割据一方之势","陈炯明之态度极为难测,其与孙中山关系原不甚深,将来果属于孙与否难言也"。(平生:《广东奇妙之政局》,《申报》1918 年 2 月 24 日,"要闻二")

△　报载李耀汉致电中央,"报告孙文自命为中华民国讨北陆海军大元帅,不日即由广州起程赴闽南指挥粤军向北进攻"。(天津《益世报》1918 年 2 月 18 日,"北京快信")

2 月 19 日　上午,军府会议讨论审判厅事,决定先将广州高等两厅完全接收,再议大理院。(谢持:《谢持日记未刊稿》第 3 册,第 349 页)

△　致电陈炯明,告知据确实报告,张作霖派兵南下援闽,已有六百人于 16 日由秦皇岛出发,其余尚有一百六十人将南下。称"闽事关系全局,北方陆续加兵,愈迟则敌力愈厚",催促陈迅速进行。(《致陈炯明促速出兵入闽电》,中国国民党中央委员会党史委员会编订:《国父全集》第 3 册,第 516 页)

△　命秘书处致函李锦纶,托其代为参加 22 日广州青年会举行的欢迎艾迪博士宴会。(《大元帅府秘书处致李锦纶函》,环龙路档案第 03061 号)

△ 湖北靖国军第一军总司令唐克明来电，报告西南时势日益发展，所部"经湘军毅力维持，军气颇振"，目前双方处于停战状态。（《军政府公报》第50号，1918年2月28日，"函电"）

△ 四川靖国军总司令黄复生、副司令卢师谛，川北招讨使石青阳来电，报告联军讨伐刘存厚进展顺利。

称川军"一、三各师亦多与义军接洽，表示一致"，刘迫不得已，于31日通电"愿将川中军政交付熊总司令，释甲归田，以息战祸"，联军遂"分饬停战，促其解职"。但刘存厚又于16日发表通电"表示向南"，黄复生等人质疑此通电是否真实。认为刘手段欺饰诡诞，该通电中"竟谓以前战争实系省界猜嫌，于南北之向背，无服从反对之可言，川滇问题不能牵入南北等语"，且伪造早已与靖国军联络的一、三各师旅长刘湘、陈能芳、混成旅刘成勋等人联名。主张应不承认此通电。痛斥刘存厚"荒诞已极，罪骈异于诛心，事皆可以征实。至其糜烂桑梓，流毒全蜀，哀鸿载道，城市为墟，尤可谓拔西山之竹书罪无穷，决东海之水洗恶靡尽者矣"[1]。（《军政府公报》第55号，1918年3月13日，"函电"）

2月20日　谢持来，受席正铭（丹书）之托，"白其妇之困苦"。席因嫌疑被系狱中。予金二百，交谢持汇寄上海席家。（谢持：《谢持日记未刊稿》第3册，第350页）

△ 致电章炳麟、黄复生，告知接到叙府4日发来署衔靖国川南民军总司令何绍城[2]暨郑鸣九、徐鉴臣等通电，电中称于2月1日就职举兵。询问此军究竟是何系统，此间应否复电。

22日又致电卢师谛，告知何绍城等人来电，询问其等为人如何、受何人委任、该军内容实力系统如何。（《致章炳麟黄复询何绍城等就职举兵事电》等，中国国民党中央委员会党史委员会编订：《国父全集》第3册，第516—518页）

---

① 此电为通电，参阅：《黄复生等反对与刘存厚议和通电》，中国第二历史档案馆、云南省档案馆合编：《护法运动》，第339—340页。

② 后文又有作"何绍培"。

△ 广东水鱼雷局全体员兵来函,请维持局长周淦职位。

称周苦心孤诣,组织地雷队支持援闽援湘,而莫荣新下令将其调省另委他任。(《广东水鱼雷局全体员兵上总理函》,环龙路档案第 02690 号)

之前,海军舰队人员以周淦"时患神经病,恐与泊黄埔诸舰或生误会,常以为虑",程璧光与莫荣新商量将周氏撤职。22 日前后,程璧光接到匿名信,以周淦去职事"归怨公,限二十四小时答复,否则有相当对待等语"。(莫汝非:《程璧光殉国记》,沈云龙主编:《近代中国史料丛刊》第 57 辑,第 100 页)

程璧光于 26 日被刺后,周淦与海军学生十数人因此被疑,由督军署派人缉拿至警厅讯问。(《捕获程案嫌疑犯之详情》,上海《中华新报》1918 年 3 月 12 日,"紧要新闻")

△ 陈炯明致电西南要人,称接到莫荣新 19 日电,"当经勉励各军,相机防剿"。张作霖派兵南下已得确报,前敌报告北兵有进攻之势,"已准备迎击,以观其后"。(《陈炯明决定迎击来自闽省之敌军电》,黄季陆主编:《革命文献》第 50 辑,第 201 页)

陈炯明另一电对陆荣廷 5 日电"允出任军事",表示欣幸。称"现在粤桂既已会师讨龙","蠢尔小丑,不难荡平"。表示如有需要,"炯明当即分点助剿,以除内患"①。(《陈炯明赞成讨龙济光电》,黄季陆主编:《革命文献》第 50 辑,第 202 页)

△ 许崇智来电,报告在潮州招集民军情况。

称"此间现可招集民军二营②,枪支完备,子弹每枝得三百左右。官兵倾向军府,愿随智部征闽",预计"入闽后,饷糈智可担任"。但目前"伙食应用,无从筹借",询问可否"汇五六千元来潮,以应急需,而资发展"。(《许崇智自潮州上国父报告招集民军征闽电》,黄季陆主编:《革命文献》第 50 辑,第 202 页)

---

① 陈炯明此两电,《革命文献》收录时以"孙大元帅……鉴"抬头,可见此电不只发给孙,应是同时发给孙、莫、陆等人。

② 应即滇军夏述唐部下。

△ 收到孙洪伊、蒋介石、张静江、周震鳞、徐谦联名致军政府诸人电。

电中对"督军问题"表示关注，称"观推举之电，仍出自李[①]，与龙祸颇同臭味"，认为莫荣新"为桂军之较良者，苟能敛其骄气，尚宜示以诚心，使之共□□护法，就我范围"。目前军政府"蒸蒸日上"，对莫"宜予维持，以收桂人之心"，如果"或致桂军心灰，向北求和，转害大局"。(《孙洪伊等陈述军政府对桂军应取之态度致国父电》，黄季陆主编：《革命文献》第 49 辑，第 136—137 页)

前数日报载程璧光有督粤传闻，记者认为"孙中山氏亦以莫荣新与民党意见并无何等扞格，且莫氏在广东亦颇有名望，值此时局，与其推实力微弱之程氏为督军，反不如仍旧以莫氏担任，于维持广东秩序上更为便宜云云"，"由此观之，程氏之督军说恐不能实行"。(《程氏督粤难实行》，《顺天时报》1918 年 2 月 17 日，"时事要闻")另一报道广州"某民党领袖"对某外人云"莫荣新与民党感情极亲密，于主义上完全一致，本省人民对于莫氏之舆望甚盛，故此时如以实力不充足之程璧光为督军，返足致时局于纷纠不可收拾。余从此见地，缅怀时局，极希望维持现状，且信陆荣廷之意见亦与余一致"。(《东方通信社电》，上海《中华新报》1918 年 2 月 16 日，"东西要电")

孙洪伊等人主张联合莫荣新、对桂系妥协以维持军政府，3 月 22日汪精卫来电亦重申此意。军政府中，胡汉民亦属于此派主张。(蒋永敬：《民国胡展堂先生汉民年谱》，第 221 页)朱执信则向来主张结合李耀汉、李福林等广东军队，甚至联合龙济光方面以应付桂系的压迫。(吕芳上：《朱执信与中国革命》，第 219—222 页)

△ 湖北靖国联军总司令黎天才通电西南各方，反对非法借款。

电中称由岑春煊 11 日电揭露"冯国璋私借军械、币制两种外债，约共五千万，印刷局亦供抵押等因"，号召"一面联名电请驻京各国公

---

① 应为李耀汉。

使停止交款,一面飞电通告前敌将士猛进"。(《黎天才反对非法借款之通电》,上海《民国日报》1918 年 3 月 4 日,"要闻")

△　川军总司令熊克武来电[1],称"迭奉联军总司令及友军文电敦促",定于 21 日亲赴川北督策进行,"俾能短期解决,以副西南群帅之望"。(《川军总司令熊克武致孙中山电》,桑兵主编、何文平编:《各方致孙中山函电汇编》第 3 卷,第 284—285 页)

△　四川陆军第五师第一纵队司令官吕超、团长向传义、彭远耀、喻培棣、王维纲来电,报告已于本日完全克复成都,刘存厚、张澜潜逃,"城内秩序安靖如常"[2]。(《军政府公报》第 49 号,1918 年 2 月 23 日,"函电")

28 日,四川靖国军招讨司令陈凤石来电,报告所部"偕余司令"于 22 日完全占领成都。(《军政府公报》第 61 号,1918 年 3 月 23 日,"函电")

△　四川省议会议员纷纷来电,请求任命熊克武、杨庶堪。

刘扬、胡素民等六十人联名来电,称民国二年以来,熊克武、杨庶堪即举义反抗四川专权之军政两界长官,"时闻歌颂"。"思藉其力巩固民权,盼望有年,末由遂愿",如今刘存厚、张澜败北,"恳即任命熊克武为四川督军,杨庶堪为四川省长,以慰民心,藉息争竞"。(《军政府公报》第 56 号,1918 年 3 月 14 日,"函电")

报载一领衔署名为议员何其义等七十余人之电,内容同此电。又一电由议员游运炽、郭崇渠、杨文华、谢书麟、范春麟署名,称"已由省议会协议,公推熊克武任督军,杨庶堪任省长,业经电恳钧座委任",请"迅布明令,并促熊杨各克期赴任"。(《成都之风云详记》,《申报》1918 年 4 月 1 日,"要闻二")

24 日,署名四川省议会来电,称"今幸战事结束,督军刘存厚、省

---

①　同时通电西南各方,内容基本相同。

②　原电未署日期,应为当日(20 日)所发,据《谢持日记未刊稿》第 3 册第 356 页称此电于 2 月 25 日到军府。而登于 2 月 23 日刊印的《军政府公报》第 49 号,缘由待考。下文陈凤石来电中"余司令"疑为余际唐。

长张澜相率逃去,川局无主",请求"俯顺舆情,任命熊克武为四川督军,杨庶堪为四川省长"。(《军政府公报》第 53 号,1918 年 3 月 9 日,"函电")

　　唐继尧已于 19 日通电西南各将领,称刘存厚交出军政,又得多数川军将领同意,"足见熊君综摄四川军、民两政,众意金同",请熊克武即日在重庆宣布就职。(《唐继尧请熊克武就任川督兼省长电》,中国第二历史档案馆、云南省档案馆合编:《护法运动》,第 337 页)

　　2 月 21 日　任命郑忾辰为大元帅府参议,简书、安克庚、杨惠为山东军事委员。准居正呈请任命陈养愚署理广州地方厅民二庭庭长,葛习昌、蔡承瀛署理广州地方审判厅推事。(《任郑忾辰为参议令》等,中国国民党中央委员会党史委员会编订:《国父全集补编》,第 520 页)

　　粤海关情报员观察到,"孙文正采取步骤,同非常国会议员磋商,争取把广东的一切行政和军事活动都置于他的领导之下";并且,在接管了各法院、委任法院院长后,"拟扩大他的权力,把在广东的这套做法推广到西南各省"。(广东省档案馆编译:《孙中山与广东——广东省档案馆库藏海关档案选译》,第 134 页)

　　△　派人①携函北上,与张敬尧接洽。

　　因张敬尧最近"力主持重,期以息事宁人",故试图与之接洽。函中称赞张"兵略优长,洞明大体",表示西南将帅"素爱和平","万不得已而举兵,所以护法,亦所以救亡",期望"使旧国会重集,约法回复其效力",然后由国会依法解决一切纠纷,可使和平立复。称"执事公忠忧国,谅同此意,尚望同此主张,共匡危难"。(《劝张敬尧协同护法书》,中国国民党中央委员会党史委员会编订:《国父全集》第 3 册,第 516—517 页)

　　张敬尧 7 日发出劝告全国将士之长电,并不积极主战,且提出南北应谋合力对外。电中对西南各派俱加批评,称西南"名为护法,实则暗中分三派,即一武人派,二政治派,三法律派是也",武人派以陆

────────

　　①　据称是同为安徽人的张汇滔。(视野:《淮上军——张汇滔年谱》,第 264—265 页)

唐为首领,政治派以西林为首领,法律派以孙文为首领。

岑春煊"以政治家自命,操纵陆、唐","误以西南一隅称一党派,以外国政党论中之学理,参以中国地域上之感情,牵强附和,指责当道,谓权利当争,南北当分,所持议论,均在约法范围以外,前后通电,可明证也"。孙中山一派则"口不离法,以一介平民,私开国会于广东,名曰非常,自举大元帅而加陆、唐以副元帅之名,不知依据约法何款何条。有此妄举,彼之谬误,在以议员即法律,凡议员所言所行,无非约法"。

认为"旧约法不完不备,因人而设,非宪法速成,不足以维持国本",国会问题应由中央主持,"双方如有意见,只宜交由各省区军民官,缮具条陈,听候采择"。提出南北军队,应不分党派,一律编归国军,合力对外,希由总统速颁明令,通告全国将士,"以前种种,各免追究,以后种种,共相维持"。(《张敬尧劝告全国将士之长电》,《时事新报》1918年2月15日,"内外要闻一")

△　洪兆麟报告其于8日抵达汕头,20日奉援闽粤军总司令陈炯明任命为援闽粤军第四支队正司令官,已于21日就任,"仍乞大元帅随时训示"。(《军政府公报》第51号,1918年3月4日,"公文")其时援闽粤军共编为四大支队,第一支队司令李炳荣,第二支队司令许崇智,第三支队司令罗绍雄。

2月22日　宴请广东商界人士并作长篇演讲。

为革命的破坏力辩护,称"建设在民",但同时国家要负保护和引导、组织的责任。以一战时中、日商业的兴衰对比,认为世界各国,如美、德、日,皆保护农工商,而中国政府则妨害农工商,同时痛陈"今吾国民以有限之金钱,既消乏于外货,复没耗于赌博,不特为国家危险之事,实为人民最危险之事"。面对此种情况,号召众人"不能不负一分政治之责任","以后建设仍须大局合力维持"。乐观表示"军政府成立已及六月,其发展将及于全局","如将来尚有一二野心家破坏法纪,政府可以任之",而其余"一切建设仍靠多数人民为之援助,此则兄弟所期望于诸君者"。(《孙中山提撕商民之演说·商民应负政治责任》,上海《民国日报》1918 年 3 月 3 日,"要闻")

后来有报纸评论称,"在军政府如此奇穷,不能不有所设法,故二十一〔二〕日特请九善堂商会各代表在府宴会,大吹其护法之伟伦,盖以请春茗之名义而实行其筹款之运动者也。惟粤省近年商业如此凋敝,益以伟人部下之要索,已有没齿难忘之势,欲其慷慨捐助,真有类于缘木求鱼"。(《讨龙声中之粤局内幕》,《新闻报》1918 年 3 月 3 日,"紧要新闻")

△ 谢持来谒,谓其决定离粤返沪。(谢持:《谢持日记未刊稿》第 3 册,第 352 页)

△ 准代理参军长黄大伟呈请任命胡光姚为参军处副官。准居正呈请任命陈鸣谈、陈伯江、邓元章、刘屹为佥事。任命蔡庆璋、刘柳坡、黄洽仁、游子山为安南滀臻埠筹饷委员,陈星阁、杨木钦、李斗田①、陈侣云、李睦之、郭澍亭、张仰云、刘懋卿为安南薄寮埠筹饷委员,彭玉田、张化璋为喷吥埠筹饷委员。(《准代理参军长黄大伟呈请任胡光姚为参军处副官令》等,中国国民党中央委员会党史委员会编订:《国父全集补编》,第 520—521 页)

△ 发表主张回复平和、尊重国会之通电及致西南护法各省将帅电。

前通电开篇痛陈"国乱经年矣。当列强环伺之时,为阋墙煮豆之举,苟有人心,岂应若是"?认为欲国家臻于治平,只有举国一致尊重国法,重申"此次西南兴师,目的止于拥护约法,根本主张惟在恢复国会之效力与求国会永久之保障耳",称"民主主义为世界自觉国民信奉之正义,议院政治为近代国家共由之正轨",呼吁"息战罢兵,一切解决,悉听国会",望众人"以国本为念,速复平和,共图建设,解时局之纷纠,救国家之沦胥"。

----

① 中国国民党中央委员会党史委员会编订《国父全集》第 4 册第 323 页作"夏斗田",应误。

致西南护法各省将帅电历数"中华民国成立七年,大乱者四次","推原祸始,皆执政者营私乱法之所致耳。夫国家治乱,一系于法",称"约法为民国命脉,国会为法律本源。国会存,则民国存;国会亡,则民国亡"。开非常国会,组织军政府是"垂绝之国脉,赖是仅存一线",然而未得到西南护法诸君应有的支持,各国"更疑我护法之战争为割据争雄之举动,内不能示国民以趋向,外不能得世界之同情。是非不明,国是不定,国家危险莫大乎此"。更指出欧战一旦结束,"列强视线咸聚于东方,及今不谋巩固国本,何以图存"。恳切希望西南各省军政首领,速筹救济良策。表示"倘约法效力朝能恢复,则文夕可引退"。(《军政府公报》第 49 号,1918 年 2 月 23 日,"函电")

唐继尧认为"此电措词尚不错",指示复电"谓现在商维持军政府办法"。3 月 15 日唐氏复电,称"得如尊论,速返和平,诚为大幸。惟北方正极端主战,恐未能以口舌争耳"[1]。(《唐继尧复孙文养电电》,云南省档案馆编:《云南档案史料》第 1 期,第 54、55 页)作为政学会机关报的《中华新报》于 3 月 2 日刊登两电,未作评论。(《孙中山主张护法之通电》,上海《中华新报》1918 年 3 月 2 日,"紧要新闻")

△　连发两电给陈炯明。

其一告知陈 20 日三电均收到,而岑春煊 8 日电、陆荣廷 5 日电"此间皆未接到,望以原文电告",并请以后凡是岑春煊、陆荣廷、谭浩明之电,"原文转电此间,以备参考为盼"。(《致陈炯明询岑庚电陆歌电原文电》,中国国民党中央委员会党史委员会编订:《国父全集》第 3 册,第 517页)

其二告知"顷接沪电,冯玉祥、王汝贤、范国璋、李奎元、阎相文等,商同一致行动,冯箇日在武穴宣布自主,脱离中央关系,宁亦备攻。倪、王、范、宁事请秘勿宣,俟彼处确实宣布后,再电告也"。(《致汕头陈炯明许崇智等电(三)》,胡汉民编:《总理全集》第 3 集,第 58 页)

---

① 此电为"删"(15 日)电,《云南档案史料》第 1 期标为 13 日,应误。

△　陈炯明来电(同时发给莫荣新),告知据报军府卫队李安邦在保安、深圳一带招募民军,"实于粤军防地有碍",之前曾经邓铿"面请大元帅取销,已蒙允准"。不料又接李安邦咨文,称于 14 日成立团部。认为李"不遵军府停止,擅设团部,妄行咨会,殊属荒谬","务请大元帅勒令取销","以后如敢再用咨渎总司令,惟有饬属拿办,以维军府威信"。(《广东公报》第 1692 号,1918 年 2 月 26 日,"公电")

△　许崇智、吴忠信来电,称夏述唐部下有二营归附粤军,已构编为粤军第三十一、二营,吴忠信为统领,但在需款。敌军增加,有反攻之势,"尤须赶速进行"。请急速汇款支持,"万乞速汇二万元或先汇万元来潮,俾资办理"。(《许崇智吴忠信为夏述唐部众愿归粤军指挥上国父电》,黄季陆主编:《革命文献》第 50 辑,第 202—203 页)

20 日廖仲恺复陈炯明电,称"大军发后,已济总司令部七千余元,现奇穷,二万元难筹汇,容商财政厅设法"。(《复陈炯明电》,廖仲恺、何香凝著,尚明轩、余炎光编:《双清文集》上卷,第 120 页)军政府财政困难,报载称"孙氏日来对于此项问题大加讨论,所有关于财政之机关,拟即各加委任,以便管辖"。(《孙文欲得广东财政权之苦心》,《香港华字日报》1918 年 2 月 19 日,"粤闻一")

△　石青阳致西南各方通电,称川战行将结束,自己"不敢稍存攘权夺利之私",请缨提师北上;历数所部取得战绩,"迭获名城大都",目前领有一师一旅,全体将领"慷慨请愿,急欲北征",计划以一旅镇守川北,以一师规取汉中,"不渡黄河誓不再返"[1]。(《石青阳取道陕西北伐通电》,上海《民国日报》1918 年 3 月 30 日,"公电")

2 月 23 日　准内政部呈请,明令撤销地方行政长官监督司法,称"以行政长官监督司法,实为司法独立之障碍","所请撤销地方行政长官监督司法,应即照准。至司法行政及筹备司法事务,应暂由内政部管理"。(《军政府公报》第 50 号,1918 年 2 月 28 日,"命令")

---

①　此电为"养"(22 日)电,而报纸按语称为 2 月 23 日电,"经月始达"。

之前内政部呈文,指出历经梁启超、张耀曾两任司法总长,皆无视三权分立之法治精神,"以监督各地司法行政之权委诸各省区长官",对国会质问置若罔闻。如今军政府以护法大义号召全国,"既与非法政府断绝关系,自宜与民更始,一反其悖谬之所为,非法政府前颁各省区长官监督司法之伪令,当然无复存之理","拟请钧座特下明令,撤销各省区长官监督司法成案",扶植司法独立。(《军政府公报》第49 号,1918 年 2 月 23 日,"公文")

△ 批女子卖物赈济中外慈善会发起人朱明芳等呈令,"急公好义,甚为嘉慰。仰着意进行,俾惠灾黎而宏善德"①。(《军政府公报》第49 号,1918 年 2 月 23 日,"命令")

△ 致电章太炎,希望尽力联络西南同志。

称 22 日致西南各省通电"说明文之主张",强调"军政府能巩固与否,不特为民党之死活问题,亦实民国存亡之所系",希望章太炎联合川、滇、黔同志,尽力主持,如能说服唐继尧就职,"则一切问题解决过半"。听说四川同志主张遥戴黎元洪,表示失望,认为"护法各军,不能力图巩固根本,惟以利用为事,恐他日失败,亦与联段攻袁、联冯排段等","尊见如何? 盼复"。(《致章炳麟望联合川滇黔同志巩固军政府电》,中国国民党中央委员会党史委员会编订:《国父全集》第 3 册,第 518 页)

章太炎本人一直主张遥戴黎元洪"以存国统",认为"使遥戴之制不变,鼠子敢尔耶"。(汤志钧编:《章太炎年谱长编(增订本)》上册,第 317、336 页)

△ 致电黄复生、卢师谛,并转石青阳等十四人,告知接资州徐孝刚、钟体道 17 日电关于刘存厚发电推举熊克武主川军事,嘱咐"川督一职亟应解决,诸君主持大计,或绾兵符,究应何人督川,始能适当,诸君迅速秘商推定,由此间即予任命,以谋统一而定川局"。(《致黄复生等望推定川督电》,中国国民党中央委员会党史委员会编订:《国父全集》

---

① 原件无日期,暂置于《军政府公报》第 49 号出版日。

第3册,第518—519页)

　　熊克武被认为是岑春煊一派,"查此间民党锦帆为一派,意在拥岑;黄、石为一派,意在拥孙;夏亮工近于中立"。(《郭同报告川省民党态度请唐继尧支持靖国公会密电》,中国第二历史档案馆、云南省档案馆合编:《护法运动》,第320页)熊克武于12日致电唐继尧,称章太炎受人蛊惑,发起靖国公会,"意在反对西南联合会议",请唐继尧拒绝该会。(《熊克武请唐继尧拒绝参加靖国公会密电》,中国第二历史档案馆、云南省档案馆合编:《护法运动》,第486页)

　　△　致电陈炯明,嘱按22日致西南各省通电意思,由陈再通电西南,"多一人主持,则多一分效力"。(《致汕头陈炯明许崇智等电(四)》,胡汉民编:《总理全集》第3集,第58页)

　　△　致电孙洪伊,告知"刻王已接洽,日内同王治安赴汕",要孙洪伊"速嘱文武宣及梁晋朴同志赴闽,运动各军内应,克日进攻,望严守秘密,万勿发报"。(《致孙洪伊派人运动闽省各军内应电》,中国国民党中央委员会党史委员会编订:《国父全集》第3册,第519页)

　　△　复许崇智、吴忠信20、22日来电,称"诸君努力奋斗,我武日扬,感慰之极",但军府"穷窘万状",款项一时难筹,"一俟筹到便汇","现在无法可设,望就地设法补救"。(《复许崇智等就地筹款电》,中国国民党中央委员会党史委员会编订:《国父全集》第3册,第519页)

　　2月24日　早,谢持偕卢仲琳(伯琅)来谒,告以次日还沪,并谓其行后,川事可与卢氏商量。(谢持:《谢持日记未刊稿》第3册,第354、355页)

　　△　黔军总司令部来电,报告进攻四川袁祖铭军的战况。袁氏所部已占领乐至,刘存厚、张澜潜逃;20日进逼成都,准备于21日进驻成都。(《军政府公报》第52号,1918年3月5日,"函电")

　　△　黔督刘显世来电,解释自己出兵之不得已,"此次兴兵,不过促当道之猛省,□大局于和平,故闻长江三督之调和,即按兵以俟大局之解决。乃主战诸公,自蓄秘图,挟持元首,以致有南北意见,停战

无效"。同意冯玉祥 14 日主和通电，"尚祈各方停战，促成和局"。（《军政府公报》第 54 号，1918 年 3 月 12 日，"函电"）

△ 报载山东督军张怀芝回复英国商人李德立的信件，李此时筹划组织商议调和会。

张氏认为南方"曰革命曰护国曰护法曰靖国，动辄以联军名义抵抗政府，而其实不过为个人权利之私，此次西南肇衅，以政见偶有龃龉而称兵"，"元首为一国之尊，而孙文自为大元帅，任命将吏，召集国会。一国之内，各为政府。谭浩明通电侮辱元首。滇黔图川，粤桂图湘，争地争城"，"今者讨伐令既下，我辈军人以服从为天职"，故其不能参与调和会事宜。（《张怀芝答复和议会之措词》，《申报》1918 年 2 月 24 日，"本埠新闻"）

2 月 25 日 下午，往访程璧光，闲谈片刻后，与伍廷芳手谈，程氏在旁助兴。

前一日，程璧光接到匿名传单，"诬诋十余款，语皆不堪入目"，程璧光因令海军查究此事。（莫汝非：《程璧光殉国记》，沈云龙主编：《近代中国史料丛刊》第 57 辑，第 101 页）

△ 任命胡汝翼、蔡承瀛为大元帅府参议。（《任胡汝翼蔡承瀛为参议令》，中国国民党中央委员会党史委员会编订：《国父全集补编》，第 522 页）

△ 致函谭延闿，托议员陈家鼎带至上海，并告知粤中近情。

认为北方无求和诚意，"约法效力未得恢复，国会职权未得行驶"，自己不能"轻息仔肩"。告知联军 20 日攻克成都，"川事既定，则滇黔川联军即可东出大江，进规中原"。请谭氏"不吝指示"，于此时局艰危之时有以助益。（《劝谭延闿赞助护法书》，中国国民党中央委员会党史委员会编订：《国父全集》第 3 册，第 521 页）

此时湖南为南北争战焦点。谭延闿于 1917 年 12 月 7 日被冯国璋任命为湖南省长兼署督军，陆荣廷及谭浩明亦一再发电，并派人至沪欢迎，促其就任，谭氏以南北和议未成，且湖南境内南北军队林立，"种种困难，实难前往"，（《谭组庵回湘与时局》，上海《中华新报》1918 年 1 月 14

日,"紧要新闻")一直未就任。后在冯国璋、王士珍、岑春煊等人的催促劝说下,谭延闿允"以湘绅资格回湘疏解南北争执意见"。(上海《中华新报》1918年2月18日,"本馆专电")又因北军进攻岳州,并未回湘。

　　△　致电唐继尧、熊克武、章太炎等西南要人,告知收到吕超等人20日电,对收复成都表示祝贺,询及"现省城善后事宜如何办理,刘、张窜潜何处","均望详告"。(《军政府公报》第50号,1918年2月28日,"函电")

　　△　致电石青阳,称从返粤的林镜台处得知对方"血战劳苦",问成都攻克后,所部动向如何,"宜速决定"。建议石竭力联络川中接近军政府的各将领如黄复生、卢师谛、颜德基、袁祖铭、陈凤石、陈炳堃、吕超等,"使得有力之辅助,庶川局能大发展"。请与众人商推,电告何人主持川局为宜。

告知筹款艰难,"至兄处困难,此间深悉,现方力谋设法接济,俟筹妥后再告"。而广州军政府及各省护法"渐行发展","冯、段等势已穷蹙,我党如能决心奋斗,结果必较辛亥、丙辰为良",激励将士努力进取。(《致石青阳嘉慰战绩并激励战士进取电》,中国国民党中央委员会党史委员会编订:《国父全集》第3册,第519—520页)

　　又致一电给以石青阳为首的川中将领,告知军政府势力日趋扩张,"现粤莫代督与军府颇形融洽,地方高等审检所及广州交涉员,均系军府所命"。"诸君在川劳苦情形,文所深悉,甚思设法相助",鼓励努力进行,创造伟业,希望及时收到对方军情报告。(《致四川卢锡卿黄复生等电(四)》,胡汉民编:《总理全集》第3集,第55页)

　　△　复四川靖国军西秀黔彭总司令王安富2月12日电[1],嘉奖其树义四邑,共策救国。现成都已下,川局大定,"尚望率军旅准备会师大江"。(《军政府公报》第50号,1918年2月28日,"函电")

　　△　复吕超、向传义、彭远耀、喻培棣、王维纲等2月20日电,祝

────────────

　　[1]　此处称王来电为"支(4日)电",似误,应为"文(12日)电"。见第2915页注[2]。

贺收复成都,询问"现省垣善后事宜,如何办理? 仍盼续电"。(《克复成都之要电·广州去电》,上海《民国日报》1918 年 3 月 5 日,"要闻")

△ 致孙洪伊电二件。

其一告知正式债票已经印出将寄,"一切请先由尊处主持办理"。让孙氏查复管鹏关于在安徽起事、用款的信息是否属实;转告杨庶堪尽快设法回川。

其二询问临时议会中的秦、晋议员请委徐朗西、焦易堂为陕西劳军使,景定成为秦晋劳军使,是否合适。嘱咐与徐朗西商量。(《致孙洪伊询管鹏在皖发动需款事并促杨庶堪设法返川电》等,中国国民党中央委员会党史委员会编订:《国父全集》第 3 册,第 521—522 页)

△ 四川靖国各军总司令熊克武来电,告知据吕超报告,20 日攻克成都。(《军政府公报》第 53 号,1918 年 3 月 9 日,"函电")

△ 杜去恨自云南上书,报告张煦故后,原参谋长郭昌明(文钦)力图恢复,在唐继尧命令下,重组四川靖国军第七军,郭就任军长。谓郭为"民党旧同志",自己受邀参与赞襄其间,同志中马骧(幼伯)、傅春吾等人皆"乐为效用"。现部队将已组成,不日开拔入川。(《杜去恨上总理函》,环龙路档案第 04101 号)

△ 唐继尧发表通电,宣告四川全省克复。并任命熊克武为四川督军兼省长,"查四川全省肃清,刘、张逃遁,军民各政不可无人主持,前重庆镇守使熊克武有功民国,声望夙昭,以之兼任四川督军、省长两职,实足以维川局而翕群情"。(《唐联帅推熊锦帆督川电》,上海《民国日报》1918 年 3 月 7 日,"要闻")

26 日熊克武发表通电,称川局虽定,国难未宁,为维持现状,自己"即以四川靖国各军总司令名义执行军民政权,以符西南护法之实"。未到成都之前,令北路军司令但懋辛维持秩序。电至唐继尧公署,周钟岳批"仍令宣布就督军、省长职务"。(《熊克武宣布以四川靖国军总司令名义执行军民两政与唐继尧往来电》,中国第二历史档案馆、云南省档案馆合编:《护法运动》,第 274 页)

△　李根源就任驻粤滇军总司令。

在陆荣廷、莫荣新、岑春煊、谷钟秀及李烈钧、方声涛等滇军将领的力促下,李根源于2月18日自沪抵达广州。时在粤的滇、桂两军屡有龃龉,讨龙的林虎军又大败,在各方劝说下,李氏于2月25日就任驻粤滇军总司令,27日开赴台山指挥对龙作战。(李根源:《雪生年录》,沈云龙主编:《近代中国史料丛刊》第2辑,第86—87页)而唐继尧想先委李氏为第六军军长,"总司令一职,俟各方调处就绪再行酌办"。(《戴永革等请委李根源为留粤滇军总司令与唐继尧往来密电》,中国第二历史档案馆、云南省档案馆合编:《护法运动》,第715页)

2月26日　晚,与徐谦在青年会听艾迪博士演说。旋得程璧光被刺消息,赶往探视。

△　任命李载赓、刘白为大元帅府秘书,丘国翰为参议。(《任李载赓刘白为秘书令》等,中国国民党中央委员会党史委员会编订:《国父全集补编》,第522—523页)

△　致函孙洪伊,介绍河南人曾其严"于长江方面进行事宜有所陈述",特介绍给孙氏,"到沪与执事就近磋商"。

曾氏前由国会议员李载赓介绍来见。(《介绍曾其严就商长江军事致孙洪伊函》,中国国民党中央委员会党史委员会编订:《国父全集》第3册,第523页)

又致电徐朗西,称"陕事赖诸兄主持,得以发展,颇感佩"。表示款项难筹,并询问陕西议员请任徐本人及焦易堂为劳军使一事,徐意下如何。询问孙洪伊有无收到20日所发两件通电。(《致徐朗西征询拟任为劳军使回陕意见电》,中国国民党中央委员会党史委员会编订:《国父全集》第3册,第522页)

△　致陈炯明电二件。

其一为介绍王玉树、王秉谦、杨大实到汕头商量奉天军事,并问前敌能否收用一支数十人的华侨义勇队。

其二为询问李烈钧与许崇智矛盾真相。陈炯明委任吴忠信统领来投的夏述唐所部柏、李两营,而伍毓瑞则称奉李烈钧命接收柏部。李烈钧接伍毓瑞电后,"对汝为颇有微词"。表示"似此两方各执,恐成误会",希望陈能就近查明办理,以利于军政府进行。(《致陈炯明介绍王玉树等洽商奉天军事并询收容华侨义勇队电》等,中国国民党中央委员会党史委员会编订:《国父全集》第3册,第523、524页)

本日许崇智来电,报告收编滇军夏述唐部下柏、李两营事件。称柏营拒绝自己与滇军周气锐所派之人的疏通,不愿再回滇军,与滇军完全断绝关系,愿效死前敌。为滇粤两军关系起见,建议与李烈钧商量,"将该两营改变为大元帅府亲军或先锋营,仍以吴君忠信为统领,即日随同智部出发,彼此均系拥护大元帅军队"。并报告滇军来电,称李烈钧下令"如劝不回,即以武力解决",许答以"如以暴力压迫,不顾大局,本支队自当尽力维持"。目前相安无事。(《许崇智为滇军夏述唐部归编粤军事上国父电》,黄季陆主编:《革命文献》第50辑,第203—204页)

28日,复电许崇智,询问此事有无影响出闽计划,担心收纳叛亡"是否有诱起部下之邪心,而致违令背叛之虞",且李烈钧对此事"颇形愤激",不便如许建议将该部收为军政府亲军。请许与陈炯明商量办理,"务以有利军政府进行为主"。(《致汕头陈炯明许崇智等电(七)》,胡汉民编:《总理全集》第3集,第59页)

△ 收到陈炯明25日复电。陈氏称细读唐绍仪、伍廷芳、程璧光、吴景濂等人2月8日电文中的条例,"仍不过联合会议之变相,深为诧异",已请古应芬①当面转告自己的意见。如今桂系"有此变相,岂肯承其用意",认为"可劝伍、唐就职"。并请坚持到底,"冀收民意最后之胜利"。(《陈炯明为护法各省联合会议条例致国父电》,黄季陆主编:《革命文献》第49辑,第137页)

△ 致电石青阳、吕超,请转告黄复生、卢师谛(锡卿)、颜德基、

---

① 原文中为"襄勤",应即"勷勤"(古应芬字)。原出处标点有误,原文为"当唐、伍、程、吴、齐电到时",应为"当唐、伍、程、吴齐电到时","齐电"为8日电。事实上此日电文无吴景濂署名,9日电文方为4人连署。

陈凤石、陈炳堃、夏之时（亮工）、王安富（勃山）等一致赞助吕超（汉群），"共维川局"。（《致四川卢锡卿黄复生等电（五）》，胡汉民编：《总理全集》第3集，第55页）

石青阳通电西南各将领，表示成都已下，"善后万端，亟待解决"，各将领先后到省会商，自己亦于本日启程，将于3月2日抵成都。唐继尧等人疑虑"川军各将领纷纷赴成都，不识是何用意"。3月9日唐继尧通电西南各将领，称各军应"一律驻守原防，不得事先入城，致扰秩序"；筹划善后"尽可函电协商"，如须到省面议，宜轻车简从，"万不可各率所部，麇集成都"。（《石青阳宥日赴蓉讨论川局善后电》《唐继尧告诫各军将领赴蓉应轻车简从电》，中国第二历史档案馆、云南省档案馆合编：《护法运动》，第350—351、353页）

△ 四川陆军第五师游击军司令官邹有章来电，表示愿为北伐前驱。（《军政府公报》第57号，1918年3月16日，"函电"）

△ 报载广东政局景象，传言莫荣新辞职，以程璧光为粤省督军，而广东省长亦将变动。

略谓"兹闻省长李耀汉亦决辞退，而于胡汉民、徐绍桢、朱执信三人中选任一人为省长。胡汉民之举为省长，虽经从前省议会通过，然胡氏为孙中山最亲信之人，从前本欲其得握粤省政权，俾占一部分之势力。今则军政府之势力日益发展，孙中山不可一时无胡汉民之赞襄左右，不志在此区区一省长，故现时省长一席以徐绍桢呼声最高。至于广西系之军界、政界中人亦多更动。财政厅长曾彦亦将撤退，拟以廖仲恺或李茂之承乏。粤省局面，又有一番新景象"。

军政府卫队有所扩充。军政府卫队总司令一职从前原系由现任广惠镇守使、警卫军、福军统领李福林充任，将改卫队为拱卫军，另招卫队四团，已成立三团，"昨日，第四团团长李安邦已招得八百余人到省，现驻扎于长堤旧警察厅"。军政府原系在省城对岸之河南士敏土厂，故所有军政府所属之军队均分驻河南，"其驻扎省城地面者，以此为始。各界对于此亟为注意"。（《粤省近闻种种》，《顺天时报》1918年2

月 26 日,"地方新闻",)

　　△　程璧光遇刺。

　　晚 8 时 15 分,程璧光在广州长堤海珠码头遭到枪击,旋即去世。惊耗传出,孙中山正与伍廷芳、徐谦在青年会听艾迪博士演说,急趋慰候。国会议长吴景濂、胡汉民、海军诸将及各要人亦先后驰至。

　　随即领衔,与莫荣新、伍廷芳、吴景濂联名通电致哀,称"程公以海军南来,首倡大义,护法救亡,功在天下",宣布由总司令林葆怿主持海军,"以继程公生平未竟之志","严缉凶手"。(《海军程总长殉国痛史·要人之通电》,上海《民国日报》1918 年 3 月 7 日,"要闻")

　　另一说伍廷芳父子与程璧光一同晚宴,程出门遇刺时伍尚在席上。程于 8 时 30 分去世后,不久孙中山偕胡汉民、朱执信赶到。通电由胡汉民拟稿,稿凡数易,胡洒泪者再,喟然称"人生之最惨痛处也"。胡氏所拟之稿"无辑凶句",由朱执信增加"现在严辑凶手"六字。(莫汝非:《程璧光殉国记》,沈云龙主编:《近代中国史料丛刊》第 57 辑,第 105、108 页)

　　关于程璧光被刺原因,说法纷纭,当时报纸也纷纷猜测。

　　一说是桂系所为。邵元冲称因海军日益骄恣,"派人向陆荣廷要求,欲以程璧光兼广东省长,陆、莫不悦";且程被刺后,莫荣新之亲信曾与人说"程璧光何苦欲作广东省长","以是知杀程者桂系也"。(邵元冲:《总理护法实录》,罗家伦主编:《革命文献》第 7 辑,第 21 页)

　　一说为胡汉民主使。1922 年 6 月 10 日,美国驻广州领事报告,称据陈炯明的亲信、一外籍顾问说,胡汉民可能在幕后策动程之暗杀,"因当时程已被推举为省长,有碍胡之野心"。6 月 22 日报告中,称曾任陈炯明兵工厂厂长的耶鲁大学毕业生陈永善(陈席儒之子)说,刺程的凶手是 Li An-Pang[①],此人"后在孙军的一个旅中,升为上校"。(美驻广州领事 1922 年 6 月 10 日、22 日报告,美国国务院档案,转引自

-----

　　①　段云章、沈晓敏编著《孙文与陈炯明史事编年(增订本)》第 526 页认为即李安邦。

段云章、沈晓敏编著:《孙文与陈炯明史事编年(增订本)》,第525—526页)"六一六"兵变后,有粤军将领称孙中山当众宣言"程璧光之被刺,因不奉命而宣布死刑"。(《粤军辨正之文章》,载《粤商公报》1922年6月19日,转引自段云章、沈晓敏编著:《孙文与陈炯明史事编年(增订本)》,第206页)

　　事实上,此事由朱执信主谋,"当无可疑"①。因之前程璧光将受命炮击莫荣新督府之同安、豫章两舰舰长撤职查办,当时海军一部分将领及中华革命党员对程极为不满,且疑程已与陆荣廷有默契,"将公开叛变护法政府,故采取制裁行动"。罗翼群虽没有直接参与此次行动,但他参与策划了朱执信主持的1915年暗杀龙济光、1917年12月中旬暗杀方声涛的行动②,且刺方的枪手李汉斌、张民达等人即由罗氏物色。程璧光被刺时罗在援闽粤军中,3月份安置了来投效的张民达、萧觉民、李汉斌等人。后来张民达告诉他,行刺程璧光是朱执信所布置,下手刺程者为萧觉民、李汉斌。(罗翼群:《有关中华革命党活动之回忆》,《广州文史资料》第11辑,1964年第1辑,第34页)因刺杀方声涛时用二号左轮,命中后未能致命,张民达等人建议之后改用大号左轮。程璧光被刺后,警察在现场检获六响左轮式手枪一,"枪甚新,似向未经用"。(莫汝非:《程璧光殉国记》,沈云龙主编:《近代中国史料丛刊》第57辑,第123页)

　　2月27日　命令居正即行饬令广州地方检察厅通行地方军警,严缉杀害程璧光的凶徒,"以肃法纪,而慰英灵"。28日,命财政部拨款三千元③,并派海军总司令林葆怿为程璧光治丧。(《令代理内政总长居正》《令代理财政总长廖仲恺》《令海军总司令林葆怿》,《军政府公报》第51

---

① 赵立人:《程璧光与护法运动》,《历史研究》1999年第3期,第185页。亦可参见黄国盛、杨奋泽:《程璧光被刺案考析》,《内蒙古大学学报(哲学社会科学版)》1984年第2期;汤锐祥:《护法舰队史》,广州:中山大学出版社,1992年版。

② 罗翼群回忆中误记为1918年1月中旬。后面又误作"同安舰长吴芝馨""豫章舰长温树德",实际上温树德为同安舰长、吴志馨为豫章舰长。

③ 同时又下令"治丧费由广东地方官应解国库项下从优拨给"。(汤锐祥编注:《护法时期孙中山铁文集》,第233页)

号,1918 年 3 月 4 日,"命令")

发文咨请国会非常会议为程璧光优议荣典。3 月 1 日国会非常会议开大会,出席全体议员赞成依照国葬法第一条,程璧光准予依照国葬法举行国葬典礼。(《大元帅为程总长璧光优议荣典咨国会非常会议文》[①]《国会非常会议为程总长璧光国葬荣典咨复大元帅文》,《军政府公报》第 51 号,1918 年 3 月 4 日,"咨文")

同时咨请国会非常会议迅速开会选举新的海军总长。(《大元帅为选举海军总长咨国会非常会议文》,《军政府公报》第 51 号,1918 年 3 月 4 日,"咨文")

莫荣新、魏邦平布告悬赏一万元缉拿凶手。(《广东公报》第 1695 号,1918 年 3 月 1 日,"布告")3 月 1 日莫荣新又将赏银增加到五万元。(《广东公报》第 1697 号,1918 年 3 月 4 日,"布告")

△　任命焦易堂为陕西劳军使,王用宾为大元帅府参议。(罗家伦主编、黄季陆、秦孝仪增订:《国父年谱(增订本)》下册,第 802 页)

△　复杨纯美、李逊三来函,感谢其从台湾汇来的捐款,并告知捐款登记事宜。至于军事进展,称援闽粤军已向闽诏安、上杭进发,"不日定有捷音奉报"。并详细告知陕西、安徽、四川方面军情进展,称"会师武汉,为期将不远矣"。希望能有巨额军饷源源协助。(中国历史博物馆编:《中国近代史参考图录》下册,第 501 页)

△　致唐继尧、熊克武等西南要人电,表彰吕超,称"地方秩序不可无人专负其责",故任命吕超为成都卫戍总司令,暂行代理四川督军,"此后川省军民事务,应属何人主持,宜由川军各将领迅速协同推举贤能,俾得择任,以裨进行为盼"。同时致电吕超,告知此任命[②]。(《致唐继尧等盼推举川省军民主持人电》,中国国民党中央委员会党史委员会

---

①　原件未署日期,文中称"于本月二十六日被刺",故本文应为二月所发,而非三月。本文与《大元帅为选举海军总长咨国会非常会议文》并列,后署时间"中华民国七年二月二十七日",故此处认定应定于 2 月 27 日。

②　关于此任命,林镜台谓"中山专断主之"。不过,林称任吕超为代理省长,应误。(谢持:《谢持日记未刊稿》第 3 册,第 377 页)

编订:《国父全集》第 3 册,第 524—525 页)

△ 林葆怿就程璧光被刺来电,表示时局未平,"自应统率我军,振旆待发,追随诸公之后,以继程公未竟之功"。(《军政府公报》第 51号,1918 年 3 月 4 日,"函电")程氏被刺后,北京政府海军总长刘冠雄致电林葆怿及各舰长,称程之被刺,"思之至为寒心",目前俄德媾和,"我国边祸正在燃眉,海参崴商旅环请派舰巡卫",望林氏等人"先行率舰离粤,勿与蟊贼险狠之辈相处"。林葆怿复电称"当时率舰来粤,原为爱国护法之故,今何以因一人之生死存亡,顿易初志,置国事于不问耶"? 认为倘无当日对德绝交、参战,何至于有解散国会以致复辟、内战之发生,劝刘氏"正宜劝告政府,以诚相见,依法解决,真意言和"。(《在粤海军始终护法之表示》,上海《中华新报》1918 年 3 月 12 日,"紧要新闻")

陈炯明就程璧光被刺来电,称"现拟集合同人在汕先开会追悼,仍切望林公鼎力继志维持,与诸公从严缉变〔办〕"。(《军政府公报》第 51 号,1918 年 3 月 4 日,"函电")

湖南省议会来电(同时发给莫荣新、林葆怿),称"全湘悲愤,务乞严缉逆党,藉慰忠魂,尤望诸公戮力同心,继承遗志"。(《军政府公报》第 60 号,1918 年 3 月 20 日,"函电")

△ 唐继尧复 11 日去电,告知"善后一切,正与锦帆筹商,尚乞时颁教言"。(《军政府公报》第 53 号,1918 年 3 月 9 日,"函电")

△ 孙洪伊致电西南各要人,报告陕西军事进展。称陕西靖国军司令曹世英、胡景翼等现已收复长安,"此次护法精神本属一致,尚希诸公互为提携",共襄大举。(《孙洪伊为陕西军事致西南电》,上海《民国日报》1918 年 2 月 27 日,"要闻")

△ 曹亚伯发表通电,痛斥北京非法政府诸人皆卖国罪魁,认为虽外交紧急,"更宜速去内奸,群奸早灭,民国其昌"。望全国义师愤发为雄,"勿为当局卖国奴及一般阴谋政客之诱言所惑"。(《曹亚伯主战之通电》,上海《民国日报》1918 年 2 月 27 日,"要闻")

苏俄与德国单独媾和，传闻将组织俄境内的德奥战俘侵扰中国西北及东北边疆，日本即意图出兵西伯利亚，北京政府开国务会议讨论"中日两国取一致行动之事"，致电曹锟、张敬尧等人"谓外交紧迫，请相机速弭内争"；同时近日盛传之复辟说，"因外交有大变化，或可望稍缓"；日本朝野中国南北调停说亦"渐占势力"。（上海《中华新报》1918 年 2 月 26 日，"本馆专电"；《东方通信社电》《共同通信社电》，上海《中华新报》1918 年 2 月 26 日，"东西要电"）3 月 1 日，段祺瑞组织成立参战督办处，准备对俄"与日取一致行动"。（《参战督办处成立通电》，上海《中华新报》1918 年 3 月 4 日，"本埠新闻"；《对俄方针决定》，上海《中华新报》1918 年 3 月 6 日，"紧要新闻"）

2 月 28 日　致电程潜等湖南军政长官，嘉许其 20 日通电主张。

认为北方政府议和为假，西南各省不能迁就，坚持不能只恢复约法，一定要恢复国会，否则"此次举兵为无意味，人将以我为权利之争夺"。军事进攻不能停顿，"冀督率各将校节节进取，不可以有议和之伪令，致隳士气，堕彼术中"。（《致程潜等嘉许所陈六义电》，中国国民党中央委员会党史委员会编订：《国父全集》第 3 册，第 525 页）

△　致电吕超（由石青阳转），告知大元帅府参议王安富被部下公推为四川靖国军酉、秀、黔、彭总司令，准备扩充军旅，请吕超拟定其军职，"电请任命，以免分歧，而便编制"。（《致四川卢锡卿黄复生等电（六）》，胡汉民编：《总理全集》第 3 集，第 55 页）

△　复许崇智 2 月 26 日电，指示如何处置来投的夏述唐所部两营[①]。

△　陆荣廷为程璧光被刺事来电，同意林葆怿主持海军，请严缉凶手，"务获究办，以慰人心"。

滇军成桄、伍毓瑞来电吊唁程璧光。（《军政府公报》第 52 号，1918 年 3 月 5 日，"函电"）

△　李书城被推为湖北护国军总司令，来电陈述湖北军情之艰

---

① 　详见 1918 年 2 月 26 日条。

难，"以凋残之众，当重兵之冲"。唐克明"力竭心瘁，攻守俱困，遂走施鹤，鄂中战友，猥以书城待罪湘西，衔命至鄂，相率来归"，李以自己奉命督办湘西防务，兼领援军，难以胜任，先"暂出维持，以免溃裂，仍恳谭联帅另简贤能接收该军"。(《军政府公报》第54号，1918年3月12日，"函电")

△　湖北靖国联军总司令黎天才来电，报告湖北激战情况。北方军队南下，"意在倾彼全力尽注一掷，以图克复岳州，固守武汉，以扼义师北进之路"，一旦岳州被陷，"不惟武汉难挣，即荆宜亦恐难图"，请求西南各军早日会师。(《军政府公报》第59号，1918年3月19日，"函电")

△　长沙正谊社龙璋来函，详细报告湘中军政情形。

称覃振自粤返湘，"颇欲就湘桂间澈底疏通意见，终已未得一当。刻已遄归常德，不遽欲与闻此间政事"。

湘军攻入长沙后，议举督军、省长，程潜出示陆荣廷电，"推重谭君浩明"，"遂推程君潜为省长"，但桂军不同意，于是湖南督军、省长皆未定。谭浩明驻节长沙，湘省首义诸人如程潜、赵恒惕、刘建藩、林修梅等督师赴岳前敌，与桂军划分防线，协同作战。在进军武汉一事上"易攻为守，不肯急于求进"，"其意想不外乎武昌地方，易取难守，又恐孤军深入，膺意外之失败"。

湘西方面情况复杂，各首领(张学济、田应诏、王正雅、周则范、卿衡)"莫能相尚"，谭浩明骤委李书城为湘西防务督办，而各方意见益深。周则范联合李书城、谭浩明排挤张学济，"遂有李书城为援鄂军第一路、田应诏第二路、周则范第三路之委任，而置张学济、王正雅、卿衡于不问。于是张、王、卿诸人，亦微有此厚彼薄之感"。详细报告湘西军队之概数，有荆沙溃军"尚无成样，其数约千人"，由何成濬组合；李书城固有军队二百余人，张学济所部四千余人，田应诏千余人，周则范二千人，王正雅、卿衡各数百人，"皆驻扎澧州津市，及鄂省之公安间"，又有林俊廷所部桂军数营，驻扎常德。湘西方面，南北军自荆沙失败后,无复战事。

正谊社动向,"正谊社自军兴以来,严守沉静态度,迩来各方面之有力者,颇欲假为利器,以运用之",被龙璋及社中同人"婉言谢之"。

主张"以政治言,则党务亦为要图",希望"成为纯一强固之团体,而返乎民国元年之旧,乃得与桂联,并进而西南一致之明效可期",希望孙"从此处留意,以道德相风尚,行见扫荡逆巢,大张法纪,为期且不远矣"。(《龙璋上国父报告湘中军政情形函》,黄季陆主编:《革命文献》第50辑,第69—71页)

3月23日,批复此函:"着秘书拟函奖慰,并属时时将湘中情形详报。"(《批龙璋呈报湘西各方情形函》,中国国民党中央委员会党史委员会编订:《国父全集》第4册,第278页)

△　刘若挚上书,痛斥冯国璋、段祺瑞之祸国,且"冯国璋之罪恶更浮于段",又谓熊希龄之主张和议,与梁启超、汤化龙"沆瀣一气,倚冯、段二贼以托生命","肆其簧鼓,误尽天下苍生"。认为刻下岳阳规复,义师所指,"罔不克捷",西南军威大振,希望"毅力主持,立电西南各省义军克期北伐,痛饮黄龙,歼罪魁,屠贼党"。(《刘若挚上总理函》,环龙路档案第04336号)

是月　批答湖南陆军第一师赵恒惕来函,称"蒙允出兵助粤,甚喜云云",告知其此间可"解决江西、湖北不反攻湘之问题"。又指示另作一函致陈光远,介绍赵之代表首君相见;一函介绍首去见冯玉祥,建议"彼此联络一致"。(《批湖南陆军第一师来函》,中国国民党中央委员会党史委员会编订:《国父全集》第4册,第278页)

△　钟景棠呈文,报告奉陈炯明19日电令,设立惠州军务处,任该处司令。又经广东督军21日电催,已于2月25日就职。(《军政府公报》第53号,1918年3月9日,"公文")

△　为《工业星期报》出版题祝词"品汇万殊,惟工乃成,崇论宏

议,壅本培根,恢扬物力,导引国民,楸厥椠櫫,树此风声"①。(《工业星期报出版祝词》,中国国民党中央委员会党史委员会编订:《国父全集补编》,第628页)

3月

3月1日　任命宋大章为大元帅府参议。(《任宋大章为参议令》,中国国民党中央委员会党史委员会编订:《国父全集补编》,第526页)

△　致电唐继尧,回应其2月25日电。

称"至川督继任之人,非得各方面同情及为全川所推许,不足以资统率",提出省长不宜再令督军兼任,致蹈军民不分之覆辙,"似应委之川省民选,再加任命"。就军政府元帅一职,称唐之前有"必克成都而后就职之宣言",且如再事迟延,"军政府始终难得外交之承认",请唐"毅然宣布,即日就职","护法救亡,惟公任之"。(《致唐继尧论四川省长应由民选并促速就元帅职电》,中国国民党中央委员会党史委员会编订:《国父全集》第3册,第526—527页)

唐继尧2月25日电中,称已委熊克武任川督兼省长。孙中山对此深为不满,在随后几日内,连发数电,试图联合西南各要人,阻止唐继尧这个任命,而置杨庶堪为省长;同时再三请唐继尧速就军政府元帅之职。

唐继尧自毕节来电,表示和议已经绝望,"荆鄂战事即在目前,此间亟应出师,互相策应"。准备划拨靖国联军第一军东下援鄂,唐本人定于3月上旬进驻渝城,"筹商大计"。(《唐继尧上国父电述将出师援鄂》,黄季陆主编:《革命文献》第50辑,第280页)

△　贵阳黔军总司令王文华来电,报告其军队攻入成都,"俟川

---

① 原件未署日期,据《国父全集补编》记次页为陆军总长张开儒题词,张于1918年2月6日就陆军总长职,5月12日被莫荣新拘捕,题词应在此期间。暂系于此。

军确实归顺后,华即赴川,率所部袁、林两师东下"。(《军政府公报》第56号,1918年3月14日,"函电")

△　湘粤桂联军总司令谭浩明发来两电。

其一报告27日北军进攻前线,战事再启。

其二详细报告岳州前线军情,北军由两方面进攻,"冲锋数次,均被我军击退"。表明自己的主张,"浩明切怀和平之念,一刻未忘。正一面容纳赣督继续言和之议,由岑西林先生转告西南,相商提出条件,以期纳诸正轨;并一面严饬所部静候解决。是浩明区区息争之意,贯彻终始,天日可鉴",然而张敬尧等北军一再进逼,"我军实逼处此,忍无可忍,除饬将士合力堵御外,合行电闻,此后兵连祸结,责有攸归"。(《军政府公报》第54号,1918年3月12日,"函电")

△　孙洪伊、居正、丁仁杰自上海来电哀吊程璧光,称"所冀罪人早获,以慰英灵,将士一心,完成大业"。(《军政府公报》第53号,1918年3月9日,"函电")

报载程璧光死事激动公愤,称各方面均信为陆荣廷、莫荣新因粤督问题而杀程,"粤军民全体大动公愤,本日纷纷开会筹议对付",李福林、魏邦平密谋驱莫、消灭桂军。又称孙中山近来与莫荣新靠近,"对程事颇冷淡"。认为"粤局自程事起,旬内必有大变化"。(《粤局大变化消息》,《顺天时报》1918年3月1日,"时事要闻")

另有报道称莫荣新与孙中山携手,陆、莫等人"能去程璧光而不能去其第二之弊龙济光",陆、龙决战不远,而"孙文从中作祟,尽为粤派所不容,遂折而与桂派携手。莫荣新在粤居于四面楚歌之里,能得孙文一派稍增援助,亦足慰情胜无。故今日孙、莫同谋之事为粤人所发现者,不少粤人益痛恶孙氏,大约莫氏被逐果成事实,孙亦必不能立足于乡里矣"。(《程璧光被刺之京讯》,《新闻报》1918年3月4日,"紧要新闻")

△　报载孙派党人在上海会议,试图促成江苏独立,以消灭北方势力,"如不应允,即令运动成熟之军队及土匪头目首先发难促成苏

省独立"。又称有韩恢、张汇滔(孟介)等从孙中山处领得公债票二十万元,"于某国商店抵押兑换枪支子弹,运往淮徐等处接济土匪"。苏州、镇江警察局均受督军参谋处命令严加防范。(《江北短简·苏州通信》,《新闻报》1918年3月1日,"紧要新闻";《通令防范党人》,《申报》1918年3月5日,"地方通信")

3月24日徐州张文生上报,其部下"剿匪获胜,捕获匪首三名",业经"分别正法",搜出有"广东军政府大元帅孙文委任状"。(《徐属匪乱与孙文》,《顺天时报》1918年3月28日,"时事要闻")

4月份蔡醒民来函,称江北徐、淮、海三属绿林甚众,约有三千左右,且绅民之中(包括蔡本人在内),亦有枪三千余,"以上各人皆可听韩恢指挥",请速促韩由粤返回"以便急进"。山东亦有郭安、范玉林等人[①],率兵力近万人,"惜无人统率"。认为以上势力,如使用得当,可以牵制北军后路。(《蔡醒民上总理函》,环龙路档案第11297.1号)范玉林于1917年底以山东护法军第二梯团长战时第一总司令名义宣布张怀芝罪状,起兵进攻。(《山东护法军之崛起》,上海《中华新报》1918年1月9日,"紧要新闻")

3月2日　下国葬程璧光令,称程璧光"号召各舰队合力护法,实有殊勋于国家,准予依照国葬法,举行国葬典礼"。并于3月4日下令内政部派员办理国葬事宜。(《军政府公报》第52号,1918年3月5日,"命令")

徐化龙本日来函,请"严缉凶犯"以安英灵。建议向海军及各方面提议,铸造程之铜像立于遇害地点,"谅先生亦必赞许也",徐氏自荐监办此事。(《徐化龙上总理函》,环龙路档案第01830号)

国葬一事,在程夫人力辩之后,并未实行。4月28日追悼会后,程璧光灵柩运回上海营葬。(莫汝非:《程璧光殉国记》,沈云龙主编:《近代中国史料丛刊》第57辑,第113页)

---

① 报载山东匪患严重,其中范玉林所部七千人,郭安所部二千人。(《山东之匪世界》,上海《中华新报》1918年4月4日,"紧要新闻")

△　任命蔡匡为大元帅府参议。(《任蔡匡为参议令》,中国国民党中央委员会党史委员会编订:《国父全集补编》,第527页)

△　蒋介石应召来粤。

蒋介石自1917年8月辞东北军参谋长职后滞留在沪,孙中山于2月15日电中促其赶紧来粤。本日蒋氏离沪来粤。(毛思诚编纂:《民国十五年以前之蒋介石先生》第2册,第20页)

△　致电覃振,称有议员请任命吴景鸿为湘西各军联络使,发给债券若干以筹款接济各军,"使倾向军府",并请覃等协助;询问此事是否可行。(《致覃振征询对吴景鸿为湘西联络使意见书》,中国国民党中央委员会党史委员会编订:《国父全集》第3册,第528页)

△　致电石青阳、章太炎及黄复生、卢师谛、陈凤石、颜德基、陈炳堃、夏之时、王安富等西南将领,讨论川督人选问题。

称已复电唐继尧,主张"军民应分治、省长应民选"。属意杨庶堪来任省长,"盼诸兄迅速疏通省议会,一致选举沧白为四川省长","至督军若非锦帆不可,亦火速公电推举,此间方能任命"。再次请"联同拥护军政府各军,恳切电劝蓂帅速就元帅职,以壮军府之声威,而谋外交之承认"。(《致石青阳等嘱疏通川省议会选杨庶堪为省长并联同各军劝唐继尧速就元帅职电》,中国国民党中央委员会党史委员会编订:《国父全集》第3册,第527页)

又致电王文华,告知吕超任命事,以及唐继尧任命熊克武为川督兼省长。指出"川督一职,宜得各方之同情,且为全川所推许,再由军府任命,庶能辑睦联军,共出武汉,以定中原",唐继尧并未就军政府元帅一职,而以滇督地位任命川督,"稍挟征服之威,足生反应之患",而省长一职,"自应委之川中民选"。请王力劝唐继尧宣布就职。(《致王文华论川省应行军民分治并嘱力劝唐继尧就元帅职电》,中国国民党中央委员会党史委员会编订:《国父全集》第3册,第528页)王文华与唐继尧密电往来,支持唐继尧的任命,主张熊克武速行就职。(《唐继尧为已送电熊克武进省宣布就职密电》,中国第二历史档案馆、云南省

档案馆合编：《护法运动》，第 276 页）

△　头山满、犬养毅来函，请赴日一行。

函称"贵邦南北对峙以来，世局纷纭，不知所底止。弟为东亚大局深忧之。今也阁下一进一止，实东方治乱之所系，弟兹有欲与阁下面议一事，因望阁下亲到东京"。（罗家伦主编，黄季陆、秦孝仪增订：《国父年谱（增订本）》下册，第 803 页）

3 月 20 日电复此函。

△　陈炯明来电，报告李厚基手下蔡春华在香港联络龙济光，密谋运动闽敌舰，胁迫汕头。称"惠潮梅防务重要，敌人乘虚暗渡，在所当防，毋专着眼于高雷。一有疏失，全局皆坏"，请分派海军来汕驻守，并派军舰一艘梭巡惠属沿海。（《陈炯明请派海军梭巡惠属沿海上国父电》，黄季陆主编：《革命文献》第 50 辑，第 204 页）4 月中旬，蔡被擒获枪决。

△　谭浩明、钮永建为程璧光被刺事来电，"凡我护法同志，能不同声痛惜，应请莫督军严缉凶手，尽法惩治，以雪公愤而慰忠魂"。（《军政府公报》第 54 号，1918 年 3 月 12 日，"函电"）

△　靖国川南民军总司令何绍培①再次来电，表示"矢志民国，始终不渝"，愿率所部跟随护法诸公，克日北伐，"如荷赞许，乞即电复"。（《军政府公报》第 60 号，1918 年 3 月 20 日，"函电"）

3 月 11 日黄复生、卢师谛来电，详报何绍培反复罪状。称何为周道刚密探，窜匿长宁，招集匪徒，四出劫掠。成都克复后，诡称川南民军总司令，"南六各县蹂躏不堪，迭经该县人民联名呈请剿办"。后经抚慰收复，又首鼠两端，意存反复，在兴文闭城不纳，拒绝派员。派军击溃后，"余孽不满一百"，"乃竟饰词隐罪，背信蒙电，不惟欺枉钧府，抑且污辱义军，现拟通电严缉"。（《军政府公报》第 63 号，1918 年 3 月 26 日，"函电"）

----

①　前作"何绍城"。

3月25日复黄、卢来电,"何绍培勾匪肆扰,不受招抚,且敢邀击义师,既经该师力剿溃窜,所请通电严缉,务获惩办,应照准"。(《军政府公报》第64号,1918年3月27日,"函电")

△　孙洪伊来电,报告段祺瑞以"俄、德兵入境之说"恫吓西南,有人"急谋调和,且似有牺牲旧国会之意"。认为北方已倾向和议,"南方坚持旧国会之主张,不难使之承认,大局速定,已不在远","恐数日内或有向南方提出议和条件之事"。要求坚决恢复旧国会,希望滇、湘方面不要动摇①。(《军政府公报》第53号,1918年3月9日,"函电")

5日,将此电全文转发给西南军政各方②。(《转达孙洪伊护法主张通电》,中国国民党中央委员党史委员会编订:《国父全集》第3册,第493页)

报端纷传段祺瑞一派酝酿组阁,冯国璋受段氏压迫,将辞代理总统职。(《段祺瑞又要出山耶》,上海《中华新报》1918年3月7日,"评论一";上海《中华新报》1918年3月7日,"本馆专电")

3月3日　陈炯明发来两电。

其一报告陈梯芬旧部范营来请改编,认为范营名义上为刘综庆所部,"须盼督军交涉,碍难办理,现仍留惠"。(《陈炯明为收编范营事上国父电》,黄季陆主编:《革命文献》第50辑,第205页)

其二报告粤军扩充情形,需饷孔急,"今粤军扩至三十余营,军费一切总计,月需二十余万,有财厅定案内九万可抵,余拟追加,碍难允准",请设法筹措,斟酌拨用,称"报命之日,当不在远"。(《陈炯明报告粤军扩充情形及请款上国父电》,黄季陆主编:《革命文献》第50辑,第204页)在此前后,陈炯明、许崇智频请孙中山和廖仲恺速筹军饷。

---

①　原电为"冬"(2日)电,无年月,载于1918年3月9日《军政府公报》,《各方致孙中山函电汇编》第3卷第312页定为1918年3月2日,应确。电中称"北方前敌诸将确已有继冯旅而起之势",冯旅即冯玉祥部,2月初即有传言冯玉祥发兵攻下安庆,事实上冯氏于1918年2月中旬在湖北通电主和,故可确定此电为1918年3月2日。

②　原电为"歌"(5日)电,无年月,《国父全集》定为1917年12月5日,陈标《〈孙中山全集〉第四卷五份函电时间辨正》(《近代史研究》1998年第2期,第315—317页)则订正为1918年4月5日。孙洪伊3月2日上海来电,应能在3月5日收到,即刻转发,不应是时隔一个月后的4月5日,故系于此。

　　△　湘粤桂联军总司令谭浩明来电,对唐继尧3月1日命令靖国第一军东下、唐本人进驻成都表示欢迎,询问"敝处迭致冀公敬、宥、有、冬各电收入否?靖国第一军何时由何处出发,计划若何"。(《军政府公报》第54号,1918年3月12日,"函电")

　　△　湘军总司令程潜来电,表白再次开战之不得已。

　　认为虽然南北相争,但"敌人则又非深仇夙怨,若敌国外患之不两立","故对于敌军将士,一致欢欣,倍加优遇,又以湘鄂一家,原无干犯之野心",按兵以待和议结果。然而2月27日曹锟、张敬尧再次举兵进犯,程"忍无可忍,爰陈师旅,誓与主战助恶之罪魁以兵戎相见"。(《军政府公报》第54号,1918年3月12日,"函电")

　　△　莫荣新来电,联络一致通电反对北京政府延期赔款、发行七年公债之决定。

　　北京政府于1月25日令准发行"民国七年发交国家银行短期公债",以政府积欠中国、交通两银行超过八千万,导致钞价日跌,市面动摇,故发行短期公债"以救济两行金融","公债总额定为四千八百万元,全数发交中、交两行,由其自行经管。所募集之现款,即以归还两行垫欠各款",而公债本息由延期缓交的庚子赔款为基金担保。(《财政总长王克敏呈大总统为指定延期赔款发行短期公债归还中、交两行欠款办法缮具章程请鉴示文(附章程)》,《政府公报》1918年1月29日,第726号,"公文";《财部又拟发七年公债》,《申报》1918年2月1日,"要闻二")莫氏认为"政府所欠两行之款,内容诡秘,从未经国会及他机关查问,今骤利用延期赔款数千万元,一举偿之,显有阴谋",而且"赔款之得延期,乃至不惜国家所已供之牺牲,及将来议和后之镠辖","国家创巨痛深,仅乃得之数千万元巨款,仅足供数四贪吏市侩之婪索朋分,似此胆大妄为,目无法纪,此而不讨,何以为国"。准备请伍廷芳主稿领衔,通电全国省议会、商会及各界、各报馆一致反对,"如荷赞成,即祈赐复"。(《军政府公报》第57号,1918年3月16日,"函电")

　　5日,谭浩明来电,对此事表示震惊愤怒,"以对德宣战一时腾挪之外债,移充二三国蠹之私囊,此而不讨,于义谓何",赞同莫荣新的提议,通告全国,"务必使中途取销此项条例,一切待由国会解决"。(《军政府公报》第56号,1918年3月14日,"函电")

6日,刘显世来电,回应莫荣新、谭浩明,认为"伪政府私借外债,近复利用赔款延期,借口中交还欠,妄发公债,便其私图,实属罪恶多端,法无可宥",同意由伍廷芳主稿通告全国。(《军政府公报》第57号,1918年3月16日,"函电")

8日,唐继尧来电,同意发通电谴责王克敏"私借巨款,滥发公债,朘民卖国,罪不容诛","通电全国,抵死不能承认此项条件"。(《军政府公报》第56号,1918年3月14日,"函电")

9日,发表反对北京政府发行公债的通电,称"北京非法政府根本违法,绝对无发行七年公债之权","我国民自应一致反对",待国法效力回复之日,自应尽法惩治王克敏等人。(《军政府公报》第55号,1918年3月13日,"函电")

12日,陈炯明来电,认为"伪政府为非法僭窃之机关,其一切举措悉为叛逆行为,我辈既已根本否认其存在,本不须随事批判其得失","惟恐国民无知,受其愚弄",同意联名通电反对七年公债。(《军政府公报》第56号,1918年3月14日,"函电")同日吴景濂亦通电表示同意联名,并将"由国会非常会议提案反对"。(《军政府公报》第57号,1918年3月16日,"函电")

15日,国会非常会议开会,以"北京财政部擅定七年内国公债条例"未经国会议决,褚辅成等提议取销该案,全体一致赞成。(《军政府公报》第59号,1918年3月19日,"咨文")16日国会非常会议议长吴景濂发表通电,宣布议决三项:(一)北京财政部所定之民国七年内国公债条例即取销之;(二)中交两行或人民收受北京财政部所擅发之七年内国公债票概作无效;(三)通告各省民政长官所有应解赔款克日停解,妥实存储,非俟依法政府成立,经两会议决用途,不得擅动。(《军政府公报》第59号,1918年3月19日,"函电")

18 日,下令公布《取消北京政府擅定七年内国公债条例及发行办法议决案》。议决案称该借款条例由绝对不能承认者四点:违背约法、垄断发行、侵蚀国库、欺罔商民;国会议决办法三条(同上吴景濂通电公布者)。(《军政府公报》第 59 号,1918 年 3 月 19 日,"法令")

4 月 3 日石青阳来电,就北京政府七年公债事,"谨遵钧命否认"。(《军政府公报》第 76 号,1918 年 4 月 27 日,"函电")4 月 7 日熊克武来电,同意列名发布反对七年公债的通电。(《军政府公报》第 73 号,1918 年 4 月 29 日,"函电")

△　日首相寺内正毅答复日驻华公使林权助之前提出的参考意见书,同意在"不干涉其内政"的前提下"为南北调停效劳"。

林权助于 2 月份向日本政府提交关于中国南北两派妥协的意见书。其中认为之前冯国璋、王占元的主和态度,"日益助长了南方的气焰",提出"以北方为中心的具体的统一的妥协方案"。提出总统人选必须是反对者较少,"各方面负有声望,在政治上具有相当经验和手腕的人物",认为只有徐世昌是合适的人选。内阁则选取南北方中有实力的稳健分子组成,南方如岑春煊、唐绍仪。各派的有力者,则可"采取辛亥革命后以孙中山担任铁路督办的事例",安置督办地租、币制、交通等,"使其得到相当权力和收入"。

寺内同意日本"应以诚意为南北调停效劳",但不能在人物选择方面"干涉其内政","相信阁下的真意亦在于此,并非在指导劝诱当中,立即进行露骨干涉之谓"。拒绝林权助提出的撤退驻华军队、废除治外法权、势力范围等"以表示我国对中日亲善的诚意"的建议,"对于阁下的高见,使中国南北联合在一起,由我方加以指导和帮助,使其完成独立,特别是今天的时局,要加强两国的提携合作,以防敌国实力的东渐等项意见,固然同意;但为此牺牲日本在中国的全部既得权利,我认为尚未到其时"。(章伯锋:《皖系军阀与日本》,第 324-332页)

△　报载桂系对于粤局的牵制,称"然以号称西南各省统一之

机关而其无能力如是,牵制如是,不能不归咎于桂系诸人猜忌之心重也",认为孙中山 22 日两通电"皆鸣不平"。援闽问题,本正是兴师之好时机,"而陆、谭、莫诸人本其救国不许他人、讨逆是其专责之老宗旨,竟连电陈炯明不许乱动(陈炯明连日通电词极愤恨)","彼辈援湘攻岳则可一往无前,出在他人必斩以犯而不校,此亦猜忌之故"。(《讨龙声中之粤局内幕》,《新闻报》1918 年 3 月 3 日,"紧要新闻")

3 月 4 日 致函冯玉祥,回应其 2 月 18 日通电。

盛赞冯主持正义,为"爱国军人模范",希望对方"以恢复旧国会之主张,明白宣示全国","则国民必感伟功于永久"。(《致冯玉祥望主张恢复旧国会以纾国难书》,中国国民党中央委员会党史委员会编订:《国父全集》第 3 册,第 529－530 页)

△ 致电孙洪伊、徐朗西、杨庶堪,指示在长江、陕西、四川各地的行动。

回应孙洪伊 3 月 2 日来电,称"尊电主张,此间必坚持,望力劝长江将领发布此意见"。

陕西事本盼徐朗西主持,因省议员屡促,故任焦易堂为劳军使。焦将抵沪,请徐与其接洽。

告知杨庶堪关于川督任命的纠葛,"吕超电克成都后,同时得锦帆电云兼程赴省,因先任吕为卫戍总司令代理督军,并电黄、卢、石、陈诸兄,迅速推定继任督军,倘锦帆对军府能表示好意,当然可以推举"。对唐继尧以滇督任命川督师表示极端不满,称"唐本云南督军,何能任命四川督军、省长",但"此间又不能反对"。望杨兼程返川,"联合黄、卢、陈、吕等军,收拾川局,迟恐锦帆权利日增,黄、卢不足以抗"。(《致孙洪伊转徐朗西盼与焦易堂接洽转杨庶堪即返川电》,中国国民党中央委员会党史委员会编订:《国父全集》第 3 册,第 529 页)

本日谢持、温宗尧(钦甫)在上海,温"使酒诋中山之炮击粤督署,而推许其至今无一钱"。(谢持:《谢持日记未刊稿》第 3 册,第 362 页)

△　收到李建中 2 月 17 日自上海发来之函。

李氏于 2 月 10 日抵沪,与孙洪伊商量浙事。孙洪伊谓李纯的态度"较前并无差别",极力反对在江苏运动,"免生枝节",建议取消对朱廷燎的任命。李建中与周震鳞(道庚)商量,"决定将苏事一律取销",所携给朱廷燎委任状一件、公债票十万元、现洋一千元皆待返粤后呈缴核销。李氏准备次日启程,经长沙赴湘西劳军。又谓沪上各方论及西南大局,"鲜不以西南进行亟宜化除个人意见,力求统一,粤军务速出闽,进窥沪浙,以为江南后盾"。

后附在沪对各方近情的详细调查报告:湘西七支部队不相统属,张学济(容川)之兵最多,"统计约二万人,配有枪弹者不过三分之二";各军分驻地点;联军攻下长沙后,"兵力士气足以直下武汉",但谭浩明认为武汉易下难守,需西南各省会师武汉,故目前只是严守湘边;攻下岳州,桂军最为决心;谭浩明之所以欢迎谭延闿督湘,"因已力不能统一湘省";谭延闿返湘行期未定,"因借款二百万,与日人交涉虽妥,尚未签字",签押后方启程;冯玉祥部"虽云一旅,实近万人",在武穴登陆,进发安庆,"不日将宣言独立";曹锟已至汉口,扬言先攻下岳州,再提和议,驻鄂北军据说已达六个师。(《李建中上总理函》,环龙路档案第 14023 号)

△　陈炯明发来两电。

其一为报告汕头追悼程璧光事,"滇粤两军暨商学各界到者万人"。(《军政府公报》第 53 号,1918 年 3 月 9 日,"函电")

其二表示和议不成,重新整军待发,"自当激励三军,追随诸公之后,为国杀贼"。对陆荣廷最近通电表示赞同,"老成谋国,钦佩竭极"。(《陈炯明为和议绝望将出师征闽上国父电》,黄季陆主编:《革命文献》第 50 辑,第 205—206 页)

△　刘显世来电,对程璧光被刺表示悲愤,赞成林葆怿接替主持海军,"恳请林总司令即日宣布就职,以定人心"。(《军政府公报》第 57 号,1918 年 3 月 16 日,"函电")

3月5日　晚,蒋介石抵广州,其后连日来谒见聆训。

11日派蒋赴汕头,任陈炯明司令部作战科主任。(毛思诚编纂:《民国十五年以前之蒋介石先生》第2册,第24页)

蒋氏逗留大元帅府期间,大元帅府成员共二十九人合影。孙中山、宋庆龄亦有合影。(余齐昭:《孙中山文史图片考释》,第101—103页)

△　任命赵荣勋署理广东高等审判厅厅长,林翔为广州地方检察长并署理广东高等检查厅检察长。(《军政府公报》第59号,1918年3月19日,"命令")

11日,准居正呈请,令印铸局照刊颁发广东高等审判厅请领大小印信二颗。此事因广东高等审判厅长赵荣勋呈报接收厅务时未见印信,请求照刊新印发下使用。(《军政府公报》第55号,1918年3月13日,"命令";"公文")

报载此次委任,新旧法官大起争执。赵荣勋呈文军署,称其6日到厅接事,整日不见一人,"其前厅长及庭长、推事、书记等官,均匿不面","不得已,邀同办事人员眼同将印信、卷宗等各事件搜查",而印信、贮款单据、票折"并无一存","想系前厅长先行藏匿"。原厅长秦树勋亦呈文省长及军署,称"自问并无溺职情事",而6日"赵荣勋带同兵士八九十人到厅,各兵士将各来往路口止截,并派人到厅员办公室及收支处,庶务处将各门户打开,所有卷宗、讼费、款项等等均行搬抢净尽",自己无能与其抗拒,"似此盘踞行抢,何能办事",请求辞职。(《广东新旧法官互控怪状》,《新闻报》1918年3月19日,"接紧要新闻")

随后居正大力整顿广东各级审、检厅职员,免去原高等审判厅庭长王用中、高等检查厅检察官廖鹤龄等十一人职务,任命代理高审厅民一庭庭长胡汝翼等一批新职员。(《军政府公报》第58号,1918年3月18日,"公文")

△　复谭浩明3月3日电。关于四川军情,表示只收到唐继尧3月1日电文,对靖国第一军的计划及行动也未知。希望对方"激励前敌将士,共策殊勋"。(《复谭浩明勖激励将士共策殊勋电》,中国国民党中

央委员会党史委员会编订:《国父全集》第3册,第530页)

　　△ 致电唐继尧,告知援闽粤军已次第开赴前敌。并告知接沪电,"京、奉复辟党人,近复肆其阴谋",张作霖军队占据滦州,对此"非大张挞伐,不足以定国本而靖国难"。催促尽快回复3月1日去电。(《致唐继尧告以援鄂援闽军情并主张讨伐复辟党电》,中国国民党中央委员会党史委员会编订:《国父全集》第3册,第530页)

　　上海宗社党活动频繁,淞沪护军使卢永祥屡次下令严行侦缉,报端时有报道。有传闻张作霖将于阴历二月一日"实行恢复帝制"。(《〈大陆报〉观察我国政局之谬误》,上海《中华新报》1918年3月11日,"紧要新闻")张氏随后有通电称决不复辟且拥护总统,但贯彻主战。(上海《中华新报》3月20日,"本馆专电")

　　△ 致电陈炯明,询问方声涛密电调第八旅全旅回省是否属实,是何原因。(《致陈炯明为方声涛调兵回省事电》,中国国民党中央委员会党史委员会编订:《国父全集》第3册,第531页)

　　△ 尹骥来函,报告其从军情况。尹骥原为大元帅府副官,后被委任湖南特务委员,未成行即随同罗翼群投援闽粤军效力,陈炯明委充第五统领部教练官。抵汕头后,"粤军重行组织",尹被调升第四支队洪兆麟司令部中校参谋兼充第五统领部少校副官,"日内即行出发"。(《军政府公报》第52号,1918年3月5日,"函电")

　　△ 莫荣新来电(实际为通电),表明心迹。

　　谓"吾粤护法之师不得已而迫切出战,又不得已而隐忍停战以待和者屡矣",列举段派武人罪行,"徒逞其武力,以求一战,以遂其一派之野心,是不徒与西南之义师战,直与全国之公民战耳"。表示自己"待罪粤疆,救国心切,再四苦心忠告,终不见纳,相迫日亟,忍无可忍,亦惟有矢此坚贞,竭其绵薄,以报国人,至若曲直是非,自有公论,亦非荣新所能自私者也"。(《广东莫代督军荣新致大元帅电》,《军政府公报》第54号,1918年3月12日,"函电")

　　△ 四川劳军使李国定来电(兼致国会非常会议),报告其在四

川的经营。

李组织四川靖国军第二军,驻兵叙城。本想与刘存厚联络言和,以第一军让刘,而刘被击溃败走。联合新选参院议员杨肇锡①,以其旧部军队二十营,在新津改组四川靖国军第一军。杨氏且来电"竭诚向南","从前计划幸成事实"。将助力成立三、四以上等军。(《军政府公报》第 57 号,1918 年 3 月 16 日,"函电")

7 日,李国定再次来电。报告自奉命西行,"职司劳慰,鼓舞士气,起义川东,奔走蜀滇","爰集富于军事学识经验同人,简选士卒三万②,严加训练,准备出师,顷与诸将佐定决取道雍豫,直捣幽燕"。主战而不主和,"务望诸公坚持初志,达到国定与议员吴崐等在天津时主张十大条件之目的,以奠国基"。(《军政府公报》第 55 号,1918 年 3 月 13 日,"函电")

14 日复电,告知对熊、杨的任命,认为四川已定,"此时即宜简选师旅,分途北伐"。电中赞扬李国定,"执事准备出师,不争川中权利,亮节可风",希望其会同望其滇、黔、川各军,克日东下③。(《军政府公报》第 57 号,1918 年 3 月 16 日,函电)15 日,再次致电,指示勉励杨肇锡"与讨逆各军共相策应,以建殊勋"。(《军政府公报》第 57 号,1918 年 3 月 16 日,"函电")

4 月 4 日,唐继尧来电,反对任命李国定等人。谓李国定乘滇军进攻、川军溃逃之际,在叙府"招集土匪,自称四川靖国第二军","现闻复电请尊处任命杨肇锡为第一军军长,辜增荣为第三军军长"。四川本已"匪队林立",现已经平定,不应再听任成立军队,而且李部多为土匪,劫掠横行,无法制止,"不特贻害川省,亦累我公盛名"。"李国定电请委任各员,万望悉加驳斥。"(《唐继尧为李国定在叙府招兵事致

---

① 原文作杨肇基,应是锡之误。杨肇锡于 1916 年当选为四川省参议员。
② 据报载,刘存厚查复,称李国定所部仅四营,即以川滇黔军合计亦不及两万。(《关于川陕之近日京闻》,《申报》1918 年 4 月 15 日,"要闻一")
③ 此电日期不清,《孙中山全集》第 4 卷第 396 页录为"寒"电,从之。

孙文的密电》,云南省档案馆编:《云南档案史料》第1期,第60—61页)2月上旬李国定在叙府组织招讨军,"来电多张大言",唐继尧即"甚不以为然也"。(吴宗慈:《护法计程》,黄季陆主编:《革命文献》第49辑,第456页)

4月10日复唐氏4日电,告知接到李国定连续来电,因未悉真相,并未加以委任。觉察其"似于川中诸人有所不满,恐致抵牾",故复电勉以速行东下,如今知道"果非事实","前已去电告以国会开会有日,所事劳军任〔务〕已毕,促其即日赴粤"。并表示川、粤远隔,西部全赖唐主持,以后"关于此等情事,尚望就近斟酌办理,并随时电告"。(《孙文复唐继尧支电的密电》,云南省档案馆编:《云南档案史料》第1期,第61页)同日致电李国定,"川局已定,执事奔走劳苦,厥功甚伟。惟劳军任务已毕,现在全国正式会议定于六月十二日开会,希即速命驾返粤,共图国是"。(《军政府公报》第70号,1918年4月10日,"函电")

四月上旬,报端报道李国定事迹,称其"融洽滇军,招集民军,催促各军之向南,以成西南一致"。靖国军攻占叙城时,李分途接洽,极力维持,"是役商民未受丝毫损失,一面派代表分赴泸渝解释前嫌,联络声气"。滇军3日后始率队入城,李"又尽力斡旋,手执唐联帅宣誓之词,以川治川不相侵扰,力为辩白,滇军乃分出民政、财政等权由川人主持,但每月需筹军费四万五千元,由李担负筹借"。于是李得以指挥叙府十三属(除富隆外),组织劳军行署,暂理行政事宜,署内设靖国第二军总司令部,招集民军,从事编制,支持将及两月。"闻李日前接熊总司令到成都之电后,以吾川主持有人,即将民、财两政卸去,专司整军东下事","专候唐联帅指挥"。(《李国定在川南之活动》,《申报》1918年4月10日,"要闻二")

△ 唐继尧发来长电,回应冯玉祥2月14日电,表示南北各应息兵意见。

历数南方护法兴兵之不得已,数次和战后,"不意枪林弹雨又复□〔见〕于湘鄂之间","且北方用兵一次,则借款购械一次,丧国家之权威,增人民之负担","尚冀立息兵端,稍延国脉,若必逞一人之意气以戕全国之生机,则国家兴亡,匹夫有责,无论南北,当共图之"。
(《军政府公报》第 62 号,1918 年 3 月 25 日,"函电")

　　△　孙洪伊发表致护法要人长篇通电,催促尽快恢复国会。称
"近传有德兵入境之说,言者或谓外患急迫,宜息内争,而北京政府遂
借资恫吓,欲使我轻弃护法主的,就彼范围。夫外患既已急迫,何不
速复民意机关,与国民共此艰难",不能轻易与北方言和,"使误听危
言,率为让步,则倒持干戈,授人以柄,吾恐义师投戈之日,即民国属
纩之时矣"。(《孙洪伊致护法诸公之通电》,上海《民国日报》1918 年 3 月 6
日,"要闻")

　　△　报端分析政学会诸人在西南联合会议上的图谋及孙中山的
应对。

　　称联合会议的组织是想推翻孙中山而代以陆荣廷,"其主动之人
则属于政学会"。伍、唐、程诸人为联合西南而讨论两机关合并改组,
"殊与主动者之原意相歧"。因此不只民党方面反对联合,政学会中
人也有自己的考虑,"而碍伍、唐诸老之面子,故矣虚与委蛇"。改大
元帅为同等之政务总裁若干人,"亦彼等所献议,欲以难孙氏者。盖
逆料孙氏以大元帅之资格,断不肯屈居于诸人同等也。讵为孙觑破,
赞成其议。彼等以此议既成,则政务总统之第一人当仍属诸孙氏,与
拥戴陆荣廷之初相背,故此议提出后即由程潜首先反对,继而各方面
皆无复电,遂为无形之打消云"。

　　于是,"孙文遂乐得安于其南方军政府名义,放手办事。虽款项
无着(国会议员现须四出自行筹款,其困可知),而借小债、开卖物筹
款会,仍为得日过日之计。最近对于司法独立一事尤为着力"。(《纷
纭内讧之粤局》,《新闻报》1918 年 3 月 5 日,"紧要新闻")

　　△　报载湘鄂军情,称长沙、株洲间南军之兵力甚薄,粤、桂因龙
济光及孙中山派争权之关系不能再派援军来湘。认为南军借和议以
促北派之破裂,坐收渔人之利,岳州南军虽言退而终不退,鄂赣北军
亦日言攻而卒不能攻,南北之争一转而为直皖二派之争。(《和战不定

中之鄂讯》,《新闻报》3月5日,"紧要新闻")

3月6日 公布陆军部组织条例。规定陆军部直隶于军政府,陆军总长经国会非常会议选出,由大元帅任命。(《军政府公报》第53号,1918年3月9日,"法规")

△ 任命邹建廷为大元帅府秘书,颜炳元为参议。下令致电上海,派杨庶堪为军政府驻四川代表。(《任邹建廷为秘书令》等,中国国民党中央委员会党史委员会编订:《国父全集补编》,第528页)

△ 任命参议员李茂之为两广盐运使。(《任李茂之为两广盐运使令》,中国国民党中央委员会党史委员会编订:《国父全集补编》,第528页)

二月中下旬,莫荣新试图"将应解中央之关税及盐额盈余截留",不顾孙中山的反对(孙认为应等伍廷芳接任外交总长及外人承认为交战团体后始行提议),"遽然致函盐运使丁乃扬,限其三日内遵办,并以粤省政府名义加给丁运使委任状",将丁氏调充督军署高等顾问,派李茂之代理盐运使。丁随即辞职。驻粤各领事知道此事者"皆大反对",推俄领事敖纪领衔致书莫氏,请其取消此议。莫于是"感于未有统一,政府外人不能承认,一意将此事听候军政府完全办理"。(《讨龙军锐意进行之内幕》,《新闻报》1918年3月1日,"紧要新闻";《丁乃扬之行踪》《李茂之代理盐运》,《香港华字日报》1918年2月25日,"粤闻一")

传闻又称莫荣新驱逐丁乃扬,"代以孙派之李茂之","莫孙合议,扰乱盐政"。(《粤局大变化消息》,《顺天时报》1918年3月1日,"时事要闻")

8日发出布告,以"近查北京竟有将两广盐税拨给龙济光扰粤之用情事,是不啻任非法政府敛吾民之财,以供其残杀吾民也"[1]为由,将两广盐税收归军政府,"充军府开支国会、海军及其他属中央范围由军府支出之用途"。要求各盐商应缴盐税,仍按照向章向广东中国

---

[1] 据报载,中国银行副经理交出将盐款接济龙军的证据,"故军政府自信确有道义上之权利阻止此款之入龙手"。(《西报载广州提用盐款案》,《新闻报》1918年3月12日,"紧要新闻")

银行缴纳,"倘有奸商违抗命令或故意延宕者,定予截缉严惩"。(《军政府公报》第 53 号,1918 年 3 月 9 日,"布告")3 月 12 日报载"现在之盐运使,则为军政府所委任。非有盐款付交中国银行之担保,不允发给执照也",无执照则盐商不能运盐入内地。(《西报载广州提用盐款案》,《新闻报》1918 年 3 月 12 日,"紧要新闻")

9 日,英副领事勃兰特持英总领事抗议书,拜访伍廷芳。伍"大约将先与孙逸仙会商,定数日内答复"。(《西报载广州提用盐款案》,《新闻报》1918 年 3 月 12 日,"紧要新闻")伍廷芳与英总领事之间的交涉于 15 日终结,"军政府此后得用此税款以维持在广州之独立海军并作国会经费"。(《路透社译电》,上海《中华新报》1918 年 3 月 20 日,"东西要电")

12 日,李茂之到粤督署与莫荣新磋商接管盐款问题。据称,莫荣新坚持"在未得到陆荣廷指示前,不能答应",且派士兵二十名看守设在长堤的中国银行。(广东省档案馆编译:《孙中山与广东——广东省档案馆库藏海关档案选译》,第 140 页)后有电称中国银行"为孙文卫队围抢,中央拨龙饷三十五万亦被抢。孙即将离粤"。(《粤电》,《时事新报》1918 年 3 月 16 日,"北京专电")

14 日粤海关报告称孙中山指示中国银行广东分行,允许其将盐税收入总额的三分之一"象往常一样转给盐务分署即戴布洛克先生的办事处",但之前汇给法属印度支那银行转给北京的三分之二收入要留下,"这笔钱如何处理得听临时政府的命令"。(广东省档案馆编译:《孙中山与广东——广东省档案馆库藏海关档案选译》,第 162—163 页)

据孙中山 15 日致陈炯明电中,则称"盐税之收回,军府从外交方面经营已久,机会成熟,不意莫督有闻,突于十余日前欲提此款,经英、日领出而抗议,莫又敛手不承",军府于前数日决办此事,"经分令稽核分所、盐运使、中国银行各机关"。莫荣新"初欲借口外人以为反对,后知伪政府以此接济龙逆,始觉爽然",后来"见此款可提,又欲出面攘夺"。军政府实力不够,只能经人调和,确定"除三分之一仍归稽核分所拨还借款,其三分之二,旺月可收四十万,以十万为国会经费,十三万为海军经费,九万为广东地方还欠外款,五万为军府经费,三万为滇军经费。款由指定之第三者即盐运使提存分拨"。事实上,如遇淡月,前三项共三十二万分配完后,并无余款留给军政府,故谓"军府此举,本非为自身筹款,不过因盐款向属中央,军府自应收管,以震观听"。且乐观认为,因为此事,英国领事向名为军政府外交总长的伍廷芳抗议,"不啻间接承认"军政府①。(《致陈炯明告收回盐税经过并嘱劝伍廷芳就外交总长职电》,中国国民党中央委员会党史委员会编订:《国父全集》第3册,第537—538页)

18日,下令准代理财政总长廖仲恺呈请,将盐税收入由两广盐运使专管,通知中国银行等各机关遵办。(《军政府公报》第60号,1918年3月20日,"命令")

△　刘显世复2月14日②去电,赞服孙的护法决心。谓"我公远瞩高瞻,提挈群豪,本护法之决心,求根本之解决","显世勉从公后,努力国家,一切进行,尚希随时赐教"。(《军政府公报》第53号,1918年3月9日,"函电")

△　莫荣新就程璧光被刺善后事来电,"严缉凶手一层,早经通饬军警力悬重赏,严密查拿在案",并筹备追悼会。(《军政府公报》第53号,1918年3月9日,"函电")

△　唐继尧来电。

其一哀吊程璧光,赞成林葆怿主持海军,"并请诸公严缉凶手"。(《军政府公报》第56号,1918年3月14日,"函电")

其二表示接到国会非常会议议长电文,为了筹开国会,粤省议会

①　此时"东京电报频有日本朝野高唱承认南方政府议论之消息",孙中山"知此为军政府进行之一机会",特派唐绍仪亲往日本与其朝野诸要人接洽,希望其于承认问题有所助力。(《讨龙军锐意进行之内幕》,《新闻报》1918年3月1日,"紧要新闻")事实上,唐绍仪至日,极力促成军政府改组、南北和谈、孙中山去职。

②　原文称"奉真电,转示致李督原电","真"为11日。但相关内容在前文2月14(寒)日去电中,且2月11日去电未见。故暂定为复2月14日电。

已议决由省库筹垫国会经费五十万元,"滇省自宜量力赞助,除饬省署财厅迅速筹措径拨粤省外,尚乞诸公协同筹垫,俾国会经费不致支绌,立法事务即时进行"。(《军政府公报》第57号,1918年3月16日,"函电")

△ 李善波来电,报告所部军情。

称于1917年冬奉湘西第四路林总司令暨四川靖国军总司令黄复生委任为四川靖国军援鄂司令,已于2月10日由湘率队入秀墟,进据来凤,"一俟义旅集中,即当进攻樾坞,会师武汉"。(《军政府公报》第56号,1918年3月14日,"函电")

△ 报纸报道程璧光被刺详情,称"粤省暗杀之风可称极盛,计自军兴以来,莫荣新之被炸,方声涛之被枪,幸皆未中。最不幸则此回之程璧光,竟为海珠留第二次之纪念,是可哀已"。(《程璧光被刺之详情》,《新闻报》1918年3月6日,"紧要新闻")

△ 四川省议会发表致西南六省各方通电①,建议由孙中山暂代行大总统职权。

谓"现值黎大总统之不能自由,应请南方各省一致赞同孙大元帅暂代行大总统职权,先行召集旧国会,将民国二年所订宪法草案,提交议决而公布之,以实行于我南方政府权力到达之地,继此得尺地则尺地皆宪法统治之区,得一民则一民受宪法保护之益"并公布宪法,则治权统于一主,"斯免政出多门,三权各不相侵"。称"此次军兴,原以护法靖国为辞,解决军事,尤非依法不可","望我大元帅毅然行之"。(《四川省议会请赞同孙文代行大总统职权电》,中国第二历史档案馆、云南省档案馆合编:《护法运动》,第495—496页)

4月13日,云南省议会发表通否认此电。称报载六省议会"联

---

① 此电为"鱼"(6日)电,中国第二历史档案馆、云南省档案馆合编《护法运动》收云南省长公署档案,时间定为3月6日。上海《民国日报》1918年4月6日登《四川省议会请召集国会布宪法电》为同文。电文中收电人有"程元帅",而程璧光于2月26日遇刺身亡,如本电文于4月6日发出,似乎不应在列。故暂定为3月6日。

衔电请孙大元帅行使大总统职权等语","本会未闻何省议会发起此议,亦未联衔发此电文"。(《四川省议会否认报载六省议会联衔电请孙中山行使大总统职权电》,中国第二历史档案馆、云南省档案馆合编:《护法运动》,第505—506页)

3月7日 致电杨庶堪,告知接四川省议会来电,选举熊克武为督军、杨为省长,军政府的任命状亦已下,"盼火速兼程回川,迟恐生变"。又请吴承斋火速来粤,"粤局事盼兄接手"。(《致杨庶堪促速回川就省长职又转吴承斋盼速返粤电》,中国国民党中央委员会党史委员会编订:《国父全集》第3册,第531页)

△ 收到护国军湖南陆军第一师第二旅旅长林修梅2月8日来函。此函回复前此由彭邦栋(与吾)劳军携去之函。函中认为长沙克复后,长江三督出面调停,"几为所误","中央虽有停战之令,而荆襄战云复起"。报告联军"忍无可忍",于1月23日进攻岳州,27日克复;并将相机进攻武汉。(《林修梅上总理函》,环龙路档案第04428页)

△ 陈炯明复3月5日去电,告知方声涛并无调兵,李烈钧调伍毓瑞部一营、警备大队一营赴江门。程潜请调伍赴湘,虽然李烈钧答应,但伍不肯,未实行。(《陈炯明为调拨伍毓瑞部事复国父电》,黄季陆主编:《革命文献》第50辑,第206页)

△ 四川靖国军总司令黄复生来电悼念程璧光。(《军政府公报》第54号,1918年3月12日,"函电")

王文华来电,哀悼程璧光,赞成林葆怿继任[①]。(《军政府公报》第72号,1918年4月17日,"函电")

石青阳亦来电,悼惜程璧光之亡。称敌人派遣暗杀可见其技穷力屈,应奋起直进,"如能约法恢复,国贼授首,则程公虽死犹生","愿

---

① 此电只署日期"阳"(7日),载在4月17日出版的《军政府公报》第72号。因国会议决国葬在3月1日,唐继尧、黄复生等人电在此两日发出,王文华电似不应滞后一个月。故暂定为3月7日。

与诸公勉力图之"①。(《军政府公报》第77号,1918年5月1日,"函电")

△　许崇智来电,报告图闽行动。

许氏本日出发赴松口,派副官孙卸戎、黄体荣到大元帅府,"请领款项,前往福州、兴化","万乞先行筹备二三千元,俾该员得速入闽"。许前于4日致电廖仲恺,称目前进军福建时机正好,须派人入闽运动,请汇四五千元至潮州。(《许崇智为派副官赴闽及请款上国父电》,黄季陆主编:《革命文献》第50辑,第206-207页)

△　上海《亚洲日报》于本日及九日登载广州通信,对程璧光之被刺,"曰记者从过去事实观之,不能不疑及所谓大元帅之孙文",谓"程氏之被刺,纯由中山指使",且"罗织种种无聊之琐事以为证明",认为事发前诋毁程璧光的匿名信及传单"是故为不满意之词,代孙卸责"。

孙洪伊于11日在《中华新报》上发表致《亚洲日报》函,为孙中山辩诬。认为程璧光率海军南下,与孙中山在广州召集国会,"与军政府如指臂之相依","中山先生素于程氏尤为长城之倚仗";事发后,"中山之于程氏方哀悼之不遑",积极悬赏缉凶,"何至转涉嫌疑,致遭诽谤"? 称粤中情形复杂,传闻不一,军政府成立后,感情"不甚融洽"之传闻并非仅孙程二人;又称两人"即有不睦","以中山为人光明磊落,无论如何,万不致出此卑劣手段"。认为报纸有指导社会之天职,但不能"于法庭未判决以前,预为罗织,有意栽诬",要求《亚洲日报》迅为改正,"静候粤省法庭依法缉办,勿为流言所惑"。(《孙洪伊致〈亚洲日报〉函》,上海《中华新报》1918年3月11日,"紧要新闻")

△　冯国璋通电各省督军省长,请筹商解时局办法。王辑唐等人在京组织"安福俱乐部"。

3月8日　下令任命熊克武为四川督军,杨庶堪为四川省长。

---

①　此电只署日期"艳"(29日),载在5月1日出版的《军政府公报》第77号。电中提及林葆怿"沁电"(2月27日电),疑为3月29日发出。因同为西南来电,暂系于此。

杨未到任以前,由四川靖国军总司令黄复生代理。(《军政府公报》第53号,1918年3月9日,"命令")并复电四川省议会,称"兹贵省议会电请,自应特加任命"。(《致四川省议会告川省长杨庶堪未到任前由黄复生代理电》,中国国民党中央委员会党史委员会编订:《国父全集》第3册,第532页)

致电熊克武,告知收到2月25日、26日电,称赞其为川局平定"毅力苦心,国人同佩"。并称日前唐继尧已电推其为川督,"足见滇、黔、川军情之融洽"。现"复据四川省议会电推执事为四川督军",军府已下任命,请熊即刻就职。(《致熊克武特任为四川督军望即就职电》,中国国民党中央委员会党史委员会编订:《国父全集》第3册,第532页)

致电黄复生,告知请其代理四川省长,"望克日赴省就职视事,会同熊督军妥筹一切善后事宜"。(《任黄复生代理川省长电》,中国国民党中央委员会党史委员会编订:《国父全集》第3册,第533页)

同时致电唐继尧等西南军政要人,告知据四川省议会2月24日电请,军政府"尊重民权",已任命熊克武为四川督军、杨庶堪为四川省长(黄复生先行代理)。"前唐元帅已电推熊君督川,足见滇、黔、川军军情融洽",请"克日整旅东下,会师大江,以集大勋,而竟护法之责"。(《致唐继尧等盼协力维持川局并克日整旅东下电》,中国国民党中央委员会党史委员会编订:《国父全集》第3册,第531页)

△　林葆怿、伍廷芳、莫荣新来函,告知于本月10日在南关二马路旧警察厅署开筹备会,讨论程璧光追悼会事宜。

批示派胡汉民参加。(《任廷芳等上总理函》,环龙路档案第03076号)

报端长篇报道对程璧光被刺的分析,认为程"不啻桂系之一傀儡",不可能是桂系下手。龙党、粤军、桂系既无嫌疑,下手者"当为民党之激烈派耳。非出自民党全体公意,则断然无疑"。"下手或主动者虽为民党之一人","既非出自民党公意",所以也不能将杀程罪名安在民党上。

程被刺后,各机关均同时接署名"海军舰队南来一份子"致海军将士的传单,"力指程如何受中央运动,如何受龙党运动,如何逼勒孙中山种种事迹,如数家珍"。记者认为非常可能是民党之人所发布。程行事未必如传单所言,但程"以一总长职资格,当军政府极端困急之时,而程则花天酒地,每夜奔走于东堤陈塘间","程本非富裕者,军政府亦无俸给而程乃如此挥霍,诚不免空穴来风之诮(程氏此回之被害,亦因由海珠晚香舫晚膳后赴陈塘之局,故在码头遇变,亦可谓死得风流也)"。且程并无宣言就职军政府总长,"则此总长有何罢免之可言,斥逐之或宣布其罪状。此则军政府断有所讳而不敢发者也";"程既自身有种种之嫌疑,而复好结怨于人,如令军舰击毙孙文之侄,赞成改组军政府(军政府改组则现在寄食于军政府之党人必多有失食之虑),阻止援闽之师(援闽非水陆进攻不可,且海军多闽人,皆欲回闽有所作为,不愿长羁留于粤,饱受异乡风雪也),皆足以激起激烈之愤怒,此则程氏所以招杀身之祸也"。

莫荣新以五万元悬赏凶手,"或终有破获之日,然即不获而案情不久亦必大白"。对林葆怿继领海军一事,认为"林为闽人而统兵,在粤海军向有闽粤之分,将来此方面中不能保无变发生耳"。"程氏被害非出于公意,则将来虽保无报仇之举动,恐非一凶手伏法所能了结者,吾粤其从此多事矣乎"。(《程璧光被刺之研究》,《新闻报》1918年3月9日,"紧要新闻")

△　国会非常会议议长吴景濂等来电,转发其7日致莫荣新等人电。

该电回应谭浩明1日、程潜3日、莫荣新5日电,希望各位督军与护法相始终,"须知人日决心谋我,实无调停之可言,务望督率前敌将士,克日进兵,以彼汉皋携贰之师,溃退之期,当在不远"。(《军政府公报》第56号,1918年3月14日,"函电")

△　刘显世来电(同时致国会非常会议),对于各省筹集国会经费一事,表示继粤、滇省后,"黔省事同一律,自当竭力赞助"。虽然

"黔本艰窘,素恃京协",仍当勉力筹措,将提交省议会讨论[①]。(《军政府公报》第 60 号,1918 年 3 月 20 日,"函电")

　　△　曹亚伯发表通电,就风闻外交总长陆征祥拟将敌侨交英人处置表示反对,称"处置敌侨自有战时成例,且关系交战国主权,岂容他国干涉"。(《曹亚伯为外交争主权通电》,上海《民国日报》1918 年 3 月 9 日,"公电")

　　△　日本寺内内阁阁议,确定给林权助的秘密训令备忘录,提出"希望"北京政府内部团结一致,"结束南北分裂抗争",综合了本野一郎"北京政府的内部统一才是必要的"和原敬主张有必要"使南北妥协,援助主张妥协的集团"两人的不同意图,准备向北京政府劝告"南北妥协"。林权助则认为要使妥协有结果,"必须进一步推动南征步伐,施加更多的压力"。

　　本日,日本内阁阁议还确定了签订有关日中共同防敌协定的方针。([日]北冈伸一著,郑基译:《军部与第一次大战中的对华政策》,《国外中国近代史研究》第 4 辑,第 255—257 页)

　　3 月 15 日,张作霖、徐树铮在奉天晤林权助,林权助称"日本政局,日内或小更易,惟对华亲善政策及扶持我们的宗旨始终不变"。徐树铮认为,林氏"此次回任,自仍暗中力助我辈以便利"。(《致各省督军谏电》《致曹汝霖寒电》,中国科学院近代史研究所近代史资料编辑组编辑:《徐树铮电稿》,第 42、39 页)林权助归任驻中国公使,在奉天与张作霖等会商后,16 日抵达北京后,连日与冯国璋、段祺瑞、徐世昌等人会面,报端报道林氏向诸人传述"日本政府希望中国中法速息内争,举国一致以当外寇之意",张作霖、段祺瑞等人态度改变,倾向南北调和谈判。(《东方通信社电》,上海《中华新报》1918 年 3 月 20 日,"东西要电")

　　然而寺内内阁并没有立刻进行南北妥协的劝告,直到 5 月份,仍选择继续援助段祺瑞以武力讨伐南方,在北方取得优势地位后再进

---

　　①　此电为"庚"(8 日)电,但电中称"拟虞(7 日)日提交省议会讨论",似有误。

行和谈。([日]北冈伸一著,郑基译:《军部与第一次大战中的对华政策》,《国外中国近代史研究》第 4 辑,第 256 页)

3 月 9 日　发表勖励前敌将帅通电。

谓"此次各省义军兴师护法,目的惟在拥护国会,恢复约法效力,职在卫国,势非得已",故一再谋求和平,"以为国法倘能有效,则一切问题,皆可待之法律解决,更无多求"。然而北方政府"公然宣布伪国会组织及伪参众两院选举等法"之外,北军又再次分路南下进攻,"启衅岳州,以重兵相陵,和平已属绝望",己方"不能不谋正当之对待"。鼓励义军"一致进讨,务完成护法之天职"。(《军政府公报》第 56 号,1918 年 3 月 14 日,"函电")

△　复李书城 2 月 28 日电,对李被推为湖北护国军总司令表示庆祝。称"执事历年勤劳国事,谙练戎机,此次主持鄂军,足庆得人",希望其"努力进行,以竟护法职责"。(《军政府公报》第 55 号,1918 年 3 月 13 日,"函电")

△　复黎天才 2 月 15 日主战电,称其"主张正大,义声炳烺"。重申此次护法,"非至约法恢复效力,旧国会完全恢复,断难卸责",希望黎"务望抱一贯彻初终之决心"。(《致黎天才勖坚持护法救国宗旨电》,中国国民党中央委员会党史委员会编订:《国父全集》第 3 册,第 533 页)

△　陈炯明来电。

其一对北军再次进犯岳阳表示关注。报告福建李厚基近日也是极力备战,"近且有反攻之势,想必暗受伪命,希图扰我粤疆,摇动我西南根本之地",自己将激励士卒,为护法而战。(《军政府公报》第 56 号,1918 年 3 月 14 日,"函电")

其二并致国会非常会议、伍廷芳、唐廷枢,关注联合会议与军政府职权问题。

伍廷芳、莫荣新等人再次提出联合会议与军政府合并事。莫荣新通电促各方派遣联合会议代表"筹议合并",8 日伍廷芳通电谋成立统一机关以对外。陈炯明电中表示意见,称统一机关"非建范于民意之上，无论武力如何强大，未推倒伪政府以前，外人必难承认"，提出"军府与联合会议能构为一律固佳"，如果不能，则分途救国，"并行不悖，义在共济，事无独专，未始非因势利导之举"。认为民意、国会俱在，程潜2月28日电亦"经以力所未逮为辞"，中外环听，"公欲救国，无事他求"，不主张另立统一机关。(《陈炯明为联合会议与军政府职权问题电》，黄季陆主编：《革命文献》第49辑，第138页)

　　△　横滨华侨俱乐部来电，吊唁程璧光。(《军政府公报》第53号，1918年3月9日，"函电")

　　△　唐继尧通告靖国联军第三军军长庾恩旸在毕节被刺身亡，凶手勤务中士李炳臣系被人收买行刺，已立予枪毙。

　　18日，复电哀悼。(《军政府公报》第59号，1918年3月19日，"函电")后为庾题词"应为雄鬼"。(《中山墨宝》编委会编：《中山墨宝》第10卷，第275页)

　　△　湖北靖国联军总司令黎天才来电，报告所部军事进展。

　　率军攻克归、巴两县，得以"上通川滇，下接荆宜"，即将东下武汉。在宜昌方面亦"屡获捷报，似此荆沙敌军不难指日扫平"。"第音问久隔，各方情势多不明晓，望诸公将西南近况及一切进行事宜，详确见教。"(《军政府公报》第60号，1918年3月20日，"函电")

　　△　四川靖国军援鄂第一路总司令王安富来电，报告将率领三支队，13日东下荆宜，与川湘会师，请"转电川滇黔湘鄂各军，免滋误会"。(《军政府公报》第60号，1918年3月20日，函电)

　　20日复电，称已将情况电告黄复生，并谓"师行在和，尤贵统一，宜就黄总司令承受方略，共策进行"。同时致电四川靖国军总司令兼代省长黄复生，告知此事，称"已复电令其就执事承受方略，共策进行，望随时指示机宜"。(《军政府公报》第61号，1918年3月23日，"函电")

　　△　熊克武来电①，赞成国会非常会议议决为程璧光举行国葬

①　此电只署日期"佳"(9日)，载在4月20日出版的《军政府公报》第73号。暂系于此。

典礼。（《军政府公报》第 73 号,1918 年 4 月 20 日,"函电"）

△　报载粤省各军队"运动土匪"情况。

谓"现在运动土匪一策,已为在粤欲谋大事者不二之法门,不独龙军为然,孙文、陈炯明、莫荣新亦均注意于此","今日在粤为匪,实为最出色之事,两阳之所以屡被攻陷者,皆出此辈之力",土匪"既受一方面之运动费,事成又得大行抢掠事"。（《讨龙军事见闻录》,《新闻报》1918 年 3 月 13 日,"紧要新闻"）

3 月 10 日　陈炯明来电,就莫荣新催促各方派遣联合会议代表"筹议合并"一事发表意见。

谓"若各省派到,彼已成立,粤军不派,无能摇动,转失发言表决及各种权力",不如派人,以资操纵。"且粤军既派代表,自与莫督立同等地位,免为所据",建议推举胡汉民为粤军代表。（《陈炯明拟推胡汉民代表粤军参加联合会议致国父电》,黄季陆主编:《革命文献》第 49 辑,第138—139 页）

13 日,复电表示同意。

△　唐继尧来电,告知黔、川、云各军出师援鄂的先期布置。称黄复生、赵又新、顾品珍、叶荃等电请出师援鄂,已派定"叶军长先率所部克期东下"。（《军政府公报》第 56 号,1918 年 3 月 14 日,"函电"）

△　报载日本政府令驻华代理公使正式向北京政府提出劝告书,"大意谓中国内部因张作霖、倪嗣冲、徐树铮之构乱,非仅中国内部之平和难期,即东亚之安宁亦无由维持,故日本政府断难默视",请冯、段即图收拾。同时对于张作霖入关,提出正式警告书,谓张氏不经列强同意,径由京奉路运兵入关,有违庚子关于该路之条约,请即饬其迅速出关。

评论认为日本此警告书,"非特仅仅干涉张作霖之妄动,并进而干涉吾国之军事也",且"进而干涉吾国东省之路权也",质问段祺瑞等人将如何对待。（《劝告与警告》,上海《中华新报》1918 年 1 月 14 日,"评论一"）

日本基于其自身在西伯利亚的利益,急需中国能协同出兵,对抗俄、德势力,则非中止中国内乱不可。此次劝告,虽被日本外交当局及北京政府否认,而中外报纸登载,遍传各界,据称有日本要人言"中国内乱,于三个月内不了,则东亚不堪设想,日本当尽力以斡旋之",日本在野党及报界"皆倾向于调停南北之说",章宗祥认为日政府已有劝告息兵之计划。(《日本对我警告续闻》,上海《中华新报》1918年1月18日,"紧要新闻")

3月11日 命蒋介石赴汕头,襄助陈炯明。

10日,蒋氏撰上《今后南北两军行动之判断》;13日抵汕头,见陈炯明、邓铿;15日就任粤军总司令部作战科主任。(毛思诚编纂:《民国十五年以前之蒋介石先生》第2册,第20、23、24页)

据蒋介石回忆,"总理在广东的惟一力量,就是陈炯明的部队","总理为求联系的密切,一定要本人去主持陈部的作战业务"。(段云章、沈晓敏编著:《孙文与陈炯明史事编年(增订本)》,第210页)

△ 黎天才来电,转述岑春煊电告冯国璋"私借军械、币制两种外债,约共五千万,印刷局亦供抵押",建议提出反对,"一面联同电请驻京各国公使停止交款,一面飞檄通告前敌将士猛进"。(《军政府公报》第58号,1918年3月18日,"函电")

△ 安徽讨逆军各将领岳相如、袁家声、王建方等发表致各方通电,历数倪嗣冲罪行,"爰率全皖健儿陈师淮甸,分途进剿,为国剪凶"。(《安徽大起讨逆军》,上海《民国日报》1918年3月12日,"要闻")

3月12日 任命王安富为四川靖国军援鄂第一路总司令,李善波为副司令。(《军政府公报》第54号,1918年3月12日,"命令")

石青阳为四川陆军第二师师长兼川北镇守使。(《军政府公报》第56号,1918年3月14日,"命令")

并分别致电告知。(《军政府公报》第57号,1918年3月16日,"函电";《军政府公报》第56号,1918年3月14日,"函电")

13日,致电唐继尧并转刘显世、王文华等西南军政要人,称石青阳所部累建奇功,"自应将该部迅予编制",通告对石的任命。(《孙文任命石青阳为四川陆军第二师长兼川北镇守使致唐继尧、刘显世等电》,云南省档案馆编:《云南档案史料》第 1 期,第 56 页)

△　汕尾分统范锦堃来电,报告在汕尾查获龙济光机关旧共济防务公司,"拿获罗□林等十名、红白方旗一十八面、驳壳枪二枝、信函一件,内称所谋之事均在汕碣(碣石)方面着手"。

14 日复电嘉奖,"据报破获龙逆机关,殊堪嘉奖。所获逆党及谋逆各证,仰候陈总司令处分"。(《军政府公报》第 57 号,1918 年 3 月 16 日,"函电")

△　程潜来电,回应孙中山 2 月 22 日两通电。谓"恢复国会约法,必先将逆军扫除,最后之目的乃可达到,事实与精神原属一贯也","至或谓护法各军不能有充分尊重国会之表示,致有涣散之虞,似属过虑","先生德高望重,海内宗仰,凡我同人,谁不乐为赞助"。(《军政府公报》第 58 号,1918 年 3 月 18 日,"函电")

△　熊克武来电,吊唁程璧光,同意林葆怿接任。(《军政府公报》第 61 号,1918 年 3 月 23 日,"函电")

3 月 13 日　复陈炯明 3 月 10 日电。

谓"联合会议如与军府两不相妨,自可听其成立,现亦莫由阻止",同意派胡汉民参加联合会议,"展堂心灵手敏,若与该会议,当能从中操纵"。

另一电告知邓三(即邓荫南)称已派陈福全赴汕头商量招兵事宜,并欲求任命其为统领,询问是否同意。(《复陈炯明望派胡汉民出席西南联合会议电》《致陈炯明询对邓三言统领意见电》,中国国民党中央委员会党史委员会编订:《国父全集》第 3 册,第 535 页)

14 日陈炯明再次来电,称接莫荣新电,通知联合会议要先行协商,"且与合并改组一事两不相妨",请各方面派定代表。准备请胡汉民就近担任粤军在联合会议的代表。(《军政府公报》第 59 号,1918 年 3 月 19 日,"函电")

△ 致电黄复生，关注西北。

称"义师讨逆，及将来对俄关系，不可不预注意于西北边。甘肃事，必须得回部之倾向"，告知马安良"有向义之机"，可设法联络。（《致黄复生嘱讨逆及对俄应注意西北边电》，中国国民党中央委员会党史委员会编订：《国父全集》第3册，第536页）

△ 致电唐继尧，促其迅践前约，"以国事为重，慨任艰难，克日就职"，则"一切困难，迎刃而解"。并询问所派顾问官其彬是否已经来粤。（《致唐继尧促就元帅职并询官其彬来粤行期电》，中国国民党中央委员会党史委员会编订：《国父全集》第3册，第535页）

△ 致电中华革命党上海本部，请速寄《革命方略》数册。并请转告杨庶堪，林镜台将于14日起程赴沪①。（《致上海本部嘱寄革命方略并告林镜台赴沪行期电》，中国国民党中央委员会党史委员会编订：《国父全集》第3册，第536页）

△ 程潜来电。

其一赞成请海军总司令林葆怿主持撰写程璧光起义事实。（《军政府公报》第59号，1918年3月19日，"函电"）其二继粤、滇、黔省后，同意承担一部分国会经费，"拟请月公②即时饬湘财政厅量为拨济"。（《军政府公报》第60号，1918年3月20日，"函电"）

△ 王文华来电，答应劝说唐继尧速就职。同意"非有统一之机关，难收最终之胜利"，又称"蓂帅意旨，全视桂湘为转移。如果粤桂湘一致，此间当无所借口"。主张孙对各方面要"稍事委曲，互相融洽，以促此举之成功"。并催促将所需债券赶印速发。（《王文华上国父电陈述唐继尧之态度以湘桂为转移》，黄季陆主编：《革命文献》第50辑，第281页）

△ 曹亚伯作一长函，备陈对护法时期政治、财政、军事、外交上的主张及敌我情况。

---

① 原出处标点为"转沧白、林镜台：明日起程赴沪"，应误。

② 谭浩明。

对军政府"渐有实权"不胜欣慰,认为"军府当速占地盘,使吾辈所主张之民宪于地盘内实行",司法方面免去死刑,去各地交通之障碍,发行军用票,"凡独立护法省区一律通用","可不借外债延长战争"。

各地发动军队情形:安徽各地发动,奉天二十八师指日举义,西安唾手可得。为曹世英辩护,称曹"每次出力皆被假民党所压","此次举义,纯是中华民国军政府之势力,万不可听无耻政客之吹牛,乱委人员,以自酿祸"。徐朗西在沪甚忙,"陕西有力者,惟郎西可以操纵"。

沪上外报渐有推尊军府之向,"因实权渐可扩充故也"。应让伍廷芳速就外交总长,"此老之招牌一出,而军府与外交界之力即充也"。讥笑唐绍仪①、王正廷想做首领为自不量力,"望先生努力做事,勿畏宵小,勿畏流言","老同志皆先生死党,不做到头不放手",劝孙中山亲爱老同志。痛斥"冯国璋实北方之罪魁,陆荣廷乃南方之恶贼,李纯又最取巧之滑头,西林辈不过官僚中之丑类"。

"北方有大文章可作",详情待李藩昌至粤面述。军事方面,应该速攻浙江、江苏。因催还甚急,请从速筹还之前代借的一万元。(《曹亚伯上总理函》,环龙路档案第01966号)

3月14日 任命林伸寿为宿务筹饷局局长,江维三为该局监督。准代理财政总长廖仲恺呈请任命伍尚铨为该局财政员,黄瑞为书记,刘谦祥、叶独醒等十三人为董事。(《任林伸寿为宿务筹饷局局长江维三为宿务筹饷局监督令》等,中国国民党中央委员会党史委员会编订:《国父全集补编》,第530—531页)

△ 电示陈炯明:"介石知已留襄助②。惟季陶接洽对日事件,

---

① 此时唐绍仪由粤返沪养病,据称"非常消极,不愿略及时事,惟云在沪小住数日即拟赴日本箱根休养"。(《唐少川氏返沪养疴》,上海《中华新报》1918年3月12日,"本埠新闻")

② 《国父全集》标点为"介石知,已留襄助",有误。时陈炯明留蒋介石襄助军事。

实难久离,盼嘱速返。"(《致陈炯明转嘱戴季陶速返电》,中国国民党中央委员会党史委员会编订:《国父全集》第 3 册,第 536 页)

戴季陶在粤军中担任机要,陈炯明不愿其离开。戴季陶曾于 13 日致电廖仲恺谓"竞公以无人帮忙,坚留不放",请探询"目下府中有弟归必要否,主座允弟留汕否?请询明速复"。戴本人则认为"此间关于大局之问题甚少,局部事又非弟所能为力,即留亦为益颇鲜"。(《致廖仲恺电》,唐文权、桑兵编:《戴季陶集》,第 862 页)

△ 本日及次日,连续致电李国定,复其 3 月上旬来电①。

△ 唐继虞来函,报告联军于 2 月 21 日克复成都,"川督一席业委熊锦帆署理,兼代省长事"。其兄唐继尧准备移驻重庆以便收拾川局,并已分兵援鄂、出陕,"以为根本解决计"。此函托回粤的张左丞②带来。

阅函后批示"着秘书拟复"。(《唐继虞上总理函》,环龙路档案第 04103 号)

△ 刘显世来电,对孙洪伊 3 月 2 日电所说和战问题表示态度,"北方如动议言和,此间当坚持初议,请释远念"。(《军政府公报》第 62 号,1918 年 3 月 25 日,"函电")

△ 琼崖镇守使黄志桓、钦防统领兼钦廉关防会办冯铭锴等人来电,历数龙济光祸粤连年,表示奉陆荣廷、莫荣新令,办理团防,"遄征壮士已成四营,备战健儿犹盈屡万",一致讨龙。(《军政府公报》第 63 号,1918 年 3 月 26 日,"函电")

△ 张开儒、陈炯明、李福林联合发表致各方长篇通电,痛论时局。

认为军政府成立后,得天时地利而未成功的原因,"吾于西南当

---

① 详见 1918 年 3 月 5 日条。

② 前作"张佐丞"。大元帅府 3 月 13 日致电张左丞,命其由滇赴川,襄助石青阳。3 月 25 日唐继尧行营将该电转达张。(《大元帅府秘书处请转张左丞由滇赴川相助石青阳电》,中国第二历史档案馆、云南省档案馆合编:《护法运动》,第 354 页)

道不能无怨艾之词,假使西南当道自军政府由国会产出之日始,即一致拥护,合力同行,则军事、外交、财政纵不能解决如流,当不至如今日之不可讳言"。表示要"誓率所部,以拥护国会、拥护军政府,以图早日解决大计","除海军将领首先通电拥护国会及军政府外,谨布区区"。(《军政府公报》第 59 号,1918 年 3 月 19 日,"函电")

22 日,张开儒发表通电,提出八条解决时局意见。唐继尧对此甚为不满,复电谓:"该师通电,言太激烈,有损无益,以后应特别注意,用人在宜慎择。我军还驻,主客易势,投鼠忌器,不可不知。即使意有未惬,不妨虚与委蛇,慎勿偏激为也。"(云南省档案馆藏《唐继尧档案卷》,转引自陈锡祺主编:《孙中山年谱长编》上册,第 1109 页)

3 月 15 日　对军政府局面颇为乐观。

自 2 月 6 日张开儒就任陆军总长,军政府接连收回司法权、筹组大理院,此次收回盐税,着手接管广三铁路,外国领事团又似乎"间接承认"。故本日函件中宣称"军府局面,日见增进","粤中军民两政,均就军府范围"。(《致邓泽如嘱早日返国主持矿物函》,中国国民党中央委员会党史委员会编订:《国父全集》第 3 册,第 538 页)

粤海关连续数日关注军政府势力之扩张:广州六家报馆向军政府申请注册,"要求提供必要的保护。孙文答应了他们的要求",并将引起其他报馆的效法;"孙文要求广东省财政厅长向他详细报告广东省的各项税收及汇出情况",且试图委任廖仲恺为厅长,被莫荣新阻止;传言有商人提出申请承办"白鸽票"彩票,"孙文回答说,看来可以这样做",但 20 日,"孙文给各报编辑写信",否认此事;又试图接管电报局,任命新的粤海关监督,都被莫荣新拒绝,莫且派兵保护两处局署。(广东省档案馆编译:《孙中山与广东——广东省档案馆库藏海关档案选译》,第 140—142 页)

香港报纸亦报道:闻孙文意见,以前者叛督称兵、丑虏复辟,北京政府失其统治之能力,西南各省为护法靖国、保障共和起见宣布自主以来,即与北京政府脱离关系,军政府由国会产生,为合法政府,民国一切政权亟应收归军政府直接统治,用促共同动作,以收一致进行之效,所有粤省军政、民政、财政、盐政、路政均应次第收归各部直接管理,以一事权而资整顿,昨已派员与粤吏磋商一切云。(《军政府欲统收粤省政权》,《香港华字日报》1918 年 3 月 21 日,"粤闻一")

△　连日发动"多方劝驾",促请伍廷芳速就军政府外交总长职。

本日复陈炯明 14 日来电,告知收回盐税经过,乐观认为 9 日英国领事向伍廷芳抗议,"函中已明言,知伍为军府外交总长,不啻间接承认",如伍氏能就职办结此事,"可得美名,近已多方劝驾";请陈炯明再次敦促伍廷芳就军政府外交总长职,而西南联合会议外交总代表一席,"已示意听其兼就,以免两难"。(《致陈炯明告收回盐税经过并嘱劝伍廷芳就外交总长职电》,中国国民党中央委员会党史委员会编订:《国父全集》第 3 册,第 537—538 页)

△　致函邓泽如,告知军政府局面日见增进,"粤势已称稳固,拟即着手展拓利源,设立矿务局,以统筹全局矿务",请邓"早日束装归国,董理其事"。(《致邓泽如嘱早日返国主持矿务函》,中国国民党中央委员会党史委员会编订:《国父全集》第 3 册,第 538 页)

3 月 30 日,邓泽如复函,提出三问题[①]。

4 月 26 日,复函作答,告知"(一)如设立局所,则对于经营矿业,自有管理稽核之权,且愿自行营业,以收实效,兼示提倡。(二)改订矿章,先只愿于广东实行,逐渐推行于各省。然只就广东一省而论,如能办有成效,已可达吾人之目的。(三)矿章如已施行,则将来议和,可提为条件之一。如施行不及,亦可日做一日,宜择速于见效,不须大资本之矿开办,自无资本虚掷之虞"。(《复邓泽如告关于办矿办法函》,中国国民党中央委员会党史委员会编订:《国父全集》第 3 册,第 558—559 页)

△　唐继尧代表官其彬携唐氏信函来见。

随即致电唐继尧,对唐氏来函中关怀四事一一剖析:认为龙济光

---

①　此函未见。

不足为患，川局平定可鼓舞湘粤之士气，李纯、陈光远亦一心"向义"，议和已无可能，恢复约法"断不能因和议而稍事让步"。寄厚望于唐，"千钧一发，惟系于公，倘能毅力坚持，亦不患一方之单独媾和"。而在粤滇军中，方声涛部队讨龙，张开儒部拥护军府，"足慰尊注"。（《复唐继尧所问四事电》，中国国民党中央委员会党史委员会编订：《国父全集》第3册，第537页）事实上，莫荣新、李根源、杨晋等人正筹商对付办法，频繁密电唐继尧，谓张开儒种种襄助军府的行动，"势必激成大变"，要求唐氏明令任命李根源为驻粤滇军总司令，"务恳将藻林问题迅为处置妥协"。（孙代兴：《孙中山的护法运动和滇系军阀唐继尧》，广东人民出版社编：《辛亥革命论文集》，第287—290页）

又发一电，为唐氏"已饬财厅筹拨"云南认领的国会经费致谢。（《军政府公报》第57号，1918年3月16日，"函电"）

△　唐继尧复3月5日去电，同意要警惕张作霖的动向，"逆计北方政局不久，当有巨变"，西南各省要早定大计，以防神州陆沉。正在组织援陕、鄂部队，"黄复生、石青阳诸人，皆奋发请缨，殊可慰也"[①]。（《唐继尧为组织援军分出陕、鄂问题复孙文歌电的密电》，云南省档案馆编：《云南档案史料》第1期，第58页）

△　杨庶堪从上海来电，探听广东情况。

称得读莫荣新致岑春煊、唐绍仪电，"略云军府因盐税问题，与督军争持甚烈，伍老力抑无效；近闻又将派遣滇军强行勒收，忍无可忍，万一有变，不能负责等语"，与报纸所载军府已收盐款及伍已就职"全不相符"，请告知实情。汪精卫当日离沪，"溯江行，电示请酌由夔渝

---

①　原电为"删"（15日）电，《云南档案史料》认作16日。

转"。应善待吴玉章[1]，"令熊一致推戴军府"。谢持将至川[2]，准备"事请其总代"。（《杨庶堪询粤督莫荣新与军政府争执盐税问题致国父电》，黄季陆主编：《革命文献》第49辑，第139页）吴玉章赴粤，"盖欲调和军府与联合会议也，欲中山扶持锦帆也"。（谢持：《谢持日记未刊稿》第3册，第365页）

17日，谢持自上海来电，称"与沧白计议，锦帆既据军民两政，则抵川接洽各方，需款较巨，未接任前无从筹措。持意成败所系，拟请拨助万元汇川"。（周开庆编著：《民国川事纪要》，第212页）

20日，复电中华革命党上海本部，称"盐税收回，莫已就调和，岑谣勿信"。黄复生来电以将援鄂辞代省长，再次催促杨庶堪速赴川。已经善待熊克武代表吴、李。如果熊氏受军府任命，就令其在杨庶堪到之前兼代省长。至谢持请再拨万元汇川，"不可能"。（《致上海本部嘱促杨庶堪赴川就省长职电》，中国国民党中央委员会党史委员会编订：《国父全集》第3册，第541页）此电27日达上海。（谢持：《谢持日记未刊稿》第3册，第385页）27日，廖仲恺发电询问汪精卫"赴渝、赴津，究将何之"，谓若为粤计，应先赴津。（《致汪精卫电》，廖仲恺、何香凝著，尚明轩、余炎光编：《双清文集》上卷，第105页）

△ 郭泰祺来函，称到达上海后已发两函，托黄大伟（子荫）转呈。本应早日到粤"为公驱策"，恰逢唐绍仪至沪，约同东渡日本，孙洪伊等同志亦主张，遂决定先赴日本，"事毕后当即返粤"。（《郭泰祺上总理函》，环龙路档案第01271号）郭于1月15日被任命为大元帅府秘书。

---

[1] 原文作"莫永珊"，应是"吴永珊"，即吴玉章（名永珊，后以字行），熊克武派其为代表来粤。据称熊克武"以为南北谋和势将实现，特派代表分投南北枢要之地，以冀有所尽力"，派往北方者为黄金鳌。（《段氏对熊锦帆代表之豪语》，上海《中华新报》1918年7月10日，"紧要新闻"）但熊氏后来通电否认其与北京政府接触。（《东方通信社电》，上海《中华新报》1918年7月19日，"东西要电"）

[2] 谢持并未赴川，且于4月14日再次至粤。

3 月 16 日 晚,宴请美国驻粤总领事①,作陪者有国会议员及军政要员四十余人。

致欢迎词,称赞"美国为先进文明国,事事皆足为吾国模范,尚希进而教之"。称开非常会议"预料美国当为欢迎",因中国为"旧世界之新共和国"。呼吁议员早日开正式国会制定宪法。(《元帅府欢宴美领事》,上海《民国日报》1918 年 3 月 26 日,"要闻")

19 日,致电陈炯明,称美国公使将于 22 日(星期五)经汕头赴厦门,"专为考察南方实在情形",嘱其"俟美使到,以礼欢迎。俾知军府实力已到,且与联络感情,于前途当有裨益"。(《致陈炯明嘱招待美国公使电》,中国国民党中央委员会党史委员会编订:《国父全集》第 3 册,第 541 页)

△ 陈炯明来电,指斥冯国璋 7 日通电"抹杀是非",表示"今者战令重下","炯明军临大敌,虽筹战筹防日不暇给,而大义所关,不能终默,敢望我护法诸公积极主张,维国法之尊严,救国权之堕丧","炯明惟有督率三军努力杀贼,以报民国"。(《军政府公报》第 61 号,1918 年 3 月 23 日,"函电")

△ 四川陆军第二师师长兼川北镇守使石青阳来电,报告 13 日占领射洪,率部下继续进取。(《军政府公报》第 61 号,1918 年 3 月 23 日,"函电")

3 月 17 日 致电陈炯明,称"购械事望季陶来此办理"。盐款余有十二万,由莫荣新分给湘、闽前敌军饷,"可速电指拨"。(《致陈炯明望详报岳州情形并指示速拨盐余电》,中国国民党中央委员会党史委员会编订:《国父全集》第 3 册,第 539 页)

18 日,陈炯明复电请将戴季陶留驻汕头,"此间人才甚乏,季陶兄留参机要,并可发挥本党真精神,号召全国,使日亲军府,尊重国会,较之军府自相号召,其力量大而速"。"不特季陶兄请留,即执信兄亦请其速来","蹈实地做事,得寸则寸,自不必悬空虚构"。

---

① P. Stewart Heintzleman,中文名韩慈敏,亦译作海因策尔曼。

认为"成败利钝，专恃武力"，对日外交"别无所重，只以得武器当要务"，目前应尽力谋取军事上的胜利，"粤军为军府势力之本，尤望维持，勿视为炯明一人之武器"。(《陈炯明请戴传贤留汕上国父电》，黄季陆主编：《革命文献》第50辑，第208页)陈炯明还于13日致电廖仲恺，认为当此军费紧张时期，"无须派人四出运动"，"所有收入，请代切恳主帅务先拨助"。(《陈炯明请将所有收入先拨粤军致廖仲恺函》，黄季陆主编：《革命文献》第50辑，第208页)

报载军政府派人携资至上海，会同在沪机关采办军械及军用品，秘密运粤。卢永祥下令军警机关查办，并通函海关等"随时注意扣留"。(《注意粤省采办》，上海《中华新报》1918年1月14日，"本埠新闻")

△ 伍廷芳应邀赴广西与陆荣廷会晤，伍朝枢同行。

伍、陆在广西藤县舟中"叙谈二日一夜"，讨论应付北方之方略及和战问题，伍氏"于此多所主张，大为陆使倾服"。伍于23日启程返粤，"一俟抵粤时，即有重要问题发表"。(《伍陆会见时之情形》，上海《中华新报》1918年4月1日，"紧要新闻")

有观察者称伍、陆会谈"有何效果无发表"，"惟见孙中山连日分派党羽赴各属召集民军回省，大有日仄不达之势，似此推测，则此争权竞势之暗潮，殊未止息"。(《粤局纷扰中之龙战》，《新闻报》1918年4月3日，"接紧要新闻")

又有报称，伍、陆会谈，陆荣廷称"非常国会及军政府实非合法机关，而联合二者决不能合并为一"，其实意图"利用改组之名以暗中取消其一机关"。桂系"近正竭力运动各议员提议改组联合政府。谓改组后仍可举孙中山为总裁之一。与孙体面无损，而于大局更为有利"，"多数议员均为所动，不日将有改组联合政府意见书提出议案"。而民党则传说，"桂系曾由某公使居间，向冯、段表示意和，并谓如能许其保存固有之地位，则其他虽牺牲一切在所不惜。而冯、段则谓先须取消军政府乃有谈判之余地。故桂系遂急于借题改组联合政府云"。记者称"此虽近与造谣，然亦不能尽为完全无据也"。(《陆荣廷之最近主张》，天津《益世报》1918 年 4 月 12 日，"时事录要"）

△　吴佩孚军队攻破岳阳，18 日完全占领。

3 月 18 日　致函美国驻粤总领事韩慈敏。

声明从未从德国取得款项，谓"我趁此机会毫不犹豫地申明，我从未收到来自德国的款项[①]，在我目前的运动中，我仅为以下愿望所驱使：在中国恢复宪政，并给予吾国人民民主制度的福祉"[②]。（美国第二国家档案馆藏，美国国务院档案 USDS 893.00/2842，Heintzleman to Reinsch，April 28，1918）

△　准代理内政总长居正呈请，任命原潮属法官冯汝枬署理澄海地方审判厅厅长。（《军政府公报》第 59 号，1918 年 3 月 19 日，"命令"）

26 日，据居正呈报，准冯汝枬呈请辞职，同时免去澄海地方检察厅检察长石泉之职。

27 日，准居正请，批准任命陈养愚署理澄海地方审判厅厅长、陈其植署理澄海地方检察厅检察长。（《军政府公报》第 66 号，1918 年 4 月 1 日，"命令"）

△　居正报告，据广东高等检察厅检察长林翔呈称，"广东高等检察厅检察长"小印未由前检察长张仁普移交。

19 日，下令印铸局照刊颁发广东高等检察厅检察长小印一颗。（《大元帅令》，《军政府公报》第 60 号，1918 年 3 月 20 日，"命令"）

△　代理财政总长廖仲恺呈报广东盐税收归军政府一事进行事宜。

之前业经委任吴铁城为盐税监收专员，以便于前往中国银行监收盐税。呈文建议将盐税收入三分之二约四十万有奇，按以下分配：国会经费每月需拾万元，大元帅府经费每月需伍万元，海军经费每月

---

①　事实并非如此，详见 1917 年 3 月条。

②　此函未见原件，内容仅见于美国驻粤总领事韩慈敏 1918 年 4 月 28 日致驻华公使芮恩施的信函中。现根据原文译出，与韦慕廷著、杨慎之译《孙中山——壮志未酬的爱国者》中文字稍有差异。

需拾叁万元,广东财政厅例拨还款每月需玖万元,计共每月需叁拾柒万元,其余悉数拨给前敌军饷。如淡季时收入缺少,按比例多寡,"按成匀配"。呈请指令两广盐运使、广东中国银行遵照办理。(《军政府公报》第60号,1918年3月20日,"公文")

随即下令廖仲恺、两广盐运使李茂之、中国银行广东分行行长遵照办理。(《军政府公报》第60号,1918年3月20日,"命令")

随后,李茂之呈文,报告奉命收管盐税,已经发函广东中国银行,要求"嗣后所收盐税将逐日收数开单,函送到署,以便提取三分之二,按照指定各项用途,分别摊拨"。(《军政府公报》第64号,1918年3月27日,"公文")

△　唐绍仪抵达东京。

唐绍仪14日由上海出发,16日抵达日本门司。(《日本》,《时事新报》1918年3月18日,"各国电讯")在日的张继认为"唐氏此行,有无代表南方之资格虽不明确,然彼实为吾国南方之前辈,吾人深信彼此次来游日本,必将与日本朝野以一种之反响"。(《东方通信社电》,上海《中华新报》1918年1月15日,"东西要电")

唐氏于18日上午到东京,"受日本朝野各方面极隆盛之欢迎"。(《日本》,《时事新报》1918年3月19日,"各国电讯")

19日王正廷致函吴景濂,称唐绍仪抵东京,"日宫内省、外务省、各党领袖及诸名士均赴新桥车站欢迎,待遇极隆,为从前所未有"。王氏及汪精卫亦有近期赴日的筹划。(《王正廷致吴景濂信》,《近代史资料》总42号,第7—8页)

同时,已获特赦的梁士诒亦开始介入南北和谈,传闻其将赴津,重上政治舞台。记者认为,梁氏两年来虽不与闻政治,"其实仍未脱离交通系首领之地位",梁无意加入北洋派此"已破之舟","大约已与国民党缔有盟约"。梁愿与民党携手,而一部分之民党亦愿与梁结合,"以民党势力尚弱,不能独立控制政局,与督军团联合为不可能之事,与进步党合,则被卖之前车可鉴",而梁氏无论如何仍不失为一极有才能之人。(《梁士诒最近之运动》,上海《中华新报》1918 年 1 月 16 日,"紧要新闻")梁氏于 17 日自香港乘轮船抵沪,在沪与各方人士接洽,据称主张南北调和,且倾向于国民党。(《梁士诒来沪消息》,上海《中华新报》1918 年 3 月 19 日,"本埠新闻";《西报记梁士诒之言动》,上海《中华新报》1918 年 3 月 22 日,"紧要新闻")甚至有由交通系出面调停之说,"或者以该派之运动为导火线,以徐东海为中心之团体,与南北之间将以一种新方法谋妥协之道"。(《东方通信社电》,上海《中华新报》1918 年 3 月 23 日,"东西要电")《中华新报》评论梁氏"假业与民党接洽之言,欲以遂其双方倚重之私",虽声称将拥护法治精神,主张军民分治,"决非出于爱国之诚,实欲以操纵时局之手段,图其一己之运会耳"。(《徐树铮与梁士诒》,上海《中华新报》1918 年 4 月 2 日,"评论一")

3 月 19 日　下令撤销赵端军事委员职务。(《军政府公报》第 60 号,1918 年 3 月 20 日,"命令")

20 日,致电唐继尧,赵端"闻有冒称招抚使及本府参军招摇不法情事",已将其撤职,"倘有不法实迹,希就近查办"。(《致唐继尧告已撤消赵端军事委员名义电》,中国国民党中央委员会党史委员会编订:《国父全集》第 3 册,第 541 页)

△　书"仁者寿"三字赠邓泽如,贺其五十寿辰①。在粤同人为邓祝寿,胡汉民起草《各同志寿邓泽如五十序》,历数邓氏之爱国行为,褒扬其对革命之贡献,由廖仲恺执笔,汪精卫、陈炯明、居正、林森、徐谦、许崇智、邓铿、戴季陶、朱执信等多人联署。(邓泽如:《中国国民党二十年史迹》,第 243、245 页)

△　连电唐继尧。

其一复唐氏 15 日电,建议"宜阳言援鄂,而以精兵攻陕","略定西北,拊鄂之背,较易奏功",与黄复生、石青阳共商进行。再次希望

---

①　[美]包华德主编、沈自敏译之《中华民国史资料丛稿译稿——民国名人传记辞典》第 10 分册第 89 页谓所题为"仁者多寿",而《中国国民党二十年史迹》录 1919 年黄心持所作寿邓泽如五十一序则谓"民国七年先生五十初度,中山先生在广州手书'仁者寿'三字贻之",今从其说。

唐"即日宣布就元帅职"。(《致唐继尧指示攻陕战略并促就元帅职电》,中国国民党中央委员会党史委员会编订:《国父全集》第 3 册,第 539 页)

其二告知国会非常会议 18 日开会,议决于 6 月 12 日在广州开正式会议。请唐发起密电征求护法各省同意,如得多数赞成,即请唐领衔发表通电敦促召开。(《致唐继尧盼发起通电拥护非常国会正式会议电》,中国国民党中央委员会党史委员会编订:《国父全集》第 3 册,第 540 页)

26 日唐继尧复电,表示召集旧国会议员定期开会,"护法各省想无不乐观其成",同意敦促各省协力赞助。(《军政府公报》第 79 号,1918 年 5 月 14 日,"函电")

△　复黄复生 17 日电,密告任命其代理省长的用意。

黄复生之前来电推举熊克武兼代省长,是未知"军府任命执事兼代之意",系为杨庶堪入川争取时间。熊克武 10 日已入成都,仍以总司令名义执行军民两政,可见其不受军政府川督的任命,故不能任命熊代理省长,"且恐熊兼,则沧伯难入川"。请其同石青阳一起敦促熊就任川督,如熊接受军政府任命,也可加兼代省长。

又指出援鄂要先攻陕,已电嘱唐继尧共商攻陕事宜。再次请联合川、滇、黔各军将领,"一致力促唐就元帅职",应对张作霖入关。(《致黄复生告代川省长用意并指示攻陕方略及联络各军促唐继尧就元帅职电》,中国国民党中央委员会党史委员会编订:《国父全集》第 3 册,第 539—540 页)

△　唐继尧来电,通报委派援鄂各路司令,黄复生、叶荃、王文华、顾品珍为第一、第二、第三、第四各路总司令,又委石青阳为援陕第一路总司令,克期出师。(《军政府公报》第 66 号,1918 年 4 月 1 日,"函电")

3 月 20 日　任命陈养愚为大元帅府参议,吴树勋[①]为湖南军事调查员。(《任陈养愚为参议令》等,中国国民党中央委员会党史委员会编订:《国父全集补编》,第 533—534 页)

---

① 中国国民党中央委员会党史会编订《国父全集》第 4 册第 325 页作"吴澍勋"。

任命黄德彰为参军兼高雷军事委员。(《任黄德彰为参军兼高雷军事委员状》,中国国民党中央委员会党史委员会编订:《国父全集》第 4 册,第 278 页)

△ 电复犬养毅、头山满 3 月 2 日函,托日本驻粤武官依田大尉致电菊池良一。

略谓"倘为南北调和问题,则唐少川先生优为之,无文亲来之必要。若为东亚百年根本之大计,非与文面谈不可者,请即电复"。(《复犬养毅头山满询邀赴日本原由电》,中国国民党中央委员会党史委员会编订:《国父全集》第 3 册,第 542 页)但无复音。

日本政府正在与北京政府协商迅速订立中日共同防敌协定,同时企图通过和议,使南北统一于北京政府之下,便于其控制中国进而"囊括东亚大陆"。(李吉奎:《孙中山与日本》,第 480 页)日本公使林权助本日访徐世昌,请其力劝段祺瑞出任国务总理。同日,西原龟三访晤段祺瑞,允诺日本给予财政支持。(李凡编:《近代中日关系史事记(1840-1919)》,第 75 页)西南以外各省督军亦再三通电,要求冯国璋任段祺瑞为总理。23 日,段祺瑞再次出任北京政府国务总理。25 日,章宗祥在东京与日本政府互换《中日共同防敌军事协定》照会。

28 日,派朱执信携函至日本探其用意所在。

△ 批复代理交通总长马君武呈文,同意留用广三铁路原在事员司,下令迅速遴选管理局局长人选上报,"其该路收入如有余款,应逐渐将该路切实推广,不得挪移动用"。(《军政府公报》第 61 号,1918 年 3 月 23 日,"命令")

广三铁路"每月约可溢车利七万余元"。(《军政府收管广三路》,上海《民国日报》1918 年 3 月 26 日,"要闻")3 月 18 日军政府接管广三铁路,随即任命邓慕韩为局长①。邓氏似乎只控制了石围塘铁路局,广三铁路始点、终点站都被莫荣新及陆荣廷部下控制,"只有极少量在石

---

① 本日批马君武呈文谓迅速遴选局长人选上报,而粤海关情报于 19 日已报告委任邓慕韩为局长事。

围塘交付的票款受到孙文的控制"。(广东省档案馆编译:《孙中山与广东——广东省档案馆库藏海关档案选译》,第140、143页)

后致函邓慕韩,告知有英芳洋行主人愿照时价沽煤三千吨,以所赚之价报效军政府军费,"如有需煤,望与交易,是亦间接助军政府之一道"①。(《致邓慕韩嘱购英芳公司煤斤函》,中国国民党中央委员会党史委员会编订:《国父全集》第3册,第584页)

△ 复王安富3月9日来电,并致电黄复生,指示两人共策援鄂行动②。

△ 夏述唐来电,报告"粤滇两军,驻节潮汕以来,感情益洽"。夏旅前经移驻樟树,即行开赴前线,表明将士攻闽决心,"自北房再启战衅,诸将士异常奋励,誓当灭此朝食"。(《军政府公报》第63号,1918年3月26日,"函电")

23日,复电嘉奖,并指示"进攻机宜,应受陈总令指挥,庶趋一致而奏肤功"。(《军政府公报》第62号,1918年3月25日,"函电")同时致电陈炯明,告夏氏来电称粤滇两军感情益洽,"对于军府极表受命之意,并有不辞赴汤蹈火之言",已电奖并令受陈指挥。(《致陈炯明告已电奖夏述唐电》,中国国民党中央委员会党史委员会编订:《国父全集》第3册,第543页)

△ 参议院副议长王正廷、众议院院长吴景濂发表通电,将于6月12日在粤举行正式开会,"继续第二会期",请各省筹垫到粤议员旅费。(《军政府公报》第61号,1918年3月23日,"函电")

3月21日 任命杨虎、马伯麟为大元帅府参军,黄汉杰为两阳四邑军事调查员。(《任杨虎马伯麟为参军令》等,中国国民党中央委员会党史委员会编订:《国父全集补编》,第534页)

△ 复石青阳"漾电"(即2月22日通电),建议"阳言援鄂,而以精兵攻陕,则可掎鄂之背,取之自易",告知西安军情,"现在陈树藩困

---

① 此函未署月日,应是邓任铁路局长之后,暂系于此。
② 详见1918年3月9日条。

守西安,且夕可下。但豫旅刘学亚五营已至潼关、华阴,若川军不进,则西安恐垂得而复失,幸速图之",希望与黄复生协商进行。(《致石青阳盼与黄复生从速图陕电》,中国国民党中央委员会党史委员会编订:《国父全集》第 3 册,第 542 页)

△ 陆荣廷为李烈钧讨龙成绩来电嘉奖,"更期猛进,伫盼捷音"。(《军政府公报》第 63 号,1918 年 3 月 26 日,"函电")

23 日,复李烈钧 15 日电,嘉奖其"智勇兼资,必能早奏肤功,剿灭龙逆,伫盼捷音"。(《军政府公报》第 62 号,1918 年 3 月 25 日,"函电")

24 日,李烈钧电复陆、孙二人,称"默察今日大势,国内纠纷尚无了时,敷衍迁就,为害殊甚。务望两公主持,迅商西南诸公,速立公共统筹之模范,为西南自立之基础,则钧为民除害,马革裹尸,固所愿也"。(《复孙中山陆荣廷电》,周元高、孟彭兴、舒颖云编:《李烈钧集》上册,第 340 页)

△ 唐继尧发来两电。

其一为复 13 日去电。称石青阳的任命"甚属相宜",但坚持应由熊克武统筹办理川事。认为川乱多年,"其始皆由一二人权利之私,遂至酿兹浩劫",目前军心未定之际,"若先任命一二人,恐群起竞争,川事即难收束"。提出川、粤远隔,"恐我公未能尽悉内容,以后关于川事用人,尚乞先行密商熊督,俾免窒碍"。(《唐继尧为任命石青阳军职问题复孙文元电的密电》,云南省档案馆编:《云南档案史料》第 1 期,第 56 页)

刘显世曾于 18 日密电唐继尧,称"中山远在粤东,于川情不无隔膜,动辄任命,恐于事实上大有妨害,可否由公密告孙,告以对川事用人,须先为密商,以免多所冲突,将来愈生枝节,致迟东下之师"。唐于该电上批语:"照办并复。"(云南省档案馆藏《唐继尧档案卷》原件,转引自陈锡祺主编:《孙中山年谱长编》上册,第 1105—1106 页)

其二再次回应 2 月 22 日两通电,并认为此时救济之方,"惟有于南方速设机关,召集国会,以奠国基",已于 18 日通电西南筹商办法。(《唐继尧建议南方速设机关召集国会复孙文养电的密电》,云南省档案馆编:

《云南档案史料》第 1 期,第 59 页)

△ 黄复生来电,转来监利吴兆麟 20 日来电。吴氏电文报告其回鄂后与牟鸿勋、袁家瑞等分途组织,"现计各部有众五千,一俟编制就绪",由牟鸿勋率领开赴前敌。(《军政府公报》第 65 号,1918 年 3 月 29 日,函电)

27 日,复电黄复生,请转告吴,表示嘉许,"深望早日编成,出师讨伐,以策殊勋"。(《致吴兆麟嘉奖组织讨逆军并促早日编成出征电》,中国国民党中央委员会党史委员会编订:《国父全集》第 3 册,第 545—546 页)

3 月 22 日 复陈炯明 19 日电,准将潮桥盐款截留军用,"此系军事紧急行为,应准照办"。又告知戴季陶已回,"数日后仍来相助"。(《复陈炯明准予留用潮桥盐款电》,中国国民党中央委员会党史委员会编订:《国父全集》第 3 册,第 543 页)

20 日廖仲恺致电陈炯明,告知盐税交涉始末及分拨情况,并献策:"尊处所要求在财政厅九万之内,拨作粤军饷项,最为上策。否则截留潮桥盐税,于军府五万元之款虽有所损,然为粤军计,亦所乐得。"[①](《致陈炯明电》,廖仲恺、何香凝著,尚明轩、余炎光编:《双清文集》上卷,第 117 页)

23 日,廖仲恺电告陈炯明:"潮桥盐款,截留与否,此间暂不理会。刻经以粤军饷故,交涉每月多拨九万矣。"(《复陈炯明电》,廖仲恺、何香凝著,尚明轩、余炎光编:《双清文集》上卷,第 102 页)

24 日,陈炯明复电廖仲恺,称"潮桥盐款经与交涉,分所未提。则□□若已提,则支所自应照办,但洋员坚称,分所尚未创办,银团亦正抗议,究竟省中交涉,办到如何,请详电示"。(《陈炯明为提取潮桥盐税事致廖仲恺电》,黄季陆主编:《革命文献》第 50 辑,第 210 页)

△ 许崇智由蕉岭来电,主张迅速攻闽。

许氏根据敌情,"迳请陈总司令速下攻击命令",而陈炯明"屡以各方面布置未周,饬暂防守待命"。认为应该乘敌军初到,势力未固,"我军内应,犹可先发制人,尚不至一误再误","恳我大元帅以个人意

---

① 《双清文集》定日期为 7 月 20 日,应误。

思电致竞存、仲元,迅速攻闽",勿失时机。(《许崇智请国父命陈炯明下令攻闽电》,黄季陆主编:《革命文献》第 50 辑,第 209 页)

孙随即致电陈炯明,告知许电内容,请陈"迅予酌夺施行"。(《致陈炯明望利用内应攻击武杭敌军电》,中国国民党中央委员会党史委员会编订:《国父全集》第 3 册,第 542 页)

△　汪精卫自上海来电,建议着力结纳西南各方。谓当此桂军在岳阳败退、陷于穷境之时,乘机与之结纳,"使生共同厉害之观念"。否则如桂军"忿惧生变,或致投降北方,结合龙李①,而大局危矣"。认为北方军人如冯玉祥、李纯等人,"终难与我一致"。西南虽不奉军政府,但主张相同,休戚相关,"若西南瓦解,军府即无以自存",在盐关、铁路等问题上则"宜以分甘为上策"。(《汪兆铭为陈析南北利害与军政府生存问题电》,黄季陆主编:《革命文献》第 49 辑,第 139 页)

△　黎天才来电,报告委任河南靖国军总司令王天纵为战时总指挥,王"即于十七日开赴前线,与我军一致攻守"。(《军政府公报》第 68 号,1918 年 4 月 5 日,"函电")

3 月 23 日　准方声涛辞军政府卫戍总司令职,特任徐绍桢代理该职。方因援闽,将亲赴前敌。(《军政府公报》第 65 号,1918 年 3 月 29 日,"命令")

△　准负责接洽商会、善堂的谭民三、吴铁城呈请,任命林达存、郑国华为交际委员。(《准接洽商会善堂代表谭民三吴铁城呈请任林达存郑国华为交际委员令》,中国国民党中央委员会党史委员会编订:《国父全集补编》,第 535 页)

△　复电驳斥旅沪各省公民调和会。旅沪各省公民调和会于19 日来电,主张请外人监督,实行中国南北调和。

复电驳斥,称"惟阋墙御侮,古有明训,诸君既曰公民,而乃谋及外人,是何居心"? "至此次义军护法讨逆,纯属民国存亡问题,绝无党派权利竞争可言。何谓调和?"痛斥非法政府积极违宪,叛督盗弄

---

①　应指龙济光、李厚基。

兵权,"试问诸君如何调和"?(《军政府公报》第 62 号,1918 年 3 月 25 日,"函电")

△　四川陆军第二师师长兼川北镇守使石青阳来电,表明所部功劳及北征决心。

电称"起义以来,迭获名城大郡,如重庆、合川、铜梁、璧山、顺庆、夔巫、射洪、太镇等处均□血战",而"不敢稍存攘权夺利之私"。愿请提师北讨,以无负靖国护法之旨。石部兵力已有一师一旅,决定"以一旅镇守川北,以一师规复汉中"。全体将领急欲北征,不渡黄河,誓不返顾。(《军政府公报》第 61 号,1918 年 3 月 23 日,"函电")

△　陈炯明来电,关心援鄂部队战况。希望催请唐继尧迅速派兵东下,使湖北敌军不敢南下,而自己在闽亦已督师应敌。(《军政府公报》第 63 号,1918 年 3 月 26 日,"函电")

△　收到罗廷表、田永正等人来信,皆对湘鄂军情有所陈述。

罗廷表 3 月 10 日自汉口来信,报告王正雅、周则范及筹安会巨子胡瑛等人派王的亲信聂少侨于二月初至汉口,与曹锟、张敬尧部属接洽,"约曹、张大举攻湘之际,伊即反戈背击我联军"。湘西田、林、李、胡各司令"均寻私攘利,自相矛盾"。荆沙石、朱弃师潜遁,湖南危急,曹、张部于湘鄂边境猛烈作战,"势必重陷长沙,消灭我护法西南不止"。称自己对于时局"稍获可为之计",请派员来调节,以息湘乱。(《罗廷表上总理函》,环龙路档案第 04480 号)

湖南参议员田永正 3 月 22 日来函,就湖南各军冲突状况献计。称闻谭浩明屡次派军队意图以武力收服湘西,"幸各军明达,均不听命,以致常醴两军大起冲突"。认为如军政府此时派人极力疏通而联合之,可节制湘西,进而与黔军联合,"实力自能逐渐发展","他种势力必不敢猖獗于湖南,或且由畏而生一种敬仰我军政府之心"。因受湖南籍议员公推,将回湘招待议员来粤,而自己与各军长官皆知交,正可从中斡旋。请求先发公债票十万,委以专责,先行试办。

此函由秘书代复,约其面谈。(《田永正上总理函》,环龙路档案第

04523 号）

　　△　段祺瑞复任北京政府国务总理。

　　3 月 24 日　派胡汉民赴广西拜会陆荣廷，商议军政问题。（广东省档案馆编译：《孙中山与广东——广东省档案馆库藏海关档案选译》，第 141页）

　　△　收到张永森 3 月 23 日来函，函中详细报告其在上海联络各军的情形。之前张氏曾来谒见。

　　张氏计划进攻浙江护军使署，诛杀卢永祥。去冬因参军杨虎（啸天）奉大元帅命来委办，已联络有驻扎于护军使署中的三十八团、三十九团等各军营、旅长李廷美、刘春泉、于金标、赵恒春、周汝贤等人，准备伺机发难，"因候款暂未进行"。并已联络通州、江阴、镇江各处驻军营、连长赵炳炎、唐立成、王达夫等人，"全体均能响应"，一旦上海事成，可进兵讨浙。（《张永森上总理函》，环龙路档案第 11202 号）

　　△　夏述唐来电，长篇痛陈皖津两系奸谋祸国，表明护法决心。目前"整旅进发，军次樟东，现已会合友军，一致进行，直捣闽疆"，"如其逆贼未除，国法未复，述唐惟有率所部士卒与贼决死，以谢国人，皎皎此心，还期共谅"。（《军政府公报》第 64 号，1918 年 3 月 27 日，"函电"）

　　△　川边镇守使陈遐龄发表致各方通电，呼吁南北停战，"惟冀双方早日停战，言归于好"，关注边防。

　　陈氏称川藏边患紧急，"现藏蕃大股入寇，陷及察贡等处，藏都存亡莫卜，正急须派兵进援，川边枪弹既空，缺饷年余，量出计划，国防重要，敢不竭力□□，然内患不靖，国本安在，国脉奚存"。（《川边镇守使陈遐龄通电》，上海《民国日报》1918 年 4 月 6 日，"公电"）

　　3 月 25 日　准黄大伟呈请任命杨世督、鲁鸣为参军处副官。（《准代理参军长黄大伟呈请任杨世督鲁鸣为参军处副官令》，中国国民党中央委员会党史委员会编订：《国父全集补编》，第 536 页）

　　准张开儒呈请任命曾子书、孙天霖、姚景澄为陆军部秘书，马汝刚兼署副官长，曹铭、李月秋为科长；又任命周应时为司长。（《军政府公报》第64号,1918年3月27日,"命令")之前张开儒奉令组织陆军部,提交呈请任命秘书、参事、总务厅、军务司清单。(《军政府公报》第64号,1918年3月27日,"公文")

△ 致电王文华,告知债券百万已由财政部交严参谋。希望王尽快率黔军东下援鄂,和议已不可能,只有武力根本解决。(《致王文华望克日出师东下电》,中国国民党中央委员会党史委员会编订:《国父全集》第3册,第543页)

△ 致电黄复生,请调解陈炳堃、石青阳部纠纷。

称陈炳堃前由梁山来电,谓"前克复顺庆,权摄嘉陵道尹。今日石青阳所部诸将通电各处,意在相争"。陈氏未经任命,石前已任命为师长兼镇守使,亦无须再摄道尹。电请黄氏妥为处理,"晓以师克在和之义,务息内争",并密报嘉陵道尹以何人为宜。告知杨庶堪已离沪溯江而上。(《致黄复生询嘉陵道尹人选电》,中国国民党中央委员会党史委员会编订:《国父全集》第3册,第544页)

又致电黄复生、卢师谛,同意对何绍培严缉惩办①。

△ 易次乾来函,报告各派在上海的活动情况。

岑春煊一派,"谷、张、章、谭辈近颇持异论",主张只留参议院,改选众议院,"欲藉此牺牲国会条件,以为攫取小权利地步"。唐绍仪差点被蛊惑,"后经精卫先生及诸同志几经解释,始抉破其隐谋"。坚持"政治上之主张,尚有商量之余地,法律上之主张,万不容有迁就于其间,故结果可听令失败,而主义万无牺牲"。

至于南北各方,"岳失段出,形势又变,秀峰久失自由,秀山将蹈覆辙,西南所希望于长江三督恐成画饼,政学会之联冯计划,当大受教训矣"。

又告杨士琦请托沈葆桢之子沈琬苍运动海军,"前数日杨杏城招沈爱苍之弟沈琬苍到家叙谈数次,探确系托琬苍运动在粤海军,琬苍

---

① 详见1918年3月2日条。

已允担任设法。想海军素知大义,必不为所动。然琬苍于海军中颇有势力,万乞留意至盼"。(《易次乾上国父报告各派活动情况函》,黄季陆主编:《革命文献》第50辑,第407—408页)

函到后批示"秘书拟复"。(《易次乾上总理函》,环龙路档案第11127号)

4月9日复函,同意易氏观点,"长、岳之挫,足为谋事无断、依违瞻徇者之戒,且足以证枝枝节节者之终无成功也。吾党此事对于法律问题,无论如何,必宜始终贯彻"。希望易以其观点影响同人,驳斥持牺牲国会论者的谬误。(《复易次乾望坚持护法函》,中国国民党中央委员会党史委员会编订:《国父全集》第3册,第552—553页)

△ 石青阳来电,报告率部血战数天,"前以乏弹退却,后以奉命停战",因成都溃军有集中潼川意向,"我军非占领潼城恐不能为也",遂于23日占领潼川。(《军政府公报》第62号,1918年3月25日,"函电")

△ 唐继尧来电,就粤、川各情答复。

称收到3月1日、13日促其就职的电文,同意"南方非设统一机关,诚不足救危亡而夷大难"。伍廷芳、唐绍仪、程潜等提出合并军政府与联合会议为一机关,"闻已得我公同意,继尧亦曾于巧日通电力促其成"①,当"从我公之后,勉效棉薄,固不在此时之揭橥名义以耸观听也",拒绝就任军政府元帅之职。

强调"川中军民两长,当属诸素有勋绩,而为民望所归者","此间已仰体尊意,催锦帆、复生速行就职矣",对杨庶堪任命则未置可否。(《唐继尧同意伍廷芳、唐少川等提出军政府与联合会议合并复孙文东、元两电的密电》,云南省档案馆编:《云南档案史料》第1期,第59页)

报端称唐继尧致电陆荣廷,谓"川事未定时已令熊克武暂署川督,中山任杨庶堪督川,不能承认"。(《中华通信社电》,上海《中华新报》

---

① 唐氏前于18日发出巧电,声援伍、唐等人,称目前"惟有速设统一之机关以为对内对外之枢纽","合并军政府、联合会议为一机关,较为轻而易举"。(《护法各省之要电·唐督军请设统一机关电》,上海《中华新报》1918年4月2日,"紧要新闻")

1918年3月26日,"东西要电")

△ 李根源来电,通报滇军于本日克复阳江。(《军政府公报》第65号,1918年3月29日,"函电")26日,陈炯明通电祝贺李根源克复阳江,希望其"乘胜肃清余孽"。(《军政府公报》第68号,1918年4月5日,"函电")

△ 孙洪伊、汪精卫、王正廷、谢远涵、周震鳞、李素、田桐、吕复、汪彭年、易次乾、刘成禺、陈九韶、彭介石、赵世钰、万鸿图、丁仁杰等人发表致护法军政要人电,揭露北方决心在毁弃约法剿灭西南,节节言和,节节备战,"势非两粤、云、贵全入彼手,终无已时"。希望己方"固结团体,速谋统一","则最后之胜利终当归于义师"。(《孙洪伊、汪兆铭等致护法军之通电》,上海《中华新报》1918年3月25日,"公电";《军政府公报》第70号,1918年4月10日,函电)

△ 湘粤桂联军退出长沙。

总司令谭浩明发表通电,称考虑到"彼辈则约法可以不顾,外患可以不防,亡国可以不恤,个人之权位意气不可不争,是义军之愈进一步,则亡国之期愈近一日,从此而永作陆沉,护法义师固为万世罪人,我黄帝子孙则何辜而堪此",通告先退出长沙,"以待依法解决",再三让步,看和平是否有望。(《军政府公报》第67号,1918年4月3日,"函电")

△ 《中日共同防敌军事协定》由北京政府驻日公使章宗祥与日本外相本野一郎在东京正式换文成立。(《中华民国史事纪要(初稿)——中华民国七年(一九一八)一至六月份》,第341页)

3月26日 任命邱于寄为大元帅府参议。(《大元帅府简任人员职务姓名录》,中国国民党中央委员会党史委员会编订:《国父全集》第4册,第325页)

△ 复唐继尧21日来电,解释任命石青阳为必要情形,"绝非论功行赏",任命熊克武为川督是四川省议会之请。而唐任命熊氏兼任军民,"固亦见为必要,而非论功行赏,并不及待与川人相商也"。表

明"川电之迟,往往兼旬始达,往返电商,势必诸事搁置","军府统筹全局,并无成见"。(《致唐继尧告军府统筹全局并无成见电》,中国国民党中央委员会党史委员会编订:《国父全集》第3册,第544页)唐继尧收电后批"何配统筹全局"。(《孙文解释任命石青阳军职原由密电》,中国第二历史档案馆、云南省档案馆合编:《护法运动》,第358页)

又致电唐继尧、熊克武、黄复生等西南要人,谓"川局已定,所有一切调查事宜,应由军府特任之军民长官办理",故撤消前任调查员李元白之职并已电知该员,并表明"军府前任各军事委员,如有招摇情事,希指名电知,以便严究"。4月9日致电李国定转给李元白,告知裁撤其调查员职务事。(《军政府公报》第70号,1918年4月10日,"函电")

3月27日　任命李藩昌为大元帅府参议。(《任李藩昌为参议令》,中国国民党中央委员会党史委员会编订:《国父全集补编》,第537页)

任命徐绍桢兼充陆军部练兵督办。(《军政府公报》第65号,1918年3月29日,"命令")

之前张开儒呈报称"武力之未完全解决,皆由我西南各省实力不充",当前款项有渐次解决的希望,则添练劲旅为今日不可缓之图,呈请简任知兵大员兼任陆军部练兵督办。(《军政府公报》第65号,1918年3月29日,"公文")据称张开儒在北江各地招兵,"成军者已有两营"。(《张开儒亦在北江招兵》,《香港华字日报》1918年4月1日,"粤闻一")并拟调编妥的新军到省城训练,事先委员知会沿途军警接洽,"免生误会"。(《军政府调新军驻省》,《香港华字日报》1918年4月3日,"粤闻一")训练后拟编为保商营,分驻各江"实地保护船只来往,并注意疏通河道,以利商运","俾饷项有着"。(《孙中山注意保商》,《香港华字日报》1918年4月5日,"粤闻一")

△　致电陈炯明,希望迅速调驻在香山的袁带部队参与征闽,一面防止其暗通龙济光,一方面增加援闽军力,"力调勿迟"。(《致陈炯明促调袁带征闽电》,中国国民党中央委员会党史委员会编订:《国父全集》第3册,第545页)袁带后于5月底据香山宣布"独立",6月被击退。

△致电徐朗西,告知焦易堂所失票,已由粤行径寄沪行,让焦到沪行接洽。(《致徐朗西嘱向焦易堂收取债票电》,中国国民党中央委员会党史委员会编订:《国父全集》第3册,第546页)之前,有人持焦易堂一千五百元汇沪汇票至广州中国银行提款,廖仲恺致电上海"请查易堂有无失票"。(《致徐朗西电》,廖仲恺、何香凝著,尚明轩、余炎光编:《双清文集》上卷,第101页)

△致电黄复生、石青阳,将就石青阳任命一事,唐继尧21日来电和自己26日复电照录告知。熊克武至今未来电接受军府任命,"川事赖君等维持,务宜力促熊受军府任命"。认为唐继尧顾忌军府,"甚非所宜",希望黄、石等能联络川中一致坚决表示拥护军府,"则唐帅可息自树势力于川之私意,而有就任元帅以维大局之决心"。(《致黄复生等转促熊克武接受军政府任命电》,中国国民党中央委员会党史委员会编订:《国父全集》第3册,第545页)

△熊克武来电,谓川乱经年,"实由于争权攘利",川督任命一事,"日前通电以总司令名义执行军民政务,犹恐为人所不谅,若再不揣冒昧受任督军,则更无以自解",请收回任命。而"护法靖国,大义所在,仍当勉力驰驱",愿与杨庶堪"共济艰危"。(《军政府公报》第70号,1918年4月10日,"函电")

报载川省对于石、熊、黄、杨等人的任命各有计算。石青阳"尚有一般国民系分子暗中组织其为四川军务会办,最早且有组织其为督军者","暗中仍有人组织,即省议会议员于茶话会亦多主张黄(即黄复生)代四川省长"。杨庶堪"本孙系,于滇黔方面当然不利",于是"有杨庶堪行至滇境被阻之说"。黄复生听此消息,"尤亟欲代省长,因有久远之希望也"。(《川省近闻一束》,《顺天时报》1918年4月24日,"地方新闻")

向传义发表通电,称熊克武任命其为四川靖国军援鄂司令,将克日东下,誓言不达护法靖国目的,"决不生入夔门"。(《军政府公报》第79号,1918年5月14日,"函电")

△林葆怿来电,表示其态度,"我军拥护国法,原以辅助地方维

持治安之责,申誓扬旗,分布舰队,愿竭己之微力,以济仗义诸公之不足"。(《军政府公报》第66号,1918年4月1日,"函电")

△ 张静江、管鹏由上海来电,请求速汇款以在安徽行事,"皖事因经济应援均迟误,甚危。拟亲往指挥,请速汇济,无款亦请电示"①。杨庶堪赴川因道路不通,滞留途中,亦请汇千元救济。(《张人杰为皖事延误上国父电》,黄季陆主编:《革命文献》第50辑,第254页)

本日廖仲恺汇款七百二十两至上海,转交管鹏。(《致某某电》,廖仲恺、何香凝著,尚明轩、余炎光编:《双清文集》上卷,第104页)4月6日,廖仲恺又由台湾银行电汇五千五百两至上海,其中七千元转交张静江。(《致丁景良电》②,廖仲恺、何香凝著,尚明轩、余炎光编:《双清文集》上卷,第118页)

△ 唐继尧发电解除张开儒滇军第三师师长职。

张开儒2月6日就任军政府陆军总长。在莫荣新、李根源和杨晋等滇军军官的要求下,唐继尧随即改委郑开文为第三师师长,称张开儒"已任军政府要职","所有第三师事务应另派员接管";在郑未到任前,由杨晋署理。致电张开儒,称湘鄂战事日益紧迫,张任职军政府陆军总长,"碍难离粤",故派员接管第三师,以便出师援湘,"以资策应,勿稍违延"。(《唐继尧命郑开文为第三师师长未到前由杨晋暂任密电》,中国第二历史档案馆、云南省档案馆合编:《护法运动》,第723—724页)莫于4月2日致电唐继尧,表示祝贺,并谓"粤局纠纷"将得以解决。(孙代兴:《孙中山的护法运动和滇系军阀唐继尧》,广东人民出版社编:《辛亥革命论文集》,第290页)

记者猜测在此讨论成立联合政府最激烈时,张被解职原因。或"因龙济光屡向北京保荐张开儒为广西督军③,其中恐有内幕","或

---

① 电报分两段,此上段应由管鹏发出,"亲往指挥"指管鹏。原出处标点稍误。

② 此电为"鱼"(6日)电,无年月,《双清文集》定为1918年,据前张静江、管鹏来电,可知当在4月6日。

③ 3月24日龙济光电请北京任命张开儒为广西督军,"克日发表,不必征求同意,致延时日"。(《龙济光请以张开儒冯祖荣分长广西军民两政以分化南方密电》,中国第二历史档案馆、云南省档案馆合编:《护法运动》,第565页)

谓因张开儒充军政府陆军总长,极为孙文效力,现在张又竭力招兵,益有以厚孙之势,此事为当局要人所深忌,故乘赣边紧急时解其兵柄,而以他人代之","此又唐派与岑陆派联合,而孙派失败之一重要关目也"。据说署理之杨晋乃奉岑春煊命来粤,"军事之中实有政客为之引线,此兴彼覆,其形状有如此者"。(平生通信:《粤防吃紧时之西南局势·张开儒解除兵柄》,《申报》1918 年 4 月 28 日,"要闻二")

3 月 28 日　复头山满、犬养毅 3 月 10 日函,派朱执信持之赴日。之前接到东京来函,称犬养毅有来华考察之意。

函中对 6 月召开国会抱有希望,称此期间"文万难去国远行",俟国会正式开会后"倘能分身,必当亲诣台端,面筹一切"。重申欲解决时局问题,"以恢复国会为唯一之根本","只此一事,倘北方当局者能毅然断行,则文已十分满足,不求其他条件也。背乎此者,则无论示以何种条件,文必不甘承认之"。

陈述护法战争之目的,称国会之唯一职权在制定宪法,宪法未定,而官僚武人以武力蹂躏国会,破坏约法,"实即欲自根本上推翻共和国体耳",故以拥护约法而诉诸武力,"盖不得已耳"。护法战争并非南北之争,世人言南北之争者"不过欲利用南北之恶感,以自营其私而已"。

盼望犬养毅访华。(《复头山满犬养毅述护法目的书》,中国国民党中央委员会党史委员会编订:《国父全集》第 3 册,第 546—548 页)

4 月 16 日,接到犬养毅回电。

同时作一函致加藤高明、尾崎行雄、犬塚信太郎、寺尾亨、床次竹二郎、秋山定辅、田中义一等,谓"两国相依唇齿,贵国为东亚先觉,执事为日本达人,尚望努力自重,为东亚造福","文亦必竭尽所能,以副尊意",特派朱执信面洽时局。(《致日本加藤等派朱执信东渡面洽时局函》,中国国民党中央委员会党史委员会编订:《国父全集》第 3 册,第 548 页)

朱执信于 4 月 4 日从上海出发赴日,抵日后,发觉当时寺内内阁援段政策并无改变,颇为失望,而此行亦终未得具体结果。(吕芳上:

《朱执信与中国革命》,第 227—228 页注 39、第 223 页)在此前后,汤化龙、林长民一行,岑春煊、谭延闿之代表张翼鹏、彭程万,北京新闻记者团一行陆续抵日活动,据说皆系秉承日本参谋次长田中义一之意所招请,目的在谈判南北妥协 。

　　△　致电陈炯明,通报粤中各情。

　　谓长沙失守后,陆荣廷致电莫荣新,"托英领事电北京英公使,向段政府求和,只愿维持彼本有地位,不惜牺牲一切",李耀汉亦有异动。派朱执信赴日本,探查犬养毅邀请自己赴日的用意。(《致陈炯明告长沙失守后陆莫恐慌情形及欧战近状电》,中国国民党中央委员会党史委员会编订:《国父全集》第 3 册,第 546 页)

　　△　方声涛来电,报告军队进行情形。称"始则遭刺①濒危,继又领饷未获",以致征闽行程受阻。奉陆荣廷电谕,"先靖内患为急",于是将第七旅暨第三十三团等暂交李根源率往讨龙。本人奉李烈钧命令,于 25 日抵达汕头,28 日接任代理征闽靖国军总指挥。(《军政府公报》第 67 号,1918 年 4 月 3 日,"函电")

　　4 月 2 日复电,勉励方"踔厉进取,伫候捷音"。(《复方声涛电》,《孙中山全集》第 4 卷,第 427 页)

　　△　熊克武来电,答应筹垫国会经费。称四川虽经年战乱,损失甚巨,"根本大计未敢稍违,纵属支绌万分,亦当勉力筹垫,一俟的款措齐,即行汇粤"。(《军政府公报》第 73 号,1918 年 4 月 20 日,"函电")

　　4 月 2 日,四川省议会亦致电承认国会经费,"已咨请省署酌量筹备"。(《军政府公报》第 71 号,1918 年 4 月 13 日,"函电")

　　3 月 29 日　特任徐绍桢为中华民国军政府卫戍总司令。

---

　　①　据罗翼群回忆,朱执信认为炮击督军署谋划的失败,是方氏"不肯附从"且泄密于莫荣新所至,于是命罗负责策划暗杀。1 月中旬在广州城小东门伏击方声涛,枪击至重伤。(《广州文史资料》第 11 辑,1964 年第 1 辑,第 33 页)事实上方声涛遇刺是 1917 年 12 月中旬事。

徐氏于 4 月 4 日就职,设司令部于大沙头工程局。(《军政府公报》第70 号,1918 年 4 月 10 日,"公文")4 月 6 日,徐聘请周道万为卫戍总司令部参议。(《军政府卫戍总司令徐绍桢致周道万函》,环龙路档案第 02227 号)

4 月 2 日,数百名军政府招募的新兵抵达省城,"还有许多新兵将随后到达"。(广东省档案馆编译:《孙中山与广东——广东省档案馆库藏海关档案选译》,第 143 页)报端谓"孙中山连日分派党羽赴各属召集民军回省,大有日仄不达之势,似此推测,则此争权竞势之暗潮,殊未止息"。(《粤局纷扰中之龙战》,《新闻报》1918 年 4 月 3 日,"紧要新闻")

△　据居正呈请,林翔以署理高检厅"厅务殷繁,旧案积叠,督饬进行,日不暇给,加以所属厅庭监所整顿维持,均关重要",无法兼任,准林翔辞广州地方检察厅长兼职,任命其为广东高等检察厅检察长。任命曾子书署理广州地方检察厅检察长、陆际升为内政部佥事。据代理参军长黄大伟呈请,任命夏重民为大元帅府稽查长,维持府内纪律。(《军政府公报》第 66 号,1918 年 4 月 1 日,"公文")

任命马廷勤为大元帅府参军。(《任马廷勤为参军令》,中国国民党中央委员会党史委员会编订:《国父全集补编》,第 537 页)

△　复唐继尧 26 日电,再次催促唐即日宣布就职,称否则"外交上之承认与借款,必致阻碍"。(《致唐继尧电》,《孙中山全集》第 4 卷,第425 页)

△　石青阳来电,报告军情,"唐联帅已遣军队四路东下援鄂,青阳亦奉命援陕,行将出发"。(《军政府公报》第 71 号,1918 年 4 月 13 日,"函电")

△　日本驻北京公使林权助致电日本外务大臣本野一郎,称段祺瑞"并非无意与南方妥协之点",试图在湖南平定后进行议和。"但与广东的所谓军政府进行妥协,实有相当困难",因为孙中山派与各方面"均欠融洽"。如能将孙中山"移往他处","使妥协前途,转趋有利,实为妥善之举",且"为孙本人利益计,现在将其移往安全地带亦属最为得策"。而所谓安全地带,"除日本之外,更无其他"。主张与

在日的唐绍仪和张继交涉，"使彼二人招孙前往日本"。孙中山一旦离开广州，"军政府即将无法存立，对平定广东，显然可前进一步"。林权助同时也可以游说段祺瑞，"使其对孙及军政府余党的待遇，采取宽大措施"。

林权助与当时公使馆的陆军武官坂西利八郎、斋藤季治郎等人强烈主张应帮助段祺瑞政府军事讨伐到"夺回广东和肃清四川的程度"，再进行南北妥协的劝告，而且强烈反对"妨碍政务进行，使日中团结陷于不可能"的《临时约法》，认为"目前解决中国问题的根本，在于修改旧《约法》"。（章伯锋、孙彩霞：《北洋军阀（1912－1928）》第 3 卷，第 753、755－758 页）

唐绍仪在日活动频繁，与汤化龙、林长民等人屡有交集，4 月 3 日、4 日先后拜访寺内正毅（《路透社译电》，上海《中华新报》1918 年 4 月 6 日，"东西要电"）。随后唐绍仪访问原敬、犬养毅，又历访日本外交调查会其他委员，"陈述南方派之意见"。（《东方通信社电》，上海《中华新报》1918 年 4 月 8 日，"东西要电"）4 月 14 日原敬、小川平吉设宴招待唐绍仪，27 日唐与殷汝耕访原敬，唐声称："孙文是单纯理论家，其理论不适于实行。"6 月 13 日，孙中山已至日本，唐再访原敬，"谓彼等屡促孙文早日离粤，迟则有害南北妥协，此次才决定实行"。（段云章编著：《孙文与日本史事编年（增订本）》，第 565 页）

4 月 16 日，日本参谋本部提出《关于促进南北妥协的意见》，认为根据中国的时局，难以实行段祺瑞主张的彻底的武力讨伐，必须促进南北妥协，以收拾和统一中国，提出向南北劝告妥协，利用梁士诒等在幕后疏通南北意见等五条措施。27 日东京共同社电讯称："南方联合政府组织方案，已由唐绍仪、张继等在日本和头山满、寺尾博士等人之间大致商定。"（章伯锋、孙彩霞：《北洋军阀（1912－1928）》第 3 卷，第 720－723、759 页）

△ 吴景濂、王正廷发表通电，认为段祺瑞武力统治主义为战乱祸端，"今日之域中，无南北之界，无党派之争，实以法律统治主义与

武力统治主义划为鸿沟,喋血激战,二义消长,存亡攸关,国家生命,危机一发"。今北方复任段为总理,将"傅虎以翼,飞行横噬,宁复择人"。请求护法与力主调和之各省各军,"整军经武,声罪致讨",一致反对,重整旗鼓,以伸正义。(《军政府公报》第67号,1918年4月3日,"函电")

△ 米内山庸夫致函徐谦,送上池田为孙中山所作之画,请转交。并称池田将首途,询问之前曾在帅府面求孙赠墨宝,是否已书成。(《米内山庸夫致徐谦函》,环龙路档案第01154.1号)

3月30日 据代理参军长黄大伟呈请,以参军处庶务科二等科员兼华侨义勇队队员谭炜楼旷职违命,屡教不改,免去其职。(《军政府公报》第66号,1918年4月1日,"命令")

△ 孙洪伊长电致护法军政要人,就段祺瑞复任总理一事表示反对。谓"今日之事,在法律上为讨逆诛叛之战争,在政治上为进步主义与顽旧派之战争,战而捷,则国命有托,苟其不捷,则吾国民宁殉国家而死","誓不与逆党共戴天,一息尚存,义无反顾",请诸君再接再厉,护法卫国。(《孙洪伊致护法诸军电》,上海《民国日报》1918年4月1日,"要闻")

△ 卢信来函①,称虽然岳阳、长沙相继沦陷,自己"则颇引为乐观"。认为"今日无所谓南北问题,只有新旧激争问题而已。北中有新旧,南中亦有新旧",即使长、岳不失,且据有武昌,而"执南方之牛耳者非抱有土匪思想者而谁乎"? 长、岳之失"直接予彼辈以教训,间接则为军政府发展之机会"。须先整顿广东,将广东置于真正拥护共和者之手,认为上年胡汉民被选为广东省长"本为整顿广东之机会","乃是先生竟与漠不相关之人磋商条件",使胡不得就任。后来虽知"非先生本意","然此事一出,同志灰心者甚多"。此次长、岳之失,"彼辈或滋悔悟,或乞怜仇敌,均不可知"。当此千钧一发时,"幸先生

---

① 原件仅署日期,以信中有"岳州、长沙相继沦陷",长沙于3月25日被北军攻占,故此信应为3月30日所书。

奋力向前,勿偏信一二人之计划以偾事"。与汪精卫讨论长、岳失陷后,江西方面甚为可虑,"未知彼辈抱大广西主义之人作何计划"。(《卢信上总理函》,环龙路档案第 01566 号)

△　报载粤省各派之争斗。

谓"今日桂军形势,对北既有岳州之失,讨龙又师久无功,而肘腋下之军政府又忽有收回粤省各种政权之拟议",真有四面受敌之苦。于是有莫荣新通电发表议和意见,"此则显示对北方之让步,亦不咎对军政府之警告书也"。然军政府方面亦殊不弱,即日遂有陈炯明发表主战之通电,与莫荣新之通电恰如针锋相对。"就此观察可见粤省现在党争之烈",称粤省党派虽多,可大别为急激、缓进二派,"军政府中如孙文陈炯明等为急激派,岑陆唐伍李(烈钧)及桂系中人为缓进派,此派亦可以政学会括之"。又谓"现因各谋扩充势力起见,皆欲借重报纸以鼓吹其主义,现在各争收买报馆以为助力,然使终局不外此等手段则诚党争之正轨,特恐言论互争,不免继以武力,此则大可隐忧者也"。(《桂军与军政府之竞争》,《新闻报》1918 年 3 月 30 日,"紧要新闻")

是月　为焦易堂父母行状作文,赞焦"其为人也,端直温厚,不类近世子",感叹"自欧风东渐,家教之美几绝,于是社会之风趋下,而国脉日微,爱国者宜思有以救之"。(《焦心通先生暨崔太君行状书后》,中国国民党中央委员会党史委员会编订:《国父全集》第 4 册,第 1422 页)

△　为孙鹤皋题词"行易知难"①。(王舜祁:《奉化发现孙中山题字》,《世纪》2001 年第 5 期)

△　春,介绍来粤的山田纯三郎与镇压惠州起义军的洪兆麟见面。后来,请洪作向导,派朱执信带着地图到三多祝遍觅山田良政遗

_____

①　孙鹤皋为蒋介石奉化老乡,据称 1917 年参加东北军事行动,事败,于 1918 年来粤汇报情况,正值蒋介石亦在大元帅府。(《铁路局长孙鹤皋》,王舜祁主编:《蒋氏幕下奉化人》,第 98 页)又 2 月 26 日致陈炯明电中,介绍王玉树等三人"因奉天军事来汕面商",可能是同一批人。故暂系于此。

骨,终未得获,只得携回当地几块黄土交给山田纯三郎。(陈固亭:《国父与日本友人》,第58—59页)

4月

4月1日 复张开儒电,谓"武器以日本为唯一供给之源,第日政府方与逆亲,必待西南军事发展后,始有可图。出湘一层,乃为便捷计,然攻闽亦非失策,此间所求,唯速出师耳"。又谓"海军得手后,大兵入闽,则武器购运俱便"。赞扬张"老同志究非别人所及也"。(《复张开儒盼出师攻闽电》,中国国民党中央委员会党史委员会编订:《国父全集》第3册,第548页)

△ 于适中来函,惋惜对德断交一事阻止无效,"先生拍电力争,竟归无效"。设想异日德国可能以飞机、潜艇巧袭中国,为免此祸,建议由孙号召各国名流组织万国弭兵会,"既可和好协商各国,亦可交欢德人"。(《于适中上总理函》,环龙路档案第13727号)

△ 元谋靖国军第七军郭昌明致电西南各要人,报告奉命恢复军区,于3月25日抵建城,会宁、盐宁、胎盐、宁边等六县完全恢复。(《军政府公报》第73号,1918年4月29日,"函电")

17日,复电郭昌明,嘉奖其战绩。告知闻黄以镛亦在规复旧部,力图进行,请郭"代慰劳之","至恢复六县情形及所部军旅编制内容,仍盼续报"。(《军政府公报》第73号,1918年4月29日,"函电")

4月上旬,黄以镛来电,报告其在川黔边境的军事活动。黄氏与张煦"在川首先宣告独立",张煦"竟以败死,再可叹矣",请以大将军礼葬张。"四川宁七属七军长失败,以镛率残余一百余人退滇",途中与沿途土司"夷匪"冲突,损伤甚多。后受唐继尧委任为宁属慰问专使,"准率兵恢复"。3月上旬一路克复黔边盐源等七县,其后"七属人民暨县议会公电请熊川督、但省长委镛为上川南道尹,希由先生钧府加委",请求任命。(《军政府公报》第 76 号,1918 年 4 月 27 日,"函电")

△　美国新蕰(St. Louis)国民党分部致函廖仲恺,汇款四百二十元请"交孙文先生应用",谓"区区之款,自愧实不能以济大事,亦聊尽国民一份子耳"。(《新蕰分部长梁象玲致廖仲恺函》,环龙路档案第 08400 号)

4 月 2 日　特任林森署理军政府外交总长,任命戴季陶代理外交次长。(《军政府公报》第 67 号,1918 年 4 月 3 日,"函电")戴氏于 4 月 9 日就职。(《军政府公报》第 70 号,1918 年 4 月 10 日,"公文")

任命交通次长崔文藻暂行兼任陆军部总务厅长,任命江屏藩、严骥为大元帅府参议。(《着崔文藻暂兼陆军部总务厅长令》等,中国国民党中央委员会党史委员会编订:《国父全集补编》,第 540 页)

△　致函威廉·舒尔兹[①],强调"军政府通过国会合法而成立",称"目前阶段,正是先生贡献民主理想之时,可使中国甚至人类取得极大之鼓舞。所以我深信先生定将愉快地实施支持中国行动,在贵国以代表中国之宏大事业来活动"。之前曾多次期望得到舒尔兹的支持和帮助,"我将高兴地等待先生或能施予的任何建议及忠告,希望能够实现"。告知不久将派遣一位友人前去拜访,请给予协助。许诺一旦南方的合法国会和政府被美国承认,将委派舒尔兹为"我国的高级顾问"。(郦玉明、一之:《浅议孙中山先生三封未公开发表的英文信件》,《民国档案》1992 年第 4 期,第 74 页)

△　分别致电唐继尧、陈炯明,讨论军政府改组一事。

致唐继尧电,回应其 3 月 25 日来电。谴责桂系军阀,"无如桂人意气自高,百计调和,终无觉悟",改组军府一事,"中多变幻,文前虽同意,后竟为他力所阻"。称当时云、黔、川、湘已经表示同意,惟陆荣廷反对。就改组一事,"所欲切实奉商者:一则改组原冀桂人加入,如桂人始终不加入,各省是否依然决心;二则改组原冀实力扩张,如桂

――――――

①　曾任美国国会议员,1917 年军政府成立后曾来信。

人不加入，而各省远隔，仅派代表，是否能举共同负责之实"，坚持"护法之惟一主张，在恢复旧国会，并使之完全行使职权"，建议名称为"护法各省联合军政府"。表示"民国前途，希望惟在执事一人，尚冀毅力首出担当，则桂人自难立异，而他省亦可景从。苟达护法目的，文无不可退让"。（《致唐继尧论改组军政府事电》，中国国民党中央委员会党史委员会编订：《国父全集》第3册，第548—549页）

唐继尧4月26日复电，认为"西南各省，非实行团结，化除意见，实不足以图存。组织统一机关，实为目前急务"，已经向各方征求意见，"俟得复电，再将具体办法，详悉奉商"。（《唐继尧为西南各省组织统一机关复孙文冬电的密电》，云南省档案馆编：《云南档案史料》第1期，第61页）

致陈炯明电中，讨论桂系和唐继尧对于改组的不同态度。认为建立统一机关，是桂系始终反对。伍、唐、程通电后，程潜先是奉桂系授意通电反对，后又声明并无成见。伍廷芳会见陆荣廷时，陆又表示反对。唐继尧则"意颇恳切"，既同意改组军政府，"闻文同意，伊必从后"，又同意熊克武、黄复生的任命；认定"护法必须联唐"。

将致唐继尧电文告知，"故今日与唐相商，提出四义：一、改组如桂人不加入，是否决心？二、改组无桂人，各省仅派代表，是否有实力负责？三、护法以恢复旧国会，使能完全行驶职权为惟一主张，必须坚约，始可议改。四、改组名义，宜用护法各省联合军政府，并嘱唐首出担当"。要警惕国会桂派议员提出的联合政府案，"实非善意"，"褚君慧僧来汕，当系商酌以改组为补救"。寄希望于唐继尧，"惟唐如不能出实力，则改组仍属空名，而护法主张甚至动摇"。等唐有切实办法之电复，"始可讨论"。（《致陈炯明对改组军政府事提出四义电》，中国国民党中央委员会党史委员会编订：《国父全集》第3册，第549—550页）

4月3日，陈炯明致电唐继尧，指陈建立统一机关的必要，劝其尽快就任军政府元帅之职。不得国际承认则"款械均无补充"，"非完成统一机关，决不能谋外交之进行"；且无统一机关，"无论大局如何变动,我皆不能因应用占外交之先着"。认为如陆荣廷、李烈钧、伍廷芳"能依据民意宣布就职,以国会产生之机关,对外名正言顺,各国必无异词,较之另筹别策,迁延时日,转滋纷扰,必难同日而语"。

湖南军情方面,"今联军退驻衡州,应暂取守势,恢复全局之方略,仍非援鄂、援闽取远势以造成长围之局不可",盼望唐"速举大军东下援鄂",自己则"督率所部联合滇军努力进攻,以期略定闽、浙,沟通长江"。希望众人"统筹全局,弃小异而取大同,拯西南之同焚,遂护法之初志"。(《陈竞存统筹全局电》,上海《民国日报》1918年4月19日,"要闻")

报端称"最近一消息颇足消弭暗潮于万一者",即唐继尧、刘显世极力催促西南统一机关之成立,"唐氏且并主张军政府与联合会议合并为一机关",认为"政学会中人本极力排除军政府派,若合并成事,则孙中山以其非常国会承认之资格,势不能置之局外,如是仍系孙氏获胜,未悉政学会中人又如何抵制耳"。(《粤局纷扰中之龙战》,《新闻报》1918年4月3日,"紧要新闻")

△ 唐继虞来电,表示对孙2月22日通电敬服,认为当前"非急谋先靖内部,早定国本,决不足专御外侮","想家兄当已掬诚奉复矣"。(《军政府公报》第71号,1918年4月13日,"函电")

△ 郭昌明来电,报告张煦(午岚)被陈遐龄部所拘,"竟遭毒害","环顾身后,家无私蓄",请抚恤其家属。(《军政府公报》第77号,1918年5月1日,"函电")

4月27日复电,表示"至为痛心","其应予抚恤之处,已电省会督军、省长从优抚恤矣"。同时致电熊克武、黄复生及四川省议会,告知此事,"望尊处亟从优抚恤,以励死义,而慰英烈"。(《军政府公报》第77号,1918年5月1日,"函电")

△ 四川靖国第八军军长兼滇川黔联军援鄂第二路总司令叶荃发表出师援鄂通电,"为整师旅,集中渝城,联军东下",表示护法决心。

4月27日复电,勉励"努力进取,仝建奇勋"。(《军政府公报》第77

号,1918 年 5 月 1 日,"函电")

4 月 3 日 任命陈德全为大元帅府参议。(《任陈德全为参议令》,中国国民党中央委员会党史委员会编订:《国父全集补编》,第 541 页)

任命高尔登为军政府卫戍总司令部参谋长。准徐绍桢呈请任命章勤士为军政府卫戍总司令部秘书长。(《军政府公报》第 69 号,1918 年 4 月 9 日,"命令")

△ 收到颜炳元 4 月 1 日来函。

函中称"今日西南护法尚未一致,疑忌百出,败易成难",原因在于军政府势力不甚发展,"故人始而轻我,继而忌我"。请求谕商陆军部,给予任命,将召集旧部护国铁侠军四团四队赶赴湘鄂间御敌。并请酌给开办经费。其子颜仁毅毕业于保定军官学校,门人及部下"皆疆场敢死之士,屡有经验","钧座如能俯允所请,自当效力报命"。现在湖南为陆荣廷作战范围,而自己"曾承优奖,颇有感情",并与程潜、赵恒惕诸将交好。"如军队开赴湘鄂,力为援助,当无冲突","并与湘西林德轩、覃振、胡瑛联络一致,全湘可归入钧座范围"。

阅过后,认为"现未易办",由秘书①代复。(《颜炳元上总理函》,环龙路档案第 04512 号)

本日颜炳元又送来组织援湘军计划表,分"担任器械、担任开办经费、集军地点、接济军饷"各项,称能筹集枪械五千七百余支,在粤湘交界处集合,准备在湖南境内筹济军饷,"公债票亦可接济"。此函被批"不理"。(《颜炳元上总理函》,环龙路档案第 04481 号)

4 月 4 日 准署理交通总长马君武请,任命吴承斋为该部主任秘书。(《军政府公报》第 68 号,1918 年 4 月 5 日,"命令")

△ 复龙璋 2 月 28 日函。认为由于议和主张,致湘桂联军锐气

———————

① 四月份大元帅府秘书处人员有秘书邵元冲、萧萱、吴山、方毅、周道万、李禄超、陈群、邹建廷、徐世强、谢英伯、周仲良、黄嘉梁、岑楼、李思汉、陈言、郑权,书记林荫生、郑涛(?)、黄允斌、江凤藻、潘应民、□□。(《徐谦致黄参军长函》,环龙路档案第 02976 号;《徐谦致黄参军长函》,环龙路档案第 02977 号)

受挫,不能乘机攻下武汉,复失岳阳、长沙,主张议和之人"实难辞误国之责,亦无以对湘中父老也"。希望龙以其湘人身份,"发蒙振聩",尽力维护湘西军队和睦,"湘中近情,仍希详报"。(《复龙璋维护湘局并劝湘军辑睦函》,中国国民党中央委员会党史委员会编订:《国父全集》第3册,第550页)

据柏文蔚回忆,龙璋于4月5日逝世,奄奄一息时"谈起革命前途,喘息挥汗,尚侃侃不休"。(柏文蔚:《五十年经历》,《近代史资料》总40号,第46页)

△　收到徐朗西上海来电,报告陕西军情。称"王烈抵沪,据云陕局虽未解决,然势力已成。惟饷械缺乏,请速设法,并望通电川军赴援"。

批复答以"石青阳已率兵援陕,饷械无法。"(《徐朗西报告陕西军情电》,黄季陆主编:《革命文献》第50辑,第343页)

△　日本《大阪每日新闻》刊载《支那之十名士》,首列孙文。(《大阪每日新闻》1918年4月4日,转引自段云章编著:《孙文与日本史事编年(增订本)》,第564页)

4月5日　致函陈炯明,告知安徽毕靖波来函称与汀州统领邓洛亭有联络,特派郝继臣来粤负责接洽,"冀得邓军为我内应"。将郝介绍给陈,"望探询其详,并酌定办法"。(《派赫继臣面洽汀州军事致陈炯明电》,中国国民党中央委员会党史委员会编订:《国父全集》第3册,第550-551页)18日,又批示介绍邓焱与陈炯明接洽。邓由汕头来函,言福建军事情况。(广东省集邮协会等编:《孙中山邮票图集》,第158页)

另发一电致陈炯明、方声涛等人,认为应该早日发兵援闽。一方面准备已久,另方面据许崇智报称已有可乘之机,闽中亦有同志准备响应,"况进攻则虽败犹荣,且尚可退守;若仅图自守,则一败将无立足之地,重为义师僇辱,又使闽中内附者寒心而不敢动,坐失事机,尤为可惜","及今图之,惟在速战"。(《致陈炯明促速下攻闽令电》,中国国民党中央委员会党史委员会编订:《国父全集》第3册,第551页)

后来报载李厚基迭据粤探报告,称有多数闽籍党人由粤奉有孙之密令,来闽运动军队,联合土匪谋刺要人。李下令侦探,但"月余以来,并无捕获一人",李认为是当地侦探对党人有乡里之情,准备"将各侦探一律改换北人充之"。于是,各侦探捕风捉影,以为邀功。4月3日,拘捕前充汀州司令的湘人刘镜泉及前都督府卫队司令卢瞎子等。刘、卢等人因"由京运动荐函数封来闽投效"被疑,但非刑拷打下,刘卢等"坚不肯承认有通同党人情事"。侦探又拘捕方声涛本家十多人。(《闽省之戒备之近状》,《新闻报》1918 年 4 月 15 日,"紧要新闻";《闽省戒备之近状》,《顺天时报》1918 年 4 月 18 日,"地方新闻")

4月初旬,厦门道尹汪守坻、镇守使唐国谟先后据侦探李发祥等报称,有粤省民党多人来闽,于厦门一带设立机关部,企图运动军队及暗杀李厚基等。4 月 10 日在厦门灌口"破获该党机关部一处,拘获党人阮少卿、颜清泉、杨斌堂、李景云、黄定海、黄真芳等六人,搜出孙文证书数十张,炸弹、手枪、子弹一箱"。此六人并不承认,称是有嫌隙的侦探陷害,被"暂行监禁"。11 日又拘获湖南人叶培坤、福州人黄之麟二人,亦于身畔搜出证书、手枪等物,且"直认不讳,称系奉许崇智委任前来福建下游一带接洽,以便粤军进攻时作为内应"。17日请示李厚基后,此二人被枪毙。(《厦门之党案》,《新闻报》1918 年 5 月 8 日,"紧要新闻")

△ 收到李国柱 3 月 13 日[①]、陈家鼐 3 月 18 日、刘若挚 3 月 19日各自长沙来函。当时长沙尚为联军所据,26 日长沙被北兵攻陷。三函俱由秘书代复。

李国柱函中痛惜程璧光之殒,并报告湘中军情。湘军将领"对大府预定策略,尚均表示同情",赵恒惕师长"诚挚过人,尤愿竭诚拥戴"。各军因最近克复岳阳,"兵士积胜而骄,主客各军又不免时生意见",但岳阳方面"当保别无危险"。传闻张作霖将率兵入京行

---

① 信末落款为 3 月 14 日,但信封邮戳及封口为 3 月 13 日。

二次复辟，如果此事发生，"敌系团体必当从此解纽，正与东南以发展之机。惟对于外交方面似宜特别注意，务采审慎之手段"。表明心意，当积极负责此间一应联络事宜。（《李国柱上总理函》，环龙路档案第 04430 号）

陈家鼐报告湘粤桂联军攻克岳阳后，虽一度受挫，旋转危为安，已完全收复岳阳。北军因张作霖兵逼京师，冯段暗斗激烈，无心战斗，向武汉退却。联军节节进取武汉，希望大元帅速电唐继尧，急攻荆襄，以图会师武汉，"贯彻吾党之主义，顺复根本之约法，则指顾间事耳"。报告林德轩已有一部军事势力，现由常德驻兵湖北来凤县，托陈氏办理长沙各事。张伯烈由湘西劳军回来，与李书城意见不合，大起冲突。认为张不失为光明男子，而李书城偏狭用事。

在长沙有不少国会议员，陈氏劝他们从速赴粤，"渠等亦愿早来粤赴会，意欲足法定人数，以期早开国会，解决时局纠纷也"。因湘中军事紧急，同人挽留在湘帮同办理军务，陈"是以不克分身来粤受教"，"湘中军务，鼐力之所能及者，愿效驰驱，以报知遇而尽我天职也"。（《陈家鼐上总理函》，环龙路档案第 04431 号）

刘若挚详细报告岳阳得而复失、失而复得的战况。曹锟、张敬尧"得张贼作霖重行复辟之电，无心恋战，所部各军亦无斗志"，不料岳阳当地土匪受北寇运动，袭取岳阳，致程潜、赵恒锡、陆裕光各军"相率惊溃，奔回长沙"，仅谭浩明"持以镇静，措置有方，湘省秩序克以保全"。12 日岳阳失守，在于程潜无备。13 日马济、韦荣昌部剿除土匪，恢复岳阳。而土匪原为王天鹏部，本以护国讨贼为目的，被程潜顾忌，斥之为非正式军队，故迫而走险。认为程潜"只知攫取权利，始误于长沙，继误于岳阳"，不为北兵所败是"天幸"。

对张作霖复辟传闻，认为张作霖是受段祺瑞嗾使，"并根本而推翻"，"凡有血气莫不痛心"。表明自己此次入湘效命，"对于权利决不图谋，但求生为共和民，死为共和鬼也"，"集同志引为后援，弹雨枪林

在所不避"。(《刘若挚上总理函》,环龙路档案第 04432 号)

据柏文蔚回忆,王天鹏部聚众五千,"可以左右南北,向程潜投诚。程未注意,未能达到其要求,转而投吴佩孚",攻打湘军,"以致全线震动,一日一夜溃退二百余里,不可收拾"。3 月 14 日柏氏与程潜晤谈,"知军令不能统一,马济、陆裕光不听调度,以致战局无法挽回也"。马济从长沙退回衡山,柏并不同意,但也无可奈何。(柏文蔚:《五十年经历》,《近代史资料》总 40 号,第 45—46 页)

4 月 12 日,又收到陈家鼐 4 月 1 日自上海来函。陈认为此次湘桂粤联军失败之原因,"皆由将帅不和所致"。程潜本无湘南总司令之人望,且"其人阴诈险恶,忌功嫉能"。谭浩明"优柔寡断,更难表率三军",克复长沙后不急攻岳州,克复岳州又不直取武汉,"致失西南之形盛"。陆荣廷既为湘粤桂联军领袖,却不服从军政府节制,"致使西南无统一机关,不能收内攻外交之效果"。称"联军将领,实不足共天下大事"。北军纷纷向长沙进发,南军向衡山方面退却,湖南被北军及联军溃兵烧抢一空。自己已离湘赴沪,"拟不日来粤受教,藉商大计及图发展湘南军事之计划,而收吾党最后五分钟之胜利"。(《陈家鼐上总理函》,环龙路档案第 04438 号)

报端谣传程潜被谭浩明处死。称桂粤湘三省联军长沙败退后,程潜自称湘督,目中再无联军总司令谭浩明,谭因此大怒,急电程赴衡山会议,至则"缚军前枪毙"。(《北军恢复长沙后之战况》,《新闻报》1918年 4 月 14 日,"紧要新闻")

4 月 6 日　任命李锦纶为军政府外交部政务司长。据署理外交部总长林森呈请,任命孙科、陈天骥为秘书。(《军政府公报》第 69 号,1918 年 4 月 9 日,"命令")

4 月 8 日　任命李安邦为行营卫队司令。(罗家伦主编,黄季陆、秦孝仪增订:《国父年谱(增订本)》下册,第 808 页)

10 日批准李安邦呈请,颁发关防。李安邦原于 1 月 20 日被任命为大元帅行营守卫队司令,此次是更易名称。(《李安邦请发给关防上总理呈》,黄季陆主编:《革命文献》第 48 辑,第 287－288 页)5 月初,李报告称 3 月 14 日接收许人观等十五人到部差委,后来其中十一人因事他往,5 月 2 日又接收参军丁士杰带来王程远等五人,"遵照酌派职务",前后奉派委员九人。(《李安邦上总理呈》,环龙路档案第 02905号)

　　△　致电陈炯明、邓铿[①]、许崇智、吴忠信、蒋介石、戴季陶,称闻有大批北军南下的消息,张怀芝率兵到赣,二千余北兵由海路运至徐闻[②]援龙,李厚基兵力日增。而且"吾党在闽预备响应者,机关日有破坏",催促迅速进攻,"此时敢冒险进攻则生,不敢冒险则必致坐困"。(《致陈炯明等告以进兵援闽利害电》,中国国民党中央委员会党史委员会编订:《国父全集》第 3 册,第 551－552 页)

　　13 日,致电陈炯明,称得戴季陶返粤报告,"始知不能出师之各种理由,殊足浩叹"。李厚基部据称已准备三路出师攻潮、梅,"彼反守为攻,于此可见"。(《致陈炯明告李厚基将攻潮梅电》,中国国民党中央委员会党史委员会编订:《国父全集》第 3 册,第 554 页)

　　△　卫戍总司令徐绍桢发表就职通电,称"欲谋树立不拔之根基,必先蓄养自卫之实力",将督饬所属将士,保护治安,护法靖国,与"各处军队,无不遇事和衷,行政范围决不丝毫越俎"。(《军政府公报》第 70 号,1918 年 4 月 10 日,"函电")

　　11 日,陆军总长张开儒来电,就徐氏 8 日通电表示无任欣贺。谓"当此时机危迫之际,出就卫戍总司令之职,以维持治安为宗旨,靖国护法为职志,心志皎然,钦佩曷极",表白自己"驻师粤中,职责所在,关于毗连赣边各地,已饬严为戒备,擐甲以待,绝不令逆贼得逞也"。(《军政府公报》第 73 号,1918 年 4 月 29 日,"函电")

――――――――――

　　①　原电作"仲元",即邓铿。中国第二历史档案馆、云南省档案馆合编《护法运动》第505 页收录《孙文为张怀芝率兵来赣图粤请速图对付密电》同文,作"颂云",为程潜,而程潜在湖南,此应不确。毛思诚编纂之《民国十五年以前之蒋介石先生》第 2 册将此电日期认为 6 月 27 日,应误。且 6 月 27 日戴季陶在上海,并不在陈炯明部。

　　②　《国父全集》标点为"北军二千余由海运至徐,闻登陆援龙",误。

4月9日　晚,至海珠酒店,"欲疏通各议员,令勿开议改组联合政府一案"。

非常国会将于10日讨论军政府改组案。本日晚亲至海珠酒店,但当时议员多外出,只见到数人。吴景濂当面答复,称依法提出之案无法取消,"今大元帅欲搁置此案,最好系动令提案者勿将案提出,提出之后实无权取消或搁置也"①。(《改组联合军政府之内幕》,《申报》1918年4月19日,"要闻二")

△　公布《陆军部练兵处条例》。规定"陆军部练兵处直隶于大元帅,管理练兵事宜"。(《军政府公报》第70号,1918年4月10日,"法规")

批准张开儒、徐绍桢呈请,任命大元帅府参事、陆军少将沈靖为陆军部练兵处参谋长。(《军政府公报》第71号,1918年4月13日,"命令")

任命郑权为大元帅府秘书。(《军政府公报》第72号,1918年4月17日,"命令")

任命马崇昌为大元帅府参议。(《军政府公报》第71号,1918年4月13日,"命令")马即日来函致谢,称"敢勿效劳,以报嘉谊","苟有所得,当即上闻"。(《马崇昌上总理函》,环龙路档案第03044号)

△　致电唐继尧,告知收到四川省议会4月4日电,推举石青阳为师长兼军务会办,"查师长前已任命,至军务会办,既属民意所归,似可照准"。询问唐的意见,"即希速复"。(《致唐继尧征询对川省议会推石青阳兼军务会办意见电》,中国国民党中央委员会党史委员会编订:《国父全集》第3册,第552页)

———————————

①　据大元帅府行营卫队司令部副官长冯义回忆称,在改组酝酿期间,李安邦以吴景濂、王正廷等人勾结桂系改组军政府,"明明是要拆孙大元帅的台",策划暗杀吴、王以泄愤。冯义以万一事发,"外间一定认为孙大元帅主谋杀的","孙大元帅的革命事业前途及信誉将会受到极大影响",于是汇报给夏重民(夏氏3月29日被任命为大元帅府稽查长,负责府内纪律)上报,"大元帅得报,马上叫李安邦到办公室当面严责及教训一番,说你是一个忠心耿耿的华侨爱国者,其志可嘉。现在你是我的亲卫队司令,你的责任就系整理你所属的军队及护卫事宜,军风两纪尤为注重,其他一切政治的事,你不宜过问及乱搞,切记勿忘",事遂寝。(冯义:《孙中山制止李安邦暗杀议长》,全国政协文史资料委员会编:《文史资料存稿选编·东征北伐》,第41—42页)

唐继尧收电后批语称："川情复杂，非粤所知。如再随意发表，则乱川亡国，皆粤之罪，此间不负责也。"14 日唐继尧复电，承认石青阳颇资得力，但认为劳苦功高者众，"此时若有一二人先据要津，则争权夺位之徒，将如毛而起，必至陷川事于纷扰之境，而无力以对付北方"，省议会"虽出于推贤之心，然于后患亦殊未计及"。熊克武亦"不欲受督军、省长之名"，"以大义相激劝"始担当。总之，"川事宜筹远大之方，不必先为一二人图位置。尊处相距较远，恐未能洞悉内情"。（《孙文拟允准石青阳以师长兼军务会办，征求唐继尧意见的密电》《唐继尧为石青阳委任川事宜统筹复孙文青电的密电》，云南省档案馆编：《云南档案史料》第 1 期，第 60 页）

报端分析四川各军势力，认为四川民党内部分歧初现，应早日警醒，急图泯灭以共谋大计。川中党人"最大者，厥惟东派（孙中山系属）、南派（黄克强系属）。东派中力量最大者首石青阳，次黄复生、卢师谛；南派中力量最大者首推熊克武，次李国定"，川局初平，石青阳虽功高，但兵微望浅，并不能与熊克武争。熊氏入驻成都，"川局或可解决"。（春草［三月十号发］：《熊总司令与川局关系》，上海《中华新报》1918 年 4 月 6 日，"紧要新闻"）

△　复陈炯明 5 日电，告知林森已署理外交总长，但要外出，当前需要戴季陶①代理部务。（《致陈炯明转嘱戴季陶返粤代理外交总长职务电》，中国国民党中央委员会党史委员会编订：《国父全集》第 3 册，第 552 页）戴氏于本日奉令就职外交次长。

△　复邓家彦函，认为"惟此时前往，恐难如愿"（邓氏拟渡美筹销公债），并告知"此间并无倾轧之言，望勿怀疑"。（《复邓家彦告渡美筹款恐难如愿函》，中国国民党中央委员会党史委员会编订：《国父全集》第 3 册，第 553 页）

△　由秘书批函，复胡宣明，赞成胡拟发起中国公共卫生会，"甚

---

①　中国国民党中央委员会党史委员会编订之《国父全集》第 3 册中标题有"嘱戴季陶返粤"，有误，此时戴已在广州。

盼吾国公共卫生，自兹进步"。(《总理致胡宣明函》,环龙路档案第14100号)

△　发电撤消李元白四川调查员职务。复易次乾3月25日来函①。

4月10日　准署理外交总长林森请,任命杨芳为该部秘书、胡继贤为佥事。(《军政府公报》第71号,1918年4月13日,"命令")

任命丁士杰为大元帅府参军。(《任丁士杰为参军令》,中国国民党中央委员会党史委员会编订:《国父全集补编》,第543页)

△　接见返粤的吴宗慈,"奖慰甚至",并赠其港币二百元,吴谢而未受,"以既安返粤,自己方面,自无问题也"。吴自3月2日从毕节启程返粤,于4月9日抵广州。(吴宗慈:《护法计程》,黄季陆主编:《革命文献》第49辑,第469页)

后来为吴母七十寿辰题"寿"字②。

△　复熊克武3月27日电,再次请其就任四川督军。认为熊氏推辞军政府四川督军的任命,"甚非当仁不让之义"。本是四川省议会公电推举,唐继尧也"亦谓军府任命,系本民意,深表赞同","若再事执谦,转失众望"。黄复生代理省长,"亦必能相得益彰也"。收到四川省议会推举石青阳以军长兼军务会办,"除已电商唐冀帅外,如表同意,并盼速复"③。(《军政府公报》第73号,1918年4月20日,"函电")

报载熊克武在成都"近日积极取缔敌侨,其意实欲各领承认其督军"。因为熊刚入成都时"各国驻渝领事多不直其所为","曾以督军

---

①　详见1918年3月25日、26日条。

②　吴母七十寿辰在1918年12月30日,据考证题字时间或在1918年4、5月间,暂系于此。(余齐昭:《孙中山文史图片考释》,第106页)

③　此电中国国民党中央委员会党史委员会编订之《国父全集》第3册及中华书局版《孙中山全集》第4集皆标为3月10日电,应误,因熊克武辞军政府任命督军电为3月27日所发。秦孝仪《国父全集》第5册及尚明轩《孙中山全集》第6卷则据《军政府公报》定为4月10日。

名义照会各领事,各领事均不承认",于是熊大力在四川取缔敌侨,设敌侨收容所,20 日又将成都、重庆之德国人收容。(《熊克武取缔敌侨》,《新闻报》1918 年 4 月 27 日,"紧要新闻")

刘存厚 3 月 31 日发表通电,称"自熊克武到成都后,力行宰割川军,排除异己",川军各师旅报告靖国联军"近来表面急于组军北伐,凶焰彪天,实则树党争权,内容离异"。孙中山任命熊、杨,而唐继尧则任命赵又新会办四川军务兼省长;孙中山任石青阳为川军第二师长兼川北镇守使,而唐则派石充川滇联军北伐援陕总司令,"足以证明,该逆军之党派纷争权利是兢〔竞〕也"。又称熊克武在川横征暴敛,预收 1919 年税款,且助滇军肆虐川境。(《川鄂间军事消息》,《新闻报》1918 年 4 月 13 日,"紧要新闻";《川鄂间之军事消息》,《顺天时报》1918 年 4 月 17 日,"地方新闻")

△　分别致电唐继尧、李国定。撤消李氏四川劳军使任务,以国会正式开会在即,请其返粤。向唐继尧解释李国定任命之前后情事,谓川、粤远隔,西部全赖唐主持,以后"关于此等情事,尚望就近斟酌办理,并随时电告"[1]。

△　田桐来电,称在沪议员数十名致电非常国会,"提出二办法:一挽留大元帅;二改组施行延期",虽改组派亦赞成此议,"望先生斟酌情势,勿遽退让"。(《田桐上国父报告在沪议员对军政府改组意见电》,黄季陆主编:《革命文献》第 49 辑,第 143 页)

△　国会非常会议开会,出席者六十余人。

益友社议员罗家衡提出《中华民国军政府组织大纲修正案》,参加表决者六十七人,赞成改组军政府者五十一人。居正等反对改组者屡欲起立发言,被众人"扰乱"。结果通过,由议长指定审查员二十人[2]进行审查。(邵元冲:《总理护法实录》,罗家伦主编:《革命文献》第 7 辑,

---

[1]　详见 1918 年 3 月 5 日条。

[2]　审查员应为二十一人,以罗家衡为委员长。(《改组联合军政府之内幕》,《申报》1918 年 4 月 19 日,"要闻二")

第23页;《国会非常会议纪要》"会议录",转引自陈锡祺主编:《孙中山年谱长编》上册,第1114页)

邵元冲回忆:桂系急欲去先生,至是,决"以多头式之总裁制易单一式之大元帅制,使总理不安于职而去。倡此谋者,非但陆荣廷辈也,即政学系之领袖岑春煊在沪,亦嗾其党徒之为国会议员者,以改组可扩张实力之说,诱致其他议员共同主张之,于是改组说骎骎盛矣"。(邵元冲:《总理护法实录》,罗家伦主编:《革命文献》第7辑,第22页)

时人评论,认为自炮轰督军府事件后,"桂系欲去孙已久,顾终无善策,不得不勉强相让。而孙乃大张其焰,横取强夺,如司法、外交以及交通等事,稍有利益可图,无不伸馋涎欲滴之舌,以舐取其余。于是桂派嫉之益深,而终不能不让步者,以彼之虚声尚有一二炮舰为其作伥也"。四月中下旬以后,"桂派之运动已成熟,仍借非常国会以驱孙"。终于5月初通过国会改组军政府成功,"孙亦无如之何"。(狷父:《千变万化之粤局》,《时事新报》1918年5月13日,"内外要闻")

△ 唐继尧密电西南军政要人(孙中山不在其列),讨论设立统一机关事。

认为护法各省亟应组织统一机关,提出六条意见,如遥戴黎、冯为大、副总统,统一机关(或沿用军务院名义)暂设于广东、将来或移至南京,推岑春煊为国务总理,置六部,并提出各人位置,"至中山先生,资深望重,夙为各国所钦仰,或请其历聘友邦以敦睦谊,于大局亦甚有益"。(《西南要人之文电》,《新闻报》1918年4月25日,"紧要新闻")

记者评论,"是唐继尧之电,推诸人任要职,而以历聘欧美之事归之孙中山,辞虽尊崇,意实排挤,岂得相安。自大局论,有南北之战,南北又有内部之倾轧,地方则兵士横行,土匪蜂起,哀我民生其逃死于何所。无论长此纷纭,国必危亡,再相持数月者,恐已不可救药矣"。(《南北局势》,《新闻报》1918年4月25日,"新评一")

此电一出,如报端评论,"纯然对于军政府为根本之取消"。据报载,孙中山"此数日间已不复如前",要求莫荣新一百六十万的经费补偿也降格相求,莫荣新称"如要求三四十万尚可办到"。军政府中人传说孙中山近已嘱咐各部预备交代,随时可以离粤。唐氏此电,以及其突然通电解除张开儒滇军师长之职,"此实军政府之一致命伤"。民党中人认为唐继尧之前"对待军政府向来尊重",如此作为,是"深中阴谋家之毒计"。(《鲁军入粤声中之军政府》,《新闻报》1918年4月28日,"紧要新闻")陆荣廷24日致电西南各要人,称唐氏此电"荩筹宏识,至为切要",极表赞同,"组织统一机关,实为西南当务之急",请岑春煊、伍廷芳、唐绍仪等人妥筹全局。(《西南当局关于时局之要电》,上海《中华新报》1918年5月7日,"紧要新闻")

得悉唐继尧此电主旨后,军政府诸人认为"足以表示政学系与桂系联唐之成功,西南护法之真精神,亦益晦昧而不可见",而孙中山"乃决辞职离粤矣"。(邵元冲:《总理护法实录》,罗家伦主编:《革命文献》第7辑,第24页)

△　滇军将领邓泰中致电唐继尧,报告粤中局势,并劝唐与孙中山一致。

认为此间军队无力与北兵一战,广东有陷落之虞。称"此间真护法者中山先生一人而已,其他均不堪问","宜实际与中山一致,不患无补救伸张之日。中山语及国情,以中愚见度之,真有欲强国,微中山其谁与归之概。中意大势于此,若能隐忍和议,留滇川黔为将来之基,中山亦首肯"[①]。(罗家伦主编,黄季陆、秦孝仪增订:《国父年谱(增订本)》下册,第808—809页)

4月11日　约国会议员至大元帅府谈话,就军政府改组事表示"根本反对"。

谓"余固绝对服从非常会议之意见者,惟议员诸公关于军政府之修正案,事前余并未与闻,今忽取消大元帅名义,究以余违犯何项法

---

①　电报原稿藏"党史会",疑此电同时发给大元帅府,或由大元帅府发出。

律而取消之"？若"仍以总裁一席属余，则就以非常会议为父，大元帅为子，父之鬻子，亦须先商于本人，断无蒙此黑幕，使余无所适从也"。

汤漪驳称"非常会议本有绝大特权，凡事无容先商于军政府"，与叶夏声等"闹成一片"。最后叶夏声称如果军政府改组成立，"余惟有劝孙大元帅退居草野，断不受人骗卖"。于是，"此一场论战，又无效果而散"。（《广东改组军政府之进行》，《新闻报》1918年4月25日，"紧要新闻"）

邵元冲记录的谈话则比较理性。孙氏认为国会改组军政府，"事先绝未征求军政府意见，径行提议而付审查"，不符事理。《军政府组织大纲》规定"本大纲于约法效力完全恢复、国会完全行使职权时废止"，并无修改明文，没有修改的法律依据。欲实行多头制，更是违反约法规定的元首制。"军府近于外交方面，正在进行接洽之中，今蒙此影响，军府基础已摇，日后必无进步可言"，表示对于改组"根本反对"。改组后如被推为总裁，"亦决不就之，惟有洁身引退也"。之后吴景濂、褚辅成等有发言，解释改组并非不信任军政府及大元帅，只是增加资本，扩充军政府实力，提案也尚在审查，并未表决通过。（邵元冲：《总理护法实录》，罗家伦主编：《革命文献》第7辑，第23页）

另一报道则称国会非常会议审查修改《军政府组织大纲》一案委员推举李执中、童杭时、梁士模来见，征求意见。孙氏谓："我对于此事并无成见，但我辈既以护法为目的，诸事当求与法律不相违背。我中华民国约法既规定元首政治，正式国会议决大总统选举法，及非常国会议决之军政府组织大纲，均无不与此同样体制。倘此制忽拟改为无〔多〕头政治，不几与法律相违背耶！但求诸君会议法律当与根本大法性质不相抵触，此外兄弟别无意见。至对人问题，无论陆干老、唐继尧来做大元帅，我均可让他来做。他派我做别项事件，虽在前敌极危险的地方，我均可去干。若使我牺牲法律，则所谓护法者何？万难承认云。"（《军政府改组之争执·孙中山之反对》，《时事新报》1918年4月25日，"内外新闻一"）

△　攻闽粤军参谋长邓铿来函,解释一直未进攻的原因,"要亦不外为饷械两大问题所致耳"。

粤军每月需十五万元,而五个月间只得不满三十万,"致欠饷累月,筹备不周,而又欲驱之使战,期其出力,无论于事实上固多窒碍,为指挥官者,亦良心所不忍为也"。枪弹一项,粤政府以库存无多,且要与龙军战,"潮汕应取守势为词,不能发给",购买更非易事。因长沙失守,也试图着手进攻,以鼓舞士气,开秘密会议准备于十日左右下令攻击。最重要在于饷需,希望"将此次所收入之各款项,源源接济"。(《邓铿上国父报告粤省军情函》,黄季陆主编:《革命文献》第50辑,第210—211页)

事实上,筹款困难重重。4月9日,廖仲恺曾致电陈炯明,告以"盐、路两款奇多曲折,然皆因军府无兵所致。恺为此故气结不伸,仲元不谅且怏怏于军府,伤如之何! 其详情询秀南①,不忍笔述也"。4月18日廖仲恺电告陈炯明"由台湾银行汇汕洋一万元",并谈及筹款艰难事,"盐务费用,由我所提三分二款内拨给,至财政厅之九万,则在三分之一内由稽核所照拨。但督署现尚捣乱,致经费无着,洋员啧有烦言也"。(《致陈炯明电》,廖仲恺、何香凝著,尚明轩、余炎光编:《双清文集》上卷,第108、109页)

△　谭延闿抵粤,14日赴广西。(《广东改组军政府之进行》,《新闻报》1918年4月25日,"紧要新闻")

谭氏"此来志在取得南方各派一致意见,乃进而向北方提议,无非希望和平之意"。但是孙、桂两派议论分歧极大,"谭氏颇遭挫折"。据称将赴滇一行,"如仍无头绪,即不愿与闻时事云"。(《谭延闿难作调人》,《顺天时报》1918年4月24日,"时事要闻")

4月12日　致电唐继尧,告知据覃理民②称,湘西各军已改靖国军,与滇、黔、川一致行动,暂守常德,乘机进攻;并请任田应诏为湘南

---

①　应即钟秀南。

②　应即覃振(理鸣)。

靖国军第一军总司令,周则范为第二军总司令,"特此电商,如尊意赞同,即请尊处通电发布,任命状由军政府发给"。(《孙文为商请任命田应诏、周则范为湘南靖国军第一、二军总司令致唐继尧的密电》,云南省档案馆编:《云南档案史料》第1期,第61页)

△　四川议员刘扬①来电,告知受四川省议会推举为"联合代表",赴南京与会。准备顺道至粤进谒,而道途受阻,滞留在重庆,"缓急之期,伫立待命"。(《军政府公报》第76号,1918年4月27日,"函电")

20日,四川省议会来电,告知所派省议会联合会代表刘扬、杨重岳、汪雨翁已于19日出发赴江宁会议,"道经贵治,请饬沿途军警护送出境"。(《军政府公报》第76号,1918年4月27日,"函电")

△　曹亚伯发表通电,揭露段祺瑞卖国行为,"一切军政由日本指挥,兵工厂由日本监督,财政、地租由日本管理,外交、实业、教育由日本支配,又将敌侨交与外人处理,主权全失,亡国之惨痛难尝",望全体国民一致反对。(《曹亚伯反对中日新约电》,上海《民国日报》1918年4月12日,"公电")

报端连续报道段祺瑞政府秘密与日本结成攻守同盟,订立参战共同条约,举凡军事、财政、教育、交通、实业、外交均由日本控制,与之前传闻的条件比"丧权削国,尤不可以道里计也","举吾国之主权,悉隶于日本帝国之下",将于5月1日实行。(龙门:《段祺瑞果卖国耶》,上海《中华新报》1918年4月11日,"评论一")《中华新报》在主要版面持续关注此事,呼吁国人警惕日本吞并中国的野心。

4月13日　接见国会非常会议审查会所派代表褚辅成、王湘、吴宗慈、卢仲琳、王葆真五人,重申反对改组军政府。

认为改组将使护法根本动摇,称"现在最要紧者是令陆干卿对大局表示决心,对民国表示诚意"。希望能与陆在梧州会见,面商一切。如陆荣廷愿任大元帅,"则吾让之于彼,亦无不可"。这样可以联合

---

①　原文印作"许杨",应是"刘扬"之误。

陆,而不用改组军政府。如果陆不愿到梧州或南宁,则"是毫无决心与诚意",改组是"以法就人",万万不可。(《军政府改组问题》,上海《民国日报》1918 年 4 月 28 日,"要闻")

15 日审查会第二次会议中,吴宗慈报告孙中山的意见。审查会决定派吴等五人于 15 日拜访莫荣新,询问其是否能代表陆荣廷。议员等以"粤桂往返需时太久,而统一机关之改组又不能久待,仍赶紧进行"。(《广东改组军政府之进行》,《新闻报》1918 年 4 月 25 日,"紧要新闻")粤海关情报员称吴景濂曾就此事致电陆荣廷,陆无反应,吴等随后表示"必须尽早组成联合政府,他们不能再等孙文了"。(广东省档案馆编译:《孙中山与广东——广东省档案馆库藏海关档案选译》,第 165 页)

据称有议员因此事询问莫荣新的意见,莫称"此事吾不敢赞成,亦不敢反对。我若赞成,则孙中山先生抵桂时,倘有不测之事发生,则我难负此责任。我若反对,则人以为我有若何意见于其间。故我对于孙中山先生赴桂一事,惟有不置可否而已"云云。(《莫荣新之意见》,《时事新报》1918 年 4 月 25 日,"内外要闻一")

报道又称孙中山托人往督军署与莫荣新相商,"云联合政府及军政府彼均可不干,但此次来粤,一切政费垫用太多,如能补偿一百六十万,彼即可离粤他去,现拟托海军林总司令从中说合云云"[1]。据称孙中山表示愿意有条件赞成,"其条件一,名义须用护法各省联合军政府。二,须陆荣廷表示赞成联合,以后施行责任同负。三,关于约法、国会之主张须一致贯彻到底。四,不设参赞名目,就职而不能视事之总裁准其指派全权代表一人代理"。然而,"军政府派人以此案一日国会未开审查,一日尚有希望,现仍四出其不规则之举动,如在其机关遍登污蔑提案议案之言论及散布匿名书信恐吓议员,

---

[1]　另一则报道称,孙中山不允将军政府改组,故派人去见莫荣新,"谓某为西南费去现银一百六十万,今须偿还此款,始能离粤"。(《孙文反对联合政府》,《顺天时报》1918 年 4 月 20 日,"特约电")

使其不敢将改组之案提议等等行动,适足为人齿冷而已"。记者评论称"按近日西南形势,组织统一政府已成不可避之事实,然群雄相并不欲拥戴一尊,又可概见。孙中山必欲维持其大元帅之地位,恐难得好结果。在孙氏亦有自知之明,故先开定数目,如必不得已,则得回一百数十万,亦可为下次重来之基础也"。(《广东改组军政府之进行》,《新闻报》1918年4月25日,"紧要新闻")[①]

　　△　晚,谭延闿来见。谭氏将于次日赴南宁晤陆荣廷,当晚,莫荣新在督军署设宴为谭饯别,宴罢来见。(《谭延闿又往南宁》,《香港华字日报》1918年4月15日,"粤闻一")

　　△　滇军第三师参谋长张惟圣、旅长林英杰、戴永萃、李天保,团长周永祚、李凤岐、王树藩、杨其礼、鲁子材及全体官佐士兵发表通电,就报纸载有"龙济光请北京伪政府任命张开儒为广西督军专电一则",为张氏辩诬。申明张开儒拥护军府,保障国会,"以纯洁高尚之心,为讨义护法之举,精忠亮节,可贯天日",指斥此为龙济光的离间计。(《军政府公报》第73号,1918年4月29日,"函电")

　　4月14日　谢持由沪抵广州,偕卢仲琳、曹笃(叔实)来谒。(谢持:《谢持日记未刊稿》第3册,第403页)

　　△　报载南方各派关于召集旧国会的分歧。认为"绝对主张召集旧国会之人物,实以孙文一派为盛";陆荣廷等则不惟不绝对主张且有反对之者,莫荣新且通电反对,其原因"系以旧国会议员都不属陆,将来万一达到目的,则届举大总统时,陆干卿绝无希望云"。(《关于国会之新闻》,《新闻报》1918年4月14日,"紧要新闻")

　　△　毛泽东、蔡和森、何叔衡等人在长沙成立"新民学会",通过由毛泽东、邹鼎丞起草的新民学会会章,规定学会宗旨为"革新学术,砥砺品行,改良人心风俗"。(逄先知主编:《毛泽东年谱1893—1949》上卷,第34—35页)

---

　　① 天津《益世报》亦载大致相同之内容及评论。(《南北时局谈》,天津《益世报》1918年4月27日,"要闻")

4月15日　收到吴世荣从槟榔屿来函,因病请求接济。

16日,致函邓泽如,寄台湾银行伍百元汇票,请转交给吴氏。(邓泽如辑印:《孙中山先生廿年来手札》卷3,影印原函)

△　谣传陆荣廷本日在武鸣病故。(《北京电(十九日)》,《申报》1918年4月21日,"外电";《北京之陆荣廷死耗》,《申报》1918年4月23日,"要闻一")另有报道称陆荣廷突从贵县前敌返回武鸣,虽未证实是病笃原因,然"必有缘故"。《安雅报》记者因登载陆氏病故被留押追究,"则其事故甚重要也"。(《粤省改组军政府之停顿》,《新闻报》1918年4月26日,"紧要新闻")

至6月,报端报道,当时"省中孙派各机关报,即登布此项新闻,其消息系由督署传出","同时香港某民党报,亦登载此事","《安雅报》以无党派、无机关之报,以不肯更正,故致彼被封禁",于是人们难以辨认消息真假。孙中山更是提出要到广西与陆荣廷见面,"意将藉此以要挟莫氏"。其后,陆荣廷再无消息,"匿迹销声者月余,几若与广东大局,毫无关系者"。记者惊讶于军政府改组后,"赫然见总裁七人之中,陆居其一"。(狷父:《广东特约通讯·陆荣廷生死之疑问》,《时事新报》1918年6月14日,"内外要闻一")

4月16日　任命华世澄为大元帅府秘书、陈家鼐为参军。(《军政府公报》第72号,1918年4月17日,"命令")

准廖仲恺呈请任命杨克兴为谏义里埠筹饷委员。(《准代理财政总长廖仲恺呈请任杨克兴为谏义里埠筹饷委员令》,中国国民党中央委员会党史委员会编订:《国父全集补编》,第545页)

△　致函陈炯明,介绍曹笃到陈处。曹氏来见,"详陈对闽事进行办法","尚称妥善",请陈"接洽后斟酌办理,以收合力并举之效"。(《派曹叔实面洽闽事致陈炯明函》,中国国民党中央委员会党史委员会编订:《国父全集》第3册,第555页)

△　接到犬养毅于13日自东京来电,称"恐先生自赴闽危险,故请先生来",并商谈"处置督军方法,兼商量新疆方面,对德人方针"。(罗家伦主编,黄季陆、秦孝仪增订:《国父年谱(增订本)》下册,第811页)另一

说则称此电为朱执信所发,转告犬养之意。(吕芳上:《朱执信与中国革命》,第222—223页)

4月中旬,传闻犬养毅将来华进行调停。其后评论认为其"盖在欲树立其所为最高国策,便利上必须剪除纯民党后方能遂其志,顾与孙逸仙素有旧交,甚欲披怀劝其退隐"。孙拒绝去日本,记者认为犬养"不见谅于孙逸仙","氏遂气沮"。朱执信至日后,犬养述"所以希望孙氏东渡之故有三:(一)孙氏今后立脚地如何。(二)中国统一后,如何处置督军。(三)欧战平息后,媾和条件,中日态度如何。斯三者,关系至大,愿相协议云云"。朱执信将此情电告孙中山。(《犬养毅与孙文》,《新闻报》1918年5月7日,"紧要新闻")

△ 收到蔡醒民自上海来函。

蔡氏对岳阳失败,传闻由于湘桂军不和,深为怨叹。报告运动江北徐、淮、海三属绿林情况及山东军力分布,称江北各地,"若势力发展,三万枝枪不难得也",请促在粤的韩恢速返,统一指挥各支军队。又对当前情势发表看法,指责"凡所持大广西、大广东主意者,实谬见也",请大元帅与当事诸公"遇事推诚相与,和衷共济","彻底澄清,在此一举"。并附其致陆荣廷函,"请加封转寄"。批示:"应问韩恢"。(《蔡醒民上总理函》,环龙路档案11297.1号)

4月17日 谢持偕卢仲琳,绍介王子骦来谒。谈及改组军府案,谓:万一不能和衷共济,则惟率性直行,否则引退而已。(谢持:《谢持日记未刊稿》第3册,第406页)

△ 任命黄金城为大元帅府参议。准代理参军长黄大伟呈请任命余辉照、胡砼为大元帅府参军处副官。(《任黄金城为参议令》等,中国国民党中央委员会党史委员会编订:《国父全集补编》,第545页)

△ 以中华民国军政府海陆军大元帅名义与署理外交部长林森联合发表长篇通告驻华各国公使书。历数1917年6月12日非法解散国会命令以来,段祺瑞武力乱国、实行武人专制的逆行。称所以坚持军政府之组织,在于恢复约法,恢复旧国会,"现在本军政府已继续

行使昔时北京政府之职权,与昔时北京政府无异,并非新发生之别一建设"。承认"民国六年六月十二日国会解散前中华民国与各国所缔结之国际及其他一切条约",之后北京非法政府"违背约法而与各国缔结之一切契约、借款或其他允行之责任,本军政府概不承认"。呼吁各国承认军政府。此通告分送十六个国家,德国、奥匈帝国和其他非协约国不算。(《大元帅通告驻华各国公使书》,《军政府公报》第 75 号,1918 年 4 月 23 日,"通告";广东省档案馆编译:《孙中山与广东——广东省档案馆库藏海关档案选译》,第 147 页)

此对外通告发出后,"各国皆表欢迎,而英领态度亦变好意,惟日本则直接拒绝,璧回通告"。(《致陈炯明电》,据徐有威提供曾省三家藏资料影印件,转引自李吉奎等编:《孙中山全集续编》第 2 卷,第 304 页)

舆论认为"近日粤中改组联合机关之说方盛,孙氏忽有此举,殆表示抵制之意欤"。(《孙文通告友邦书》,《新闻报》1918 年 4 月 30 日,"紧要新闻")又有称此通告的发表,是孙"施展小朝廷之威风",称"未悉各公使接到此文当作如何答复,抑或置之不理"。(《粤省改组军政府案近况》,《新闻报》1918 年 5 月 4 日,"紧要新闻")

报载国会非常会议审查会原定今日再开会,然而"军政府一面使徐绍桢、张开儒二人署名发表一《对于改组军政府之意见书》以示军人反对此议",意见书中称多头制违反根本大法,而孙中山为民国元勋,何嫌何疑而必令其降黜,提出推孙任七总裁中之首席总裁"都总裁";"一面又在其机关报登载某军暴乱之事,以此恐吓各议员",且连日以来徐绍桢以练兵督办名义、张开儒以援鄂名义,纷纷招兵,"大有示人用武之意"。于是议员多为恐吓,"十七日之审查会遂以不足人数不能开议"。改组案"人事变幻,或竟以此搁浅未可料"。(《粤省改组军政府之停顿》,《新闻报》1918 年 4 月 26 日,"紧要新闻")

△ 复石青阳 3 月 24 日电。石氏以"不得已之苦衷",各军要"通筹编制",推辞军政府川北镇守使的任命。孙准其暂缓就职,告知"现正与川议员讨论方法,不致偏重一方,令人生忌",并询问援陕何

时出发。(《复石青阳准缓就帮办职并询何时出发援陕电》,中国国民党中央委员会党史委员会编订:《国父全集》第3册,第555页)

4月19日石青阳来电,报告唐继尧3月15日电令其以招讨使兼"滇川黔靖国联军援陕第一路总司令",已于3月22日在成都就任。将"就近与熊公及各军将领商筹一切",略有头绪即行遵候出发援陕。(《军政府公报》第76号,1918年4月27日,"函电")

△ 致电陈炯明,为擒获蔡春华等五犯表示嘉奖,"蔡、马两犯已先行枪决,蔡犯较之李嘉品尤为凶狡。此次过汕,未遭漏网,兄之办事精能,实堪佩慰",望乘机猛进。(《致陈炯明嘉慰处决蔡春华等逆犯电》,中国国民党中央委员会党史委员会编订:《国父全集》第3册,第555页)

△ 报载虞洽卿等重新组织上海股票交易所股份有限公司。

去年五六月间,孙中山曾参与发起筹办。此时虞洽卿以孙中山已脱离此案、米业等董事愿加入发起等因,重新申请江苏省公署请求立案。(《请设上海交易所续闻》,《新闻报》1918年4月17日,"本埠新闻")虞氏交易所后经北京农商部批准成立。(《组织交易所近讯》,上海《中华新报》1918年7月14日,"本埠新闻")

4月18日 众人来商唐继尧密电的对策,进退难决。

廖仲恺、谢持、曹笃、褚辅成来,众人于昨日得知唐氏密电内容:"主张立军务院,岑云阶总理之,或者以中山聘游外国;其荒谬绝伦,则遥代〔戴〕黎元洪、冯国璋为正副总统,或认冯国璋为代行大总统也。"(谢持:《谢持日记未刊稿》第3册,第406—407页)

△ 派代表拜访美国驻粤总领事,表示热切希望美国政府的支持。

代表向韩慈敏说明,"孙博士确信,远东不断变化的时局和国际局势,对美国的影响非常重要,目前的政治条件将促使美国承认军政府",并提交了一份关于日本以及日德联盟在远东的威胁以及野心的备忘录。备忘录中提出,在1913年明治天皇去世前,桂太郎曾有计划赴欧洲与德国领导人见面,讨论日德联盟。而在此之前,桂太郎曾提出计划,由日本提供资金,德国提供设备,帮助中国开发资源、监督建设以及出口,"一开始孙博士认为这是中国正确发展的极好的道路,但是,当他知道日德两国将要签订秘密条约以及条款的本质时",他认识到,如果该条约实行,中国将变成第二个高丽,德国将毫无顾忌地违背门罗主义,而且,"将导致日美两国之间发生战争"。日本最近计划回到桂太郎的这个政策,他们相信日德联盟比当前的英日同盟更有利,日本倾向于与德国建立更亲密的关系。目前正在强迫中国政府签订一个条约,这个条约将使中国变成第二个高丽。而段祺瑞和北京政府准备联合日本,"除非军政府得到美国的承认和支持,孙博士才能继续与他们对抗。如果美国给予承认和支持,孙博士将用他的力量和影响去挫败日本的计划,将中国从进一步的屈辱中解救出来;同时可以帮助美国,因为失去中国,日本将难以发动对美国的战争"。

　　但是韩慈敏认为,军政府缺乏足够的军事力量,对海军的影响力并不确定,没有有效地控制反对北方的南方各省,"没有广泛的支持,只有一小部分议员同情它";而且南方并没有进一步的分裂倾向,大部分民众都认同维持一个统一的中国,并且,非常国会可能不再支持军政府。所以,他在致芮恩施的信中提出"此时任何对军政府的承认","都是为时过早的"。不过,他还是将《通告驻华各国公使书》寄给芮恩施,并转达军政府要求将该通告提交给美国政府的意图①。(美国第二国家档案馆藏,美国国务院档案 USDS 893.00/2842, Heintzleman to Reinsch,April 28, 1918)

　　△　任命崔文藻为中华民国军政府陆军部次长。(《军政府公报》第 74 号,1918 年 4 月 22 日,命令)

　　崔氏前已任交通部次长,因各处军队向交通部要求提款作为军饷,迎拒不可,军政纷繁,即呈文请假两个月,以"专力陆部";4 月 25

---

　　①　函中称此次拜访,是在收到《通告驻华各国公使书》的次日(the day following the receipt of the communiqué),故定为此日。

日,请假批准。同时任命吴承斋代理交通次长。(《军政府公报》第 76 号,1918 年 4 月 27 日,"公文""命令")

　　△　任命林英杰为陆军部靖国援鄂军第一旅旅长、邓耀为陆军部靖国援鄂军第二旅旅长。(《军政府公报》第 74 号,1918 年 4 月 22 日,"命令")

　　先是,陆军总长张开儒呈文称,宜昌一带亟须增练劲旅,已先行派林、邓组织靖国援鄂军两旅,现林、邓报告已将次编制成军,请下令分别任命。(《军政府公报》第 74 号,1918 年 4 月 22 日,"公文")

　　△　准许参议颜炳元、印铸局佥事尹岳辞职。(《军政府公报》第 74 号,1918 年 4 月 22 日,"命令")

　　之前印铸局长连声海呈文,称尹岳自觉学识浅陋,希望能从事学识、增广见识,故恳请辞职。(《军政府公报》第 74 号,1918 年 4 月 22 日,"公文")

　　颜炳元本日来函,称"才学肤浅,修德无暇,参议一职,恐致陨越",请求辞职。(《颜炳元上总理函》,环龙路档案第 01500 号)事实上,应该是因为被疑售卖不知真伪之滇军火车免票、得洋六元一事。(《李汉丞等致徐谦函》,环龙路档案第 03159 号)颜氏函中力辩此事,谓"此中真相,或传言失实与有心陷害之处,不能悬揣",请为详察。

　　△　命财政部拨给阮复家属恤款千元。

　　据内政部呈报,该部秘书阮复于 1918 年 1 月返鄂召集旧部密谋起事,于 3 月 18 日(旧历二月初六)遭逮捕枪毙,其"原有家产,已于民国二年悉被抄毁,老母寡妻子女多人茕独无告,请予抚恤"。同时命令内政部确查存记其殉难事实,待日后呈请表彰。(《军政府公报》第 74 号,1918 年 4 月 22 日,"命令")

　　后为阮氏追悼会题匾"舍生取义"。追悼会于 5 月 1 日在湖北会馆举行。(《粤垣追悼阮烈士之盛况》,上海《中华新报》1918 年 5 月 15 日,"紧要新闻")

　　△　致电陈炯明。其一为告知据张开儒收到南雄团长报告,北兵一团于 16 日由南安开向南雄。其二为美国商人交涉事宜。

美国领事发函,称"驻惠州之统领"不承认1917年12月10日由美领事经手向广州交涉员领得之护照,将商人柯飞立拘禁,且截留了该公司的钨矿石,要求放人及发还矿石。因致电令查明照办,"饬令该统领将柯氏省释,并发还矿石,盼电复"。

4月20日再次致电陈,告知美国领事来函,称柯飞立已获释,但矿石未发还;让陈查清此案内容,"如无不合,似宜放行"。(《致陈炯明告北兵开向南雄电》等,中国国民党中央委员会党史委员会编订:《国父全集》第3册,第556页)

本日廖仲恺致电陈炯明,告以"乌〔钨〕砂抵购枪械事,已商三井,有难色","但官有乌〔钨〕铁等矿之佳者,用以抵押借款,或用合资开采名义,得款购械,或能办到"。称"如欲照办,请指定矿山由彼查勘,果属佳矿,当继续切实会商"。(《致陈炯明电》,廖仲恺、何香凝著,尚明轩、余炎光编:《双清文集》上卷,第109页)何天炯亦于4月奉命赴日谈判开采广东矿产事宜,6月归国。(杨天石、狭间直树:《何天炯与孙中山》,《历史研究》1987年第5期)

4月19日 任命凌霄为大元帅府参军。(《军政府公报》第74号,1918年4月22日,"命令")

△ 李烈钧从江门来电,报告讨伐龙济光已胜利,"防务完竣即班师返省,策应大局"。

22日复电,嘉奖李"屠龙"大功,期望其班师援赣,"现北敌由赣来侵,尤非执事力任防务总指挥,不足以资应敌"。(《军政府公报》第75号,1918年4月23日,"函电")

△ 张鲁藩来函,报告其自去秋入湘以来行动。

认为"非民党系从中梗塞,借箸殊深,虽属军府威望之未隆,而西南失败之原因实基于此",前敌各方意见不一,"谭帅似有退入桂境之宣言,湘将确有死守湘边之决意"。试图联合零陵镇守使刘建藩,刘"兵数有六千以上,而器械完者,迭遭退却而未损一兵,其纪律严明已可概见",如成功,"将来湘事或能直接军府,一致进行"。另外自己与湖南将校多为故交，不致产生冲突，希望受委在湖南招抚散兵，"组织成旅，暂以坪石为根据地"。派郑子敬携函来粤面陈。

接函后批示：秘书拟答以当先以个人能力感情，与该地主将结合编成军队，军政府始可承认加委。（《张鲁藩上国父报告在湘失败并请委以招抚函》，黄季陆主编：《革命文献》第50辑，第72—73页）

5月6日复函，希望与刘建藩"深与接纳，互相助援"，俟湘中军队编成具报，可准如所请给与委任。（《致张鲁藩勉与在湘各军结合函》，中国国民党中央委员会党史委员会编订：《国父全集》第3册，第560页）此复函因张鲁藩本人已至粤，并未发出。（《总理复张鲁藩函》，环龙路档案第02699号）

4月20日　谢持偕褚辅成来见，褚曰莫荣新将通电赞成唐继尧组织军务院之议，谢持认为当表示态度，未采纳。（谢持：《谢持日记未刊稿》第3册，第409页）

△　致电陈炯明，叮嘱"改组一事，万不可赞同"。与之前4月2日致唐继尧、陈炯明两函态度有所不同。

详细说明"改组"一事的来龙去脉，"盖其初西南联合会，本以图外交承认而打消军政府也；乃其事告成，而通告外国之时，为美领事所反对。惟此为西南督军团勾结违法之机关，美国政府及国民决不承认，小伍①于是问计于美领事，领事乃告以人必与军政府联为一致，得国会之通过乃可"，"此改组之说所由生也"。伍朝枢来商，"直以违法拒绝之"。后来对方请唐绍仪来省调和，出改组条例，"文顺笔改其'联合'二字为军政府"，"唐始有难色，乃持归示伍，甚满足"。第二天提交国会，"立欲国会通过，称为经文修改者以惑众，众多为所动，几败乃事矣。为时过促，不能通过。后各议员来问文，文以实答之，故国会搁之为悬案"。要求陈氏与张开儒一致，明示反对改组，"以维军政府于不坠可也"。（《致陈炯明辟改组

---

①　即伍廷芳之子伍朝枢。

军政府事电》,中国国民党中央委员会党史委员会编订:《国父全集》第 3 册,第 557 页)

　　△　军政府交通部委任李纪堂为粤汉铁路监督,李于本日至粤路公司交涉。21 日李宣布就职。然莫荣新亦于 21 日称因军务紧急,特派许崇灏①为粤路临时监督。军政府方面则称之所以委任李氏,是因为该路股东以血本所关,不甘受当局者之把持,特请军政府设法维护;在股东和省议会各方面的提议下,交通部始委任该职。(《粤路监督之竞争》,《申报》1918 年 4 月 28 日,“要闻二”)

　　后来许崇灏得任监督,并着手整顿粤汉铁路各种弊端。(李根源:《函莫督军荣新李省长耀汉言粤汉铁路弊端文》,李根源:《曲石文录》,沈云龙主编:《近代中国史料丛刊续编》第 3 辑,第 282 页)

　　4 月 21 日　致函仰光革命党人曾允明、黄德源、饶潜川,复其 3 月 5 日及 9 日来函,指示以国民党名义接收党员。

　　就财政部邮寄债券而对方未收到的情形,推测是因为来往函件往往被英国官吏开拆检查盖印,因券上有“革命党”字样,“必系被检查没收矣”。将补寄债券,并续寄功章奖状,以利于对方筹款接济。告知“誓约已经止截,现在有愿入党者,可以国民党名义收之”,“只令填明姓名、籍贯、年岁等,并愿入国民党之意,即由介绍人签名绍介,缴费入党,即可照给党证”。(《为检寄债券及吸收党员事复曾允明黄德源饶潜川函》,中国国民党中央委员会党史委员会编订:《国父全集》第 3 册,第 557—558 页)

　　△　报载广州再传“南方为巩固抵抗北京政府之势力起见,有主张将军政府及护法联合会合并之议”。孙中山一派虽反对,“然深信此事,不久即将见诸实行”。陆荣廷主张改组军政府,“其形式似仍与护法各派极形亲密,而实则欲藉此推翻军政府”。(《路透电·北京电》、《路透电·广州电》,《时事新报》1918 年 4 月 21 日,“本国电讯”)

　　4 月 22 日　公布《外交部组织条例》,规定外交部直隶于大元

----

　　①　原文误作许崇浩。

帅,外交总长由国会非常会议选出,大元帅特任。

公布《大理院暂行章程》,规定大理院为最高审判衙门,"于护法期内,依法院编制法之规定,暂行设于广州","俟国会正式开会议决大理院组织大纲颁行后,本章程即停止施行"。(《军政府公报》第75号,1918年4月23日,"法规")

△ 张开儒来电,称接南雄来电,杨其礼报告该团于21日攻克南雄,并于本日击退敌军进攻。(《军政府公报》第76号,1918年4月27日,"函电")

△ 程璧光追悼会会长林葆怿、副会长欧阳荣之来函,告知定于本月28日举行追悼会,请届时惠临并登坛演说,以表扬忠烈。

派胡汉民为代表。(《追悼总长筹备处上总理函》,环龙路档案第01606号)

4月23日 援闽粤军第四支队正司令官洪兆麟呈报,其部奉陈炯明命令,于4月4日从汕头出发,赶赴樟林前线,誓言"非得约法恢复,誓不回师,贼未尽诛,决不解甲"。历数民国七载以来,变乱数次,民生凋敝,"幸我大元帅慨国祚之将倾","举兵挽既倒之狂澜,救吾民于水火"。(《军政府公报》第75号,1918年4月23日,"公文")

△ 国民党澳洲雪梨(Sydney)支部长李襄伯、书记董直来函,报告派去之筹款委员刘星海、侯锡蕃抵埠后演讲军政府近来之大势及助款之必要,"皆娓娓动听"。至于筹款事,之前本部积极进行,在当地发起"爱国捐"。刘、侯抵埠后,准备与当地中华民国公会合办筹饷,"正在互相磋商,若能合办,巨款必成"。(《雪梨支部长李襄伯上总理函》,环龙路档案第08405号)

△ 在粤日本海军武官向日本海军省报告,孙中山谈话中称"到今日为止,余尚坚持素志,目前仍为成立正式国会而尽力","预定时间为6月12日,若仍不能达法定人数,其罪当在全部国会议员"[①]。

---

① 译文参阅李吉奎:《孙中山与日本》,第484页。

([日]外务省编:《日本外交文书》大正7年第2册上卷,第9—10页)

总统任期为五年,距离总统改选之期仅只八十日,评论认为即使南北战争尚未解决,旧国会如能速在广州正式集会,"依法定手续,选出次任大总统及次任副总统,于以承继中华民国之正统,俾民国不至陷于无政府,此则旧议员今日唯一之使命"。(龙门:《次任总统问题》,上海《中华新报》1918年4月22日,"评论一")

4月24日　谢持偕卢仲琳来谒,商王子骝事。(谢持:《谢持日记未刊稿》第3册,第413页)

△　任命赵超为大元帅府参军。(《任赵超为参军令》,中国国民党中央委员会党史委员会编订:《国父全集补编》,第548页)

△　致电陈炯明,称"北方有变,其攻南计划,殆有自行打消,南雄、始兴之敌已不战而退,童保喧率浙军往福州,名为助北,实为杨善德所忌,而彼之往闽自有目的在,因利乘便,如李军在前敌不利,彼必据福州独立云。兄宜乘此时冒险一击,倘闽南得手,则大局可以翻新也"。(《致陈炯明电》,据徐有威提供曾省三家藏资料影印件,转引自李吉奎等编:《孙中山全集续编》第2卷,第297页)

据《童保喧日记》记,4月初童、杨两人"以长江方面情形尚未巩固,浙军未便远离"复电北京,但北京政府连续来电,称长江方面已有布置,"决无事",要求浙江出兵援闽。8日童保喧至督军署,杨善德出示段祺瑞电,两人商量,"当决定出步兵三团,炮兵一营,马、工、辎各两连,命余统率之"。不过童虽奉令出兵,并于6月10日攻占饶平,但也倾向和谈,"两粤川湘千万里,几时同罢弟兄争"。(宁海县政协教文卫体和文史资料委员会编:《童保喧日记》,第320、341页)

岑春煊、张绍曾、卢永祥于18日联名发表通电,认为"苟真爱国家者,必先和内,而后可言建设",主张中央、南方先停战。国会方面,"何若一面复旧,一面召新,同时并行,以图衔接,无新旧之争论,乃先后之磋商,法理事实,皆可兼顾""内乱终须有解决之一日,与其牺牲国家,毋宁牺牲意见,与其屈服外人,毋宁让诸昆季",出面调停。

（《岑西林、张敬舆、卢子嘉联名通电》,上海《民国日报》1918 年 4 月 20 日,"本埠新闻"）报端惊讶,"卢氏近恍然大悟,居然与岑春煊、张绍曾联名通电,主张调和时局"。（《岑、张、卢三氏之通电》,《顺天时报》1918 年 4 月 24 日,"时事要闻"）

北方前敌各督军曹锟、张怀芝、陈光远、张敬尧、王占元等人皆有停战表示,段祺瑞于 20 日出京,赴汉口疏通、促战。冯国璋前此亦有出京巡视之举,评论称"为各督撮弄上台之段氏,不及一月,亦到此地步,则非段氏所及料也"。（《北京特别通讯》,上海《中华新报》1918 年 4 月 22 日,"紧要新闻"）

△　复李襄伯、董直函,告知忌嗱埠所筹之款,由郭标、黄焕南代收,已于 3 月 9 日由财政部妥收,所发收据径寄该埠广生公司收转。

并告知段祺瑞复出,"近复与日人私订条约,只图个人一时之权利,不惜以全国为牺牲,尤堪痛恨",望同志诸先生竭力相助,"扫清群逆",挽救将亡之国家。（《复李襄伯董直收到捐款并勉协同除逆函》,中国国民党中央委员会党史委员会编订:《国父全集》第 3 册,第 558 页）

4 月 25 日　任命王伟夫为大元帅府参议。（《任王伟夫为参议令》,中国国民党中央委员会党史委员会编订:《国父全集补编》,第 549 页）

△　指示促朱执信返粤。

廖仲恺电致菊池良一转在日之朱执信,谓:"先生意如债券不能印,请即归。"（《廖仲恺致朱执信电》,黄季陆主编:《革命文献》第 48 辑,第 289 页）

5 月 4 日,廖仲恺致陈炯明电,谓"购械事,目前姑试,但必无望。因寺内利用段以图我,债券且不许在日印刷,购械无论矣"。（《致陈炯明电》,廖仲恺、何香凝著,尚明轩、余炎光编:《双清文集》上卷,第 113 页）可见此事不成。

朱执信于 5 月上旬返沪,5 月 8 日与孙洪伊、徐谦、王正廷、褚辅成、丁仁杰等人参加了欢迎来华访问的床次竹二郎的宴会。（《在沪日本要人之行动》,《新闻报》1918 年 5 月 11 日,"本埠新闻"）

△　章太炎发表致南方各省要人通电，痛斥调和言行之非。

称"其直系息事宁人之论，不过乘机取利，冀收南北之欢心耳"，而"群帅不悟，视为同盟，与冯为缘，而弃黄陂如敝屣；与三督为缘，弃江汉如土苴。名义既失，方略遂疏，以致师行逗挠，启宠纳侮"，湘鄂川战事久不奏功，"此桂府（及滇府）误信调停之过也"。认为各军将领太过相信长江三督，以致"不惜举形势要害之地以殉之"。希望众人不再怀挟私见、殖地自封，"俯首降心，苦求和解"，以求亡羊补牢之功，警惕北方"力攻湘桂，软化川滇"的远交近攻之策。

记者称"持论颇与西南一般人物不同"。（《章太炎致南方各省之通电》，长沙《大公报》1918 年 5 月 31 日，"中外要闻"）唐继尧后通电反驳，认为联军"扶义而西，并非报睚眦之怨，亦非为侵略之思"，自兴师以来，喋血千里，拼死苦战，"非如公等一摇笔鼓舌即可以会师武汉、直捣幽燕也"；虽曾有议和之意，但如北方终不知悔祸，自己必"坚持此护法救国之初心"；章氏"择言不审，足以摇惑听闻"以致贻误大局，"望先生慎之"。（《章太炎与唐联军总司令往来电》，上海《中华新报》1918 年 7 月 7日，"紧要新闻"）

△　非常国会开第六次审查会，提案经完全表决通过。（《联合政府表决后之西南局势》，天津《益世报》1918 年 5 月 7 日，"要闻"）

审查长罗家衡、理事李华林向非常国会提交《审查中华民国军政府组织大纲修正案报告书》，提出经特别审查委员会修正的《中华民国联合军政府组织大纲》共十三条。非常国会将在 5 月 4 日开会讨论。（老铎：《军政府改组案之近情》，上海《中华新报》1918 年 5 月 8 日，"紧要新闻"）

之后李华林向唐继尧报告此事，称改组事"甫中山先生已赞成改组，今乃极端反对，并加以种种破坏，经公真电①到后，似意气稍敦〔敛〕，然仍进行反对不遗余力"。（《李华林陈述军政府改组条件密电》，中国第二历史档案馆、云南省档案馆合编：《护法运动》，第 507 页）

---

①　应即前揭唐继尧 4 月 10 日电。

27 日,《中华新报》登载唐继尧、陆荣廷、谭浩明、刘显世、程潜各人的通电,提出护法各省不能无统一机关,或曰"从速组成联合会议",或曰"早日成立"联合政府,"改组联合政府,万难稍缓"。又称孙中山对于重组军政府之议,为"有条件之赞成","将不反对且已表示意思,愿让唐继尧或陆荣廷为西南主义之领袖,彼卸任大元帅后仍愿为国服务,由继任之大元帅派委任何职务无不乐从";然此次兴师本为护法,"故凡违法之事,悉为彼所反对"。而非常会议讨论改组军政府,是秉承陆荣廷的意思,陆氏通过莫荣新聘用多数议员为政治顾问,"故能得非常会议多数议员之同情也"。(《西南当局对于联合政府之主张》《大陆报之广州通讯》《联合政府酝酿进行之真相》,上海《中华新报》1918年 4 月 27 日,"紧要新闻")

4 月 26 日 任命陈毅、朱家训、吴江左、陈创远为大元帅府参议,张本汉、唐康培、李兴高为参军,林者仁为秘书。(《任命陈毅等四人为参议令》等,中国国民党中央委员会党史委员会编订:《国父全集补编》,第549—550 页;《大元帅府简任人员职务姓名录》,中国国民党中央委员会编订:《国父全集》第 4 册,第 327 页)

△ 复邓泽如 3 月 30 日函,答复在粤办矿各事。又谓当前西南各省见军政府日有发展,"恐失其地方割据之权,已生出最大内哄暗潮",军政府能否无变,尚未可知,"请兄暂候三两月","尔时军政府如仍进行,势力必更巩固,兄归来当更易展其才略,而现时所办南洋之矿,亦当能清厘手续矣"。(《复邓泽如告关于办矿办法函》,中国国民党中央委员会党史委员会编订:《国父全集》第 3 册,第 558—559 页)

△ 报载日本后藤外务大臣本日招待访日的北京记者团。谈到南方组织联合政府事,后藤称南方将解散广东军政府而组织联合政府,以伍廷芳、唐绍仪、陆荣廷、唐继尧等为政务委员。(《二十七日东京电》,《新闻报》1918 年 4 月 28 日,"译电")

唐绍仪、张继、何天炯与头山满等人商谈,达成决议,"惟军政府解散费及其余诸费之调拨等为难问题"尚须协议,联合政府若成立,

"孙中山将赴日美两国中游历"。(《共同通信社电》,上海《中华新报》1918年4月28日,"东西要电")

　　据大阪每日新闻4月28日报道"头山满、寺尾亨、今井嘉幸诸氏日前会合于头山邸,招留居东京之张继、何天炯、朱执信等之军政府代表者,热心说以各派融合之必要",结果遂决议:断然解散广东军政府,新组织委员制度之护法联合政府(名称未定),伍、唐、陆、唐各领袖悉为新政府之委员,岑春煊因"近来极倾向主和论或至立于中立地位"未知是否加入;孙中山是否亦为委员留于新政府,尚未决定,或自带新政府之重要任务出使于日本或美国,而以胡汉民代之为政府委员。今井嘉幸称此计划二十余日前已定下方针,正着着进行;担心日本某方面意图于妥协或调和之美名下强南方以屈服,联合政府恐收到此方面的阻碍;认为日本最终应该承认南方联合政府为交战团体,"至少当于公式上对南北两政府予以同一之待遇"。(《日人与西南联合政府》,《新闻报》1918年5月6日,"紧要新闻")

　　唐绍仪、汤化龙、林长民亦在东京会晤,讨论南北妥协问题。21日传闻唐、汤会见,"但一般人士皆不视之为一种问题"。(《东方通信社电》,上海《中华新报》1918年4月22日,"东西要电")26日晚唐、汤、林三人在正金银行之小田切万寿之助安排下在东京商业会议所会头宅中会面,"此殆因中国各地商务总会正努力于南北妥协",故由该会头出面斡旋。(《东方通信社电》《共同通信社电》,上海《中华新报》1918年4月29日,"东西要电")松方正义招待唐绍仪夫妇,请章宗祥夫妇作陪,谓:"若此席之和融,中国亦何所谓南北之分乎?"(章宗祥:《东京之三年》,《近代史资料》总38号,第98—99页)

　　报端认为进步系态度"近颇转而趋重和平之一端。汤、林等既在东京与国民系首领唐绍仪为一度之交换意见,则此后两系之主张已有接近之机会",而"唐虽与孙文有关,但渠亦为一老官僚,其主张自不至绝对暴烈",两系"或将共同活动竟能发表一种主张,亦未可知"。(《商会联合会之运动和平》,《新闻报》1918年5月4日,"紧要新闻"）唐绍仪虽与各方接洽，"调和之事，虽所愿闻"，但坚持"苟无根本之法，国将不成国"，"根本法则必不可弃置，虽死亦争之，此无一步可让者也"。（《唐少川先生最近之谈话》，上海《中华新报》1918 年 5 月 8 日，"紧要新闻"）

驻京日本公使林权助亦酝酿于五月上旬南下视察长江沿岸各重要都市，与长江方面之各督军会见，疏通因中日密约带来的阻力及促进南北调和，且有赴广东与南方领袖会见的打算。（《林公使亦将南下视察》，上海《中华新报》1918 年 4 月 23 日，"紧要新闻"）林氏于 5 月 3 日离京南下，历访汉口、南京、上海各地，与曹锟、李纯、岑春煊等会晤，仍传有赴广州"试探南方领袖之意见"。（《大陆报之北京通讯》，上海《中华新报》1918 年 5 月 13 日，"紧要新闻"）

4 月 27 日　任命萧文为军事委员，准居正呈请任命林中鲁、郭冰槐为内政部金事。（《任萧文为军事委员令》等，中国国民党中央委员会党史委员会编订：《国父全集补编》，第 550 页）

△　为张煦事致电郭昌明、熊克武、黄复生和四川省议会①。

△　王天纵来电，报告受鄂豫联军总司令黎天才任命为鄂豫联军前敌总指挥，于 4 月 17 日移驻三斗坪，指挥前线，设电报于该地，望诸公"不我遐弃，时赐南针"。（《军政府公报》第 76 号，1918 年 4 月 27 日，"函电"）

5 月 2 日，任命王天纵为河南靖国军总司令。（罗家伦主编，黄季陆、秦孝仪增订：《国父年谱（增订本）》下册，第 812 页）

△　伍廷芳、陆荣廷、唐继尧、陈炯明等十二名西南各省军政要人联合通电反对中日密约，谓传闻中的密约条件苛酷，利害比之二十一条"更加数倍"，西南为法律而争，"外交紧逼时期，无事不可磋商就绪，何至以卖国条件为固权黩武之具耶"，要求冯国璋严行拒绝。（《西南各省反对中日密约之电文》，《时报》1918 年 5 月 7 日，"要闻二"）

---

①　详见 1918 年 4 月 2 日条。

4 月 28 日　为程璧光追悼会书写"耿烈长昭"①匾额。(据程璧光追悼会筹备处编印《程玉堂先生荣哀录》影印件,汤锐祥:《孙中山与海军护法研究》,第 329 页)

本日上午广东政军警报各界及国会、省会议员追悼程璧光大会。坛口悬此匾额。守卫森然,参与者有警察、督军派出之卫兵宪兵、海军及护沙统领欧阳荣之所部军队。(《广州之追悼会纪盛》,《申报》1918 年 5 月 7 日,"要闻二")

派胡汉民代表出席追悼会,并致诔词。(汤锐祥:《新发现孙中山祭程璧光文及相关文电》,《学术研究》2008 年第 5 期)

△　中国国民党澳州雪梨支部长李襄伯、书记董直再次来函,称 6 日接通告,"欣悉此间军事情形着着进步,同人闻之,曷胜欣慰"。希望群帅不为调和所动,猛力进前,"得以政治早日修明,以慰黎望"。对程璧光死难事深致哀悼,"务望严缉凶犯"。报告侯锡蕃 6 日抵埠后,"刻下会同本部一致进行",俟募集款,当即汇返。(《雪梨支部长李襄伯上总理函》,环龙路档案第 08406 号)

△　唐继尧通电广州各要人,对军政府改组大纲有所疑义,希望"在粤诸公就近商榷,早观厥成"。(《唐继尧请早日成立西南各省统一机关等情密电》,中国第二历史档案馆、云南省档案馆合编:《护法运动》,第 508 页)

电中对军政府名称、政务总裁及政务会职权问题提出疑问,认为应如程潜之意,将改组后的机关改名为临时政府,"较为正大","粤中议将军政府及联合会议同时取销,似不如即设临时政府可以壁垒一新"。又谓"中山意见,应请设法疏通,同扶大局"。(《唐联帅主设临时政府之要电》,上海《中华新报》1918 年 5 月 21 日,"紧要新闻")

△　李烈钧率部班师返抵广州。29 日,莫荣新在督军署设宴庆祝讨龙大捷。(《广东攻龙之捷报》,《申报》1918 年 5 月 7 日,"要闻二")

---

①　报载为"忠烈长昭"。(《追悼程故总长之情形》,上海《民国日报》1918 年 5 月 8 日,"要闻")

△　留日全体学生在东京开大会，十六省留学生与会，讨论中日密约问题，议决通电反对否认此密约、派代表回国交涉、发布宣言书等三项原则，并议定如条约公布或代表办理无结果时，"即应全体一致回国"。（《留东全体大会记事》，《时报》1918 年 5 月 15 日，"要闻"）5 月 5 日，留日学生在东京成立"大中华民国救国团"，议决于 5 月 20 日前一律回国。12 日"留日学生救国团"设本部于上海。留日学生归国最终达两千五百人左右，"惟其回国请愿，并未获得成效"。（《中华民国史事纪要（初稿）——中华民国七年（一九一八）一至六月份》，第 541、561、571、648 页）

4 月 29 日　公布《卫戍司令部组织暂行条例》。

条例规定卫戍总司令部设于军政府所在地，特任总司令一员，直隶于大元帅，管理一切卫戍事宜；卫戍总司令专任维持军民秩序，保卫地方，其关于清乡剿匪事宜随时会商地方官厅办理，除出征军队外凡隶属军政府之军队，均有节制调遣之权。（《军政府公报》第 77 号，1918 年 5 月 1 日，"法规"）

△　任命冯百砺为大元帅府参议。（《军政府公报》第 77 号，1918 年 5 月 1 日，"命令"）

准印铸局长连声海呈请任命陈树枬为佥事。（《准印铸局长连声海呈请任陈树枬为佥事令》，中国国民党中央委员会党史委员会编订：《国父全集补编》，第 551 页）

△　任命姜汇清为山东西南路总司令，"仰即速组义师，驱逐违法之叛逆"，"拔鲁民于水火之中"。由姜全权负责山东相关事宜，可以权宜委署营长以上各高级军官。（《任姜汇清为山东西南路总司令并委以全权令》，中国国民党中央委员会党史委员会编订：《国父全集》第 4 册，第 279 页）

4 月 17 日，山东民军占据泰安，据称并未发生激战，疑为当地所驻陆军所为，"即不然，亦属堂堂正正之军队，先得该驻军之同意"，"其间必含有政治上之作用，决非鲁省平日之地方伏莽所可同日而语"。庞子周所率民军结合各地绿林,亦连续攻占数县,"声势异常浩大"。(《泰安失陷之警耗》,上海《中华新报》1918年4月24日,"紧要新闻")5月6日,报端称北方西路剿匪司令张善义在山东清平县破获土匪郭大屏,"在匪巢内抄出孙文、庞子周等委状多张,伪关防四颗"。(《鲁省新消息》,《顺天时报》1918年5月19日,"地方新闻")

姜氏于9月28日上书①,称自己早年在沪追随陈其美,现在接洽第十师将士,如能得两万元接济,"敢立军令状担任占领淞沪,不至遗〔贻〕误"。(《姜汇清上总理函》,环龙路档案第11567号)

△ 致电熊克武、黄复生,告知川省议员景昌运等七十余人来电,为颜德基、陈炳焜请功。表示颜、陈战绩,"文早有所闻,但以粤、蜀睽隔,详情无自查悉,故未加委任",现在该省议员电请委任,"自是民意所在",请对方"查明颜、陈有众几人,应授何职,克日电复,以凭核办"。(《军政府公报》第77号,1918年5月1日,"函电")

先是,景昌运、游运炽、胡素民等七十四人联名来电,历数颜、陈两军战绩,"转战千余里,大小数十战","靖国各军,难与比伦",更为难得是军队"纪律严明,尤所仅见"。而颜"至今多日,尚未任以相当之军职","恐寒将士之心,有负斯民之望";陈则"暂摄嘉陵道尹,政声卓著,口碑载道",请"量予委任","以奖有功而安人心"。(《军政府公报》第77号,1918年5月1日,"函电")此电同时分送非常国会、唐继尧、王文华。唐继尧4月6日批示待与督军熊克武商量,"即当委任。能领一军入陕,于大局极有裨益"。(《景昌运等请委任颜德基等军职电》,中国第二历史档案馆、云南省档案馆合编:《护法运动》,第359—360页)

同日复景昌运等此电,告知已电熊督、黄代省长查明电复,以凭加委。(《军政府公报》第77号,1918年5月1日,"函电")

△ 由中华革命党总部复爪哇杨克兴来函,寄上其所需海外支部通则及筹款章程,并空白誓约书一百张。告知已委任其为筹饷委

---

① 原函仅署月日,据内容应为1918年。

员,请尽力筹款,接济军需。(《党务部致杨克兴函》,环龙路档案第06426号)又致函饶潜川,谓查党员名册,无甘必强等十六人之名,该人等如要补发党证,必须补填誓约寄来,才能照发。黎勇锡(仲实)等九人的证书则照发。(《总部复仰光饶潜川函》,环龙路档案第06665号)

4月30日　任命张庆豫、杜潜源、王子中为大元帅府参议,准黄大伟呈请任命薛云章为参军处副官。(《任张庆豫等三人为参议令》等,中国国民党中央委员会党史委员会编订:《国父全集补编》,第552页)

是月中下旬　与李根源会谈,试图说服其支持己方。

据刘德泽回忆,其曾陪李根源赴帅府谒见,"当面讨论帅府撤留问题","总理要贯彻革命,叫李氏臂助元帅府,不要另组军政府",李氏主张取消元帅府,成立军政府,"请总理任主席总裁";"总理答以我做总统,尤肯退让别人,主席与否,不成问题,只要你肯同我贯彻革命主张,一切军政都交你主持",李根源不从。握别之际,以"最沉痛态度"谓李氏:"现时北庭敌军已侵至南雄,我又无钱犒赏你的滇军,唯有祝告上帝,望你马到成功。"[1](刘德泽:《中华革命党外记》,黄季陆主编:《革命文献》第49辑,第134页)当时粤中传闻"孙文欲自为总统,逐莫荣新,以李根源为督军,胡汉民为省长",军政府改组正在进行,而暗潮仍在酝酿。(《粤局要闻》,《晨钟报》1918年5月11日,"紧要新闻")

4、5月间,滇军第三师与陈光远赣军激战,南雄几度易手。4月中旬,李根源受命任"粤赣湘边防军务督办",率滇军开赴韶关,与李烈钧部一起,收复南雄。李根源随后驻守韶关,并着力经营。

△　唐君勉[2]上书大元帅喊冤。

唐氏于1917年11月1日随湖南民军检阅使覃振、劳军使林祖

---

[1]　原文无具体时间,谈话中提及北军侵至南雄,又祝李根源马到成功,则应是李任督办之后、发兵韶关之前,莫荣新于4月19日通电任命李氏为督办。(《粤东最近之写真》,《晨钟报》1918年5月2日,"紧要新闻")暂系于此。

[2]　唐君勉于1912年充黎元洪副总统府军事参谋,后肄业保定军官学校、日本东京大森浩然学社。此函未署日期,据内容推断,唐氏在北军攻入长沙(3月25日)后辗转一个月左右抵达广州。故此函应在4、5月间。

涵返湘,招募民军。函中详细讲述他在湖南郴城、宜章,与已在当地招兵编制湘南游击队的张辉瓒联系后,着手在绿林中筹建游击队的经过。后于11月10日突然被粤军王得庆统领部下抓捕,罪名是"引王统领部兵士十名,携带枪枝潜逃";张辉瓒称其假借名义在外招摇,"有碍粤军关系","请讯明重办"。函中辩称自己不可能勾引正式军人"而遂我未成之军",扰乱护法军之进行,不知张辉瓒何以"前后义仇判途若此耶"。唐被押至长沙,前后"被羁两月有余"。唐之前家书中对桂军有不满的言辞,桂军总司令马济据此认为唐"仇恨我广西军",马济称"我军之出,为护法计,为援湘计,尔为湘人,不为感激,反出怨言,即此一端,可以诛尔而有余"。后因湘人彭邦栋等数十人及同学陈励等数十人联名具保,马济将唐交督军署,谭浩明复将唐交陆军监狱羁管,"不诛不释者又两月有余",直到北军攻入长沙前,才被程潜开释。随后一月间,随难民辗转经汉口到上海,再到广州,"略将冤苦情实,诉诸大元帅"。

阅函后批示"着军事股秘书查明,酌量办理"。(《唐君勉历陈在湘冤苦经过上总理呈》,黄季陆主编:《革命文献》第48辑,第255—259页)

△　因宋耀如在沪病重,宋庆龄离粤赴沪,四月底抵达上海①。

是年春夏间　为精益眼镜公司题词"精益求精"②。(陈旭麓、郝盛潮主编,王耿雄等编:《孙中山集外集》,第626页)

---

①　宋耀如于5月3日故去,其子女皆守在身边。([美]埃米莉·哈恩著、李豫生等译:《宋氏家族——父女·婚姻·家庭》,第120页)据宋美龄此段时间的通信,宋耀如于4月中旬病重住院,4月下旬出院,医生告知家属"痊愈的机会很小",到4月下旬、4月29日两封信件中提到兄弟,未提到两个姐姐,5月15日函则谓"我的两个姐姐都要离开上海"。(上海市孙中山宋庆龄文物管理委员会、上海宋庆龄研究会编:《宋耀如生平档案文献汇编》,第115、117、118、120页)故宋庆龄赴沪应是4月下旬之事。

②　另一说称是1917年所题,(上海孙中山宋庆龄文物管理委员会编:《上海孙中山宋庆龄文物图录》,第33页)暂系于此。

5月

5月1日　派代表参加莫荣新在海珠公园召开的军事会议,与会者还有李烈钧、林葆怿、伍廷芳、吴景濂、陆荣廷代表等人。(广东省档案馆编译:《孙中山与广东——广东省档案馆库藏海关档案选译》,第147—148页)

△　宫崎寅藏在《亚细亚时论》上发表《关于南北妥协问题》一文,剖析传闻日本方面提出的四条妥协方案,认为由徐世昌任大总统、排除孙中山、孙洪伊一派的急进分子等的方案是行不通的;谴责日本的援段政策,要求日本政府放弃敌视新俄和中国南方的方针。(李吉奎:《护法战争时期孙中山与日本》,中山大学学报编辑部编:《孙中山研究论丛》第1集,第57页)

5月2日　任命林斯琛为大元帅府参议。准张开儒、徐绍桢呈请,任命蔡公时为陆军部练兵处秘书。(《任林斯琛为参议令》等,中国国民党中央委员会党史委员会编订:《国父全集补编》,第552页)

报载张开儒对改组军政府案"不甚赞成",与徐绍桢自4月中旬起,分派委员在大小北江各属大招新兵,"兹闻已经编定者将二十营,日内当可陆续开拔来省"。(《军政府北江大招兵》,《香港华字日报》1918年5月3日,"粤闻一")

△　急电陈炯明,告知有日本商人已运出日本口岸之武器求购,"其式、数、价如下:三十八年式枪一千四百十五枝,每枝附弹三百发,价六十五元;三十一年式枪三千五百枝,每枝附弹三百发,价五十元,加弹另价。山内式野战炮七门,每〔门〕附弹二十发,价一千八百元,加弹另价。此货可交到汕头然后付价,惟先要担保云",猜想此货原为接济龙济光,今龙已一败涂地,于是他求顾主,询问"兄处能否设法购之? 即复"。(《致陈炯明电》,据徐有威提供曾省三家藏资料影印件,转

引自李吉奎等编:《孙中山全集续编》第 2 卷,第 303—304 页)

后又致电陈炯明,告知"前报之武器大约已在香港,惟据来人所言阻力甚大,恐难以交易云。所谓阻力者,想系日本政府严禁彼商人接济南方也。因此商人所到之处,日领皆探查其言动。此事当在无望",日本领事且拒而不收 4 月 17 日军政府所发对外通告①。(《致陈炯明电》,据徐有威提供曾省三家藏资料影印件,转引自李吉奎等编:《孙中山全集续编》第 2 卷,第 304 页)

△ 致函美国驻粤总领事韩慈敏,对其准备在华创立美国红十字会华人协会表示"极端赞成",认为"似此共策进行,深信中美两国固有之睦谊,从兹日益增进也"。(《孙中山赞成美国红十字会华人协会致美总领事函》,《兴华》1918 年第 15 卷第 22 期)

同时领衔②发表《中国人应协助美国红十字会理由》长文,称美国加入一战后,美国红十字会需款巨大,"爰向中国求将伯之助",认为这是提升中国地位的一个机会,"所当注意者,以一共和最早向称富足之国,现为筹款济世,求助于一地大物博新创共和之友邦"。称"以两广之地大人稠,设立协会,何难一举而得十万会员。尤望指日可将此项消息电达远洋,藉从事实上增进两大民主国之友谊,其功效尤胜于外交家提出联络中美谈判经年也",期望人人"均尽力协助红十字会,以至吾侪能书成功二字为止",希望能在两广筹得捐款五十万。(陈建明整理:《孙中山佚文两则》,《近代史资料》总 74 号,第 138—140 页)

△ 报载本日全国商会联合会代表拜见段祺瑞,陈述请息内争之意,段称"余亦不愿久战,且兵费难筹,何必自寻苦恼。惟南方陆荣廷、唐继尧、孙文辈皆各树一帜,不相统属,且始终并无愿和诚意"。(《北京电》,天津《益世报》1918 年 5 月 4 日,"特别电讯")

△ 苏曼殊在上海病逝。其丧礼于次日举行,由汪精卫、丁仁

----

① 原件无日期,据其内容,谓"自军政府发出对外通告",则当在 4 月 17 日之后,联系上封电报,则又在 5 月 2 日之后。

② 发起赞成人为孙中山、徐绍桢、伍廷芳父子、陈廉伯等四十人。

杰、林镜台、周日宣等人经理。(《曼殊上人圆寂讣告》,上海《民国日报》1918 年 5 月 3 日)据称汪氏受同人之托"向孙中山先生请示丧葬事宜"。(《中华民国史事纪要(初稿)——中华民国七年(一九一八)一至六月份》,第 495 页)

　　5 月 3 日　马君武遵令将广三铁路路款二万元拨存军政府财政部。4 月 26 日,财政部以奉令提存广三铁路缴交财政部款项,"以应要需",要求交通部咨解路款。马称广三铁路收入不敷造路之用,"惟案关大元帅面谕饬提之款,自应勉为设法",提出将路款二万元暂存财政部,"俟路政需用时,仍由敝部随时提回",已"面呈大元帅核准"。(《军政府交通部咨财政部广三铁路余款不得挪用文》,黄季陆主编:《革命文献》第 48 辑,第 288—289 页)

　　△　菲律宾革命运动领袖之一彭西在香港逝世。在辛亥革命前后,彭西出版《孙逸仙传》,高度评价孙中山,在菲律宾传播其革命精神及亚洲联合、世界大同精神。(《中华民国史事纪要(初稿)——中华民国七年(一九一八)一至六月份》,第 534—535 页)

　　5 月 4 日　派居正代表出席国会非常会议。

　　午后二时,国会非常会议开会提议军政府改组案,赞成改组与反对改组的议员争论激烈,会场一度混乱,最终以多数通过,决议改组,定7日再开会讨论改组条文①。提案通过,居正即提交大元帅辞职咨文。(《军政府公报》第78号,1918年5月10日,"咨文")

据说有议员事先收到恐吓信,扬言倘若改组军政府议案获得通过,彼等将用炸弹和手枪来袭击,于是莫荣新向军警发布命令,"要求严加防范以免发生骚乱"。(广东省档案馆编译:《孙中山与广东——广东省档案馆库藏海关档案选译》,第148页)报载"其时军警林立围迫议场,几有项城时代以铁骑压迫国会之势。孙党议员因之大哗。吴景濂不得已宣言恐复有公民团殴击议员之举,故命武装警察至此守卫云云。其实所谓武装警察即桂军耳"。(猾父:《千变万化之粤局》,《时事新报》1918年5月13日,"内外要闻")

秦广礼再三发言,试图阻止提案通过。焦易堂、叶夏声、童杭时、丁象谦、凌钺等相继发言,不赞成改组。宋梣、李华林、陈光勋等及审查委员罗家衡、汤漪等皆主张通过修正案。(《国会通过改组军府案之大

---

① 此次投票表决,赞成改组之票数,有九十七、二十七、四十四(四十六)的说法,应以四十四(四十六)者为确。

5月7日,上海《民国日报》《申报》皆据东方通信社电,称"赞成改组者九十七票,反对者二十七票,弃权者二十三票";上海《中华新报》据本馆专电,亦称"以九十七票对二十七票之大多数通过"。然5月5日孙中山致电上海同志,谓国会"以四票多数通过改组案"。数日后,报端报导由北京传来的消息,称以四票之多通过,如5月10日《新闻报》称"据京讯云,接到广东6日电","当时出席议员九十七名,赞成改组之议员二十七名,不赞成者二十三名,未投票者二十七名,因赞成者多四票,遂可决"(《改组军政府案近闻》,《新闻报》1918年5月10日,"紧要新闻")"赞成票者二十七票"。(《大陆报之北京通讯》,上海《中华新报》1918年5月13日,"紧要新闻")

5月13日,《新闻报》称"议案付表决,出席八十四人,起立赞成者四十四人,本当以多数通过,叶夏声议长更命反对此案者起立以觇人数之多寡,讵起立者仅得二十八人,居少。叶再请为投票之表决,结果反对改组者亦仅得二十八票,赞成者仍居大多数"。(《通过改组军府案情形》,《新闻报》1918年5月13日,"紧要新闻")5月15日,上海《民国日报》称议长吴景濂趁议员退出休息室者众,"趁机会宣付表决,在场人数八十四,起立人数四十六,多数。秦广礼提起反证表决,起立少数。秦广礼谓更有疑义,议长不理,遽挥众散会",且将《大元帅辞职书》搁起,不予宣布。(《军政府改组之汇闻》,上海《民国日报》1918年5月15日,"要闻")

邵元冲《总理护法实录》亦称"议员出席者八十余人,赞成改组军政府案者四十余人"。(邵元冲:《总理护法实录》,罗家伦主编:《革命文献》第7辑,第24页)

综合观之,是日出席议员当有九十余人,而最终参与投票者八十余人。

激战》,《申报》1918年5月14日,"要闻二")

廖仲恺称"今日改组案若通过,先生决辞职,不再上场"。(《致陈炯明电》,廖仲恺、何香凝著,尚明轩、余炎光编:《双清文集》上卷,第113页)谢持则谓临开会时,邹鲁、叶夏声、居正忽戒其"毋坚持吾说,以反对改组一变而为不通过之,□谓中山决定辞职也。余以谓中山,而实则反对改组,亦无办法,遂依其言,于是中山辞职"。(谢持:《谢持日记未刊稿》第3册,第417页)

△ 因改组军政府议案通过,即日发表辞大元帅职通电。

历数自国会非法解散后,"民国已无依法成立之政府",冯、段"乃必思以北洋兵力征服全国,遂致岬解川、湘,而全国之统一已破",桂、滇之师始由地方问题而起,"而所谓宣告自主者,其态度犹属暧昧,似尚置根本大法于不问"(此处周钟岳批"一片糊说")。"文不忍坐视正义之弗伸,爰于沪上与民国诸老创议护法",海军南来加入,"粤省议会乃有请国会议员来粤开会之决议,由是发生国会非常会议于广州",建立军政府。"自是厥后,粤、桂、滇、黔、湘、川莫不一致宣言护法,始以恢复非法解散之国会为共同之目的。于是地方之争,一变而为国会之争",军政府"虽无天地之凭藉,而此志已范围乎六省"(此处唐继尧批"无耻已极")。

然而"武人之争雄,南与北如一丘之貉。虽号称护法之省,亦莫肯俯首于法律及民意之下。故军政府虽成立,而被举之人多不就职,即对于非常会议犹莫肯尊重之意",导致不能得到"友邦之承认"。为了"谋使各省尊重非常会议为护法之中心",而"无所不至"。岳阳、长沙再次败北,各省始"知有组织统一机关之必要,且知有以非常会议为护法中心之必要",于是预定6月12日召开国会正式会议开会,"文之效忠予国会,任务本已将尽"。现在非常会议决议改组军政府,以应各省之要求,孙认为其"全力以拥护非常会议者,其效果亦既如是,庶乎可告无罪于国人",今后以个人地位出力,提出辞职。(《军政府公报》第78号,1918年5月10日,"函电";《孙文向国会非常会议辞大元帅职

的通电》,云南省档案馆藏云南省政府秘书处档案 103－3－1311)

谭人凤认为孙中山通电辞职,"态度亦尚属冠冕,惟一班拥戴之人颇多愤激"。(《致邹价人述广州军政府改组情形函》,石芳勤编:《谭人凤集》,第 268 页)日文《上海日报》于 18 日发表评论说:"中山先生自兴师护法,崎岖间关,磊落光明,久为全国信仰,乃竟不为粤省所容,实足为民国前途之悲观。"(《东报对于孙大元帅辞职之感喟》,上海《民国日报》1918 年 5 月 23 日,"要闻")

章太炎后于 11 月初,对西南军政要人俱失望,称唐继尧等的所谓西南主义者,不过是"以西南自成部落作方镇割据之势","外人徒见其宣布明电,慷慨自矜,而密电私议,实多不可告人之语。言和不过希恩泽,言战不过谋吓诈","要之,西南与北方者,一丘之貉而已"。(《章太炎对于西南之言论》,《时报》1918 年 12 月 2 日,"要闻二")

△下午,谭人凤、曹亚伯至大元帅府拜见,"谈颇洽"。

晚,宴请谭、曹、林祖密、日人海军大尉菅沼恕人、海军少佐盐岛美雄、陆军步兵大佐依田四郎等。(石芳勤编:《谭人凤集》,第 293－294 页)

或许此时曾向依田提到访日之事,并委托其征询日本方面意见。

报载日本政府热衷于中国南北调停,"其动因由何发生至为复杂",首倡者为犬养毅,并登载犬养与孙往来电文。认为日本欲召集双方重要人物于东京,意固在自任调人,"然人多料其无效"。(《日本民党首领对华调停之策略》,天津《益世报》1918 年 5 月 2 日,"特别纪事")

△　报载段祺瑞南行,与各督军、司令完全疏通,达成对南一致意见,应等南方各派"自行反省至承认现北京政府时,始可与之议和"。(《补纪段氏南行效果》,《新闻报》1918 年 5 月 4 日,"紧要新闻")

5 月 5 日　午后,谢持来谒,谈及 4 日改组案通过事,谢持认为邹鲁、叶夏声、居正等人有失误。居正"有中山入蜀之议"。(谢持:《谢持日记未刊稿》第 3 册,第 418 页)

△ 致电陈炯明,关注惠州军情。

据闻北军将分兵由长龙进攻惠州,直攻虎门,这将导致断绝海军出海口,而且危险到陈军后方。5月4日海军诸人会商,请李福林克日派兵前往堵截,李氏"以惠属系归兄辖",要求得到陈炯明的同意。孙认为"现在惠属兵力单薄,如北兵果来,断非贵军所能兼顾。现福林已定与海军提挈,如能出兵长龙,自可摅兄后顾之虑",请陈即电复。(《致陈炯明征询堵截北军意见电》,中国国民党中央委员会党史委员会编订:《国父全集》第3册,第559页)

△ 致电上海的孙洪伊、汪精卫、王正廷、褚辅成、张静江、丁景良,谓5月4日国会"以四票多数通过改组案","同时文即提出辞职,并通电各省矣"。(《为国会通过军政府改组案辞大元帅职致孙洪伊等电》,中国国民党中央委员会党史委员会编订:《国父全集》第3册,第559—560页)

叶楚伧、孙洪伊、李素等人在上海《民国日报》连续发文,反对军政府改组及大元帅辞职。(楚伧:《联合政府与大元帅辞职》,上海《民国日报》1918年5月8日,"社论";《孙洪伊君为改组军政府致国会电》,上海《民国日报》1918年5月17日,"要闻";《李素致国会非常会议电》,上海《民国日报》1918年5月25日,"要闻")在沪国会议员亦"大多数之意见则不免怀疑",议决"电粤设法挽救"。(《在沪议员对于改组军政府之意见》,上海《民国日报》1918年5月11日,"本埠新闻")

△ 徐绍桢辞任卫戍总司令兼陆军部练兵处督办职务,"窃以大元帅生平以天下为己任,尚且退让。绍贞〔桢〕何人,敢不自量"。(《徐绍桢之辞职》,《时事新报》1918年5月19日,"内外要闻")

报载徐氏将招募的卫兵一百名给资遣散,返上海后各回原籍。(《卫兵遣散来沪》,上海《中华新报》1918年5月24日,"本埠新闻")

△ 报端认为军政府改组后,孙中山仍能安于其位与否,"全视众人瞩目推为首席总裁之岑西林之行止为定",但岑南下与否并未决定,"故孙氏诸人现仍不作失败想也"。(《联合政府表决后之南军》,《新闻报》1918年5月5日,"紧要新闻")

5月6日　致电四川代省长黄复生,告知据张左丞、林镜台由沪报告,"熊克武代表吴蔚章、李义文与刘存厚系之周新甫互相联络,拟以刘督川、熊为省长兼军务会办,已电商进行"。询问是否属实,并转知石青阳、卢师谛。(《致黄复生告熊克武与刘存厚联络希转知石青阳等注意电》,中国国民党中央委员会党史委员会编订:《国父全集》第3册,第560页)

△　复张鲁藩4月19日来函①。

△　墨西哥加兰姐埠(Cananea)国民党分部部长黄宽、周登祥来函(兼致廖仲恺),报告继续筹集储金519.75美元,兑换成港银670.65元汇回,并2月15日曾汇港银1012.89元,请一并寄回收据。随信附上储金的同志名录。(《加兰姐分部长黄宽上总理函》,环龙路档案第08407号)

△　彭邦栋等人来函,派唐健携来面呈。函中报告继长沙、衡阳败退后,耒阳又失守,郴州告急,"湘人翘望,广援日喧在口,究尚未寓诸目"。因此与同人组织地方武装,在十日内"确可编成劲旅三四千人",希望孙中山加以委任,"正名定义",速派同志前来主持一切,或"调派滇、广各军开赴来湘,以解重围"。

阅函后,批"不复"。(《彭邦栋上总理函》,环龙路档案第04441号)

△　张开儒致电崔文藻、徐绍桢,称闻"改组事国会本不通过,嗣以某派用兵压迫,即行通过",痛陈"今南方亦以兵威围迫国会,改组此合法政府,尚何挂此护法之假旗帜以讨北廷",愤言"宁投诚于干木生②,尚觉彼善于此,否则只有同归于尽,儒心安矣"。(《国会通过改组军府案之大激战》,《申报》1918年5月14日,"要闻二")

评论认为,"军政府改组案虽经通过,而反对派议员以此案既经捣乱搁置,则改组问题尚可不至实行,连日四筹反对之策,而握有兵柄依附军政府之张开儒遂有反对电文发生","此电措词极愤,大有按剑而起之势,未悉有无效力也"。(《张开儒之愤言》,《新闻报》1918年5月

---

①　详见1918年4月19日条。

②　即段祺瑞。

14日,"紧要新闻")

△　居正赴吴景濂寓所,试图促使6日国会开会讨论孙中山辞职书,吴始允终悔,"居不服,遂大起冲突",居正被守卫警察"殴辱"。居正于是联合议员四十二人提出惩戒议长吴景濂违法纵令警卫殴辱议员案。后来经人调处,居、吴以事出误会,愿从和平解决,并未实际提出此案。

论者认为吴景濂之所以不同意,"一因改组案尚未议竣;二因桂系中人必欲排去孙氏而各议员尚有议留孙者,恐遽开会议,或竟不予辞职,则于原定计画不符。故将案转搁,以为运动各议员地步"。(《联合军政府案通过余闻》,《新闻报》1918年5月14日,"紧要新闻")

△　松井石根自上海致电参谋次长田中,报告孙中山提出希望到日本一行,认为无论如何把孙文拉到日本是有利的,希望与唐绍仪等商议。此后田中有电致孙氏,由松井转达。

15日,松井再电田中,称虽然民党中激烈派也坚持希望孙中山再任,孙本人决心离开赴日,委托依田经松井传达给田中,希望由犬养毅来电再次劝告其东渡。

电文往来,对于孙氏此次赴日,日本官方、半官方人士反应不一,日本外务省未置可否。而即使收到在日本进行活动不合适的复电,在以不进行政治活动为条件后,孙中山最终还是于6月10日抵达日本。(李吉奎:《孙中山与日本》,第485页)

5月7日　谢持来谒,规劝"不必为愤激之论",纳之。

叶夏声、居正提议另举议长,以十四省议员另开会议,谢持谓"不敢苟同"。(谢持:《谢持日记未刊稿》第3册,第420页)

△　致电援闽粤军①,称:"日前以为外交一事,失之东隅,当可收之桑榆,而英领事尝法〔致〕意于改组一事,如军府果无动摇,则彼必当有一好报告于彼政府也。此后则于香港、南洋各地,或可望得种

———————

①　收电人名阙。

种之利便。但前日改组案已通过,而文亦辞职,则此恐亦无望矣。现在希望只在我军能冒险一击,则必破敌之胆而振我士气,则浙军大有反戈之望也。"(《致□□□电》,据徐有威提供曾省三家藏资料影印件,转引自李吉奎等编:《孙中山全集续编》第 2 卷,第 310 页)

5 月 14 日,浙军童保暄在厦门接见方声涛部林知渊、陈炯明部蒋君羊,童"责以大义,劝其反正"。之前童曾派倪谱香至香港"侦查一切",倪在广东被押,由方声涛保出,"谱香乘机劝方返正,方似尚在有意无意间也"。18 日童保暄接陈光远来电,称"孙文因改组军政府辞职,内讧甚烈"。(宁海县政协教文卫体和文史资料委员会编:《童保暄日记》,第 329、330 页)

而此时援闽粤军因广州局势变动,"恐为桂系消灭,议决一律开往边境",加强对福建的攻势。(毛思诚编纂:《民国十五年以前之蒋介石先生》第 2 册,第 25 页)

△　下午非常国会开会,讨论大元帅辞职及修正案二读会程序,出席议员代表二十一省,共七十七人。

首由居正宣读《大元帅辞职书》,"并谓孙中山决意出洋游历云云"。随后焦易堂、秦广礼、吴宗慈等次第发言,称将通电各省挽留孙中山,勿准其辞,并请缓开二读会,未得多数同意。更有谢持提议通电各省各军,改组案搁缓置议,一致挽留孙中山。粤籍华侨议员刘芷芬主张俟军政府改组案施行后,始许孙辞大元帅之职,赞成此主张者居多数。汤漪、罗家衡等坚持今日为二读会不能拖延,"一时两方遂起冲突,吴议长制止,片刻童、吴则频频呼议长请先通电,后开二读会;汤、罗等则请立开二读会"。

最后,吴景濂及赞成改组议员退场,只余反对派二十六人在内。余下议员继续开会,决定举李文治为临时议长,各议员仍议定先开谈话会,讨论大元帅辞职问题及通电各省,再开二读会。(《国会通过改军府案之大激战》,《申报》1918 年 5 月 14 日,"要闻二")

据报道,临时议长主持下的会议,乘机提出议题三条:(一)派吴景濂代表到府,挽留孙中山;(二)即日送达挽留咨文;(三)通电护法各省联同挽留,"遂作为表决而散"。(《孙中山辞职声中之粤局》,《新闻报》1918年5月15日,"接紧要新闻")

随后,国会非常会议发来咨文,称辞职事"当经本会于本月七日提付会议公同讨论,金以非俟改组军政府正式成立后不能许可辞职",将公推议长造府挽留。(《军政府公报》第79号,1918年5月14日,"咨文")

有评论认为"近日孙文尚算知机,愤愤辞职。此包办民国之大伟人,自肯下堂求去,原属可人。惟在彼肘下之一般小伟人,初不甘心,冰山一倒,饭碗俱毁,此何等事?直与索其性命无异。彼曹岂能休?目前省中,危险已极,金钱若再不到手,必发生剧变,殆无疑义"。(狷父:《广东伟人之面面观》,《时事新报》1918年5月14日,"内外要闻一")亦有论者称无论赞成还是反对联合政府,"皆一出大公,热诚护国。况国会将正式集会,孙中山先生一再表示让德。纵政治见解有所差池,是亦民党披肝相商之故行,决不至影响于局部的安危"。(志公:《广州特别通讯(五月九日)》,上海《中华新报》1918年5月14日,"紧要新闻")

8日非常国会在回龙社议员招待所开谈话会,吴景濂对7日反对派的行为表示反对,认为丧失国会尊严,"愤极宣言,提出辞职,谓此次护法军兴,本为西南各省之事。我辈北方议员,本不应干预此事,应全体退让诸南方人主持云云"。(《孙中山辞职声中之粤局》,《新闻报》1918年5月15日,"紧要新闻")

赞成改组派中也有认为孙中山不能立刻辞职,尚需挽留。改组案提案人之一褚辅成于5月12日致吴景濂等函中,谈到外间多认为改组旨在排去中山,且改组后军政府"专为议和机关,将牺牲护法主义,置国会于不顾";认为岑春煊确实有这种主张,以外交紧迫为由,"法律问题不能不稍予通融";章士钊前称西南起兵真意不在护法,此时至上海,"势必耸动老岑再提和议"。褚认为因此"中山更不可离粤",应尽力挽留孙至 6 月 12 日国会开会时,另方面各要人应"再为坚持护法初旨之宣言"。(《褚辅成致吴景濂等函》,《近代史资料》总 42 号,第 10 页)

本日,林森、陈家鼎、田桐、刘成禺等二十七名国会议员致电非常国会及孙中山,谓"改组之议一行,大元帅辞职之说亦起",是"既违决心护法之初愿,复误正式国会之会期",要求挽留大元帅,改组延期至 6 月 12 日正式国会开议后。(《留沪国会议员林森等主非常国会延期改组电》,罗家伦主编:《革命文献》第 7 辑,第 91 页)10 日,旅沪全体国会议员致电非常会议,称"重组军府原期包容群力,联为一体,苟各方面意见未臻一致,而原有势力先解体,以去改组原意适得其反。同人等以为军府改组案虽已通过,筹备尚宜郑重,务请孙公于筹备期内力任维持,万勿辞去现职。即新府克告成立,仍应请肩重任,以竟始终护法之志而副同人信任之心"。(《尚有许多挽留孙文者》,长沙《大公报》1918 年 5 月 27 日,"中外要闻")

△　《大元帅辞职书》向国会非常会议正式提出。

辞职理由有二:"从政治上观察","国会非常会议既通过改组,虽改组内容尚未决定,大元帅认为不能贯彻其主张政策,只有服从国会洁身以退";"从法律上观察,原军政府改组大纲经国会非常会议议决,无修正之规定,今一旦骤然修正,当然与原大纲有变更,大元帅守法不能曲从,挽救无术,亦只出于辞职之一途"。并称如接受某国公使①的调和,是"自然承认其共同密约,中华民国等朝鲜"。认为"自民国以来,误于和议者不止一次,尚不至亡国者,以仅内部争持,无外国之干涉也",此次如由外人干涉议和,"则是亡国之罪,国会不能不任其咎"。因此"对于国会非常会议有绝大之希望",希望国会议员"无论改组若何,仍本初志,勉励护法各省各军,践最初之宣言,拥护约法,勘〔戡〕定叛乱,国会与大总统完全得行使其职权"。(《军政府改

---

①　即日本公使林权助。

组之汇闻·大元帅辞职理由》,上海《民国日报》1918年5月15日,"要闻")

5月8日　致电汪精卫、丁人杰(景梁),告知因国会决意挽留,目前暂不离粤。又谓"政治活动,恐无补于国家,此后当待机以图根本之解决耳"。询问"沪上我能居否?请从各方面细查详复"。(《致汪兆铭等告暂留粤并嘱查上海是否可居电》,中国国民党中央委员会党史委员会编订:《国父全集》第3册,第561页)

△　致电许崇智,告知李耀汉无辞省长职意思,而莫荣新借以挑拨胡汉民、李耀汉交恶,使李仇视军政府。忧虑"桂、滇两军皆有殊功,而粤军久不发展,诚虑将来无立足地也",希望早日攻闽。准备待粤军一入闽境,即委任陈炯明督闽,并请转告邓铿。(《致许崇智望攻闽图功电》,中国国民党中央委员会党史委员会编订:《国父全集》第3册,第561页)

报载广东各派争夺省长一职,据称李耀汉有辞职意,桂系欲位置李根源,国民党系则重申省长一职经省议会举出胡汉民充任,当时并已送给继任书,理应由胡继任。记者称"惟今非言法律时代,省议会亦殊无势力可言。此省长一职,结果如非李根源获得,则或李耀汉复任,胡氏恐难如愿相偿也"。(《粤又发生更调省长问题》,《新闻报》1918年5月7日,"紧要新闻")

△　致电陈炯明,请其转告蒋介石,"沪电云沪上各码头均有探候缉,万不可回"[①]。(《致蒋中正嘱不可回沪电》,中国国民党中央委员会党史委员会编订:《国父全集》第3册,第561页;上海孙中山故居纪念馆展出之原件影印件)

△　伍廷芳、陆荣廷、唐继尧、陈炯明等十二名西南军政要人再次联名致电冯国璋,呼吁拒绝中日密约,称"中央果开诚布公声明不签亡国之约,而对于南北争持之法律政治诸问题,组织和平会议,解

---

① 原稿署有日期"五月八日",《国父全集》第3册第561页据此定为本日。《民国十五年以前之蒋介石先生》第2册第51页记为8月8日,误。

决一切,则我即当停战息兵,听我国人最后之裁判"①。(《西南当局声请停战救国》,上海《中华新报》1918 年 5 月 18 日,"紧要新闻")

5 月 9 日　谢持来谒,报告曹笃来函所商之事。

午后,谢持偕卢仲琳至黄花岗烈士墓敬礼。(谢持:《谢持日记未刊稿》第 3 册,第 422 页)

是日为黄花岗七十二烈士身殉共和七周年纪念日,"士女赴岗凭吊者络绎不绝","各学校如南武等均联队前往致祭,甚属踊跃"。(《战争声中之黄花冈凭吊》,《香港华字日报》1918 年 5 月 11 日,"粤闻一")

5 月 10 日　陈炯明发表通电,对于军政府改组表示痛心。

认为大元帅之辞职书"其言光明,其意沉痛"。国会突然改组军政府,"大元帅以负责为怀,提出辞职,本民主国政治家应取之态度"。指责西南护法各省始则不听军政府号令,视国会非常会议为非法,"则改组之举,不当再设诸非常会议";如以非常会议为合法,则"军府又何须改组统一机关"。指斥"护法议员诸公贸贸临事,不能贯彻主张",等于自毙。"凡此厉阶,不过少数流氓政客播弄时局所致",希望"国人尊重民意,庶能建设共和","若惟武力之马首是瞻,则国会安能自拔,遏乱何由终止"。(《军政府公报》第 79 号,1918 年 5 月 14 日,"函电")

△　莫荣新因张开儒 5 月 6 日反对改组之通电,下令解散军政府陆军部警卫队及各机关,且通令各县解散陆军部所设之招兵机关。

当天清晨,桂军、福军、肇军②联合将滇军在省设立新招民军各机关"勒令缴械解散","解散省城河南机关十余处。各机关存留民军,或十余人,或数十人不等。缴去杂枪数十杆(据民党报,则谓缴去四百余杆)"。(《粤军督逮捕张开儒详情》,《新闻报》1918 年 5 月 19 日,"紧要新闻")为

---

①　据称梁士诒南下策动陆荣廷,由陆荣廷商之西南各要人,于是有此电之发表。(凤冈及门弟子编:《三水梁燕孙先生年谱》上册,第 415 页)然此电《中华新报》载为"庚"(8 日)电,《三水梁燕孙先生年谱》记为 15 日电。

②　据称民军并无饷给,全赖收保护费维持,所以得罪福军;在肇属四处招纳土匪,与肇军起冲突。故福军、肇军加入此次行动。

防止孙派发生动乱,莫荣新已采取了一系列动作,命令肇庆当局逮捕在当地招揽"民兵"军政府成员,在广州城内"命令部队日夜巡逻,严加防范";9日宴请林葆怿,"已与林在重大问题上作了部署"。(广东省档案馆编译:《孙中山与广东——广东省档案馆库藏海关档案选译》,第149、150页)

另有报道称"广州当道将军政府所有大炮之键拴悉数取去,孙文系在省之势力已完全消减,其党徒现拟扰乱外县,以图报复"。(《孙系势力消减》,《顺天时报》1918年5月17日,"特约电")

谭人凤本日访问陆军部,与崔文藻会谈,认为"张之电报固荒谬,莫之处置亦未免操切太过,令人难堪。似此怀挟意见,恐不免愈闹愈糟,诚可虑之事也"。(《谭人凤日记》,石芳勤编:《谭人凤集》,第296页)

张开儒之前被唐继尧免滇军第三师师长职后,"极行愤怒,现将所部军队开赴仁化县驻扎,不肯交卸,龙使派员前往招抚,亦不受命"。(《粤闻纪要》,《新闻报》1918年5月7日,"紧要新闻")早在4月中旬,张开儒与练兵督办徐绍桢会商,力谋为军府扩张势力。以整军经武为第一着之进行,于4月中旬即派委员在大小北江各属大招新兵。记者称"兹闻已经编定者将二十营,日内当可陆续开拨到省","恐粤中内部尚有激烈之剧斗云"。(《军政府北江大招兵》,《香港华字日报》1918年5月3日,"粤闻一";《改组军政府案近闻》,《新闻报》1918年5月10日,"紧要新闻")于是,主张改组派认为"此憝不除,必为进行之碍"。(《粤军署逮捕张开儒详情》,《新闻报》1918年5月19日,"紧要新闻")

5月11日　上午,谭人凤来见。谭氏劝告"取放任主义,且须诚饬部下,毋逞意气相争","中山颔之"。

谭人凤又至海珠与吴景濂、林葆怿、伍廷芳见面,其间议员来,"对于军政府颇多微词"。谭告诫伍廷芳,认为莫荣新"操刻过甚,万一激之生变,非西南之幸,亦非贵省之幸也"。伍"点头而不置答复"。(《谭人凤日记》,石芳勤编:《谭人凤集》,第296页)

△　秦广礼来函,报告"东北军事,仰托威福,尚不棘手"。对于改组案的通过,表示愤怒,"使数月之经营,尽归无效,殊令人饮恨无

穷"。请令财政部发给正式公债票二万元,除去之前为招讨黑龙江兼宣抚吉林各事所花一万二千七百元(先行用公债收条发行筹款)外,余数为办理善后事宜之用,"所有用途俟另文呈报"。

接函后,批示"着财政部办理"。(《秦广礼请拨款办理东北善后事宜上总理函》,黄季陆主编:《革命文献》第48辑,第179－180页)

△　桂、湘军将领韦荣昌、林俊廷、马济、李书城、程潜、赵恒惕、刘建藩、林修梅、贲克昭发表通电,对孙中山辞职通电中的内容表示不满,谓"山高水长,谨谢中山先生之赠于无尽"。

指两粤自主、衡水独立、海军宣言时,"其时未有军政府也",各军喋血百战,"知有国有法而已,不知所谓地方,亦不知所谓争雄";指斥"若其行为乖谬,不充事情,不洽舆论,未馈前敌一饷,未发北军一弹,如竟贪天之功,求遂一己之欲。此等能事,非某等所敢闻"。并对"大元帅"名号提出质疑,"既称护法,必先自轨于法",约法规定总统兼海陆军大元帅职,而今黎元洪"辞职尚无明文",冯国璋代理"亦称依法","而忽然异轨,特起名号自娱","显与约法条文相背",陆荣廷、唐继尧不就元帅,即"出于尊重法律之苦衷","逞名护法,而实违法,恐不足以服天下之心"。称"西南义举将及一年,统一机关迄未成立",呼吁趁孙氏辞职,速组统一机关"以归护法之实力"。

此电与陈炯明10日电前后日,记者称为内讧之征兆。(《桂粤两系将来对于军政府之意见》,长沙《大公报》1918年5月31日,"中外要闻")

5月12日　莫荣新以接洽公务借口,假借李根源、李烈钧两人之名,电招张开儒来穗[①]。张氏在西村车站一下车,即被以抗违命令、侵吞军饷罪拘捕,拘禁于督军署内。同时拘捕张的秘书长兼陆军

---

①　另有一说是张开儒因被唐继尧解除兵权后,从前线返回南雄,不料被李根源拒之城外,不得已率部属回广州。(孙代兴:《孙中山的护法运动和滇系军阀唐继尧》,广东人民出版社编:《辛亥革命论文集》,第295页)

次长崔文藻,并随之枪决。陆军部被林虎部队占领①。

上午崔文藻至谭人凤寓所,"以张藻林电报招忌,商求挽救之法"。下午,崔在西濠酒店设宴招待谭人凤等二十余人。"酒至半酣,忽有卫兵数人,称有公事迫崔君入署",崔于当日被枪毙。谭人凤试图面见莫荣新求情,而莫不见。谭痛惜"崔君有为男子,由滇起义,于粤经历辛苦二三年,而其结果为是","盖无南无北,均成为强寇世界,尚何法律之足言哉"。(《谭人凤日记》,石芳勤编:《谭人凤集》,第297页)

督军署当日布告公布两人罪状,称崔"私通敌寇,甘作间谍,并复捏造假电,煽惑军心,意图扰乱",张则"暨该师秘书长崔文藻,侵吞军饷、私通敌人、招募绿林、不服军令,意图破坏大局、扰乱治安,迭经云南唐督军来电申饬,并将该师长撤换,不知悛改"。(《粤军署逮捕张开儒详情》,《新闻报》1918年5月19日,"紧要新闻")报载经调查,张开儒"截留正款未经转给散分各军者,计一百四十余万,而该军将士控其虚额肥己者亦二十余万,韶州各界控其挪借公款(三万余)"。(《粤事丛志》,《新闻报》1918年5月22日,"紧要新闻")至于私通敌人,张开儒与龙济光向有函电往来。就在1918年1月,唐继尧还嘱其与龙联系,请接济军械。(《张开儒报告孙文与莫荣新冲突等情密电》,中国第二历史档案馆、云南省档案馆合编:《护法运动》,第458页)

莫荣新行事前得到唐继尧同意。5月5日,莫密电唐,称张开儒"乃自任陆军总长以来,举动莫测,不惟反对协和,污蔑荣新,即我公命令,亦视若弁髦",要求处置张氏。唐接电即批语:"藻林糊涂如此,可恨。应密告印泉、协和就近设法。如须此间发表者,立速电报,当照办。"14日,莫荣新将逮张杀崔情况电告唐继尧,唐即批语:"令将全案人证解滇,开军法会审,按法处办。"(云南省档案馆藏云南省政府秘书处档案106-3-186)张开儒被捕后,据称"除军政府方面外,对于张之获咎无有

---

① 廖仲恺认为此举是李根源发纵,而"军府无兵不能问罪"。此变导致"部员行李尽遭掠没",廖大叹"窘甚"。(《致邓铿电》,廖仲恺、何香凝著,尚明轩、余炎光编:《双清文集》上卷,第114页、115页)

表示不平者",后有方声涛为之请保一电,"然亦独一无二矣"。(《张开儒之生命问题》,《新闻报》1918年5月25日,"紧要新闻")李根源则称其与李烈钧"迭电争",张氏始得保全性命。(李根源:《雪生年录》,沈云龙主编:《近代中国史料丛刊》第2辑,第87页)

张开儒被捕,报端称广东人心动摇,"均以为孙文派与督军派将生冲突,此后孙文在广州将无立足之地。又闻莫荣新已将张开儒之部下完全遣散云"。(《张开儒被捕续闻》,《新闻报》1918年5月18日,"紧要新闻")北京派驻在香港的探员将南方此番内斗情报上报,称"暗潮极烈,将士解体,请速饬闽赣,进兵彼方"。(《粤省暗潮之剧烈》,《顺天时报》1918年5月17日,"时事要闻")

△　陕西靖国军胡景翼、曹世英发表通电,反对段祺瑞与日人缔结密约,希望一致声讨,阻止冯国璋盖印,"一面忠告日政府,使知与非法政府结不法之条约,徒伤两国亲善,有害东亚和平",呼吁"速将护法统一机关组织完善,协力进行","景翼等与三秦国民誓竭棉薄,同匡国难"。(《陕西靖国军否认中日密约电》,上海《民国日报》1918年5月26日,"要闻")

5月13日　廖仲恺致电邓铿请转告陈炯明,告知莫荣新奉唐继尧密命囚张杀崔,称目前粤桂军有互通痕迹,而陈炯明与李福林(登同)难以融洽,"粤军声势甚孤,不可不注意也"。(《致邓铿电》,廖仲恺、何香凝著,尚明轩、余炎光编:《双清文集》上卷,第114页)

5月14日　11日湘桂军官发表通电,对于孙中山辞职问题,表示非常赞成,电中复指摘其种种不是。(《粤事丛志》,《新闻报》1918年5月22日,"紧要新闻")

本日,高州讨龙军总指挥黄培桂、总司令沈鸿英、刘炳宇、林虎、刘志陆等发表通电,就孙中山辞职通电中称"南北军人一丘之貉"表示不平。称"法岂空言可以护者",龙济光进犯,"苟非我海陆军人同心御侮","今日壮言高论之伟人,纸上谈兵之策士,不为海外逋客,即为阶下死囚"。对民党招揽民军行为,称"近来盗贼之多假军队名义自行召集,以两粤疾首痛心之民军,而中山先生资以为牙爪,御敌不足,扰乱有余",指斥孙氏"挟党见而为民意,藉盗贼以为军力,奉扰乱以为法纪"。(《孙文辞职电之反响》,《时事新报》1918 年 5 月 23 日,"内外要闻")

报纸认为,桂派武人数次通电"丑诋孙文"显系有人指使,非陆荣廷莫属。"然则嗾使军人向人作申申之骂、表其示威运动者,固不独北派而已也","特不能不惊其效法小徐①之敏捷耳"。(《桂派武人之对付孙文》,《时事新报》1918 年 5 月 23 日,"时评二")

△　河南靖国军总司令兼鄂豫联军前敌总指挥王天纵、总参谋蒋政源发表通电,誓师讨贼。"天纵是用亲率东下,躬履前方,踏破荆宜,扫平武汉,会师夔都","誓扫群魔",希望"统兵率将同志,各军一德,群策群力"。(《军政府公报》第 79 号,1918 年 5 月 14 日,"函电")

5 月 15 日　在广州接受某报记者访问,就挽留任大元帅职事,表示"余之辞志已极坚决,虽各方挽留,但深感其厚情。依法律、政治两方面观察,予万无可再留恋也"。是否离粤则未定,"予必于同来之海军如何安置及大元帅府开办至今之手续如何结束,妥为办理,始能定行止也"。

被问督军署逮捕张开儒、枪杀崔文藻是否合法时,"似不欲多说",只表示"予于张、崔二君实深惜之"。(《孙大元帅最近之谈话》,上海《民国日报》1918 年 5 月 22 日,"要闻")有论者认为,"孙中山为军府之大元帅,竟坐视而无可如何,不能出一言以救,其苦痛自不待言",与莫荣新已立于仇敌地位,"军政府要人多为桃夭之预备矣"。(《张、崔案发生后之粤省各派》,上海《民国日报》1918 年 5 月 21 日,"要闻")

△　收到湖南《民国日报》总编辑谭璟、记者戴礼(兼湖南第一师第一旅书记官)5 月 8 日发自郴州湘军第一旅行营的长函。

函中认为湘桂联军迭遭挫败,"不过一部受损,究于全局无碍,且民党正可乘此扩张势力,使复杂分子渐归淘汰,促成纯粹民军"。仔

---

①　徐树铮。

细分析湘桂联军失败的原因,认为一是未乘胜长驱,在长沙、岳州告捷后未乘机直捣湖北,又误听和议之论,至北兵征调南下,"以我衰老当彼新锐,其败一也"。二是事权不一,号令难行,湘、桂、粤各军主客之辨、畛域之见,猜忌日深,统帅暗懦,"总司令之称视若等闲之头衔,地位并埒,各不相下",彼此之间不相应援。三是赏罚不明,之前屡胜时无奖励,全军溃退后反而"忽行迁擢之举","败兵四散劫掠,不能执法以绳,反许重金诱其归队"。希望孙中山将各条"饬知各路主将,悬此为戒",勿蹈覆辙。提出湖南湘桂军加以黔军为后援,"但能支持岁月,不使敌势得逞而已","川滇之军切忌东下,宜令速向陕西,攻燕晋之背",粤中各军宜分两路进攻闽、赣,"使敌不得专力一方"。认为"动曰会师武汉"是不明事理之言,"合数省之兵聚于一隅,意见必不一致,设有差池,全局瓦解"。

谭、戴两人随湘军转徙,"军府迩来计划如何亦不得知,每见我军失败,深为痛愤",故上书"献刍荛之忱",希望采纳施行。

来函被盖"不复"章。(《谭璟等上总理函》,环龙路档案第04484号)

△　收到广西全县黄珉5月1日来函。黄之前来函效仿"长卿献赋于金门",得赐小诗,其子黄骥、黄骀任大元帅府参军、秘书,特上书道谢。

来函被盖"不复"章。(《广西全县黄珉上总理函》,环龙路档案第12000号)

5月16日　决定离开广州。

因张开儒被拘、崔文藻被枪毙,"知粤事已无可为,且中山向来为人坦白纯洁,亦雅不欲再事勾留","已于十六日号决然离粤",即乘轮东渡,确定随行者为戴季陶、叶夏声、邹鲁、朱执信、居正等人。(《十八日广州电》,上海《民国日报》1918年5月21日,"本社专电")决定乘20日出发的苏州丸离开①。([日]外务省编:《日本外交文书》大正7年第2册上卷,第18页)

―――――――――

①　最后居正因办理善后,并未同行。出发日期为21日。

△ 午后，非常国会重开军政府改组案二读会。

到会议员七十二人，盛天佐以"军字不能包括其他之政务"，提议将名称改为《中华民国联合政府组织大纲》，未获通过；吕志伊主张将原案名称《中华民国联合军政府组织大纲》改为《中华民国军政府组织大纲》，表决通过，于是，"凡条文中所有联合字样概行删除"；宗汝梅主张将第十三条"本大纲经此修正后，现军政府所办一切事宜，仍继续办理"一条全删，多数通过；其余十二条，皆获多数通过。（《军政府改组案通过二读之详情》，上海《中华新报》1918 年 5 月 23 日，"紧要新闻"）

据称因张开儒被捕，"孙中山氏处此，不能不知难而退，特劝反对派议员完全让步"，"向称反对派中坚"之秦广礼已出发赴沪，余如焦易堂、童杭时等亦多未发言。于是，二读会安然通过。（《广东改组军政府案近讯》，《新闻报》1918 年 5 月 26 日，"紧要新闻"）

△ 谭人凤至大元帅府，"商借公债票事"。孙中山"意似许可"，让谭与廖仲恺磋商。而廖则"诡词推卸"，谭气急，称"以此等人才当兹大任，无怪乎不满人意，而中山之事亦因之而坏也"。（《谭人凤日记》，石芳勤编：《谭人凤集》，第 298 页）

5 月 17 日 咨文国会非常会议，报告军政府成立至今各项开支用费。

告知据署理财政总长廖仲恺呈称，军政府自 1917 年 9 月 26 日成立至 1918 年 5 月 15 日期间的决算表册，已经造竣，提交国会非常会议查照备案。另外军政府成立前海军及议员南下、派员分赴各省运动所有花费，"多由海外侨商陆续筹借，共计百十二万有奇"；军政府成立后，派员到各省运动的费用，多是"领去军事内国公债券济用，此项公债券现存及已发出之数，当俟核定另行咨请备案"，请非常会议追加承认此三项。（中国国民党中央委员会党史委员会编订：《国父全集》第 4 册，第 279—280 页）

财政部从 1917 年 7 月 29 日至 1918 年 5 月 15 日期间，其总收入为四十九万四千二百一十二元三角五分，总支出为四十九万四千一百三十五元九角二分，结余七十六元四角三分。（广东省档案馆编译：《孙中山与广东——广东省档案馆库藏海关档案选译》，第169页）又据1919年4月23日廖仲恺致唐绍仪函称：在此期间，由孙中山以个人名义负担、经廖仲恺手借入现款供护法用者，共一百三十九万二千七百元；支出项为军政府成立前用于海军方面四十万元，招待国会议员南下旅费等项六十余万元，两项共计一百十二万元；其余二十七万二千七百元充军政府财政部各种经费。（《致唐绍仪函》，廖仲恺、何香凝著，尚明轩、余炎光编：《双清文集》上卷，第121页）

据廖仲恺报告，军政府筹饷公债局共发出公债票券及公债收条计一千五百五十四万五千九百三十元，大部分用于发动各地的护法武装斗争：其中派专员赴各省招募、运动、安抚、慰劳军队费用五百三十五万二千八百三十元，发给各独立省份充军费五百六十五万元。（《军政府发行公债数及用款》，上海《民国日报》1918年6月6日，"要闻"）

5月18日　黄埔官邸严密警卫，"以防此地高级官员迟早前来解除武装"；河南士敏土厂大元帅府已停止办公。（广东省档案馆编译：《孙中山与广东——广东省档案馆库藏海关档案选译》，第151页）

△　复芝加哥卫一新、梅衡4月6日来函，称所汇港币四千七百元已经收到，已令财政部照发收据一纸。并告知军政府为"当道所忌"，部分议员附和，提出改组军政府案，本人因此已经辞去大元帅职务。但仍然努力从事护法，各路军事运动仍在继续，"经电令直辖前敌各军，努力进行，并促西北各路之从事运动者，仍继续勿怠"。（《复芝城同志嘉慰竭筹款项以济军需并告以对改组军政府之意见函》，秦孝仪主编：《国父全集》第5册，第73页）

19日致函阮本畴，称来函及美金五十元已经收到，将发财政部照章收据一纸。并告知当前形势。（《致阮本畴告来函及款收到与辞军政府职等事函》，秦孝仪主编：《国父全集》第5册，第74页）

△　咨文国会非常会议，称自己已经辞职，"现在军政府各机关，当将次第结束"，派内政总长居正为私人代表，"办理军政府交代事

宜"。(《军政府结束与孙中山东渡·军政府结束之咨文》,上海《民国日报》1918 年 5 月 28 日,"要闻")

其后,国会非常会议咨复,称经众讨论,议决请孙暂任大元帅职务,"俟改组政府正式成立后,再行交代"。(《军政府结束与孙中山东渡》,上海《民国日报》1918 年 5 月 28 日,"要闻")

6 月 19 日,伍廷芳、林葆怿派筹备主任委员李玉光、欧阳荣之来与居正接洽办理交代。(《伍廷芳、林葆怿致居正函》,环龙路档案第 02183号)

△　下午,国会非常会议开改组军政府案三读会,出席议员共十六省五十三人。讨论修正案十二条,最后起立赞成通过,公布《修正中华民国军政府组织大纲》,名称仍用军政府,其主持者改称总裁,主席总裁则由政务会议推定。

表决后,居正出席,称改组军政府业经成立,孙中山"业已真诚向非常国会辞大元帅职",请国会议决接收军政府一切应行交代事件。汤漪、罗家衡等谓大元帅辞职一事,在事实上应候新政府成立之日始行提议,主张必须候新政府成立,再行移办交代。众人赞成并表决。后又开谈话会,推举吴景濂赴军政府挽留孙中山。(《军政府改组之决定》,《时事新报》1918 年 5 月 25 日,"内外要闻一")

随后,非常会议致电西南各省通告军政府改组,历数护法战争之所由起,称军政府创立时,"以事属草创,未臻完备,遂使陆、唐两公谦让未遑,西林一老置身局外,伍、唐、程、林、李、胡诸总长袖手于广州,幸赖孙公中山一人仔肩危时,撑持至今","抑亦立法未善之所致也","鉴于时势上之要求而共认军政府改组之不可缓久"。于是本日议决宣布改组大纲,提出"同人等最终之希望,惟在海军及各省,同心戮力,一致拥护新政府之成立及发展"。(《通告西南各省电》,上海《民国日报》1918 年 5 月 28 日,"要闻")

政务总裁七人,定于二十一日选举①,"闻以岑春煊、伍廷芳、唐继尧、陆荣廷、唐绍仪、孙文、林葆怿七人最有希望"。(《军府改组案通过之宣布》,《申报》1918 年 5 月 25 日,"要闻二")

△ 《大阪每日新闻》登载一篇据称是"中国民党某领袖"所寄文章,长篇分析南方当前局面。

比较陆荣廷、孙中山两方势力,称孙氏"固无三万之兵力,惟彼有陆所不得有之同情,各军队殆皆依此同情,现在拥彼之军队以海军、广东军、广东驻在之云南军、石青阳、黄复生等之军(四川)及胡景翼、曹俊夫等之军(陕西)等为主力,湖南、湖北亦有孙系之军队,除此外,如山东土匪牵制张怀芝,又如使倪嗣冲抱不安之念,亦于孙文有同情者之所为耳"。

痛斥政学会之密谋,认为陆、孙之乖离、南军之失败、军政府之改组,皆"因政学会派之阴谋耳"。"岑春煊颇于民党有同情,足以令人敬爱,惟不幸为热心利禄者所围绕,致成一傀儡也。其咎不在岑,乃在其围绕者","一面赞成新国会召集,欲买冯总统、段总理之好感情,一面以举岑为副总统为交换条件,惟以军政府为障碍物,故指嗾非常国会议员,使去孙而迎岑,另组织一机关以为议和之一主体。吾人不深信此说,然又不能全然否认此说"。称章士钊、张耀曾、谷钟秀等人奔走于冯、段之门,"无非为冯、段总统问题耳。对于陆荣廷、唐继尧又以巡阅使饵之,脑筋简单之武人因此垂涎三尺","然国家奈何?苍生奈何"?(《东报纪南方派之内容》,《新闻报》1918 年 5 月 25 日,"紧要新闻")

5 月 19 日 谢持来见。

下午谢与部分议员议于西濠,讨论岑春煊为主张议和之人,"若举为政务总裁,颇多窒碍"。并推出代表八人,待次日投票选举后便

---

① 据谢持日记,当时有"即日选举总裁"的传闻。(谢幼田:《谢持日记摘登》,《文史杂志》1985 年第 2 期,第 7 页)。

往谒孙中山,请孙"屈就总裁"。(谢幼田:《谢持日记摘登》,《文史杂志》1985 年第 2 期,第 7 页)

△ 报端传言孙中山离开大元帅府,"现计已及一旬,仍未回府。所有府中事务,及一切来往文件,刻由某某等会商办理"。(《粤闻纪要·大元帅之失踪》,《时事新报》1918 年 5 月 19 日,"内外要闻") 有说暂居于沙面。(《粤省近闻种种》,《顺天时报》1918 年 6 月 2 日,"地方新闻")

报载之前魏邦平部因事在省河用兵舰载兵出入,行经大元帅府前河面,孙中山即致电林葆怿,请派舰保护。林答以不必派舰,定保无虞。并云:"日前驾舰开炮轰人,何等勇敢,今何一怯至此。"求林不遂,又派人至李福林处,谓某军欲在土厂前登岸,乘势侵入河南福军防线,希注意。李亦一笑置之。于是"大元帅以卫戍无人,日夜惊惕,故数日来已不敢在土厂住宿,连夜皆寄宿他处,至南关二马路之军政府交通部,两日来亦已将门条撕去"。(《粤闻纪要·四面楚歌之大元帅》,《时事新报》1918 年 5 月 21 日,"内外要闻一")

△ 报端报道西南谋求外交承认,称"西南各省此次逐去孙文改组军政府,本为力求统一以便在外交上活动起见。现在改组目的已达,交战团体之承认,目在运动之中。据日本方面推测,谓英国对于西南,向无善意。龙济光在香港,显得英国香港督之保护。惟英国于西南各省商务,关系甚大。英人素机敏,或竟承认为交战团体,亦不可知。法国与广西、云南均有领土接近之关系,或亦允予承认。美国因政治思想均近于西南,早有劝告。其组织统一机关之说,此次或至首先承认,亦所难料。至日本是何态度,尚不能知。惟日政府对华方针,将采南北对立主义,是亦大可注意云云"。(《西南之外交活动·承认交战团体之运动》,《新闻报》1918 年 5 月 19 日,"紧要新闻")

5 月 20 日 国会非常会议选举军政府总裁,当选七总裁之一。

出席议员一百二十二人(尚有国会议员数十人在粤而未出席于非常会议,是日仍未列席),唐绍仪(一百一十五票)、唐继尧(一百一十一票)、陆荣廷(九十票)、伍廷芳(一百一十票)、孙中山(一百○七票）、林葆怿（一百〇四票）、岑春煊（六十一票）七人当选。岑春煊于第一次选举时与孙洪伊票数相同，经第三次决选始得多数当选。（《西南选举七总裁之详情》，《申报》1918 年 5 月 28 日，"要闻二"）谢持称"人之好恶故不能尽泯，其示不满于岑氏也深矣"。（谢幼田：《谢持日记摘登》，《文史杂志》1985 年第 2 期，第 7 页）

　　总裁选出后，非常国会议员代表来请刻日就总裁职。孙称"军政府即为予而改组，则予实无复就总裁之必要"；议员再三请求，孙答应"此时虽不就职，惟暂不辞，以谢诸君，而维持大局已耳"。（《军政府之结束与孙中山东渡·孙中山之总裁观》，上海《民国日报》1918 年 5 月 28 日，"要闻"）

　　之后亦有各方函电请就总裁职。澳洲华侨萧景濂、王星槎、李灼如、李汝诚来电，请其"亟须毅然决然，上膺国会之选，下慰人民之望，与岑、陆诸公一体就职，俾军府未竟之功，得以完成于改组之后，幸无再事坚辞，致违初志"。（《军政府结束与孙中山东渡·澳侨挽留孙中山》，上海《民国日报》1918 年 5 月 28 日，"要闻"）

　　△　晚，谢持偕吴玉章、卢伯琅来见，"中山召其故人饮酒，略谈，遂辞去"。（谢幼田：《谢持日记摘登》，《文史杂志》1985 年第 2 期，第 7 页）

　　5 月 21 日　议员数人由谢持介绍来见，意在挽留。（谢持：《谢持日记未刊稿》第 3 册，第 434 页）

　　△　晚，偕胡汉民、戴季陶等三十余人搭轮离开广州，"此行先赴台湾及日本东京，小作勾留，再往美洲游历"。（《军政府结束与孙中山东渡·孙中山业已东渡》，上海《民国日报》1918 年 5 月 28 日，"要闻"）

　　所乘轮船为大阪商轮苏州丸，随行者尚有朱执信、叶夏声。（邵元冲：《总理护法实录》，罗家伦主编：《革命文献》第 7 辑，第 24—25 页；[日]外务省编：《日本外交文书》大正 7 年第 2 册上卷，第 18 页）此船原定 26 日抵达台湾。随后报道或称其"决定去职赴日本静养"，（《孙文辞职表同情》，《顺天时报》1918 年 5 月 22 日，"时事要闻"）或称"赴日、美"。（《广州》，《新闻报》1918 年 5 月 22 日，"专电"）

居正为军政府办理交代委员,廖仲恺则因结束军政府财政事宜,皆留广东。(《孙中山等首途赴日》,《顺天时报》1918 年 5 月 24 日,"时事要闻")第二天,谢持得到的消息谓"中山先生昨夜十二时许去广州,言旋香山也"。(谢持:《谢持日记未刊稿》第 3 册,第 435 页)

△　发布《辞大元帅职临行通电》及《留别粤中父老昆弟书》。

临行通电称自己的辞职是"以国会正式开会有期,各省亦先后表示援助,护法大责,负荷有人,文亦得以卸去微责"。临行之前,回顾民国以来立法、毁法之经过,指出"然武力角逐,势难持久","即有大力者起,强能并弱,众能暴寡,悉除异己","亦必为国民所共弃而一蹶不振,陷于势穷力绌之境"。恳切期望国会诸君维系民国,"使正式国会依期开会"。

《留别粤中父老昆弟书》中,对广东当前局面表示痛心,"客岁归来,目击所谓民政之不修,财力之支绌,风俗之淫靡,赌博之纵恣","举全国所未有之恶德乱政无不备之,此真吾粤之深耻奇辱"。称原因是粤人"爱国之心过厚,而爱国之责太重","力有所不能顾,暴力者乘之,遂肆其摧残劫剥而无以抗也"。表示"爱乡亦吾人义所不可废",希望粤中父老昆弟"致力于所谓培养民力,增进民智,扶持风俗,发展自治","以发扬我粤之光荣,永永为全国之仪型"。自己一年来虽处故乡,然迫于护法之役,"仍未暇有所助于父老昆弟也。今任务稍得息肩,方欲借此一漫游海外,略事休养,复我元气,俾异日得再效驽钝于我父老昆弟"。(《辞大元帅职临行通电》《留别粤中父老昆弟书》,《孙中山全集》第 4 卷,第 479—480 页)

报纸认为孙中山自去年率同海军由沪赴粤,宣言护法,"虽无实力而与粤人感情尚不为恶,且又有陈炯明、徐绍桢等为之先后扶翼,于是非常国会得以成立"。目前孙虽辞职,"然其党徒犹在坚留",未来尚未可知。(《北京特约通信》,《新闻报》1918 年 5 月 22 日,"紧要新闻")

△　致函国民党缅甸支部,感谢护法进行以来的襄助。告知军政府改组消息,"不得不辞大元帅之职",于 21 日离粤。告知"以后应

汇款项,望暂行停止,俟文到目的地,再将进行办法达知",并重申"此次辞职,不过在粤计画中挫,此后救国宗旨,决无更变,尚望万众一心,切勿中馁"。(《致缅甸支部同志告辞大元帅经过函》,中国国民党中央委员会党史委员会编订:《国父全集》第 3 册,第 562 页)

△　国会非常会议致当选七总裁电,期望迅速就职,"共肩巨任,从前护法各省,克成统一,内既增国民之信仰,外可得友邦之赞同,行见逆焰销沈,还我大法"。(《非常国会选举军政府总裁详记·致当选各总裁电》,上海《民国日报》1918 年 5 月 28 日,"要闻")

5 月 22 日　《大阪朝日新闻》登载今井嘉幸在北京的谈话,"关于中国政局大势及孙逸仙之渡日有所谈论"。

认为此时"南方民党绝无再仗日本现内阁之好意以进行调停之意,观于上海民党领袖相约决绝会见林公使可知矣",南方将趁 6 月后非常国会开正式会议,南方各势力完全统一后方着力调停,解决时局之纠纷。

又谓"孙逸仙氏虽早欲外游,然无于今日来日本之意。徒以四围之情形与南方各领袖之意见,遂使彼决然来日。盖孙氏早有两种计划,一则历访西南各省以谋南军之利益,一则为军政府使日,以实行某种重大任务。今则决然择其后者焉"。(《东报记南北之和局》,上海《中华新报》1918 年 5 月 28 日,"紧要新闻")

△　报载日本公使林权助往中国南方考察,"视察多数国民心理之结果,觉比在京时所感想者有异",闻已有长电报告其本国政府,力持不偏袒南北两方之方针,对于军费借款之贷与及交付请其政府慎重注意。(《林日使之见解如此》,《新闻报》1918 年 5 月 22 日,"紧要新闻")

返京后,林权助称在上海国民党人曾要求会见,后又以不便为辞。认为"南方首领各逞所欲,无统一无节制,无中心人物,实为促成平和之大障碍。陆荣廷派及孙文派无论矣,若岑春煊、唐绍仪、孙洪伊一方之首领虽多而无代表全党者,不知孰为主而任调停,此南北调停论之所以甚难也",即使北方全部容国民党等之主张而实行调停,国民党往北京是否能组织理想政府,抑制军阀,贯彻主张,"该党亦不见已有十分之准备成算也"。称日本应以经济的发展为必要,不宜专注视政治方面。(《林权助南下后之视察谈》,上海《中华新报》1918 年 5 月 28 日,"紧要新闻")

　　△　章太炎离开成都。"因大局变幻,去志甚坚,各界挽留无效"。(《章太炎之行踪》,《新闻报》1918 年 6 月 20 日,"紧要新闻")四月间曾有日本人来见章太炎,称唐绍仪赴东京,拟拥立徐世昌,征询章的意见。章痛斥"首乱中国者,徐世昌也。余必黜之",又痛恨李烈钧举荐岑春煊,"致书痛诋之"。军政府改组,章痛心"孙公不能力行,乃反与桂军寻忿","余闻孙公矜躁失众,尝自乘军舰发炮攻桂军,似高贵乡公所为,知不可留"。"前之苦心,遂为灰烬",决定返乡。(汤志钧编:《章太炎年谱长编(增订本)》上册,第 335 页)

　　5 月 23 日　报端分析广东军政府改组之由来及对西南局势的影响。

　　称当初孙中山全无兵力,而国会议员举之为大元帅,陆荣廷、唐继尧等仅举为元帅,"识者已知其不妙","陆唐辈皆不就职,而又不拒绝,仍与文电往还,绵历数月,不痛不痒,此特殊之局面原不足以持久","乃日复一日,孙文之无权无勇为议员中所灼见,其欲有所为者乃纷纷集于桂系之旗帜下,于是改组军府之议生"。

　　而"孙派中人乃死力相抗",自张开儒就任陆军总长后,"孙亦居然有兵权矣,因有兵力为保障,于是收司法权、收盐务权、收铁路权,种种行为皆为与桂系相争之事"。张开儒在各地大招民军,后改为警备队,渐由各县而上省,"若待羽翼既成,必为桂系之大梗","当改组军府呼声最高之时,而民军之进城日见其众,当时谣诼纷纷有谓孙文之惩戒炮又将复见者"。

　　桂系先行下手,于是有解散民军命令及张、崔事发,"以强力解散军政府"。军政府方面,亦未肯甘心驯服,有国会议员中如丁象谦、邹鲁等已提起抗论潮,陈炯明对于军府改组亦致电发生异议。评论认为"倘内部不善于调弭,一省分裂恐非西南大局之幸也"。(平生通信:《广东内部之危险》,《申报》1918 年 5 月 23 日,"要闻二")

△ 《字林西报》本日报道广州政治、财政情形"均在纷乱中"。谓"凡能议论之人无权行动,在位能行动之人又各分门户,势力分散。国会非常会议虽经孙逸仙屡次设法竭力拥护,卒大受人之欺驱",非常会议诸人为陆荣廷所迷惑而力主重组军政府。又称"孙逸仙已离去之广州,彼之主张恒在使国会为中国政治中之最高机关,故凡军人干涉政治,彼辄反对之"。(《西报观察之广州现状》,上海《中华新报》1918 年 6 月 5 日,"紧要新闻")

△ 报载本日北京政府参陆办公处电命李厚基、陈光远、龙济光,称广东因起内讧,孙文已往日本,当乘此好机会从速进攻广东。(《北京电》,《申报》1918 年 5 月 25 日,"外电")

5 月 24 日 为安全考虑,离开苏州丸,由邓铿安排转往汕头,俟两周后的下班轮船再赴台湾。(《孙逸仙等行踪报告·大正七年五月二十五日汕头代办呈外务大臣电》,张瑞成编:《国父孙先生与台湾》,第 280 页)

厦门当局以有香港来电告发"巨盗大记由香港搭苏州丸经过厦门",与日本领事交涉,试图上船实行逮捕。(《中国当局要求引渡孙逸仙·大正七年五月二十五日厦门领事呈外务大臣电》附件二《厦门警察厅逮捕状》,张瑞成编:《国父孙先生与台湾》,第 281 页)日本领事以治外法权之规定拒绝,称:"若该人尚在本邦船舶内,则无知会贵国警察之必要,本官亦无须在传票上签字。"(《日本驻厦门领事复中国当局函·大正七年五月二十四日》,张瑞成编:《国父孙先生与台湾》,第 279—280 页)戴季陶则谓"本定直赴台湾换船赴日,因道经汕头时,仲元兄等极力挽留,遂舍舟而陆"。(《戴季陶君对于时局之感慨》,上海《民国日报》,1918 年 6 月 12 日,"要闻")

△ 下午,抵汕头。汕头警察局长杨霖派水巡小轮前往接待,由海关坪登岸,"各官署长官,各部军官,均出而欢迎,即赴总司令部驻节"。(《粤闻纪要·孙中山到汕之近况》,《时事新报》1918 年 6 月 4 日,"内外

要闻一")当晚住宿于汕头惠潮梅督办署。(《孙大元帅巡视战线》,上海《民国日报》1918 年 6 月 7 日,"要闻")

　　△　本日报端载岑春煊"真确之态度",称扬孙氏辞职东游之举,"极有同情之评语",谓孙"进退依法,极不苟且",不但教诲国民守法观念,且足以刺激蹂躏国法、毫无顾忌之辈"有所觉醒"。(《岑西林真确之态度》,《盛京时报》1918 年 5 月 24 日,"中国局势")又谓沪上一般人士"均以为其态度适合时机,颇表同情",认为"广东政局盖自此将有以转圜"。(《沪人士对孙逸仙东游》,《盛京时报》1918 年 5 月 22 日,"中国局势")

　　5 月 25 日　偕胡汉民、谢良牧等人乘车至潮州,"拟乘电轮前赴三河等处视察前敌战线"。(《粤闻纪要·孙中山到汕之近况》,《时事新报》1918 年 6 月 4 日,"内外要闻一")

　　中午抵潮安,方声涛、伍毓瑞等到车站迎接。陈炯明派人来迎,傍晚,与胡汉民、姚雨平及护卫一行乘"西发"小轮往大埔三河坝。戴季陶、朱执信则留在汕头。(《孙大元帅巡视战线》,上海《民国日报》1918 年 6 月 7 日,"要闻")

　　报端对于孙中山离粤后局面推测,"军政府将以稳健派占势力,陆荣廷之威权将见统一西南,不久当有一种新局面发生云云。又一说则谓联合政府即使告成,亦未必即能收完全效果,或者纠纷益甚,其结果终以根据旧约法召集新国会为条件,竟使南北妥协成立亦未可知云"。(《孙文离粤之后之西南形势》,《新闻报》1918 年 5 月 25 日,"紧要新闻")

　　报载 5 月 23 日粤人开始为美国红十字会募捐,25 日将有五千人结队游行,由伍廷芳导引。又称"孙中山等抵日后闻将赴美"。(《广州电》,《申报》1918 年 5 月 25 日,"外电")

　　△　国会非常会议开谈话会,会上辩论激烈。

　　因孙中山辞职,新选总裁未到,据称"西南统一机关暂时遂陷于青黄不接之境",议长吴景濂提议选派代表敦请各总裁就职,本日非常国会开谈话会,"各议员又大开舌战"。(《孙中山去后之联合政府》,

《新闻报》1918 年 6 月 3 日,"紧要新闻")

　　因吴以私人名义召开此谈话会,又称"事关重大",各议员对吴的行为深为不满,据称到会议员寥寥无几。有议员对所谓推举代表亦大为不满,称"此次各当选政务总裁既均系当时同意赞成人物,自应早日即行就职,以表示其护法救国决心,又乌用推举代表加以敦请",且代表出去,"既需时日,所耗旅费为数亦颇不赀"。(《军政府又生波折》,《时事新报》1918 年 6 月 4 日,"内外要闻")

　　5 月 26 日　上午,船抵大埔三河坝。陈炯明布置军乐队,与洪兆麟等在码头迎接。

　　在总司令部"叙谈约数句钟之久,关于护法计划,颇为秘密","座中只胡汉民等及陈之部下洪兆麟"。随即数人乘马视察战线,"孙中山纵马前行,履险如夷",仅洪兆麟能追逐其后。(《孙大元帅巡视战线》,上海《民国日报》1918 年 6 月 7 日,"要闻")

　　据蒋介石所记,"见其形容憔悴,不觉凄感流泪";当晚,"作长谈,逾夜分"。(毛思诚编纂:《民国十五年以前之蒋介石先生》第 2 册,第 26 页)

　　一行在三河坝停留数日,视察援闽粤军。与陈炯明会晤,巡视陈部攻闽战线。后有报道称,孙中山本拟"直赴台湾、日本以及美洲","及抵潮汕,得悉此方军事大有希望,遂触起其在闽之野心,现闻暂留潮城,相机而动,不再离去"。(《粤省军事近况》,《新闻报》1918 年 6 月 8 日,"紧要新闻")

　　△　国会非常会议来函,称 25 日开谈话会,派居正、焦易堂为代表来敦请就政务总裁职,"务乞先生以国家为念,俯如众请,早日就职,共挽危局"。(《国会非常会议致国父为当选政务总裁请就职函》,黄季陆主编:《革命文献》第 49 辑,第 144 页)

　　△　报载"某民党领袖"谈话发表在日本东京朝日报上,称孙中山"能体建设民国之真意义,而重责任",陆荣廷能热心诚意护法,"此民党之所敬也","孙中山与陆荣廷若同心合体足以风靡中国",而"岑

春煊与其部下煽动陆荣廷以排斥孙中山"，以致时事日非，岑春煊"实则似西南之障害物耳"。(《日本》，《时事新报》1918 年 5 月 26 日，"各国电讯")

5 月 27 日　报载居沪党人"近来野心甚勃，其新定计划，拟先派党众，潜往鲁省，与土匪联合，并运动军警，相机暴举"，成则即以该省作为根据地，失败则着手潜谋江浙闽皖；已经有不少党人乔扮商民出发赴鲁。山东督军及浙江卢永祥都已令饬各机关，严为防范。(《党人窥伺浙闽最近之探报》，《时事新报》1918 年 5 月 27 日，"本埠时事")

居沪民党"某党魁"欲急起直追，在上海新开途径"谋建立新地盘"，称孙中山并非赴日，而是将至沪一行。(《孙文氏近时行踪之传说》，《时事新报》1918 年 5 月 27 日，"本埠时事")

5 月 28 日　偕胡汉民、姚雨平、谢良牧乘轮至梅县松口镇，驻节于谢家"爱春楼"。(余齐昭：《孙中山文史图片考释》，第 117 页)

应谢良牧兄谢逸桥之请，挥毫撰两副楹联留念。一曰"博爱从吾好，宜春有此家"；二曰"爱国爱民，玉树芝兰佳子弟；春风春雨，朱楼画栋好家居[1]"。(宇皓、文瞻：《孙中山与侨乡松口》，《羊城晚报》1981 年 10 月 10 日)又为《谢逸桥诗钞》题《虞美人》词一阕，赞曰："吉光片羽珍同璧，潇洒追秦七。好诗读到谢先生，别有一番天籁任纵横。五陵结客赊豪兴，挥金为革命。凭君纽带作桥梁，输送侨胞热血慨而慷。"(李全基：《孙中山为〈谢逸桥诗钞〉题词》，《团结报》1984 年 3 月 10 日)

△　报载孙中山不日将抵沪，法租界环龙路孙氏本宅已在预备迎接。又称其至沪后，"越四五日即须挈眷东渡赴日"[2]。(《孙中山将来沪》，《新闻报》1918 年 5 月 28 日，"本埠新闻")

又有报道孙中山向非常国会提交军政府成立前后用过款项，称

---

①　一说作"好君家"。(李全基：《孙中山为〈谢逸桥诗钞〉题词》，《团结报》1984 年 3 月 10 日)

②　此则报道本就与事实有差，又称"寓居白尔路之吴忠信亦拟将诸事赶为结束，随之泛舟海外"，吴忠信此时应在粤军中，可见报纸报道中之舛误。

"据内幕中人云,则孙氏此次南下用款均由某敌国接济,其数均在百万以上。此则姑备一说,不敢据以为实也"。(《广东改组军政府之进行》,《新闻报》1918年5月28日,"紧要新闻")

△ 伍廷芳、林葆怿发表就职通电,就任改组后的军政府总裁。

称接到21日国会非常会议敦促就职电,"廷芳、葆怿薄德鲜能,本不敢谬膺艰巨,惟今者大法沦胥,群伦失恃,内忧外患,纷至叠集,当此风雨飘摇之局,本非肥遯鸣高之时,自应即日宣布就职,俾重民意而促进行。惟查组织大纲,军政府系采合议制,由政务总裁七人组织政务会议,行使其职权,是廷芳、葆怿现虽就职,仍俟各总裁共同负责,始能行使其职权"。(《军政府公报》修字第1号,1918年8月31日,"通告")

△ 北京当局电卢永祥,称据港探报告,"党首孙文""改道赴沪,难保无党徒勾结,乘谣鼓惑",要求严防。据称"并闻有设法逮捕以除首逆云云","惟闻孙氏此次赴日赴沪,行踪未定,并得某领事电明该国政府保护,可决其万无一失也"。(《急电密防孙大元帅》,上海《中华新报》1918年5月29日,"本埠新闻")

5月29日 参观梅县松口公学并发表演说。(余齐昭:《孙中山文史图片考释》,第117—118页)

松口公学师生及当地民众在松口公学召开盛大欢迎会。作演说,勖勉民众为革命贡献力量。(姚雨平:《我追随孙中山先生革命的片断回忆》,中国人民政治协商会议广东省委员会文史资料研究委员会编:《孙中山与辛亥革命史料专辑》,第133页)据称演讲用"桂林官话",当地客家民众难以听懂,故有人作翻译。演讲三个多小时,听众四百余。结束后与松口公学师生合影留念。(丘一中:《孙中山先生到松口二三事》,《广州文史资料(选辑)》第20辑,第120—121页)

对侨属倍加慰问,为松口绅商会题字"见义勇为"。(赖绍祥、房学嘉编著:《客籍志士与辛亥革命》,第123页)

5月30日 许崇智率部攻克永定。

戴季陶称,其与孙中山随军进入永定镇守衙门,见衙门里"厅室

桌子上的麻雀牌四面排得整整齐齐,竟一张也没动"①。(泽村幸夫:
《送迎孙中山先生私记》,陈鹏仁译:《孙中山先生与日本友人》,第119页)

△　报载"旅居日本之民党某领袖"谈话,称南方政府数月以来
内部之竞争极为激烈,责任在于政学派诸人。

认为陆荣廷与孙中山素未谋面,"则有何怨仇耶",此次内斗,"全
系若辈之挑发所致","即政学会派挟陆氏而欺骗议员是也"。据称政
学派"阴谋主张牺牲国会而言平和,且暗通好于冯段,而以岑氏充副
总统为交换条件"。(《军政府改组与民党》,《顺天时报》1918年5月30日,
"时事要闻")

△　宫崎寅藏在日为南方设法购办军械,本日致函在沪的宫崎
槌子,要求其转告李宗黄、吴玉章:谓在其努力下,寺内和陆军省"已
经决定要准了"南方购买步枪的要求,然而如今南方派似已有妥协倾
向,日方担心"如果此时予以步枪,南方可能不肯妥协",外务大臣后
藤新平认为"孙文离开广东后,南方比较容易妥协"。宫崎认为,"南
方派的主张需要一致而鲜明","坚决拥护约法,恢复旧国会",这样
"后藤这个庸医将罢休了","步枪问题和借款问题不日即可获得解
决"。([日]宫崎滔天等著、陈鹏仁译:《论中国革命与先烈》,第140页)

△　湖北鄂军第八师长王汝贤报告北京政府,称剿灭奉孙文、黎
天才、王天纵、王安澜等号令的土匪陈天贵党徒。据称陈天贵称奉孙
文、李烈钧之命授为招抚军总司令,黎天才、王安澜亦派余全胜、张
庆、庚六、马家文等会合,在荆门古臣庙树旗召集人马,已有数百之
多,拟抄袭宜昌后路夹攻吴光新军。鄂军第八师派兵往剿,激战一昼
夜,"毙匪数十人,擒四十余人",陈天贵亦被获,旋被杀。(《鄂西军事
消息》,《新闻报》1918年6月5日,"紧要新闻")

_____

①　此记聊备一说,因两人应未至前线,见5月31日条。且戴季陶似乎一直留在汕
头,因25日由汕头赴潮州时,戴氏"以腹疾不能从,呻吟病床者三日。昨日始痊愈,今大
快矣。中山先生尚未归营,尚有数日留也"。(《戴季陶君对于时局之感慨》,上海《民国日
报》,1918年6月12日,"要闻")

△　北京政府与日本政府相互交换双方政府批准之《中日共同防敌军事协定》。该协定将加强北京政府的军事力量,以达到日本计划的在其支持下统一中国。陆、海军部分协约分别于5月16日和19日签字。

报端早于4月初起连续登载相关新闻并揭露段祺瑞政府的卖国行为,至此,协定正式成立。留日学生纷纷辍学回国,抗议卖国密约。5月20日,北京大学全体学生召集紧急会议,抗议北京政府亲日卖国。21日,北京大学等大专院校两千余人游行示威总统府请愿,要求废除上述军事协定。上海、天津、福州等地学生亦联合反对上述协定。

5月31日　谭人凤来见。

谭人凤到三河坝,"适中山、汉民在座,握手后询问各情,谈颇洽"。晚饭后永定捷音报到,"所得子弹甚多,同拍掌称快焉"。(《谭人凤日记》,石芳勤编:《谭人凤集》,第304页)

蒋介石从永定返回,"总理垂询捷状,喜动颜色,并详指国防机要"。(毛思诚编纂:《民国十五年以前之蒋介石先生》第2册,第26页)

△　报载孙中山近来态度消极,致电朱执信、孙洪伊等,称"天祸吾华,群雄纷起,竞争权利,他非所知,国法云云,行将摧残尽绝,奚有护法可言!文虽不才,讵忍多累吾同志,作一时傀儡,遗唾骂万年。今与吾同人约,凡夫一切进行,均各暂行停止,务勿操急,其各勉之"。据称孙洪伊等"多目之为气馁,颇腹诽之,故于此项命令,一如政府之于中日新协约,绝对秘而不宣"。(《孙中山最近之态度》,《时事新报》1918年5月31日,"本埠时事")

是月　在广州与胡汉民、朱执信等谈论诗学,针对朱执信偶作新体白话诗,批评时下"倡为至粗率浅俚之诗"。据胡汉民记,"中山先生辄诏吾辈曰:中国诗之美,逾越各国,如三百篇以逮唐宋名家,有一韵数句,可演为彼方数千百言而不尽者,或以格律为束缚,不知能者以是益见工巧。至于涂饰无意味,自非好诗。然如'床前明月光'之绝唱,谓妙手偶得则可,惟决非寻常人能道也。今倡为至粗率浅俚之诗,不复求二千余年吾国之粹美,或者人人能诗,而中国已无诗矣"①。(胡汉民:《不匮室诗钞》卷8,第7页)

△　马骧来函报告当地汉夷杂处,地段辽阔,势难能周,"不得已以权暂组行署,刊发告文"。1917年12月18日,委任马骧为宁远慰问使,马氏自云南出发,5月初始抵宁远②。(《马骧烈士遗稿·上孙中山先生书》,《大理州文史资料》第3辑《辛亥革命护国运动专辑》,第75—76页)

6月

6月1日　中午,从三河坝返汕头,"司令部遣卫队及军乐队相送,观者塞途"。(《谭人凤日记》,石芳勤编:《谭人凤集》,第304页)启程前以"军略及编制"示蒋介石③。(毛思诚编纂:《民国十五年以前之蒋介石先生》第2册,第26页)

本日闽军臧致平部攻陷饶平县之黄冈。

△　以中华革命党总理名义颁发三等有功章给赵国璋,奖励其"慷慨捐资,赞襄义举"。(《颁赵国璋奖状》,中国国民党中央委员会党史委员会编订:《国父全集》第4册,第342页)

△　湘西田应诏、周则范响应岑春煊、陆荣廷、卢永祥4月18日及30日通电及刘显世31日通电,发表通电呼吁停战,"务恳爱国诸君子等毅力主张,休兵侮战,为国救民,激发天良,俾战事早日解决,安内御外,双方进行"④。(《湘西军主张停战原电》,长沙《大公报》1918年6

---

① 此事未记月日,暂系于此。
② 原文未署年月日,依内容可判定时间为1918年5月。
③ 《国父年谱(增订本)》下册第816页所记有误,蒋介石应在三河坝送别,未至汕头。
④ 此电为"先"(1日)电,无月份,登载于6月1日报端,暂系于此。

月 1 日,"公电摘要")

△　报载军政府改组后,"桂粤两系之冲突益甚","李耀汉已到肇庆筹备,拒桂军再入粤省"。孙中山在汕头一带,派人游说李耀汉,"将与李耀汉握手驱逐莫荣新"。(《西南内讧之京讯》,《新闻报》1918 年 6 月 1 日,"紧要新闻")北京也有传闻"方声涛因张开儒被捕,亦加入粤系。伍廷芳、林葆怿亦暗联粤系,为驱逐桂系之计画"。(《时事新报》1918 年 6 月 8 日,"北京专电")

更有称孙中山未离粤时,"拟联同李耀汉、李福林等在肇宣布独立,将莫督驱逐,后因兵力不足,而讨龙军又正在纷纷班师凯旋,料难得手,卒不敢发作",故当时城内外异常戒严。记者称"今孙已去粤,人心从此可安定","孙氏此次去粤,绝无人送行"。(《粤省近闻种种》,《顺天时报》1918 年 6 月 2 日,"地方新闻")

6 月 2 日　报载孙中山偕戴季陶、朱执信、黄大伟等人"本拟来沪后东渡游日,及行抵汕头,见事尚大有可为,或将留汕共进策行云"。据上海"民党某君"称,孙中山派因在广州已无活动余地,所有军政府办事人员皆至潮汕一带陈炯明、许崇智势力范围,"居留上海之党人连日亦有大批赴汕者"。(《孙派以潮汕为根据地说》,《新闻报》1918 年 6 月 2 日,"本埠新闻")

又称孙中山抵潮后,"亲见此方粤军之可用,遂触发其仍当图粤省之心。最近陈炯明于添募援闽续备队之后复大招警卫军三十营,闻亦出自孙氏之意"。(《粤局对内外之隐患》,《新闻报》1918 年 6 月 11 日,"紧要新闻")

东京来电则有称孙中山行程为陈炯明等所止,"有变更预定,将直行赴美之说"。(《孙文之直行赴美说》,《顺天时报》1918 年 6 月 2 日,"特约电")

△　报载张百麟致吴景濂及护法领袖长函,就西南军政府改组发表其意见,劝与孙中山互相亲善。

认为"中山昔以一布衣,高唱三民主义,环球一呼而起者数万众,赤手集数百万之款,其潜势力之活动,袁、黎、冯、段且未尝轻视义军,无故而去此长城,岂曰得策",称"吾人之赞成中山乃以其主义政策足以使民主共和国家适于生存",不能因孙中山左右之贤否"对于中山遂分爱恶",敦劝护法领袖"容纳中山一派之政见,共贯彻护法大义,则大功不必成于中山,中山当亦心安理得。且彼此一举一动关系民国安危,互相亲善即互相成就,否则两败俱伤甚至误国天下"。(《张百麟致吴议长及护法领袖书》,上海《民国日报》1918 年 6 月 2 日,"要闻")

6月4日　靖国招讨军司令官兼川东宣慰使夏之时发表通电,贺军政府成立。

称接到 5 月 18、21 日各电文,知军政府改组,"举定诸公为政务总裁","闻命之余,踊跃三百"。认为之前西南战事,"因无统系的政府相与提携,以至波折横生,履行不果",希望"从此万众所期,日形一致,神州奠定,指日可期",敦请各总裁克期就职①。(《军政府公报》修字第 1 号,1918 年 8 月 31 日,"公电")

△　来粤考察的徐永昌,与各方人物接洽,对国民党有所点评。

认为"国民党仅知骂进步党官僚奴隶而不自知其为流氓土匪。老孙之倡中华革命军与五千万人直取俄京,其用心与言论恐梁启超而不如",其友大不以为然;而徐进一步认为"国民党之将来,得势不过依新思潮胜旧之公例耳。尔时攻击国民党之新民党,恐其中强半为今之进步党中人物,且所谓进步党之依附官僚,亦缓进、急进的政策不同耳",两党"殊无轩轾"。("中研院"近代史研究所编:《徐永昌日记》第 1 册,第 137—138 页)

6月5日　下午,乘天草丸离汕赴台。([日]外务省编:《日本外交文书》大正 7 年第 2 册上卷,第 19 页)胡汉民、戴季陶同行。

---

　　① 此电为"支"(4 日)电,未署月份,《军政府公报》修字第 1 号标注日期为"8 月 4 日",应误。因其电文中有"顷奉巧(18 日)、马(21 日)各电,知非常国会依法修改军政府大纲",应是指 5 月 18 军政府修正大纲通过,21 日国会致当选七总裁电;且电文敦请各总裁就职,伍、林、陆虽于 5 月底 6 月初相继宣布就职,但夏处消息容有滞后。故此电似应拍发于 6 月 4 日。

又有报道称,粤军在黄冈方面大败消息传来,北军甚至追击至距汕头几十里外之樟林,粤军难以抵挡,"战事有渐次发展至汕头或潮州方面之倾向"。孙中山一行"因未得便船乘搭,现尚滞汕",闻讯"极为狼狈","匆匆起程"。(《闽军渐迫汕头》,《顺天时报》1918年6月7日,"时事要闻")

△　上午,谭人凤"赴司令部会中山、汉民等,均外出,未得晤"。(《谭人凤日记》,石芳勤编:《谭人凤集》,第306页)

6月6日　搭乘天草丸抵厦门,向基隆航行①。(《孙中山之行迹》,《顺天时报》1918年6月8日,"时事要闻")

厦门有记者访问孙中山一行,"据其同行者一人所言,南军在黄冈虽一次失败,然更得应援,于四日午后确已克复黄冈,卤〔掳〕获小铳一千挺,弹药百五十万发。于五日更追击北军,目下在分水关激战"。(《闽粤两军互有胜败》,《顺天时报》1918年6月8日,"时事要闻")

赴日消息传到上海,仍有党人推测,"谓下星期中孙氏定当启程来沪"。据称此行,"孙氏最近行动常偕美人为伴,已一洗前此专倚某国人为保护人之习惯"。(《孙中山离粤赴日》,长沙《大公报》1918年6月15日,"中外要闻")

△　报载一川籍国会议员吴君(疑即吴山)的谈话,称护法各省中"上下一致竭诚爱戴孙中山者,厥唯川民",当地绿林称"如孙大元帅者,吾辈诚悦服之",军队长官莫不。熊克武通电亦称"孙大元帅",被唐继尧告诫曰:桂军方面不知对于军政府如何,彼此暂称"孙先生"罢。而各旅长"叠发数电称'大元帅'","且谓熊曰:公欲安督军位,不得不尊孙大元帅"。川中之商民军各界,异口同声曰"孙大元帅,吾辈归附之;若滇军,则誓与之抗也"。吴某又称"北方之数省,对于孙中山仍极崇拜",曰"吾等宁受治于孙大总统,缘彼为革命首领,满清是彼打倒来的",虽是常人口吻,"然亦足见其心理之趋向矣"。

---

①　报道称"于十一日经过厦门向基隆航行","十一日"应是"十一时"之误。

（《孙大元帅之民望》，上海《民国日报》1918年6月6日，"要闻"）

6月7日　下午四时抵基隆，旋于五时改乘信浓丸，前往日本门司。据称"孙等行动颇为秘密，故本地新闻界皆未有所悉"。（《孙逸仙正前往门司途中·大正七年六月八日台湾总督府警视厅长官致殖产局次长电》，张瑞成编：《国父孙先生与台湾》，第283页）

据随行的戴季陶1927年回忆称，孙中山原拟在台湾稍留，藉机向台胞发表意见，"宣传主义，唤起民族意识，鼓吹爱国精神，台湾同胞也很欢喜，以充分的热诚，准备欢迎"，"然而台湾总督府，用尽阻挠方法，不使我中山先生与台湾同胞晤谈。总理一到台湾，台湾官宪即派员到船中，招待总理一行；直驱到台北，翌晨便开船向神户去"。（王云五等著：《我怎样认识国父孙先生》，第299页）

为事务长织田英雄题字"大道之行也天下为公"。（［日］陈德仁、安井三吉：《孫文と神戸：辛亥革命から90年（補訂版）》，第199页）为船长郡宽四郎题"博爱"。（李吉奎等编：《孙中山全集续编》第2卷，第316页）

△　国会非常会议致电西南军政要人，欢迎伍廷芳、林葆怿、陆荣廷宣布就总裁职，呼吁岑春煊、孙中山、唐继尧、唐绍仪"从速宣布，一致就职"[1]。（《国会非常会议请岑春煊等速就任总裁职电》，中国第二历史档案馆、云南省档案馆合编：《护法运动》，第512页）

△　王安澜发表长篇通电，详述鄂、川战事，反对议和。痛陈不可不战理由四条，认为"若再容忍迁就，饰言息事宁人，万一息兵罢战，政权归一，仇视异己，任意删除，我西南断头沥血所争之国权拱手而让之"，"望我西南，人人捐除意见以固国体，组织统一机关，以巩实力"，声称"我辈之战，师出有名，为护法而战，为靖国而战"，希望"诸公一致同心，坚持到底，会师武汉，指顾可期"[2]。（《军政府公报》修字第

---

① 《护法运动》定日期为9日，而此电为"虞"（7日）电。

② 此为"阳"（7日）电，未署月份。其电文中称伍廷芳、林葆怿（5月28日宣布就职）为总裁，其他则未称总裁，且发至"上海岑西林"（岑7月4日在广州宣布就职）处，故此电似应拍发于6月7日。《军政府公报》修字第2号标注日期为8月7日，应误。电文中又称"广州孙中山先生……张总长"，应属消息滞后、不通之故。

2号,1918年9月4日,"公电")

　　△　反对改组、支持孙中山一派及支持改组军政府者继续在报端发声。

　　李素评论军政府改组、孙中山辞职,谓"然则军政府之必出于改组,孙中山之必出于一去。直言之,即中山不见容于西南之武人派耳。非致中山一去再去,而无以竟其志,是诚吾人所当内疚者焉。而在孙中山自身,命之则去,固无丝毫之留恋,以较袁氏至死不舍者何如？冯段举国讨之不去者何如？与其他未得患得、既得患失、蝇营狗苟者又何如？以手造民国之第一人,而不能稍待月余之正式国会为正当之解决,而必挥之使去,其如正谊何？其如国体何"？(《军政府改组后之近状》,《时事新报》1918年6月7日,"内外要闻一")

　　支持改组者认为"统一机关成立,言战言和,均易得一致之行动,不至如前此之散漫而难解决,方庆幸不已",而"政客来电,均力言改组军政府之不合,及对于孙中山去粤之不平,一若西南武人不知如何跋扈,而彼等政客又不知如何认真护法",认为是留粤之孙派中人"因诸总裁未全就职,尚希冀概回本派势力于万一,连日散布谣言,谓彼等改组派实欲包办和议,宁牺牲旧国会及为无条件之请和,以屈服于冯段下亦所甘受等语。以至吴景濂亟亟有反对和议之通电以自解"。(《政局变更中之粤祸》,《新闻报》1918年6月8日,"紧要新闻")

　　6月8日　报载在日本的唐绍仪、张继聚集于热海,"孙文到日本后闻亦将暂寓热海,该地殆将成为中国南方派之根据地"。(《七日东京电》,《新闻报》1918年6月8日,"译电")

　　△　居正、廖仲恺办理大元帅府人员善后,"每人一律发给毫洋五十元另军政府债票一百元"作为返乡川资。

　　报载大元帅府停止办公,其中除胡汉民、戴天仇等三十余人随孙中山离开外,"向日所用三百余之办事人员多未搬出,一仍其旧"。此部分人多为外省籍人,多不愿由伍廷芳、林葆怿安排至长堤二马路政务会议筹办处内办事。(《联合政府成立后之粤闻》,《新闻报》1918年6月

16 日,"紧要新闻")

6 月 10 日　上午,乘信浓丸抵达日本九州的门司市。当地政府派警员为之警戒,"孙等明白我方之好意,曾表示谢意"。(《孙中山行踪报告·大正七年六月十日福冈县知事呈内务大臣、外务大臣等电》,张瑞成编:《国父孙先生与台湾》,第 283 页)

前来迎接者有宫崎寅藏、泽村幸夫①、田中隆三等人。据泽村幸夫回忆:"戴着淡茶色的拿破仑帽(Helmet),身穿灰色的立领西服,左胳膊佩戴黑纱②,无精打采地坐在甲板上的藤椅上面的孙先生,虽然只隔五年的光景,他头额的头发已经减少许多,胡子亦显得白多了。"(泽村幸夫:《送迎孙中山先生私记》,陈鹏仁译:《孙中山先生与日本友人》第 117、118 页)

在门司,对记者发表谈话。称拟在箱根养病、歇夏,并无"接见贵国朝野名士"的希望③;尚未决定是否就军政府总裁职。重申南方目的在于恢复约法、国会,认为最近北军无战意,"渐可以促进调和诸说","如北方真有爱平和之意,余与余同志者亦极表同情",和谈条件"当从多数意见,余个人亦未能任意为何等决定"。就中日两国各事"全然不甚明了",对驻华公使林权助的措置亦"未知其是非究竟",日本"既真有其意思,乃尚时有误会,则当格外求其如何可致真亲善",自己日后也"更当运思致力于此"。就借款问题,认为自己不了解情况,"虽有困苦南方之嫌,而余亦不能确实知之",而南方"今日全不欲从日本借款,余亦不负欲求借款之意"。并申明无自日本赴美国之意。(《东京特约通信·孙中山到东之态度及谈话》,上海《民国日报》1918 年 6 月 18 日,"要闻")

---

①　时任《大阪每日新闻》中国部部长、记者。

②　应是为宋庆龄父亲宋耀如而戴,宋耀如于 5 月 3 日在上海逝世。(余齐昭:《孙中山文史图片考释》,第 120 页)然而当时杨寿彭称孙是为结拜兄弟程璧光服丧。([日]外务省编:《日本外交文书》大正 7 年第 2 册上卷,第 22 页)

③　据秋山真知称:孙期望入京,但日本政府不允许。(段云章编著:《孙文与日本史事编年(增订本)》,第 570—571 页)

另一记载称,以宫崎寅藏为首的新闻记者一行七人,来采访"对于时事之意见"。答称:中、日两国国民必须相融无间,始能扫除两国间之误会;而建立友好双边关系则是当务之急。至于中国方面,必须南北政府即刻停止争斗,力谋和平,国家方有前途①。(《孙中山行踪报告·大正七年六月十日福冈县知事呈内务大臣、外务大臣等电》,张瑞成编:《国父孙先生与台湾》,第 283 页)

田中隆三曾是日本三井物产会社职员,1914 年与孙中山结识后,曾多次为革命军秘运武器弹药。此次孙与宫崎寅藏、田中三人相逢,感慨万千。宫崎回忆往事,悲愤交集,"竟流泪说不出话",田中则说"孙先生高洁的人格,与炽烈的爱国精神,虽受挫折,今后定能得到志士的同情与赞助,请勿灰心,奋斗到底,中国革命必可成功。孙先生特别寄望于中日两国彼此之强盛与忠诚合作,定可实现"。孙深为感动,即取出笔墨,在白绢上走笔题写"至诚感神"以赠。另赠送古莲子四枚,希望中日两国"像这莲藕中的丝一样,外国的任何力量,也是切离不开",希望在莲子花开的时候,"中国的革命成功,东亚也有了和平"。(陈固亭:《国父与日本友人》,第 99－100 页)1960 年,田中隆三的儿子请人将其中一枚培育发芽,此古莲被命名为"孙文莲"。(江山著:《友谊之歌》,第 155 页)

△　上午 9 时许,前往下关。晚 7 时,抵下关,旋乘火车东行,往国府津。一路皆有日本警察随行保护。(《孙逸仙行踪报告》《孙逸仙等已抵达日本》《头山满等往迎孙逸仙》,张瑞成编:《国父孙先生与台湾》,第 283－284 页)

在火车上,一美国青年前来表示致敬。谈话中,孙中山告诉此人,在抵达汕头前,"不少刺客在想要他的命"。(泽村幸夫:《送迎孙中山先生私记》,陈鹏仁译:《孙中山先生与日本友人》,第 119)途中与泽村幸夫谈

---

①　然另一译文意思完全相反,称"虽然南北相争对国家是悲痛之事,但是为了建立永远和平,要斗争,我想斗争比一时妥协效果大",参阅段云章《孙文与日本史事编年(增订本)》第 571 页。

话,表示如果北方之武人派明确表示反对共和及民国,"则旗帜鲜明,非常好办",但实际上"他们却说既不反对共和政体,亦不反对我孙中山","致使我们束手无策","伪共和"状态将与武人派的势力共存。在观察车厢内部德式和美式的装饰时,孙中山表示"日本人比中国人善于摄取外来文明"。

据泽村记载,本日收到汕头方面电报,汕头被闽军臧致平部攻陷,"广东军溃散"。(泽村幸夫:《送迎孙中山先生私记》,陈鹏仁译:《孙中山先生与日本友人》,第116、120页)

据谭人凤记,6月8日邓铿"自战线归来,报告黄岗战事失利,汕头难守,司令部将迁移",11日消息来报则称"汕头安静,敌军尚在百余里外,已受滇军反攻"。(《谭人凤日记》,石芳勤编:《谭人凤集》,第307—308页)

6月11日　上午,车经停神户车站。迎候的人中有菊池良一、今井嘉幸、中国国民党神户支部长杨寿彭,以及神户商业会议所副会长本多一太郎、日支实业协会干事草鹿甲子太郎、当地有名华人郑祝三。([日]外务省编:《日本外交文书》大正7年第2册上卷,第20页)

泽村幸夫则随后在大阪站下车。大阪站亦有新闻记者、摄影记者等候,以及一日本女子森福子。(泽村幸夫:《送迎孙中山先生私记》,陈鹏仁译:《孙中山先生与日本友人》,第120—121页)

晚近7时,火车抵国府津车站。头山满、寺尾亨、殷汝耕等来迎。当晚,乘车抵箱根。随后安置于箱根塔之泽环翠楼,有胡汉民、戴季陶、殷汝耕、戴立夫、何香凝、寺尾亨、头山满、水野梅晓、龟井陆良、萱野长知、田中收吉。同行的何天炯、宫崎寅藏、菊池良一、北原嘉一郎、森福子则宿于另一旅馆。(《头山满等往迎孙逸仙·大正七年六月十二日神奈川县知事呈内务大臣、外务大臣电》,张瑞成编:《国父孙先生与台湾》,第284页)

晚宴,席间题联赠宫崎寅藏,曰"环翠楼中虬髯客;涌金门外岳飞魂"。(胡汉民:《不匮室诗钞》卷8,第7页)

据称，大隈重信也至国府津，"将暂留该处"。（《日本》，《时事新报》1918 年 6 月 12 日，"各国电讯"）两人是否会面则不得而知。孙中山后来解释住在箱根，"此地离东京约三四点钟车程，所以便东京朋友来会谈也"。（许师慎：《〈国父全集〉未刊之重要史料》，黄季陆等著：《研究中山先生的史料与史学》，第 178 页）

一路都有日本警察的秘密监视和保护。（〔日〕外务省编：《日本外交文书》大正 7 年第 2 册上卷，第 20—21 页）

△　本日就时局发表谈话，称"即使如梁士诒等之计划能妥协南北，然依旧留一祸根，吾辈之理想在于根本改革，故对于妥协案不加着意"，认为北方"以伪民国而选举伪大总统，固无议论之余地"，南北方的分歧在于"反对帝制、赞成共和与否"而起，北方"虽主张假面共和，然于今时则有不利"；否认渡美传闻，称静养后将返回中国，"吾辈决非为陆荣廷等所逐而至者"。（《孙中山在日之谈话》，《顺天时报》1918 年 6 月 13 日，"时事要闻"；《共同通信社电》，上海《中华新报》1918 年 6 月 13 日，"东西要电"）

另一报道称"孙氏对日本某记者谈及中国时局问题，满腔牢骚"，尽情披露其言。应即同一谈话。

略谓：余对于南北妥协问题，不甚留意，盖以绝对不相容之两物，而强使之妥协，事实上实难办到。即使近日所传梁士诒辈之妥协案，竟能成立，将来仍埋伏无数之祸根，此种妥协，虽能苟安一时，而于吾曹心目中之真共和，了无裨益。吾曹所理想之根本妥协，今日尚非其时。故吾曹对于和议之声曾□措意，盖亦时势使然耳。总统问题，吾曹亦怀抱同样思想。在今日伪民国而争竞选举伪总统，苟非至愚，决不为此。吾曹当兹伪共和之世，武力上不能制胜，固无足怪。今日武人派之跋扈，不仅见之北方，南方如陆荣廷辈亦有过之无不及。彼等貌虽反对帝制，赞成共和，实则内中不过假真共和之名而行伪共和之实，与吾曹实行皆在真共和者截不相同。方今世衰道微，竟使标榜正义真共和之吾曹屈服于若辈不正义伪共和之下，此真吾曹所太息痛

恨而无可如何者也云云。(《孙文在东之谈话》,长沙《大公报》1918 年 6 月
26 日,"中外要闻")

另有记载,据杨寿彭叙述,孙中山决心来日,是希望得到犬养毅
的援助,"至于养病休息云云,不过是对社会上的一种饰词而已"。孙
谓南方政界状况悲惨不堪,准备与唐绍仪商量是否就任政务总裁。
又称,历来均未反对过南北妥协,但难以与段祺瑞谈,希望日本朝野
名流援助南方"结束西南联合政府、养成实力"。对日本官宪颇有好
感,此行自厦门开始至箱根,一路皆有官方给予方便和保护。属于北
方派的旅日华侨王文达认为"孙经常的离开政界并不是丑事","在广
东已威信扫地……然今尚有野心,真是愚蠢至极"。([日]外务省编:
《日本外交文书》大正 7 年第 2 册上卷,第 19—23 页,转引自李吉奎:《孙中山与
日本》,第 488—490 页)

而据日本东京 11 日来电,称孙中山此次至日,"其旧友等皆热心
安慰,官府亦力与保护,但朝野人士皆不目彼为时局之人"。(《孙文与
日本朝野》,《顺天时报》1918 年 6 月 12 日,"特约电")

孙中山此次赴日,可以说是主观上力求低调,而事实上是受到日
本当局及民党的冷遇,甚至连犬养毅也未获谋面。之前再三邀请,到
日后却避而不见。前此访日的梁士诒、唐绍仪等人则受到日本方面
的热烈、隆重接待,两者形成鲜明的对比。日本寺内内阁"希望中国
建立一定程度的强大的政府,并希望这个政府同日本之间保持密切
的政治、经济关系",([日]北冈伸一著,郑基译:《军部与第一次大战中的对
华政策》,《国外中国近代史研究》第 4 辑,第 265 页)大力援助段祺瑞政府,
除了签订《中日共同防敌军事协定》外,1918 年签订的"西原借款"共
六项达一亿二千万日元,在经济上"提携"北京政府,来支持段武力统
一中国。

国内报道亦甚冷淡,仅简单登载其行程,如本日上海《中华新报》
载:"孙文由台湾之基隆启程,约于十日晚间可抵日本下关。其暂写
〔歇〕地点大约大〔在〕箱根或沼津。"(《东方通信社电》,上海《中华新报》

1918 年 6 月 11 日，"东西要电"）又谓："孙中山到日，其昔日之日友皆热心图为之慰安，而日本官边亦将为十分保护云。惟日本朝野皆不视之为有关时局，言彼专为养疴，绝无政治上意味云云。"（《共同通信社电》，上海《中华新报》6 月 12 日，"东西要电"）

△　报载广州数日间谣言迭起，"其原因由于李耀汉之久不回省，一由纸币兑现之久不实行，一由于香山袁带军队之踞城独立，而总其所以致此之原因，则不外桂粤派之互相疑忌而已"。（《粤局对内外之隐患》，《新闻报》1918 年 6 月 11 日，"紧要新闻"）

6 月 12 日　上午九时许，在头山满的招待下，与胡汉民、戴季陶转宿于小涌谷三河屋旅馆。当地警方"除随时注意其四周安全外，并特别选派干员四人担任贴身警卫"。头山满等人则先行返东京。（《头山满等往迎孙逸仙・大正七年六月十二日神奈川县知事呈内务大臣、外务大臣电》，张瑞成编：《国父孙先生与台湾》，第 284 页）

张继、张翼鹏、梅屋庄吉、何天炯、廖仲恺夫妇、殷汝耕等来见，并叙谈。与梅屋庄吉纵论中国南北形势，护法及来日目的。梅屋专程从东京赶至箱根，畅述别后情况。（段云章编著：《孙文与日本史事编年（增订本）》，第 573 页）

张继与孙"面议要事"，密谈数小时，至 13 日方离开。（《东京电》，《申报》1918 年 6 月 15 日，"外电"）

△　马骧（右白）上书，报告慰问宁远各属事宜，并与同志组织筹建四川靖国宁义军、四川宁属屯殖军，希望给予名义。

马氏报告郭昌明继张煦重建第七军，其人虽非党人而"尚明大义"，"甚愿吾党设军为其臂助"。于是马纠合同志"率健勇八千人各携枪弹效忠吾党"，"先行组合以为基本，与七军交相维系"。如果此军建成，可为奇兵出汉中达秦川，"为武汉正兵之犄翼而以掣牵北军之肘腕，如大局遂已解决，则专事屯殖，以储军实消夷患"，且可"经营番藏，扩充版舆"，"其所关系实非浅鲜"。马骧认为自革命以来，"吾党往往藉力他人，所以事一解决，鲜得占优胜地位，无他，实力不足敌也",故思将此支健勇着力经营,"将来布置发展一吾党之最好根据也"。已经编制六支队,四支队命名为"四川靖国宁义军",二支队命名为"四川宁属屯殖军"。请求速颁明令,给予名义,且电告熊克武"达明此旨","庶便承奉而进行也"。(《马骧烈士遗稿·大元帅府参议官兼宁远各属慰问使马右白谨上书》,《大理州文史资料》第3辑《辛亥革命护国运动专辑》,第74—75页)

后回复马骧此函,谓:"前后来函均悉,所云各节,诚关国家前途匪浅,仰见兄之爱国弃家,实为民党中不可多得之名士。刻因粤中肖小作祟,文以〔已〕移住沪滨……"①(《新发现的马骧烈士遗稿·致××同志书》,《大理州文史资料》第3辑《辛亥革命护国运动专辑》,第87页)

△　参、众两院假座广东省议会议场举行正式开会礼,出席议员二百四十人,继续开正式国会,"俟足法定人数即行开议"。赵世钰报告称粤、沪两地加上各省招待员汇报将限期来粤者,总计参议员一百三十二人,众议员二百九十四人,仅差四五人即可达法定之人数。(《十三日广东电》,上海《民国日报》1918年6月14日,"东方通信社电";《正式国会开会纪》,上海《中华新报》1918年6月18日,"紧要新闻")吴景濂讲话中称希望南来议员足三分之二以上,"将宪法完全在粤制定,庶可告无罪于国人,而国人对于议员之信仰,亦可增加",呼吁继续坚持护法。(《正式国会开会之盛况》,上海《中华新报》1918年6月21日,"紧要新闻")

并发表通电,称"依约法,自行集会",本日在广州继续开正式国会。(《参众两院于广州续开正式国会通电》,中国第二历史档案馆、云南省档案馆合编:《护法运动》,第513页)

6月13日　与头山满、寺尾亨会面并合影。(余齐昭:《孙中山文史图片考释》,第120页)

△　分电犬养毅、高木陆郎、门司水上警察署长、下关警察署长、《大阪朝日新闻》马井七、《大阪每日新闻》主笔渡边主幸等,或表谢

---

①　原文如此,题为《致××同志书》,收入《马骧烈士遗稿》,依内容"文以〔已〕移住沪滨"及前面嘉奖之语,应是马骧所收孙中山之复函。可惜下文已阙。

忙,或告情况。(段云章编著:《孙文与日本史事编年(增订本)》,第 573 页)

6 月 15 日　参众两院在广州开谈话会,讨论各总裁就职情况,有议员提议"孙中山先生虽已去日,仍派人挽留总裁之职,以示一致护法",众赞成。(《参众两院谈话会之提议》,上海《中华新报》1918 年 6 月 24 日,"紧要新闻")

△　鄂西靖国军总司令蔡济民、副司令牟鸿勋给当选各总裁发来贺电,称从沪报中得知军政府改组,"诸公皆当选为总裁",希望"从此和衷共济","对外为代表之机关,对内收统一之效果"①。(《军政府公报》修字第 4 号,1918 年 9 月 11 日,"公电")

广东陆军第一师师长陈坤培亦通电敦促唐、岑、孙、唐四人"垂询民意,早日宣布就职"。(《四总裁一律就职之推测》,上海《中华新报》1918 年 6 月 25 日,"紧要新闻")

6 月 16 日　唐继尧来电,请速就总裁职。

称军政府改组,"百端待理,且时艰多故,非我公远引之时","尚乞整驾南旋,即日就职"②。(《唐继尧请孙中山速就总裁职电》,中国第二历史档案馆、云南省档案馆合编:《护法运动》,第 524 页)

6 月 17 日　伍廷芳、林葆怿来函,劝速就政务总裁职。

称"今军府改组,只限于内部之条文,其名义仍旧,则精神犹存,继往开来,正吾人所宜急于从事者也","于危亡之际,可以收拾几分,便即已尽了几分之责任","若乃事稍与吾意左,而遽掉头不顾,不特前功尽废,后事愈不可收拾矣",又称"先生非迈迈鸣高之士,踽踽凉凉,于义无取,敢致书劝驾,幡然来游,勿亏一篑之功,而全始终之德"。(《伍廷芳林葆怿上国父请就任政务总裁书》,黄季陆主编:《革命文献》第 49 辑,第 144—145 页)

△　徐永昌感于国内各方纷纷以绿林为助力,感慨"今日宇内竟

----

① 此电为"删"(15 日)电,未署月份。但其电文中仅表示得知军政府改组,七人当选总裁,未及就职问题,故此电似应拍发于 6 月 15 日。

② 此电为"铣"(16 日)电,未署月份。电文中有"我公已东渡避暑",应在 6 月。

成一土匪世界"，认为是孙中山利用土匪之结果。

谓孙氏"其发兴革命的思想，功在康梁等上。近年事实上的罪过，亦在康梁上。康梁近年所主张，足使中国一切进步为之一挫。而孙则无意识的利用土匪，其结果且足以亡国，彼近且不承认李、唐等，是将不我从者，虽救国行为亦不以为可。与老袁之作皇帝，上下床别耳"。("中研院"近代史研究所编：《徐永昌日记》第1册，第152—153页)

△　报载6月11日意大利公使归国前与段祺瑞谈话内容。

段祺瑞称"现在南方所称伟人如孙文、唐绍仪、伍廷芳、孙洪伊之徒皆历经试验毫无政绩，元年孙文任临时总统时统一之能力如何人所共见，二年之唐内阁其成绩如何余亦不必评其长短，外间自有公论"，后又有陈锦涛、殷汝骊、许世英、王毓炜等之赃案，"贻笑外人，国利民福云云均非彼等所计及"，"以此等人为南方之领袖，余故必欲除而去之以谋中国之统一"。

意公使则称"民党领袖固失人望，而舆论似倾向南方，在湘北兵残暴之行为尤为中外报纸所诋毁，虽南军或亦有此行为，但报纸未见"。段祺瑞答"实际上办事，仍不得不如是也"，言下之意，只在平南，"部下残暴与否在所不计"。最后意公使称其归国绕道美洲、英国，"届时遇彼邦行政官，必将总理之意旨代行宣布"。(《北京特约通信》，《新闻报》1918年6月17日，"紧要新闻")

△　曹锟再次召集各督军集议天津，龙济光参加该会，"总统问题已解决，一致推徐。军事仍积极进行"，各督军由"由主和倾向突然转变为一致主战"。(《北京电》，《申报》1918年6月21日，"专电"；《中华民国史事纪要(初稿)——中华民国七年(一九一八)一至六月份》，第767—768页)

6月19日　从箱根赴京都。

据称有曾在孙手下服役的日本退职海军军官某，向孙要求允许尚未清还之酬金，"恐将出强硬手段迫其清还"，"孙氏现有常服警官特别保护"。将于下期轮船起程赴沪。(《孙逸仙将返国》，《顺天时报》

1918 年 6 月 21 日,"特约电")又有报道称孙"或于今日(20 日)由神户坐船赴沪亦未可知"。(《申报》1918 年 6 月 21 日,"外电")亦有相反意见,认为"孙文并无返华之意","因军政府解散离粤之后,其一切举动,颇为人所注意,每有人侦伺其后,故有意假托赴沪,而离去箱根转往别埠"。(《孙中山假托赴沪之风说》,上海《中华新报》1918 年 6 月 23 日,"本埠新闻")

据泽村幸夫的回忆,19 号从箱根出发是预定返沪的,在车上因突发急性结膜炎而在京都下车,至京都大学医院看病,在此休息了两天。(泽村幸夫:《送迎孙中山先生私记》,陈鹏仁译:《孙中山先生与日本友人》,第 118-119 页)

△ 唐继尧发表通电,宣告就任总裁职。称"国变纷纭,时逾一载","宜有奋图",庆慰军政府改组,称"国家兴亡,匹夫有责,忝总戎兵,敢忘斯义。谨随诸公遥领责守,扬鞭立马,敬赞鸿图"。(《军政府公报》修字第 1 号,1918 年 8 月 31 日,"通告")

在唐继尧宣布就职后,谭浩明发表通电,催促岑春煊、唐绍仪、孙中山"克日命驾到粤就职,俾新政府完全成立,早日进行"。(《广东军事消息》,《顺天时报》1918 年 7 月 14 日,"地方新闻")

6 月 20 日 赴京都大学医院诊治眼疾。东京 20 日电称孙"俟有便船,即先回沪,预定两个月后再偕其夫人同来"。(《孙文因病回京都》,《顺天时报》1918 年 6 月 22 日,"特约电")又有称其"惟东京则自始决意不往"。(《共同通信社电》,上海《中华新报》1918 年 6 月 22 日,"东西要电")

△ 彭占元[①]来函,寄上山东军事计划书。

彭之前在上海时已作两函,"请委任山东各路军队司令各职",得复函召其来粤。彭到粤时,孙氏已离开赴汕。函中,彭劝告"勉为就职"总裁,"以为护法之精神,免却争权利者苟且了事"。又感叹"平民

---

① 1903 年留学日本,后在东京加入同盟会,被选为山东同盟会会长。

革命,此番又成泡影",认为"因改党而破坏吾同盟旧国体者,为绝大憾事"。

此函得批"看过,已面答"。(《彭占元为鲁省军事上总理函》,黄季陆主编:《革命文献》第48辑,第273页)或是7月归沪后曾来见。

彭占元另一函①详细报告山东绿林(民军)的分布及动向,"山东为绿林丛生之地,两次解散民军以后,而民军之军官兵士,多散伏绿林之中","数月运动组织,略有端倪,一呼而成,可得二万余枝快枪之劲旅,以之攻济南,剿津浦铁路、京汉铁路北军之后路,绰有余裕"。山东镇抚使军队中也有民军统领,"联络数月,亦愿响应,共同讨段","若委以名义,即发动十数营","前月派代表到上海与元接洽,愿与军政府效力"。彭认为此两支队伍,"若能先委以名义,稍为补助子弹款项,一月之间,即可大集而举","乘此北方空虚之际,得山东,豫秦晋皆可图也"。认为"此时当在江北筹划地盘,扩充民党势力,以培和共〔共和〕根基,不宜在江南筹备,遭群雄之嫉忌",北方并非无人,"先生实力注重于江北,大为号召,必发生效果,此非特一党之幸,实国家之福"。彭因此特地赴粤(也是应开正式国会之召),试图与孙面商。(《彭占元陈述组织山东护法军大略上总理书》,黄季陆主编:《革命文献》第48辑,第271—273页)

之前报载山东剿匪军队在清平县匪巢搜出"大元帅孙文委任状多件",委任顾得麟为山东护法总司令,又邓某、吴某(绰号六大天王,亦著名悍匪之一)均为副司令,"其余尚有军事咨议及顾问种种名目,及其繁多"。称山东匪患本年日增月盛,"其中原因复杂固非一段所能概括,然而党人之勾结煽惑亦其最重要原因之一"。(《鲁省之党患与匪谈》,《新闻报》1918年6月11日,"紧要新闻")

6月21日 报端称孙中山在日期间,"日本当局对于孙氏保护极周",所以突然离开箱根,"恐系政治关系,有必须赴沪一行之重大

---

① 应即上函所称"军事计划书"。

原因在也"。(《东京电》,《申报》1918年6月22日,"外电")

6月22日　晚,自京都赴神户。(泽村幸夫:《送迎孙中山先生私记》,陈鹏仁译:《孙中山先生与日本友人》,第121页)

△　张绍曾抵达上海,据称立即去拜访岑春煊,"其目的虽不明,据一般之观测,氏正与孙中山由日回沪消息同时抵沪,大致与选举总统问题有关"。(《张绍曾抵沪之行动》,《顺天时报》1918年6月26日,"特约电")

6月23日　偕戴季陶自神户搭乘近江丸启程赴沪。(泽村幸夫:《送迎孙中山先生私记》,陈鹏仁译:《孙中山先生与日本友人》,第121页)胡汉民暂留在东京,宫崎寅藏亦至神户送行。(《东报纪孙逸仙来沪情形》,《时报》1918年6月28日,"本埠新闻")

7月4日致孙科函中称,在箱根"住了四日,已见过三数最关切之朋友。日本政情,亦稍知一二矣";在京都,医生告知眼疾十日左右可痊愈,又得宋庆龄自上海来电云"已与法国领事交涉好,上海可以居住",故于是日搭船往上海。(许师慎《〈国父全集〉未刊载之重要史料》,黄季陆等著:《研究中山先生的史料与史学》,第178页)

此次日本之行,并没有什么成果。回国后致陈炯明函中称"抵东以后,鉴于外交方面骤难活动,一切计画,未能实行","现日本当局仍决心助段,遽欲改变其方针,事恐大难"。(《致陈炯明望向福州进取函》,中国国民党中央委员会党史委员会编订:《国父全集》第3册,第562页)

在神户与新闻记者谈话,被问到上海是否欲与岑春煊有所磋议,孙称其辞职后,"一切政治概不干涉,故至上海后并无与岑氏磋议之必要。但岑氏如来会晤,则又当别论",称相信岑"之持论为不承认北方政府",与本人持论"欲讨伐北方政府"相同,"所异者惟手段尔"。记者称"此番议论,知其主义与为大元帅时已少异矣"。(《东报纪孙逸仙来沪情形》,《时报》1918年6月28日,"本埠新闻")

孙又称日本国民对南方之态度"一般甚为良好","政府有时更迭,其态度吾人决不在意,吾人最担心的是日本国民对南方是否谅解"。被问到北京政府之武力解决问题,孙称北京政府以武力解决已非今始,"但南方有应付之军队与武器弹药,绝不足惧。尤其最近南方各领袖彼此疏通,对北京之政策完全一致,对北京政府之态度完全不存在问题"。(日本《神户新闻》1918 年 6 月 24 日,转引自段云章编著:《孙文与日本史事编年(增订本)》,第 574 页)

此行日本多数报纸"对于孙氏人物批评不加褒贬",惟《朝日新闻》比之为意大利革命家马志尼,谓"孙氏对于其所抱主义,精神至为忠实,故外有北方武断派正面为敌,内与西南诸将不相融合,遂至联合统一议失败而启分裂之机。但孙氏誓以一身殉其主义,精神拟以共和民国之文天祥,亦未为不可","其信念实力至可钦佩"。(《东京通信》,《申报》1918 年 6 月 25 日,"要闻一")

邹鲁亦自澳门赴沪。(《谭人凤日记》,石芳勤编:《谭人凤集》,第 312 页)

淞沪警察厅则严密监视党人行动,据探报驻沪议员开谈话会数次并与外人订购大批军火,接济西南各省党人,"决定选举期内,四处运动,图谋起事,俾新国会不能成立";前大元帅府卫队徐绍桢等第九镇军官,连日到沪已达四百余人,在法租界秘密组织"第九联合会",以徐氏为首领,"分赴扬州、高邮、江北、淮扬、海州、徐州、镇江、南京等处,暗设机关"。各地警察机关受命一体严密防范。(《以遏乱萌之密函》,上海《中华新报》1918 年 6 月 23 日,"本埠新闻")

又传邓天一奉李烈钧命往青岛组织机关,受任总司令,"乘机捣乱"。韩恢则被授为江北一带总司令,"携带巨款,并领党徒十余人,分赴清江、海州等处设立机关",运动当地军营相机举事,先断津浦铁路,再行大举。淞沪、江苏军警机关均受命严防。(《又有以遏乱萌之电》,上海《中华新报》1918 年 7 月 1 日,"本埠新闻")

△　报载四川唐继尧派与孙中山派之暗斗。

称唐系在川,最有势力,"又可分川、滇、黔三派"。孙系多起于草泽,无甚实力,有石青阳、黄复生、颜德基、陈炳焜、丁泽煦、李国定等部,"称一师或一师以上者,其实人有余而武器不足。据记者调查,即有枪枝者,亦非纯粹快枪。惟各首领现在仍巧立名目,四处招匪成军,其实颇为不易"。唐系主守,孙系主攻。成都会议以后,均主守待,"以清乡剿匪为唯一之职务,刻已着手进行"。而孙系各首领"至今仍竭力招抚匪徒",近来已迭起冲突,"孙唐两系已成水火之势,内幕之暗斗尤烈"。(前度:《成都特约通信·川省唐孙两系之暗斗》,《时事新报》1918年6月23日,"内外要闻一")

此时在广州的徐永昌听闻石青阳得孙中山金钱资助二三十万,认为"凡因钱而得势力者,其势力多靠不住,人亦靠不住,所谓雇下的革命党。对国家事,不可因感某人之恩德而作(石或不然),虽对好人亦不可如此立意。当知国家与私人是两事"。("中研院"近代史研究所编:《徐永昌日记》第1册,第141页)

△　报端连续发表署名"旅沪国会议员一份子"投稿,分析岑春煊派仇视孙中山及国会之原因。

称1917年孙中山曾一再与岑接商"共同护法";而岑拒绝,"决计独力进行"。不料孙先带同海军径赴粤中,宣布护法,于是"孙中山于无形中虽招彼派之忌";岑"老羞变怒,由忌成仇,竟于南北对峙之夹缝中另标一种旗帜,倡为调和之说"。"虚冒民党之招牌,以为要结北方之地步。一面复使其徒党在京津宣布政学会模棱之宗旨,以为招徕生意之张本","其意宁祖北方,务使南中之孙中山及国会不能为一步之发展",调和"实则对付孙中山及国会之一种极毒手段也"。(《国会之前途》,《顺天时报》1918年6月23日,"时事要闻";《国会之前途(续)》,《顺天时报》1918年6月26日,"时事要闻")

6月24日　上海报纸报道孙中山将来沪,称其因孙洪伊等之请求"来沪筹议",原定在广州交卸后即来沪,但某要人劝说由粤直接来沪的话，"于君（指孙文）多有不利，以是孙遂折往东邻，今始转道来沪"。（《伟人来沪消息》，《时事新报》1918 年 6 月 24 日，"本埠时事"）

又称孙洪伊本日接到驻东京之国民党人来电，谓孙中山"约在本星期四夜或星期五晨，准抵沪上，嘱令预备一切"，"孙洪伊暨国民系之一部分议员，接电后，业已从事准备"。

广东旅沪同乡会探知此消息后，特开茶话会一次，"筹议孙氏抵沪时，应如何招待以尽乡谊"，决定到时择地开会欢迎，"并请其报告在元帅任时之一切经过情形"。

关于孙中山至沪后的居所，报端亦有猜测。法新租界环龙路孙中山"自筑之洋房"①，当孙离开广州时，曾有人打扫"以备来沪驻节"，而目前却"反关如无人"。于是传闻孙来沪后，将卜居虹口某外国饭店。

北京当局亦派侦探梅某来沪，"密侦孙氏来沪后之一切行动，以便转报中央"。并致电上海"某当道"，要求派员密切注意孙的行动，于是，某机关及政府所派探员来往于轮埠口，"异常忙碌"。（《孙中山来沪消息》，《时事新报》1918 年 6 月 26 日，"本埠时事"）

△ 广州《民主报》主笔陈耿夫被莫荣新下令枪毙。

6 月 21 日，陈在《民主报》上登载"伤害广西派之记事"。23 日夜被拘入督军署，24 日清晨即被杀。报道称《民主报》为孙派机关报，"常为官场所注目"。26 日，广州报界公会停报一日"以志哀悼"。（《广东电》，《申报》1918 年 6 月 26 日，"外电"）

据称，陈因登《广西军政界之宣言》及《要人电中之物语》两则新闻，"对于桂派为至不利"而惹祸上身。记者认为"《民主报》为孙中山之机关报，拥护孙大元帅最力，今莫荣新公然枪毙孙系之要人，是不啻在粤桂系正式与粤系宣战"。（祖□：《广东特约通讯·惨哉粤省之言论界》，《时事新报》1918 年 7 月 2 日，"内外要闻一"）

---

① 此处有误，环龙路寓所为租住，而"自筑之洋房"当指莫利爱路住宅。

广州报界公会就陈耿夫被枪毙事,发表致西南各要人及各报馆通电,称陈因登载驻粤广西军政界同人宣言一则而被捕枪毙,报馆并被封禁,"事后宣布罪状,指为造谣挑拨,煽惑军心,希图扰乱治安,破坏大局,实属罪无可逭云云"。认为登载内容,皆属"新闻言论性质","即今广东自主政府,其所私定未经国会省议会议决之报纸条例,亦未有处以死刑之明文。今竟处《民主报》陈耿夫以枪决死刑,以护法政府而有此事,窃恐人人自危,莫知死所,乞予主持,以重人道而维舆论"。(《莫荣新枪毙记者案之余波》,《时事新报》1918年7月5日,"内外要闻一")

当时舆论认为陈耿夫被杀,"实广西主义于广东主义不能并容之故。自张开儒被捕、崔文藻被杀,而广东主义发源地之大元帅府以倒闭,今陈耿夫被杀,则广东主义之提倡家不能不暂时钳口结舌","闻激烈党之潜伏港澳间者,现在谋粤甚急;孙中山忽然回沪,粤人多谓与此有关"。(《粤桂两系竞争中之军讯》,《新闻报》1918年7月6日,"紧要新闻")

天津《益世报》则认为陈耿夫登《财厅更动之恶潮》一文为陈致死之由,未必全因《民主报》为孙派机关报原因。杨永泰接任曾彦财政厅厅长一职后,"忽有印刷物一束送到报界公会,即所谓广西军政界全体之披露是也。其内容则力攻郭松年之谬戾","明眼人观之,皆知此印刷物为属于争权者之私斗,原无登载之必要。乃陈耿夫到公会见此印刷物,看毕一笑,谓为绝好新闻,怀数张而去,故翌日各报均不登载,而《民主报》独登载","其语隐隐谓滇军与桂军不睦,故当局以为最近于挑拨"。但对于当局如此行事,抓捕、枪毙"其迅速为历来所未有,手段如此,亦不免令人自危"。(《粤东惨杀主笔案之揣测》,天津《益世报》1918年7月9日,"时事录要")

6月25日　王天纵发表通电[1],称"军政府改组成立,政务总裁

---

[1]　此电载9月11日出版《军政府公报》,视其电文,仅至军政府改组选出总裁,未涉及就职事。七总裁在6月20日选定,此电为"径"(25日)电,疑应发于6月25日。

列定诸公","欣慰莫名",展望军政府改组,"选举得人","逆军授首,卷棚一空,丑虏悉平,扫净狼燕"。(《军政府公报》修字第4号,1918年9月11日,"公电")

△ 报载联合政府总裁就职情况,称唐继尧、岑春煊、唐绍仪、孙中山四总裁尚无表示,"各有所待"。

谓"孙中山宣言出洋,不理国事,此不过愤极之言,而非实事。若各总裁皆就职,料中山亦必就职也";"岑氏之出与否,须视唐绍仪之进行如何",唐绍仪在日本积极进行,试图以妥协来换取日本民党富豪财政上的扶持,"如非有巨款,虽就职亦无所用其长,故岑氏不能不以唐氏之妥协为宣告就职之标准"。(《纪粤联合政府之新总裁》,《新闻报》1918年6月25日,"紧要新闻")

△ 报载广东非常国会已足法定人数。

南下议员所以骤增,原因在于"旧议员咸以此次新选举彼等绝对无望,遂至铤而走险"。而北京当局则以新选举将次办齐,且广州无款,"该会不久亦必星散",故处之泰然。(《广东国会人数已定》,《新闻报》1918年6月25日,"紧要新闻")

6月26日 下午二时半,乘近江丸抵沪。

"前往迎迓者甚众。迨近江丸至杨树浦左近,即有民党要人十余人乘金陵丸小轮上驶,登近江丸谒晤"。抵岸后有回国留日学生代表欲晋谒,"以码头人杂,嘱至环龙路公馆接见"。然后改乘小轮至法租界黄浦滩登岸,"当时捕房亦有派包探多名前往保护"。同船归国者尚有留学生十余人。(《孙中山抵沪》,《时报》1918年6月27日,"本埠新闻")抵埠时"右眼犹裹绷带,左腕则围丧章,盖夫人之期服未满也"。(《东报纪孙逸仙来沪情形》,《时报》1918年6月28日,"本埠新闻")

在黄浦滩法公使码头登陆后,乘坐汽车前往法新租界环龙路六十三号暂住①，"闻登岸后民党中人沿途护卫颇为周密"。戴季陶随行。(《孙中山由日来沪》，《申报》1918 年 6 月 27 日，"本埠新闻")

接受记者访问时，称"此次受日医诊视，须排弃一切，加以静养，故于政治问题，徇医生之请，不欲有所审察"。(《孙中山先生归沪记》，上海《民国日报》1918 年 6 月 27 日，"本埠新闻")又称"广东之行尚未定"。(《东报纪孙逸仙来沪情形》，《时报》1918 年 6 月 28 日，"本埠新闻")

据称有返沪留日学生二百余人往码头迎接，但至时孙已改道他往，未获晤，而孙听到这个消息，"当派代表田某向学生道歉云"。(《孙文昨日到沪》，《新闻报》1918 年 6 月 27 日，"本埠新闻")

又一说在午后一时半抵埠，在虹口东洋公司码头登岸，暂寓虹口某西旅馆。抵沪时旅沪广东同乡及国民党员多人前往码头欢迎。有驻沪某国领事应孙洪伊之请，"特向驻沪各国领事发抒意见，谓孙氏乃民国元勋，现因政见不合与北方政府龃龉，我外人方面应毋分畛域，一视同仁，今兹孙来沪上，将于租界登岸，我人应筹议者若何对待"，"旋经各国领事一致赞同，允派得力探捕驰赴孙氏登岸处，妥为照料，俾得免除其一切危险"。(《孙中山昨日抵沪》，《时事新报》1918 年 6 月 27 日，"本埠时事")

自 27 日起，叶楚伧在《民国日报》连续五天发表社论《祝孙先生康宁》《三大主义之途中》(一、二、三、四)，表示欢迎，并重申民党贯彻主义的决心。

△　褚辅成自上海致函非常国会，称"孙公中山到沪，始决候唐公少川回国后同就总裁职"，已拟派胡汉民为代表回粤"表示意见"，并与已就职各总裁共商大计；胡汉民不日将返粤。(《成立后之军政

---

①　另有上海日文报纸记者曾登上近江轮采访，称孙氏当日上岸后即乘车"至法租界斯安路二十九号住宅"，(《东报纪孙逸仙来沪情形》，《时报》1918 年 6 月 28 日，"本埠新闻")有研究者认为孙中山此次抵沪后即入住莫利爱路 29 号。(王耿雄：《伟人相册的盲点——孙中山留影辨正》，第 244－245 页)5月中旬，宋庆龄在宋耀如葬礼后搬离了宋家，(《宋美龄致米尔斯函》，上海市孙中山宋庆龄文物管理委员会、上海宋庆龄研究会编：《宋耀如生平档案文献汇编》，第 121 页)有可能就已经入住此宅。

府·孙唐决计就职》,上海《中华新报》1918年7月16日,"紧要新闻")

6月27日 报载伍廷芳、林葆怿再次来电,请早日就总裁职。

称之前"赖公不避劳怨,招集国会……组成军政府,一线国脉藉以仅存","今兹军政府改组,乃为大局计,藉选总裁,公亦列席,务必早日旋粤莅职,共肩重任,以促进行,而收护法之效。勿弛救亡之勇气,挽大厦之将倾,不胜企盼之至"。(《伍林催孙先生就职电》,上海《民国日报》1918年6月27日,"要闻")

赵世钰、李华林、王葆真等十一名议员来电,称改组后合议制非全体就职,政无由施,伍、林、陆三人已就职,"专候公来,合策共济",请早日赴粤就职①。(《西南统一机关进行记》,上海《中华新报》1918年7月9日,"紧要新闻")

△ 报载桂系着力统一粤省军政大权,"然以本系人才之缺乏,且惧人以广西主义诘责,乃极力引用政学会派人,以为己助",任徐傅霖以最高司法权,任杨永泰以最高财政权。

又称陈炯明虽阿附桂系,"然知以地方大局为重,且极反对孙中山之为人",所部粤军现在"决不虞其与桂系争竞"。又称孙中山此次逗留潮汕多日,"实系运动陈炯明及滇军反戈,先逐莫荣新,然后再图入闽。陈之部下,多系革命老同志,多半为孙所动。方声涛与孙同宗旨,自不待言。惟陈反对,故孙不得志而退","闻孙等同党多人,现已匿聚香港,共谋逐莫荣新","将来或遂为龙党利用,合谋图粤,亦未可料,因彼等但询意见,不问宗旨也"。(《桂系力谋统一之粤局》,《新闻报》1918年6月27日,"紧要新闻")

△ 报载陈炎等谋杀段祺瑞案。

陈为广东人,"与民党首领孙中山之代表某相识,实系民党分子,并非复辟派",因日协约将成,受民党之指挥由南来至北京。与试图谋刺段祺瑞的张勋部下合谋,"不过藉此机会以实行自己之主张,

---

① 此电未署日期,发至上海环龙路寓所,又称伍、林、陆三人已就职,未提及7月3日至粤的岑春煊,故此电当在6月底7月初,暂系于此。

其宗旨并不相同"。事败，与日人二名等数人被拘捕。(《陈炎等谋害总理案真相》，《新闻报》1918 年 6 月 27 日，"紧要新闻")

6 月 28 日　召集皖籍民党岳相如、王兰亭、管某等二十余人茶话会，有所商榷，"议时闻在密室中"。

抵沪后，"环龙路六十三号孙邸门前，车水马龙，颇形热闹"。寓沪政客、留学界青年及中外新闻记者多来请谒，"但孙多以病辞"，重要人物则由戴季陶代表接见，余则一概挡驾。本日来者渐少。(《孙文宅中之茶话会》，《新闻报》1918 年 6 月 29 日，"本埠新闻")

另有报道称孙因为眼痛加剧，"除旧部人员得见外，其他概不延见"。又有称孙中山发函召集沪上各部分民党领袖，在孙氏邸中"会议某项问题"。又称其未住环龙路邸第，行踪秘密。据闻现寓金神父路日人藤村君寓内，藉资休养。(《孙中山到沪后之行动》，《新闻报》1918 年 6 月 30 日，"本埠新闻")

△　江海关监督萨福懋致电[①]梁士诒，告知汪精卫转述其本日与孙中山谈话，其中谈到梁士诒近来的筹画和朱启钤[②]所谈大要。孙谓"据年来经验，知实现理想中之政治，断非其时，故拟取消极态度。将来从著述方面启发国民"，又称期待有胜任之人收拾目前局面，"若东海[③]出山，则更不生异议"。萨称已约定明日往谒孙氏，又称"至精卫来津一节，须一二日后方能决定"，可见汪精卫有赴津与梁氏会晤之计划。

又一电为汪精卫请萨代发。电中称"闻政府近拟全力平粤"，认为闽粤相攻"无谓之尤"，"无益大局，徒苦吾民"；又谓"以大局论，若一二重要问题可以协定，即无用兵之必要"，"现中山先生既取消极之态度，陈竞存义同一体"，希望梁出力疏解，"俾闽粤先行停战，徐图收

---

①　《三水梁燕孙先生年谱》第 429、430 页中附有两份电报影印件，从中可判断，该两封电报均为萨福懋拍给梁，只是电中转告汪精卫的意思。第一封为"俭"（28 日）电。第二封，影印件中第一句为"此电系精卫嘱代拍发"，可见电中文字应是汪精卫发给梁士诒的；此电为"勘"（28 日）电，应是同一日所发。两电月份不明，但据内容可判定为 6 月 28 日所发。

②　原文称"桂老"，朱启钤，字桂莘。

③　即徐世昌。

拾之策"。(凤冈及门弟子编:《三水梁燕孙先生年谱》上册,第428—430页)

之前报载南北和谈局面,称梁士诒运动和谈,"极力与南方派提携",陆荣廷、唐继尧、岑春煊以张耀曾等为介,"已与梁士诒生有关系","孙文则方彷徨无所之焉"。(《时局之未来大势观》,《时事新报》1918年6月26日,"内外要闻一")梁氏于7月初离京,准备往广东,"拟以徐世昌为中心谋调停"。(上海《中华新报》1918年7月5日,"本馆专电")

6月29日 谢持来谒。

孙洪伊、谢持等人连日讨论是否就任总裁及主席总裁的问题。(谢持:《谢持日记未刊稿》第4册,第29—30、31、45页)

6月30日 岑春煊搭春阳丸离沪南下,7月3日抵广州。(《广州特约通讯》,《时事新报》1918年7月11日,"内外要闻")

据称岑离沪前曾派人来晤,促与其同行返粤,"孙乃对岑之使者言,此次改组军政府非岑公早日回粤主持则西南大局必难发展,故希望岑公肩此重任,早日起程。至中山自己则愿赴美一行,筹集款项以为军政府及岑公等之助力,务求同尽责任以期军政府之日渐发展云"。记者称"则孙中山之救国热肠,非尽恝然于军政府亦可想见矣"。(《成立后之军政府》,上海《中华新报》1918年7月16日,"紧要新闻")

△ 滇川黔联军援陕第一路总司令石青阳发表通电,祝贺"从此南方得名实相符之统一机关,及名实并着之行政首枢,壁垒一新,军容振发,瞻望前途,欣喜无限",希望继续坚持护法,"传说改组业与议和有关一节,是垂成与人口实,诸公明达,必能洞悉其奸谋,详究其利害",表明其主战决心,"励兵秣马以随其后"。(《军政府公报》修字第1号,1918年8月31日,"公电")

是月 致电列宁和苏俄政府,祝其革命之成功,并鼓励其努力奋斗①。(邹鲁:《中国国民党史稿》第2册,第304页)

谓"一个社会主义共和国在俄国存在八个月之久,这个事实给了

---

① 此电未见原文。孙中山是以南方国会和中国革命党的名义致电列宁,据邹鲁所说系孙中山在上海所发,但也有可能是在广州任大元帅时拍发。暂系于此。

东方人民以希望，一个类似的新的制度一定会在东方建立起来"，（［苏］齐赫文斯基：《孙中山：在他诞生一百周年之际 1866—1966》，转引自［美］韦慕廷著、杨慎之译：《孙中山——壮志未酬的爱国者》，第 121—122 页）"中国革命党对贵国革命党所进行的艰苦斗争，表示十分钦佩，并愿中俄两党团结共同斗争"。（［苏］叶尔马舍夫著：《孙逸仙》［莫斯科一九六四年青年近卫军出版社俄文版］，转引自《孙中山全集》第 4 卷，第 500 页）

7 月 4 日，苏俄苏维埃第五次会议宣称愿意放弃帝俄在华特权。（《中华民国史事纪要（初稿）——中华民国七年（一九一八）七至十二月份》，第 19 页）

8 月 1 日，苏俄外交人民委员格奥尔基·契切林受人民委员会委托作函回复。函中高度评价孙的革命活动，称孙为"尊敬的导师"，表示其对"中国革命的领袖"的深深敬意①。契切林解读去电中提到的"共同斗争"为"俄国革命和中国革命抱有同样的目的，即解放工人并在承认俄中两国伟大的无产阶级利益的基础上建立永久和平"，称苏维埃政府的和平法令"已表达了我们这一纲领"。因为遭遇到空前的被封锁的困难，"两个月来，同您的联系也中断了"。两个国家同时受到帝国主义的破坏和掠夺，"就是在这个时刻，俄国劳动阶级呼请中国兄弟共同斗争"。指出"我们的成功，就是你们的成功，我们的灭亡也就是你们的灭亡"，希望"让我们在争取全世界无产阶级共同利益的伟大斗争中更加紧密地团结起来"。（薛衔天等编：《中苏国家关系史资料汇编（1917—1924 年）》，第 671—672 页）契切林呼吁孙中山支援处境困苦的苏俄，以打破协约国的包围。此函并未送达。

△　上海、天津、北京等地学生继续集会反对《中日共同防敌军事协定》。

湖北留日学生喻育之等在上海法租界办《救国日报》，作为留日

---

①　后来研究者认为，"当时，没有哪个政府领导人对孙中山的不懈努力给以这么多的赞誉"。（［澳］梁肇庭：《孙中山的国际倾向：1917—1925 年的孙俄关系》，中山大学学报编辑部编：《孙中山研究论丛》第 5 集，第 185 页）

学生救国团的言论机关,以反日救国为主旨。该报得到孙中山、张謇等的支持。据喻育之《百岁自述》称,《救国日报》创办后不久,法国巡捕房无故抓走总编辑温立,并扬言要罚款;喻向孙中山求助,孙表示:"你们办《救国日报》是为了救国,救国就要有勇气,就是杀头也不怕!"并拿出三百块钱,称"准备他们罚款吧!我在这里,没有什么可怕的,总编辑马上会释放出来"。次日,温立被释放回来。之后孙中山又"几次派人送钱支持我们办报",喻等人对此无不感动。(刘望龄:《黑血·金鼓——辛亥前后湖北报刊史事长编》,第477页)

7 月

7月1日 段祺瑞令外交总长与法国公使密商,希望其命令上海法国领事逮捕孙中山。

之前北京政府令卢永祥严查孙回沪行动呈报,并与法领事交涉逮捕事。卢请先向驻京法公使交涉"严禁孙文行动"。(《申报》1918年7月2日,"专电")

后据在沪法领事称,"并未接到北京训令,惟卢护军使曾照会交涉公署办理"。(《捕拿孙文之外讯》,《新闻报》1918年7月5日,"本埠新闻")

报端评论,捕孙"事实上能办到与否姑勿论",如今政府决意以全力征服西南,西南果平,民党势力自然全灭,"若不能平,即使去一孙文,与西南有何关系",此举"徒示人以度量之不广,而又增加一重恶感"。(《捕孙文》,《申报》1918年7月2日,"杂评二")

7月2日 河南靖国军总司令王天纵致电各总裁,称接到唐继尧就职通电,"欣悉诸公均已被选就职","此固天纵日夜所馨祝者也",表示"军政府成立,天宇重开,群情欢跃无已"。(《军政府公报》修字第1号,1918年8月31日,"公电")

7月3日 致函某领事馆,询问北方政府运动逮捕一事。

报载因闻北方政府欲运动外交界加以逮捕，致函本埠某国公署（应即法国领事馆）。得答复说"苟无妨碍租界治安之行动，顾力予保障"。但谣传"某氏派来之暗杀党在环龙路、金神父路一带极力注意"，于是孙氏迁入环龙路某号房屋，"由某国人数名居其前楼。对门四十二号房及左右邻屋，则皆孙之旧部所居，日夕保卫甚密。法捕房亦特增探捕在该段梭巡，以防意外"。

目疾经日本、法国医生诊治，已稍痊，"惟一目仍用绷带包扎"。（《孙中山最近之行动》，《新闻报》1918 年 7 月 4 日，"本埠新闻"）

报称上海租界当局会议讨论北京政府交涉逮捕孙中山一事，认为孙氏曾任中国临时总统，"现有政治关系应在保护之例，未便允许中国当道之请"。卢永祥将此情回复北京政府。（《捕拿孙文问题》，《申报》1918 年 7 月 8 日，"本埠新闻"）北京政府依据 1914 年 4 月上海租界扩充时法国公使康悌（Conty）与中国政府的规约，即"该租界滞在之中国政治犯，命其退去"，要求将孙中山驱逐出租界，"法国官宪尚在考研中"。（《孙文氏退去之要请》，《顺天时报》1918 年 7 月 9 日，"时事要闻"）

7 月 4 日　接受日本记者访问。

有日人以记者身份来访，被问及"对于中日两国应如何处置欧洲战争，且于日本之地位与中国之关系等外、国内政治论"时，"绝对不谈"。关于政府压迫说，"仅谓余亦曾闻其事，并多不谈"；就逮捕事件，称"本埠法国总领事并未接有北京该国公使何等命令"。又谓"虽欲于近日内赴日本，惟首途期尚未确定"。（《孙文绝对不谈内政》，《顺天时报》1918 年 7 月 8 日，"时事要闻"）

△　致函孙科，告知离粤后赴日及至沪行程。

眼疾"至今始完全好清",目前住在上海法租界莫利爱路 29号①,对于现在的时局,"拟暂不过问"。广东已派代表到沪劝就政务总裁之职,对此事"并无成见",视多数同志"意见裁决施行"。如有必要就职,也是派人代表,自己"决不能再来与此辈为伍也"。让孙科全家回来,"在港澳地方居住,以待时局之变","不日必可于吾党有好机会也"。同时流露想回乡一住的愿望。

叮嘱孙科致函宋子文、宋庆龄,吊唁宋耀如。(许师慎:《〈国父全集〉未刊之重要史料》,黄季陆等著:《研究中山先生的史料与史学》,第 178 页)

约在七月中旬,廖仲恺由日本返沪来见,告知孙科妻儿同船回来;再次致函孙科,谓"甚喜。此后可在澳门陪你母亲居住可也"。提及孙科来信请汇款一事,"你所需六千,我托仲恺代筹一万,其余用以为乡下今年所欠及明年学堂之费,及修路之费,再其余留作你之家费可也。更有各穷亲戚,你当酌量周恤便是"。(《致孙科告以近况及所需款项已托廖仲恺代筹函》,秦孝仪主编:《国父全集》第 5 册,第 79 页)

△　岑春煊在广州发表通电,宣告就职,"谨本护法靖国主张,随诸公,效驰驱"。之前伍廷芳、林葆怿于 5 月 28 日、陆荣廷于 6 月 2 日、唐继尧于 6 月 19 日已宣布就政务总裁职。(《军政府公报》修字第 1 号,1918 年 8 月 31 日,"通告")

报道称"岑氏此次卷土重来,其所怀抱之希望极大"②。记者以之与孙中山远游对比,称"孙党中人言,孙既被排斥以去,决不觍颜再

---

①　莫利爱路 29 号住宅,据孙中山卫士马湘回忆,是四位归国华侨所送。然而时间尚不确定,其称在 1916 年众人返沪,在环龙路 63 号住了两个月后该华侨来见,后来决定购送住宅,"便从环龙路迁到这所新房子来";(马湘:《跟随孙中山先生十余年的回忆》,中国人民政治协商会议全国委员会文史资料研究委员会编:《辛亥革命回忆录》第 1 集,第 562 页)事实上,孙中山 1918 年 6—7 月才第一次住进该宅。另有一说则称是"民国元年华侨所购赠者,后因革命需要,出押于人,再经华侨代为赎回"。(杏子:《记孙中山先生之逝世》,《申报》1925 年 3 月 16 日,"国内要闻")1918 年 2 月 4 日徐朗西自沪来电,谓"马与屋事,速与季陶商决电知",2 月 15 日复电丁景良,告知"屋毋迁,马由兄处分";不知是否即与此处住宅有关。

②　随行者有政客数十人。(石芳勤编:《谭人凤集》,第 314 页)

至,为下车之冯妇"。(《广州特约通讯》,《时事新报》1918年7月11日,"内外要闻")蒋介石本日愤称:"此老不死,国亡无日矣!粤省自杨永泰为财政厅长,钮永建为兵工厂监督,李根源为边防督办①,李烈钧为边防总司令,大权皆落于岑派之手,作恶更甚。"(《蒋中正日记》[未刊本],转引自吕芳上主编:《蒋中正先生年谱长编》第1册,第85页)

临行前,岑春煊发表长篇敬告国人宣言,呼吁和平,称"不能不应西南之约,以促成合于正谊之平和"。记者评论:"岑西林近以调停南北自任。虽由非常国会举为联合政府政务总裁,曾表示不即就职,极为民党反对。今孙文去而忽有此敬告国人宣言,岂鉴于主战派之无可转圜乎?抑别有用意乎?"(《岑春煊决定赴粤就职宣言书》,天津《益世报》1918年7月5日,"特别文件")有分析认为岑南下赴粤,"实兼带有调和两派之责任",因为莫荣新枪毙陈耿夫后,孙、桂"两派倾轧之暗潮为烈"。(《岑西林赴粤之原因》,《时事新报》1918年7月8日,"本埠时事")

岑南下颇出时人意料,有北京方面某君言"岑必不往,其理由即目前岑所资以活动者,乃公府之臣薪,诚恐一作南行之后,此薪便停,而南方所酬或不得如是之厚,为个人计未免失算"。且岑"本无军事上之实力,倚仗人势,与孙文等","孙文人尚圆滑,可以随众委蛇"尚且被逐,以岑"爱露锋芒,喜呈头角",恐"稍有作为,即触各方之怒",蹈孙之覆辙,"因而断定其不往"。(《岑西林赴粤之京讯》,《时事新报》1918年7月9日,"内外要闻一")

陈炯明本日发电给岑氏,盛赞其"此次不忍南北相争,主调和以御外侮,仁言利溥","我公刚正之气,足为民国柱石",望其即就总裁职,使外交、军事得早日发展。(《军政府依法成立之详情》,上海《中华新报》1918年7月15日,"紧要新闻")

---

①　李根源自2月抵达广州,对政学系、桂系与滇军唐继尧之间的沟通作用不小,三者在排孙方面达成暂时的合作。而李根源因为靠近桂系,亦为在粤滇军将领不喜,与李烈钧的矛盾日深,在排孙目的达到后,在粤各派重启纷争,最终于1919、1920年间滇军风潮、粤桂冲突相继发生,政学系解散,军政府倒台。

△　报载来华考察的日本议员团团长泽来太郎临别赠言,认为目前中国"南北之争悉由于一部智识阶级之争夺政权,不胜遗憾"。中国之第一次革命,本由"外唱内应始得成立",孙文、黄兴、黎元洪等是为外唱,袁世凯、段祺瑞、陆征祥是为内应,破坏帝制,树立共和,"旗帜甚为鲜明,其气魄亦极伟大"。而第二次革命"因一部政治家争夺政权,遂不惜以四五万苍生悉供牺牲,内乱不已",认为南、北政治家应"回顾革命成立之原因",如第一次革命之外唱内应,"南北当然归于妥协"。(《泽来氏离京之谈话》,《新闻报》1918 年 7 月 7 日,"紧要新闻")

泽来太郎于 6 月初率团来华访问,历经广州、上海、北京等地,与中国朝野各方会见,于 7 月 3 日离京返日,期间多次谈话中表达"中日亲善尚无效果,其责不可不归之日本"之意。(《日议员泽氏之临别赠言》,上海《中华新报》1918 年 7 月 7 日,"紧要新闻")

7月5日　谢持、杨庶堪来谒。杨庶堪因入川道路不通,于 5 月下旬返回上海。12 日,谢持将自广州携来的一百八十万元军政府内国公债票移交杨庶堪,为杨入川经费。(谢持:《谢持日记未刊稿》第 4 册,第 35、42 页)

△　连日召旅沪党人开会。

上海探员报告北京政府,孙氏"由五日起曾召旅沪民党在某国旅馆集议四次",讨论"恢复在粤势力及研究西南对北最后方法",请中央电饬卢永祥"从严防范"。(天津《益世报》1918 年 7 月 8 日,"北京快信")据称有在粤的国会议员纷纷返沪,调查谓"此辈之来,盖与新近来沪之某伟人有绝大之关系"。(《非常国会议员纷纷返沪之原因》,长沙《大公报》1918 年 7 月 6 日,"中外要闻")

△　吴铁城自汕头来函[①],详细报告广东各方面情况,并拟到前线视察战况后再赴沪。

一是援闽粤军、滇军的近况,准备攻打饶平,但粤、滇两军都缺乏饷械,莫荣新"不惟不允接济,且存幸灾乐祸之心","似欲藉北军之力

———————

①　原函仅署名"铁",应为吴铁城,晚年人多称其为"铁老"。

扑灭粤军而后快也"。二是李海云已接潮桥盐运副使事，"从此粤军可得较多之军饷"。三是讨龙方面，李烈钧和李根源"貌合神离，志向各异"。李烈钧目的在取江西，"不惜委曲求全，只要各军听其命令，他非所欲问"；李根源则屯重兵于韶关，"为攫夺省长之预备"，致滇军不听李烈钧之命，南雄一再被北军占领。李烈钧徒拥联军总司令之名，"闻已请假回省，养疴于农林试验场矣"。李根源在杨永泰任财厅长后，拟攻下雷州为本钱，与李耀汉一争省长职位。四是盐税五六月份短收，仅供海军及国会经费已不足，海军方面"派人坐索"，国会如要开正式会议，需十八万元，李茂之只允拨十万元。五是在粤国会议员情况，自孙中山离粤，本系议员"中坚人物又纷纷他去，致无人主持一切，涣散异常"，应该设法团结。又报告"有国会议员主张将来总统选举，岑、陆必争副总统一席，万一相持不下，即举先生"。(《铁上总理函》，环龙路档案第 02058 号)

△　伍廷芳、林葆怿、李烈钧、李根源、吴景濂[①]等广州军政要人在海珠开会，改组后的军政府宣告正式成立。

唐继尧、伍廷芳、陆荣廷、林葆怿、岑春煊五人联名发表通电，称"除唐少川、孙中山两总裁因交通上阻碍，未接有就职通告"，目下就任总裁已达半数以上，且北方政府坚持武力，"护法进行刻不容缓，谨于本月五日宣布中华民国军政府依法成立，即开政务会议"。并于次日以政务会议名义通电护法各省及政务会议承认之护法各军，请各派代表一人参预政务会议。(《军政府依法成立之详情》，上海《中华新报》1918 年 7 月 15 日，"紧要新闻")

9 日，陈炯明致电军政府唐、伍、林、陆、岑各人，祝贺成立，称护法兴师已逾一载，"因无统一机关，收效□□，今幸诸公毅然就职，宣布成立，护法前途，实利赖焉"。(《陈炯明贺军政府成立电》，《军政府公报》修字第 1 号，1918 年 8 月 31 日，"公电")

----

①　原出处未列岑春煊之名，未知实未出席还是报道遗漏。

　△　国会议员陆续赴粤。

目下集合广州议员，参议员一百二十一名，现在上海确定南下者十五名，在北京、天津者二十七名。众议院议员在粤者二百五十六名，现在各省确定南下者七十七名，在上海者二十七名，在北京、天津者四名。据称"至全部集合充分时有可能达三分之二以上"。参议院副议长王正廷亦将启程南下。（《两院议员陆续赴粤》，《顺天时报》1918 年7 月8 日，"时事要闻·上海五日东方电"）

7月6日 居正、焦易堂抵沪，受非常国会委派送来政务总裁证书。

非常国会派到日本赍送证书给唐绍仪的代表刘奇瑶、陈策，回国时绕道来沪，"与孙中山有所接洽"后，于本日返粤。（《孙唐行止与非常国会》，《新闻报》1919 年7 月8 日，"本埠新闻"）据传唐绍仪在日代表广州政府磋商借款，"闻许以两广数处矿□作抵，并拟购办军器供南军之用"。（《路透社译电》，上海《中华新报》1918 年7 月12 日，"东西要电"）汤漪亦于7 月9 日抵横滨，将与唐氏会面。汤漪"此行目的在使日本人士明白南方派之真意"。（《东方通信社电》，上海《中华新报》1918 年7 月11 日，"东西要电"）

居、焦二人之前买票准备至神户，行至上海时，孙中山已来沪，遂在此地会面。二人致函非常国会称"孙公之意甚好，证书业已收受，不久当有正式函电就职"。（《粤局最近之变化》，《新闻报》1918 年7 月16 日，"紧要新闻"）

9 日，陈家鼎、萧辉锦、童杭时等八十多名国会议员联名来电祝贺就职，称"先生手创民国，万流宗仰，此次护法，尤为首倡，群情属望，切若云霓。闻允就职，海甸欢腾，以共和之先导作护法之指南，国家前途实利赖之。引瞻节旄，无任迎迓"。（《积极进行中之军政府·议员电祝中山就职》，上海《中华新报》1918 年7 月20 日，"紧要新闻"）

7月7日 李宗黄来谒。李氏奉唐继尧命，于1918 年上半年历访长江三督，7 月抵沪，将往日本采购兵工厂机械。

谈话中指出军人只懂军事是不够的,"还必须了解政治",建议李氏到日本后,多考察些政治、尤其是地方自治方面。谓"政治的基础,在于地方自治","日本之强,非强于其坚甲利兵,乃强于其地方组织之健全",但日本的地方自治"官治气息很重","不合乎吾党民权主义全民政治的要求",不过他们的某种精神和方法,"在训政时期却很可参考"。李氏因请为其写一两封介绍信携至日本。

后为李宗黄"写了一厚叠介绍信",包括原敬、犬养毅、床次竹二郎、宫崎寅藏、头山满、萱野长知等人①,李氏由此认为"孙先生对我赴日考察地方自治之行,确是寄予莫大的期望"。(李宗黄:《李宗黄回忆录——八十三年奋斗史》第 2 册,第 234-235 页)期间,李宗黄曾致电唐继尧,认为对孙"不可得罪","仍请恭维他为是"。(陈长河:《护法期间孙中山与唐继尧的矛盾斗争》,《近代史研究》1984 年第 2 期,第 237 页)

△ 报载孙中山部下、党人潜入汉口方面"阴图起事",湖北当局严加警备,"已拿获嫌疑者卅余名"。(《孙党又欲在汉起事》,《顺天时报》1918 年 7 月 9 日,"特约电·汉口七日东方电")

7 月 8 日 晚,梁士诒来见。

梁氏于 7 日由津至沪,本日往各处拜客。当晚,"以外国三道头西捕一名保护"至孙宅。9 日梁即离沪赴香港。(《梁士诒过沪赴港》,《新闻报》1918 年 7 月 10 日,"本埠新闻")

梁士诒在沪与王正廷等各方有所接洽,12 日抵香港后,与钮永建等人有所接触,又派林绍斐至广西与陆荣廷会见,"态度极为活泼"。(《南下后之梁士诒》,上海《中华新报》1918 年 7 月 25 日,"紧要新闻")据传梁氏与岑春煊、陆荣廷已接洽妥帖,梁氏提出之议和大纲,即南方国会专议宪法及追认北方临时参议院议决之修正国会组织法、国会选举法,之后旧国会即闭会,由北方之新国会开始执行职务,"而旧国会之孙文派议员□坚持反对态度,即北方亦颇不以梁之意为然"。

---

① 此处所提介绍信目前在各种文集、全集皆未见有收录,暂备一说。

（《政海新潮·财神解决时局办法》，上海《中华新报》1918年7月31日，"紧要新闻"）陆荣廷态度明确，与梁士诒积极磋商议和条件，6日致电梁氏等人，谓"国会召集应用何法，由中央分饬各省酌定，多数取决，荣廷断无阻扰也"。（《陆荣廷致梁、朱、周电》①，《时报》1918年7月23日，"要闻二"）然而各方交涉，最后并无结果，到8月初，据称梁氏对时局抱悲观消极态度。（《风尘中之人物·梁士诒》，上海《中华新报》1918年8月7日，"紧要新闻"）

7月9日　蒋介石撰上《粤军第二期作战计划》。时汕头告急，永定失守，大埔三面受敌，蒋介石主张"集结兵力于右翼以取攻势"，克复饶平，维持潮汕根据地，"且由右翼进取其漳州根据地较为便捷"。

然不久大埔失守，蒋"改变计划，乃调右翼洪、徐主力于中央，反攻大埔"，一战得胜。亦因此"益为叶举、翁式亮等所忌"。（毛思诚编纂：《民国十五年以前之蒋介石先生》第2册，第28、49、46、49页）

7月10日　收下总裁证书后，对是否就职"尚无明白表示"。

报载与某君谈话时意兴阑珊，"自谓疾病缠身，虽执政亦无补于世。况西南人才济济，奚用老朽如孙某者滥竽其间云云"。

据称唐绍仪将于近日回国②，"当假道沪上，将与孙文有所接洽"。（《孙唐行止与非常国会》，《新闻报》1918年7月10日，本埠新闻）又有传唐绍仪在日"商办之外交问题，刻下已有头绪"，"唐氏因所营有效，特拟回国宣布一切"，"中山则俟唐绍仪抵沪，方一同南下，就总裁职，届时并有参众两院议员多人同行"。（《成立后之军政府》，上海《中华新报》1918年7月16日，"紧要新闻"）

　　△　陆荣廷发表通电，推荐岑春煊为"总裁主任"。谓"惟查主任

---

①　吴佩孚在衡阳查获此电，转呈北京政府。

②　事实上，唐绍仪至11月方归国。唐此时托陈、刘代表带回的信函中称"弟养疴东瀛，一时尚难返国"。（《粤军政府之未来两总裁》，《新闻报》1918年7月24日，"紧要新闻"）

席尤为重要,非得沈毅明干硕学宏才不足以提领挈纲","依组织法推举岑春煊为总裁主任",请众人一致主张。(《南北时局谈·陆荣廷举岑春煊主任总裁》,天津《益世报》1918 年 7 月 22 日,"要闻")

11 日,《中华新报》详细报道岑春煊抵粤,受各界热烈欢迎情况,李烈钧、李根源亦于当日(3 日)自前线返广州,与伍廷芳、莫荣新、林葆怿等人连日会议,"讨论对北政策,及军政府之组织。协议之结果,推岑春煊为军政府主脑"。(《岑总裁抵粤之详情》,上海《中华新报》1918 年 7 月 11 日,"紧要新闻")

15 日,陈炯明致电陆、岑、伍、林等总裁及莫荣新,称举岑为总裁主任,"众望所系,无不乐从"。希望陆荣廷即日莅粤,协力主持。(《西南联合政府近事纪》,《申报》1918 年 7 月 28 日,"要闻二")

16 日,唐继尧通电同意岑春煊充任主席总裁,谓"依军政府组织大纲,并从滇黔川三省军民之望,议举岑公春煊为政务总裁主席",并请众人一致主张。在粤之记者于 25 日发出此函,称"可见日前粤省某报所载唐氏皓电之伪托","此事既有陆荣廷通电在先,又继以唐氏此电,则主席一席当已大定"。(《潮汕吃紧后之粤局消息》,《新闻报》1918 年 8 月 1 日,"紧要新闻")早在 6 月 30 日,唐继尧即电李烈钧、李根源,嘱催岑氏南下,"欲使内部清肃,宜先树民望中心,非西林恐不易为也"。(中国第二历史档案馆、云南省档案馆合编:《护法运动》,第 515 页)李烈钧于 7 月 12 日致电唐继尧,称伍朝枢运动林葆怿,欲为其父谋主席总裁,于是该位置迟迟未决,认为"欲望统一机关之完成,并发生充分之效力,迅宜推西林为主席总裁",并称滇桂两军"极为融合,唇齿相依,目的与共",希望唐继尧驰电推举。(陆星:《李根源传》,第 131 页)

广州军政府为主席总裁由谁出任正讨论纷纷。"南方军人派如桂系自然赞成本省人物岑春萱〔煊〕氏,虽领袖席必经各总裁公举,然桂系军人已通电西南各省,提出岑氏大名";"粤人与海军似皆依赖伍廷芳博士",因为此间之人"多视伍氏为忠诚公正之人物,与各方面感情甚佳,且伍氏年高望重、政绩较优,颇得粤人之敬重"。推测"如孙逸仙与唐绍仪到后,彼等必举伍氏(除非孙氏允许再居首席)"。而唐继尧方面则"尚无确实之消息"。(《西报之粤局谈·〈大陆报〉七月九日广州通讯》,《新闻报》1918年7月17日,"紧要新闻")

△　本日,岑春煊派其子岑德广(心叔)①离粤,赴上海及日本邀请孙中山和唐绍仪赴粤。据称孙未允,并致电非常国会,提出伍廷芳"是主席总裁的最合适的人选"。(广东省档案馆编译:《孙中山与广东——广东省档案馆库藏海关档案选编》,第172—173页)岑德广担负与各方面在沪要人接洽一切"以利进行"之任务,并负责"欢迎孙、唐二氏早日回粤就总裁职务"。(《粤军政府成立后之消息》,《申报》1918年7月17日,"要闻二")7月下旬岑德广离沪赴日。

7月12日　朱执信在日本,为陈炯明办理印刷纸币事,"费用由孙先生负责"②。朱执信于7月2日到上海,8日乘春日丸赴日,11日至东京。

本日廖仲恺、朱执信联名致函马育航、黄强(莫京),称12日在东京访问田中,"据云该印件随时可运出,但须汕头收取人将'南通中央银行创立事务所'招牌挂起","事务所街名现虽尚未能定,已开一地址付之如下:汕头盐运副使李海云转交南通中央银行创立事务所马育航收。船载之件,已约定今日有回复","现在所有费用暂由孙先生支出,俟运到后统算"。(《致育航莫京函》,广东省社会科学院历史研究室编:《廖仲恺集(增订本)》,第6—7页)

13日朱执信致函古应芬,谓"竞存托致纸币事,兄之所知。现在大约不致棘手,惟当时印者难保无私行加印情事。弟对莫京声明,现恺兄又嘱再行声明,以免日后追悔。请访莫京面言之,嘱彼电知竞

---

①　原出处作"岑鑫书"。

②　《廖仲恺集》将廖、朱两人《致育航莫京函》定为2月12日,《古应芬家藏未刊函电文稿辑释》将《朱执信致古应芬函》定为5月13日,应误。此两函为前后日,2、5月份朱、廖皆在广州。朱4月初赴日,5月已返粤,5月下旬随孙中山离开广州,留在汕头,并未一同赴日。7月下旬廖仲恺自日返沪。且信中有"汕头盐运副使李海云",此为7月后之事。故此两函应作于7月。

存,另商防其伪冒之手段。至要"。(李穗梅主编,李兴国、朱晓秋整理:《古应芬家藏未刊函电文稿辑释》,第 204 页)

7 月 13 日　致函陈炯明,分析目前各方情势。寄希望于攻下福州,则"前途大有可为",鼓励陈"悉力图之"。

在日本活动没有结果,"鉴于外交方面骤难活动,一切计划,未能实行",日本援段的方针恐怕难以改变。不过直奉角逐,段不能专力对付南方,"其内容困难,亦与南方无异"。

就粤军战略而言,认为虽"万难操全胜之算",但如不奋力前进,"潮汕一隅,势必陷于重围",而且"闽中志士,纷起举义,全省已震",不如冒险求胜,向福州进军,"我军当能大占胜利"。

就许崇智与陈炯明的关系,认为"以汝为之志向坚定,主义一贯,且不竞权势,功成不居,必能为兄有力之臂佐,助兄之进行"[1]。(《民国七年致陈竞存函》,胡汉民编:《总理全集》第 3 集,第 313 页;《致陈炯明望向福州进取函》,中国国民党中央委员会党史委员会编订:《国父全集》第 3 册,第 562—563 页)

此时粤军连连失利,饶平失守后,19 日大埔又不保,退守三河坝。陈炯明更加倚重蒋介石,而蒋氏"忌者益甚"。(毛思诚编纂:《民国十五年以前之蒋介石先生》第 2 册,第 50 页)

△　传闻自粤携来公债票百数十万,准备在沪销售。

报载孙中山由日来沪时,携有广东军政府所发之公债票百数十万。原"拟将此项债票在沪向某国洋行订购军火,运赴接济西南",被该行拒绝,于是连日来"又托人将债票四出兜销,低价出售,并闻现有旅沪某帮商人业已收买不少"。上海某当道"昨特分令机关,一体严

---

①　此函初见于民智书局出版胡汉民编《总理全集》第 3 集第 313 页,落款无时间,《国父全集》第 3 册根据内容定为 7 月 13 日。但其意思与 6 月 28 日汪精卫致梁士诒请其致力闽粤停战的电文甚为矛盾,原因待考。函中有"目疾告痊,又患感冒,近日始痊",据孙中山 7 月 26 日致孙科函中称"近日热病初痊",7 月 22 日邵元冲致古应芬函亦称孙前日患流行性感冒"刻已痊愈",则感冒痊愈当在 7 月下旬。陈炯明 8 月 21 日来函称"前奉手教,敬悉一是",(环龙路档案第 02771.1 号)可能即此函。暂系于此。

行查禁"。记者称自年初(阴历去岁年底)已有党人自粤携来此项公债票,向某国人兜售,"后虽减让至二三折,亦无收者,又改为照一成抵押,卒亦无人过问",认为至今日"当不至死灰复燃也"。(《杜绝粤省军政府之公债票》,《时事新报》1918年7月13日,"本埠时事")

据称韩恢携带军政府公债票十五万,"分配苏鲁二省之匪,于掠城占地时强迫富绅购买以抵靖国军不劫夺人财之标幡"。(《防范匪魁韩恢》,上海《中华新报》1918年7月9日,"本埠新闻")

7月14日　报载传闻将于近日乘日轮赴香港。(《南京快信》,上海《中华新报》1918年7月14日,"紧要新闻")

△　广州召开国民大会,号召抵拒中日密约。伍廷芳、莫荣新各派代表参加,"赴会者万数千人,无不愤激填胸",多人演讲"表明密约实足亡国有余,故宜一致坚拒"。(《粤垣国民大会开会之详情》,上海《中华新报》1918年7月20日,"紧要新闻")

7月15日　国会议员来电,劝请速就总裁职。

报载国会议员郑忾辰、曹振懋、陈垫、詹调元、丁象谦等十三人来电,称军政府今虽改组,"尤非得坚忍纯洁者,肩斯巨任,不足以感召全国"。况且国会召集,出力最多,现到院议员将及法定人数,"一切进行,繁公是赖"。请力疾就职,"以竟前功而慰群望"。(《国会议员请孙先生力疾就职电》,上海《民国日报》1918年7月15日,"要闻")

之后,又有参、众两院议员九十人联名来电。请即由上海返粤,加入改组后之军政府。此时参、众两院议员到粤省已达三百七十七人,尚未达法定人数。(《西报纪粤中近况》,《新闻报》1918年7月21日,"紧要新闻")

因两院不日在粤开议,褚辅成七月中旬发布启事,称将于25日返粤,上海招待议员事由其他人接手办理,宣称"此次同人等依法集会,以制宪为惟一最大之天职,今两院到会人数仅过半,去议宪定额尚多,还〔请〕诸同人拔冗速来完此大业"。(《褚辅成启事》,上海《中华新报》1918年7月19日)25日,褚辅成偕三十余名国会议员启程赴粤。

(《又一批议员赴粤》,上海《中华新报》1918 年 7 月 25 日,"本埠新闻")

　　△　报端纷传委任胡汉民为全权代表参加政务会议,事实上胡汉民仍在日未归。

　　据称日前广东国会又派代表某君来沪,催促孙中山赴粤就政务总裁。孙中山已委任前广东都督胡汉民为全权代表在粤参与政务会议,并通电西南当道知照。(《孙文与广东国会》,《新闻报》1918 年 7 月 15 日,"本埠新闻")或称胡汉民已抵香港,将至广州与各总裁会晤,"俟将孙中山所怀意见发表一过,即可复电请孙回粤"。(《积极进行中之军政府·唐孙二公代表抵粤》,上海《中华新报》1918 年 7 月 20 日,"紧要新闻")派胡为代表一节,据邵元冲 7 月 22 日致古应芬函中称,"纯系他人臆揣。无论先生绝无此意,且展堂留东未归,渠意亦不乐有此行也"。(李穗梅主编,李兴国、朱晓秋整理:《古应芬家藏未刊函电文稿辑释》,第 131 页)

　　报端讨论孙中山是否返粤问题。称当日通电辞大元帅职时,"桂系各军官均有复电,力肆排抵,并有'山高水长,纪先生于无极'等冷语";今日被选总裁,"除国会少数议员及其素同党派一二军官发电欢迎外,其余绝无闻者"。若返粤,"未知桂系军官对此有无异议",于是先派胡汉民代表回粤,胡"昨已抵香港"。(《联合政府成立之粤局谈》,《新闻报》1918 年 7 月 21 日,"紧要新闻")

　　报端称如孙、唐二人相继就职,"则新士敏土厂政府第二次成立(顷拟先设府于该处)后,当必另易一番新现象"。又认为岑春煊背后事实上是李根源在运筹策划①,"此次名义上不孙而岑,而事实上殆又不岑而李矣,斯亦粤局最近之一大活剧也"。认为各总裁分别兼任部长,伍廷芳兼外交、岑兼内务、林兼海军、陆兼陆军、唐兼参谋,唐绍仪兼财政。余司法、交通两部,"若孙氏必另兼一部"应为"一至不关

———————

　　①　新军政府选址后来定在广州东郊农林试验场,其时是李烈钧办事处,"现军政府之成立,二李(烈钧、根源)之力为多"。(《联合政府成立之粤局谈》,《新闻报》1918 年 7 月 21 日,"紧要新闻")

紧要者耳","呜呼！使孙文闻之,不知其感慨若何。前者大元帅之声威一何盛也,而今则何如"?(《广东特约通讯》,《时事新报》1918年7月15日,"内外要闻")

△ 报载驻日公使章宗祥向北京政府报告,"日本募义勇队一梯团,来华助民党战"。(《北京》,《新闻报》1918年7月15日,"专电")

戴季陶即日致函该报,痛斥此则新闻之"捏造浮言污蔑、破坏人之名誉",称稍有智识者"亦以此种消息来自北京,不能置信","段氏及其徒党不惜牺牲国权以媚外而戕民,国人痛嫉之。彼辈既不能自辩其非,于是乃作为虚诬之言以乱国人之观听,术穷而狂吠,至可哂也。中山先主〔生〕其主义在救国救世,贤不才亦深以此自励。借外国财力、兵力,而重民之苦痛,此何等事,而谓吾辈为之乎"? 要求将本函载诸要闻栏内,"并希对于此种詈语流言严辞以辟之,为国家争人格、为社会明是非,则不特贤等个人感谢已也"。记者称"对于昨电,亦颇怀疑。特以事关重大,不能缄默",接戴函后,亦来函照登。(《新闻报》1918年7月16日,"来函")

《中华新报》则派记者采访戴季陶,戴谈话称:"此次国内战争,在表面上看来是护法军与段系的战争,其实只是护法军对日本的战争。如果莫有日本用武器金钱援助段系,早已经平和解决了。吾辈反对段系的行为,不特是反对他乱法,并且反对他卖国。因为无论如何,吾辈绝不愿吾国政治家有卖国行动。爱国是政治家第一要件,借外国的兵力财力,维持自己的政权,就是国贼。吾辈反对国贼的行为是始终一贯,所以借外国力量来做自己的政治势力,是吾辈所最排斥的。"(《戴季陶君之谈话》,上海《中华新报》1918年7月16日,"本埠新闻")

△ 本日发行的《新青年》第5卷第1号上刊登了陈独秀《今日中国之政治问题》一文,主张排斥武力政治,抛弃以一党势力统一国家的思想,由北洋、国民党、进步党平分政权而由一党组织内阁,早日决定国是。

7 月 16 日　报载江苏督军李纯得到探报，称近来有从海外来沪的"党魁某某等挈有党徒多人"，"潜匿某租界地方，每日密往海口吴淞炮台及长江等处各口岸窥测炮台炮位并水陆各营地点，行踪诡秘，意图联合大举"；李纯已电令本埠军警各机关预为防备一切。

又传闻孙中山将于日内乘轮赴港，行踪异常秘密。（《侦探口中之党魁行动》，《新闻报》1918 年 7 月 16 日，"本埠新闻"；《侦察民党首领举动》，上海《中华新报》1918 年 7 月 16 日，"本埠新闻"）

苏常镇守使兼第二师长朱琛甫亦得到密报，称孙中山至沪后，连日与党人某某等在法租界开谈话会，并密谋苏浙两省，"有云先赴江阴占领要塞者，有云先赴无锡、常州等殷富之镇劫物掠财以充军饷者，有云先到苏州以为根据地者"。（《苏州通信·党人谋苏之防范》，《新闻报》1918 年 7 月 19 日，"紧要新闻"）韩恢等人被派往苏州谋起事，"有先据苏城为根据地，然后再图至各处响应"，苏州多地迭出劫夺军械巨案，"恐其勾结绑匪，与江北匪联为一气，则必致不可收拾"，（《苏州特别戒严之由来》，上海《中华新报》1918 年 7 月 22 日，"本埠新闻"）朱琛甫饬令所属军警一体严密防范。或称孙中山派朱世杰[①]已调查清楚沿江炮位及兵力，发给巨款五万元为运动窃发之需，"朱已经派人带款分投前往"。江苏督军署参谋处饬令各属严密防范。（《探报中之孙文行动》，《新闻报》1918 年 7 月 20 日，"本埠新闻"）

7 月 17 日　唐继尧发表通电，称其以总裁兼参谋部长，"惟现在身列行间，未能赴粤"，推举李烈钧就近代理参谋部长职务。（《军政府公报》修字第 1 号，1918 年 8 月 31 日，"通告"）

19 日，李烈钧发表通电，称奉政务会议特任，宣告就职。（《军政府公报》修字第 1 号，1918 年 8 月 31 日，"通告"）

△　云南靖国军潮梅戒严总司令伍毓瑞、宪兵司令官郭森甲发表通电，贺军政府成立，称"军政府成立，内寒贼胆，外树观瞻，垂统布

①　或称朱士杰。

新,群情额庆"。(《军政府公报》修字第 1 号,1918 年 8 月 31 日,"公电")

△　熊克武发表通电,称接到广东参议院、众议院 12 日通电,"赖我两院诸公,热心毅力,阻险间关,扶持国运于将倾,保障人权于已坠","此次武夫悍卒,渐销跋扈之野心,编户齐民,可食大同之幸福,非诸公之赐,而谁赐耶"。表明自己护法决心,"克武爱共和如性命,以法治为依归,誓守初衷,勉图后盾,决不使铁血换来之约法,复为奸人所盗弄"①。(《熊锦帆贺国会恢复电》,上海《民国日报》1918 年 8 月 13 日,"要闻")

7 月 18 日　居正回到广州②,托其携去致国会及各要人及议员的信函,"声明当选证书已经收受",记者认为"是孙氏就职决心经已明白表示"。(《西林就职后之粤局现象》,《新闻报》1918 年 7 月 26 日,"紧要新闻")事实上各函只是表示接受证书,并未明确宣言就职。

致非常国会函不无怨怼,"文之德薄能鲜,前者早有遗大投艰之惧","乃贵会议犹复属望于文,而又委之以重任,此心弥觉内疚"。强调"正式会议经成立开会③,国法之拥护有人。一经依法组织政府,即所以扶危而继绝",改组军政府一案"已成过去问题","国民所属望于国会者,谅不在是"。表示是因为"始终尊重国会,因而尊重贵会议",所以收下当选证书,从诸公之后"效其棉薄"。(《粤军政府之未来两总裁》,《新闻报》1918 年 7 月 24 日,"紧要新闻")

复吴景濂函称"改组军府,别开生面,人心既振,运用即灵","凡此情形,已成过去"。希望正式会议召开,"即可依法组织政府"。至于来函中称要"一致行动者",表示"己所不欲,勿施于人",自己之前

---

① 此电无月份,暂系于此。或有可能为 6 月 17 日电,因电中提到 6 月 12 日广州国会通电。

② 据《新闻报》1918 年 7 月 20 日"专电"(香港 7 月 19 日到)称"孙文派居正持函返广州";7 月 26 日"紧要新闻"《西林就职后之粤局现象》称 19 日粤函云"孙中山昨派居正赍函回粤"。

③ 此处文字不同出处略有差异,《新闻报》1918 年 7 月 24 日《粤军政府之未来两总裁》作"正式会议经成立开会",上海《民国日报》1918 年 7 月 27 日作"正式会议已经成立开会",胡汉民编《总理全集》第 3 集作"正式会议早经开会"。

既深感"孤立无援之苦",所以现在"虽不欲再居天下之先,亦当请从诸君之后,聊尽援助"。

复伍廷芳、林葆怿函①,称自己"不辞劳怨于前,遽敢卸仔肩于后,悃悃之愚,当能共谅","改组军府,为时势所趋,两公毅然首允担任,洵足使顽廉而懦立",表示自己鉴于之前孤立无援之苦,"诚不欲再蒙居先之诮","然亦当请从诸君之后,聊尽声援之责"。

复赵世钰(其相)函,称护法非"区区一人之力所能主持",叹息护法众人"稍涉分歧,致护法前途转生顿挫",告知已经收受总裁证书,"固未变其初衷也"。

复刘定五函,告知就职问题,自己"初无成见",只是目前"是非混淆之时,质直者动辄得咎"。已经收受总裁证书,"尚望与同志诸君为国奋斗"。

复罗家衡函,罗氏来函"殷殷以任职相勉"。称自己之前"孤立无助",如今考虑到国会已足法定人数,"已能正式开议,倘由此而组织正式政府","成效百倍"。"所谓军政府"之继续,"为时已属甚暂,况群彦毕集,壁垒已新","顾维衰庸,所裨有几"? 但"救国之责未敢弛,尊重国会之心不敢懈,重以诸君子殷勤之谊",故"从诸君子之后",接受总裁职务。(《民国七年军政府改组致国会及各方面之要缄》,胡汉民编:《总理全集》第3集,第307—309页)②

7月22日,邵元冲致古应芬函中称"至总裁一职,先生始终无表示即就之意",只是收下证书,"表示不辞"。而就职一事,需唐绍仪就职后,"六总裁联名致书敦促,再行商榷"。对广州目前的局势,称"岑、陆各系,始以利合,终必以利离,此事早在吾人意计之中。倾轧之祸,不久将见。吾辈亦断不愿先生参加其间,转取无味也"。(李穗梅主编,李兴国、朱晓秋整理:《古应芬家藏未刊函电文稿辑释》,第131页)

△　改组后的广州军政府召开第一次政务会议,伍廷芳、林葆

---

① 应即前面6月17日伍、林来函,至此时方复。
② 以上各函中均提到"居、焦两君",内容亦颇为一致,应是托二人一并携往广州。

怿、岑春煊及各方代表参加,议决政务会议条例及政务会议内部附设机关条例。(《西南局势之新发展》,《申报》1918 年 8 月 4 日,"要闻二";《军政府政务会议条例》《政务会议内部附设机关条例》,《军政府公报》修字第 1 号,1918 年 8 月 31 日,"军政府令")

△　靖国联军第二路军长赵又新等发表通电,贺军政府成立、非常国会开会,称"元勋大集,提挈南邦,从此政纲宏建,立西南统一机关,民望永孚,正全国同盟之军",表明自己"治兵蜀疆,静候驱策"。(《军政府公报》修字第 1 号,1918 年 8 月 31 日,"公电")

△　浙杭王雪芬编绣像绘图《绣像神州光复志演义》(一名《二百六十余年之大黑幕》)由上海广益书局再版发行。该书内容始于满清入关迄于宣统逊位,第三十八回"失南京洪氏灭宗,游香港孙文求学"开始,一路讲述孙氏革命过程。各省大书局均有发行。(《申报》1918 年 7 月 18 日,"广告")此书于民国元年初版。

7 月 21 日　据邹鲁称,近日主张"稍持消极主义";谭人凤认为"可谓知机矣"。(《谭人凤日记》,石芳勤编:《谭人凤集》,第 318 页)

△　李公武来函,报告其行程,5 月 11 日从加拿大上船,6 月 10 日到香港,于 6 月中旬曾托吴铁城携一函面交,然未见回复,故"再申前情"。李之前带回来的款项被"特电止交",如要提取,需"有的据委托,并专文复达原处便得",如果"先生或返省,则弟亲谒并将该件奉缴,尤清手续"。并请指拨款项,安顿在粤的数十名加拿大华侨义勇队员。

8 月 17 日复函。(《公武上总理函》,环龙路档案第 08566 号)

9 月 14 日李公武复函,称已叮嘱李耀麟至加拿大后与当地负责人陈君面商,"并转电该行交付",以免靡费,"料下月陈君必有详示办法"。(《李公武上总理函》,环龙路档案第 02408 号)

华侨义勇队后被解散,其中一员杨星辉回香山乡下。其回国时"未有取回头纸",无法返加拿大,"在家极为艰苦"。9 月 14 日来函表示"数千里江海回国,早已牺牲一切","俟我公命令传来",无论如何即抽身前来,至闽浙前线与敌决一死战。此函由秘书代复以"先生著述海上,不理时事"。(《杨星辉上总理函》,环龙路档案第 01362 号)

　　△　广州各派仍为军政府主席总裁之位争吵。

桂系已预订岑春煊为主席总裁,唐继尧也发电首言"主席一职,非岑西林莫任"。突然有粤报载唐继尧 19 日通电谓"非孙中山莫任,除孙以外尚有伍廷芳堪举",与前电迥然不符①。记者认为"推举孙氏充任主席之议,纯系孙派议员及其同系诸人所运动,日来进行正剧",此电"是否系孙派所伪造,虽不可知,而此电之不甚可靠已可共见"。舆论多认为"无论如何运动,西林主席之议已成铁案不易,孙派亦只心劳日拙耳"。

本日粤函称军政府准备设秘书长一职,"众皆赞成以汪精卫充任"。但记者认为这不足以平孙派不得主席总裁之憾,因为孙汪关系"近来之不甚联合",因"孙氏回粤后之独断独行政策,久为汪精卫、胡汉民等所反对,而孙亦不信任之"。(《粤局现状观》,《新闻报》1918 年 7 月 27 日,"紧要新闻")

24 日又来一粤函,称联合军政府自岑春煊回粤即定成立之局,"讵近因主任总裁一席,孙派极力运动举孙中山或伍廷芳充任,遂致进行为一停顿"。记者认为"此政府之速成,纯出岑西林(即政学会系)派之计画,若非举定岑西林为主席,则于本来宗旨不符","讵孙派以岑氏此次来南纯系主持和议,惧其藉此以弋取副总统,遂生出推孙或伍为主席之议"。"其实政务会议未开以前,预举主席本为非法。不论主席之属岑与属孙伍也",但各派还是展开争夺,于是军政府陷入停顿,"内部一切均未着手,恍如孙中山任大元帅时代之现象,各省各军应举政务会议之代表亦未齐备","军政府之前途不能不暂告停

---

　　①　此电称"惟主席总裁一席,非得沈毅明干硕学宏才不足以提纲挈领,以维庶政。继尧浅意,抱此才具者非孙中山莫及","仍未回粤,就职实难","尚有伍公廷芳,举为主席总裁,将来外交必收良效",请一致推荐伍。(《西南军府进行记》,《申报》1918 年 7 月 26 日,"要闻二")

顿也"。(《岑西林赴桂与粤国会》,《新闻报》1918 年 7 月 29 日,"紧要新闻")

另有报道,称岑抵粤后"颇有统一之势",而近日形势又大变动,"孙文一派与反对孙洪伊派及政学会之民党①等联络",其形势颇占优势。最近一方建北伐之计划,一方又于广东预将岑氏及政学会排斥,现正开始运动,"将来广东内部之冲突恐在所不免"。(《广东内部将起冲突》,《顺天时报》1918 年 7 月 25 日,"时事要闻")《中华新报》、上海《民国日报》则称"民友社及益友社之一部分仍希望推伍廷芳为主席,但据希望岑春煊为主席之政学会某有力者所言,则主席系由政务总裁选而定之,故其结局必将推有实力者任之"。(《东方通信社电》,上海《中华新报》1918 年 8 月 4 日,"东西要电";上海《民国日报》1918 年 8 月 4 日,"东方通信社电")

李根源于 7 月 24 日致电唐继尧,重申反对伍廷芳为主席总裁,认为伍廷芳"主持无计,实非所宜",目前西南作战计划无统一机关主持,难以抵挡北军,"彼辈似仍无能觉悟",对大局悲观。随后李根源通电各方,以前线全面告急,希望岑早日就主席职,早开政务会议。(陆星:《李根源传》,第 132 页;《军政府最近之进行·请西林就主席》,上海《中华新报》1918 年 8 月 5 日,"紧要新闻")

岑春煊于 8 月 19 日政务会议被举为主席总裁。

7 月 23 日　谢持来谒,请示"国会开议后吾人取何态度"。谓:对于现在时局,姑置不问,然同人欲行其主张,亦率归失败,不过浮沉而失败,不如有正当主张而失败者之为□也。则由同人自酌定可已。(谢持:《谢持日记未刊稿》第 4 册,第 53 页)

△　报载约百余名在广州的国会议员因孙中山已承认就政务总裁,特联名致电祝贺。(《旧议员电祝中山就职》,《顺天时报》1918 年 7 月 25 日,"特约电·上海二十三日东方电")

7 月 24 日　列名军政府发表之《中华民国军政府昭告天下

---

①　原文如此。

书》①。

宣言书重申"约法无解散国会之条，解散之者，即为非法"，段祺瑞解散国会，"悍然设非法之参议院，通告非法之国会组织及选举法"，选举非法之国会议员，"是今之民国已名存而实亡矣"。声明国会"已于本年六月十二日在广州开正式会议，议员陆续南下，法定人数，计日可足"，西南六省及闽、鄂、陕、豫、浙、赣各省"咸存见义勇为之心"，一致护法至国会恢复、约法完全回复其效力，"果北庭悔祸，宣布遵守约法，恢复国会，自可销除兵气，共维国本"。（《军政府公报》修字第 1 号，1918 年 8 月 31 日，"布告"）

报端称此为军政府改组后七总裁首次联名通电。（《廿五日广州电》，《新闻报》1918 年 7 月 27 日，"译电"）

31 日，陈炯明致电广州参、众两院暨军政府，重申兴兵"所求者不过遵守约法、恢复国会而已"，祝贺军府重新，"诸公共济，国是有所依托，群情咸切瞻仰。自此制敌戢兵，克复宪章，维持国本，维诸公之力是赖，临电无任欣祝"。（《致参众两院等贺电》，段云章、倪俊明编：《陈炯明集（增订本）》上卷，第 326 页）

7 月 25 日　广东方面传来潮汕军事变动，局面忽然吃紧。

据称北路陈炯明部善战且有许崇智之熟悉闽事，"日前遂迭获胜仗"。而南路方声涛部，部队构成复杂，半滇半粤，且有"陈属参谋长邓铿之从中阻挠"，于是有黄冈、澄海等相继不守。陈炯明所在大埔也有失陷之耗。24 日，莫荣新与军政府各总裁商量，准备派李烈钧前往节制，统一指挥，陈炯明方面复电同意"率所部听命"。

诸总裁又与留粤诸要人开会商量各军饷械筹款问题，认为"现在最要之筹款问题，则由伍廷芳担任向美商举办借款"。既然孙中山无意回粤，"即请其赴美洲运动华侨借款及向美政府筹借外债"。请唐绍仪在日本宣布就任，"用军政府名义与日本政府交涉一切"。唐复

---

①　上海《民国日报》1918 年 8 月 2 日登载，题名为《军政府对内宣言书》。

电"满口愿助军政府进行,而于在日本就任一节,则谓诸多窒碍"。(《潮汕吃紧后之粤局消息》,《新闻报》1918年8月1日,"紧要新闻·二十五日粤函")

7月26日　开始撰写《孙文学说》。之前眼疾好后,又患热病,至今始痊。

本日致孙科函中谈及"经已起手著书,或于数月后可成一书也",即《孙文学说》中的"心理建设"章节。故此日可作是"撰《学说》之始"。(许师慎:《〈国父全集〉未刊之重要史料》,黄季陆等著:《研究中山先生的史料与史学》,第179、182页)《孙文学说》一书于1919年6月出版发行①。

△　致孙科函,谆谆以读书、译书、考察学问为嘱,诫其"切勿空过时光"。

托林森带"新购之书十本"回粤,提及近日由日本洋书店订购"数百种新书"。称许《宗教破产》(疑为尼采《上帝之死》)一书"殊为可观"。另一书 *Cell Intelligence the Cause of Evolution*(法国哲学家博格森著《生元有知论》)"其思想为极新,驾乎近时学者之上","汝可译之,亦可开中国学者之眼界也"。并告知廖仲恺回粤,余事托其面言。

本日,携孙科妻儿拜见宋耀如遗孀,"盖我到上海以来,尚未去过"。(《致孙科函》,《孙中山全集》第4卷,第489—490页)

7月27日　复陈家鼎函,解释因患病未能南下,称新军政府既经成立,"群英济济,荟萃一堂,会当伫瞻新猷耳"。国会既可正式开议,希望议员始终担任"救国天职","力持正义,努力进行"。

陈及部分国会议员来函、来电欢迎就职。(《军政府新猷初展·孙总裁最近之态度》,上海《民国日报》1918年8月21日,"要闻")

△　军政府以外交总长伍廷芳名义,将英文《对外宣言书》送达

---

①　详见1919年5月20日条。

驻粤外国领事。

宣言书之内容"先缕述此次内乱之经过,致乱之原因则归过于段祺瑞及其他北洋派之武力主义,并以此攻击北京政府之非法,护法各省军政府之设立出于不得已之旨趣。至军政府之目的决非企图分立,恰如联合军在欧洲奋斗,所谓为民主政治向专制主义宣战也。欲恢复中国之平和,以廓清段祺瑞一派为必要。以是之故,相信列国承认护法政府为最捷径之道。此主旨即代表护法各军向各国政府切望承认军政府云云"。(《粤军政府要求各国承认》,《顺天时报》1918 年 8 月 3 日,"时事要闻";《中华民国军政府对友邦宣言书》,《军政府公报》修字第 1 号,1918 年 8 月 31 日,布告)

7 月 28 日 发起举行山田良政追悼会,亲书"丹心千古"挽额。(《日本义士山田良政氏追悼会记》,上海《民国日报》1918 年 7 月 29 日,"本埠新闻")

△ 岑德广称孙、岑两人"最近非常谅解"。

岑德广抵达神户,接受记者采访。称岑春煊曾派代表与孙中山见面,"不过将意志疏通",两人之间"最近非常谅解,如现时有以隔膜揣测者则大误矣"。又称岑春煊与段祺瑞决不相容,南方虽有二三派,但对于北方则是一团,南方谋"诸领袖之一致,诚为急务","正竭力于调停妥协也"。

岑氏此次为携侄子游览日本,将与今井嘉幸、唐绍仪见面。(《岑公子德广渡日》,《顺天时报》1918 年 8 月 3 日,"时事要闻")

7 月 31 日 蒋介石具呈向陈炯明辞职。

8 月 1 日、2 日,陈炯明、邓铿连续派人挽留,未果。蒋氏后经香港返沪。(毛思诚编纂:《民国十五年以前之蒋介石先生》第 2 册,第 51—52 页)

是月 致函唐继尧,希望"勉任艰巨,克竣闳业"。

指出"方今国内大患,在乎是非混淆,正理不彰。以故护法之役将逮一载,而大义所在,犹未能晓喻予人人",称唐氏"领袖天南,民国柱石,尚望勉任艰巨,克竣闳业",自己"前此勉竭驽钝,深愧无裨时难,虽养疴海上,于国民大责,未敢云忘,苟利于国,不敢不勉"。

此函由邓泰中返滇携去。(《复唐继尧函》,中国国民党中央委员会党史委员会编订:《国父全集》第3册,第565页)

△　批答陈赓如函,支持其修筑香山县前岐车路。

陈赓如等人计划修筑香山县前山与石岐间的车路,来函请求赞助。批答陈函,谓"筑路为文历所提倡,今得公发起之,喜极慰极",欣然同意"入股千元","望加入文名为赞成发起人之一"。并分析铁路、公路利弊,"短路为人民往来者,则自动车路较铁路尤为有利而快捷",建议前岐之路,"当定实只筑自动车路,不可立心再要铁路也"①。(《批陈春生函》影印件,《中山墨宝》第10卷,第61页)

7月中下旬致孙科函中,交待所筹给的一万元中有"修路之费"。(《致孙科告以近况及所需款项已托廖仲恺代筹函》,秦孝仪主编:《国父全集》第5册,第79页)

△　许德珩来见。暑假,许与同学作为北京学生救国会的代表南下活动,"为了阐述反帝爱国的宗旨,我们去莫利爱路会见了孙中山先生。中山先生和我们谈话时,客厅的一隅,坐着宋庆龄同志在打字"。(许德珩:《高风亮节 大义凛然——记宋庆龄同志》,载《宋庆龄纪念集》,第68页)

上海各校于7月27日,举行学生爱国会筹备会,(《中华民国史事纪要(初稿)——中华民国七年(一九一八)一至六月份》,第577页)许即是因此事来沪。

---

①　原件无日期,《孙中山全集》第5卷第199页据《国父批牍墨迹》编者按,定为1919年。考1918年7月份孙中山致孙科函谓筹款一万,其中六千为孙科所需,其余一项为"修路之用";环龙路档案第01608号《陈赓如上总理函》原副署为1918年11月12日,内中称"弟前日为谋地方交通起见,发起前山至石岐自由车路,照章认为赞成发起者,每份银一百元,蒙先生认占十份,为最多之数"。本批牍内容题在来函信封上,而该信封仅署"港 陈缄",样式与《陈赓如上总理函》信封非常相近,且并无可判定为陈春生来信之信息。据此,《国父批牍墨迹》应是误判。此函应为《批陈赓如函》,陈赓如来函时间应在1918年6月底至7月上旬之间。

8 月

8 月 1 日　上午，江西南昌戒严司令部抓捕刘平，"搜出护国军总司令徽章印板一块，孙文委任状一纸，并制炸弹药水四瓶，此外别无证据"。

据称刘平"前曾隶属民党，民国二年李烈钧都督时在南昌组织赣民日报自命为民党激烈分子而民党中人固大不谓然也，赣宁乱后遁逃海上明为民党同胞，暗充洪宪侦探，牺牲同党之头颅以博每月数十元薪饷，为该党纯正分子所不齿，久欲剪除"。刘之行动极大可能"纯系为招摇撞骗之计"，因为"南方即欲图赣，自不能以此机密要事委之见弃之党人，且护国军名义与南方之护法军名义亦属不符，安有同一团体而名义两歧者乎"，且刘自去年出狱后亦并未到过广州，"是其委任当非真系孙文所给明矣"。当局意图对刘"从严惩办"，"惟对刘所供余党则决不加深究，以免株连而兹纷扰"。（《赣省破获党人机关》，《顺天时报》1918 年 8 月 10 日，"地方新闻"）

△　援闽粤军重新占领大埔。（《粤援闽军复得大埔》，《申报》1918 年 8 月 11 日，"要闻"）

8 月 3 日　谢持来谒，请示对国会的态度。答称：国会恐率陷于失败地位，失败无伤，惟不可不力持正义，余事吾无所于主张也。

对居正谋选举副总统之议大不为然，谓："如果举为副总统者，则吾必脱中国籍矣。"嘱谢持向居正"详说其不可者"。（谢持：《谢持日记未刊稿》第 4 册，第 64 页）

△　蒋介石与廖仲恺、朱执信、居正、古应芬等人在香港会面。（毛思诚编纂：《民国十五年以前之蒋介石先生》第 2 册，第 51 页）

8 月 4 日　报端谣传陈炯明与北京政府通款。

称此天津会议正在热闹中时，"不意粤中一二要人亦有于此时改变方针,拟与中央修好者。据闻陈炯明、林葆怿均有电来京,表示诚意。此为数月以来希〔稀〕有之事也"。且有自称林葆怿的代表梁某"间接向政府索款八万元,以为招致海军北向之运动"。政府"以事出意外,未敢深信"。(《陈炯明林葆怿与中央通款》,《时事新报》1918 年 8 月 4 日,"内外要闻一")

韩宾礼自香港报告,称"陈炯明自愿来归,意殊恳切,现与商量条款,请示遵行"。据称当局商量之后,"已有电答复韩氏,密授方略"。(《陈炯明果来归耶》,《顺天时报》1918 年 8 月 5 日,"时事要闻")

8月6日　杨乃荣来函,为其父杨学绅被害后家境穷困,请予救援。

谓杨学绅于 1915 年"粤吏解散雷州军队"时被扣留查办,三年中"迭蒙先生驰电,当道鼎力维持,方期无党无偏,为法律上之解决",但突于 7 月 14 日被提处死刑。杨家无力支付丧葬费用及弱子老父生活,请予救助。

8 月 21 日收信后,秘书"代复以拨款接济"[1]。(《杨乃荣上总理函》环龙路档案第 01833 号)

△　广州国会众议院召开第一次会议,出席者"已有三百不〔人〕,适足法定人数"。最重大议题为讨论国会护法宣言书,定于 9 日开两院联合会议决。宣言书起草委员会已脱稿,"大要不外'恢复约法''制定宪法''勘定内乱'等项",标题为《中华民国国会护法宣言》。(《广东特约通讯》,《时事新报》1918 年 8 月 15 日,"内外要闻")

8月8日　下午,广州国会参议院召开第一次正式会议,"出席议员一百三十九人,已足法定人数"。同意 9 日召开参众两院联合会议。(《旧国会参院开议之第一声》,《申报》1918 年 8 月 15 日,"要闻")

---

① 杨学绅原为雷州司令,"抗命据城",于 1916 年 11 月被陆荣廷所派之高雷镇守使林虎羁押查办。(《雷州兵祸之剧烈》,《申报》1916 年 10 月 9 日,"要闻二";《林虎计擒杨学绅纪详》,《申报》1916 年 12 月 2 日,"要闻二")此信未署年份,函中称"民国四年","迄今三载"之语,似写于 1918 年。暂系于此。

△ 岑春煊返抵广州。

岑氏赴桂与陆荣廷会晤,前后勾留逾两旬。记者称岑"此次东返,神意殊不如前","殆乘兴往而败兴返"。传闻其主任总裁①恐不能实现,"虽有陆、唐、熊等迭电推举,而应者杳然,现意并推举之说而亦无形打消"。此项消息出于反对岑氏派人之口,又有谓反对岑者"不第孙文一系,即桂系中人刻亦在运动反对之列"。(《广东特约通讯》,《时事新报》1918 年 8 月 15 日,"内外要闻")

岑春煊返粤后,章士钊亦由沪抵粤。报载章氏极有可能将出任军政府秘书厅长一职,因章本与岑同系,且于南北调停极劳苦。前传此职有拟举汪精卫者,"本系欲敷衍孙中山一派人物起见"。(《南北时局谈》,天津《益世报》1918 年 8 月 15 日,要闻)推举岑为政务总裁首席之事,伍廷芳、林葆怿"亦无异议",章士钊为军政府秘书长,伍朝枢为总务厅长,张群为副官长等事"均已内定"。(《军政府之要闻种种》,《顺天时报》1918 年 8 月 9 日,"时事要闻")

8 月 9 日 下午,参众两院在广东省议会开两院联合会议。参院到会者一百三十九人,众院二百九十九人,共四百三十八人,"主席宣布已足法定人数",讨论中华民国国会广州集会宣言事件。议论纷纷,"多数主张将原案及个人修正案先付审查"。(《旧参众两院之联合会》,《申报》1918 年 8 月 15 日,"要闻")

△ 留日归国四川学生黄醒目、刘善征等四十余人发表通电,称张澜在北京设立四川省行政公署,冒用四川省长名义,撤换川源银行行长,囊括金钱,"祸心未已",呼吁"望我护法诸省,轸念川人,速挥扫逆之戈,早图锄奸之计"。(《四川学界痛斥张澜》,上海《民国日报》1918 年 8 月 10 日,"要闻")

△ 援闽粤军收复福建永定城。

8 月 12 日 复孙科 7 月 31 日及 8 月 6 日函,再次督促译书。

---

① 报端有称主任总裁,有称主席总裁。

关于李公武带回的款项，"据加拿大来函，已止绝"，银行不交的原因是听到孙在旅途中，"尚有一千元未有止绝"，叮嘱如李君已收到此千元，着他寄到上海。

戴季陶准备在上海设立股票交换所①，拟请孙科来相助，"此事或比往万呢拿②为好，你可酌量也"。托叶夏声带西文书回粤，希望孙科翻译其中一本 Government by all Peoples，"因中国极需此种智识也"。此书即美国政治学者威尔科克斯所著《全民政治》，1912 年 4 月出版。后廖仲恺于 1919 年译成中文。（《复孙科函》，《孙中山全集》第 4 卷，第 497 页）

△　北京国会本日开会，参加者大多数为安福系议员，交通系及研究系议员占少数。

冯国璋同日发表通电，谓国会开议在即，自己代理总统业将届满，希望议员选举总统，"各本良心上之主张，公举一德望兼备、足以复统一而造平和者"。（《大总统致各省督军省长等通电》，《政府公报》第 917 号，1918 年 8 月 14 日，"公电"）

22 日，选举梁士诒、朱启钤为参议院正副议长。

8 月 14 日　重庆《民苏日报》社长袁蘅生来函③，表达景仰之意。

谓"先生以革命元祖，创东亚共和，华盛顿未足喻其劳，格利佛不足比其烈"，此次辞职，更见淡泊明志，"尤足药热中竞权之世病"。但护法未竟全功，劝"早日赴粤就职，提挈军府，发纾伟略"。

介绍《民苏日报》创办始末，更与来川的林镜台有所接洽，"敝报同人谨当竭其绵薄，力事鼓吹，俾在川军旅商民官绅咸识真确之是非而有所趋向"。该报将于 10 月 1 日举行创办二周年纪念，希望赐以鸿文及近照，"俾得增光"。（《袁蘅生上总理函》，环龙路档案第 00338 号）

---

① 1917 年孙中山与虞洽卿等人在上海发起成立上海交易所股份有限公司，旋因南下护法而无果。本年 4 月份时虞洽卿等试图脱离孙中山，向江苏省公署重新申请。

② 今译马尼拉。

③ 原件未署年份，据信中称将举行二周年纪念，《民苏日报》创于 1916 年，故此信应写于 1918 年。

△　康有为发表通电,痛诉南北相争之祸害,希望从速议和。

谓"举一国之财权、产业、兵权、土地以出卖,以买枪、炮、弹药以日杀其同胞,混沌错忤,颠倒悖谬,不可异议。又复北与北竞,南与南争,府院角立,各督军又角立,甚至一粤而有七政府,一国而有两国会,南北亦战亦和,不战不和,生民涂炭,政体离奇,延长殃祸,毒痛四海,尚复饰言民意,冒称共和",希望南北各方从速议和,"南兵或出不得已,本有和心。北方始终主战,而志终不逞"。"穷服食之美,备中外之珍,皆言和后公等自得之","诸公一念转移,国事立得平和,国势立可统一,国民立得安生,诸公立得大乐。舍此不图,而日求亡国杀身乎? 愚者不为,诸公奚择焉"。(《康有为亦通电息争御外》,长沙《大公报》1918 年 8 月 27 日,"中外要闻")

8 月中上旬,长江三督、徐世昌、吴佩孚、王正雅、冯玉祥等纷纷通电主张和谈,"一致希望和平","此外各商民等之渴望和平同声呼吁,早已力竭声嘶","可知和平之声,已属举国一致"。(《和平之声》,上海《中华新报》1918 年 8 月 20 日,"评论一")吴佩孚更是连发四电,"主和态度强硬,已无挽回余地",得到南方的热烈反响,"西南各要人,本一致赞同","此次得毅力主持,大局当不难解决也"。(《南北两方对于吴电之态度》,上海《中华新报》1918 年 9 月 3 日,"紧要新闻")

△　靖国联军湖南第二军总司令张学济等发表通电,祝贺七总裁当选,"以全国之领袖,系大局之安危,政府既成,邦基永固"。(《军政府公报》修字第 5 号,1918 年 9 月 14 日,"公电")

8 月 15 日　邓家彦来函,请求资助。

邓为《自由新报》事,准备于 9 月 6 日从香港赴檀香山,请孙中山资助旅费若干及美移民局所需之保证金 500 美金。(《邓家彦上总理函》,环龙路档案第 08567 号)

△　报端传闻将有返粤之行。

称因旧国会于广州已足法定人数,将开正式大会,屡次函电催促回粤,陆荣廷亦有密电"苦苦劝驾,想孙氏不便重拂其意,故遂毅然料理行装"。(《参众两院新纪事·中山准备莅粤》,上海《中华新报》1918 年 8 月 15 日,"紧要新闻")或称将赴美"有所作为",因欲与"粤中某要人"有所接洽,将在香港稍作逗留。"闻孙氏此行并非私务,且其所带至任务极关重要。"(《孙中山赴美消息》,长沙《大公报》1918 年 8 月 15 日,"中外要闻")

△ 广州参议两院本定于今日开联合大会,至下午三时,议员到会者仅七十余人,议长及其余议员均为大风雨所阻未到,只得改日再开。

报载粤中来函,分析西南军政府与国会现状。称因为主席总裁问题及讨论宣言书一事,"卒致延会十余日仍复相持不决",第一次政务会议迟迟未能召开。分析现在来粤议员,可分为三派,"其一则政学会系,如汤漪、吕复等是。其一则孙派,如陈家鼎、童杭时等是。其一则专意宪法派,如焦易堂等是"。对于宣言书,三派各有意见。政学系主张联冯倒段,而对于此回广州开国会并欲加入选举总统问题,盖推岑为副总统,"本彼党之老主张也"。孙系则以反对政学会为主,"实欲间接以推倒此军政府,故其于宣言书内极力主张并冯国璋亦须否认为总统,无非以彼破坏对党联冯倒段之政策也"。第三系则主对于时局暂不置议,而惟以完成天坛宪法草案,"使竟制宪大业,而完国会之天职,故其对于宣言书内主张声明此次开非常国会但以继续宪法会议为职志",此系人数颇众。"有此三派意见之不同,而宣言书遂无解决之期。"(《西南军政府与国会现状》,《新闻报》1918 年 8 月 22 日,"紧要新闻")

8 月 16 日 密图浙江、山东,派人运动起事。

报载南京李纯接到陆军部电,称探报孙中山与蒋尊簋、李征五等密图浙江、山东,已委徐绍桢为图苏主干,并派韩恢等潜往徐、淮海一带希图乘机起事。李纯派江宁镇守使齐燮元迅饬所属严密侦防。(《南京快信》,《时事新报》1918 年 8 月 16 日,"内外要闻一")

△ 派廖仲恺与新军政府办理财政交待事宜。

廖于 7 月中下旬由沪返粤,已先谒见伍廷芳、林葆怿,伍谓宜与岑春煊商酌如何办理。本日至农林试验场新军政府所在,请岑春煊"定期清理一切交代手续"。"谒岑后不得要领"①,廖仲恺将之前非常国会咨复军政府原案缮录一份,以公函咨照新军政府,请其克日照非常国会咨文办理交代。(《西南军政府之近讯》,上海《申报》1918 年 9 月 1 日,"要闻二")

8 月 17 日 援闽粤军参谋长邓铿来函,报告粤军在闽进军情况和改编计划。

自 6 月以来,"日有战争",左翼方面战事"已有起色,而敌援大至","大埔、永定方收复,而上杭又失","右路频危,此非战之罪,乃无接济及顾虑守土所误也"。兵力薄而战线广阔,一有战事,"即用头痛医头、脚痛医脚之法",尚幸不至受任各个击破。

报告警备司令徐连胜(捷卿)②之阵亡。又称许崇智智勇可佩,"右翼无汝为,欲如今日之局,亦不可得",只是待士兵过严。称自己致书陈炯明,提出改编意见,"以一军予汝为,使其有独立作战(拟进汀延)之能力(战略上独立作战);余一军由竞公自兼,使战守有望。根据不失,粤军总有出人头地之日也"。

9 月 16 日邓铿再次因粤军改编事来函,报告陈炯明以许崇智为粤军第二军军长,陈自兼第一军,委邓铿为第三军军长,"铿以人谋我急,不宜多树目标,已力辞"。(罗家伦主编,黄季陆、秦孝仪增订:《国父年谱(增订本)》下册,第 820—821 页)

△ 福建永安郭振纲来函,称自己"蹈穷饿之水火",请求赐小数款项救济。

函中详述永安水土及物产,望"政团有力要人拯民出水火",注重农工商。郭氏于民国初年曾拟就发展农工商章程及造林章程呈报在

---

① 另一报道称廖与岑"争持数分钟之久,终无结果而罢"。此报道称廖列计垫过款项为"一千三百六十余万元",(《广东政闻片片·孙中山临去时曾委派廖仲恺办理交代》,《顺天时报》1918 年 8 月 30 日,"地方新闻")实际 6 月军政府交待时列出是一百三十九万余元。

② 徐于 8 月 7 日在收复永定一战中阵亡。(《军政府公报》修字第 1 号,"咨文")

案,得林森、张继、方声涛、龚永①的联名复信。复信赞同其章程"悉同中山先生所抱民生主义",又谓侨商杨奠安将至福建,"当以盛意商之,共筹办法"。(《郭振纲上总理呈》,环龙路档案第 13669 号)

8 月 18 日　李烈钧来电,劝早日就职。谓"此次以实力问题发生障碍,毅然赞改组之议,大度苦心,尤深倾佩","西南贤豪,半我公旧雨,苟能携手偕行,天下事不足为也"。(《致孙中山书》,周元高、孟彭兴、舒颖云编:《李烈钧集》上册,第 429—430 页)

李氏"为促军府成立",于 8 月 13 日抵广州。31 日,致电章太炎,认为"西南护法,首在讨逆"。军府自改组以来,"迭次会议进行,意见一致,期必贯达初衷",并表示并未听到和议之说,"与诸友自当注意"。称"惟中山隐居沪滨,尚无来粤之意,于大局亦甚生关系也"。(《致章炳麟电》,周元高、孟彭兴、舒颖云编:《李烈钧集》上册,第 433 页)

8 月 19 日　复李襄伯、董直 6 月 5 日来函,感谢华侨踊跃捐款。

对当地成立华侨筹款救济局,"具谂公等竭诚任事,致群情踊跃",表示欣慰。称护法事业本有头绪,而为武人破坏,"惟救国之心,未尝少懈"。返沪后,认为应从根本着想,"非整理党务,先固内力,不足以及时奋起"。经费方面,"月用不赀",希望海外同志慷慨按月接济。(《复李襄伯董直论救国须先整理党务函》,中国国民党中央委员会党史委员会编订:《国父全集》第 3 册,第 566 页)

△　杨庶堪终于抵达重庆。

报载此时黄复生正谋就四川省长职甚急,忽见杨回川,"知彼无望",于 21 日致电各总裁及熊克武、川省议会,辞代省长职。电文中称杨庶堪抵渝,"群情踊跃,士庶欢迎,川事主持有人,复生仔肩可卸"。记者认为此"决非本心,不过借此以博高蹈之名"。

之前下令任杨庶堪为四川省长,未到任前由黄复生代理。但是熊克武以总司令名义兼摄民政事务,据称黄欲代理省长"终不可得"。

---

①　龚永(1891—1913 年),闽县人,"二次革命"失败后被捕遭枪杀。

熊电促杨回省，因"熊、杨甚善也"。但杨取道云南时，因"派系关系"不能过，复返上海。黄、熊抵牾，黄无由夺熊兼摄民政事务之权。七八月间，黄在同系之石青阳、颜德基支持下谋就四川省长职。不料杨忽然返川，"说者谓与熊早密谋计划已定"。

22 日川滇黔三省议会联合会连拍三电，促杨就四川省长职，称"庶军民两政，胥庆得人，川事纠纷，无难解决"。（《民党争夺川省长之内幕》，《时事新报》1918 年 9 月 19 日，"内外要闻"）

据徐永昌记，石青阳以所部两万人，"不愿就熊之编师，但愿出师援陕，且愿合黄、卢、颜所部归杨沧伯指挥，举杨为援陕总司令。号曰统一民军，实则待熊〔杨〕氏耳"，称石青阳"究竟不失为孙之党员心思"。（"中研院"近代史研究所编：《徐永昌日记》第 1 册，第 236－237 页）

△　广州军政府政务会议开第二次会议，推定岑春煊为主席总裁。通过章士钊秘书厅长、伍朝枢政务厅长的任命。（《西南政务会议开幕记》，《申报》1918 年 8 月 27 日，"要闻二"；《西南军府各部组织纪》，《申报》1918 年 8 月 31 日，"要闻二"）

8 月 20 日　报载四川省议会促孙、唐两总裁就职电。

四川省议会于 7 月 30 日开茶话会，发电请非常国会早日"派勿分乎蜀洛，见宜泯乎旧新"，共谋国事，从速解决国家根本问题；又谓希望总裁诸公全体就职，以解决问题，而"道路传闻，反谓中山先生以前军政府诸公未尽就职之故，欲尤而效之。小人之心，妄度君子，虽在至愚，亦知其罔"，希望各方面敦促两人早日就职。（《川省会之茶话会》，上海《中华新报》1918 年 8 月 20 日，"紧要新闻"）

△　报载江西景德镇破获党人机关，拿获赣北"伪司令"王文祥，供称是孙中山部下张赞元委其此职，并派严道平往皖南一带运动起事。陈光远咨达安徽，倪嗣冲以"事关谋乱"，通电全省认真侦探，妥筹防务。（《皖省警讯》，《时事新报》1918 年 8 月 20 日，"内外要闻二"）

8 月 21 日　陈炯明来函，条陈数事。

一是促请胡汉民返粤就粤军代表一职，否则"失一说话之人"。

如胡不能来，准备请徐谦代替，认为徐"虽有所图"，但代表一职"关系亦大"，应有人参与。二是希望戴季陶、蒋介石、邵元冲前来襄助帮忙，称"粤军为民党一线之希望"，"其余如有可襄助之人员，请多调数人来"。请说服蒋氏，"无论如何，请其一来"，"粤军虽不规则，然当可改良，各将领均能服从。若有其他，嘱勿灰心"。表明"独立自主，冒险奋斗，为炯明一生之生涯，亦即粤军之精神"。（《陈炯明上总理函》，环龙路档案第 02771.1 号）

蒋介石本日抵沪。蒋氏前以母病需归省，7月底辞职返乡，实际因与叶举、翁式亮等人的矛盾及对粤军前途悲观而思去。

之后一段时期，为促进粤军在漳州的发展，朱执信、廖仲恺、戴季陶、邹鲁等人经常往返于漳州、上海间，居正、吴稚晖、胡汉民、陈嘉庚都曾到漳州访问或演讲。

△ 传闻派居正潜赴山东，"乘机煽乱"。张敬尧通令各机关严加戒备，并特着手募兵一旅，命名补充第二旅，驻扎省垣以资防范。（《山东之军备》，《顺天时报》1918 年 8 月 21 日，"地方新闻"）

8 月 22 日 谢心准从广州来函，报告粤局各情。

岑春煊抵粤后，"锐意而进"，军政府已开府办公。粤中议员则"至今亦多醒悟"，"屡晤吾党中议员，闻拟乘此时机，将极力联络党外各员，为他日之预备"，此节颇差强人意。与林森、吴铁城常有相见，欧阳荣之对于时局则"似无所可否"。廖仲恺返省，但因水灾交通断绝，尚未晤面。

又称"自先生去后，颇以事无可为"，已于前月辞去警卫军办事处职务，得李耀汉授以省长公署咨议官，"虚与委蛇而已"。拟往沪一行，询问有无驱策，表示"必竭力图报"①。（《谢心准上总理函》，环龙路档案第 01877 号）

8 月 23 日 晚，蒋介石来谒，报告闽粤战况。（毛思诚编纂：《民国

---

① 原件未署年份，据内容判断，应是 1918 年。

十五年以前之蒋介石先生》第 2 册，第 52 页）

陈炯明于 8 月 26 日、29 日、31 日连作三函给蒋，促其尽快返汕相助。9 月 5 日蒋氏与邵元冲离沪赴汕，18 日抵漳州陈炯明总司令部。（吕芳上主编：《蒋中正先生年谱长编》第 1 册，第 87—88 页）

△　近日住所中党人往来，被沪当局戒备。

报载卢永祥致电北京政府，"据称上海法界爱克路 29 号①孙文寓所内近日党人往来甚多，似有所谋，已饬探随时注意并密令各军警机关从严戒备云云"。（《卢护军使近致北京电》，《新闻报》1918 年 8 月 27 日，"本埠新闻"）

8 月 24 日　报载王正廷受军政府之命赴美，本日离粤赴沪。

军政府最初本欲派遣伍朝枢，旋因外交事务而中止，故有派遣王正廷之事。王氏至沪后，"与孙文、孙洪伊等协议后，似将启程"。（《王正廷行将渡美·四日广东来电》，《顺天时报》1918 年 9 月 7 日，"时事要闻"）

8 月 25 日　政务会议来电，促请返粤。

谓军政府于 7 月 5 日成立后，改设在农林试验场，伍廷芳、岑春煊已入驻办公，"组织将次就绪"，希望"早日来粤，共济艰难"。（军政府最近之通电，《时事新报》1918 年 9 月 9 日，"内外要闻"）

据记者报道，设于农林试验场的军政府，地处荒僻，所内"左右两厅则贴有军政府秘书厅、总务厅各种字条，然常川驻府者不及二十人，现亦无事可办。即布置亦未完备，抬椅及应用什物亦多系由农林试验场借用。所谓军政府者，如是如是"。（《粤省要闻》，《顺天时报》1918 年 8 月 10 日，"地方新闻"）

8 月 26 日　刘显世发表通电，派刘燧昌为政务会议贵州代表。因刘燧昌仍在日本，先由严培俊暂代。（《军政府公报》修字第 2 号，1918 年 9 月 4 日，"通告"）

8 月 27 日　贵州省议会发表通电，对段祺瑞"近日又有地丁借

①　原文如此。

款及吉、江两省林矿抵借日债之举动"不胜骇异。认为"如林矿抵押，国命即将告绝"，表示坚决反对，"请诸公设法对付"。(《军政府公报》修字第 2 号，1918 年 9 月 4 日，"通告")

另一电祝贺军政府成立，"欣悉诸公当选联合军政府政务总裁，惟海内之望重，斯民意之共推"，期望从此"壁垒一新，西南愈自巩固""护法立见功成"。(《军政府公报》修字第 2 号，1918 年 9 月 4 日，"通告")

8 月 28 日 再次表示不回广州。

宣称因"南方已有足够的各派领导人参与政事"，自己没有必要回广州，并打算"到国外旅行一段时间，希望他回国时，能平息政治动乱，恢复和平，这样他可以享受做一个共和政府的国民之乐趣"。(广东省档案馆编译:《孙中山与广东——广东省档案馆库藏海关档案选编》，第 175 页)

△ 丁怀瑾从广州来函，表达景仰之心。丁氏此前奉唐继尧命至粤问候，并"查实业办法"。

谓"先生此次息肩政治，休养清和，意者天故遣之从事实业，以完所怀抱，俾民国免破产之厄乎"，表达敬仰之心。并称四川物产丰富，但交通不便以致百业停滞。丁氏之前有浚河之议，"当蒙先生允予指助，惜无良好测器"，现拟从速进行，但财力未充，希望"先生有以教之"。

收信后，批示"代答以先生现养病，暂不问各事"。(《丁怀瑾上总理函》，环龙路档案第 00339 号)

△ 谭浩明、谭延闿、陈炳焜发表通电，赞成停战议和。

呼应吴佩孚 21 日停战主张及冯国璋 12 日主和通电，认为"西南各省，自去岁以来，以护法为职，以笔舌争执之不获，不得已而为兵"，"每念同室操戈，至为痛惜，屡次宣言，希望中央依法解决，早睹和平，文电具存，天日可鉴"，希望"望爱国诸公同心协助，尊重约法"，认同北京此次"新选举之非法，当然无效"。(《军政府公报》修字第 3 号，1918 年 9 月 7 日，"公电")

△ 湖北靖国联军总司令黎天才、第一军总司令唐克明、方化南发表通电,称柏文蔚在鄂西指挥前敌,颇为有力。入鄂川军与鄂军有主客之分,"非得指挥统一,诚恐难收全胜",公推柏为川鄂靖国联军施宜前敌总指挥,统一指挥鄂西一带川鄂靖国军,"兹已请柏公就任视事"。(《军政府公报》修字第8号,1918年9月25日,"公电")

据柏文蔚回忆,其至施南,唐克明来见,称前方指挥不能统一,黎天才、刘显世部"皆自由行动,故指挥深感困难",意欲推柏担任靖国军川鄂联军前敌总指挥,"若余同意,即电云南唐联帅转请孙大元帅任命"①。柏同意担任,"尽最大努力以稳定前方战局",认为"直接报告孙中山先生即可,由唐联帅转请任命,大可不必"。(柏文蔚:《五十年经历》,《近代史资料》总40号,第47页)

黎天才、唐克明、柏文蔚又发一电祝贺七总裁当选,称"从此铲除奸邪,巩固共和,召集国会,制定宪法,挽弥天之浩劫,树万世之鸿基,皆惟诸公之手造,亦天才等所预祝也"。(《军政府公报》修字第3号,1918年9月7日,"公电")

8月30日 发表长文通告海外革命党人,严词痛斥西南武人名为护法,其实为争权,行专制于地方;表明坚定的救亡信念,希望海外党人继续支持。

谓"世之所谓护法,恒与文异,始不过徒饰护法之词,未尝以一纸书为国会谋恢复",当自己谋在粤召集国会开会时,"果有何人为我赞助"? 西南将领"只欲分中央专制全国之权,俾彼得专制于二三行省",与中央之毁法者无差别。称"早知非可与谋,久欲离而去之",至东渡、返沪,"救国主旨,未尝或息",近虽屡遭挫败而百折不挠,"此非尽文一手一足之烈,纯恃吾党诸君子竭力相维,故文深信吾党实系于中国之存亡"。

在上海,更加感到"吾党之扩张"之必要,准备重订党章,以促党

---

① 事实上,此时已经不用此称号,更无"转请任命"的可能。

务之发达。希望各同志"务期依照党章,缴纳年金,以供总部经费,俾文得专力于国事,而无窘乏之虑",捐款"并期一律汇沪,由沪签还收据"。(《辞大元帅职后通告海外同志书》,中国国民党中央委员会党史委员会编订:《国父全集》第 3 册,第 566—567 页)

△ 收到周伯甘 20 日来函,批示"不理"。

周氏来函报告其与友人往汕头,"促请滇粤各军实行联络,以期划一,早荡敌氛",但各方意见"彼就我离,颇难着手",准备来沪"常聆教言"。(《周伯甘上总理函》,环龙路档案第 02406 号)

△ 吉野作造于 8 月发表《支那南北对峙之形势》一文,"第一次全面性赞赏孙中山"。

文章称"如果说中国还有忠于主义的政治家,那就是孙中山。孙遵守信念,择善固执,中国没有任何政治家可与之匹敌。孙中山之所以被视为南北和谈障碍,也因为其坚守主义拒绝妥协的个性",断言孙去职后南北和议更不会成功。

在此之前,吉野一直对孙中山的领导才能持怀疑态度,认为"赞成孙中山意见者,未必愿与孙中山共事"。虽然他比较支持南方的军政府,但他理想的领导人物并非孙中山。此次孙中山辞军政府大元帅职,吉野对其的态度为之一变,"第一次全面性赞赏孙中山",肯定孙中山对中国革命的贡献。(黄自进:《吉野作造对近代中国的认识与评价:1906—1932》,第 79—80 页)

△ 广州众议院选举,副议长一职"政学会欲举褚辅成,民党欲推吴宗慈"。又称孙中山派议员拟组织政党,"推居正为首领"。(《三十日广东电》,《申报》1918 年 9 月 1 日,"外电")

来粤国会议员,"细察之则可分为三大派","其一则政学会系,而益友社附之。其二则民友社系,亦即孙中山派之激烈分子。其三则各党之零碎分子,以继续宪法会议为职志者"。政学会主张选举徐世昌为总统,岑春煊副之。民友社派因党员人数太少,"最近遂有组织大党,以与政学会派对峙之议"。据称孙中山自沪汇来运动费十余万元,由居正主持,以原大元帅府士敏土厂为据点,"四出收买议员,而以竞争众议院副议长一席为下手地步"。于是,政学派举褚辅成,孙派举吴宗慈,"现势而论,孙派自不敌政学会系。惟孙派现正以金钱收买议员,则须看其收买之成数如何,方能判胜负也"。(《西南旧国会与军政府现状》,《新闻报》1918 年 9 月 6 日,"紧要新闻")

来粤国会议员,"虽同为标名护法,而实则党派分歧",各有打算,舆论皆以为如此。但"速议宪法"还是多数议员的共识,"谓宪法订成,则今兹西南战事,方可尸宪法战争之名,否则直为无名之师,而国会之集合,亦属无聊之举"。(《军政府与旧国会之内幕》,《时事新报》1918 年 9 月 11 日,"内外要闻一")

△　报载"主席总裁一席,各方面现既同意于西林",伍廷芳亦表同意。

据称,"举伍廷芳任主席本系孙派之意,伍初无此野心。闻伍以因此久不解决,殊碍军政府进行,现彼亦表示举岑充任,察冀可断绝异议"。(《粤局现状谈》,《新闻报》1918 年 8 月 30 日,"紧要新闻")

又传在日本的胡汉民受军政府所托,"赴热海力谋疏通唐绍仪与岑春煊之意见,惟目的未达,唐绍仪仍无回国之意"。(《唐绍仪无回国之意》,《顺天时报》1918 年 8 月 31 日,"特约电·东京三十日共同电")

8 月 31 日　陈炯明率援闽粤军攻克漳州。不久,援闽粤军总司令部移驻于此。

是月　林警魂所部蹂躏香山地方,陈赓如来函求救,长文复函详加指导。

陈赓如以驻港香邑侨商会所临时主席名义来函,请求究办残害香山地方的林警魂及其部下。称香山多名邑人或面陈或投函该侨商会,备陈 6 月 6 日香山袁带叛军被击退后,进驻的护沙统领林警魂部下抢掠洗劫商店、殷户、工厂的种种恶行。总计被劫者"约数千家,损失约二百余万,人民无辜被枪毙者约数十名口",称"虽前清为专制政府,然未闻官兵敢若是之残民以逞也"。进行抢劫的护沙营长"向充绿林,其部下尽为悍匪",而林警魂"不加约束,有意故纵",认为"此等军官,尚可容留于共和政体之下耶"?

驻港香邑侨商会曾屡次向广东省当道反映,请求究办,"但官官相卫,积习已深,令人可悲故泣"。故来函请求加以援手,设法将林警魂及手下涉事营长"从严惩办","不但本邑之幸,实广东大局之幸,亦以符护法之宗旨也"。(《陈赓如上总理函》,环龙路档案第03090.1号)

收到陈函后,作长篇复函。历数民国建立,本应以国民为基础,但国民对于此责任尚未了解,革命党人陷于孤立无援之苦况,"民国政权已操于官僚盗贼之手"。此次建立军政府,"艰难支撑一年之久,孑然无助,徒为亲厚所痛,仇雠所快,终至于解职以去,此诚非文一人之厄,实民国之厄也"。林警魂等为现役军官,"驭之得其道,未尝不可束身寡过,勉目致于功名之域",如果有"贤明之国民,以监督政府,有贤明之政府,以监督地方长官,以监督其所属,则彼等之事,何至发生"。因目前已辞大元帅职,未就任政务总裁,对要求严惩各节,"不在其位,无能为力,深以为歉"。

提议"诸乡先生身为国民,即民国之主人,对于恶仆横行,弁髦法纪,诚不可不加以制裁",建议从议会、报馆各方面着力,"明事实之真相,得犯罪之主名,庶几公愤可申,大法得立"。(《民国七年复港商陈赓如函》,胡汉民编:《总理全集》第3集,第311—312页)

9月23日陈赓如再次来函,称复函"虽不能为力,而有心指导维持,足见关心桑梓",与其他接函不复者"贤不肖相去为何如耶","倘人人能如先生,则国步何致艰难若是哉"。并称自己非不欲发奋维持,为桑梓力除蟊贼,"无如寄寓他人旗下,时恐有干预内地政治之嫌疑,以致诸事不敢自由"。相期以他日"各尽地方责任,不但本邑地方治安,将来同享太平"。(《陈赓如上总理函》,环龙路档案第03090.2号)

7月底至8月底间　接受一个印度记者两次采访,体现了其对英日关系的洞察及对殖民地解放运动的关注。

再次申明中国参加一战是不正当的,"因为这场战争并非为维护世界民主而战",英国"代表着对亚洲施行暴政的专制强国,为了世界的民主,摧毁大英帝国是必要的"。并谈到印度独立运动领导人之一的拉什·贝哈芮·博斯(化名塔库尔),说如果此人"像现在这样在那里(日本)再多呆几年,他会给英国政府制造许多难以克服的麻烦",因为他在日本很有势力,在助长日本的反英情绪上其影响在不断扩大,印度革命者反对英国的工作"对日本是有利的"。

当记者问到日本在远东的侵略时,孙"突然大声说:'欧洲正统治着世界,日本为什么不该扩张?'"还认为日本能够继续德国没有做到的事,就是摧毁英国的势力,"他似乎十分肯定英日同盟将不会续订,战后日本将与德国结盟"。而且"他知道日本在亚洲有一个明确的打算,但全世界的人还不知道",同时"他责怪英国造成了日本如此强大,以致现在成了中国的一大危险"。

讲到印度解放运动,"对印度革命的成功寄予厚望"。谈到过去十年间,他一直在与印度革命者携手合作,提出可以通过阿富汗走私武器到印度,因为"那里很可能在今年年底发生骚乱"。孙对于印度革命的态度,该记者深为他的品格所打动,"他是那么质朴、坦诚而又无私"。该记者还介绍了一个美国人,孙吁请其在美国报刊上鼓动帮助中国,承认南方政府。(刘建一等译注:《孙中山与一个印度人的谈话》,中山大学学报编辑部编:《孙中山研究论文集》10—11,第108—109页)

对列强及印度解放事业的看法,可看出孙的国际主义倾向,"从这个意义上说,孙中山是走在他那个时代的前面。他认识到,不仅帝国主义的直接受害者会深受其苦,而且帝国主义国家本身亦将自食其果"。(史扶邻:《孙中山的国际主义倾向》,中山大学学报编辑部编:《孙中山研究论丛》第3集,第141页)

9月

9月1日　祁耿寰自广州上书,谓广州"和议之呼声又日趋而日高矣"，李烈钧则极力反对，"将来大局之结果，当不出先生之所言所料"，表示失望痛心。报告自己之前奉命组织军队，数月来已得"勇敢善射之死士"数百人在韶关，然无枪无弹，请为介绍于汕头陈炯明之处效力。且入闽奉军中有祁氏旧日辛亥同事，可进行联络劝降。

接函后批示："介绍往竞存处，并作详函与竞存。"[1]（《祁耿寰上总理函》，环龙路档案第 13594 号）

△　陈炯明发表通电，报告粤军攻克漳州的激烈战况。

8 月 25 日开始进攻南靖，于 31 日完全克复漳州，"是役先后夺获战利品甚多，敌俘虏房伤亡及落河淹死者不计其数"，准备乘势进攻厦门。（《军政府公报》修字第 3 号，1918 年 9 月 7 日，"公电"）

许崇智在闽升粤军第二军军长兼前敌总指挥。（毛思诚编纂：《民国十五年以前之蒋介石先生》第 2 册，第 54 页）

△　报端发表一以旅沪广东全体绅商名义致军政府各总裁、广东省议会及李烈钧、方声涛、陈炯明电，称靖国军驻潮部队对地方需索无穷，任意"拿人拘禁"，导致当地"民不聊生，岌岌不可终日"。谓"靖国名义，何等正大"，"乃部下蛮横骚扰，一至于此"，希望立即命令各部队"认真禁止，如系冒名，即请重办"，以挽人心，"国民幸甚，共和幸甚"。（《旅沪粤人致军政府电》，上海《民国日报》1918 年 9 月 1 日，"要闻"）

9 月 3 日　致函李宗黄，因李氏将返滇，请其当晚赴宴，为其饯行。（《致李宗黄邀请便餐函》，中国国民党中央委员会党史委员会编订：《国父全集》第 3 册，第 567）

据李宗黄回忆，晚宴中"孙先生素来健谈，最近感冒乍愈，精神份外的好"，"由孙先生领头谈护法大局"，谈及唐继尧，"大家都很希望他早日出兵，会师武汉，予北军以致命打击"。

李氏之前在日本，为唐继尧办理军械事务未果，即持孙氏所作介绍信历访日本诸人，考察日本地方自治近两个月。返沪后，即来请

---

[1]　原件未署年份，据内容，应是 1918 年。

谒,汇报在日考察经历。据李氏回忆:孙先生特意强调说:"我希望你朝着这个方向继续前进,推行地方自治就跟革命一样,要有百折不回的勇气和信心。你是本党钻研地方自治的第一人,这副重担如今我已经放在你的肩膀上","终你一生,你只要办好了这一件事,你对国家民族的贡献也就很大了。"李宗黄受此鼓励,下定决心全部改变其"人生途径的新方向",此后半个多世纪着力在地方自治及县制研究上。

李宗黄随即返滇,向唐继尧提出了上、中两策,其中上策为"联孙,废督裁兵,实行民治,埋头建设,蕲求自保"①。（李宗黄:《李宗黄回忆录——八十三年奋斗史》第2册,第245—251、255页）

李宗黄于7日、8日在报端发文,盛赞吴佩孚主和行为。（《李宗黄君对于吴佩孚主和之感想》,上海《中华新报》1918年9月7日、8日,"紧要新闻"）

△　焦易堂来函,谓"前接大示,敬悉一切。所示各件,均关紧要,当即勉力遵照,求达目的,以副先生殷殷为国之素志"。提到于右任已就任陕西靖国军总司令,通电至军政府各总裁,认为"当然有先生份","宜径由沪上就近去电表示欢迎";并联络在沪的陕西靖国军代表张庆豫（立卿）,张氏与于右任、胡景翼均属至交,"藉悉陕状,以便指导一切。则将来收拾西北,方有线索可寻"。

批示:"照办并复。"（《焦易堂上总理函》,环龙路档案第13279号）

△　英、美、日、葡四国共六十四人自香港来粤游历。

之前各国驻粤领事照会交涉署,"谓现有本国人来粤游历,请为

---

①　此为李宗黄事隔多年后之回忆,细节方面有自我标榜的嫌疑,（胡埔评:《李宗黄回忆录》,《现代学苑》1973年第4期)且事实亦有误。如所记9月3日宴席中尚有孙洪伊、田桐、章太炎、郭同、吴宗慈、王湘等人,其更与章太炎因为章氏痛骂唐继尧而大起冲突,致章受伤;而章太炎于10月11日始从湖南返抵上海,（汤志钧编:《章太炎年谱长编（增订本)》下册,第794页)田桐9月初亦在广州、漳州间奔走,（谢持:《谢持日记未刊稿》第4册,第90页;罗家伦主编,黄季陆、秦孝仪增订:《国父年谱（增订本)》下册,第822页)9月3日皆不可能在上海。

保护,并开列姓名"。军政府得此消息,"亦赶将内部组织完备,并促各部早日成立,以备外人参观"。一行抵达广州后,由各国领事带同至军政府,"岑、伍两总裁亲出招待,并派伍朝枢带同前往各处参观考察"。据称"此帮外人之来,虽据云游历,实于承认问题有绝大关系","外人行将承认是也"[①]。(《粤省新消息》,《顺天时报》1918年9月8日,"地方新闻")

报载各国因出兵北满及教皇遣使两事,对于北京政府极不满意。虽然"从前协约各国以西南接近德奥为嫌","此时西南如果确能表示其赞成参战之诚意,则协约方面当可首先正式承认军政府"。于是军政府政务会议上,伍廷芳将此案提出讨论,"议论纷纭,尚无结果"。散会后,伍以外交总长名义,分电滇黔川桂各省及孙中山、唐绍仪两总裁征求意见,"以为对付之方针云"。(《军政府之形形色色》,《顺天时报》1918年9月12日,"地方新闻")

9月4日　蒋介石来,谒辞请训。

蒋氏于3日接到邓铿来函,劝其速返粤军任事。5日,蒋与邵元冲离沪赴粤;13日抵汕头,与邓铿见面;18日抵漳州陈炯明总司令部,26日升任援闽粤军第二支队司令官。(毛思诚编纂:《民国十五年以前之蒋介石先生》第2册,第54—55页)

△　田桐上书,报告粤、闽各军情况,以及浙军归附的可能。

谓"日来福建方面,粤军大获胜利,似此前途当有一大转机也"。然岑春煊一派密谋捣乱,有三个计划。一是派李烈钧往前敌统一滇粤桂浙各军,二是令方声涛为援闽军副司令,两项都"已为同人打破"。三是试图使海军拥护林葆怿为福建督军,"此计划尚未露面,同人已设法打破,想亦难见事实"。

田氏受王文庆所邀,准备往潮州致力于"粤浙二军共同进取"。浙军的吕公望受岑春煊赏识,但吕仅能带一团南归。依王文庆计划

---

① 报道称"昨星期二",为9月3日。

的话，则"全体可以过来"。田试图往说王文庆与童保暄一致附归陈炯明，"如能成功，前途之妙，不可言状，或者今年冬杪，先生能到南京亦未可知也"，对前途表示乐观。并认为"军事若大发达，国会可令其缓开"，到时直接开于南京。

建议处世待人方面，"对于议员政客，为雍容亲切之谈话，不作愤懑之气，则厌恶岑三者日益来归"，又指出"先生向日之病，恒在见客之时不打精神，致生轻慢。此后如精神不足之时，则托故不见客，苟见客则必振精神。此为政治上生活者所大大宜注意者，望先生慎之"。（罗家伦主编，黄季陆、秦孝仪增订：《国父年谱（增订本）》下册，第822—823页）

8月初童保暄与李厚基就进攻路线产生矛盾，童认为李"策既不行，违令于上、失信于下"，拟电请段祺瑞将李罢斥。之后与吕公望等人多有接触。8月17日夜童接到吕公望、王文庆二人信，吕、王在潮州，想与童见面。19日夜"某某两公来，与晤谈及晓"。然对陈肇英团叛降粤军，仍非常愤怒。8月25日童保暄得到消息后称"余与戴之①交至厚而结果如此，真无可如何也"。（宁海县政协教文卫体和文史资料委员会编：《童保暄日记》第352—353页；《广州特别通讯·浙军附义之详情》，上海《中华新报》1918年9月4日，"紧要新闻"）

△　北京新国会选举徐世昌为总统，"计投四百三十六票，结果徐以四百二十五票当选"。（上海《中华新报》1918年9月5日，"本馆专电"）

9月5日　致函林镜台，派阎崇阶、杨虎（啸天）携往重庆。（《林镜台上总理函》，环龙路档案第00449号）

9月7日　孙洪伊发表通电，号召否认9月4日北京政府选出的大总统徐世昌。

称武力派"以己意窜改法典，私制议员，此只可视为私人机关"，

---

①　吕公望，字戴之。

选出的为"私生总统"。徐为宗社党首领,"依违偃仰于袁、清之间,持禄保位,欺世盗名"。其为总统,必"侮辱国民,腾笑中外"。称"现正式国会已依法集会广州,国家正统有托",期望南北官民一致反对。(《徐东海当选与反对派态度·孙洪伊电》,长沙《大公报》1918年9月16日,"中外要闻")

关于徐世昌当选,上海方面"一般均以冷淡迎之,迄今并无引起何等感兴趣之模样",民党方面"孙文等以徐东海当选大总统,称为复辟之第一步"。(《上海对新总统之冷淡》,《顺天时报》1918年9月8日,"时事要闻")

9月9日　最近的时局观为"主张先定宪法,后选总统"。

叶夏声自沪返粤,接受记者访问,问及"孙中山氏最近之政见",叶称"无他表示,惟期望国会者甚切"。谓孙氏认为国会成立后最重的职责"应以宪法及选举总统为要","制定宪法,尤宜较选举总统为先。必使民国先有宪法而后有总统,切不可先有总统而后有宪法","盖有宪法不患无总统,而有总统则恐终无宪法"。1913年"国民党失败后,不惜变其先定宪法后举总统之主张,以先举总统",袁世凯、段祺瑞是为前车之鉴,"议员所宜大觉悟"。如能先定宪法,后举总统,"则中华民国之基既归巩固,虽有野心者不敢冒违宪之名。然其悍然出于违宪,自有弹劾权与叛逆之罪刑随之,吾人亦可以拥护宪法起而问罪","讵不胜于拥护临时约法,使违法者得以反唇相稽耶"?(《孙总裁最近之政局〔观〕·主张先定宪法后选总统》,上海《民国日报》1918年9月9日,"要闻")

9月10日　报载西南政府有大进步。

一是浙军降附之举,"闽浙两省,冀可收入西南范围"。二是唐绍仪在日运动,"近来日本朝野对于承认军政府一事,已成重大问题",王正廷赴美亦已成行。于是,军政府急于完善自身组织,"故军政府现所急者,即为诸总裁之完全就任"。"所难揣测者,则逍遥沪上之孙中山氏,何去何从,令人莫测",于是以政务会议名义发电催孙就职。

记者称"不就则辞,本为正大光明之事,若半推半就而阻碍大局之进行,甚非伟人爱国之道也"。

非常国会两院发生选举议长问题。众院副议长竞争者吴宗慈、叶夏声"皆不及褚辅成之党大援众"。参院正议长王家襄前虽宣传定期来粤,后闻"反对者众,不欲以一身为众矢之的,故已变计不来";副议长王正廷已因公赴美,"闻孙派拟举林森接任"。(《西南形势发展中之粤闻》,《新闻报》1918年9月10日,"紧要新闻")

17日,褚辅成当选众议院副议长。(《众议院吴议长景濂通告褚辅成当选副议长即日就职电》,《军政府公报》修字第8号,1918年9月25日,"公电")

9月11日　报载岑春煊派诸人因为"桂系既视军府为不足重轻",要为军政府"别觅一后援",于是由褚辅成运动众议员陈家鼎、丁超五、李燮阳、彭养光、袁弼臣等九十九人,提出一议案,"请仍以非常会议维系军政府"。根据理由为"约法未完全恢复、正式政府未依法组织以前,除临时会自行开会外,仍一面以非常会议维系军政府,于法律事实,两无窒碍云云"。记者认为此议案"不伦不类,牵强附会",然可见"岑派维持军政府,维持自派地位"之用心良苦。(《军政府与旧国会之内幕》,《时事新报》1918年9月11日,"内外要闻一")

9月12日　复吴忠信9月1日来函。

对吴氏来函中报告其与许崇智率粤军在福建取得的胜绩,表示喜慰,"殊胜他好音百倍"。感叹"民党势力凋零,所仅属望者,惟此福建与四川方面"。杨庶堪已入川,"颇可释虑"。希望粤军能趁北军叛变、士气沮丧,"以纪律节制之师"早日攻下延平。告知蒋介石、邵元冲已经赴汕头前敌,请代问候蒋、朱、左、罗、陆诸君。(《致吴忠信勉在闽南进展函》,中国国民党中央委员会党史委员会编订:《国父全集》第3册,第568页)

△　闽籍议员郑忾辰、陈堃自广州来函,极力主张以陈炯明为闽督。

前此郑氏等人曾"迭上函电",报告广州政情,"桂派、政学会派遍布羽翼爪牙",然两派亦自内讧,争权攘利;为民国前途忧虑,谓"所赖者惟我公一人,天不亡华,我公必能得最后之胜利,真共和必有成功之日也"。

盛赞陈炯明率师援闽之功绩,血战奇功"自民国迄今,殆未有也",且"其人又为我公之指臂,吾党之干城",闽督一职,"关系前途甚大,为地方计,为国家计,皆非自非竞公不可"。然而军政府方面已在策划任命林葆怿为福建督军,政学会中人为省长,"种种阴谋直接排竞公,间接实排我公也"。谓已经邀请林森、丁超五、詹调元等"集合同志,积极进行,并联络各方,共同赞助",希望"我公设法援助,俾得成功"。陈炯明虽主张民政应交还本省,"不欲独揽大权"。但是郑、陈认为,"当此军政时代,暂行军民合治,亦一时权宜之计,原无谦让必要",如果一定要军民分治,则推荐林森长民政,"必能和衷共济,相得益彰"。请为向陈炯明切实介绍,"以便接洽"。(《郑忾辰等上总理函》,环龙路档案第 13435 号)

△ 李襄伯来函,感谢"此次到沪,蒙待遇之殷",报告将于 14 日(本周六)搭船由沪返港。谓"雪梨存款之件,弟与郭标君即函知办事人,劝他集议,将款移在办理党务之用,免生久悬。想此事亦当通融也"[1]。(《李襄伯上总理函》,环龙路档案第 01282 号)

△ 报载西南各派首领,"孙文、孙洪伊一派除外",及旧国会之多数重要分子鉴于时局大势,"均已一致认定东海为最合时宜之人物",将在双十节以前,由旧国会另集总统选举会,推东海为第二任大总统。

但提出三项条件要求中央允可,"其一即补给西南各省以前用出之各项军费。其二略涉于副座问题,有所商榷。其三乃比前二项较

---

① 原函未署年份,其中提到"雪梨存款",应即本年 9 月 14 日复李炳初函中提及之悉尼洪门所存余款,应同为 1918 年函。

为重要内容,一时未便宣泄,然不外彼此各有牺牲"。(《南北接近之动机》,《新闻报》1918 年 9 月 16 日,"紧要新闻")另有报道称三条件是"一补偿用去军费,二副座公平选举,三新旧国会同时牺牲,另组合法之正式国会"。(《北京电》,《申报》1918 年 9 月 14 日,"专电")

9 月 14 日　复李炳初函,称悉尼国民公会黄柱、林达三于 4 月 27 日来函,"言洪门筹饷救济局存有余款,如此间有函提取,当可汇返",自己已复函请"竭诚接济,俾得专力于国事",请李与二人见面时"代达鄙意","馀情已详于通告"①。李炳初于 1917 年 9 月被任命为大元帅府筹饷委员,此次来函告知已抵澳洲。(《嘱李炳初转黄柱等汇寄存款函》,中国国民党中央委员会党史委员会编订:《国父全集》第 3 册,第 568 页)

△　华侨义勇队队员杨星辉来函求助,后由秘书代复,谓"先生著述海上,不理时事"②。

△　报载陈炯明拟在漳州设省长公署,自任省长。(《香港电·十四日下午电》,《申报》1918 年 9 月 16 日,"专电")

9 月 15 日　致函郑忾辰(慨尘),告知近期潜心著述,希望启发"大多数之觉悟,谋将来之进行"。对目前国会开议之际,"四周情状,皆有风雨飘摇之惧",鼓励郑氏团结同志,为正义而奋斗。

略谓:弟自避居沪上,默察今日国事人心之坏,不特少数暴戾恣睢者,放佚而无所惮,而大多数之国民,皆持一种苟安偷活之见解,惟知敷衍弥缝于一时,而不为久远之计。此其弊,在于精神上无勇决之觉悟,于条理上无建设之计划也。故甚欲暂时韬晦,潜心著述,于国民之意向,及建国之规模,有所启发,冀得大多数之觉悟,谋将来之进行。(王凌:《怀念辛亥革命先辈、我的外祖父郑忾辰》,《福州文史资料选辑》第 10 辑,第 4 页)

△　复于右任等电,对陕西靖国各路军联合一致表示嘉勉,称

---

① 应即 8 月 30 日通告海外革命党人书。
② 详见 1918 年 7 月 21 日条。

"事功者一时之荣,志节者万世之业,文于诸君夙知其志节,今者更信
必不蹶于事功矣",赞"秦人可以有为"。(《陕西民军近讯》,《新闻报》1918
年9月17日,"紧要新闻")

为统一事权,陕西各路民军胡景翼、曹世英、郭坚、卢占魁、樊钟
秀、高峻等,遣王玉堂迎于右任于上海。8月8日推于右任为陕西靖
国军总司令,张钫为副司令,设总部于三原。(《陕西靖国军于右任张钫
宣布就职电》,《申报》1918年8月21日,"公电";《陕西靖国军纪事》,中国社会
科学院近代史研究所《近代史资料》编译室主编:《一九一九年南北议和资料》,
第505页)

△ 童杭时来函,希望催促在沪的议员速至粤参与投票,补选参
议院副议长。

童之前亦有函托凌钺带至上海。此次来函,报告同仁主张补选
林森为议长,"本已可占多数,但近缘法定人数尚欠几人,致不能投
票"。希望催促在沪同志火速至粤投票,"以期有成"[1]。(《童杭时上总
理函》,环龙路档案第02120号)

9月17日 赵丕臣持石青阳函[2]来见。

石青阳称其"孤军在蜀",准备"乘此闲暇,整饬军队,保此一部分
实力,以为将来发展资耳",已筹有确款廿万元,派赵丕臣(蜀之合川
人,任云南外交事务多年,通法语,与法人交颇宜)携至沪,请指教"购
买运输之途,枪种弹类搭配之数"。宣称"他日西南有以首义助吾党
者,则必此军也"。

批示:"已见赵君,所托之件已托赵君另函详达,酌夺可也。"(《石
青阳上国父派赵丕臣赴沪购械请指导函》,黄季陆主编:《革命文献》第50辑,第
285页)

△ 报载徐世昌当选后,主张南北议和,已有宣言,"非正式之磋

---

① 原件未署年份,据内容可定为1918年。

② 此函未署年月日,周开庆编著《民国川事纪要》第222页记为9月1日事。信封上
注有"已复,九月十七日",与赵见面当在此一两日间。

商今已在进行中",所难者在于"未有可以代表南方发言之人耳"。

记者认为南方政客与军人意见互异,"其能代表急进派而负责任者殆无其人"。这一点,与北方督军派之黩武主义,"皆足为和议之阻力"。广州消息称岑春煊已表示个人赞成徐世昌之当选,但只有"广州之合法国会选举徐世昌总统",南方才可承认。记者认为"和局有望矣"。据称某某方面提出王芝祥可为接洽南北之最好媒介。(《西报之观察中国时局谈》,《申报》1918年9月18日,"要闻二")

△ 唐继尧抵达重庆,召开川、滇、黔、鄂、豫五省联军会议。会议持续二十日。会上,唐继尧提出《川滇黔三省同盟计划书》,熊克武最终拒绝签字。会议并未取得唐氏预期成果,决定援陕、援鄂后收场。(李新、李宗一主编:《中华民国史》第3卷,第102—104页)

9月18日 派徐谦为全权代表,参加政务会议。

致函军政府政务会议,称"因养疴上海,迟未视事,数承敦促,良以为歉",因此派徐谦为全权代表至粤,"共勷进行"。(《军政府进行纪要·欢迎孙总裁代表徐谦》,上海《民国日报》1918年10月6日,"要闻")

报端称孙"已决定在本埠静养,暂离政界,从事著述",于是派徐谦赴粤。(《孙文决定在沪静养》,《顺天时报》1918年9月22日,"特约电")本日长沙《大公报》亦据上海来函,报称"现仍居上海法租界马斯南路莫利爱路二十七〔九〕号闲居,不谈政治,专心著述中国政治哲学,约一年即可脱稿"。(《孙中山有闭户著书说》,长沙《大公报》1918年9月18日,"中外要闻")

徐谦原定双十节后出发,"嗣因各方面函电交驰,频频敦促",于22日离沪赴粤。(《徐谦代表孙中山赴粤》,《时事新报》1918年9月23日,"本埠时事")10月2日,徐谦发表就职通告,宣布已于9月26日就职孙中山全权代表及军政府司法部长。(《军政府公报》修字第11号,1918年10月5日,"通告")

19日,凌钺、陈家鼎两人致电国会及军政府,报告徐谦为全权代表,即将赴粤。(《孙文已派代表赴粤》,《新闻报》1918年9月21日,"本埠新闻")

　　之前萧辉锦等九十名参议员联名上书①，报告新军政府种种逆行，希望尽快派代表来粤。新军政府"名为合议，实同独裁"，"某派气焰熏天，大有为所欲为，旁若无人之概"，开会议事，"俱守秘密"以"包办议和，私谋权利"，政务会议中岑春煊"竟将议和二十一条提出讨论，唱反对者仅协和一人②。个中秘密，外间无从探悉"。称"先生为革命领袖，道德眼光，均足排异端，而为万流所宗"，希望"俯顺舆情，从速派定，克日南下，参与会议，一可杜若辈调和之阴谋，二可表先生出处之磊落"。更提出辛亥以来，屡屡受挫的原因"皆由党务之办理不善，人才之配置失当，以至是非颠倒，功罪混淆"，"有坚定之政见，而无适宜之政略"。提出目前"欲图政治之刷新，先谋政团之结合"，要改弦更张，办法是"其组织之大要，领袖只在先生，次则部局任务，罗致各省济世之才，分任巨艰，庶几举国状况，易于体察，全党营垒，不受摧残。苟侧重一隅，偏言个人，断难笼罩全局，共策进行，势必国事党务，终归泡影已耳③。公推凌钺、陈家鼎两人来沪，"面陈一切，请示办法"。（《萧辉锦等为军政府倒行逆施请国父挽救函》，黄季陆主编：《革命文献》第49辑，第147—149页）

　　27日，政务会议复电，称"我公共和先导，护法元功，久迟旌麾，主持坛坫。兹承特派徐君谦代表出席，共商大计，至表欢迎"，并特任徐谦为司法部长。（《军政府政务会议致国父欢迎派徐谦代表出席电》，黄季陆主编：《革命文献》第49辑，第145—146页）至于徐谦之就任，报端认为广东各方势力复杂，导致一事无成。当前国会中无所属议员居多数，"大小孙派议员叫嚣特甚，胸无定见之议员颇易为动，政学会一派在

----

　　①　此函未署时间，据其内容及凌钺、陈家鼎行程，应是由凌、陈二人携至沪呈孙中山。
　　②　后有报载称"岑春煊虽赞成派和议委员使谋妥协，而李烈钧反对之，以为此际不能唱和议，宜主张彻底的作战。岑春煊对之谓关于妥协条件宜主张充分强硬，但无不言和议之理，以驳李烈钧之主张。而目下赞成李烈钧主张者不过孙文一派与少数之国会议员（约二十余名）"。（《广东内部不合之朕兆》，《顺天时报》1918年10月3日，"时事要闻"）
　　③　之前8月底报道"孙中山派议员拟组织政党"，可能就本于此。

国会中势力最弱,殊无控制之力","岑三无法,故欢迎孙文代表徐谦来粤,畀以司法部长虚名,以敷衍孙派政客,亦事之无可如何者也"。(《广东之形势观》,《顺天时报》1918 年 10 月 30 日,"地方新闻")

25 日,唐继尧代表赵藩亦抵广州。报端认为之前西南联合军政府,"实际主持内部者缺,惟岑、伍、林三总裁,实而言之则桂系之军政府而已","世人论此军政府,多以为不能统一西南"。而唐代表抵粤,"可为岑、唐认真结合之征","其宗旨或不甚相远"。称徐谦 26 日抵粤,"即日加入军政府列席政务会议,此尤为可异之事",可能是陈炯明援闽捷报频传,"已奄有八闽,彼党已得有地盘,不如从前之毫无势力,故亟须在军府占一位置"。又有报道称孙派议员"仍持其研究法律说,苦苦与军政府纠缠",就任免督军、省长一事,叶夏声等人致函国会,"粤人阅者,多谓见小失大,以现在局势,亦殊非咬文嚼字之时代也"。(《西南军政府现状》,《新闻报》1918 年 10 月 6 日,"紧要新闻")

9 月 20 日　军政府政务会议议决,特任莫荣新为广东督军兼陆军部长,以"久病未瘳"为由免去李耀汉"广东省长兼肇军总司令"职,特任翟汪代理广东省长,古日光代理肇阳罗镇守使。(《军政府秘书厅通告任免各官吏电》,《军政府公报》修字第 8 号,1918 年 9 月 25 日,"通告")

众议员王钦宇、叶夏声、黄元白等十五名联名致函军政府各总裁,表示反对,称军政府组织大纲"只许部长由政务会议特任之,其他文武官吏之任免,皆非军政府范围内之事","此次军政府之命令系越大纲之规定以行大总统之职权"。

岑春煊、伍廷芳、林葆怿联名复函,称此次任免,"证之《修正军政府组织大纲》,既有根据","于国会、大总统之职权不能行使期内,依本大纲之规定,行使中华民国之行政权",且"军政府既以各省各军之联合为基础,即对于各省各军当必如身之使臂"。(《军政府公报》修字第 9 号,1918 年 9 月 28 日,"附录")

9 月 22 日　报端评论徐世昌与孙中山两人的"民生主义"。

称徐所标榜的"民生主义"与"孙文之民生主义"必大相径庭,"夫孙氏之民生主义,即社会主义之变称;而徐氏之民生主义,殆即所谓安民恤众而已。明明社会主义而曰民生主义,闻者色然喜矣。明明平常之休养生息套语,而易之曰民生主义,闻之者以为此乃大政策也。甚矣,名称之不可不易"。(《民生主义》,《时事新报》1918 年 9 月 22 日,"时评二")

9 月 24 日 题一四字匾额,赠送苏州台麟女学。(《苏州》,上海《民国日报》1918 年 10 月 1 日,"本埠新闻")

△ 杜去恨自云南上书,之前杜受命到宁远发动军队。

称目前"仅有西蜀同志颇称发展,对先生独为忠诚",因此拟与川人王英相偕入蜀,"辅助一切",为本党势力谋一根据地。请作函电至熊克武、杨庶堪处"大力介绍","以遂爱国忠忱而尽国民天职"。(《杜去恨等上总理函》,环龙路档案第 00340 号)

△ 北京政府与日本寺内内阁所订《山东问题换文》(又名《山东密约》《山东善后协定》)交换照会,北京政府"欣然同意"日本所提条款,实际上是"正式承认日本于山东之权利"且"远超过德国所获之外"。此密约在 1919 年的巴黎和会上被公诸于世,使中国政府在谈判中失去立场,将山东权益"拱手交割给日本"。

随即,北京政府与寺内内阁于 28 日签订满蒙四铁路与济顺、高徐二铁路预备借款以及参战借款等三件合约,借款达六千万日元。(《中华民国史事纪要(初稿)——中华民国七年(一九一八)七至十二月份》,第 281—282、293 页)

9 月 25 日 马育航上书,报告前线军情。

谓"我军自饶、黄克复,汀、漳旋下,李逆夺魄,贼众内溃","一鼓而歼,当在指顾"。但援闽粤军之患"不在前敌","久为怀权夺势者不谅,摧残压抑,罔不加被"。最近更是因己方迭获胜利,"排挤之术百出无已"。因此,请求派胡汉民速来粤担任粤军代表,以列席政务会

议,并请孙中山回粤坐镇①。(《马育航上总理函》,环龙路档案第02231号)

次日,马育航奉陈炯明之命,汇三千元至上海"以备尊用"。(《马育航上总理函》,环龙路档案第02864号)

9月26日　所派全权代表徐谦抵达广州,来函报告各方情况。

旅途中与岑春煊之子同行,本日至穗,亦同至军政府,与岑春煊会面。又与伍廷芳见面,递交孙致伍之函。

再与林葆怿、饶鸣銮(子和)会面,转交孙函。饶鸣銮"嘱先将林之意代达",林葆怿"绝不欲为福建督军",且"甚欲维持竞存,不过现在尚非其时,故未为竞存发言","请先生不必系念"。北方海军经饶、魏(子灏)两人接洽,未听从李厚基命令开火,李厚基已离开厦门,"福建全省不难克复","想不久北方海军即可附南也"。广东则发生省长问题,军政府任命翟汪,"闻昨日粤军警开会,恐生龃龉,议员中亦有赞同者"。

政务会议开会时间为每星期一及星期四,星期四开会前先与各省各军军事代表会议。本日即为星期四,徐参与会议,唐继尧正式代表赵藩到,将取代李烈钧。会议任命赵为交通部长,徐为司法部长。

会议讨论众议院议长函复军政府移交案,吴景濂(莲伯)"不肯负责,只将非常会议所议两案抄来",一为"改组军政府未成立前,仍请先生担任",一为"前军政府之清算,可交由改组之军政府,将来一并提出预算,由国会讨论","现在非常会议既不存在,国会正式会议与改组之军政府又无关系,是前案实无办法"。岑春煊则"只空言前已发行之一千五百余万公债,无由承认,惟云军事上空费之用款,本所不免,即如伊近曾交陆建章二万余现款,亦归无着。故对于先生空费之军事用款亦当承认,以表其好意"。徐谦发言称"此交代案,先生所发出者,自然负责,但虽发出而他人未经报销者,亦非无稽核之余地。此事先须将结束之段落分清,免致前军政府于改组之军政府及国会

---

①　原函未署日期,有"丘君来沪之便"语,据马育航9月26日函(环龙路档案第02864号)称"昨托丘君……带与一函",再根据内容,可定为25日函。

各不转接,徒然阁〔搁〕置无益。且对于交代之案,必须逐款看明,不必概括,空言不能承认"。会议结果仍函请交代委员开详细用途清单再议,希望速催居正和廖仲恺来粤,再设法办理。(《徐谦上总理函》,环龙路档案第 02232 号)

△　冯自由来函,报告粤中各情。

粤中报界自陈耿夫被杀后,"尽被政界收买,无不噤若寒蝉",日前有报纸"妄载前军政府亏空千余万,尤为可愤"。冯氏近日"以攻击政学会为事业",专为香港《大光报》供稿,"痛攻岑派,大快人心"。

至于目前广东局势,"桂派恨岑三为政学会利用,故对于军政府已呈分裂之象。而老岑之专权武断,尤为各派所怨愤"。因为李耀汉被免职事,"生出粤籍国会议员、省议员及军界之大结合",翟汪、古日光"均不敢登场",政务会议"信用扫地"。冯称之为"粤中之好现象",筹划由粤中各界公请胡汉民就省长职,在胡就职前由李耀汉代理,"未悉能办到此层否"。又称福建议员已经公电欢迎陈炯明督闽,但岑春煊"尚以此席骗林葆怿,可恨之至"。政务会议绝无信用,"公万无加入之理",不同意派徐谦来任代表列席,因"适为老岑之傀儡耳"[1]。(《冯自由上总理函》,环龙路档案第 02059 号)

△　陈家鼐来函,拟往广东一行"以期贯彻护法目的",但缺少旅费。湖南家中被北兵抢劫一空,沪上房租亦欠数月,请求借三百元以济急需。(《陈家鼐上总理函》,环龙路档案第 04654 号)

此函由林焕廷代复,然"恳请假款一事,竟丝毫无与"。28 日陈再次来函,认为谭人凤(石屏)等人借款有求必应,而"鼐与先生共患难有年"却不能周急,"想非先生本意,抑或旁人忌我者进谗言,从中阻止之"。陈愤然称"先生既以知我,何不于此患难时期稍一接济乎?鼐虽无他长,自问算是血性男子,来日方长,容当必报也"。(《陈家鼐上总理函》,环龙路档案第 04655 号)

---

[1]　原函未署年份,据内容可定为 1918 年。

△ 报载有粤、川留日学生罗忠鹤等七十四人及女学生姚凤鹤、吴祖莲等二十八人"日前由日返沪"后，"即由孙中山氏令赴粤垣某大学肄业，或担任教员"。（《男女留学生往粤》，《申报》1918 年 9 月 26 日，"本埠新闻"）

△ 报载北京派驻香港密探称广东时局又将更变，浙军的孙道仁、吕公望加入南军后，图闽势力雄厚，"军政府内幕之筹备，异常充实，其实力方面已经大过立法部，故对于议员（指旧国会言）极加藐视。惟孙中山一派拟乘军政府、立法部分裂之际，欲图恢复旧状，恐不免再起极大之争执"。（《京传西南消息片片》，《新闻报》1918 年 9 月 26 日，"紧要新闻"）

9 月 27 日 收到冯熙周 20 日广州来函。称改组后的军政府为"一非驴非马之机关"，目前在粤"某督军以及某总司令、某军务督办者"更加毫无忌惮，假借护法之名"肆行暴敛，藉戒严之力草菅人命"，民众怨声载道。冯氏"多方挪借数十元"，想来沪侍奉左右，请示是否可行。

28 日由秘书代复。（《冯熙周上总理函》，环龙路档案第 01502 号）

9 月 28 日 收到马伯麟 9 月 22 日来信。马原为大元帅府参军，军政府改组后经朱执信、李福林介绍到李耀汉出任肇军司令部副官。

报告岑春煊与李烈钧因和战问题而大生恶感，"协和一于主战，西林一于主和，相持不下"。并报告省城张贴督军布告，政务会议取消李耀汉省长及总司令职，委任翟汪为省长，古日光为肇阳罗镇守使，"各方面亦无甚动静"。（《马伯麟上总理函》，环龙路档案第 02233 号）

△ 姜汇清上书，称自己早年在沪追随陈其美，现在接洽第十师将士，如能得两万元接济，"敢立军令状担任占领淞沪，不至遗〔贻〕误"①。（《姜汇清上总理函》，环龙路档案第 11567 号）

---

① 原函仅署月日，函中称"大元帅"，据内容疑应为 1918 年，暂系于此。

△ 收到陈庆云 9 月 19 日上书。数月之前陈氏曾来谒见。

解释其受同学张惠长邀请，至谭根①公司一游，"欲藉以演习技术"，"并非轻于去就，变更宗旨也"。得知陈炯明经由日本购回飞机，需人驾驶，在广州与林森接洽，"邀集同学诸人，连翩前往，组织援闽飞机队"，已于 27 日到香港，"俟有便轮即行赴汕"。（《陈庆云上总理函》，环龙路档案第 02407 号）

△ 颜德基来函，报告重庆会议结果，"军民分治问题竟难解决"，杨庶堪为四川省长事似"难成事实"。颜与石青阳等人商量会后即分路入陕，"援秦之举仍非藉重沧公不可"。派卢舜卿赴上海谒见，报告川中情况。（《颜德基上总理函》，环龙路档案第 13233 号）

9 月 29 日　田桐从厦门来函，报告与浙军联系经过。

田与邹鲁赴潮汕，在潮州与吕公望、王文庆周旋，"吕之意专向岑三，王之意则与粤军联合"。21 日到漳州，与陈炯明见面。援闽粤军战况反复，陈炯明再次托田、邹至厦门与浙军交涉。与王文庆会谈后，"事可望大成功，今明两日，文庆必能与单〔童〕伯吹商酌好办法也"。至于攻下福建后的人事安排，田称陈炯明意图以许崇智为省长，而田、邹认为林森为宜，"竞兄似有意于他人者，此万不可也"。邹鲁亦就此事致书孙中山，"想先生必能玉成此事"。（《上孙中山书》，王杰、张金超编：《田桐集》，第 148 页）

△ 日本原敬内阁成立，内田康哉任外务大臣，田中义一任陆相。寺内内阁于 9 月 21 日总辞职。

原敬内阁的对华政策，在表面上似乎有所改变。10 月间发表声明，谓"对南北双方采取不偏不倚的公正态度，并与英美等列强各国采取共同步骤"，"对于可能增加中国国内政局纷扰的对华借款与财政上的援助，概予停止"。10 月 22 日，原敬内阁作出关于促进中国妥协的议案。29 日，又提出《关于对华借款善后方针备忘录》，决定

---

① 此时谭根受聘为莫荣新新编之飞机队第一队长。（《粤军之飞机队》，《顺天时报》1918 年 9 月 4 日，"普通新闻"）

控制对华借款。但原敬同时仍致力于"援助亲日派,使其不致失望",实际上继续提供财政支持。(李吉奎:《孙中山与日本》,第 496—497 页)

孙中山对原敬寄有希望,以为"北方金钱武器供给之源,于焉告竭"(《致美国总统威尔迪逊电》,《孙中山全集》第 4 卷,第 513 页),曾请高木陆郎转告原敬他对于日本的建议。

据高木陆郎回忆:他于原敬内阁成立后到第一次世界大战结束前某一日,曾到孙宅访问,孙很高兴,曰:"很好,若回日本,请传话给原首相。"略谓"最近日本似很热衷于太平洋政策,将来要跟美国挑起争端,这是非常错误的","这可能受英国之嗾使,本来,英国多年来以暴政来扭迫东亚民族,所有亚洲民族无不对英国之压力痛恨长叹,因此,日本应毅然对抗英国,坚持解放亚洲民族之态度,这样,十亿亚洲民族则必翕然追随日本。然而在今天客观形势下,即使日本与美国开战,亚洲民族也不会追随日本","我静观日本之现状,见英国利用此奸计挑拨日美之争这一现实,令人非常担忧",请无论如何"将此事转告给原首相、西园寺公侯"。又称其正是从此见地出发,"以对东亚之独自解释,而反对中国之参战",为此,还聘用德国人做军事顾问。

次日,请高木赴孙宅再叙,称:"昨天与阁下所谈之事非常重要,亦非常机密。我的北京话说得不好,可能有说得不对的地方。今天特请戴天仇来向您重述一遍。"高木后向原敬报告。([日]陈德仁、安井三吉编:《孙文·講演〈大アジア主義〉资料集:1924 年 11 月日本と中国の岐路》,第 340—343 页,转引自段云章编著:《孙文与日本史事编年(增订本)》,第 580 页)

△　舒祖勋从重庆致电军政府各总裁及非常会议,报告唐继尧就职情形。

舒受非常国会托,携带总裁证书到达重庆,于 9 月 28 日面呈唐继尧。唐氏"特召集联军将领,肃礼拜受",联军会议决定克日出师。称"此后军府声威日益隆上,民气军心,百倍于前",唐继尧统帅各军,"护法靖国,功可立定"。(《重庆舒祖勋报告唐总裁就职情形电》,黄季陆主

编:《革命文献》第49辑,第146—147页)

　　△　杨度发表致南北各方通电,呼吁南北议和,提出三条意见。

　　一是大总统由新国会选举,旧国会承认;而副总统由旧国会选举,新国会承认,"彼此互相承认,互相联络,以期南北一家"。二是选举之后新旧国会合并为宪法会议,来制定宪法。三是宪法制定后,宪法会议解散,"以旧国会之参议院、新国会之众议院合组为一国会"。认为"法律问题解决以后,所余政治问题,如官吏任免,军队裁留等事,随时可由中央与各省商酌行之,此类多涉个人权利问题,今大总统大度优容,西南群帅亦皆爱国君子,决无不解之难题,可断言也"。(《杨度又来胡说》,上海《民国日报》1918年10月1日,"本埠新闻")

　　△　中华民国留日学生救国团广西支部周公谋、吴启宗等发表致南北各方通电,反对徐世昌当选大总统。称"非法之选举又至,强奸民意,五族同羞,国家前途,愈趋危境,今新国会既属非法,产出之总统当然无效",呼吁各省同胞速起反对,共驱国贼。(《周公谋等否认安福国会产生的总统快邮代电》,张黎辉、蒋原寰等编:《北洋军阀史料·黎元洪卷》第2册,第30—31页)

　　9月30日　谢持来函①,报告之前托赴沪的廖仲恺②转达其意见,当下与返粤的汪精卫、徐谦会面,再次致函陈述其主张。

　　提出"先生居沪宜留意北方军人,极力联络,布潜势于北。时机到时,乃能包举全国",因此事务可以委之孙洪伊,"而人物则不可不自行结纳"。焦易堂称陕西驻沪代表张立卿窘极,曾求助于李根源而"托诸空谈",如上海方面能救济数百元,"亦联络之道"。但"立卿未尝乞款于我,无故给予,其着痕迹实甚","请先生酌之"。徐谦在粤,"主张国会宜与军政府发生法律之关系,或改易名称,今日讨论此事"。(《谢持上总理函》,环龙路档案第13918.2号)

----

　　①　原函仅署月日,《谢持日记未刊稿》1918年10月2日条记此事。
　　②　称"今闻过沪,以原船渡日,虑其仓促",可知廖仲恺于9月再次赴日。

是月　时值蒋氏宗亲修谱,特为蒋介石之母王太夫人题"广慈博爱"以作修谱纪念。(谭延闿编:《总理遗墨》第2辑)

10月

10月1日　之前数次致函陈炯明,本日陈氏来函,报告闽粤军政形势。

已任魏邦平(丽堂)为粤军在非常国会的代表,"适符尊意"。蒋介石、邵元冲已到行营,任蒋为第二支队司令,准备将粤军精锐之梁、谢两统领所部划由蒋统辖,"期成劲旅"。又任许崇智为第二军司令官、龚振鹏(振洲)为第三预备队司令,"汝、介、振诸兄皆民党真正份子,将来必能发挥民党之真精神也"。

报告对闽粤政局的安排筹谋。准备攻下福建后,以许崇智为督军,林森(子超)为省长。广东方面,联络二李①一魏(魏邦平),李耀汉(子云)任督军,胡汉民任省长,"藉此对付山贼。弟仍总粤军,立于局外地位,取便于发表政见"。

并告知"桂派忌弟成功,刻已渐下毒手",裁撤了陈的督办署及取消矿捐,"明断粤军饷源,使进退无路,殊阴险也","弟处兹境,四周皆敌"。北军和龙军顽强抵抗,进攻厦门二十余天,仍在血战中,尚未占领。"沪上吾党不乏有为之士,请嘱其来助",一旦攻下厦门,"先生当可惠临指示一切,尤所祷盼"。希望留意武器供给。(《陈炯明告粤军在闽情形上总理函》,黄季陆主编:《革命文献》第48辑,第281-282页)莫荣新9月24日通电取销陈炯明惠潮梅督办职务。(《西南之要电·育航电》,《申报》1918年10月14日,"要闻二")

△　邵元冲亦于本日上书,报告到达漳州后所见援闽粤军军情,

---

①　疑指李耀汉、李福林。下文"山贼"指桂系。

并代述许崇智、蒋介石之意。

陈炯明意图由许崇智任闽督军,许氏"实不欲居此大名,拟闽事定后,仍率军队进规浙江,或则即行解职,以图休息",邵元冲劝说闽省对于外交及华侨影响颇大,不可轻易放手。许崇智详细告知前线军情,"此次战争最困难即在军械","现所用者几全属北军之器械,故甚希望先生代设法购械,款此间当可筹",又告知俘虏二千余人。

浙军童保喧在厦门,和吕公望产生矛盾,因吕归附岑春煊,"勾去其陈肇英一团,岑又任吕为浙军总司令。故意至愤恨,无论如何决不与岑联合"。已方由王文庆、田桐等人在联络童,"使说童与竞存一致行动",许诺将来"粤军必可助浙军取浙江,而浙督亦可推童任之"。"童军中立终可办到,如是则以粤军全力对臧,当非大难也","若臧军能击破,则闽事自易解决"。

对陈炯明所部的情况,认为"内部之人颇为复杂,至今犹无一组织法,一切办事虽皆由总司令直接,各事皆阙统一,初至之人,实无从着手"。邵氏在陈处无事可办,准备日后到许崇智处相助,"则彼此较易妥协"。(《邵元冲报告粤军援闽军事情形上总理函》,黄季陆主编:《革命文献》第48辑,第279—281页)

童保暄希望和议成功,与粤军频频接触①。

△　刘冠辰来函,称与林观锦合办震东牙科医院,"已借重大名为登报介绍","想先生素以推诚见爱,当亦乐为吹荐也",并奉上优待券。(《刘冠辰上总理函》,环龙路档案第 01155 号)与孙洪伊、温宗尧等人一起列名该医院介绍人,广告见诸报端。(《震东牙科医院成立广告》,《新闻报》1918 年 10 月 2 日)

另有一牙科医生郑灼臣来函②。郑氏前此曾上门诊视,函中称"尤幸药到病除,不负一番厚意",不收医药费,只请"借重英名,题赠匾额"。(《郑灼臣上总理函》,环龙路档案第 01157 号)

△　王天纵发表通电,宣告 9 月 29 日受唐继尧任命为靖国联军豫军总司令,已于 30 日在重庆就职。(《军政府公报》修字第 14 号,1918 年 10 月 16 日,"通告")

△　云南参议员何畏发表通电,反对南北议和。

称"西南既宣言护法,自当始终不渝,况非法总统既公然产出,是去护法之期望益远,岂能苟且偷安,迁就言和",呼吁"惟有准据约法从速组织正式政府","由护法各省拥戴之国会通过正式政府之国务

---

①　9 月 18 日童接到莫芑垣来信,"述及陈炯明有与闽、浙军携手之诚意",报告给李厚基。10 月 3 日,在厦门与陈炯明派来的黄强见面,"杂话稍久,对于时局稍有关系,暂秘不宣"。并将谈话告诉臧致平,"并云有吴某亦来说和云,可见内力甚薄"。7 日、8 日,莫芑垣、吴砚池、黄强(莫京)等人持续与童、臧有所接洽。9 日童与部下谈及陈肇英团事变,称"功败垂成,心甚痛之。然余一念之差,致诸将士受多少苦痛,愧悔无地"。16 日黄强自漳州来访童。17 日与李耀汉代表接洽。19 日,童与部下"定浙军嗣后行动方针"。20 日,黄、莫、吴来访,"对陈所提条件尚有未妥之处,仍嘱莫芑垣赴漳熟商之"。23 日莫芑垣自漳州返,"说陈炯明对于和议绝无诚意,并十分准备作战云"。26 日李耀汉派人来见,"并携李书,言较明切"。28 日童接北京电,"钱总理已发表和平意见云云"。11 月 9 日,李厚基派人与童、臧商量"与陈炯明接洽事"。14 日朱执信来见童,"持有陈炯明名片,欲议和也"。16 日,童部下团长石国柱报告"陈炯明有人来说"。18 日陈炯明代表陈觉民与李厚基代表"议和决裂"。23 日,朱执信、莫芑垣、吴砚池来,"仍以陈炯明求和之意来说",童认为陈无诚意,"如真有诚当可熟商也"。25 日,西南政府下停战令。12 月 22 日,对北京政府希望攻克漳州一事,童认为有五不可,"与总统平和之旨相背"等。(宁海县政协教文卫体和文史资料委员会编:《童保暄日记》,第 358−374 页)

②　原函仅署日期"31 号",应是 1918 年 8 月或 10 月事,暂系于此。

总理代行其约法应有之职权,遥戴黎总统及冯代总统,待制定宪法后,再行改选总统",则"立法行政,各有专司","既可昭示护法之决心,又可取得列国之同情"。(《滇籍参议员何畏通电》,上海《民国日报》1918 年 10 月 1 日,"要闻")

2 日,何畏再发通电。称"中国政变自江朝宗以非国务员资格假代总理名义,副署非法命令、解散国会之日起,为中华民国之国权中断时期,今正式国会成立在粤,而无正式政府为之对峙,行使约法上付与之统治权,是等于无政府也",再次呼吁根据约法及总统选举法,组织正式政府,"黎大总统、冯代总统即继续民国六年六月正式国会未解散以前之适法政府,行使其统治权也"。(《参议员何畏主组正式政府电》,上海《民国日报》1918 年 10 月 4 日,"要闻")

10 月 2 日　徐谦以全权代表名义,请参议院全体茶会。到者九十余人,较开会到场人数仅差数人,"先生派代表,均觉欢欣"。改日亦将请众议院茶会。(《徐谦上总理函》,环龙路档案第 02121 号)

10 月 3 日　据称,本日晚与李征五等人密议图浙。准备使李"运动温、台一带警备队及盐枭,又使前光复军团长曾振卿组织机关,收集江浙军官,拟俟闽省有隙可乘,即行响应"。14 日,徐树铮将此密报电知李厚基、童保暄等人。(《致李厚基等寒电》,中国科学院近代史研究所近代史资料编辑组编辑:《徐树铮电稿》,第 369 页)

曾有报道,称粤省军政府派"李某、曾某"来沪召集土匪组织暗杀队,"希图暗杀江浙各省军警要人",卢永祥饬令淞沪警察局长徐国梁严密查缉。(《防查粤省遣派之暗杀队》,《时事新报》1918 年 9 月 23 日,"本埠时事")

△　复阮伦[①]函,对馈赠手表表示谢意,告知海外支分部规则已经更定;并告知最近情势。

目前与军政府的关系,"文返沪以来,专理党务,对于时政,暂处

静默"，所以一直未对总裁就职表示态度。近来因为"多数同志请文遣派代表列席政务会议，以免岑、陆等一致主和"，已派徐谦为代表赴粤。援闽粤军节节胜利，"福州、厦门料不日亦可占领"，浙江也将"风从"。粤军与川、陕军互为声援，"西南大势在吾党掌握中，彼空言护法以图割据之武人，亦弗敢任性妄为，莫不唯命是听"。因此，"吾党进取之时机已在目前"，希望海外同志"群策群力，从事于党务之扩张，慷慨储金，以为奋斗之预备"。（《复阮伦述粤事进展情形函》，中国国民党中央委员会党史委员会编订：《国父全集》第3册，第569页）

　　△　军政府召开政务会议，徐谦主张对于徐世昌十月十日就任非法总统一事，南方护法之最高机关军政府不可等闲视之，宜宣布徐世昌历年之阴谋罪状并发布讨伐命令，"列席者多数同意之，近将有讨伐令之公布云"。（《五日广州电》，《新闻报》1918年10月7日，"译电"）

　　10月4日　徐谦来函，报告军政府、政务会议近日情况。

　　关于陈炯明督办一职，徐与汪精卫竭力疏通，"竞存得特任宣抚使，名义较优，可为将来独当闽局之先□。至矿捐，仍准照收，于饷源当可无虑"。有议员提出"如兵力不能制胜，则国会之(?)复以制定宪法，改正选举法后，依法改选众院"，有妥协之意，"经谦正论，定为不成立。岑西林亦赞同谦说"。

　　在昨日政务会议上提出四条议案，俱通过，此为"堪告慰者"。一是十月十日后如徐世昌"悍然就伪总统之职"，军政府"应即明正伪国会及徐世昌等非法乱国之罪，宣布讨伐令"。二是由军政府特任陈炯明为福州宣抚使兼援闽粤军总司令，由莫荣新通令矿捐在财政统一颁发未定之前仍准照收。三是通电湖南前敌将士，"联络北军自可相机因应，惟护法主张绝不可丝毫假藉"，旧国会必须完全恢复，"不能将新旧国会之名称含混相提并论"，"各军与北方未便随意通电"。此条政务会议通过，"措词稍和缓，但表明旧国会不能牺牲"。四是派蓝天蔚为军政府委员，赴漳州与陈炯明接洽。

　　提出目前解决时局办法，"一面催促两院速招来粤之议员开选举会"，"一面暂以事实救济法律，议决一护法政府案，即以军政府代行大总统及国务院之职权，大约可望通过"。(《徐谦上总理函》，环龙路档案第 02121 号)

8 日两院联合会开过后，居正报告"岑某托病不理，只季龙主张下令讨伐徐世昌，主和者暗中声出各省代表反对，该令能下与否尚未决定"。(《居正上总理函》，环龙路档案第 02060 号)

△　范其务自日本东京来函，反对和议。

痛斥"北方诸逆毁国法、卖国权，罪恶滔天"，表示不同意和议，认为"谭浩明一帮人护法无心，早欲了事"，吴佩孚和议通电"亦不外受人指使"，从北京政府屡屡借外债"可见其悔祸无心，后患正长"。希望"先生为国为民，请力排和议"，免使国人为外人奴隶牛马。(《范其务上总理函》，环龙路档案第 07855 号)

△　广州国会参、众两院开谈话会，以徐世昌双十节就任总统之说为期将近，表决是否以现军政府代行大总统职权。

5 日，十六名起草委员于参议院秘书厅开会讨论宣言书内容，最终通过修改，"俟开两院大会后即行正式宣布，此为西南政府与国会近日联合之一斑"。6 日，汪精卫、徐谦宴请两院议员，演说中称"孙总裁对于护法之主张，服从多数主张，决不独标异帜"，"似此则孙中山近亦对于军政府诸人无甚异言，此后群情一致，或当较北方之不能一致为有成就也"。(《东海就职前之西南观念》，《新闻报》1918 年 10 月 14 日，"紧要新闻")

△　川鄂靖国联军施宜前敌总指挥柏文蔚致电军政府各总裁，派陈策为驻粤代表。(《军政府公报》修字第 14 号，1918 年 10 月 16 日，通告)

10 月 5 日　林镜台自四川来函，报告川滇黔陕联军重庆会议详情。

会议对湘鄂陕三省军事计划"均确定积极进行"，石青阳、颜德基、卢师谛部队"均各编为一师"，分担前敌任务，黄复生、夏之时为道尹。杨庶堪"返渝后各界极表欢迎,并促就职",熊克武也赞同,但不愿任督军。由唐继尧出面调和,"数日内一定省长发表,各行其实","是沧白亦不负先生厚望而后已",请求速将大元帅特任督军、省长的特任状寄往重庆。

熊克武"对于先生,精神上毫无隔膜",其左右的但懋辛、余际唐均隶籍同盟会、中华革命党,"对于先生崇拜极矣";郭崇渠(云楼)则调和熊、杨"煞费苦心",希望对此数人赐像、作函联络温慰,"此数人均先生旧部,如得尽力赞助吾党,则先生可免西顾之忧也"。希望杨庶堪任省长后,能派人入川匡助。

此函于17日收到。(《林镜台上总理函》,环龙路档案第00449号)

△　马育航自汕头来函,报告粤军处境困难。

莫荣新取消陈炯明督办电令传来,援闽粤军本已孤苦无援,更受打击。电令传来时,汪精卫适来汕头,特返省请徐谦力争。日前政务会议"乃以福建宣慰使虚衔易去督办,三岁小儿所不能欺者,乃以施诸我军,藐视玩弄一至于此",发电给徐谦、汪精卫请再为力争。陈炯明通电,誓与粤军存亡、与此饷源相始终,"彼以强夺,我以死争"。痛陈粤军在闽,孤军力拒强敌,而友军作壁上观,且随后择肥掠款,"诏安西埔盐局竟为某军占去"。请向高剑父询问沪上有枪可购是否确实。(《马育航上总理函》,环龙路档案第02234号)

据居正报告,取消督办一事,虽汪精卫各方奔走而无成效,方声涛等"受某方面指使,并反对竞存为福建宣抚使,幸竞存尚未就,方某无的放矢,殊属可恶"。(《居正上总理函》,环龙路档案第02060号)

莫荣新等人谋粤军甚急,1921年成书的《桂系据粤之由来及其经过》称莫荣新"忌之日深",一面裁撤惠潮梅督办,唆使方声涛、宋渊源(闽籍参议员)等人"捣乱",同时任命林葆怿为福建督军,军政府又下停战令,"冀以收拾粤军"。(李培生:《桂系据粤之由来及其经过》,第96页)

10月6日　汪精卫、徐谦宴请两院议员,演说中称"孙总裁对于护法之主张,服从多数主张,决不独标异帜"。(《东海就职前之西南观念》,《新闻报》1918 年 10 月 14 日,"紧要新闻")

△ 陈炯明致电西南军政要人,就徐谦 10 月 2 日就职通电表示祝贺,称"徐公道德学问,为吾国泰斗,仍长司法部兼代总裁,深为军府庆得人"。(《军政府公报》修字第 15 号,1918 年 10 月 19 日,"公电")

△ 林葆怿致电西南军政要人,通告肇和军舰长林永谟率全体军人南下参加护法,军舰已于本日抵达广州。

林永谟 1917 年 4 月 25 日任"肇和"巡洋舰舰长,早就参与海军南下事宜,因事故与南下舰队失去联络,未能一致行动,"至此始得申厥素志"。(《军政府公报》修字第 12 号,1918 年 10 月 9 日,"通告")

居正来函中则大泼冷水,称据云在闽舰队尚可南来,"但彼辈以到广东为享福地方,不过减少敌方之力,求其奋斗恐不易易"。(《居正上总理函》,环龙路档案第 02060 号)

10 月 7 日 列名岑春煊、伍廷芳、唐继尧、陆荣廷、林葆怿、莫荣新、刘显世、熊克武等人致参、众两院电,针对吴佩孚、谭浩明 9 月 26 日、10 月 3 日主和通电发表声明。

称湖南停战两个月,西南方面已表议和诚意,护法各省将领主张"战祸之不可再延,和平之急待恢复",但所望者"巩固共和、崇尚法治之统一,而非武力压制之统一",所爱者"确立保障、垂诸永久之和平,而非苟且偷安之和平",议和条件是"废斥首祸之人,实行罢兵之举,而尤以徐菊人先生不就非法选举之职为要义",希望北方"实心救国,消除昔日袁氏以武力征服全国之野心,使民宪政治回复正轨"。(《与岑春煊等致参众两院以和平根本解决为救国唯一方针电》,中国国民党中央委员会党史委员会编订:《国父全集补编》,第 389-390 页)

10 月 8 日 广州召开参众两院联合会,通过军政府代行国务院及大总统职权案,议决代行至次任大总统选出就职为止。

是日参议员出席一百三十八人,众议院出席二百九十九人,"已足法定人数"。(《旧国会通过军政府代行国务院职权案》,《新闻报》1918年10月14日,"紧要新闻")报道称其中"孙文、民友两派与各派之意思得疏通者,汪兆铭、徐谦二氏之斡旋与有力也"。又有称开会中忽然议场混乱,有议员抗议退场,"广东议员及民友系议员居多数,彼等声明不承认不法之表决也"。(《广东电》,《申报》1918年10月12日,"外电")

居正来函报告当日情形,"当场颇有反对,然亦只好消极。后经吴某胡闹,宋某打人,弄得一团糟。卒以糊糊涂涂草率通过"。(《居正上总理函》,环龙路档案第02060号)

9日,军政府开政务会议议决执行国会决定,自10月10日起,代行大总统职务。(《军政府咨复参众两院为代行国务院职权及摄行大总统职务文》,黄季陆主编:《革命文献》第50辑,第464—465页)

△　政务会议致电西南军政各要人,称"民国不幸,大难未平,兹际国庆纪念,惟愿我护法各省及前敌将士,卧薪尝胆,同德同心,庶几还我河山,保我统一,光昭之功,在此一举",宣布各地机构、团体、民众"各悬国旗,照例志庆"。(《军政府公报》修字第13号,1918年10月12日,"通告")

△　赵藩致电西南军政各要人,称已于10月4日就职兼任交通部部长,今后"窃愿从诸君子后,本护法之职志,以抗非法之行为,各矢公忠,共谋国是"。唐继尧电聘赵为其军政府总裁全权代表,于9月25日抵粤后即参列政务会议。(《军政府公报》修字第13号,1918年10月12日,"通告")

△　日陆相田中义一致电北京公使馆武官青木宣纯中将,要求青木以"个人建议"向徐世昌转达对其将就任总统的祝贺,同时表达对徐当选后是否会继续南征,导致和平"失去时机"的担忧。日本外务部亦担心因南方反对徐就职,徐氏就职会引起南北更加不和,认为以政府名义发出贺电"确属不当"。(章伯锋、孙彩霞主编:《北洋军阀(1912—1928)》第3卷,第1044—1045页)

10月9日　凌钺来函,代交来陈家鼎求助函。

陈家鼎母亲病重，筹及后事，需款一千五百元，而陈家"室如悬磬"，凌代为请求"先生果能一援，他日汉元兄必当结草以报"。陈家鼎函中告知其母病至万分险迫，后事计需二千元，"诸事可俭省，惟此项系鼎人子对于生我者最后之用款，不能不稍为慎重"，请最少筹办一千五百元。

收到此函后，秘书代复以"不能照办，至多照沧伯尊人数目，代筹助□百元，兹先交上一百元"。(《凌钺上总理函》，环龙路档案第 04656 号)

△　政务会议致电西南军政要人，告知据唐绍仪所请，9 月 30 日政务会议代推伍廷芳暂兼代财政部长。"惟现当草创，规模拟从简略，财政部暂缓成立"，先设财政处办理筹款及关于筹款各事项，俾利进行。目前粤中官产"典卖殆尽，仰屋兴嗟，束手无策"，征询有无良策筹款。(《军政府公报》修字第 15 号，1918 年 10 月 19 日，"通告")

伍廷芳于 10 月 31 日发表就职通电，称"迫于大义，勉为承认"，于 10 月 22 日就财政部长兼职。"现财政处有处长筹划一切，廷芳自当严监督之责"，"军政府改建在在需款，无米难炊，量沙乏术，此中困苦情形，度为诸公所共谅"。(《军政府公报》修字第 19 号，1918 年 11 月 2 日，"通告")

△　报载徐世昌对于时局的预定计划，"一先从长江三督军着手，二与唐继尧方面疏通，三与陆武鸣、岑西林等商议，四与旧国会协议，而对于孙文一派则取放任主义"。(《北京电》，《申报》1918 年 10 月 9 日，"外电")

10 月 10 日　应中华学界联合会主任程长碧请，至恺自迩路该会国庆纪念庆祝会演说。(《昨日庆祝双十节情形》，《新闻报》1918 年 10 月 11 日，"本埠新闻")

《申报》国庆纪念增刊刊登五色旗和十八星旗，孙中山、冯国璋、黎元洪、袁世凯、徐世昌头像。(《申报国庆纪念增刊》，《申报》1918 年 10 月 10 日，"增刊一")

△　湖北靖国第一军总司令唐克明、川鄂靖国军施宜前敌总指挥柏文蔚与湖北靖国联军总司令、参谋代理总司令丁荫昶发表通电，

报告北军于和议期间分路进攻,10月3日鄂、川军联合作战,激战数日夜,击退来犯施南的三路敌军。战果丰富:夺获敌人快枪七十余枝,生擒敌兵二十余名,其死伤甚众,我军士兵阵亡二名,伤六名。(《军政府公报》修字第18号,1918年10月30日,"公电")

△　北京政府举行新旧总统交替典礼,冯国璋下台,徐世昌宣誓就任中华民国大总统。11日,徐下令准免段祺瑞国务总理职,令钱能训暂行代理。(《十月十一日大总统令》,《申报》1918年10月13日,"命令")

驻北京各国公使皆率随员来贺。(《驻京外交团觐见衔名单》,《政府公报》第973号,1918年10月12日,第267—272页)

10月11日　委任陈东平、陈辉石为缅甸国民党支部财政科主任、党务科副主任,许寿民、黄壬戌为缅甸国民党支部调查科正、副主任。(《任陈东平为缅甸支部财政科主任状》等,中国国民党中央委员会党史委员会编订:《国父全集》第4册,第343—344页)

10月12日　郭标来,转交李腾汉汇来之八千元。次日郭标来函,请另具函答复李氏,免其悬望。(《郭标上总理函》,环龙路档案第01364号)

△　古应芬自广州来函,报告援闽粤军困境。

自省长问题发生后,"二李以利害切己,意已坚决";陈炯明因莫荣新取销其督办、断其饷源,经汪精卫苦争,只还回矿捐一项,故"拟求最后之解决"。各方都盼望朱执信回粤妥筹,望促朱尽快返粤。陈炯明部队子弹缺乏,已于汕头设造子弹厂,请为设法购得子弹或弹药,谓"此事山田或有法可以代购,请以告之"。

邵元冲不欲在陈炯明处,古氏谓"先生左右又乏人,拟嘱其回沪帮助"[1]。(《古应芬上总理函》,环龙路档案第02061号)

△　杨庶堪在重庆宣布就四川省长职。

---

[1]　原函未署年月,根据内容,应为1918年10月。

林镜台来函报告相关情况，"川滇黔陕鄂豫各将领及领事等均特表欢迎，人民更异常爱戴"，"一俟部署就绪，即行入省。川事虽纷乱至久，然以沧白长才，必能迎刃而解也"。介绍赴粤的国会议员潘江（式尼）至沪晋谒。潘为杨庶堪、石青阳、颜德基、卢师谛等人代表，"沧白之就职，亦多赖其力"，请优予接待。（《林镜台上总理函》，环龙路档案第 00623 号）

10 月 13 日　马育航派雷毓湘携函来，办理购买军火事。

之前徐化龙致函该处，称有无烟药及枪可购。马不知徐之底蕴，"不敢径付事权"，特派雷毓湘至沪，"如徐君确系可靠，即由雷君交款购运应用也"，请求饬人协同办理①。（《马育航上总理函》，环龙路档案第 02772 号）

△　徐树铮得密报，称陈炯明拥护北京政府。

北京政府派港密探将广东省政局变化报告给徐树铮，称自撤换李耀汉省长，取消陈炯明矿务督办，"粤桂意见甚深"。陈炯明派人到香港与粤绅商议办法三条：一、陈与闽浙军携手后，将所部退出闽境，对粤反攻；二、俟态度表明，中央畀以督军名义；三、实行攻粤之时，接济饷械。又称可以趁陈炯明军饷不足，"我军如乘势直前，彼将不支"。

徐树铮向段祺瑞报告，段称"陈能见机效诚，自是英智举动，果其反攻粤垣，驱逐逆党，事定后政府畀以正任"。徐致电②李厚基、童保喧，告知此情。（《致李厚基童葆暄元电》，中国科学院近代史研究所近代史资料编辑组编辑：《徐树铮电稿》，第 369 页）

11 月 18 日，李厚基向北京政府报告陈炯明愿归顺中央。谓："日前广东取消陈炯明潮梅筹饷督办，绝其饷源。陈炯明派人来见，声称渠愿拥护中央，已恳请中央接济饷械，以便反攻广东，请闽军缓攻漳州等语，并派伊弟陈觉民在厦候商。厚基以为渠果诚意归顺，自

---

①　原函仅署日期，据内容，应为 1918 年 10 月事。

②　此电为"元"（13 日）电，《徐树铮电稿》置于 14 日，应误。

亦不便峻拒，已派人赴厦与之接洽。"（《李厚基等关于陈炯明派人赴厦与闽督接洽反攻广东往来电》，中国第二历史档案馆编：《中华民国史档案资料汇编》第 4 辑下册，第 696 页）

△　广州国会议员二百五十九人联名通电全国，声明反对以军政府摄行大总统职权。

理由为做出该决议之国会第三次宣言的议员不足法定人数，为"违法表决，当然无效"，要求定期再开会，然议长并不加理会，故通电声明"是日表决，同人不负责任"。（《军府代行职权案近讯》，《申报》1918 年 10 月 30 日，"要闻二"）

10 月 16 日　陆孟飞来函，告知自己于前月辞去省议会职务①。（《陆孟飞上总理函》，环龙路档案第 03123 号）

10 月 17 日　致函康德黎夫人，简单讲述从南下护法到辞职的经过，强调"非护法成功，恢复约法，将永无和平之日"。提及目前的时间用来写另一本书，"希望藉此灌输国人新知"，将数百年来"不问价值与对错，一味固守不放，以致阻碍了我们心理进步及成就的传统理论加以革命化"。希望以后有更多时间写作，使民众认识到"公民的责任、权利和义务"。

介绍宋庆龄，称"目前我正过着新生活，享受我以前所没有的——一种真正的家庭生活，以及一个伴侣，一个贤内助"②。（《致康德黎夫人告以护法事业及著书婚姻状况函》，秦孝仪主编：《国父全集》第 5 册，第 88—89 页）

△　洪慈上书③，报告随杨庶堪入蜀经过，8 月 20 日从上海出发，9 月 21 日抵重庆。本月 12 日杨宣布就职后，"石、颜、黄、卢四君共拨军队三营为警卫团"，由洪慈统率。（《洪慈上总理函》，环龙路档案第 00450 号）

---

①　原函仅署月日，依内容应为 1918 年。
②　原函为英文，有另一译本，（陈明：《孙中山致詹姆斯·康德黎函》，《团结报》1991 年 12 月 7 日）文字略有不同。
③　原函仅署月日，据内容，定为 1918 年。

15 日,谢持记"中山先生听伯兰与王湘诸人之言,派曾子伟还川,联络刘湘、刘成勋、舒云衢军队,其为说曰拥中山,曰倒熊。奸人来间,肆其鬼蜮,可畏也","吾川必有事也"。(谢持:《谢持日记未刊稿》第 4 册,第 135 页)

△ 王安澜发表通电,报告援陕战况。15 日完全占领平利县城,"是役也,敝军官兵于一日内忍饥追驰一百三十余里,猛攻狂奔,夺取十数山头,伤毙敌兵数十名,追获枪械百余,敝军伤亡仅七八人"。(《军政府公报》修字第 15 号,1918 年 10 月 19 日,"公电")

△ 报端报道,认为南北妥协前途暗淡,因孙中山代表徐谦极力主张发布讨伐徐世昌命令,且广东国会"迄至今日尚不能得有选举大总统法定人数三分之二,致现在及将来有不能执行大总统选举之状态","而徐世昌为中心之北方主和派,与岑春煊、陆荣廷等南方之温和派,必无由贯彻其妥协之主张,而北方主战之段祺瑞一派、南方激烈之孙文派又各不退让,终至南北陷于分裂之深渊也"。(《东报述中国南北妥协前途之暗淡》,天津《益世报》1918 年 10 月 17 日,"特别纪事")

10 月 18 日 徐化龙来函,请求为其向陈炯明作一介绍函,带至汕头,"俾得尽力以图报,断不敢有负高谊"。(《徐化龙上总理函》,环龙路档案第 01636 号)

△ 非常国会参议院发表通电,通告原议长王家襄解职,于本月17 日开会补选议长,林森以过投票总数之半的九十七票当选。(《军政府公报》修字第 17 号,1918 年 10 月 26 日,"公电")

10 月 20 日 对于美国出面调停南北,表示担忧。称"此次美国出任调停,其原因为日本对华政策之反感。若各国与美国共持此态度,则启外人干涉内政之嫌,将来时局益行纷纠"。

其他在沪民党首领意见各有不同,张继、张耀曾"谓南北调停表面由美国斡旋,里面由日本斡旋,或者其为妥协可满足";孙洪伊认为,"谓藉外力为可调停,其愚已极,必使时局益形纷纠,其结果必促段氏之再起,非策之得者",抱悲观态度。(《上海要人之调停观·上海二十日来电》,《顺天时报》1918年10月22日,"时事要闻")

报载广东一般人士在得知美国总统对于徐世昌就任总统致送祝辞后,"皆抱奇异之感"。徐谦发表讲话称,"协商各国①欲全灭德国,中国欲扫除军阀,最近日本藉舆论之力废军阀内阁而组织政党内阁,东西诸国如出一辙",而协商各国承认北京强权者为"事实上之政府","殊与其对于德国之心理相矛盾";"在法治国中凡破法者当然为叛逆者,余希望日本新进政治家留意此点,以依据世界之大势建立国策,扶助正义之观念,对于中国严守中立,或更进而援助以正义兴起之南方,余不独对于日本抱此希望,对于协商国全体亦抱此希望"。(《广东电》,《申报》1918年10月22日,"外电")

日本当局得知英美等国试图排除日本以斡旋南北妥协,"一般皆深感不快",日本舆论认为"果如稍有抑制日本发言之权,则势必起猛烈之运动",欲谋妥协须"由疏通南北之意见","各国果真加以强压,则万不可也"。有日人则称"南方亦非固守旧约法,孙文等亦谓南北妥协非绝对不可能也"。(《调停南北与日本舆论》《镰田氏之中国谈》,《顺天时报》1918年10月23日,"特约电")

10月21日　收到李烈钧来函。函中称与徐谦会面,"备述我公救国热忱",敬佩不已。李氏谓自己以病拙之身,"第值万方多难之秋,无半途作辍之理,责任所在,生死以之",感喟"妖氛匝地,来日大难,翘首申江,承教无自,幸为国珍重"②。(《李烈钧上总理函》,环龙路档案第03063号)

△　陈炯明致电广州军政府,辞所任福建宣抚使任命。

称取消督办署及矿捐"皆为粤军后方之致命伤,使炯明心志俱灰,彷徨失措",因为护法未终,仍接受援闽粤军总司令的任命,但辞福建宣抚使任命。至福建底定,"即解释兵柄,归田奉母"。(《广东之

---

①　《顺天时报》报道时称为"联合国"。(《徐谦之大趋势谈》,《顺天时报》1918年10月23日,"时事要闻")

②　原函仅有批"十月二十一日到",据内容,应为1918年。

潮梅督办问题》,《申报》1918年11月2日,"要闻二")

报载陈炯明被取消惠潮梅督办后,"援闽饷源无着,不克进取","嗣由某总裁代表暨某民党要人①力为要求,始允拨回矿捐应用"。且有闽粤两省议员联名致函军政府及莫荣新,称"炯明受任援闽数月以来,未尝有一度之停战,悬师深入,劳费尤巨,不得已而有就地筹款之事,非就地筹款无以充军饷",请缓取消督办名义。(《陈炯明取消督办之反响》,《申报》1918年10月21日,"要闻二")

10月22日　吴山来函,报告其行程及任职情况,寄呈军政府公报,并转录黄复生来电。

吴山于10月1日抵达广州,任司法部长徐谦秘书,"兼办代表总裁文电等事"。(《吴山上总理函》,环龙路档案第01894号)

黄复生得知孙"今再俯从群请,慨然投袂"就总裁职后,14日致电称"从此群贤毕集,盛德益彰,将士承风,万民托命。行见以回天之力,奏返日之功,奠国家于苞桑,拯生灵于涂炭。复生遥拜下风,无任钦仰"。批示"代答收到"。(《吴山录呈黄复生来电上总理函》,黄季陆主编:《革命文献》第48辑,第290页)

吴山后来发表通电,坚决反对和议,呼吁国会速行制宪,"速组正式政府,一面联省自治,一面顺从全国民意,诛戮毁法卖国之民贼",并谓:"孙总裁曰:护法,须护到国会确能完全自由行使职权为止。再则曰:救国,须救到无条件收回青岛及其他一切领土主权为止。"②(《吴山吁求国会速行制宪速组正式政府通电》,中国第二历史档案馆编:《中华民国史档案资料汇编》第4辑[一],第6—7页)

10月23日　钱能训于本日发表两则和平通电,其一致西南各要人,谓"今日外交吃紧,若舍事实而争言法理,势必旷日持久","宜

---

①　应即徐谦、汪精卫。

②　该电为"有"(25日)电,未署年月,《中华民国史档案资料汇编》定为1918年9月25日,然电中有"欧战甫终",第一次世界大战结束于1918年11月11日,故此电似应发于11月25日,暂系于此。

先就事实设法解纷,而法律问题俟之公议"。(《钱内阁之主和通电》,《申报》1918 年 10 月 26 日,"要闻一")《民国日报》方面指责其"置法律于不问,此乃以地盘权利引诱诸要人",且北京政府以中央政府自居,"欲护法各省听命于彼,受其命令之支配","军政府断难忍受","及退让至极端而言,军政府至少当与北京政府立于对待地位,差可开始谈判"。(无射:《北庭之主和》,上海《民国日报》1918 年 10 月 26 日,"时评一")

22 日,蔡元培、谷钟秀、五族联合会在北京分别开会讨论和平。(《北方和平声浪之一斑》,《申报》1918 年 10 月 26 日,"要闻一")本日,熊希龄、张謇、蔡元培等人发表通电,发起组织"平和期成会"。(《熊希龄等拟组平和期成会电》,上海《民国日报》1918 年 10 月 26 日,"要闻")29 日,京津商学各界通电,发起组织全国和平联合会。(《北京全国和平联合会通电》,《申报》1918 年 10 月 31 日,"公电")报载徐世昌命令代总理钱能训及梁士诒、朱启钤极力运动"和平解决时局",准备在 26 日开特别会议,除各部总长外,并邀集旅京各要人。称"此种会议亦可谓为于平和促进大有关系,现下内外之情况均有要求国内统一之趋势,故平和统一之事实亦非决不可能",但认为孙文、孙洪伊、李烈钧一派,"恐非有特别条件相当保证,难望与之握手耳"。(《时局和平日趋有望》,《顺天时报》1918 年 10 月 23 日,"时事要闻")

△ 报端分析南北妥协形势,认为孙中山一派不能代表南方全体,孙派"除护法而外不知有他,徐之就任诚有违反约法者,固当绝端反对,无容疑焉"。但南方大多数人"决不若是固执"。岑春煊、陆荣廷二人"心中且有副总统之大欲存焉",反对徐世昌"授段氏以口实,为彼等势力增长,计非徒无益而且有害",不仅不反对,"心中且已默认矣"。因此,"曰南派必与北派断绝,曰率师北伐,凡是云云,皆昧于实情者之担忧耳"。(《南北妥协之推测谈》,天津《益世报》1918 年 10 月 23 日,"外论")

10 月 24 日 与章太炎、张继、谭人凤等十一人发起举行黄兴逝世两周年祭典。

在报端登载举行祭典启事,将于忌辰(阳历 10 月 31 日)在福开森路 393 号举行二周纪念祭典,请在沪各界人士"凡与先生有公私故谊暨崇仰先生者,届时翩临"。(《黄克强先生二周纪念祭启事》,上海《民国日报》1918 年 10 月 24 日)

△　众议院议员陈家鼎母亲邓太夫人 23 日逝世,孙中山领衔与章太炎等六人代为讣告。(《湖南陈母邓大夫人讣告》,上海《民国日报》1918 年 10 月 24 日)

撰书挽联"生于九月,殁于九月;男善汉书,女善汉书"。陈家两兄弟及三姐妹皆善文词,故比之如班固兄妹。(许华:《陈家鼎传》,《民国档案》1987 年第 1 期,第 109 页)

△　广州军政府政务会议发表致西南军政要人通电,通告 21 日会议议决护法各省、各军派出代表参预政务会议办法四条:第一条,护法各省得派代表一人参预政务会议,有表决权。第二条,未完全占领省份之护法各军,同在一省者得公派代表一人参预政务会议,有表决权。第三条,完全指挥两省以上之联军总司令得派代表一人参预政务会议,有表决权。第四条,其它经政务会议承认之护法各军得派代表参与军事会议,不列席政务会议。(《军政府公报》修字第 18 号,1918 年 10 月 30 日,"通告")

△　王安澜发表通电,报告援陕进展。

21 日分路进攻女娲山、石香炉、枸杞关等处,23 日攻占进驻兴安,"敝军官兵两日夜奔驰二百余里,接战十余次,仅伤亡八九人",之后将继续向前进发。(《军政府公报》修字第 19 号,1918 年 11 月 2 日,"公电")

10 月 25 日　凌钺来函,报告在粤情形。

在粤同人讨论"吾党发展之计","刻正力谋讨伐,日内开会当有结果"。吴景濂"近有觉悟,对于讨伐尤为激昂","渠有讨伐令不下,即辞职之宣言"。对徐谦受派来粤参与军政府事宜,表示欣幸[①],"此后有季龙在粤,一切重大事端,或有补救之机"。希望一切对外发展大计,"尚望先生随时指示,俾同人有所遵循"。

接信后,批示"答以对于时局尚想不出办法,故绝无主张,总由同志多数意见是瞻耳"。(《凌钺上国父报告徐谦来粤后之政情函》,黄季陆主编:《革命文献》第49辑,第146页)

△　王天纵发表通电,控诉段祺瑞因自己为北人而不入北系,"未能相与卖国,深为痛恨",派人至天津王宅投毒,致其家人死伤。"其手段之辣,有如是者","护法各首领,其家寄居天津,谅不乏人",因此发表通电揭露,使众人早为预防。(《军政府公报》修字第21号,1918年11月9日,"公电")

△　报端报道天津和平促进会的发展。

近日京津要人纷纷加入,研究会则有熊希龄、梁启超,政学会则有张耀曾、谷钟秀,还有周自齐、朱启钤及在野南北各要人,"且无一武人份子"。谷钟秀已至粤"积极为和平之运动","预想南方旧国会中之占大多数者如政学会、政余俱乐部两派将来必加入此团体,至研究派之列席旧国会者本亦有三十余人,此部分当然加入,毫无疑义";"惟属于孙文、孙洪伊派之益友社未必赞成此举,然系少数,不过四五十人",而且现充参议院长的林森趋向和平,"此部分亦难免不生变化"。

北京政府顾问莫利逊亦由沪赴粤,"实系奉有中央某方面之命令,昨闻莫顾问抵粤之后已与南方各方面人物接洽,南方各人物对于莫氏之意见系有北方之意旨,均已表示反对之意"。(《京津间之和平声浪》,《申报》1918年10月25日,"要闻一")

10月26日　徐谦来函,报告在粤各方面情况。

之前孙中山派朱执信携致徐谦函及致李茂之函到粤,徐称李茂

----

①　凌钺后来对徐谦意见极大,屡次致函向孙告状。

之交来港纸二千元,已经报告孙,故致李茂之函"作罢"。徐谦在广州的费用,"以维持照霞楼为经常费,每月约三百元",请客之事"不必过多,能省即省"。

徐认为现在最要两点是"维持陈竞存""坚持护法态度",一个月以来,"至昨日始小得效果"。已经与郭椿森、饶鸣銮、魏子灏、褚辅成、林森、汪精卫、徐傅霖、伍朝枢等议定"矿捐(惠潮梅)全归竞,设局委员征收(月平均约十万),海丰、陆丰、汕尾为矿捐及其改造子弹之根据地,其地方治安由竞单独完全负责(刘达庆现抢办矿捐,又派兵至其根据地)。汕筹饷局所筹各处收入(每月约廿一万余),分配粤桂滇各军,竞得十三股,月约九万。潮梅盐款(月约四五万)竞交出,但财政厅月仍拨两三万元","一面电竞嘱其照办,一面交莫荣新公布"。如此,陈炯明的每月收入可达二十一二万,陈"现有军队六十余营,除原有廿三营外,余皆征闽所增,即在闽筹饷"。

海军方面最近也有活动,"厦门海军已有人来接洽,担任截断北方接济,并驱逐李厚基,此闽事发展之希望也"。

之前所坚持的讨伐徐世昌的主张,"陆、唐复电皆不赞成,唐电尤坏,有绝不赞成字样","此辈皆无护法决心"。最后政务会议拟布告,结语"明正徐世昌破坏民国之罪",并无讨伐字样。但能明白反对徐世昌,"即已满足"。

徐谦在广州活动,"此间报纸,及一般人往往声言诸事由谦主持,实遭人忌"。又称"故民党之观念,断不可不从根本上改变,且须宽谅彼等软弱之人,但有好处,必须奖励,此意务请同志力言之"。(《徐谦上国父述坚持护法及维持炯明经过书》,黄季陆主编:《革命文献》第50辑,第219—220页)

关于陈炯明的潮梅督办问题,两方相持不下。陈炯明部下"近多作不平鸣",称"如桂系果坚持取销说者,则彼等宁为玉碎,不为瓦全。与其力战北军而为人所乘,不如径逐桂军而挽回权利",或退出福建战场,任北军、龙军反攻潮汕,"看彼等桂军如何抵御"。陈部认为此问题产生是原任潮梅镇守使刘志陆回任后的报复。各方交涉,陈炯明部得暂时仍在潮汕地区筹款。省议会分致公文于军政府及督军署,请军政府任命陈为闽粤边防督办,要求督军署下令当地官吏,使陈潮汕地区筹款得以进行。(《粤讯志要》,《新闻报》1918年10月30日,"紧要新闻")

11月9日,岑春煊复函陈炯明时,称"闽局未定,军实不无所需,苟力所能为,罔不加之协助"。(《复陈竞存总司令已由于君面罄一切函》,何平、李露点注,何平修订:《岑春煊文集》,第187页)

10月27日　接受戊午通信社记者的采访,长篇谈话载于报纸。

记者先说"此次南北战争,纯为法律问题",问和谈后将来对于法律一层,其趋势是否为调和的程限抑是板定的? 孙氏认为法律"绝无通融挪移之余地","国人对于法律往往混道德、人情为一例,此根本之错误","强暴专国,公理灭绝,其国内多数人,日在恐惶中,不独不足以对外,且必革命迭起,杀戮日猛。平时不能治安,外力乘之,必至亡国。故吾人对于法律问题,终不敢稍有迁就也"。

记者问如何对待北洋派这一"特别势力",孙氏认为民国为五族公有,"汉人且不能私有之,何况北洋派、何况民党"。历数北洋派三次破坏法律,尤其徐世昌此次非法被举,认为徐"通谋废立,后又受僭主之命,复与乱臣贼子通同一气,以此附乱从贼之人,而与勤王将士护法义民商言和平,和平胡从言起",西南如果与徐谋和,是"以讨贼之人附贼,靖乱之师通乱",此事绝不可行。(《民党某君之政局谈》,上海《民国日报》1918年10月28日,"要闻")

其他报纸亦报道孙中山"关于南北和议问题坚持强硬之态度,绝对主张恢复旧国会,所有宪法之制定、大总统之选举,均当由旧国会执行之。将来和议,纵以如何之权利引诱钓饵,然在护法之精神以外,万难成立"。(《孙中山坚持护法主义》,《顺天时报》198年11月6日,"时事要闻")

△　吕超来函,称由林镜台转来手谕,"垂问殷殷,一如畴昔。读

竟为欣跃者久之"。

报告重庆联军会议,"主张军民分治,沧伯已就省长之职,两贤相助为理,川事前途计日可期平静"。为贯彻护法卫民目的,愿意率所部随西南义军之后"近效指臂之劳,远副先生之厚望"。并乞示知南北内幕真相、和战问题能否解决之希望,以便遵循。

此信 11 月 21 日收到,获批"不复"。(《吕超上总理函》,环龙路档案第 00451 号)

10 月 28 日　收到李烈钧 10 月 20 日来函。李烈钧于 9 月 5 日遇刺(《广东电》,《申报》1918 年 9 月 8 日,"外电"),曾致函慰问。李氏复函感谢,称"我辈嫉恶如仇,亦无怪奸徒侧目,既幸托庇无恙"①。(《李烈钧上总理函》,环龙路档案第 03043 号)

△　颜德基发表致西南军政各方通电,报告所部于 16 日占领定远,敌军向汉中方向退却。(《军政府公报》修字第 21 号,1918 年 11 月 6 日,"公电")

10 月 29 日　易宗夔来函,寄上所著《新世说》一书请品题。谓该书内容中有"借重公名"之处,"尚祈粲正"。

此函 11 月 1 日收到,作复。(《易宗夔上总理函》,环龙路档案第 01156 号)

《新世说》刊行于 1918 年,其中"言语"门记孙中山 1916 年在张园演说五权宪法事,又有小传,谓孙"为吾国提出革命者第一人",让位袁世凯一事,"论者谓君视天下如敝屦,无异于美国之华盛顿";"豪爽"门记临时大总统时,"置酒高会于金陵,东南豪贤,莫不来会","叙古今成败炯鉴,世界民族潮流,其状磊落,一坐叹赏"。(易宗夔:《新世说》,"言语"第 26 页;"豪爽"第 27 页)

10 月 30 日　文群抵沪,徐世昌派其来接洽,"疏通一切"。徐世昌为谋南北和谈,派要员南下与南方各首领疏通意见。(《文群奉命抵

――――――――――

①　原函仅署月日,据内容,应为 1918 年。

沪纪闻》,《时事新报》1918年10月31日,"本埠时事")

11月

11月1日　长函致广州军政府暨国会,激励坚持和议条件,"即国会必当有完全自由以行使其正当之职权","不能一毫迁就也"。

称从汪精卫致陈炯明电中得知美领事"传达其驻京公使之言","果尔是祖庇北京武力派以压迫我也"。认为美国总统战后宣言表明"今后惟正义民权可以风动世界","吾人正当应此潮流努力奋斗以表示威武不屈之志,世界文明国人,乃能以我为新进之国民而引为同类也"。

认为目前南方"外交上之危险"已渡过,北方现在反过来求和,"且不惜乞怜各国,此乃彼自知大势已去,死期将至";要求众人像之前毅然坚持,"稍予支持,则完全之收功不远矣"。

自己将发一电报给美国总统,"更由路透(社)传布欧美各报",争取欧美舆论支持。而且美、日都已有人在运动政府承认南方为"交战团体","其国民殷殷表同情于我者,犹未少替也"。但"交战团体,惟能继续作战则有之",如果在外人运动承认时,己方"息兵降伏",是使"彼提议承认我者,将反成为国外之煽动人",辜负"世界仁人志士之望"。近期章士钊赴日"为运动妥协而来",已使准备促使日本政府承认南方的日人大为失望。

对美国人抱有期望,称"美公使之劝告本出于一种好意,惜彼不明中国内情,致其所施于中国者,不啻与其所抱之主义相反"。

宣称"吾人所希望之和平,其唯一无二之条件,即国会必当有完全自由以行使其正当之职权是也。某以为此简单、至合理、至易行之条件,无论何国政府、何国国民苟知我只为此纯正之要求,必不能以我为非。是公理所在，不能一毫迁就也”①。(《孙总裁致军政府暨国会书》,上海《民国日报》1918 年 12 月 4 日,"要闻")

11 月 2 日　蔡济民发来长函,报告川省局势。

函中称重庆联军会议,唐继尧之意“纯为四川问题,会议作战不过表面语耳”。作战计划“对鄂纯然防守,对陕则取攻势,盖仍是联直打皖之故智”,不侵犯长江三督的势力范围“以为他日媾和之地步”。

认为唐氏大力援陕,任命其同学姚以价为援陕总司令,拨给大批弹药,而石青阳、卢师谛所部所得弹药远少于姚,“将来在陕有所发展,即纯然为渠之势力也”。唐继尧在鄂则“极力维持人所不齿之黎天才”,“黎系渠同乡,将来于湖北方面谋发展也”。唐有意分割民党势力,“于石、颜则令其援陕,于黄、卢则令其援鄂”。蔡本人所部民贫地瘠,饷项困难,且受唐、黎百计摧残,也难发展,准备移师长江北岸。

此函 11 月 27 日到,作复。(《蔡济民上总理函》,环龙路档案第 14024 号)

△　李宗黄来函②,备述钦佩之意。

李氏回滇后,将临别忠告各节“逐一详细述陈唐督军”。又谓“尚祈悯念时艰,一本极和平极稳健之主张,提纲挈领,催促进行,俾民权日益发达,国基日益巩固”。此次回滇,本准备不日北征,“仍从诸公之后,奔走一切”,但被唐继尧挽留襄助。(《李宗黄上总理函》,环龙路档案第 04169 号)

△　王烈上书,报告陕西局势。

重庆联军会议决定派三师援陕,王烈与由沪至渝的徐朗西会面,“敬悉先生主张所在”,于是与唐继尧联络,“取同一致”,由杨庶堪“极力接济万余金”,于十月抵达太原。而陕西情势有变,胡景翼被执,陕

---

①　此件未署日期,文中有“十日前得北方传说,伪政府已求美国作调人,且有威迫南方服从之语”,前 10 月 20 日报端登相似内容,故暂系于此。下文又称“某当发一电与美总统”,致威尔逊电则在 11 月 18 日。

②　原函仅署月日,据内容,应为 1918 年。

督张翔初闻将回陕,虽于右任"能始终拥护先生,与诸同志协力进行",但势力"总觉薄弱"。希望"先生极力维持",请求设法接济数万金。此信后由李宗黄转交①。(《王烈上总理函》,环龙路档案第13234号)

△　广东省议会本日开会选举正、副议长,政党争持,暗斗剧烈。

据称出席人数共八十余名,本可即日选出。但甫开会,即有议员提议,以临时议长林树镛违法制票,必须交付惩戒,并有数人和议,导致无法选出。(《粤议会议长之逐鹿》,《时事新报》1918年11月9日,"内外要闻一")

关于粤省议会选举,于十二月有复李遂生一函,其中称"文自返沪以来,日以著述自娱,对于时局殊无成见在胸",无暇过问粤省议会选举的问题。认为"足下倘能被选,定能为百粤父老增进幸福也",但自己近来也窘困异常,无法从经济上给予援助,"尚望曲为原谅也"。(《复香港李遂生告无款援助函》,中国国民党中央委员会党史委员会编订:《国父全集》第3册,第584页)

11月3日　与日本驻上海总领事有吉明会谈。

4日,有吉明致电日本外务大臣内田康哉,报告孙中山南北妥协的条件。孙氏称唐绍仪及各方面致力于和议,自己没有反对和谈的理由,但南北妥协必须以"召开旧国会、制定宪法及另行选举大总统两项条件"为基础。希望日本以坚决干涉之决心,促使以上述二条件来解决,宣称南北和谈之成否"决定于日本之态度"。再次提出警惕战后英国人的行动,认为中日携手为急务,切望日本作出勇敢的决断②。([日]外务省编:《日本外交文书》大正7年第2册上卷,第79页)

11月4日　熊希龄、蔡元培以平和期成会③名义来函,称"迩者

---

①　原函仅署月日,据内容,应为1918年。

②　译文参考李吉奎著《孙中山与日本》第498页。

③　中国蔡元培研究会编《蔡元培全集》第10卷第348页作"和平期成会"。原函未署日期,孙常炜编《蔡元培先生全集》(台湾商务印书馆1977年版)第1114页定为11月4日,从其说系于此。

国民望治之殷,与世界潮流所向,莫不趋重和平",派王芝祥(铁珊)为代表,赴广州①"面罄一切,组织分会",希望孙能与接洽,大力匡勷,"俾和平目的克期可以到达,不独敝会之光荣,实全国人敬拜诸公之赐矣"。王芝祥于12月8日抵沪(《王芝祥昨日抵沪》,《申报》1918年12月9日,"本埠新闻")后来谒。12月11日复函。(《平和期成会熊希龄蔡元培上总理函》,环龙路档案第09222号)

熊希龄、张謇、蔡元培等于11月3日在北京成立"和平期成会",其宗旨为促进和平,不分党派,亦非政团,推熊希龄、蔡元培为正副会长。报载和平期成会通电到粤,尤引动各界人士注目。军政府总裁中,岑春煊、伍廷芳在赵炳麟、蓝天蔚等人劝说后,"态度已渐活动,颇有妥协之希望";林葆怿"向不为桂系所用,与旧国会亦无甚感情,久有归诚中央意,其接近和平亦固意中事";而李烈钧与孙派的徐谦等,"则绝对不愿议和,暗中且鼓动有力者反对,故有讨徐之令"。旧国会方面,"渴望和平者究居多数。如政学会、政余俱乐部两派,在旧国会中占大多数,将来必加入和平会。惟益友社(孙文与孙洪伊派)则必坚持到底。但居少数,不足为和平之障碍"。最近组织的护法后援会,主张以徐世昌退位、解散新国会、恢复约法、取消去岁六月十二日解散旧国会之命令、惩办祸首为议和之先决问题,"然此究属纸上空谈,终不能与有力者之主张为敌"。记者认为,"目下全国人心咸切望和平,西南数省军人已偃旗息鼓,互相通电,交换和平意见,是和平会之组织已取得多数军人之同意矣"。(《广东特约通讯》,《时事新报》1918年11月9日,"内外要闻一")

△ 陈庆云上书,报告自己奉陈炯明令代理援闽粤军飞机队长,日前赴日本购买修理飞机的各种物料,现已回汕,赶紧修理,"约一星期可以出发"②。(《陈庆云上总理函》,环龙路档案第13489号)

后来有报道称"陈炯明已由汕头运到飞行机三架到漳,漳州、龙

---

① 原文如此,孙中山此时在上海。王芝祥南下任务为与西南各要人接洽。

② 原函仅署月日,据内容,应为1918年。

岩两处军械厂又昼夜添工,赶造子弹不辍"。(《和平声中之福建近状》,
天津《益世报》1918 年 12 月 20 日,"时事录要")

11 月 5 日　吴钝民、林剑魂等自吉隆坡来函,报告与同志集资
创办《益群报》,以"阐扬吾党之主张,使内外国民咸知正义之所在"。
附来创办缘起及发起人、赞成人名录。

11 月 28 日复函。(《吴钝民等上总理函》,环龙路档案第 04907 号)

△　高旭自广州来函,求为其题写"变雅楼选诗图"六字①。(《高
旭上总理函》,环龙路档案第 01158 号)

△　政务会议致西南军政要人通电,通告 10 月 25 日第二十一
次会议通过徐谦提出的司法整顿办法四条:司法独立,司法官专归司
法部监督;司法官之任免由军政府行之;司法收入专供司法经费之
用,由司法部统一支配;筹议大理院。(《军政府公报》修字第 21 号,1918
年 11 月 9 日,通告)

11 月 6 日　杨庶堪在成都正式就职。

随行之洪慈上书报告,5 日抵达成都,杨氏"即于六日接印视事,
军、商、学、政甚表欢迎"。称"川省陆军、民军将达十万","然援陕鄂,
师出寥寥,诚不知当局者是何居心也"。目前"倡和之声遍于西南",
洪慈则反对议和,认为"敌谋我之心日亟,我欲和之念日深",深为之
忧,希望"力辟群异,主持一切"②。此函由秘书代复。(《洪慈上总理
函》,环龙路档案第 00665.1 号)

△　日本驻京公使林权助由日回任。6 日,访晤北京政府外交
总长陆征祥;7 日,见代总理钱能训;9 日,访晤段祺瑞,极力活动,希
望中国南北战争迅速和平解决。

11 月 7 日　复林镜台函,并发熊克武、杨庶堪任命状及致郭洪
函,由林转交。(《林镜台上总理函》,环龙路档案第 00508 号)林镜台之前
屡次来函,报告川局情况,10 月 5 日来函要求从速发寄"大元帅特任

---

①　原函仅署月日,据内容,应为 1918 年。
②　原函未署日期,据内容,应为 1918 年 11 月 6 日后发。

督军、省长特任状"。

△ 唐继尧来电,称据非常会议电请会同陆荣廷联名致电日本政府,揭露段祺瑞借口出兵欧洲,"向日本借款购械,用以屠戮异己,宰割西南"的奸计;唐认为"此着关系我军前途甚大,务必各尽全力以破坏之而后已",于是分电陆、孙,附上国会代拟定的致日本政府电文,请"如蒙赞同,希即照发"。

致日本政府电,谓"倘段氏不量,果向贵国有此要求,其望诸公勿为所蔽,严词拒绝,庶几减少逆军之战斗力,使我军速奏戡定之功。他日我革新之国民起而掌握政权,确能本贵国永远维持东亚和平之心,携手同行以增进两国人民之幸强也"。(《唐继尧代拟揭露段祺瑞借款购械阴谋致日本政府当局电稿征询孙文陆荣廷意见的密电》,云南省档案馆编:《云南档案史料》第 1 期,第 64 页)

△ 陈炯明致电吴景濂,重申"约法为立国之基,国会为议法之府,尚望诸公阐明约法之真理,画一天下之视听,使窃职弄权者知所警惕,怀疑观望者有所适从"。(《陈炯明对于时局之卓见》,上海《民国日报》1918 年 11 月 24 日,"要闻")

11 月 8 日 与伍廷芳、岑春煊、林葆怿、莫荣新、林森、吴景濂、徐谦、伍朝枢联名发表致西南各省通电,倡议护法各省为协约国兵工修养基金募集五万美元,以表达"对于协约国之同情"。称虽然护法各省饷糈奇绌,"然分募此区区之款,似非甚难",而且华工也受其惠,请护法各省从速电复能募若干。

此基金为美国总统威尔逊倡立,当时募额一亿七千万美金,为"战地协约兵士及中国暨他国工人等,道德上、身体上、智识上及一切关于进修颐养诸事之用",此次主事者希望在中国募集十万美金。(《军政府赞助友邦募金》,上海《民国日报》1918 年 11 月 18 日,"要闻")

同时发表内容相近之劝捐通启,称"拟由我护法各省担任美金五万,约合毫银八万元。其余五万,听其募自北方。以中国之大,而设总额一千七百分之一亦不能募集,尤吾中国之耻也。以护法各省之大,而设总额二千四百分之一亦不能募集,尤吾护法各省之耻也",号召邦人君子"量与输将"。(《护法要人尽力国际友谊》,上海《民国日报》1918年11月25日,"要闻")

本日下午广州军政府以各总裁名义,联合莫荣新及国会,邀请政、绅、商、学、报、慈善及各社团领袖共三十余人在东园国会议员俱乐部开会,讨论此项募捐事,"众对于此举一致赞成,随商进行办法,讨论良久"。(《西南军政府之外交》,《申报》1918年11月18日,"要闻")之前青年会全国协会总干事余日章至粤动员,与伍廷芳见面,"于一小时间内即得伍廷芳及岑西林、林葆怿、吴景濂、伍朝枢诸公之允为竭力赞助,并通电西南各省协力襄助,且决定至少可担任五万金元",广东募捐期间为11月25日至12月2日。(《欧战协济会开会纪》,《申报》1918年11月9日,"本埠新闻")

12月9日,刘显世致电军政府及国会,认捐三千元,"已于即日交由中国银行通汇至港,由港转粤"。(《刘显世为认捐应募兵工休养金事致伍廷芳并吴景濂等电》,李家璘、郭鸿林、郑华编辑:《北洋军阀史料·吴景濂卷》第2册,第166—167页)

据当时美国驻华公使芮恩施(Paul S. Reinsch)的回忆,在中国的募捐由约翰·莫特(Mott)发起,北京政府配合,周自齐告诉他,"已组织了一个全国战时工作委员会,各省的省会也正在进行成立分会。他们筹募的不是十万美元,而是一百多万美元!"芮恩施认为,"这样一种的公益募捐在中国是从来没有尝试过的"。([美]保罗·S.芮恩施著,李抱宏、盛震溯译:《一个美国外交官使华记——1913年—1919年美国驻华公使回忆录》,第246页)

11月9日　徐谦上书报告政务会议情况。

针对唐继尧、刘显世主议和的通电,徐谦提议政务会议议决"议和务须以依法及永久为要义",由军政府统一意志,"于坚定人心不无裨益","某要人已阻谷钟秀"暂缓来粤,"其效力已可见"。并报告汪精卫跌断手臂及医治的情况。(《徐谦上总理函》,环龙路档案第01981号)

　△　军政府发表取缔和平会议的通电。

为"免无意识之和平主张惑乱人心，有妨军事"，规定护法省份及军队所在地，非该管长官许可，不得设立和平会议。非护法地方组织之和平会派人至护法省及护法军所在地方，也要先得该管长官许可。

记者认为作为孙中山的代表，徐谦这个提议"实所以破坏近日军府之和平运动"，称孙中山"此次对于军府自始本取旁观主义，及见军府势力日张，和议之呼声日起，惧失己派之利益，故急派徐氏代表来粤，一可从中监视，二则对于彼等不利益之事可以从中破坏"。（《军政府取缔和平派》，《新闻报》1918 年 11 月 24 日，"紧要新闻"）

11 月 16 日，莫荣新、翟汪布告《取缔组织国内和平会文》，称由徐谦提议"迩来各方运动和议，报载纷纭，事难遽信。此种传闻，影响甚大，事前宜有预防，以免无意识之和平主张惑乱人心，有妨军事，于护法前途尤关重要，特提案以杜隐患"。（《广东公报》第 1917 号，1918 年 11 月 20 日，"布告"）

11 月 10 日　福建汀漳镇守使洪兆麟来函，报告福建战况。

洪前受陈炯明令移驻石马，准备进攻厦门，而为和议所误，"欲进不前者匝月矣"。泉州、延平、漳州方面俱奋力进攻，"各军戮力同心，以决一战"，胜负在所不论，"以图报效总座者，报效国家也"。此信 23 日到，作复。（《洪兆麟上总理函》，环龙路档案第 13491 号）

11 月 11 日　凌钺、萧辉锦上书，反对和议。

称徐世昌"既受非法选举，贸然就职"，南北已无调和之余地，而一般热心权利之徒，"犹复梦想和平，冀达个人之私"。"先生手创共和"，此时"尤宜积极进行，以达护法目的"。在粤一批同人"犹不敢抛弃主张、稍存消极、冒险奔走已数月"，近来日渐发展，"各种计划颇有成效"，公推凌钺来谒见，面达一切，请求"指导机宜，庶好遵办"。

收信后，批示"答以文暂时仍不欲问事，如何进行，总由多数同志

取决施行便是"①。(《凌钺萧辉锦上总理函》,环龙路档案第 13984 号)

△ 协约国与德国签订停战条约,第一次世界大战结束。

11 月 12 日 陈赓如来函求助。

陈赓如于 7 月份曾来函请求赞助修筑前岐车路,"照章认为赞成发起者,每份银一百元","蒙先生认占十份,为最多之数"。无奈"年来地方变政,惹起盗贼横行",以致工程师等人员不敢前往勘路,导致工程无法进行,有股东提出退股,"想先生热心赞助于前,必不愿听有派回股款之事",特来函"请即指示进退之宜,俾作率循之准"。

收信后,批示:"若以对于股本处置一事,或派回不派回,弟无成见,总随多数就是。至于路事,最好归全县公有。望兄提倡筹备,待时局平靖,立即进行。弟之股本或作筹备,或作捐款,皆兄处置可也。"11 月 21 日复信。(《陈赓如上总理函》,环龙路档案第 01608 号)

11 月 13 日 接待记者采访,谈论东亚大局。

略谓"德国皇帝之退位、德国之屈伏及共和制之宣布,是德国已投入世界思潮中,实可谓武断及军阀之力已为民众力所败。事象可知,不以真民意为基础必终归于败,诚可为殷鉴。又战后之远东形势将益形多事,中日两国民从此以后真须觉醒,两国民更不可不互相了解,常谋举真正亲善之实"。(《孙中山纵谈东亚大局》,《顺天时报》1918 年 11 月 14 日,"特约电·上海十三日东方电")

△ 古应芬自广州来函,述及汪精卫手腕受伤,自己适自漳州返省,代其处理诸事。

前敌情况,"竞存受后方挟逼,不能无愤愤。惟商量结果,两李均不足恃,必俟福州克复始作后图。且北方外交日渐失败,吾辈更不能不取观望也"。许崇智部队已进至永春,联络需用无线电,陈炯明请求"先生速为设法代购",如大谷光瑞不能提供,则请另行设法代购军

---

① 中国国民党中央委员会党史委员会编订《国父全集》第 4 册第 344 页将此批示日期定为 11 月 11 日,应误,此为来信日期。

用无线电机。

考虑到改组后的军政府"遇事与粤军为难",陈炯明认为"如粤军得福州,彼必派一省长前往以为捣乱地步,不如粤军宣言以闽人治闽",以许崇智为福建督军,林森为省长。商之林森,林"谓须得先生同意"。古氏认为"此事关系至重,与沧伯长川相同,望先生即以缄来劝彼勿再固执"[1]。(《古应芬上总理函》,环龙路档案第13407号)

　　△　中原救国军第一路总司令熊尚文[2]自重庆上书,痛言自刘建藩"以偏师首义,为大法先驱,继之以西南联合义师,号召天下",血战经年,牺牲无数,而一年以来,"拥护约法、恢复国会、惩办祸首"三大目的丝毫未达,而"国贼一意孤行",密谋和议卖国。长篇痛斥北方段祺瑞、徐世昌等卖国、毁法行径,希望孙中山"万勿稍涉主和之嫌,以背初衷",坚持大力讨伐,为前敌将领之声援。

熊氏之前受命经营山东,以钳制北军南下。而军政府改组,和议声起,"使尚文所经营六阅月之山东受莫大之打击"。随后熊率同将领十余人拟至粤晋谒,不遇,辗转由越南经云南到四川,不为唐继尧所用。而北军事实毫无议和诚意,西南可危,熊拟追随援陕鄂靖国军,"为我公之前驱"。

收信后,批示"不复"。(环龙路档案第00428号)

11月15日　寺尾亨在《日华实业》第10号上发表《徐大总统之就任与南北问题之关系》一文,认为应该提携"新思想之支那"。

称"北方徒以强力压南方,到底不能达其目的。何则? 盖南方实已凝结造新支那之势。南方之有志者,对于日本政府而求正式承认交战团体,援段之寺内内阁不肯承认。余谓由南北两方交涉于日本之时,则为南北妥协统一不难",寺尾认为日本人应随时代之运进而

---

　　[1]　原函未署年月,据其提到汪精卫手臂受伤一事,应为1918年11月。
　　[2]　熊氏曾于5月份以中原救国军第一路总司令名义发表布告,宣称"奉南方军政府孙大元帅之命"率兵澄清中原。该布告署名误为"熊文尚"。(《中原救国军总司令之布告》,上海《民国日报》1918年5月11日,"要闻")

行政策，"将来欲为支那计，与其同旧思想之支那提携，宁同新思想之支那提携较为良策也"。（中国科学院近代史研究所近代史资料编辑组：《一九一九年南北议和资料》，第 43—44 页）

日本新任驻华公使小幡酉吉由东京启程，临行前发表对华三条意见，尊重中国主权、日本当与列国行动一致、望中国之统一，称"中国之统一，除中国自己外惟我日本为关系最切，故希望之，而促成之，于理似无不合，但促之而热心过度，即不免有干涉其内政之行为或类似干涉之行为，此不可不留意回避，以免瓜田李下之嫌"。（《新日使之对华意见》，《申报》1918 年 11 月 27 日，"要闻二"）

11 月 16 日　与日本访华实业家松永安左卫门会面，与其谈论日本对华政策。

松永安左卫门 1919 年所写《我的支那观》记录此次谈话中，孙中山指出目前中国南北对立是日本助长起来的，日本如果改变援助北方派的政策，北方派就会不攻自灭。谈话中并讨论到满蒙问题。（藤井昇三：《孙中山与满蒙问题》，《国外中国近代史研究》第 3 辑，第 151 页）

△　凌钺来函，备陈在粤同人大计未能实行之原因。

称收到黄元白携来之亲笔信，"捧读之下，感佩交集"。报告徐谦除列席政务会议外，大半时间消磨于基督教救国讲道之中，一月以来仅在照霞楼会晤两次。林森新被选为议长，"亦持圆滑态度"，萧实中迭与商榷而未得要领。汪精卫因游戏跌伤左手。提出"吾党同人当以极远之眼光、最大之决心毅力与万魔战争，必获最后之胜利"。报告此次宪法审议会，省长参事民选皆已通过。又称"先生如以联唐计画为现在将来国事解决之上策，即请电招钺至沪上，定计实行"，"事关民国兴废，先生宜神机独断，作适当之处置"。此函 11 月 27 日到。（《凌钺上总理函》，环龙路档案第 02021 号）

△　徐世昌发布停战令。（《北京电》，《申报》1918 年 11 月 18 日，"专电"）

11 月 17 日　回复曾允明、黄德源、饶潜川等人十月十四日来函,称已经"交党务、财政两部查明照发"所需债券和党证,只是"向例发给债券,须先到款项,此次一千六百元及五百二十元未经收到,先寄债券,实系格外通融办理",要求赶紧将款项汇到上海。(《复曾允明黄德源等嘱将债券款项速行汇沪函》,中国国民党中央委员会党史委员会编订:《国父全集》第3册,第569页)

△ 致书某国会议员,谓"伪政府坏法怙恶,为凡有血气者之所同仇。惟近来促进和平之声浪几遍国中,悉未见其能中肯",又谓"文定勉竭驽劣,为国驰驱。足下为国会中坚分子,素所心仪,亟应与某某兄暨诸同志共商大计,疾起直追,以贯彻护法初衷。是则文之所希望者也"。(《停战后之西南·孙中山之主张》,《时事新报》1918年12月9日,"内外要闻")

11月18日 致长电给美国总统威尔逊,庆祝一战结束,并阐述主张。

赞扬威氏"主持扑灭武力主义,大获全胜,民治民权,拥护功高,有史以来,未之前闻",解释去年其劝中国加入战团而自己反对的原因是"深知吾国武人必假此时机摧折民权",各友邦也应该已经看到"事实俱在"。将张勋复辟认定是段祺瑞指使的,因为段"谋推覆欧美民治制度之旨至今未艾也"。解释自己在南方召开国会,是有"舆论之助",人民欢迎,南方人民为自卫,"亦与主持民治主义者结合为护法之战。南方各军不必尽在余指挥之下,而与北方激斗者,则北方以武力压迫南方为之也",这并非"南北之战",而是"武力主义对民治主义之战"。

此次议和,是"北方武人私向南方提出和议,以真伪两国会同时解散、国家官吏两派瓜分为调停之条件,南部军人或不受其愚弄"。但北方以美国意愿加压,"谓美国愿中国止息内争,如南方不同意,北派武人将引美国势力压抑南方云云","虽日本以金钱武器假手北方摧锄吾辈,始终犹获生存。设美国以道义物质之力为北方武人所假借以压折人民,则中国民权发达之望,生机必绝,唯搔首问天而已"。

"明告"威尔逊,和议的唯一条件是"民国国会须享有完全自由行使其正当职权",不能办到,只有"继续奋斗"。称此次护法战争,"实为国会军第二次战争","此国会者即美国由阁下代表首次承认之中华民国也",请威尔逊"以拯救欧人者转以拯救中国",对北方武人说"此国会乃阁下所承认之国会,务须尊重者"。(《致美国总统威尔逊电》,《孙中山全集》第 4 卷,第 513—514 页;《孙中山先生致美大总统威尔逊电》,上海《民国日报》1918 年 11 月 23 日,"要闻")

19 日,又致函美国驻华公使芮恩施,称"美国总统和人民只能通过您才会知道中国的真实情况。您的责任确实重大。中国究竟是民主政治还是黩武主义获胜,主要取决于阁下对我国无助的人民在现阶段所给予的道义上的支持"。而事实上,芮恩施此时致力于抵制日本在中国攫取更多的利益,并没有支持孙中山诉求的意愿[1]。([美]保罗·S. 芮恩施著,李抱宏、盛震溯译:《一个美国外交官使华记——1913 年—1919 年美国驻华公使回忆录》,第 255—256 页)

收到上述电报后,威尔逊于 11 月 20 日写信给国务卿兰辛(Robert Lansing),称"我不想直接和孙中山通信,虽然我有时很赞同他宣布的原则和目的",询问兰辛建议如何答复这份电报。11 月 25 日,兰辛复信称他已经指示由驻上海总领事非正式地通知孙中山,他的来电已经收到并会得到"适当的考虑"(due consideration)。兰辛说他不会再做更多,因为孙有不少"接收贿赂并准备为出价最高者效劳"的丑闻,兰辛认为这类传闻的证据相当确凿,因此孙中山现在很难在中国"有什么进一步的真正影响"。(*The Papers of Woodrow Wilson*,Volume 53,p. 138,p. 197)后来有威尔逊传记作者因此感慨"兰辛对未来的估计多么错误啊"。(Roy Watson Curry,*Woodrow Wilson and Far Eastern Policy 1913—1921*,p. 205)

对孙中山写信给威尔逊一事,日本的一些报纸认为是孙"无视日

---

[1] 12 月 11 日芮恩施曾来函。该函于 1919 年 1 月 10 日收到,但目前示见收录,故内容亦不得而知。

本,意图拉拢美国的表示"。宫崎寅藏为孙辩护,认为日本人的这种反应"是一种神经过敏,是小器的证明","以孙先生和黄君为首的一派,才是中国最理解日本并盼望与日本从事兴亚之大业的一群,因此如果日本和日本人能以他们为中坚,以复兴中国的话,民国的国基早已奠定无疑。惟因日本无一定之方针,亦即由于日本政府当局的胡扯外交和民间的盲动,使革命派和中国国民惊慌失措,真是可惜。所以我认为,我们不应该怨人家,而应该怨自己"。([日]宫崎滔天等著、陈鹏仁译:《论中国革命与先烈》,第40—41页)

湖南平江人李龙来函,称于《救国日报》得读此电,"爱国血忱,洋洋盈耳"。李龙原在湖南办团练抵抗北军之蹂躏地方,后失败解散,羁留沪上。现因家人病窘,谓"爱国君子必爱国民,先生目下不能用之必能存之",请求资助。并寄上其所著算学书稿,"倘蒙加序代付梓人,得版权售价,亦足以解倒悬之急"①。(《李龙上总理函》,环龙路档案第04302号)

△　蔡元培来信,认为"国内和平之声浪洋溢南北,大势所趋,决非少数人所能障挽。颇闻先生近方专心著述,不接政客,当亦是赞同和平之表示",认为"倘于实业、教育两方面确着成效,必足以博社会之信用,而立民治之基础,较之于议院占若干席、于国务院占若干员者,其成效当远胜也"。介绍川人尹仲材"对于社会事业有一计画","欲请教于先生",请给予指教。(《致孙中山函》,中国蔡元培研究会编:《蔡元培全集》第10卷,第355页)

12月4日复信。

△　广州军政府政务会议讨论南北和议,报载"岑春煊称病不出席会议,席上孙文之代表徐谦、湖北代表张伯烈②主唱主战最烈,谓北方若有平和之诚意,则应提出和议之条件,今条件尚未提出,则可

---

① 原函未署日期,暂系于此。
② 张为湖北籍议员,由黎天才、唐克明来电推举其为湖北靖国军代表。(《军政府公报》修字第21号,1918年11月9日,"公电")

推想其无诚意也",认为"岑春煊、陆荣廷及政学会之一派有平和解决之希望,民党派则始终抱反对之态度"。(《军政府反对和平》,《顺天时报》1918年11月24日,"时事要闻")

11月19日　唐绍仪回沪,据称将与章士钊会面,商量和平问题。(《上海》,长沙《大公报》1918年11月23日,"特别快信")唐绍仪归沪前,发表谈话云"和平乃中国所必须有之物,而取得和平之惟一方法,厥惟互相携手,而不先立条件",且"于不先立条件一语再三郑重言之"。(《唐绍仪在日时之谈话》,《时事新报》1918年11月22日,"内外要闻")

11月20日　日本《大阪每日新闻》发表题为《日本保障中国之言论》的社论。

社论认为,中国南北两面,表面虽彼此不愿退让,而心中实两方皆极欲妥协,"苟机运已熟,而所缺者惟外力之援助"。而英美两国"断不能独进而自由行动者也","惟我日本出,则众论翕然"。则"我帝国政府正宜利用此机,示对华之亲善,并谋极东大局之安定,切不可让其任于他人也"。因此,"第一宜对于中国通告南北两方,谓南北妥协将必需外力调停者,则日本帝国无论何时不辞其劳。对于英美两国通告之曰,两国苟以南北妥协之成立为必要,且以从中调停为得计者,则帝国政府有为先锋以求贯彻目的之责任"。

主张者在徐世昌就任总统时,即希望原敬内阁"与其承认南方为交战团体而助成其分裂,何如斟酌南方之精神与希望,而定一南北妥协之要素"。(中国科学院近代史研究所近代史资料编辑组:《一九一九年南北议和资料》,第44—46页)

12月2日,日本政府宣布停止对中国借款。但11、12月间,日本仍和北京政府签订大小借款和军火合同七个,其中六个是在宣布停止借款之后所签订。(李凡编:《近代中日关系史事记(1840—1919)》,第79页)

11月21日　收到丁克涛11月8日来信。丁请求"力辟妖言,护法到底",并称自己历来窘迫,及进行浙事苦处,请求救济,"大局平

定,自由回复,如数归还,决不负先生大义也"。(《丁克涛上总理函》,环龙路档案第 13891 号)

△ 陈炯明致电广州政务会议,提出和议"根本条件"。

认为本应该乘北方无力续战的时机"一致主战,拒绝和议",川、滇、黔、粤、桂、湘各路护法军队齐发,"护法之道何必难为"。但政务会议"以议和为须永久者,而征集根本解决条件",因此提出当时海军所宣誓的"复约法、复国会、惩罪魁"为目的,"则无论其手段为战为和,皆赞同也"。(《关于和议之西南要电》,《申报》1918 年 12 月 15 日,"要闻")

△ 梁启超在报端发表《对德宣战回顾谈》,历数当时反对宣战的各方态度。

谓"吾之促政府决心提出已不知费几许气力,及既提出而全国乃悉集矢于余身矣。数当时反对之派别,其代表所谓民党者,则孙文也,唐绍仪也。其代表所谓遗老者,则康南海也。其合肥门下之人,则徐树铮也。孙、唐、康各有宣言即电报等遍登各报。孙氏部下骁将某著一小册,题曰中国存亡大问题,所以丑诋我不遗余力。南海切责我为病狂,谓伫看一年后德军入北京拿汝作元凶惩办也。徐树铮日日扬言,谓合肥为梁某所误",又称"所谓民党议员者,在院中院外演说谈论,无非颂扬德国,且著印多数小册子,煽动国民。内之则外交部部员,外之则多数军人,率皆众口一词,以开罪于德国为大戚。而其所公共拥戴之傀儡,则黄陂也"。(梁启超:《对德宣战回顾谈》,《时事新报》1918 年 11 月 21 日,"论说")

11 月 22 日 被传病重。

报载日本某处接到电报称孙中山患病颇笃,"日朝野皆为抱忧,各团体正协议打电问疾";"其知友等多为忧形于色"。(《日本》,《时事新报》1918 年 11 月 22 日,"各国电讯";《北京》,长沙《大公报》1918 年 11 月 26 日,"特别快信")

△ 万世铎来函,希望坚持护法,勿与乱贼谋暂时和平。(《基督

使徒上总理函》,环龙路档案第 09162.1 号)

△ 《民治日报》社社长游运炽等来函,称"为唤起国人崇拜英雄、学者起见",请赐肖像以登载在该报专栏上,以"介绍于国人,引导社会进化裨益非浅"。(《游运炽等上总理函》,环龙路档案第 00341 号)

△ 梁记虎上书,呈送所作《催眠术讲义》一部,请指教。称自己得日本心理催眠学士称号,在川免费施术治疗,"颇得社会欢迎"。现任中华性理学会会长,"欢迎先生名誉赞助",请赐言提倡。(《梁记虎上总理函》,环龙路档案第 00356 号)

△ 军政府发表致西南军政要人通电,下令停战。

谓"本军政府护法兴师,原以保全国体为职志,迭经宣布和平及永久和平两义,此心此志不渝,苟可以和平,而贯澈护法之主旨,断不忍重累吾民",传闻北方"有休战之言",因此通令前敌各军队,"各守原防,静待后命","果北方诚意言和,自当依法解决,本军政府有厚望焉"。(《军政府谋和停战令》,黄季陆主编:《革命文献》第 50 辑,第 409 页)

11 月 23 日 凌钺、萧辉锦等九十四名非常国会议员来函,报告军政府停战令发布的经过。

广州国会两院以"取销伪总统、伪国会为停战前提",军政府在岑春煊等人蛊惑下,于 22 日开会,当晚即"骤然发布停战命令,隳士气而长逆氛,不知是何居心"。徐谦列席会议,"事前既不与同人协商,临时又冒然副署","并闻此项命令实系季龙起草"。如此行动,"实与先生派遣代表根本主张,大相背谬",在粤同人公意请改派胡汉民代表来粤,"较为妥善"①。(《凌钺等上国父报告军政府对北军停战并请撤换代表函》,黄季陆主编:《革命文献》第 50 辑,第 410—411 页)

函到后,复信称"接到惠书,借悉南中情形,感喟无似。文迩来杜门养晦,聊以著述自娱,对于时局问题,终以多数同志之主张为进退,此意早奉答于子黄先生函中矣。今展堂业已南旋,所有进行事宜,与

---

① 此函未署日期,据凌钺后面 25 日函称,此函为 23 日发出。后面复函《国父全集》标为 11 月 23 日,应是此来函日期,而非复函日期。

渠接商可也"。(《复广州凌钺萧实中告专心著述关于时事可与胡汉民洽商函》,中国国民党中央委员会党史委员会编订:《国父全集》第3册,第570页)

△ 谢英伯从广州来函,为复办《南华日报》请求补助。

来函称要贯彻平民政治,建设民意基础,"今日苟得一不畏强御,能明是非,伸公理之报",当于时局补助不少,因此拟将之前同盟会时期办的《南华日报》复版,"以作吾党之喉舌"。附上招股简章,请求补助千元并每月津贴多少。

谢氏此次获补为众议院议员,是以遵守政党通例,"凡党员之列席国会者,于受事之始,须向党首请训"。(《谢英伯上总理函》,环龙路档案第02908.1号)

11月24日 国会议员王法勤来函,报告军政府停战令及为徐谦辩护。

谓"闻福州指日可下,陕西方面民军,近亦大有进步,军政府竟急不能待,行此自杀之策,真令人莫解",两院议决的取消伪国会及伪总统两条已于22日咨交军政府,"但如何答复,尚无消息。"同人俱认为针对美公使劝告,"直电美总统,责以大义,必有绝大效力"。

军事会议讨论下停战令时,徐谦"虽未力争,或系当下情势彼众我寡,争亦无济,不得不自处缄默"。与凌钺意见不同,王氏请求"略其既往,勉以将来,在此紧要时间,慎勿伤其感情",否则如徐被责引退,"某派将来对于和议条件及前敌计划,愈将逞其奸谋,无所忌惮,护法前途,益不可为矣"。(《王法勤上国父报告南方军政府内情函》,黄季陆主编:《革命文献》第50辑,第409—410页)

12月4日,复信称"亦适与文意相同也"。而对凌钺12月2日来函批"不答"①。

△ 林修梅派罗迈(镜芙)携函来沪陈述一切。

函中报告自己退守湘南一带,"迄今饷困粮乏,支持愈艰",但将

---

① 具体见该日条文。

士护法之志愈坚。林认为北方因外交、财政问题,已不能战,西南如协力进行,本可收效,但"一二苟且偷安之人倡言和平,其声浪已鼓动全国,置护法二字于不顾",和议非根本解决,和平不可能久。希望积极主张护法精神,誓言全力追随①。(《林修梅上总理函》,环龙路档案第04325 号)

12 月 23 日在来函上批示"答函鼓励,并告外间近情"。(《批林修梅反对议和函》,中国国民党中央委员会党史委员会编订:《国父全集》第 4 册,第 345 页)24 日复函。

△　唐继尧发表通电,提出和议办法。

称接张謇、熊希龄领衔通电,"读之慨然"。北方始终以暴力相加,西南是"为国家久远计,不得已而忍痛兴师",但"兵连年余,祸延数省,功不补患,愧负国人",张、熊等人出面调和,如有长策"足以解纷难,规久远","继尧与同人亟愿闻命矣"。

应该仿效辛亥时南北和谈,在上海开和平会议,"南北各派代表莅会,并以在野名贤若干人参加会议"。推荐南方代表由军政府主持选派,北方代表由徐世昌主持选派,"在野名贤"则由双方认许"。(《唐继尧关于和议之通电》,长沙《大公报》1918 年 12 月 3 日,"要电")

△　本日,各报纸纷纷报道孙派民党无意议和。

据称"孙文等一派反多方挑煽,竭力主战",秘密召集谭人凤、李征五、徐福保等会议,"首由孙文力言议和之不宜,拟密电广州代表徐谦等及旧国会中之激烈派反对罢兵,主张续战云云"。(《孙文等之无聊举动》,长沙《大公报》1918 年 11 月 24 日,"中外要闻")

谓"人方日望和平之速成,而彼等乃日恐和平之实现。似此现象,不至起外力干涉,断难有罢兵之一日。然及此一日,已为吾亡国之纪念日已"。(《军政府取缔和平派》,《新闻报》1918 年 11 月 24 日,"紧要新闻")民党中人认为提出和议的时机未到,谓"北方以欧洲战争终息,

---

①　原函仅署月日,据内容,应为 1918 年。

南北不可不和,殊不知欧洲俟德国军阀屈服后始使之议和,吾人亦非北方屈服,仍不可不战"。(《军政府反对和平》,《顺天时报》1918 年 11 月 24 日,"时事要闻")亦称"停战退兵一节决非难事也,明矣。惟广东政府一部分之主张依然强硬,然此亦不过孙文、孙洪伊等数个领袖之意见,不能目为广东政府全体之主张也。据广东方面传来消息,谓南方要人真意专在保西南护法之面子,若面子能保全,则妥协更为彼辈所渴望者,岂有自行破坏妥协进行之理乎,且陆、唐两氏颇有世界眼孔,一顾念世界之大势"。(《妥协问题之所闻》,《顺天时报》1918 年 11 月 24 日,"时事要闻")

11 月 25 日 徐谦来函,报告和议进程及闽事。

称五国将联合向南北双方提出劝告事"此事必在意中",钞呈美国公使续来一电及田中致岑春煊电。报告本日会议,饶鸣銮(子和)提议任林葆怿为福建督军、陈炯明为省长,"而伊又不肯出面,嘱谦提出",徐谦以"伊等所欲如此,不便遏抑,即为提出,已通过"。但林、陈是否承认,仍是问题。冷遹(雨秋)提出方声涛为福建军务会办、吕公望为闽浙查防督办,均通过,"此皆为护法尾声,不过为将来要挟地步"。徐认为如陈炯明暂就省长,"亦足为将来之预备","此与先生从前计画不同,但亦趋势使然,似不必拘之也"[①]。(《徐谦上总理函》,环龙路档案第 13436 号)

随后政务会议下令林葆怿为福建督军,陈炯明为福建省长。12 月 15 日,陈炯明电称,"福建省长之虚位,饥不可以为食,寒不可以为衣,敝军不可以为战守也",提出辞职。(《陈竞存辞福建省长电》,上海《民国日报》1918 年 12 月 30 日,"要闻")之后屡次呈请辞职,并推荐林葆怿为福建省长,许崇智为福建督军。

△ 凌钺再次来函。报告徐谦"同流合污,主张停战",并公然声称"国会不牺牲机关,议员须牺牲个人",是直接反对"我护法之国

---

① 原函仅署月日,据内容,应为 1918 年。

会”,“赞成敌非法之国会也”。称自己已将来函“手书遍示同人,始知季龙违反先生之意思,非先生改变护法之初衷也”。凌钺及同人此时“逢人揭破徐逆之骗术、岑妖之阴谋,与我国民代表护法之决心。将来或趋停者自停、战者自战之形式亦未可知,成败利钝在此一举。先生如有良策,即请示知,以便遵循”。(《凌钺上国父报告徐谦违反主张请改派胡汉民来粤函》,黄季陆主编:《革命文献》第50辑,第411—412页)

△　郭崇渠上书,报告四川军政情形及对大局的主张。

郭与林镜台会面,得知自己“违教数年,犹蒙殷殷注慰,且感且愧”,称“默察时局,苦无解决方法,个人意见,惟有服从先生命令,以达护法主旨”。

四川熊、杨主政军、民后,“财政问题不易解决,发展吾党政见究属困难,目前设施只能说到恢复原状四字”。同志数人合组成“国民社”,社中办一报纸《民治日报》,“渐复旧观”。提出对党务的看法,“无中央干部及各省支部,以致呼应时有不灵,对于时局主张无大力量”,广东现为南方政治中枢,“可否暂在广东组织一本党干部,于各省分设支部”,以此为日后和平时选举之基础。

又谓,石青阳、余际唐“对于先生均极崇拜”,自己则与川中同志“私情均属美满”,“先生如有命令”,三人当一致遵照做去。介绍沈镛“精研法政,宗旨坚定”,被四川省议会选为地方制度会议代表赴粤,希望给以接见。此函由沈镛携来面呈。(《郭崇渠上总理函》,环龙路档案第00342号)

11月26日　再访日本驻上海总领事有吉明,建议中日携手抵制英美。

据有吉明的报告,孙中山提出南北政府之停战令,是英美勾结欲将中国南北都置于它们支配之下,其结果是日本在东亚之势力被驱逐。孙还称他在福建有三万兵力,并不服从军政府停战令,“若日本可给予适当援助,即可以福建为基础,从广东进击浙江”,云南、四川、山东都是“我势力范围”,联合长江一带督军,“如此以小小的牺牲,过半个中国与日本提携,即可牵制英美的跋扈"。有吉认为会招来列强之干涉。孙说:日本与其坐视英、美跋扈,不如现在采取果断措施,始终以东亚联盟为理想,援助己方,可望将来实现大计。

有吉旋向外相内田康哉转达孙求援之意,并建议"以利用该人为得策",因为这个本不值得重视的"理想家",对将来的"日支联盟""实为必要的信念","该人在中国政治家中实所罕见"。([日]外务省编:《日本外交文书》大正7年第2册上卷,第113—114页,转引自李吉奎:《孙中山与日本》,第498—499页)

11月27日 复王烈(子中)11月2日来信,称赞陕军"艰难缔造,支柱一载,坚毅不屈,足为义师型范"。

认为在川、滇援军相助后,陕西"此后当可益期发展",展望"倘西南各省及护法诸同志能始终坚持,务求贯彻护法之目的,则北方诸系以权利之倾轧,不久势必分崩,则最后成功必操之南方",勉励同人不懈努力。但目前"经济异常困蹶,甚思相济,顾爱莫能助,冀谅之也"[1]。(《复上海王子中告北方诸系必崩勉以坚持护法函》,中国国民党中央委员会党史委员会编订:《国父全集》第3册,第571页)

△ 李亚东来函,呼吁坚持护法。

称在前敌惊闻和议将签字及孙"亦有灰心之说","不胜惊惶"。认为应坚持护法,"如再稍事迁就,则国内永无太平之日","其能存正气而维一线之光明者,实惟先生一人是望。如先生稍退,举国将有转移之势"。称在凌钺处得读来函,"仍以坚持到底相勉,知铁肩担道,百折不回。捧诵之余,曷胜鼓舞"。最后胜利仍以军事为依归,请速电前敌将帅,力鼓士气,重整军心,自己将"效死前驱"。

函到后,批"不答"。(《李亚东请国父电前敌将帅以振军心函》,黄季陆主编:《革命文献》第48辑,第348页)

---

[1] 《国父全集》标题为《复上海王子中告北方诸系必崩勉以坚持护法函》,有误,王烈于十月份由成都返抵陕西三原,此时不在上海,亦非由上海来函,详见1918年11月2日条。

11月28日 早晚两次再访有吉明,继续寻求日本援助。

谈话称:第一,根据现状进行南北统一,将给中国与日本带来不利。第二,他与唐绍仪交换意见,两人的观点越来越接近,都认识到"姑息的妥协为不利"。第三,南北妥协,应是在自己与段祺瑞之间成立。第四,自己在闽、浙、川有实力,因此热切请求日本援助。([日]外务省编:《日本外交文书》大正7年第2册上卷,第119页,转引自李吉奎:《孙中山与日本》,第499页)

△ 徐化龙来函。报告其抵达汕头,福建前敌"战事颇利",福州指日可下,林葆怿、陈炯明被举为闽省军、民二长。

称"窃以军事进行全恃器械精良",而福州洪山桥制造局为良好兵工制造局,"苟实力整顿,于军事大有关系"。徐与其父徐建寅(仲虎)在清末"办船政局及洪山制造局多年,于该厂中情形及职工,均极熟悉",自荐可为主持,希望能得函介绍于林、陈。(《徐化龙上总理函》,环龙路档案第13687号)

12月10日徐再次上书,报告"闽漳方面战事停顿,陈总司令请假一月,军务各节,迩来益无可言",拟往广州、汕尾一行。(《徐化龙上总理函》,环龙路档案第02057号)

△ 报载南北双方争持国会问题,愈演愈烈。据称徐世昌决定委托唐绍仪、张謇向西南激烈派尽力疏通。此外,再致电谭延闿,托其向孙中山派议员疏通。但始终不能收效,决定用中央政府名义直接与军政府交涉。(天津《益世报》1918年11月28日,"特别电讯·十一月二十七日")

11月29日 复凌钺16日来信,同意凌所说"国事多艰,吾人当以极远之眼光,最大之毅力,与群魔战争"。来信中所谈计划"未始非解决大局之方",但要贯彻护法初衷,仍应"托命于国会",认为国会中同人"诚能坚持到底,不为强有力者所摇,终必能得最后之胜利也"。称赞萧辉锦(实中)为国操劳,请代致意。(《复广州凌钺论坚持护法终必胜利函》,中国国民党中央委员会党史委员会编订:《国父全集》第3册,第571

页)

△　复童杭时(萱甫)11 月 2 日函,认为林森当选议长一事,"足征吾党团结之力,不后于人"。童斥议和会议为"筹安会"甚妙,告知"对于时局问题,实无具体办法",希望同志"坚持护法初志,则进行前途,终必能达到圆满之目的也"。(《复广州童萱甫告坚持护法终必达圆满目的函》,中国国民党中央委员会党史委员会编订:《国父全集》第 3 册,第 572页)

△　参议院议员宋渊源上书①,为闽人请命。

报告在陈炯明部克复汀漳时,自己与一帮同志在当地策应,助粤军长驱直入,"民军实与有力焉"。10 月 26 日、11 月 10 日,民军代表连续会议,举宋为总司令,以联合统一各军。而联合各军中有赵光、王荣光的部队,赵为"张粤军声势,并以惊乱敌人耳目",改所部"福建义勇队"为"粤军第一军",陈炯明"以名义含混,力驳其非"。此次联合各军"以分子什九闽人,乃定名为福建护法军",而陈炯明、许崇智"颇生误会"。

宋氏认为闽人久苦苛政,"同志为自由而战"付出极大代价,"此绝续仅存之一军"海内同志应大力玉成。"竞存、汝为素倡闽人治闽,不欲以福建为征服地方。今观其对源举动,言与行违,压迫恫吓时有所闻。闽中青年激昂慷慨,宁为玉碎,毋为瓦全","闽人泣诉之地,申雪之门,实惟先生是赖",请求电陈炯明、许崇智"还闽人以自由,勿加威迫"。(《宋渊源上总理函》,环龙路档案第 13406 号)

谭人凤于 11 月由沪至漳,11 月 12 日分别致电夏述唐、伍毓瑞、方声涛、李烈钧,试图运动军政府任命陈炯明为闽省联军总司令,以"为军事谋统一","藉以纾民力、杜骚扰"。又致函宋渊源,谓"军事贵有共同计划,尤贵有统一之机关。西南既以护法为前提,即当捐除地域主义";认为强迫赵光、王荣光所部脱离粤军、改为闽省护法军,且

―――――――――――――

①　原函仅署月日,据内容,应为 1918 年。

不与陈炯明商量，"孤行己意，执事纵为热心桑梓起见，不知者安保不议为权利之竞争"，派张一鸣前去联络各方，进行调解。（《为陈炯明任闽省联军总司令致夏述唐旅长电》等，石芳勤编：《谭人凤集》，第 274－284 页）

　　△　报载徐谦提出裁兵、废督军制。

　　提出裁兵善后方针两途，一采征兵制度，编成国防军，约十师团；二每省置一二师之地方军，亦施行征兵准备法。废督军制之方针亦有两途，一不论中央或地方军人，绝对不得干预政治；二施行地方自治。称不如此"则不能得真正永久之和平，法律动辄将遭武人之蹂躏"。据称此项计划"已得军政府各总裁之赞成"。（《广东电》，《时事新报》1918 年 11 月 29 日，"本国电讯"）

　　11 月 30 日　徐谦来函，提出根本解决"惟在裁兵废督"。

　　对孙中山致美国总统电中提出"只争国会自由行使职权"，认为"惟如何始能达此目的及此国会之议员是否满中外人望，均属问题"。甚至每每劝说议员，"谓护法乃一时原因，并非护法主张达到即属根本解决。至根本解决，惟在裁兵废督。二者倘能达此目的，则议员虽牺牲自身，亦值得也"。并提出主动请外交团代中国实行裁兵，"虽似辱国，实则未始非福"。

　　欧洲和平会议代表问题，徐谦让伍朝枢向英美领事说明，因为段祺瑞与日本的利益关系，北方无人有代表资格，只有南方可提出"自国会非法解散后一切外交缔结的条件皆不承认"，"则日本秘密条件不难取消，吾国既可保主权，英美亦不致听日本垄断"，"请先生在沪上与美法各国人亦须密言之"。

　　本日政务会议通过徐谦所拟的致徐世昌电。徐谦认为此电作用有四点：增加徐、段矛盾，将日后反对和平的责任归之徐，打破徐与陆荣廷、唐继尧暗昧勾结，在和谈中占主动地位。为通电中同意议和辩护，认为"民党人脑筋简单，动辄主张先提出条件"，"徒使外交谓我不欲和而失却许多同情"。徐谦声称"所注重者，惟徐世昌之伪总统，无论如何不能承认，倘将来果有此事，则谦必为先生声明反对,脱离关系。除此以外,凡因应时宜之处,取一种将顺人心而纳诸正规之方法,虽似和平亦为之。但浅见者流必有骂谦不称代表之职,甚至有谓违反先生之主张者,想先生之明察,决不致为所惑也"。

政务会议还通过特任熊克武、杨庶堪为四川督军、省长案①。又再议方声涛为福建军务会办案,"争之良久"。徐谦提出陈炯明暂代福建督办军务,"众又主设两会办","实不成话,闽人之诈于此可见"。

报告胡汉民前两日到,"此间一切又可多一人商量矣"。(《徐谦上总理函》,环龙路档案第 02298 号)

△　列名军政府七总裁致徐世昌电。电文称"我国亦须顺世界大势,恢复和平",以威尔逊 9 月 28 日演说为"解决国际、国内一切兵争之根据,各国均依此为保证"。称双方已下停战令,"然彼此尚未实行",表示诚心希望和平,建议以上海为开会地点,仿辛亥前例,双方各派全权代表定期开会,"一切政治法律问题,不难据理判断,依法解决"。(《军政府与徐世昌往返电·七总裁致徐世昌电》,上海《民国日报》1918 年 12 月 7 日,"要闻")此电闻由外交团转交给北方当局。(《南北当局讨论会议地点》,《申报》1918 年 12 月 7 日,"要闻")

12 月 12 日复徐谦函②中称此电"主张和议公开,实为破北方与私人秘密言和之一策,办法甚合"。(《复广州徐谦述对派使赴欧意见及闽事前途函》,中国国民党中央委员会党史委员会编订:《国父全集》第 3 册,第 575 页)

是月中旬　开始"从事于研究国际共同发展中国实业","欲利用战时宏大规模之机器及完全组织之人工,以助长中国实业之发达,而

①　谢持认为,军府发密电促熊克武就督军职,"颇有挑拨四川内部之嫌",且传闻熊克武有反对军民分治的电发给李根源。(谢持:《谢持日记未刊稿》第 4 册,1918 年 10 月 31 日、11 月 2 日条,第 151、154 页)

②　徐谦 12 月 23 日函中则称此函为"11 日手书"。

成我国民一突飞之进步,且以助各国战后工人问题之解决",撰写英文版《国际共同发展中国实业计划》。(《〈实业计划〉上海英文版自序》《〈实业计划〉中文版序》,尚明轩主编:《孙中山全集》第 1 卷,第 91、93 页)1919年 1 月该书完稿,全面论述了中国经济发展的大方针、大政策,为中国现代化经济发展战略拟出了一幅宏大的蓝图。

12 月

12 月 1 日　曹亚伯以奉孙中山之命的身份,向德国政府提出联德建议。

曹亚伯于 11 月底抵柏林①,德政府派范柏格(Phanberg)中尉及前驻华公使辛慈(Paul von Hintze)予以接待。曹提交其用英文撰就之联德建议,称是孙中山的计划。建议书分两部分:第一部分提出中德携手合作,驱逐英日及其他协约国在华势力;第二部分建议德与俄共联络,将俄境内华人及士兵 12000 人与德军 10000 人合组成一支中国军队,配以飞机三至五架,及制造军火等机器,打回北京,并购买食物及各种物质接济德国。曹氏还盼望在打倒北方政府后,德人能扶助中国财政、收回海关自主权,支援中国修建公路、铁路,发展中国教育及工业技术,而中国则以各项物质经俄援德。但当时德国已战败,此庞大计划无法实行,曹亚伯乃撤回建议,后得德政府资助回国。(李国祁:《德国档案中有关中国参加第一次世界大战的几项记载》,《中国现代史专题研究报告》第 4 辑,第 327—329 页)

△　曾任合浦县议会议长的宋均第五次来函,陈述地方自治意见。

谓七总裁未必"皆同心同德者",孙中山与孙洪伊"纯为护法起

---

①　曹何时从中国出发,尚未知。根据李国祁文中所引材料,曹氏"自中国南方经纽约",于 11 月初抵挪威。

见,国会议员,亦赖我大总裁与孙公洪伊二人方可召集,谅他人不能为也",惋惜孙洪伊没有成为总裁,同意议和条件应是"惟有解散伪国会,与伪总统徐世昌速行退步","此乃唯一之办法"。对美公使干涉行为义愤填膺,"况凡外人从前至恃其强蛮,侵占我内地,霸取我属国者,理犹当一一追讨,收复我故物,以振我堂堂中华大国之德威。今美人何物? 毫无忌惮,不顾理法,横行扛帮,出此无礼之言,欺压我大朝,我何可屈法俯首顺从,致取笑我国无人"。

发表对地方自治的看法,"大总统既由国会选举,则其下一切皆应可类推,不独省长县知事可由省会县会选,即督军亦应由省会选,镇守使亦应由所辖之县会合同而选,镇自治会选镇警察,城自治会选城警察,乡自治会选乡警察,则人人有权,方合民国有民权之旨","规复各自治会,即可下手以举行","本地方人办本地方事","以地方人当地方兵","不动声色可暗削各督军之权","办理妥适,无碍之方,其细节不可一言而尽,请果见之实行,方一一言之"。

函到后,批示"不答"。(《宋均陈述地方自治意见书上总理函》,黄季陆主编:《革命文献》第48辑,第348—351页)

△　蔡济民致长函,论述平民政治。认为"欲救今日之中国,莫如平民政治;欲平民政治之实现,仍在开通民智","拟请先生就海上组织书报馆,收生平所主张之平民政治、社会政策,发为言论,或载之日刊,或编为杂志,或著为专书,以启牖一般人民"。(《蔡济民上总理函》,环龙路档案第09402号)

△　徐永昌认为南北调停,或许可以成功,"然此不过一二年的小和平"。再次提出"新思潮终胜旧思潮,此历史上的公例。后浪推前浪,又世界之至理。即以张之劫械与孙中山打算二事①较之,其胜负之数已见。张则持势,孙则循理。不过乱机已伏,非历尽陆、岑、段、曹之总统期间,恐无已时","在国家为否运,在志士为幸时"。

----

①　前者应指张作霖1918年2月秦皇岛劫械事件,后者之"打算",尚不知具体何指。

("中研院"近代史研究所编:《徐永昌日记》第 1 册,第 286—287 页)

12 月 2 日 复谢英伯 11 月 23 日来函。得知谢氏补选上国会议员,准备办报,为"在国会则多一中坚人才,在舆论则增一健全报纸"而高兴,但告知近来"拮据情形,匪言可罄",无法资助。

称"国事蜩螗,极于今日",南方军政府在议和条件未明时下停战令,是"势不至将国会牺牲之不止",希望谢"争于坛坫之间,挽此风雨飘摇之危局","勿以目前势力脆弱而自馁"。(《复广州谢英伯告无力任报馆经费函》,中国国民党中央委员会党史委员会编订:《国父全集》第 3 册,第 572 页)

△ 凌钺再次来函,称徐谦"近日乖谬异常,主张举陆荣廷为大总统",认为即举孙为大总统,"亦不能就"。而凌钺等人正准备联络陆荣廷,说服他拥护孙,"将来选举总统时,或予以副座亦可,断不能以主座奉之,至贻引火自焚之讥"。凌请孙速电改派代表,"免误事机"。

函到后,批示:"不答。"(《凌钺报告徐谦言论乖谬请改派驻粤代表上总理函》,黄季陆主编:《革命文献》第 48 辑,第 295 页)

△ 下午 4 时,日、美、英、法、意五国公使至总统府向徐世昌面呈"觉书"①,谓希望中国从速停止内争,得以参加世界和平事业,亦声明并非干涉中国内政。随后徐世昌下令次日上午召开军事外交紧急大会,"凡督军、阁员及段督办与各方面之要人均须与会"。(《五国公使提出觉书之远因近果》,天津《益世报》1918 年 12 月 3 日,"特别记事")3 日北京政府开府院联席会议,决定依照西南军政府主张,在上海开和平会议。(《南北当局讨论会议地点》,《申报》1918 年 12 月 7 日,"要闻")

下午 4 时半,五国驻粤领事至军政府,见伍廷芳及各总裁,"以各该国政府名义提出劝告中国早日和平节略"。(《驻粤领事团劝告与军政府答复之原文》,天津《益世报》1918 年 12 月 13 日,"特别文件")

---

① 一般称《五国致北京政府劝告书》,日本方面称《对华妥协劝告》。

日本政府随之改变其对华借款方针,"令中国国内政局更趋纷纠之借款或其他财政上之拨助,均决定禁止之"。(《日政府公表对华借款方针》,天津《益世报》1918年12月5日,"特别纪事")原敬内阁表面上有所改变,"弃去从来之援北政策,对南北一视同仁,打消借款主义"。(《东报论中国南北妥协之前途》,天津《益世报》1918年12月12日,"特别译件")

12月3日　徐谦来函,报告五国领事来提交劝告书经过。

2日下午,五国领事至军政府,由英领事代表,"将五国公同劝告书朗诵一过"。军政府方面事前已得知内容,由政务会议议妥答复,当时即由伍廷芳诵读答复。

该劝告书虽承认徐世昌为总统,但"后云并无干涉之意,亦不欲劝纳何等条件","且有根据法律及全国人民利益之言",乐观地认为这表明"其承认当然不能拘束吾国人民主权之自由","则徐之未经合法选举,决不能视为'法律末节'甚明"。最近北方徐世昌、段祺瑞关系有破裂的可能,此劝告书的到来,"使段不能再图一逞,即日本亦不能再施其助段之政策矣"。但劝告书中的"法律末节"一词①意思未明,认为"须在疏通意见上预用功夫,以免在我视为根本主张,而彼乃视为末节之言"。抄录全份寄来,询问"此后方针如何?尚望先生招同人共同讨论,见示为幸"。(《徐谦为请示五国劝告承认徐世昌上总理函》,黄季陆主编:《革命文献》第48辑,第314页)

报载徐谦"因五国领团警告,在府议席上亦声明服从多数意见,不复积极反对主和"。(《香港电》,《申报》1918年12月7日,"各通信社电")

△　陈炯明复电广州政务会议,告知已遵电令前敌各将士停止进攻,"属守原防,以待后命"。申明兴师近两年,"所求约法,吾人无论如何自当坚持到底",希望众人坚持,"以图真正护法,得一良善结

---

①　劝告书原文未见此词,或为"似与废除个人私怀及泥守法律之意见"此句中之"泥守法律"相关。(《驻粤领事团劝告与军政府答复之原文》,天津《益世报》1918年12月13日,"特别文件")

果，永绝乱萌，庶可对吾国人"。(《护法要人对于解决时局之要电》，上海《民国日报》1918年12月16日，"要闻")

12月4日　回复王法勤11月24日来函，称"虑周意密，具见足下爱国爱党之苦衷"。同意王对于徐谦的态度，"亦适与文意相同也"。并告知自己对于目前时局的意见，"昨已函达国会诸公"。(《复广州王法勤告时事意见已函国会函》，中国国民党中央委员会党史委员会编订：《国父全集》第3册，第573页)

△　复蔡元培11月18日来信，回应蔡对国民希望和平的说法，称"国民所蕲望之平和，为依法之平和，为得法律保障之平和"，国会是民国的基础，"此而可废，于民国何有"？武人把持政柄"一旦倾轧破裂，则战祸又起"，"故民国若不行法治之实，则政治终无根本解决之望"。

威尔逊强劝南方妥协，是"以爱中国之热心，而误用其调和之手段，期南方置法律不顾，而苟且弥缝，则爱之适以害之，为患于将来益大"，自己已致电威尔逊指陈此意，引起各国注意。"故美国上议院已有承认中国南方为交战团体之提议，而美政府对文电亦表示赞同"，可见"外交友邦且能为我主持公道"，自己更应该"益勉求贯彻初衷，以竟护法之全功，而期法治之实现"[1]。(《孙中山复蔡元培函》，中国蔡元培研究会编：《蔡元培全集》第10卷，第356—357页)

△　致电军政府及国会，谓"美总统威尔逊氏，对于我国之主和条件经已赞同，以为我国国会应有完全自由之权行使法理上职责。彼尽其能力，协助我国，俾达民主共和及公正平和之目的。至其他要求，均可让步，惟上述之条件，务须坚持。鄙意主张，由我国政府以正式公文，要求美总统出为我国调人"[2]。(《护法要人对于解决时局之要

---

①　《国父全集》第3册第574页收录此函，日期为12月5日。《蔡元培全集》据孙中山复函原件，日期为12月4日。《国父全集》所据为"党史会"藏《总理复信撮要》，所录日期可能为付邮日期，而非函件落款日期。

②　此电未署日期，据徐谦本日函称"今日接到致国会及军政府电"，应即此电。

电·孙总裁》,上海《民国日报》1918 年 12 月 16 日,"要闻")

　　报载军政府接到孙中山电,"略谓应以国会得完全行使职务为议和要款,其余条件不妨让步"。(《广州》,《新闻报》1918 年 12 月 7 日,"专电")

　　6 日下午,香港电传"孙中山致电军政府、旧国会,谓威尔逊总统既赞成吾人之和平主义,宜正式请其为调和人"。(《香港电》,《申报》1918 年 12 月 7 日,"专电")

　　△　徐谦来函,讨论是否请威尔逊为仲裁人。

　　就是否在政务会议上提请美国总统威尔逊为仲裁人一事,徐与汪精卫讨论后,认为应缓表决①,"因事前未得威尔逊致同意,万一有困难情形,而威拒绝,则先生之主张失败"。而且请仲裁人,必须南北双方同意,共同提出。伍朝枢提出即使威尔逊答应,"但必不能来,如派芮恩施,则不佳","须请另派在美之人来为代表,方不致失败"。

　　又报告美领事交来美使密电二件,3 日下午北方督军团会议,先是主张曹锟为副总统,后又承认岑春煊为副总统。近来唐继尧来电"仍主张法律",陆荣廷"不愿让岑专利,主张又稍稍强硬","于和议反觉有益"。(《徐谦上总理函》,环龙路档案第 02023 号)

　　而驻广州之法、英、意、日、美领事向军政府提出劝告,并声明不承认为交战团体,"现军政府决议抛弃法律主义,免梗和议。惟一部分尚坚持不肯让步,然无实力无碍和局"。(《香港电·五日》,《时事新报》1918 年 12 月 6 日,"本国电讯")

　　△　唐继尧来函,介绍援陕、鄂各情及对南北议和的态度。

　　称邓泰中(和卿)返滇,"奉读手教",感愧莫名。重庆会议共决攻防计划,"以主力攻陕,而于湘鄂两方亦复分别增援",因军实未充,陕西至今"未完全得手"。认为"近日国民心理切盼和平,而欧战将终,各友邦亦多以善意相劝告",赞同和议,但强调"然非国家得真正之和

――――――――――

　　①　6 日,徐谦在政务会议上提出由军政府以正式公文请威尔逊为仲裁人一案。(见吴山 12 月 6 日来函)

平,法律有巩固之保障,决不能轻于迁就,致贻噬脐之悔也"。

21日收信后,批示"作答嘉其正论"。(罗家伦主编,黄季陆、秦孝仪增订:《国父年谱(增订本)》下册,第829页;《唐继尧上总理函》,环龙路档案第04056号)

△　日本内田外相致电驻上海总领事有吉明,认为"孙文始终忧虑东亚大局,以日中提携为念,此帝国政府及本邦人士一般所深刻谅解。帝国政府在对华方针及方法上,虽与孙氏之意见有所不同,但相信在结局之目的上,完全归于一致。我国之方针,业经多次以电报奉告","望能恳切劝说孙文顾及大局之归趋,此刻宜持稳健自重之态度,赞同日本之方针"。([日]外务省编:《日本外交文书》大正7年第2册上卷,第134页,译文引自陈耀祥:《1918年中国南北议和酝酿期间孙中山所持的立场》,《岭南文史》1994年第3期,第46页)

12月5日　再次与有吉明见面。

有吉明转告内田康哉12月4日电文大意,"对孙文始终考虑东亚大局,顾念日支提携"深所谅解,但"帝国政府之对华方针及方法与该氏之意见不同",此次对华南北劝告已实施,训示有吉明应"劝该氏考虑大局之趋向,持稳健自重之态度,赞同日本之方针"。([日]外务省编:《日本外交文书》大正7年第2册上卷,第134页,转引自李吉奎:《孙中山与日本》,第500页)

会谈中,对日本政府"对彼之友情"深表感谢,认为"事情至此地步,除等待时机之外,别无其他意图"。对五国共同劝告,认为"此举对北方有巨大效果",称传闻"徐世昌有同意恢复旧国会、由旧国会正式选举大总统之举"。提出若召开和会,日本"应使妥协在正义之基础上进行,今后日本应有之责任,厥为从事敢于干涉、使旧国会得到恢复等正义之行动",各国也不可能有反对的理由,希望日本单独行动。

又举出北京政府参战督办处今仍依赖日本援助训练军队之事实,"认为中国除需要完备之警官外,不需要一切军队"。强调"今当有一律裁兵之需要时,日本仍扶植一部分军阀之势力",徒然招致中外之疑虑，"希望予以仔细慎重之考虑"。（［日］外务省编：《日本外交文书》大正7年第2册上卷，第135—136页，译文引自陈耀祥：《1918年中国南北议和酝酿期间孙中山所持的立场》，《岭南文史》1994年第3期，第46页）

9日，再次会见有吉明，向其解释之前意图请威尔逊总统担任南北调停的仲裁者，以使南北双方处于平等地位，但未获同意；目前日本除与英美同一步调外，别无选择，而南方也只有遵从英美的方针，是"中日两国之不幸"。（［日］外务省编：《日本外交文书》大正7年第2册上卷，第141页，转引自李吉奎：《孙中山与日本》，第501页）

△　继续撰述。

报载民党中人披露孙中山近况，"孙中山最近对于时局从种种方面观察，亦已知和平之不容缓。近在沪闭户着书，名为《建设方略》（从前有《革命方略》），暂时决不问国事"，记者认为"属于孙氏之一派对于最近之时局，或不再坚持反对论"。但是国会议员中则仍多坚持必北方取消非法总统及国会，始能认为有议和诚意者，参议员丁象谦等十三人并以此提出为议案，"此可视为反对派之惰力而已"。岑春煊与陆荣廷二人"因副总统问题，颇有暗潮"，也是和议的障碍之一。（《南北时局谈·军政府对于和平之近讯》，天津《益世报》1918年12月5日，"要闻"）

△　复凌钺、萧辉锦等议员11月23日函，表明自己对于时局的意见。

对停战令的发布，"文意亦未以为然"。表示对外国干涉的不满，"近国民怵于外交势力，往往张皇无措，即军政府诸君以骤经此压迫，委曲求全，亦无足怪"。

认为美国总统出面调停系出于好意，而"其手段之错误"。自己已经致电美总统"声明南方所要求之条件，只系国会能有完全自由行使其正当之职权，他无所要求等语"，信件亦引起各国注意。强调"美上议院近乃有认南方为交战团体之提议；而美政府对文电，亦表示赞同"，乐观地称"此后将请美总统出而主持公道，吾人终可达到护法之目的",希望国会和军政府"坚持初志,不折不挠,则外人敬吾主义之贯彻,将益闻风兴起,协以助我"①。(《复广州国会坚持护法必得美国赞助书》,中国国民党中央委员会党史委员会编订:《国父全集》第 3 册,第 573 页)

△　徐世昌复七总裁 11 月 30 日电,表明自己谋求和平之苦心。

称"世昌同是国民,颠覆是惧,况南北一家人也,本无畛域可分,故迭此宣言,期以苦心谋和平,以毅力致统一",现在南北双方谋求和平,是国家"得有挽救之一日也"。自己"忧患余生,专以救世而出山","此外一无成见"。关于在上海开和平会议,"已有国务院另电奉答"。(《南北领袖始直接通电》,《时事新报》1918 年 12 月 8 日,"内外要闻")此电亦登载于上海《民国日报》,徐被记者极尽讽刺。(《军政府与徐世昌往返电》,上海《民国日报》1918 年 12 月 7 日,"要闻")

钱能训也就 30 日致徐电来电,称和平会议办法之前已经有详细筹划,请江苏督军李纯转商。就代表人数,建议双方各派十人,会议地点,"鄙意仍在南京最为适当"。认为现在与辛亥时情况不一样,当时有两种国体,"今则双方一体论,对内则同系国人协商,国政固无畛域之分论;对外国交只能有唯一政府,尤非辛亥之比"。又称"当于会议办法,切实商榷进行,其他枝节之论,宜促蠲弃,以免旷废时日",请南方速定代表。(《钱代总理覆西南七总裁电》,长沙《大公报》1918 年 12 月 12 日,"要电")

△　报载日本议员泽来太郎关于南北调和的言论,认为应注意"孙文、孙洪伊辈之理想一派"这一潜势力。

谓"南派之势力,则兵力固亦其要素,然兵力以外别有一种势力,即孙文、孙洪伊辈之理想一派,以历年惨淡经营之结果所获之一种潜势力是也。彼督军等所有之兵力有形可察,不难以调查而得其实况。

---

①　12 月 4 日复王法勤函中称"昨已函达国会诸公",应即此函。凌钺等人 12 月 14 日复函则称"昨接十二月四日手示"。现暂从《国父全集》,系于 5 日。两函原出俱是《总理复信撮要》,或许所录并非复信的落款日期,而是付邮日期。另,《国父全集》定其名为《复广州国会坚持护法必得美国赞助书》,来函者并非"广州国会",而是凌钺等九十四名国会议员。

惟此潜势力则隐而不显,无从考其强弱,故人鲜注意而罔不以兵力之多寡以为强弱之标准。今余有不能已于言者,即此潜势力之不可忽视是也。夫此潜势力之果足与督军等之兵力对抗否,虽难断言,然考彼理想派之言论,多于今日国民之时代思潮相合,故其势力要不可忽视。考诸实例,潜势力战胜兵力者固比比皆是焉"。泽来太郎于10月28日与东京《日日新闻》记者至沪。(《东报记日议员之南北媾和论》,天津《益世报》1918年12月5日,"特别译件")

12月6日　吴山来函,讨论请威尔逊为仲裁人一事。

吴山旁听是日政务会议,听徐谦提出由军政府以正式公文请威尔逊为仲裁人一案,特上书报告。吴认为此事重大,需详加讨论。提出数点:恐日本发生意见,及如北方反对,有伤威总统情面,而威尔逊未必答应。尤其重要的是"各国因内政纷争,似无请求外人仲裁之成例。如中国独开此端,恐贻口实"。但又乐观称,如威尔逊答应,"即某国亦只敢怒而不敢言",到时先"密派得力可靠之人"欢迎威派来的代表,让其了解南方主张,可"不倚不偏矣"。

此函由秘书代复。(《吴山上总理函》,环龙路档案第14012号)

△　于右任来函,报告陈树藩军在陕西进攻的情况,晋军、奉军亦相继入陕,"阳言和议,暗逞逆谋,节节进逼,蹂躏陕民"。称"敝军于万不得已之时,不能不为正当防卫之计",万一发生战事,"隙自彼开,敝军不任其咎"。(《致孙中山函》,全国政协文史资料研究委员会等编:《于右任文选》,第170页)

△　李纯来函,联络和议事宜。

称中央已允和谈会议,拟由双方各派代表十人,"惟名目为和平、为善后,地点为南京、为上海,正在协商"。自己"本任宣达,而于法学尤乏新知,自当居旁听地位",准备另外请居间团体、在野名贤"以声气之应求,促美满之效果"。特派白坚武来拜见,请指授方针。

12月11日复函。(《李纯上总理函》,环龙路档案第11154号)

△　陈炯明与李厚基达成休战协议。(《香港电》,《申报》1918年12

月 7 日,"专电")

12 月 7 日　报章讨论南方和议代表。

唐绍仪、章士钊一起由日抵沪,"将来即为议和之代表,必成事实"。而"国民党孙文一派议员,以胡汉民亦已由日本乘坐安艺丸到沪,遂向徐谦游说,请徐谦提议加派胡汉民参预和议。徐谦曾表示意见,惟各总裁以胡汉民人虽平和,然为激烈派所挟持,恐于议和前途或有障碍,已婉为辞却。闻徐氏经致电上海,请胡汉民回粤一行,但胡汉民允回与否,尚未据电覆"。(《军政府之近讯》,《顺天时报》1918 年 12 月 7 日,"地方新闻")据之前徐谦来函及复凌钺、萧辉锦函,胡汉民已于 11 月 28 日左右返抵广州。

各总裁议和代表人选,称"南方议和代表之领袖,闻已定为唐少川。此外则代表西林者,或为章行严。代表孙文一派者,非胡汉民,即汪精卫。代表伍廷芳者,或为伍朝枢。代表唐继尧者,非李根源,即张耀曾。代表刘显世者,或为任可澄。以上所述,除唐少川外,余皆未十分大定"。(《国内和平问题之形势》,《新闻报》1918 年 12 月 8 日,"紧要新闻")

12 月 8 日　白坚武偕张新吾来访。

白为李纯所派,至上海、杭州、南通与孙洪伊、孙中山、浙督杨善德、张謇等人"接洽意见,兼报告和议内容"。白坚武随后还拜访了唐绍仪、温世霖(支英)、戴季陶、张继,认为"中山政治特识最高,而乏常识"。(中国社会科学院近代史研究所编,杜春和、耿来金整理:《白坚武日记》第 1 册,第 171 页)

△　于应祥来函,仍称大总统,请接济所部。

于之前奉命返湘收集原有队伍,为势所阻,仍然留在上海。现有旧部营长蔡永等来请求帮助,称其部队已坚持八个月,目前困苦万状,请助款维持或调遣。于认为应"设法接济,以安兵心,而鼓士气",但于氏自己亦靠津贴救助,故希望能"给予旅费三佰元,俾便即率诸员赴湘桂边界,设法维持,候令遵循,则为国家前途之警备,不无小补于将来"。

函到后,批示:发给百元,并代答刻下甚困,若大局无转机则断难为继,务望早日为计可也。(《于应祥请接济所部上总理函》,黄季陆主编:《革命文献》第48辑,第259—260页)

△　张福堂上书,献上裁军善后济急策。建议将所裁之军"尽遣前赴外洋,当作华工",认为协约国现值缺人应用之期,"必然赞许"。但此着宜"运动他人倡议,比我自己邀求之权利不同"。(《张福堂上总理函》,环龙路档案第13892号)

△　报载侦探报告孙中山派党员张某到山东各县"收抚各股土匪,改编护国军,希图大举",山东督军署密令军警各机关通饬所属认真查缉,"免成事实,贻害鲁民"。(《山左杂讯・孙文来东招土匪》,《顺天时报》1918年12月8日,"地方新闻")

12月9日　为蒋介石母亲五十五寿辰题"素行乎丰约夷险,斯锡之福寿康疆"[1]。(毛思诚编纂:《民国十五年以前之蒋介石先生》第2册,第66页;谭延闿编:《总理遗墨》第2辑)

△　凌钺再次来函,建议"以总裁资格前往欧洲,列席平和会议"。

称接到11月26日手书后,即与胡汉民会晤,将徐谦"主张与态度大有违反先生之本意,应否更换代表等情"详加讨论,同人认为应先由胡汉民对徐谦"特加警告,如仍蹈故辙,自当迅予撤换"。

关于派往世界平和会议的代表,凌钺认为如军政府要派,则"舍先生而外,别无适当之人",认为如孙能列席该会,"必受各国欢迎,于我四亿民族之体面及先生个人国际之信用,可为二十世纪放一光大之异彩","先生有此一行,与无政府党表最恳亲之态度,以备将来借助他山为我亚洲开一新纪元"。甚至建议"先生既为总裁之一,无须军政府特派,即由先生自己发动,电达国会、军政府,以总裁资格前往

---

①　原件未署日期,上有敬祝"蒋母王太夫人五十晋五荣庆"字样,蒋母生辰为阴历十一月初七日,暂系于此。《民国十五年以前之蒋介石先生》记作"十一月初九日",恐是误植。

欧洲,列席平和会议,与美国总统事出一例",畅想"先生果能成行,约数位世界主义同志充当随员,惊天动地之事业在此一举"。不主张孙卷入当前的总统问题,"幸勿为野鸡政客饭桶名流只图目前小益之说误"。此函托甘华耡携至上海。(《凌钺上总理函》,环龙路档案第 01845号)

△　陈炯明至沪。

12 月 6 日陈、李签订停战协议,两军前线军队停止进攻,各自退守防地。陈"因有要公,与旅沪孙、唐诸要人接洽",于 9 日率部属二人,乘轮来沪,"连日访谒各要人,颇为忙碌"。(《陈炯明来沪》,《申报》1918 年 12 月 11 日,"本埠新闻")

报称陈炯明先后派李国凤、朱执信到厦门,与浙军童保喧、臧致平会晤,商讨漳、汀退兵手续,"以要求条件商议无结果而回"。(《福州电》,《申报》1918 年 12 月 15 日,"各通信社电")

之后李厚基报告北京政府,称陈炯明、吴忠信等人"由沪招到江皖退伍兵士,自信可操胜券",反对议和,准备进攻。(《北京电》,《申报》1918 年 12 月 19 日,"各通信社电")

12 月 10 日　列名岑春煊等致徐世昌电,对钱能训 12 月 5 日来电表示反对。

对于钱电中称"唯一政府等名称",认为"此间断难承认"。要求按照 30 日电,在上海开和平会议,除各派代表十人外,另各推总代表一人,"毋须首席"。

对钱能训 12 月 4 日电指陕西靖国军驻区为"匪区",表示"殊深骇诧",要求在陕西南北两路指定驻兵地点,各自负责剿匪,而不能"混称匪警,置陕西于停战区域之外"。而且奉军再次由浙入闽,是"北方停战其名,激战其实",如此"陕西不在停战之列,闽中又不停止进兵,是尊处不欲和平",要求明白答复陕、闽问题。(《军府对待北军攻袭陕闽·诘问徐世昌电二》,上海《民国日报》1918 年 12 月 19 日,"要闻")

徐谦本人对此电并不满意,本日来函中称在 9 日的会议上,"力主先严重诘问北方,如对于闽陕无正确答复,则认为开战即不议和,乃众皆急于议和,仅将诘问之言载之后幅"。(《徐谦告徐世昌非法继任总统国际反应及欧洲和会代表问题上总理函》,黄季陆主编:《革命文献》第48辑,第316页)

△ 徐谦来函,报告徐世昌非法继任总统的国际反应及欧洲和会代表问题。

之前孙数次对人称其致威尔逊信,"美政府对文电亦表示赞同",徐谦告知"威尔逊赞成之意,系由可靠消息传述而来,并非直接来电,尚祈注意人言,勿遽以此语直率表白为要"。对徐世昌当选总统,认为有广州国会自身不能振作的原因,致使"外交不得不承认徐世昌",悲观地认为"将来恐此届国会不免牺牲,若尚保留,则不必免为选举之利用",认为"苟能争得根本解决条件",议员个人"不可不自供牺牲"。

五国劝告书中已承认徐为总统,"打破之实非易事",美公使认为陆征祥系协商国已承认之外交总长,承认其派充中国赴欧洲和平会议代表,美国领事且转交陆征祥邀请伍朝枢赴欧的电文。徐谦因此对美国表示失望,"外交只为一二人通声气,于中国根本利益全然无关,不意美国人物亦若此(此其咎在美使,而美领则不过代作邮局耳)"。

徐谦本人通过各种途径向美国政府转达意见,请托青年会吕礼高函致美国青年会总干事穆德(Mott)、在和平庆祝会开会向各国领事及教会来宾前演说、嘱李锦纶在《广东时报》登文。种种努力劝告协商各国,南北未统一,北方不可代表中国,不可忽视南方政府,然而也认为"此等议论,不过稍吐胸中之气,究属无益"。再次声明,"若将来彼等承认徐世昌,则谦即为先生声明脱离"。

告知凌钺对己不满,"两次登先生复函","此外不知尚有他人不满意者否",认为"大势所趋,不能过于遏抑,亦无此力量,惟有稍持正当办法耳"。(《徐谦告徐世昌非法继任总统国际反应及欧洲和会代表问题

函》,黄季陆主编:《革命文献》第48辑,第314—316页)

△　晚,徐谦发第二信,详细报告本日政务会议讨论派遣欧洲和平会议代表的情况。

会议议决三条办法,一是通知中外,拟派伍廷芳、孙中山、汪精卫、王正廷、伍朝枢为代表,二是请护法各省分担费用,三是先派李煜瀛、张继赴法国。就南方政府派遣代表一事,美国政府的态度,称王正廷自美国来电,美政府已经赞成伍朝枢提议的南北会派之法,"训令驻京公使,一俟南方提议,即予赞成",但还是担心"外交是否无阻碍,似宜稍加慎重",决定"对外则仅先提会派办法,不说出所派之人较为稳妥"。胡汉民、廖仲恺、汪精卫、徐谦都认为孙应接受代表一职,"倘能于此行为中国争得若干利益,则将来于国人之信用更增"。

杨庶堪因丁忧辞职,徐谦提议政务会议准假一个月,暂时由熊克武代省长。

劝告不可轻信孙洪伊一派言论,认为孙洪伊等不愿为武力所屈,"志颇可取",但"专以挑拨及说大话为能事,全然不明事理,而又欲利用北洋军人,即如昔之联冯,皆显然不宜",希望孙不要"率然发表言论,尤不可对外轻易发电"。认为此次五国说贴,日本用意在不让美国单独行动,而孙洪伊称日本是"欲借此表示承认西南为战斗团体",完全是受日本戏弄;孙洪伊请美总统为中国欧洲和平会议代表,也不过是"理想之说法",希望孙中山"不必主张为要"。

报告南北和议代表事情,钱能训来电,北方代表已经派定朱启钤为总代表。而政务会议因尚未得北方对于陕、闽切实声明停止进兵的复电,"故从缓议"。美国领事再次代徐世昌传言,称徐希望以岑春煊为南方总代表。(《徐谦报告欧洲和会代表问题上总理函》,黄季陆主编:《革命文献》第48辑,第316—318页)

据称,段祺瑞派希望岑春煊为议和代表而不欢迎唐绍仪为代表,特嘱咐林绍斐往南宁取得陆荣廷赞成岑为代表。(《北京电》,《申报》1918年12月15日,"各通信社电")

本日会议还准备先派张继、李石曾等立即赴欧，调查事况。(《广州》,《新闻报》1918 年 12 月 15 日,"专电")据称军政府又设立外交研究会办理外交事务。(《香港电》,《申报》1918 年 12 月 15 日,"专电")

△ 熊克武来函，表达自己景仰之情，称"每读先生一论，未尝不深佩苦衷，国有元老，长戴灵光。纵一时不能见诸事实，而真理自不可没灭","先生为民先觉，洞悉世界趋势。夫国人所期望者，尚不在近效也"。

报告杨庶堪丁忧，帮其向军政府请假短期治丧,"夺情视事，将来必使吾川为民党建设之模范，以期远不负先生之苦心，近不负蜀民之属望"。介绍至粤参加地方制度会议的刘光烈至沪晋谒①。(《熊克武上总理函》,环龙路档案第 00633 号)

△ 林德轩来函，报告前敌军情，对和议表示痛心。

林氏近年来转战千里，现领一军，自称有四千八百余人、三千七百余枝枪。担任防线三百余里，与王正雅、卿衡两军相持,"现遵守命令，静待解决"。表达景仰之情，称军政府改组,"先生释手而去，全军五千人愤不欲生，何则？先生既去，谁与主持正义，贯彻最后之目的乎"？自己本为护法讨逆而来,"今则室家已破，手足已折"。痛心和议声出,"和战不定，前敌军士心摇摇如悬旌之无主宰","何颜以见诸同志于地下乎"。

派副官程如兰晋谒，陈述军情，请指示后此一切方略。(《林德轩上总理函》,环龙路档案第 04452 号)

△ 四川省议会章戚、冉君谷等近百名议员发表通电，要求维持旧国会。

称"西南兴师，历时年余，动员百万，转战千里，所牺牲之生命财产更难以数计，岂西南人士果有他意耶，不过为尊重约法巩固共和耳",北方非法改组的国会及其选举的总统"与西南护法目的，愈趋愈

---

① 原函仅署月日,据内容,应为 1918 年。

远",要求召集约法产出之旧有国会,"乃不负护法之初衷,而共和之基础,始得永固"。

批示"答函赞励"。(《四川省议会坚持维护约法通电》,黄季陆主编:《革命文献》第50辑,第285—287页)

12月11日 建议在欧洲和平会议上提出"高丽独立案"。

白坚武、张新吾再次来访。谈到欧战和平会议,谓"中国此时宜提出高丽独立案于和席。盖高丽不能以安南比,中法之战中国以条约割让安南于法,中日之战中国以条约退出主权,令高丽独立,日本当时所承认,其后乃积渐吞并之。美国其时亦有尊重高丽独立之宣示,后以势不便单独立言。今乘国际联合会议提出陈案,中美协力,足令武力吞并者根本销灭",白坚武答曰"诚为解决良机,但内政不清,此节不能办到也"。后又谈及裁兵去督问题、辛亥及此次军府外交上之利钝关系,"尽欢赠像而别"。(中国社会科学院近代史研究所编,杜春和、耿来金整理:《白坚武日记》第1册,第171页)

△　复徐谦11月30日、12月3日来函,认可徐谦在粤"苦心维持"。

认为军政府12月10日致徐世昌电"主张和议公开,实为破北方与私人秘密言和之一策,办法甚合"。对派大使赴欧洲参预平和会议一事,"恐终须在内国问题解决后,始能办到","此国际条例,美法各国亦未能为我特行破格也"。援闽粤军中,林虎、方声涛互争雄长,实际上是在与陈炯明争地位,认为"闽事亦异常停滞,恐亦无效果可言"。

就凌钺等人对徐的意见,称"兄在粤苦心维持,文所深悉,浮议悠悠,何足深较,听之可耳"[①]。(《复广州徐谦述对派使赴欧意见及闽事前途函》,中国国民党中央委员会党史委员会编订:《国父全集》第3册,第575页)

△　杨虎来函,报告重庆联军会议后各方情况。

杨虎在重庆"迭与统兵各将竭力联络,感情异常密切,对于先生尤为钦仰"。称熊克武"早已派人向北庭秘密接洽,要不过私人权

---

① 《国父全集》第3册定时间为"十二月十二日",所据为《复信撮要》。今据徐谦12月23日函(环龙路档案第02063号)称"奉到十一日手书",故系于本日。

利","不惜牺牲护法主旨"。卢师谛将按照联军会议商议结果,督师援陕,本月 21 号出发。杨虎被授以总指挥名义,协同东下,将驻万县。

杨虎拟在该地训练军队,招徕绿林,"为他日进取之阶",并暗中联络各军,"俾为吾党之用"。宣言"虎在事一日,必可仰体先生之意进行不懈"。

1919 年 1 月 14 日复函。(《杨虎上总理函》,环龙路档案第 00536 号)

△ 梅桂繁来函,称受黄大伟邀请赴川,途中得知杨庶堪任四川省长,请作一函介绍于杨。(《梅桂繁上总理函》,环龙路档案第 00344 号)

△ 潘江来函,因将登舟赴粤,托曾仲欧送上石青阳、黄复生、卢师谛等人的肖像照。又谓曾氏乃石青阳派驻上海办事之委员,可资联络,"至沧白、锦帆任状办就后,亦乞给与转寄"①。(《潘江上总理函》,环龙路档案第 00639 号)事实上,杨、熊任命状已于 11 月 7 日发寄给林镜台。

△ 钱能训致电军政府,告知北方议和代表已经派定,朱启钤为总代表,吴鼎昌、王克敏、施愚、方枢、汪有龄、刘恩格、李国珍、江绍杰、徐佛苏为代表,请从速示知南方代表名单,以期早日接洽组织开会。(《相去愈远之和议·钱电军府催代表》,上海《民国日报》1918 年 12 月 17 日,要闻)

12 月 12 日 复熊希龄、蔡元培 11 月 4 日函,认为政争连年,民生受困,皆是"由于法律为武力所破坏"导致,所以国民祈求的是"永久和平","即使法律得完全之保障,而举国皆托庇于法治之下也",称"诸君子高瞻远瞩,谅同斯意"②。(《复北京蔡元培熊希龄维护国法为治国基本书》,中国国民党中央委员会党史委员会编订:《国父全集》第 3 册,第 575 页)

----

① 原函仅署月日,据内容,应为 1918 年。

② 环龙路档案第 09222 号《平和期成会熊希龄、蔡元培等上总理函》信封上批文为"已复十二月十一日",则复信当在 12 月 11 日。12 月 12 日应为付邮之日。

△ 致函吴忠信,称许其率左翼劲旅"屡挫敌锋"。

指出虽然近日和议之声日炽,但"吾党救国护法之责任,犹未能尽",希望吴及粤军同志勉力训练部伍,厚植基础,"以为异日进取之需"。称赞吴为"吾党之健者","时事澄清无日,正不患英雄无用武地也"。(《勖漳州吴忠信努力练军报效党国函》,中国国民党中央委员会党史委员会编订:《国父全集》第3册,第576页)

△ 报载孙"间接"致某要人一电,谓"民党中人无不酷爱和平。自见中央有望和诚意,甚愿赞助进行,极望中央尊重法律,以保持永久之和平。文年逾六旬①,愿重睹法治之真谛,无他奢求云"。(《南北时局谈·西南要人电请中央守法》,天津《益世报》1918年12月12日,"要闻")

亦有报道称"政府接上海唐少川、孙中山来电","大要云平和会议推季老(张謇)、秉老(熊希龄)参加其间,深表赞佩,除电达军政府外谨复云云"。(《南北谋和之种种消息》,长沙《大公报》1918年12月14日,"中外要闻")又谓"民党领袖孙中山自与中央接近后,中央确有最恳切之电报拍致孙氏,请其对于激烈一派之谭人凤、章炳麟等转为疏通,勿再发表主战文字以惑听闻"。(《南北谋和之种种消息》,长沙《大公报》1918年12月15日,"中外要闻")

△ 李卓峰来函,称接到来函,"备聆雅意,感谢弗胜"。与孙科会面,"当诚心奉商一切,以副盛意"。李氏与汪精卫等人时常相叙,"备闻先生民生计划进行甚速","亦欲本其微长奉行伟创,顾切望鼎力互助,方克发展"。李氏以其意图"兹蒙赞许",欣幸不已,表示"会当益自勉力以赴目的,冀不辱命"②。(《李卓峰上总理函》,环龙路档案第01444号)

12月13日 致函许崇智、蒋介石,分析停战、和议局势,勉励始

---

① 原文如此。

② 据古应芬等人于1926年所作《李卓峰先生行状》,1917年李氏曾受命调查丝业,后编成《调查丝业报告书》一册。(《南海文史资料》第22辑)此间所指,或即此事。函中谓"备闻先生民生计划进行甚速",应即指《国际共同发展中国实业计划》之撰写。

终奋斗。

建议在军政府下停战令而陈炯明也已经下令停战的情况下,许、蒋部队也不应再单独进行,而应该"保守固有地盘,维持固有实力,以为应机观变之用"。认为军政府下停战令,是"因外人劝告,恐坚持主战,则人以其曲在我,故不得不为此敷衍之办法",但北方不可能答应南方徐世昌解职、解散新国会的要求,"故近日平和之声虽高,而解决实迢迢无期"。

称自己致威尔逊电,以"国会能得完全之自由行使其正当之职权"为唯一条件,"盖此事若能办到,则护法之根本目的已经达到","闻美总统甚表同意,谓必有以副文之望",因此对威尔逊抱有极大希望。"文对于我国南北之事,主张请美总统出而为我仲裁人,嘱国人一致鼓吹此说,则以美总统之主持公道,必能为我恢复国会",这个主张"颇得各方所赞同,不久当可见诸事实"。

勉励许、蒋"耐守观变,亦不可遽怀退志",即使办事困难,但是"吾党责任未尽,粤军又为吾党今日惟一之主力,兄等为维持本党实力计,惟有勉荷艰难以待将来。国事尚难遽定,吾人亦宜始终奋斗,以求贯彻主张也"。(《致漳州许崇智蒋中正嘱固守观变勿怀退志书》,中国国民党中央委员会党史委员会编订:《国父全集》第3册,第577—578页)

蒋介石于8日继续进军,收复永泰,10日始发表停战命令,与李厚基约定停战,各守原防之地。15日李厚基命令所部反攻,永泰复失,蒋认为"此次失败之总因在停战命令"。(毛思诚编纂:《民国十五年以前之蒋介石先生》第2册,第62—64页)

△ 致函邓铿,劝其打消离开粤军的念头。

称"粤军今日为吾党唯一精锐,亦为护法军之中坚,刻虽暂难进行,然维持固有之实力,训练整顿,以待发展,亦为当务之急,万不可遽有灰心,委之而去",粤军由邓铿"一手编制",如邓离开,陈炯明失有力臂助,"将来愈形困难"。称"国法效力一日不恢复,吾党奋斗之责任一日未尽",望邓为大局、本党计,"勉任艰难"。(《致漳州邓铿嘱勉任艰巨以贯彻主张函》,中国国民党中央委员会党史委员会编订:《国父全集》第3册,第579页)

△　分别致信罗翼群、蒋克诚、洪兆麟,为各将领率领粤军屡获大捷,表示欣慰、祝贺。又对目前和议局面进行解释,要求各军致力于维持实力,巩固基础。

致罗翼群函,再次指出"现时局虽和议之声日迫,然护法之根本解决,犹非旦夕可望。吾党奋斗之责任,犹未能尽",粤军"为吾党之主力",要努力训练并"爱护保存,努力维持"。

致蒋克诚函称"闽中本为兄旧日治军之地,故能形势了然,有攻必克,发挥吾党护法之精神,前途未艾,幸益勉致全功","国事一日不定,吾党之责任一日未尽"。

致洪兆麟,称"汀、漳各属,为吾粤军根据重地,得兄镇抚其间,责任尤重。尚望努力训练部伍,蔚为劲旅,以贯彻吾党救国护法之主张","时事方艰,正不患英雄无用武地也",告知对于解决时局根本条件,自己"仍主张国会能以完全之自由行使正当之职权"。(《勖漳州罗翼群训练粤军效力党国函》等,中国国民党中央委员会党史委员会编订:《国父全集》第3册,第576—577页)

所发各函,对粤军将领谆谆劝导。联系此前8月提出的"整理党务",可见在蛰伏上海期间,孙氏总结前此失败的经验教训,一方面整党,一方面建军,"逐渐获得了与军阀周旋的实力"(莫世祥:《中华革命党与护法运动》,《近代史研究》1990年第2期,第131—132页;莫世祥:《护法运动史》,第154—155页)。

△　邹鲁来函,谋划推胡汉民为广东省长。

认为解决全国之入手办法固在"恢复国会行使职权之自由",但是如没有一省作为后盾,"则国会亦恐不能灵活"。福建、四川都不如广东"之为民党地盘为妙也",去年胡汉民争取广东省长失败,"即为前军政府失败之要点"。邹鲁着手再次策划,已经"各方进行,经有头绪",但是"内部当未一致,诚恐又蹈去年覆辙",故专门来函请孙表示意见。称"能得内部同人步调一致"的话,则省长一事其可一人办妥,请孙批准。

批示"如能办到,当然赞成"。(《邹鲁陈述争取粤省计划上总理函》,黄季陆主编:《革命文献》第48辑,第291页)12月24日复函。

△报载广东旧国会议员人数,计众议院四百四十七名、参议院二百零一名,中有候补议员若干。在12月20日宪法第二读会以前,在广州的议员人数"可达三分之二"。(《十一日广东电》,《新闻报》1918年12月13日,"译电")

12月14日 王济辉上书,感谢为其申雪。

王之前被张作霖、段祺瑞诬陷,"昔曾大费金心尽力维持,今复蒙先生嘱黄君大伟本先生意志",致函徐谦证明王"确系反对袁氏之推翻共和,起义桓仁",军政府给予平反。报告现经周道腴介绍,至漳州"陈省长竞存处"听候驱策。(《王济辉上总理函》,环龙路档案第03045号)

△ 凌钺、焦易堂、王法勤、居正等十三人联名来函,报告12日政务会议公推五人(孙中山、伍廷芳、伍朝枢、王正廷、汪精卫)为派欧洲和平会议代表,认为参加和会为"中华民国之生机","我国外交上千载一时之机会",希望万勿谦退。(《凌钺等上总理函》,环龙路档案第01565号)

△ 焦易堂来函,劝担任赴欧议和大使,谓"赴欧议和大使,职关重要,各方均拟推及先生,以先生平日爱国心切,当以乐之"①。(罗家伦主编,黄季陆、秦孝仪增订:《国父年谱(增订本)》下册,第829页)

22日,批示谓"作答致慰,并言欧洲议使,南方尚未得全国承认,当然无效。惟文早本有意于近日再游欧美,以尽个人之力耳"。(《批焦易堂请任赴欧议和大使函》,中国国民党中央委员会党史委员会编订:《国父全集》第4册,第345页)24日复函。

---

① 《国父年谱(增订本)》误将批复时间定为12月14日,据《国父全集》第4册第345页注,则14日是来函日期,且此函与本日凌钺、焦易堂等十三人来函为同一意思。

△ 报载南方十代表名单已定，"总代表为唐绍仪，其余九人则为章士钊（岑春煊代表）、伍朝枢（伍廷芳代表）、郭椿森（陆荣廷代表）、张耀曾（驻粤滇军代表）、谭延闿（湖南前敌诸军代表）、赵藩（唐继尧代表）、汪兆铭（孙文代表）、刘显治（刘显世代表）、吴庶湛（熊克武代表），是否确实尚未证明也"。（《政府筹备南北会议》，《申报》1918 年 12 月 15 日，"要闻"）

12 月 15 日 主张不能赞成"姑息之和平"。

上海本日电称孙洪伊、孙中山一派对于将召开的和平会议态度强硬，称不能赞成姑息之和平，主张处罚段、倪、徐树铮等人。又特派人赴广东，"劝告当局议和代表，非经国会之承认即为违法云云"。（《两孙主张之强硬》，《顺天时报》1918 年 12 月 17 日，"时事要闻"）

香港传闻"孙中山邀同非常国会议员中激烈分子，日内即将赴香港组织促成护法机关，声言如军政府办理议和时于法律方面让步，渠即施行最后手段，联络滇川，另组护法之新政府"。（天津《益世报》1918 年 12 月 15 日，"北京快信·十二月十四日"）

△ 陈炯明致电军政府请辞福建省长。

电称："军政府若俯念此军之艰困，但当充其军实，资以粮饷，俾不致为敌所乘，则三军之士，咸拜大德。福建省长之虚位，饥不可以为食，寒不可以为衣，敝军不可以为战守也。况以福建而论，则炯主张以闽治闽，以省长而论，则炯主张以民治民，非惟今日宣言，抑亦平生之宗旨。区区之愚，既不敢以福建为割据之资，尤不敢以省长为酬庸之具。"（《陈竞存辞福建省长电》，上海《民国日报》1918 年 12 月 30 日，"要闻"）次年 1 月 4 日，陈炯明再请辞福建省长，并推荐林森、许崇智分别出任福建省长、会办军务职。

12 月 16 日 钱能训复军政府 12 月 11 日致徐世昌电[①]，称中央进兵陕、闽是为剿匪。

---

① 军政府于 12 月 10 日、11 日连发两电。

谓中央派兵进陕为协剿卢占魁、樊钟秀、郭坚等巨匪,而"闽省匪氛遍地,双方驻兵之处,均有土匪,无可讳言",北军进兵,亦是"为清乡之用",并非"表面言和,阴行作战"。福建匪患,"即外人亦屡有责言","如因渴望和平之故而纵匪不办,是坐视两省糜烂而不恤"。而陈炯明部在攻下永泰后还在进攻,"中央尚不肯以一部分之违抗反唇相稽"。中央已经表明和议态度,"所谓迁延时日,益陷陕闽两省于不可收拾者,咎将谁归",希望早日派定代表,定期集议。(《钱总理复西南之要电》,长沙《大公报》1918 年 12 月 21 日,"要电")

李根源为之辩诬,称郭坚、樊钟秀曾由其与陈树藩招抚改编,卢之前为都统蒋雁行部下,曾任旅长、绥远都统署咨议,"何可以土匪斥之"。(李根源:《力争陕事通电》,《曲石文录》,沈云龙主编:《近代中国史料丛刊续编》第 3 辑[28],第 289 页)

12 月 17 日　致电徐世昌,再提应以旧国会完全行使职权为和议条件。

报载本日孙中山由上海拍明码急电至徐世昌,"最要之点,系促东海速将解决国会主旨及谋和方针电示,以望早告妥协"。(天津《益世报》1918 年 12 月 18 日,"北京快信·十二月十七日")

或称其内容"最要之点系请政府迅将和议所持宗旨电告南方,日来所持问题即不难迎刃而解。一俟和局告成,个人立即赴欧观察世界之和平会议","电中语意极为和蔼"。又称"大要云希望此次和平会议能使旧国会完全行使其职权,以尊重民主主义,其余条条,若不妨碍护法,大体均可让步云云"。(《孙中山有急电到京》,长沙《大公报》1918 年 12 月 22 日,"中外要闻")

△　与岑春煊等联名再次致电徐世昌,要求停止进军陕、闽。

指出陕西北军频频进攻南军,11 月 21 日陈树藩杀害南军第四路总指挥关中道尹井勿幕;福建北军亦在 12 月 5 日袭击陈炯明部;王占元在湖北假借剿匪,实际对施南黎天才、唐克明、柏文蔚等护法部队"阴行进兵"。要求徐"约束诸将,严令停止入陕、入闽各军,并饬王占元遵奉停战命令，与鄂西各军驻守原地，静待解决"。(《和议搁浅中之所闻·七总裁再诘徐氏电》，上海《民国日报》1918年12月26日，"要闻")

报端亦认为陕西省兵事纠葛成为解决时局上一大障碍，"闻北方各督均有电报告政府"，"逆料主战督军不久又将盛唱武力统一之论矣"，事实上，"政府已着着进行，固无须北方督军之侈言挞伐也"。(《北方之武力平陕声》，《申报》1918年12月19日，"要闻")

据传徐世昌认为孙洪伊极力鼓动闽、陕各军进攻，试图破坏和局，特电请唐继尧、陆荣廷、李纯、黎元洪"去电疏解"。又去电王宠惠，"力请孙中山、孙洪伊赴欧协助和议，以期国内早日统一，注全力于外交云"。(《欧战和平纪·元首专电商请两孙赴欧》，天津《益世报》1918年12月20日，"要闻")

报载徐世昌派王宠惠携书南下，与孙中山面商一切。再次电请军政府"正式推举相当人物，由中央分别聘委，赴欧预会，切勿南北自分，致启国际间之问题，而遗出席资格上之不便"，记者表示"但未知南方能顾全国家之资格而见纳否也"。(《欧洲和平纪·中央已允西南派员赴欧》，天津《益世报》1918年12月23日，"要闻")

△　日本各政党及与中国有关系的各种团体代表八十余名在东京上野召开"支那问题联合大会"。

与会者有政友会之杉田定一、小川平吉、小林源藏等，有宪政会之安达谦藏、本田恒之等，有国民党之美和作次郎，有新政会之山根正次、清和会之金子元三郎、日支国民协会之寺尾亨、黑龙会之内田良平、国民外交同盟会之中西正树、国民义会之五百木良三等。会议决议"以国民名义致电于支那各派领袖及各报馆、各省督军，而求支那国民之猛省"，要求保持日支亲善，中国停止内争，图民国之统一。

寺尾亨朗读戴季陶自上海来电，略谓：非断行复兴旧国会，废止督军，限制军队，则决不能致统一云云。(中国科学院近代史研究所近代史资料编辑组：《一九一九年南北议和资料》，第71—72页)

24日宫崎寅藏发表评论，认为参加"支那问题联合大会者，有复辟论者,有拥护南方者,有支持北方者,更有南北分立论者。这样立场不同的人们忽然聚首一堂,赞成南北妥协,以全体一致通过拍发劝告妥协和平的电报,你说怪不怪……就是中国人,也必吃惊他们的这种豹变","兄弟应该和好、妥协,这可以说是人人的希望,中国人自不例外","但日本政党者流却把它当做跟他们自己一样的政事(权力斗争)"。宫崎寅藏称"日本的一般国民是南方护法派的同情者。而为其代表机关且以头山君为首的'日支协会',竟也投身劝告妥协的漩涡之中,真是人心难测",指出勉强妥协必不能持久,"南方人士曾经尝过几次惨痛的经验,如再尝三次四次,可谓愚蠢至极,漫然劝告妥协,无异要人家重演其愚……他们自应助国民党以成其志愿,头山一派应不忘初衷,贯彻其志"。([日]宫崎滔天等著、陈鹏仁译:《论中国革命与先烈》,第42—43页)

24日,日本驻华公使小幡酉吉赴任过大阪,在火车上对记者说:"余甚望支那觉醒而实现南北融洽,且信其必成功。"并称要"以日支亲善为目的",强调"今欧战既终,列强竞向于支那大陆,以图经济的发展。日本于此方面,亦不可不保守特殊之地位。余甚望日本之有识者,关于支那,与其求于政治的,宁求于经济的为善也"。(中国科学院近代史研究所近代史资料编辑组:《一九一九年南北议和资料》,第72—73页)

12月18日　林镜台上书,报告川局情况。

谓收到11月7日去函,熊克武、杨庶堪任命状已转交。17日接到军政府任命熊、杨职务电,因杨庶堪丁忧,各军将领"均来电夺情视事、为国珍重等语","熊、杨两君颇融洽,川事有可为。庶免钧座西顾之忧,吾党亦有荣施也"①。(《林镜台上总理函》,环龙路档案第00508号)

△　报端分析西南各派关于议和的意见。称其中分为两派,岑、陆自为一派,而二唐为新加入者;孙中山为一派,而李烈钧及国会议员又为新加入者,"李烈钧原为孙派,自讨袁军兴后始入政学会系,而

---

①　原函仅署月日,据内容,应为1918年。

最近乃复加孙派,故其反对和议甚力"。在湖南的湘、桂军官,闽省之方声涛、吕公望,均属岑、陆派。而鄂军及川军之一部、闽省之陈炯明则与孙中山同一宗旨。林葆怿宣布中立,伍廷芳则尚无归着。此种分歧,导致"近日西南人物尚无一致议论"。(《西南议和意见之派别谈》,《新闻报》1918年12月18日,"紧要新闻")

12月19日　李海云从汕头来函,称从沪返回的邱于寄述及"钧座拮据情形,至深驰系",于是勉筹一千元交马育航带上,请察收备用,"稍假时日,仍当续汇"。

1919年1月7日复函。(《潮桥盐副李海云上总理函》,环龙路档案第02854号)

△　上午,非常国会开茶话会,吴景濂、褚辅成主持。因各议员意见不一,只得取消讨论派遣代表问题。

随后,军政府开政务会议。川陕鄂三省军事代表激烈质问,湖北军事代表张伯烈提出质问云:"前次会议时,决议以伍廷芳、孙文、王正廷、汪兆铭、伍朝枢为欧洲媾和代表,何以现在仅伍朝枢一人得政务会议之赞成而启程赴沪?且伍氏已受北方所给发之旅费三千元,究竟伍氏此行系代表北方者,抑系代表南方者?如默认代表北方,则为不当。即就其个人资格论,弃政务厅长之重任而取随意之行动,尤属不合。"(《二十一日广东电》,《新闻报》1918年12月23日,"译电")据称当时伍廷芳、林葆怿"莫知所对","三代表只得大骂一通而退",张伯烈更"明斥军府中人为鼠类行动,并政务会议实为黑幕之会议"。(《西南军府与国会之冲突》,《新闻报》1918年12月30日,"紧要新闻")

12月20日　李亚东来函,将来沪晋谒。

李氏受军政府委任为河南宣抚,虽南北停战令方下,"而事势、前途尚未可料",故仍即日起程,照旧进行。报告在粤时与凌钺、徐谦诸人都有所磋商,拟路过上海时晋谒请示,以便有所遵循①。(《李亚东上

_____

①　原函仅署月日,据内容,应为1918年。

总理函》,环龙路档案第00263号)

12月21日　徐谦来函,称钱能训电对于陕闽坚持有匪之说,"如就此决裂和议,一般人固不肯,且于陕更无益,不如藉和议拘束之,反可保全。又使彼于外交不能污蔑南方"。将相关复电稿寄上察阅[①]。(《徐谦上总理函》,环龙路档案第01984号)

△　唐克明来函,表示反对和议,"深恐不从根本解决,苟且迁就,重蹈辛丙覆辙",但知道大势所趋,"独力难抗",于是拟定议和条件备军政府采择,特寄上"务祈先生裁定可否,力与主持,俾逆党受诛,大法可复"。

附来所拟"关于大局之条件"七条,"关于鄂局之条件"五条[②]。(《唐克明上总理函》,环龙路档案第12915号)

△　日本邮船山城丸事务员副岛伍八来函,告知有神户来的书籍类邮件"税关手续不明",请速为办理。(《副岛伍八上总理函》,环龙路档案第01537号)

12月22日　凌钺、居正等一百八十人上书,报告军政府明白与国会宣战,请速电国会、军政府,撤退代表。

称军政府不顾两院提出之停战条件而下停战令,而且在陕、闽、鄂、湘四省未完全停战之时即派伍朝枢、唐绍仪为议和总代表,又以岑春煊、伍廷芳、徐谦名义致电徐世昌,派伍朝枢、王宠惠为赴欧代表并受北京委任,可见"军政府完全投降徐逆"。20日居正等在照霞楼宴客,凌钺等向徐谦质问,"季龙言语支吾"。提出"当此军府投降之时,认为先生有撤回代表之必要。否则我国会对军府宣战,先生代表未退,亦在被攻之列"。21日凌钺在两院谈话会上主张对军政府提出不信任议决案,"多数赞成",将于后日开会筹商对付方法。(《居正等上总理函》,环龙路档案第02062号)

△　郑忾辰等十二人来函,报告粤局各情。

---

①　原函仅署月日,据内容,应为1918年。
②　原函仅署月日,据内容,应为1918年。

称致威尔逊电"已得美总统之赞同","仰见先生所持正谊上之主张,昭然揭于中外矣"。对南北和议,众推唐绍仪为总代表,"固无间言",但主张代表中加入孙洪伊、胡汉民,目前在积极谋划中,"能否达到目的,尚未可知"。请坚持以闽、陕、鄂、湘新增北军撤出为和议前提条件,否则就如陈炯明在闽受到奉军的攻击,"对于闽上游所已占领地方,岌岌可危,其未占领者,愈无进取可望"。建议接受欧洲平和会议代表,"是尤多数同人所最希冀于先生者也"。

报告陈炯明受军政府方面排挤的情况,"子弹不以接济前敌,反拟加派他军,以施牵掣权位,非以奖励有功,徒为排斥异己,以厚私援","竞公督师九十营,占地数十县,万不可不予以军权,而方某以少数滇军,万不能会办福建全省军务等语。徐公季龙据以力争,乃始任竞公以省长兼军务会办,而方某亦同任为军务会办"。

为徐谦辩护,"徐公持议正大,遇事力争,闽事尤多得其赞助,洵不负先生所委托。倘有辞书,务乞俯赐慰留,勿予辞退"。(《郑忾辰等上国父报告援闽粤军之处境及对和会之意见函》,黄季陆主编:《革命文献》第 50 辑,第 221－222 页)

△　报载岑春煊以足疾力辞总代表职,并推举唐绍仪,"则诚实事"。又认为唐绍仪与孙中山派相投,且不见忌于岑,"孙派既乐于赞成,陆氏亦无不首肯"。唐继尧也派易次乾探访各方意见,"以定进止"。(《和平会议中之西南代表》,《新闻报》1918 年 12 月 22 日,"紧要新闻")有报道称"今次南方总代表,本来非属之岑即属之伍,奈因岑、伍皆与孙中山派甚不融洽,于是为调和起见,不能不请与孙派接近之唐氏担任",伍廷芳"颇因不能得总代表快快不平"。(《平和进行中之唐绍仪》,长沙《大公报》1918 年 12 月 20 日,"中外要闻")

报载孙中山、孙洪伊派之参议院议员二十三名向军政府提出长文质问书,"大致谓北方任命帝制犯朱启钤为总代表,军政府将承认之为议和代表否",要求于三日内答复。(《二十二日广东电》,《新闻报》1918 年 12 月 24 日,"译电")

12 月 23 日　复电广州方面,赞成胡汉民为议和代表①。

徐谦本日来函中称"今日又奉到复电,赞成派汉民为代表,可见先生对于时局应付之方颇为适当,此后即应照此方针进行"。(《徐谦上总理函》,环龙路档第 02063 号)

△　复陈炯明来函,感谢其托人带来之茶花、水仙,"足供新年之用"。援闽粤军与闽军于 12 月中旬战事再起,认为与李厚基的交涉自应中止,"于此益证知此辈之不足相与谋也"。称赞陈氏在闽的措施,"既切近时需,而规画又复宏远"。告知自己此时"专期《实业计画》有所著述",待此编告竣后再从事其他。(《复陈炯明奖勉在闽措施函》,中国国民党中央委员会党史委员会编订:《国父全集》第 3 册,第 579 页)

△　徐谦作长函,备陈自己作为代表在粤所从事各节。

报告民友会议员来粤者甚多,不顾时局如何一味激昂,"遂使吾党议员之客气用事者亦为所动"。20 日照霞楼居正、林森、邹鲁请客,"来者太半系民友会人,谓军政府屈服投降而卖国会,并劝谦辞职"。徐谦详细剖析自己作为全权代表的意义,称之前孙中山本无意派代表,即对改组后的军政府本无希望,后各方再三请求,始派徐谦,"只不过欲使国会同人得闻军政府所办之事,不致似从前之隔阂而已",历数自己来粤后所办之事。

针对有议员与军政府为难一事,认为"此亦徒使军政府将国会问题弃置不问",政学会之人"尤乐得如此"。徐谦与汪精卫、胡汉民"议先生态度","此次切勿与过激派同调",谓"先生将来欲得国人之信用,非激烈可得信用,乃平和始能得信用。须知先生之主张已完全达到,即国会已在广东恢复自由,至后此如何,乃国会自身不好,先生岂能永久保之,况此届国会议员又岂能永久不解散乎"? 对议员相当不满,称其"无一肯做事","口中则曰护法护法,终日花天酒地,醉生梦死"。

---

①　此为广州收到复电日期,非发电日。又《民国十五年以前之蒋介石先生》第 2 册第 59 页记 12 月 13 日派胡汉民为讨论和平代表,应误。

认为现在国内根本问题在裁兵废督,"欲达目的,仍非借重外交不可","中国前途命运之转移,全在欧洲和平会议,能使外交深明中国情形而为好意之援助"。表示自己愿意赴欧洲一行,"以个人名义在欧美宗教方面有所从事,或亦可间接有益于政治"。准备于1919年1月初偕汪精卫至沪。建议自己辞职后,"此间可拟先任命谢惠生为次长",由其代理部务、出席政务会议①。(《徐谦上总理函》,环龙路档案第02063号)

△　洪兆麟、邓铿、黄大伟联名上书,表明援闽粤军忍耐、坚持之决心。

称"先生奔走革命数十年,今仅得一中华民国之假招牌,言之痛心",而援闽粤军"纯以先生护法救国之主张为标准,无论如何困苦,终以忍耐为归属"。提出"吾党当有深远计划,凡属先生左右之人,均当来此相助为理。务使粤军现有势力,完全保存,将来作事自有基础"。

报告陈炯明非常倚重朱执信,"许多要事须藉执信兄之力始能解决",不料朱"突于日昨离开漳州,据云将往广东"。邓铿等人劝留无效,请孙专函朱执信"催其急来漳州赞助为要"。

此信1919年1月10日到。(《洪兆麟等上总理函》,环龙路档案第13394号)

△　胡廷翼来函,表明护法决心。

胡率部"转战千里,退保施南",现为湖北靖国第一军前敌指挥。称"方期进图武汉,而停战待和之命令忽颁","务恳先生对于湖北鼎力维持,勿使湖北统治权仍操于彼逆之手"。

1919年1月15日复函。(《胡廷翼上总理函》,环龙路档案第12910号)

△　梁励行上书,请函达广东省长委任其为佛山警察游击队总

---

①　原函仅署月日,据内容,为1918年。

队官,并附来履历。

批示:"不复。"(《梁励行上总理函》,环龙路档案第 03013 号)

12 月 24 日　复邹鲁 12 月 13 日来函。

谓"闻于推展堂任粤省长事,已较有头绪,如能办到,鄙意当然赞同。惟粤事纠纷错杂,近者尤甚,一切举动,似宜妥慎图之为要"。(《复广州邹鲁赞同推胡汉民为粤省长函》,中国国民党中央委员会党史委员会编订:《国父全集》第 3 册,第 582 页)

△　复徐谦 12 月 11 日、12 日来函,表明对停战令及和议代表的态度。

称听到军政府受驻粤美领事无理压迫而突发停战令,"极不以为然",经过徐详述经过,"向日所过虑之处,已涣然冰释"。同意此后一切进行,"当以兄所主张,一致发言,以免彼此纷歧"。

不想担任代表名义的原因是"此时南方政府尚不为各国所承认,代表团往恐难有效",准备待以后以私人名义前往欧美,"相机发言,效力或者更大"。请徐将此意转告给其他促其任代表的同志。(《复广州徐谦告欧战和会以私人名义前往发言较佳函》,中国国民党中央委员会党史委员会编订:《国父全集》第 3 册,第 581—582 页)

△　复凌钺等人 12 月 14 日函,重申"赴欧代表一节,以南方政府刻尚未为各国承认,无从取得国际资格;即派代表,亦恐未能生效。文非欲以谦退鸣高,实恐不能副此责任耳。鄙意以为不如待有机之时,以个人发言,为效较大,想能谅之"。(《复广州凌钺等十四人①告代表参加和会不如由个人发言为有效函》,中国国民党中央委员会党史委员会编订:《国父全集》第 3 册,第 582 页)

△　复焦易堂 12 月 14 日函,喑慰其子殉国,"哲嗣从戎殉国,志节炳然"。

并重申"赴欧特使,以今日南方尚未得各国承认,未必有效。文苟驽钝所及,此后或以私人名义往赴欧美,以冀尽个人之责职,亦甚

---

①　实际为凌钺、焦易堂等十三人来函。

有益",并请代问候童杭时(萱莆)。(《复广州焦易堂唁慰其子殉国并告拟以私人名义赴欧美函》,中国国民党中央委员会党史委员会编订:《国父全集》第3册,第581页)

△ 复林修梅11月24日来函,鼓励其毅力坚持,维持正义。

称赞自1917年以来,林与刘建藩诸将"厉其猛志,百战摧敌,义声昭于全国","虽以力孤援薄,未能奏廓清之业,然有志竟成,国事方艰,尤冀毅力持之耳"。

告知议和一事,在军政府方面,是"为苟且敷衍自便私图之人所利用",北方则"伪政府坚自居于主体地位,对等和议,尚难相从;且一面言平和,一面对陕、闽仍积极进攻,其无诚信可知"。表示要为"真正护法""永久之根本平和"而奋斗,"万不可轻牺牲其主张,望兄等勉力不懈,维持民国正义"。(《勖湖南林修梅坚持护法函》,中国国民党中央委员会党史委员会编订:《国父全集》第3册,第581页)

△ 致函熊克武,称来沪川人同志"亦称兄莅事精勤,筹策不倦",称赞其在四川"治军梓乡,宏规远绍,亦固其宜,尚冀勉致全功,以慰向望"。

重申虽和平之声日盛,然"类多为苟且旦夕之谋",根本解决办法应是"以国法有效为根本"。希望在杨庶堪返川后,熊与杨"分治大政,两贤相得益彰,此后川事之蒸蒸日上,尤可预期"。(《致熊克武论应贯彻护法本旨函》,中国国民党中央委员会党史委员会编订:《国父全集》第3册,第580页)

△ 湖南林支宇上书,为开办自治日刊,派人来沪筹款,请予臂助。

痛斥徐世昌等"腼颜窃位","肮脏政府",称救时针砭"舍三民主义、五权宪法而外,更无他属"。林回湖南任议员,认为"湖南民俗凶悍,讵可一跃为健全之国民,不过果决勇敢,尚可有为,苟能循循善诱,当可放刀成佛"。湖南已有仇鳌、胡曙、龙涛等人创办自治月刊,"专以打破闭关,促成统一为职志",现在准备改办日刊,介绍龙涛为筹款赴沪,请孙给予臂助。(《林支宇为改办自治月刊为日刊事上总理函》,黄季陆主编:《革命文献》第48辑,第351—352页)

　　△　李纯连发两电致七总裁。

　　其一告知拟定于南京开和平善后会议,双方各派代表十人,即举一人为总代表,已经岑春煊电复,各方同意。"惟现因陕事持论稍有异同,进行因之停顿",已经与中央协商如何折衷,"若竟因此停顿,是重陕事而轻国本也,是仍先事实而后法律也",希望"当于奉复之日,按照原议,由苏会同鄂赣,通电披露,约定三星期,双方代表齐集宁垣开议,尊处代表姓名并乞示知"。

　　第二电商量如何处置陕、闽事。"谓尊处所争,在不得指军为匪,中央所争,在不得指匪为军,各有苦衷,各有至理,纯以为皆是也",应该首先"分别军与匪之界限","能保治安秩序,有正当之将领、一定之人数、驻扎之地点,即为军,反是则为匪"。请军政府开示在陕将领、人数、地点,双方议定适当界线,划定暂住区域,各守原防。福建方面,陈炯明粤军"现方力谋进攻",要求严令停止,与李厚基部商定双方撤退,各指定界线,"彼此遵守,静候解决",北军援闽王旅也将停进。行动可由双方或居间公团派员分往指导监视。

　　赴欧洲和会代表,南方推举之人,"仍宜由中央派往",将派人到上海与伍朝枢接洽。《李督关于和议之要电》,《新闻报》1918年12月29日,"紧要新闻")

　　12月25日　卢师谛、杨虎来函,长篇详细剖析川局。

　　认为本党实力,在各省皆属薄弱,"惟四川一省此番惨淡经营,较昔确有进步",希望能排除有异趣的熊克武,将全川据为本党根据地。目前屡受熊克武破坏,重庆会议上"得唐公之助",定议卢、石、颜三部各成一师,但直到现在,"熊氏仍背约不发表,且于饷项百端难之"。卢师谛认为,如本师建成,"与沧伯相提挈,全蜀之统系自立,势力自广"。

　　因所关太巨,非有利械一批,方不致实力不足被人压迫,故发函请求"速商陈仲孚兄，就从前购定之械（枪三千枝，机枪九挺）悉数拨给谛等，无论运输如何困难，务以图成为切要"。

1919 年 1 月 14 日复函。（《卢师谛等上总理函》，环龙路档案第 00570 号）

之前卢、杨来函，谓数次上书未见复函。认为目前"吾党欲保有现有实力，须先维持在川义军；欲维持在川义军，须先扶植谛部"，前函以缕述理由，"亦先生所深知"。现得在沪的潘江（式尼）来函告知"先生许运输械扶植谛部"，因来函问"其输运之方法与期间又应如何"，运费虽昂至十万以内"亦所不吝"，当极力筹兑。介绍熊法周来见，"特托代吁先生务亟设法运川"。杨虎则已函陈仲孚，"希筹转运之方"。又函令李元著由粤至沪襄助解运事务。再次吁请投寄照片、书法，"以解同志之渴念也"①。（《卢师谛等上总理函》，环龙路档案第 00572 号）

12 月 26 日　山东众议员丁惟汾、刘冠三、邓天一来函，请求先为设法阻止引渡薄子明、赵挥尘。

薄、赵两人"此次因护法之役，率其部下首义禹城"，被山东当道悬赏缉拿。于 19 日在法租界被捕，"指为劫匪"，交由公廨讯判，而山东督军张树元托卢永祥交涉引渡"进行甚急"。

批示："已极力设法阻止引渡。"（《丁惟汾上总理函》，环龙路档案第 03201 号）1919 年 1 月 7 日复函。

△　于右任上书，指出北方无诚意议和，希望早日"罢议继战"。

北军重兵进攻陕西靖国军并诬之为"匪"，"湖南兵燹之惨状，将重演于秦省"，"凡此皆足为逆党无诚意言和之铁证"。希望护法各省早日"罢议续战"，"下一决心，以武力求和平"。催促援陕各军速进，并为陕军接济子药，"如此陕西不难早定，然后出兵潼洛，则大局即日解决矣"。（《于右任为议和及陕西战事上总理函》，黄季陆主编：《革命文献》第

---

①　原函未署日期，卢、杨 25 日函中谓"昨上一书，计达钧览"，应即此函。

50 辑,第 349—350 页)

△　江维三、伍尚铨上书,报告中华国民党宿务(Cebu)支部于 12 月 11 日选出明年职员名单,并请发给委任状"俾得实在责任,以资慎重"。薛家弼当选支部长,黄瑞当选评议部评议长。

此函 1919 年 1 月 24 日到。(《江维三伍尚铨上总理函》,环龙路档案第 05154 号)

△　钱能训发表通电,宣告就职特任国务总理,称将努力"促进和平","所望诸公益策进行,早谋解决"。(《钱总理致西南七总裁暨黔川两督通告就职原电》,长沙《大公报》1918 年 12 月 27 日,"要电")

钱能训为陕、闽事再次回复西南要人,称"三年以来内争不已,战祸相寻",陕西、四川土匪残害地方,为除民害,"于明令停战之时即将剿匪事宜剀切声明";而南郑被围,战情紧急,"如系川省背约相攻,自当迅回原线,应请查明办理,以符原约"。(《钱总理为陕闽事再覆西南领袖电》,天津《益世报》1918 年 12 月 28 日,"公电录要")

△　报载西南军政府与国会因陕、闽及派遣国内外和议代表各问题,大生意见,"两方均预备积极对付手段"。

后经调停,决定:(一)军府现为免除国会议员之误会起见,对于之前议员胡祖舜提出的陕、闽问题未解决以前案先行以书面答复声明,除总代表先经派定外,余皆一律按照办,其余尚有意见,定期二十八日约两院议员开谈话会,彼此交换。俟协商妥定再发布一种宣言布告国人(闻已由徐谦起草)。(二)派遣国外和议代表,前经拟定伍廷芳、孙文、王正廷、汪精卫、伍朝枢五人,后军政府改为伍朝枢、王宠惠二人被议员质问,现因王宠惠之选派已成事实,不得更改,特照原议加入王宠惠,共六人。于二十七日咨请国会同意,以为补救前失。

记者称"国会议员只顾面子,经军政府此番敷衍,当不至如前此之火气"。(《西南军府与国会之调停》,《新闻报》1918 年 12 月 5 日,"紧要新闻")

27 日广东电称孙中山致函军政府,质问伍朝枢欧洲媾和使节问题,"其文意颇为激烈"。(《广东电》,《申报》1918 年 12 月 27 日,"各通信社电")28日香港电则称"孙文函诘军政府派伍朝枢等加入北方欧使理由,责令速复"。(《香港电》,《申报》1918年12月30日,"各通信社电")

唐绍仪致电军政府,要求北方政府议和地点必在上海,"倘无效则彼将辞职",据称军政府赞成此说,将坚持。(《广州》,《新闻报》1918年12月29日,"专电")

12月28日　致函钮永建,慰问其遇刺受伤。谓"粤为通都大邑,而奸宄横行,弁髦法纪,宜严惩凶党,以儆将来","出入戒慎,以防未然"。(《慰广州钮永建遇刺函》,中国国民党中央委员会党史委员会编订:《国父全集》第3册,第583页)

钮永建于12月19日在广州遇刺,受轻伤,凶手未获。(《广东电》,《申报》1918年12月24日,"各通信社电")

12月29日　吴文龙来函,表示如有所驱,当来听命。

吴之前由四川来上海,曾来拜见,"仰见精神矍铄,不异曩时"。曾经谢持令其回川,参议员高荫藻则邀吴到粤。吴拟请示孙,"以便仿依先生旨而行,庶不越乎常轨",但得朱执信告知"刻下不便表示态度",吴因此"遂亦不敢妄动"。吴于11月返乡,来函称"倘先生有所驱遣,文龙当即来前听命也"。

批示:"代答,现下无事,尽可自由行动。"(《吴文龙请示方针上总理函》,黄季陆主编:《革命文献》第48辑,第135页)

△　报端讨论西南和议代表,称南方已委和议代表十人,五人代表西南五省,三人代表闽、湘、陕,余为孙中山、岑春煊两人,唐绍仪则为领袖。因南方要求每省皆须有人代表,故北方代表较多六人。(《十二月二十九日北京电》,《新闻报》1919年1月1日,"译电")

12月30日　撰成《孙文学说》序,阐发行易知难之理。

序言中回顾了革命历程,痛心地指出其一贯革命主张未能实施,国事日非。总结其中教训,革命初成时,党人即起异议,"谓予所主张者理想太高,不适中国之用;众口铄金,一时风靡",此乃革命建设无成之主因。反思本为救国救种,"今乃反令之陷水益深,蹈火更热"的境地,在于党人信仰不笃、奉行不力,"实多以思想错误而懈志也"。

"此思想之错误为何? 即'知之非艰,行之惟艰'之说也。"于是著书,先作学说,"以破此心理之大敌,而出国人之思想于迷津,庶几吾之建国方略,或不致再被国人视为理想空谈也。夫如是,乃能万众一心,急起直追,以我五千年文明优秀民族,应世界之潮流,而建设一政治最修明、人民最安乐之国家,为民所有,为民所治,为民所享者也"。其成功,也能较革命之破坏事业"为尤速、尤易也"。(《建国方略》,《孙中山全集》第 6 卷,第 157—159 页)

撰就《孙文学说》前数章①。

△　李海云来函,受托请为同志熊君先太夫人哀思录题字。(环龙路档案第 01161 号)

12 月 31 日　吴山上书②,对川局、粤情均有陈述。

报告川中政学派乘杨庶堪在假治丧、熊克武兼代省长,"主张军民合治,意欲剪除先生与沧白、慧生数年所经营四川之实力"。由谢持、徐谦在粤斡旋,军政府才下令追任杨为省长,给假一月治丧。认为杨庶堪应急销假视事,筹饷练兵,接济援陕、援鄂部队,"青阳、复生乃不致功亏一篑","若熊久兼民政,不但石、黄无由进步,恐现状亦难久持也"。

吴认为"眼前议和诸说,听之而已。此间只是皆醉,惟徐独醒",而徐谦亦心余力弱,"昨徐力求慧生担任次长,便资臂助,且可藉固川中实力",但谢怀疑不决而搁置。请致电谢持责以大义,促其就任次长之职。又请促徐谦向政务会议提出促杨庶堪早日视事。否则,"徐公独木难支,筋疲力尽,难以贯彻先生主旨。一旦去而旋沪,此间生机更难继续"。并代拟致谢、徐电文附上。

函到后,批示:"请元冲拟函致谢慧生,着担任次长。"(《吴山上总

---

①　《孙文学说》第四章内谓"去年美国与德宣战",美国于 1917 年 4 月向德宣战;第六章内有 1919 年 1 月 12 日立誓之文字,故可断定本年《孙文学说》已撰写至四、五章间。

②　原函仅署月日,据内容,为 1918 年。

理函》,环龙路档案第 00452.1 号)

是月　批秦广礼来函,"代答:此事碍难办到,因决不欲干预和议代表之事也"。秦来函请推荐和议代表。(《批秦广礼请推荐和议代表函》,中国国民党中央委员会党史委员会编订:《国父全集》第 4 册,第 346 页)

是年　批复关于三民主义及五权宪法参考书目,称"三民主义之书籍甚多,即凡属 Nationalism,Democracy and Socialism 者皆是也,现无其书,不能举其名目。至五权宪法,则外国尚无此书,有之,只 Hyslop's Democracy[①],然此书谨言四权而已"。(《批关于三民主义及五权宪法参考书目》,《孙中山全集》第 4 卷,第 540 页)

△　胡瑛(经武)曾至莫利爱路 29 号谒见,苦述赞成洪宪为不得已之苦衷,求宽恕。痛斥之:"胡经武,我从前以三民主义号召汝革命,并未教汝劝人做皇帝,如汝非革命党人,而保皇党、进步党、宪政党为之,翻然改悔可恕也;保皇、立宪、进步党员,尚多不为此劝进丑事者,而子为之,是可恕,孰不可恕乎?士君子重廉耻道义,爱人以德,既毁袁世凯,又来此忏悔,汝并无意对项城于地下矣。汝且闭户思过,求有功德于人民者,作一二事,国人当为宽恕,不必向予悔过也。"(刘成禺:《先总理旧德录·严正第七》,尚明轩等编:《孙中山生平事业追忆录》,第 689—690 页)

△　题词"百折不回"。(《中山墨宝》编委会编:《中山墨宝》第 10 卷,第 199 页)

△　为章太炎 1916 年所撰《告癸丑以来死义诸君文》题词:"日星河岳""子孙永保"[②]。(影印原件,尚明轩主编:《孙中山全集》第 15 卷,第 160—161 页)

---

①　原注:系美国希斯勒普(Hyslop James Hervey)所著 *Democracy:A Study of Government*(《民主——政府的研究》)一书。此批复年代未详,可能在 1918、1919 年间。

②　《告癸丑以来死义诸君文》作于 1916 年 8 月,而题词落款为"民国七年",故系于此。但年份或有可能存在笔误,姑存疑。

1919 年(民国八年 己未)五十三岁

1月

1月1日 阮本畴来函,报告赴美筹款事宜。

财政问题,所关至大,同志中颇有向海外华侨筹款之议。阮本畴前在沪时,曾来谈赴美筹款问题,本日来函报告进展。函谓:前接东美各同志手书,佥谓筹款问题须积极进行,该函一月前业已奉上,祈即赐复,以便进行。(《阮本畴上总理函》,环龙路档案第 08415 号)

△ 林葆怿来电,告就任福建督军。

上年 11 月 30 日,军政府令委林葆怿为福建督军并兼本职。接令后,林迟未就任。本日来电,告已于当日在海军部遵令就职,现正积极筹备入闽部署,力策进行。(《军政府公报》修字第 41 号,1919 年 1 月 22 日,"通告")

△ 郭坚来电,表护法决心。

南北和议日谋进行,北军违背停战承诺,不断增兵陕境,试图一举而下,造成既成事实。本日,陕西靖国军第一路司令郭坚暨所属将领,联名致电军政府总裁暨参众两院议员,痛斥北廷假和议之机,不断兴兵蚕食,行"远交近攻之狡谋,假道灭虢之毒计"。恳请"迅饬前敌各军,大张讨伐",且通告各友邦,揭露北廷诡谋。并表示誓"为最后之奋斗,藉达护法最初之目的"。(《陕军司令郭坚致军政府及国会电》,上海《民国日报》1919 年 1 月 12 日,"要闻")

△　颜德基来电,称暂时留任。

援陕第二路总司令颜德基前迭电各方辞职,经多方慰留,本日通电各方,宣称"勉任艰难","一俟国难稍平,仍当决然引退,以明素志"。(《军政府公报》修字第 41 号,1919 年 1 月 22 日,"公电")

1 月 2 日　北方议和总代表朱启钤暨分代表九人抵宁。(《时局要电汇志》,天津《大公报》1919 年 1 月 4 日,"紧要纪事")

△　致函吴景濂,嘱辨正对日记者谈话。

日前接日本陆军大臣田中义一来电,告吴景濂前在粤对东方通信记者八田谈话,言"此次徐树铮赴日,以办陆军大学名义,向日本借款三百万,实以济助段派。此事是否原敬主张,犹不得而知,然田中与参谋本部必为主持之人,此等举动实足以损日本之光荣";又称此种消息系由孙中山及唐绍仪处获知。接电后"极为诧异",本日致函吴景濂,略告田中来电内容,并谓:"文实无以此种消息奉告之处,是否该通信记者新闻之误,尚希执事详查辨正,俾事实不致混淆。"(《致吴景濂函》,《孙中山全集》第 5 卷,第 1 页)

△　七总裁致电徐世昌,提划界停战三主张。

上年 12 月 26 日,北京政府国务总理钱能训来电,对南北冲突多有不实之词。本日致电徐世昌予以驳斥,指出北廷"斤斤致辨",必将导致往复答辩,迁延时日,陷大局于纠纷。为避免争执,促进和平,特以三事相商:(一)"宜划定停战区域,就现在驻扎地点为其界线,不妨邀请就地领事或教育会为之证明。"(二)"宜担任区域内之治安,各剿各匪,各卫其民,毋相侵犯。"(三)"宜禁止擅越界线","由双方公推威信素著之大员,前往监视,划定驻兵区域,以杜纷纠"。并告上述各节"关系和议之成否,亦即关系大局之安危",请即饬北方各军迅为办理。(《七总裁致徐世昌商划界停战电》,上海《民国日报》1919 年 1 月 9 日,"要闻")

△　七总裁致电李纯,提出解决陕西民军办法。

上年 12 月 24、28 日,江苏督军李纯迭次来电,就解决陕局问题疏通意见,主张"划定区域,各守原防,则军之界限定,而区内之匪,各担任剿除之"。本日与岑春煊等复电指出:"第军与匪之区别,首宜分明。北方坚持郭坚等为匪,则郭坚等部下驻扎之地点及其人数,纵使开列,亦属无益。今之争点,在北方指军为匪,而非指各军区域内之匪。""尊意拟由双方或居间公团,派员分往指导监视,秉公商定,煊等极表赞同,或请就地领事及教会为之保证亦可。"请即"转告北方,迅速决定。对于陕西方面,或由双方共推威信素符之大员前往查视,划定区域,以杜纠纷"。(《广州军政府致江苏督军李纯电》,《革命文献》第 50辑,第 489 页)

1 月 3 日　吴鼎昌致电周自齐,告西南纷歧莫定,和议前途悲观。

北方议和分代表吴鼎昌致电周自齐,报告西南各派主张纷纭,莫衷一是,和议前途,实属疑问。电称:"到宁晤李督军详谈经过,知陆干卿只在保存桂军在桂完全之势力,对于法律及他省事均不欲多言,以沽名或买怨。唐蓂赓势力已布于滇、川、黔,对于法律及他事,表面亦颇随同过激派主张,藉张声势。岑在粤颇为国会过激派所窘。唐则本与调和事无关,此次乘机回国,假徐、岑之力以谋总代表之地位,实则以二孙(孙中山、孙洪伊——引者注)为立脚地,引过激派以自重,故地点主张在沪甚力。李督及同人等之意,均以在沪实于和平之局有损无益。外人不知过激派之情形,尤不知少川与二孙之关系,甚望公一为解释也。""此间人士对于西南尚未派出代表一层,颇多失望,并云西南方面似此纷歧莫定,将来会议时,西南能否以诚意相商,实属疑问。"(朱启钤存:《南北议和文献》,中国科学院近代史研究所近代史资料编辑组编辑:《一九一九年南北议和资料》,第 89 页)

1 月 4 日　马逢伯来函,询段祺瑞、陆荣廷携手内幕。

是日马逢伯来函,请求指示和议内情。函称:"顷闻局部议和行将实现,段、陆携手,西南解体,国事益不可为矣。前事迄无回音,而议和之声频击耳鼓,吾党计划,似为段氏所利用,但不知内幕如何。先生卓识远虑,当必有灼见其隐,愿进晚等而教之也。"(《马逢伯上国父请示南北和议问题函》,《革命文献》第 50 辑,第 419 页)接函后批示,段、陆断无携手,局部和议乃徐世昌、陆荣廷之阴谋,"吾辈当竭力打消之,否则民国已矣"。(《批马逢伯函》,《孙中山全集》第 5 卷,第 1 页)

　　△　李烈钧来电,赞同在沪开议。

　　上年 12 月 30 日,国会两院议长通电各方,赞同唐绍仪力持在沪开议,并列三大理由。本日,李烈钧致电西南要人予以响应。电谓:两院议长通电主张,"皆正大光明,至当不易";"沪为万国梯航所辐辏,中外名流所荟萃,更为地理历史上南北适中之地点","唐总代表坚持在沪会议,国会诸公也认为适当,钧尤极端赞同"。(《军政府公报》修字第 42 号,1919 年 1 月 25 日,"公电")

　　△　于右任致电军政府等,请勿因陕局而让步。

　　是日,于右任致电军政府等,通告陕战复开情况,痛揭北廷借议和之机急攻陕西之阴谋,表示不惜"以陕西殉民国殉法律",希望"诸公勿因敌人逼我,和议遽为让步,则负国负陕,且负右任等苦守之心"。(《于总司令通告陕战复开电》,上海《民国日报》1919 年 1 月 14 日,"要闻")

　　1 月 5 日　复函于右任,勉努力维持。

　　上年 12 月 25 日,陕西靖国军总司令于右任来函,请求饷械相助。本日复函,对其创义以来,力荷艰难,毅力苦心,表示钦佩。并告:"近自和议声日促日进,群为苟且之图,无澄清之远谋,思之岂胜扼腕。顾军政府在南亦仅有空名,欲期以饷械相助,势所不能","文苟有可为,亦必竭力相助,决不使兄独任其难"。冀其处此困厄之交,"努力维持固有实力,保存现在地盘,以待发展之机",并"念国事之艰难暨西陲之重要,万勿遽怀灰心而有引退之意,总宜以贯彻民治主义自任,持以坚贞,以待将来"。(《复于右任函》,《孙中山全集》第 5 卷,第 2

页)

△ 复函伍廷芳,表示留用徐谦。

日前伍廷芳来函,言参议员萧辉锦等反对徐谦任代总裁,徐颇有引退之意。本日复函,告徐谦"任事诚挚,足为军府助力;况当此时事未决之前,诚不可听其引去"。(《复伍廷芳函》,《孙中山全集》第5卷,第3页)

△ 复函焦易堂、童杭时,辞谢共进会理事长。

日前国会议员焦易堂、童杭时来函,报告发起世界和平共进会组织,并推任为理事长事宜。本日复函,对焦、童发起团体,"诱导国人",极为称许。但表示"近于外事,实觉无能为力。承推任理事长一职,殊不能当,尚希另推贤能,以裨进行"。(《复焦易堂童萱甫函》,《孙中山全集》第5卷,第2—3页)

△ 陈血岑来函,述废除督军制主张。

本日,陈血岑上书军政府总裁,略谓:历年国家屡罹战祸,实由北洋派欲行武力统治,寄生北洋派之督军团,不惜黩武穷兵,助桀为虐。是以,"北方之主战督军团,即为永久和平之障碍物";"不求永久和平则已,欲求永久和平,则必先除督军团。欲除督军团,则必废督军制"。来函并详述废除督军制之八大理由,敬请毅然决然,立行废止。(《陈血岑主张废督军制之意见书》,天津《益世报》1919年2月22、24日,"来件")

△ 朱启钤致电钱能训,指陈树藩已成议和障碍。

朱启钤虽被委任为北方议和总代表,但并未得到北京政府的全力支持。是日,朱据唐绍仪来电致电国务总理钱能训,批评陈树藩不遵停战命令,嗾使奉军入陕,导致和议横生枝节。(《北方议和总代表朱启钤致国务总理钱能训电》,《革命文献》第50辑,第490—491页)

1月6日 复函非常国会闽籍议员,赞同撤退新增在闽北军为和议前提。

福建地处南北两军交战前沿,北军借停战之机不断增兵,战祸或有再起之虞。广州非常国会闽籍议员日前来函,主张先行撤退新增在闽北军为和议前提,并告议员拟推先生为欧洲和平会议代表事宜。本日复函,谓有关闽事主张,"洵为綮要之论"。唐绍仪在沪,"亦坚持尊重国会之意思,度北廷理屈辞穷,必难与我争也"。就欧洲和会代表事,则表示"殊未敢当",因"此时南方政府尚未得各国所承认,派员列席,势所难能;不如待有机会时,由文以私人名义发言,或较为有效"。(《复闽籍议员函》,《孙中山全集》第5卷,第3—4页)

△ 致函林森等,望促任伍朝枢为南方出席欧洲和会代表。

选派出席巴黎和会南方代表,孙中山本主张唐绍仪甚为适宜,因其"有计划、有目的,而在美、欧各使多为其亲故,意见可以统一"。然因唐出任南北议和全权总代表,无暇兼顾,故转而推介伍朝枢代往。本日致函林森、徐谦、胡汉民,望玉成此事。函谓:唐不能前往,欲伍朝枢"代往欧转达其目的于其他之代表,冀为中国争回当有之国权。少川先生另有函致国会与军政府。第恐国会议员或有不明用意而生反对者,望三兄设法疏通,以便梯云兄早日成行"。(《致徐谦(季龙)林森(子超)胡汉民》,刘大年主编:《孙中山书信手迹选》,第108页)积极斡旋之下,伍最终被军政府任命为全权代表。然北京政府并不愿承认其全权身份,有报道指,北政府"派伍朝枢为普通代表,并无'全权'字样,与别代表不同"。(《本报特电》,《香港华字日报》1919年1月24日)2月6日,伍朝枢一行由香港搭乘法国邮船启程赴欧。

△ 刘英来函,报告福建南军内部情形。

鄂西靖国军驻粤军事代表刘英来函,告因出席政务会议,悉闽南粤军与方声涛部时起争议,反对党复利用此事,怂恿海军出面干涉,盖欲藉林葆怿督军名义,约束省长军事行动,故海军方面对陈炯明深致不满。来函建议,海军关系实力,将来如可听命,或有利用必要,不妨嘱陈炯明"曲予宽容,表示让步,否则即以强力制止";此外宜嘱许崇智返闽,俾陈"不致孤立,且与海军方面或易接近"。接函后批示,当酌量办法对付,粤事望随时详报。(《刘英上总理函》,环龙路档案第

13493 号)

　　△　林镜台来函,恳赞助川省议会选举及财政整理。

　　是日,四川省议会议员林镜台来函,报告川中政情。函谓:西南各省议会改选在即,然非有大宗款项整理党务,不能稳操胜券。现川中长官以兵事为重,轻视党务及选举,而他党正全力扩充,从事选举。若不及早补救,前途殊觉悲观。恳请拨济款项,或电饬川中长官补助,并派可靠同志前来主办,庶选举可操胜算,党务可谋进行。来函并报告四川财政状况,主张如廖仲恺无暇前来主持,则请电促军政府任命周淡游为财政厅长,辅助杨庶堪整理财政,以谋统一。(《林镜台上总理函》,环龙路档案第 00424 号)

　　△　李述膺来函,转呈于右任快函,望军府勿弱志让步。

　　陕籍国会议员李述膺因接于右任快函,本日来函转呈。于函揭批北廷急攻陕西阴谋,表示面对紧逼,"惟有取对此正当防卫之一法,奋力一战,以效忠于护法主义"。期望军政府"非俟达到北军撤回原地之目的,万无开始和议之理,此乃军府当然应守之信义。切勿以北军进迫,虑及吾军,致或弱志让步"。(《军政府公报》修字第 43 号,1919 年 1 月 29 日,"公文")

　　1 月 7 日　徐世昌致电朱启钤,告和议地点系小节,先与唐绍仪商息闽陕战事。(《国内专电》,《时报》1919 年 1 月 10 日)

　　△　护法国会在广州召开宪法会议。

　　是日下午 2 时,护法国会议员在广州召开宪法会议,出席参众两院议员共计五百八十人。会议由林森主持,宪法会议审议长褚辅成报告审议地方制度经过。(《旧国会宪法会议开会》,《时报》1919 年 1 月 14 日,"要闻二")

　　△　复函丁惟汾等,告当竭力援救薄子明。

　　薄子明(1894—1919),名守德,字子明,山东日照人,同盟会员。1916 年反袁战争时,受中华革命党东北革命军总司令居正指挥,任第一支队司令。反袁战争结束后,薄往上海。山东督军张树元与上海护军使卢永祥勾结,诬薄子明参与抢劫案,致使租界当局将其逮捕。在案件审理过程中,孙中山、伍廷芳均曾出具信函,证明薄子明品行及与抢劫案无关。(《薄子明又讯一次》,《申报》1919 年 2 月 22 日,"本埠新闻";《薄子明等审讯终结》,《申报》1919 年 3 月 28 日,"本埠新闻")

上年 12 月 26 日,鲁籍国会议员丁惟汾、刘冠三、邓天乙等自广州来函,恳请出面阻止将薄子明自租界引渡给山东当局。("中华民国"各界纪念国父百年诞辰筹备委员会学术论著编纂委员会主编、中国国民党中央党史史料编纂委员会编:《国父墨迹》,第 382 页)本日复函,告"薄君子明此次为探诬捕,沪上同人均极关切,近已竭力设法先行阻止引渡。倘再能将其诬控各节切实证明,则解决尤易也"。(《复丁惟汾等函》,《孙中山全集》第 5 卷,第 4—5 页)然多方施救未果,最终薄仍遭引渡,旋即遇害。

△　复函刘扬,勉协谋川中大计。

上年 3 月,孙中山依据四川省议员呈请,任熊克武为四川督军,杨庶堪为四川省长,川局焕然一新。日前四川省议会议员刘扬来函,报告川省治理意见,本日复函,对刘"联络豪杰,培养基础,注意民政,主张分权"等主张极表称许。并告杨、熊系"川中之良,正宜共倾肝胆,以谋大计",望其"周旋其间,俾悉融素见,协力同规,庶治理骎骎,仪型全国"。(《复刘香浦函》,《孙中山全集》第 5 卷,第 5 页)

△　熊希龄等来电,促迅派代表。

熊希龄、蔡元培等前组织平和期成会,积极充任南北调人角色。是月 2 日,熊离开北京,4 日抵达南京。本日,熊、蔡等来电,述欧洲和议行将召开背景下,南北亟谋统一之重要。且告北方代表业已抵宁,望军政府即将南方代表公布,"并促即首途,克期集会,俾和议早开一日,国家人民即早安一日"。(《熊希龄等致南方当局电》,上海《民国日报》1919 年 1 月 10 日,"公电")

△　郑洪年致电朱启钤,密告孙中山等对和议主张。

郑洪年日前在上海与唐绍仪、孙洪伊等南方要人多有接触,颇知南方内情。本日致电朱启钤,报告情况。电称:唐绍仪密谓,徐世昌从来能容纳者,仅其与朱启钤、杨士琦三人。杨多不肯直言。"我此出实为东海。彼等谓我牺牲国会,但武力无归宿,国会何用。况孙派不稍予满意,何能得永久和平。我惜不能与东海见面,若一见,则诸事易决。"孙洪伊言"西南只有少川,如代表派不出,则请冀赓、干卿各代表参事数人,助唐开议,便可解决"。郑电并谓:"闻唐与中山均暗中有此主张,请勿宣布。默察各方情形,除伯兰外,均不重视国会,而重视废督裁兵,似于外交确有把握,其争在沪开议者,此其真因。谷九峰昨晤唐,唐袖示东文报,戏之曰:'汝来疏通我。'又曰:'代表推定,政学会人多数,闻彼等因此反对,是此事否?'约谈二十分钟,所问非所答。谷遂出。中山允开会时,尽举所知以告,力助进行。嘱先致意。唐及两孙各派,对公均确表示满意。"(朱启钤存《南北议和文献》,中国科学院近代史研究所近代史资料编辑组编辑:《一九一九年南北议和资料》,第92页)

1月8日 北京政府取消孙中山、吴景濂等通缉令。

是月2日,李纯致电徐世昌,建议北京政府于议和之际,宜将先前所有因政治关系而发布的通缉令,查明案由,一律取消,"以示阳和布惠,与民更始之至意"。(《酝酿中之免缉政治犯》,《申报》1919年1月14日,"要闻二")随后李再有电请,告以唐绍仪坚持在沪开议,"系因孙文尚在通缉中,不便赴宁"。(《各通信社电》,《申报》1919年1月7日)显然,北京政府对民党要人的通缉,已与南北议和氛围格格不入。在此背景下,北京政府经过权衡,于8日经由阁议通过,取消孙中山、吴景濂等通缉令。

有报道称,北京政府于阁议之前,曾授意各省长官来电发表意见,"以为发布命令之地步"。各省来电,不得而知,据闻奉督张作霖确有电到京,对于此事"颇不赞成"。(《京华短简》,《申报》1919年1月16日,"要闻")11日,钱能训致电西南,述明此事原委,大意系"免除南北一切隔阂,则和议不致再生阻力"。(《政治犯将免缉之由来》,《申报》1919

年1月12日,"要闻")

△ 李纯来函,寄和密电码本。

函谓:"近来关于和议事项,所有致尊处及西南诸公通电,皆用专密电本,往往一电翻译数次,不但延搁时间,且费译发手续。兹编就和密电码十一本","特邮上一本,将来遇有机要通电,即可用兹密码,藉通消息"。接函后命邵元冲拟答。(《李纯上总理函》,环龙路档案第11826号)

△ 杨铨来函,主张闽陕等问题绝难让步。

南北和议行将开议,双方在和议席上的立场及争点为各方所关注。本日杨铨来函,主张此次和议,"闽省督军一席不宜再任北人","陕省民军宜一律改编为国防军",且详述理由。来函并谓:辛亥以来中国屡经和议,然因国人只顾法律,不懂实力为法律之保障,致使和议之后必随变乱。"今者和议又成,其关键即在闽陕两省,一为南中门户,一为北部咽喉","若仍不知争存,遇事让步,是真不可为矣,是中国永无和平之日矣"。恳请"坚持到底,贯彻初衷,一面函请唐总代表抵死力争,切勿再事让步"。(《杨铨上总理函》,环龙路档案第13896号)

18日杨铨复来函,再申前论。函谓:中国承四千年专制,名虽共和,旧势力实未铲除,实力消亡,则一切法律失其效力。"今次和议最重者,莫于争回陕闽地盘,备一分之实力,即所以控制北方地步;否则空言法律,无实力为后盾,则今日之争回法律、政治诸问题,窃恐异日又被推翻。"冀望"趋此时机,贯彻主旨,谋百年之统一,求根本之和平,拼死力争,毋稍让步"。(《杨铨上总理函》,环龙路档案第13897号)

△ 张宗海来函,愿赴甘运动,恳请臂助。

张宗海前曾来函,主张分力经营西北,一则打破武人地盘,一则启迪西北人民智识。本日来函重申此意。函谓:今陕西势力虽有,求其发展异常困难。欲谋川陕发展,惟急谋甘肃一途。前因甘省议员屡向军政府言"回民权势,不敢使其发动,恐彼等与土耳其有关",只得引而未发。今见战端将起,"欧战和平实现,甘回民亦无土耳其嫌

疑”,愿赴甘积极发动,恳嘱四川杨庶堪先生臂助。(《张宗海上总理函》,环龙路档案第11881号)

1月9日 广州军政府任孙中山等为出席巴黎和议专使。

军政府拟派孙中山、伍廷芳、王正廷、汪精卫、伍朝枢、王宠惠为欧洲和平会议代表前由政务会议议决,并即行咨交国会请求同意,然久未执行。是月6日,代总裁徐谦在政务会议上质问此案何以迟不执行。(《西南派遣内外代表之停顿》,《申报》1919年1月14日,“要闻二”)本日,军政府发布命令,任孙中山、伍廷芳、汪精卫、王正廷、伍朝枢为欧洲和议专使。(《本社专电》,上海《民国日报》1919年1月11日)13日,因汪精卫固辞不受,军政府对专使名单进行调整,以王宠惠继替。而派遣费用拟由西南各省拨付十万元。(《各通信社电》,《申报》1919年1月14日)然因“南方尚未得各国承认”,和议专使名衔意义不大,孙中山实无意就任,只愿以个人身份游历欧美,有所襄助。(罗家伦主编:《国父批牍墨迹》,第33页)

△ 七总裁致电徐世昌,告南北和议南方代表名单。

是日,政务会议派定分代表。各代表的选定,基本以省籍为单位,兼顾南方阵营内部山头林立的各派政治势力:唐绍仪(总代表,益友社)、章士钊(岑春煊代表,政学会)、胡汉民(孙中山代表)、李曰垓(唐继尧代表。因唐不满李,旋改派缪嘉寿充任)、曾彦(陆荣廷代表)、郭椿森(广东代表)、刘光烈(四川代表)、王伯群(贵州代表)、李述膺(陕西代表)、彭允彝(湖南代表)、饶鸣銮(福建及海军代表)。(朱启钤存:《南北议和文献》,中国科学院近代史研究所近代史资料编辑组编辑:《一九一九年南北和议资料》,第107—108页)除了出席和会的正式代表外,各政治势力也都派出得力干将,前往上海,在会外打探消息,观察形势,进行各种政治活动。

南方代表团内部派分明显,与北方代表团如出一辙,实开启和议过程中意见纷纭之途辙。朱启钤后来回忆,1919年和议不成,病根之一即在“代表权之不能统一”,“盖南北既各有总代表又各有分代表,各分代表既分别代表某一方面,自必负有听命于其所代表的一方面之责,且有时或须听命于其所代表的一方面中之某有力者;而各代表复有时各别有其目的与行动,其中参差矛盾,早已是先天不足"。(朱启钤:《关于南北和议事复叶遐庵》,《文史资料选辑》第26辑,第61页)

为防止岑春煊、陆荣廷等出于一己私利,曲意求和,特遣胡汉民加入南方代表团,充任议和分代表。胡初欲辞不就,乃告"宜于其间为严重之监视者,不应放弃",并指明其在和会里所承担的任务。(《中华民国史事纪要(初稿)——中华民国八年(一九一九)一至六月份》,第80页)胡汉民在答汪精卫有关和会情形函中称:"我在上海会议里头主张最要紧的,就是一个恢复国会,一个取消密约。国会一层,固然从种种方面说有很大的理由;只单就取消密约的一件事……若是将一政府按约法提交国会,将他们一切打消,那就对内对外,都算完全。照法律上说,固然只有现在广东的国会可以存在;就事实上说,他们也有过宣言,不会学北京那个什么机关的人,和亲日派有许多关系。打消密约,就是恢复国会后头一件事情。"(《展堂先生答汪精卫和会情形书》,《建设》第1卷第1期,1919年8月1日)

是日,与岑春煊等六总裁联名致电徐世昌,告南方议和代表人选,并谓代表"即日赴沪,听候陕、闽、鄂西问题解决,即行开议"。(《广州岑春煊等来电》,《政府公报》第1064号,1919年1月19日,"公电")

△　林森来函,望出任欧洲和会专使,并介绍郑毓秀来见。

是日,军政府任命五位出席欧洲和会专使,林森随来函请即履任。函谓:欧洲和会于中国转弱为盛关系极大,"究于世界大局思有所挽回能力,非仗先生肩此大任,恐无希望可言。是以为国家大计上着手,不能不从欧洲此次和平会时乘一转机,深望先生不辞劳苦,早日得以成行"。来函并谓:"吾党健者郑毓秀女士近欲赴法留学,彼素与法国政界、议会、报馆各要人均有联络。"自粤启行时,曾托其抵法后,"展扬吾国国是于彼邦人士,俾不至偏听北方诐言,淆乱是非"。

现郑过沪,特介绍前来晋谒,望"对于和平会所抱方针,一一而教之"。
(《林森上总理函》,环龙路档案第 03015 号)

△ 陈家鼐来函,报告成立中华国民策进永久和平会事宜。

函谓:近与刘人熙及旅沪绅商组织中华国民策进永久和平会,意在促进法治,力谋和平,兼欲打消国民大会主张,拥护庄严神圣临时约法。目下会员颇称发达。日昨开选举评议员会,被推选为评议长。如有见教,尚祈指示。来函并谓:美国前总统卢斯福逝世,卢与中国及远东颇有关系,而今长逝,可谓世界失一伟人,中国失一良友。敬请致电美方,表示哀悼,藉睦邦交之意。(《陈家鼐上总理函》,环龙路档案第 13973 号)

△ 刘显世来电,请军府速派议和代表。

贵州督军刘显世因接熊希龄、蔡元培来电,本日致电军政府各总裁等,促速派和议代表。电谓:就大局情形而论,国内统一如不早日解决,则国际上必生危险。"今北方代表已到宁,若南方延迟不发表,恐外人转将归究于我。拟请从速决定宣告。"(《军政府公报》修字第 41 号,1919 年 1 月 22 日,"公电")

△ 程镜波等来电,恳重申缉捕程璧光案凶犯之令,迅成铸像之议。

前海军总长程璧光遇刺身殉,瞬将一载,凶犯迄未抓获。本日,香山南蓢程族绅耆程镜波等致电军政府总裁及有关要人,吁恳"重申缉凶之令,迅成铸像之议",祈请迅赐施行。(《军政府公报》修字第 41 号,1919 年 1 月 22 日,"公电")

1 月 10 日 复函芮恩施,表示对建筑极感兴趣。

上年 12 月 11 日,美国驻华公使芮恩施来函,1 月 9 日收到。本日复函,谓:"因我对建筑极感兴趣,所以,如蒋梦麟博士前来取建筑设计图的卷宗,请您将其交给他。"(孙修福译:《孙中山致芮恩施函两件》,《民国档案》1991 年第 3 期)

1917 年至 1919 年间,蒋梦麟在上海与孙中山时常见面,常常赴莫利爱路探望,对于孙中山探究事物的精神与热情耳濡目染,深有感触。据其忆述:"孙中山先生是中国第一位有过现代科学训练的政治家。他的科学知识和精确的计算实在惊人。为了计划中国的工业发展,他亲自绘制地图和表格,并收集资料,详加核对。实业计划中所包括的河床和港湾的深度和层次等细节,他无不了如指掌。有一次我给他一张导淮委员会的淮河水利图,他马上把它在地板上展开,非常认真的加以研究。后来我发现这幅水利图在他书房的壁上挂着。"(蒋梦麟:《蒋梦麟自传》,第157页)

△ 徐谦来函,促请启程赴欧。

代总裁徐谦认为欧洲和会于我国前途颇有关系,"若能争回一分,即属莫大之利益,较之国内争论,鸡虫得失,相去何啻霄壤",故积极推动军政府发布赴欧专使任命。本日来函,报告专使决定内情,促请起行或代为赴任。函谓:国内议和结果,不外承认徐世昌为总统。民党若能于国内有立足地,嗣后尚有救国机会。孙中山如能赴欧挽救,或未为晚。如不能行,惟请"提出谦以自代","谦总欲将美国人说醒,勿助徐世昌,致自背威尔逊之宣言也"。又谓:吕超援陕,已败退川境。现南方情形,"愿战者力不足(如竞存亦然),此外则皆无斗志。若不战不和,将来造反,督军团再开战端,南方甚至一败涂地,故此时吾人须知彼知己,不可似孙伯兰一派,只知说大话造谣言,无济于事也"。来函并告昨日已提出任谢持为次长,定于17日启程来沪,面述一切。(《徐谦报告欧洲和会代表问题上总理函》,《革命文献》第48辑,第318—319页)

是月上旬 与王正廷等谈话,指出中国参与巴黎和会目标。

据胡汉民记述,"党员有参与巴黎和会者,孙先生告之曰:宜提出取消中国与列强所订之不平等条约,收回被侵掠之各地,承认高丽之独立,庶符民族自决之旨,苟不能是,则和会为无价值。中国之参加,尤无意义矣"。(《与王正廷等的谈话》,郝盛潮主编、王耿雄等编:《孙中山集外集补编》,第229页)不过在随后国内掀起的抵制日本运动中,国民党人基本置身事外,并未全力投入。据维经斯基分析:"它(指革命党人——引者注)不认为把反日运动发展为全面的反帝运动是件大事。孙中山虽然同情以学生为主的有力的抵制运动,但他既不揭露凡尔赛会议,也不揭露帝国主义。这决不是说孙中山和他的党拥护'凡尔赛派',而是因为他和他的信徒当时对广泛政治宣传的意义认识不足,不懂得这样他们就可以扩大国民党的基础。"(维经斯基:《孙中山与中国的解放运动(1925 年 3 月 23 日)》,中共中央党史研究室第一研究部编:《共产国际、联共(布)与中国革命文献资料选辑(1917—1925)》第 2 卷,第 717 页)

1918 年底至 1919 年初 焦易堂等来函,主张请美总统为护法战争调人。

孙中山前曾致函军政府,请以正式公文敦请美总统威尔逊作护法战争仲裁。国会议员焦易堂等认为此事至关重要,应即刻进行。惟请作仲裁,似不如请作调人为妥洽。本日遂致函各总裁,略谓:无论就我国最近历史,还是当前内外局势,邀请威尔逊出任护法战争调人,均有其必要性和可能性。是以"再四思维,援自然人交际之例,请美总统作我护法战争调人。和议一成,履行条件,担保有人,逆廷虽狡,不敢反复。准此以行,实有百利而无一害"。(《议员致军府请美总统作调人书》,上海《民国日报》1919 年 1 月 5 日,"要闻")

1 月 11 日 非常国会议决将军政府改为护法政府。

军政府改名为护法政府一事,近来呼声日渐高涨。本日,广州国会参众两院召开联合会,将参议员焦易堂等提出的修正军政府为护法政府案议决通过,护法政府组织、职权及时效仍遵照军政府原案规定。并发表宣言,通告各方:两院联合会"议决修改军政府为护法政府,所有委托军政府代行国务院职权、摄行大总统职务,以护法政府名义行之"。(《旧两院之联合大会》,《申报》1919 年 1 月 18 日,"要闻")

14 日,参众两院复通电全国,解释军府改名原因有二:其一,巴黎和会召开,南方政府派有代表参列。若以军府名义遣派,"则恐友邦以军府名词属于武人性质,既有违世界和平之心理,复易启友邦黩武之误会,将来恐难得其承认"。其二,欧战结束,世界已入法理战胜强权时代,顺此潮流,与国会并立机构亟宜揭标护法旗帜,以鼓荡全国人心。是以军政府改称护法政府,"对内可以表示护法之决心,对外足以表白希望和平之素志"。(《国会解释军府改名电》,《申报》1919 年 1月 24 日,"要闻")

16 日,军政府召开政务会议,讨论非常国会改军政府为护法政府决议案。李根源、郭松年等主张现在和会未开,将来或和或战均在未知之数,照此现状,"改称无用"。赵世钰、张伯烈等主张,依护法旨趣,当绝对尊重国会决议案。会议无结果而散。(《各国通信社电》,《申报》1919 年 1 月 19 日)由于军政府内部各派意见纷纭,各怀私心,军政府名称仍旧沿用。

△　致函林森、唐继尧等,介绍美国武官赴粤滇调查。

美国驻北京公使馆陆军参赞德来达将赴粤、滇,调查中国南方政府及社会状况。本日致函林森等,告"美国近日对我国扶助之心,异常恳挚;惟以向于东方国情未加注意,即欲助我,苦无着手之方。故德君此次南来,即系负有此项调查报告之任务"。嘱德来达抵粤后,"以南方内容暨政治上应兴应革之诸大端,地方上一切利弊,下至赌博、盗匪等,悉以告之,俾有详密参考之资料,为美政府异日助我建设得所标准,所获益多"。(《致林森等函》,《孙中山全集》第 5 卷,第 5—6 页)

同日,又致函唐继尧,介绍德来达南来情况,嘱"优加礼遇","于南方近情暨地方应兴革之处,推诚详告,庶异日得此恳挚之友邦为我有力之援助"。(《致唐继尧函》,《孙中山全集》第 5 卷,第 6 页)

△　李廷玉、白坚武来访。

9 日,李纯遣李廷玉、白坚武赍函赴沪,前来晋谒,并"慰访民党及建立和平会诸人"。函谓:"大总统对于左右,凤殷存注,迩以贤踪远暌,尤切怀思。顷奉电谕,饬由敝处派委李顾问廷玉代候兴居,面达一切","尚乞加以延晤,藉便罄谈"。(《李纯上总理函》,环龙路档案第11155 号)10 日午后,李、白二人乘车赴沪,晚上 9 时抵达。当晚,二人访孙洪伊。

本日前来拜访,就国事进行沟通。随后又访张继、章太炎、康有为、刘人熙诸人。白坚武在日记中记有当时感受:"中山不明政情,相去甚远,而光伟照人;康则一腐败古董耳。"(中国社会科学院近代史研究所编,杜春和、耿来金整理:《白坚武日记》第1册,第179—180页)

14日,复函李纯,对其调停国事勖勉有加。略谓:"方今国民群企法治,冀获康济。执事提挈群彦,洗濯清和,硕筹宏略,尤深引领。石城在望,积想何如。"(《复李钝函》,《孙中山全集》第5卷,第9页)

△　七总裁致电徐世昌,责令北京政府查明撤退陕赣等地进逼之北军。

上月28日,四川督军熊克武来电,报告11月21日"北军乘我不备,突出大队,相继将沔县、宁羌各处占据,且复进逼川境"。日前李根源据成桃7日来电又报称,北军复在赣省调兵遣将,积极部署。本日,与岑春煊等七总裁致电徐世昌,通报情况,请予制止。该电略述熊电后指出:"执事果以宁息为怀,应请责令北方前敌各军,退出占据各县。"就赣省增兵,质问"究竟是何用意?是否北军自由行动?应请飞饬查明撤退,以昭大信"。(《广州七总裁致徐世昌真电》,《革命文献》第50辑,第484—485页)

21日,北京政府国务总理钱能训来电,谓所言陕南、赣南两事,全与事实相戾。陕南方面,"以中央停战之期计算,川军违约反攻一月有余"。"吕超等退出之后,当然有接防军队驻防。沔县、宁羌各处本是陕境,为停战时北军防御前线",不得谓为占据。赣南方面,未奉停战命令以前,"皖军马联甲所部十六营皆驻在前线,现在马部久已撤至樟树,陆续向皖省运回,所余只有江西本省向来驻防赣南之军队,而且战时所派之总指挥一职业经撤销",并无调回各军、添募新兵之事。(《政府公报》第1070号,1919年1月25日,"公电")

△　广州非常国会全体议员电请美国国会转达总统威尔逊,邀其担任中国内争仲裁人。(《专电》,《申报》1919年1月12日)

1 月 12 日 于《孙文学说》稿内立誓,去旧更新,以作垂范。

在沪撰著《孙文学说》稿,至第六章"能知必能行",论及心理建设,谓"中国四万万人实等于一片散沙,今欲聚此四万万散沙,而成为一机体结合之法治国家,其道为何? 则必从宣誓以发其正心、诚意之端,而后修、齐、治、平之望可几也"。认为"建国之基,发端于心理",而"今后建设之责,不得独委之于革命党,而先知先觉之国民,当当仁不让而自负之也"。本日撰稿至此,乃率先于文中立誓:"孙文正心诚意,当众宣誓,从此去旧更新,自立为国民,尽忠竭力,拥护中华民国,实行三民主义,采用五权宪法,务使政治修明,人民安乐,措国基于永固,维世界之和平。此誓。中华民国八年正月十二日,孙文立誓。"并言人民凡行此宣誓者,"问良心,按法律,始得无憾,而称为中华民国之国民"。(罗刚编著:《中华民国国父实录》第 5 册,第 3337—3338 页)

△ 萧辉锦等来函,望迅予撤换徐谦①。

上年 11 月 23 日,凌钺、萧辉锦等非常国会议员九十四人联名来函,报告徐谦在军政府议决停战命令时,行动乖违,"与先生派遣代表根本主张,大相背谬",请予撤换,改派胡汉民来粤。(《凌钺等上国父报告军政府对北军停战并请撤换代表函》,《革命文献》第 50 辑,第 410—411 页)本日,萧辉锦、丁超五等非常国会议员三十余人复来函,详述四种理由,恳迅予撤换。函谓:"季龙代表来粤,大失民党体面与先生之信用。举其大者有四:(一)电招控诉先生为国贼之罗文干来粤,而罗置之不理。(二)主张举荣廷为大总统,并反对先生出而问世。(三)变更先生坚决护法之主张,与岑春萱〔煊〕相勾结。(四)借代表先生之名义,大演基督教救国,欲以宗教罗致国会议员为其私党。此间人言啧啧,若再不撤换,必定因溺爱徐之一人而失众心。万望先生迅予撤换,以全民党之体面及先生之信用与名节。"接函后批示:"派季龙事,初此间皆无成见,乃为多数同志所要求而出之。今要取消,亦当为多

---

① 《孙中山全集》第 5 卷判断此日为批函时间,然据来信内容,似为来函时间。

数之取决。"(《萧辉锦等上总理函》,环龙路档案第 02194 号)

是月 20 日前后,萧辉锦、凌钺等又来函,再请撤换徐谦,以居正为代表。函谓:"窃以为与其任令同流合污,淆惑天下之耳目,何如及早更换,表示宗旨之坚定。"惟改派之人"必须慎选宗旨纯正,确有政治节操者"。彼此权衡,居正最为适宜,"同人等共事既久,皎然可信"。万望俯顺舆情,改派居正为代表。(《萧辉锦等上总理函》,环龙路档案第 02200 号)

△ 章炳麟来函,主张惩办祸首与国会行使职权。

章炳麟极力反对与徐世昌言和,曾对胡汉民言"世昌不可与并立状"。(王云五主编,章炳麟撰:《民国章太炎先生炳麟自订年谱》,第 39 页)本日来函,建议和谈条件。函谓:"先生之在广州,非无实事可纪,然使军政府不改组,先生不去,必无此鼠窃狗偷之和议。纵使言和,惩办祸首与国会行使职权两件,必当提出。西南权利,亦不至刮削净尽。此先生可以自表于众者也。"(罗刚编著:《中华民国国父实录》第 5 册,第 3339 页)

△ 方井东来函,请促代表移沪会议。

和会地点尚争持未定,本日南京市民方井东来函,报告北方代表至宁后状况,认为和议地点应"超出军警势力范围",在沪较在宁安妥,望予促成。函谓:现北方十代表驻宁,外出时军警荷枪沿途护送,如临大敌。日前朱启钤至浴室沐浴,军队将全体澡客先行驱逐。无论何代表至何处,即将该处交通断绝;甚且二面商铺屋顶,都有军警。"似此情形,近于迫胁人民,仍沿专制官僚旧习,毫无共和气派"。务祈与唐绍仪"筹商会议地点,定须坚持在沪,诸多稳便"。(《方井东上国父告北方和议代表在宁情形函》,《革命文献》第 50 辑,第 420 页)

1 月 13 日　萨福楙致函朱启钤,告孙中山未必肯往南京。

南北行将开议,北方各派频繁活动,疏通联络。本日北京外交部特派江苏交涉员萨福懋致电朱启钤,报告近自孙洪伊、唐绍仪等处所获消息,推测孙中山未必肯往南京。函谓:"近日有人运动二孙往宁一行,孙伯兰决定不去,大料孙中山亦未必肯往。"(朱启钤存:《南北议和文献》,中国科学院近代史研究所近代史资料编辑组编辑:《一九一九年南北和议资料》,第 102 页)

1 月 14 日　非常国会发表第五次宣言,对北京政府所派巴黎和会代表不予承认。

本日,非常国会召开参众两院联合会议,讨论赴欧媾和专使问题。随即发布第五次宣言,通告世界各国,北京政府所派特别代表因未得国会同意,"不能代表中国出席欧洲和会,所订条约未便承认"。(《专电》,《申报》1919 年 11 月 16 日)

△　军政府举行南北议和会议代表饯别会。

是日下午 1 时,议和代表饯别会举行,军政府各显要纷纷与会。会议开始,首由伍廷芳讲话,陈述派遣代表命意实在贯彻护法及永久和平。次由徐谦发言,谈及此次和会,孙中山所主张唯一条件,"必使国会得自由行使其职权"。随后与会者纷纷就南北和会及议和条件发表看法,意见纷纭。胡汉民在发言中指出:"今日闻诸公之言,将来议和条件尚须国会同意,则今日尚非正式条件。似宜先请将重要条件、绝对不可让步者早日议决。"(《军政府之代表饯别会》,《申报》1919 年 1 月 24 日,"要闻")

△　复函蔡元培、张相文,就编撰国史及前编阐述意见。

北京大学校长兼附设国史编辑处主任蔡元培、副主任张相文接非常国会众议员方潜(字襄如)函,获悉孙中山允为国史征集作"间日讲演",极为佩慰。是月 9 日,蔡、张来函,叙编辑《国史前编》用意,并表示感谢。函谓:民国成立以来,群言淆乱,是非不明,不有信史,无以昭示将来。故公同斟酌,"拟自南京政府取消之日止,上溯清世秘密诸党会,仿司马公《通鉴》外纪之例,辑为一书,名曰《国史前编》,所以示民国开创如斯其难"。惟各党会因属秘密组织,加以事过情迁,往往难言始末。再阅数十年,昔年事迹不免日益湮没。"所幸先生以创始元勋,不吝教诲,征文考献,皆将于是赖之。"("中华民国"各界纪念

国父百年诞辰筹备委员会学术论著编纂委员会主编、中国国民党中央党史史料编纂委员会编:《国父墨迹》,第332页)

　　接函后批答:"方君云云,乃彼想当然耳,文实未之知也,然此事亦文所乐为者。但以近方从事于著述,其中一段为革命缘起,至民国建元之日止,已略述此共和革命之概略,可为贵史之骨骼也。至其详细,当从海外各地再行收集材料,乃可采呈。此事现尚可办,文当发征文于海外各机关也。各秘密会党,于共和革命实无大关系,不可混入民国史中,当另编秘密会党史。"(罗家伦主编:《国父批牍墨迹》,第41页)

　　本日,复函蔡元培、张相文,就编撰国史及国史前编详述意见。关于国史,告所著"革命缘起"可为"干骼",当从海外征集材料,并指出"国史造端宏大,关系至重,亦不宜仓卒速成。要须经以岁月,几经审慎,是非昭然,事实不谬,乃足垂诸久远,成为信史"。对于《国史前编》拟上溯清世秘密会党,则明确表示异议,因诸会党"皆缘起于明末遗民,其主旨在覆清扶明。故民族主义虽甚溥及,而内部组织仍为专制,阶级甚严,于共和原理、民权主义,皆概乎未有所闻。其于共和革命关系实践〔浅〕,似宜另编为秘密会党史,而不以杂厕民国史中"。(《复蔡元培张相文函》,《孙中山全集》第5卷,第7—8页)

　　21日,蔡元培、张相文来函,略申会党与清季革命关系,恳请征集史料,并将《革命缘起》一章先行抄示。函谓:清世党会,来源最古,要以天地会为鼻祖,确系明末遗老所创,递嬗衍化,具有线索。彼其初意,不过反清复明。至同盟会兴,乃与共和发生关系。"此中离合之迹,诚未易分明,要非广事搜罗,不足以资考证。"然清季国内书籍,几无可考。前托旅外诸友代为搜集,迄今年余,报告寥寥。"先生以开国元老,望重寰球,海外各机关,大半亲手创造,幸蒙俯允,通告征集,此诚元培、相文等所翘首跂踵,日夜所祷祀以求者也。"并恳将《革命缘起》一章,先行抄示,"庶乎先睹为快,得以略识指归"。(《复孙中山函》,中国蔡元培研究会编:《蔡元培全集》第10卷,第368页)

△　复函林德轩,表示竭力维持所部。

湖南靖国联军第五军总司令林德轩担忧南北和议,所部无法维持,日前遣程如兰携函来沪晋谒,说明情况。本日复函,对湘中各军因统帅不一、号令不齐,致使转战经年,未奏大功,深表遗憾。并告"近和议说起,众志多期其速成,而裁兵废督,尤为多数主张,势将见诸事实。倘此次会议之际,能为兄军设法维持,文必竭力图之"。(《复林德轩函》,《孙中山全集》第5卷,第7页)

△　复函卢师谛、杨虎,勉谋切实发展。

上年12月间,卢师谛、杨虎四度来函,报告军情,恳将陈中孚所购枪械设法运川。本日复函,告枪械运川,因进出口困难及道途阻隔,"刻殊不能办到"。又对卢、杨"惨淡经营,联合群力,团结日固"慰勉有加,勉励"勿以小挫而遽怀灰心,毅力坚持,以谋进取,庶足日起有功"。对于和议背景下蜀中军事发展之方,表示废督裁兵计划实施时,"必当设计为川中同志保留一部分之军队,以固西陲实力",并指示"此时吾诸同志之在川者,宜注意巩固现在地盘,谋切实之发展,万勿舍近谋远,致双方均无把握"。(《复卢师谛杨虎函》,《孙中山全集》第5卷,第9—10页)

△　杨春浩来函,对和议前途表示悲观。

是日,杨春浩自香港来函,报告近况,并谈及和议前途。函谓:民国成立八年,国民徒见牺牲,推其原因,一以坏法者有坏法决心,一以护法者无护法诚意。此次和议又起,"恐武人跋扈之心初萌,非摧挫消灭其势焰,无由获长治久安之道",然西南诸帅漠然不察。(《杨春浩上总理函》,环龙路档案第01896号)

△　吕超来电,斥北军进兵不止。

四川护国军第五师师长吕超奉令停战,引兵回防,静待和议解决,然北军进兵不已。本日通电南北要人,斥责北廷频频增兵陕西,对刘存厚"褫夺不加,任其扰川",表示"如此两论,不先解决,亦唯誓诸生死,万无反顾"。(《四川护国军师长吕超电》,上海《民国日报》1919年1

月19日,"公电")

　　△　李纯致电钱能训,陈六点调停办法。

　　自南北双方下令停战以来,陕、闽、鄂西等处,北军仍行攻击之举,和议进程颇受影响。江苏督军李纯函电往还,积极促成南北和议,本日致电北京政府国务总理钱能训,陈述调停简捷办法。电谓:"今议按照前议各节,并参以彼之要求,酌定目前简捷办法如下:(一)陕、闽、鄂西双方一律实行停战。(二)援闽、援陕军队,准即停进,担任后方剿匪任务,嗣后不再增援。(三)双方将领直接商定停战区域办法,签字后,各呈报备案。(四)陕省内部,由双方公推大员前往监视,以杜纠纷。(五)划定区域,各担任剿匪卫民,毋相侵越,反是者,国人共弃之。(六)以上各节,一经双方承认宣布,即由苏、鄂、赣三督宣布在南京开议日期,不得再以他事别生异议,致会议停顿。以上六节,是否可行,祈转陈请示,以便商定实行。"(朱启钤存:《南北议和文献》,中国科学院近代史研究所近代史资料编辑组编辑:《一九一九年南北和议资料》,第99—100页)

　　1月15日　朱启钤致电吴鼎昌,望密商和议制胜之策。

　　是日,朱启钤致电北京政府内务次长吴鼎昌,通报唐绍仪态度,望北京政府密筹应对之策。电谓:前遣代表自沪归,报告唐绍仪"口吻仍先事实法律,并称总代表就否,对于西南尚有三问题:(一)须有全权;(二)不受条例拘束;(三)地点在沪。又云代表会议不当有南北之分,应一致讨论永久和平方法,先接洽后开会云云。又美参赞来言:激烈派对于国防进行之速,甚生疑虑。少川在沪宣言:开会时视为先决问题,以解内外人心之疑。此言美为后盾,不可不注意。靳翼青现长陆军,可否从芝老(段祺瑞——引者注)原意归纳部辖,实际上似无出入,望密商先发制胜之策"。(朱启钤存:《南北议和文献》,中国科学院近代史研究所近代史资料编辑组编辑:《一九一九年南北议和资料》,第100页)

　　△　吴应培来函,恳请资助,以渡年关。(《吴应培致总理函》,环龙路档案第01368号)

1 月 16 日　广州众议院修正通过南北和会选派代表条例。

该案原为非常国会众议院议员马骧等提出，上年 12 月 17 日及本日两次大会先后讨论修正，经由表决通过。该条例对和会代表派遣、职权、总分代表关系及和议决定权均有所规定，全文如下：

民国八年上海和平会议选派代表条例

第一条　和平会议由护法政府选派总代表一人，代表若干人，但总代表之选派须经国会同意。

第二条　总代表代表护法政府，全权办理和平会议事宜。

第三条　代表受总代表之指挥，襄办和平会议事宜，但代表有违反护法之主张时，总代表得先行撤消，由护法政府改派。

第四条　和平会议之决定，须经国会同意。

第五条　本条例自和平会议终了之日废止。（《众议院咨参议院为议员马骧等提出和平会议派遣代表条例一案业经讨论修正多数可决移请一致议决文》，《革命文献》第 50 辑，第 477—478 页）

△　复函陈垄等，告未便遽留陈炯明长闽。

上年 11 月 27 日，军政府政务会议任命陈炯明为福建省长，然陈主张以闽治闽、以民治民，迭电请辞。非常国会闽籍议员陈垄（字伯简）、詹调元（字赞民）等，屡与徐谦、汪精卫、林森等商洽，忧恐陈炯明一意请辞，福建地盘落入别派之手，遂于是月 6 日来函，恳请去电慰留。函谓：林葆怿已于广州宣布就闽督军职，并着手组织督署，"第恐竞公坚持初志，辞让再三，则彼辈奸谋乘机得逞。即在闽事未解决以前，不敢遽易他人，而林悦卿既就督军，或令其兼闽省长，亦不可谓为必无之事"。"为吾党计，惟有请竞公力任其难，徐看闽局变化如何"，"则吾党所经营两年来之闽省地盘，庶不至全落于他人之手"。（《陈垄等上总理函》，环龙路档案第 13437 号）本日复函指出："诸君为地择人，公推竞存兄担任，自系维持桑梓之苦

心。惟文近于时局观察,实无一定之办法,故亦未便遽留竞存长闽。"(《复陈伯简等函》,《孙中山全集》第5卷,第11页)

△　复函胡仲尧,告当设法维持。

日前胡仲尧自夔州来函,报告军情。本日复函指出:"客岁荆襄树义,为南方护法军之极大声援","此次虽以和议顿挫,未能亟伸挞伐,完吾人救国之天职,然国事方殷,前途之责任甚巨,尤冀坚忍以处之"。并告"鄂军将来苟有可以设法维持之处,自当竭力图之"。(《复胡仲尧函》,《孙中山全集》第5卷,第10—11页)

△　胡汉民、徐谦、汪精卫等启程赴沪。

是日,胡汉民、徐谦、汪精卫等联袂首途来沪。除胡为和会南方分代表外,报章报道,徐、汪均系"应孙中山之召",其中徐系"与孙中山商议要务","汪以私人资格援助唐绍仪"。(《各通信社电》,《申报》1919年1月19日;《各通信社电》,《申报》1919年1月20日)

1月17日　南方和议代表纷赴上海。

△　陈炯明致电军政府,请立拨子弹。

援闽粤军迭次致电军政府,请拨济弹药,一无回应。本日再电,通报北军压迫、粤军困窘情形,并谓:"迭请电拨子弹,迄未有应,究竟是否要粤军防守? 如再不发子弹,炯明拟请另派军队接防,立将粤军调回广东解散,舍此别无自救之策。"(《援闽粤军急待枪械》,上海《民国日报》1919年2月6日,"要闻")

1月18日　巴黎和会开幕。

是日,巴黎和会召开第一次全体大会,计有中国在内的二十七国代表出席。中国代表团在本次和会上意欲达成的目标有四:(一)收回战前德国在山东境内拥有的一切利益;(二)取消中日民四条约之全部或一部;(三)取消外人在中国享有的一切特权;(四)结束德奥等国在华政治经济利益。此次和会充满大国主宰色彩,号称三巨头的法国总理克里孟梭、英国首相劳合·乔治、美国总统威尔逊实际上掌控了会议的全部进程。(《中华民国史事纪要(初稿)——中华民国八年(一九

一九)一月至六月份》,第106—107页)

△　杨庶堪来电,通告复任四川省长。

上年12月4日,杨庶堪因父丧请辞四川省长职。12日,军政府政务会议议决,准假一月治丧,毋庸辞职。本月丧假期满,各方迭电促即视事。本日来电,通告业于当日到署视事。(《川省长复任通电》,上海《民国日报》1919年2月13日,"要闻")四川督军熊克武并来电,宣告即日解除兼代省长职务。(《熊克武解除省长职任》,上海《民国日报》1919年2月13日,"要闻")

△　报载孙中山向北京政府表示"诚恳之意"。

据北方报纸报道:孙中山、孙洪伊二人"久与中央不通往还,近日因得某方面介绍,已向当局表示诚恳之意"。报章认为,"此亦国内统一之好象"。(《二孙与中央》,北京《晨报》1919年1月18日,"紧要新闻")

1月19日　丁象谦等来函,请促派童杭时为议和代表。

是月15日,陈炯明、吕公望、陈肇英联名致电军政府总裁,谓:军政府选派议和代表,"既以省区军团为标准,闽省关系重要,自应分荐一人"。兹推童杭时为议和代表,务恳如请委派。(《粤闻纪要》,《申报》1919年1月27日,"要闻")本日,非常国会议员丁象谦、陈垫、萧辉锦、丁超五等来函,称"此次所拟代表,除胡公汉民外,与吾党宗旨多不相同,胡公孑身无助,必难为坚决之主张。今闽浙既公推童公,庶几与胡代表同调有人,吾道或可不孤"。敬恳即速来电,予以促成。(《丁象谦等上总理函》,环龙路档案第02197号)

△　张根仁来函,请于和议隐行布置民党势力。

张根仁自前次离沪后,数次来函,本日复来函,阐述和议意见。函谓:此次和议,法律之外,似宜不忘事实,万不可忽视地盘、位置。"烈武、汉明〔民〕、炯明诸督军问题,务必办到二件,吾党方有根基。"若"吾党不早设着,一年之后,必有束手待毙之苦事"。祈于和议期间,"将吾党立足地步,于会议中隐行布置,以利将来进行于社会"。

（《张根仁上总理函》，环龙路档案第 13898 号）

　　△　孙洪伊来电，主张力惩祸首。

　　南方要人孙洪伊在南北议和问题上态度激烈，引人瞩目。1919年新年伊始，孙洪伊公开发布他认可的议和条件：（一）和议先决问题：甲、国会完全自由行使职权；乙、惩办祸首。（二）善后问题：甲、裁兵；乙、废督；丙、地方分权制度暂由和会决定，南北同时宣布；丁、财政。（三）处置清室问题：甲、取消帝号；乙、清帝迁京外适当地方；丙、废优待条件。（中国社会科学院近代史研究所编，杜春和、耿来金整理：《白坚武日记》第 1 册，第 177－178 页）

　　是日，孙洪伊致电广州参众两院、军政府各总裁等，指出西南兴师以来，即"以拥护约法、恢复国会、惩办祸首三事相要"，而解决三事的关键就在惩办祸首，"乱贼若去，法律迎刃而解，大梗尚在，其他更复何言"。在该电中，孙洪伊将造乱祸首直指段祺瑞，倡言"今段党与国家、与西南皆成不两立之势，段党去则国法稍伸，犹可自存；段党不去，任何条件都成虚语"。（《孙洪伊重申惩治祸首电》，上海《民国日报》1919年 1 月 20 日，"要闻"）

　　孙洪伊坚持将惩办段祺瑞等祸首作为和议前提，虽在其挚友白坚武看来约略"可行"，并称誉"黄陂被逐后，孙洪伊偕护法诸同人举师讨贼，先声所趋，遂有今日之局。虽鬼蜮佞幸之徒，忌孙如洪水猛兽，驱除暴力发扬民治之功，固不可没也"。（中国社会科学院近代史研究所编，杜春和、耿来金整理：《白坚武日记》第 1 册，第 178 页）但事实上在北京政府为段派所掌控的背景下，绝无实现之可能。孙洪伊在南北议和问题上的决绝态度，不但应者寥寥，甚至连立场相近、颇多交集的孙中山派也无法认同。本月 10 日，徐谦致函孙中山，建议"吾人须知彼知己，不可似孙伯兰一派，只知说大话造谣，无济于事也"。（《徐谦报告欧洲和会代表问题上总理函》，《革命文献》第 48 辑，第 319 页）

1月20日　非常国会参议院开会表决巴黎和会代表①。

是日,出席议员共一百三十九人,投票结果,孙中山得一百三十三票,伍廷芳得八十八票,通过同意案。王正廷得六十一票,伍朝枢得五十九票,王宠惠得五十一票,均以未足半数被否决。(《各通信社电》,《申报》1919年1月24日)然对此结果,非常国会众议院并不认可。24日,众议院因出席议员不足召开谈话会,协议善后办法。因派遣巴黎和会代表案,"于法律上已经参议院之决议,无可奈何,遂终无结果"。(《各通信社电》,《申报》1919年1月26日)25日,广州众议院复开会协商派遣欧洲议和全权大使同意案。是日出席会议议员计三百二十六名,投票结果,孙中山得三百一十三票,伍廷芳得二百八十六票,通过表决。(《专电》,《申报》1919年2月4日)

就在南方内部关于和会代表意见纷纭之际,21日,北京政府总统徐世昌正式任命陆征祥、顾维钧、王正廷(代表广州军政府)、施肇基、魏宸组为中国出席巴黎和会代表,并以陆征祥为首席代表。中国代表团共有五十二人组成,其中专家十七人,外籍顾问五人。广州军政府代表除王正廷外,仅余伍朝枢一人。伍赴欧后,其本人及中国代表团数次与北京政府交涉其全权代表身份问题,北京政府最终明示:"对外全权人数业经派定,应仍由各全权列席外,所有内部讨论,伍朝枢应与胡、汪、颜、王诸使一并列席,加入可决否决之数。"(张金超:《伍朝枢与民国外交》,第48—50页)

△　复函席正铭,告可向段祺瑞疏通。

席正铭前赴北京,疏通各方意见,以求南北统一。(冯祖贻等主编:《辛亥革命贵州事典》,第226页)是月2日来函,报告与段祺瑞沟通情形,以及北方有关孙中山组织政党谣传。本日复函指出:"外界谣言每不相谅,承力为辨正,至为感谢。政党组织之议虽发生甚久,而弟则自

_____

①　北京《晨报》记为1月22日。(《广东旧参院之新闻》,北京《晨报》1919年1月24日,"紧要新闻")

始声明不与闻,前后来者十余辈,初未一允,彼曹不知,乃有此谰言,滋可笑也。段公既能受尽言,足下进而疏通两方意见最佳。弟意段公若能用吾言,必能大有造于民国,功不必自我成,名不必自我立也。"(《复席正铭函》,郝盛潮主编、王耿雄等编:《孙中山集外集补编》,第229—230页)

　　△　吴山来函,请速行赴欧。

　　是日,吴山自广州来函,报告当日非常国会参议院表决巴黎和会全权大使情形,并请速即启程。函谓:"山早为先生选有赴欧议和之参考要件,及应提出之各重要议案,除择抄数案与季龙先生外,余现赶抄编纂,尤祈先生早备旅费,速行出发。俟由各省分担定数后,再行填还续汇,乃能毋误时机。"(《吴山上总理函》,环龙路档案第01568号)

　　△　凌钺来函,称拟移户广东。

　　函谓:此次护法,已成泡影。出身河南,有家难归。近因个人、家庭、国家、经济、外交等原因,加以政治难获根本解决,有移户广东主张,现在筹备之中。接函后批示:"不答。"(《凌钺上总理函》,环龙路档案第01274号)

　　1月21日　蔡济民、牟鸿勋来电,揭北廷言和阴谋。

　　是日,鄂西靖国军总司令蔡济民、副司令牟鸿勋致电旅沪西南要人,痛陈北廷奸谋,请勿稍迁就。电谓:停战以来,"北兵攻闽攻陕,节节进行,湘西、鄂西又以增兵见告,一方言和,一方激战。并敢视义军为土匪,以善后言和平。川湘有另议之言,意在收复已去之势力。我西南义军前线,彼皆划为匪区。所谓和者,和鞭长莫及之云贵两广耳"。究其实质,不过"扩张势力范围,为将来据叛之准备"。伏乞"熟察奸谋,力持正义","始终以依法和平、永久和平为志,不稍迁就,致隳全功"。(《蔡牟两司令之痛言》,上海《民国日报》1919年2月6日,"要闻")

　　1月22日　七总裁致电徐世昌,促令陕西北军停止进攻。

　　是月2日,于右任来函,报告陕西北军以张锡元、许兰洲之军填防,以陈树藩、刘镇华之军作战,向南军步步紧逼。本日与岑春煊等六总裁致电徐世昌指出："北方于停战之后，无故增兵，因增兵之故，重开战祸，变幻不测，真可痛心！今议和代表均已赴上海，陕西划驻办法，亦已电复苏督，宜若可以已矣。乃又节节进攻，一面划驻区域往复磋商；一面使前敌更番攻击不已，似此言和，何以征信。"促即"明令陕中北军停止进攻，并按照致苏督马电切实划定界线，以释纠纷"。

（《军府诘问陕事电》，上海《民国日报》1919 年 2 月 5 日，"要闻"）

△　熊希龄、蔡元培等来电，建议南北各军严守原防。

和平期成会熊希龄、蔡元培等接福建督军李厚基 15 日通电，称驻闽粤军节节攻击，军政府又任命林葆怿任福建督军，闽省和平岌岌可危。是日，熊、蔡等致电军政府各总裁，转呈李厚基来电内容，建议"双方各处军队，此后益应严守原防，静待解决，以免因一隅之争，牵动全局"，并请"再行电饬部属，一律停止进行，以免为和局之碍"。

（《军政府公报》修字第 47 号，1919 年 2 月 15 日，"公电"）

△　罗翼群来函，报告援闽粤军情况。

上年春间，罗翼群出参许崇智戎幕，曾来电致意。本日来函，历述许崇智部转战闽南，及停战后整顿军事情形，恳请时赐教言。（《罗翼群上总理函》，环龙路档案第 13495 号）

△　方井东来函，告日内来沪晋谒。

方井东阅报悉胡汉民、汪精卫已抵上海，和会地点确定沪江，陕闽问题行将解决，开议之期日近，本日来函祝贺。函谓："先生达完全护法初衷目的，拯全国人民超出专制淫威，保障其真正共和"，"实与美总统威君并驾齐驱"。且告日内来沪，面恳教益。（《方井东三上总理函》，环龙路档案第 10747 号）

1 月 23 日　致函黄复生等，嘱助杨庶堪治川。

杨庶堪出任四川省长，川省颇有成就全国平民政治模范之望，惟该省各军划疆分守，彼此割据，政令不一，财政亦感困难。日前杨庶堪来电，报告假满视事，并请筹济款项。本日分缮致函四川军界首领黄复生、石青阳、颜德基、卢师谛等，指出四川地位重要，若能善加整理,"异日居上游而控制全国"。勉勖各尽所能,协助杨庶堪治理川政。函谓:"沧白兄为吾党贤者,此次长蜀民政,又系川中诸同志所共推,窃欲吾诸同志对于沧白兄此后宜益竭力辅助,使其政策得以次第实行,以助民治主义之发展,而以川省为全国平民之模范,此文所深望者也。惟沧白兄任事未久,其最困难而不易解决者,是为财政问题;加以年来各军划疆分守,亦非行政官厅一纸文告能收统一之效。关于此点,尤冀各同志尽力所能,为沧白兄尽财政上之援助,俾得资以应付。其兵费之能勉事减省者,亦宜筹拨济助。"(《致黄复生等函》,《孙中山全集》第5卷,第11—12页)26日又复函杨庶堪,告"所需之款,此间刻殊无法筹措。近日已分函复生、锡卿、青阳、德基诸同志,就近先行设法,以济急需矣"。(《复杨庶堪函》,《孙中山全集》第5卷,第13页)

△　唐克明致电军政府总裁,告以居正为军事代表。

靖国联军湖北第一军总司令唐克明顷接鄂籍国会议员来电,告"各省举义各军应得派军事代表一人出席与议",本日致电军政府总裁,谓遵照委派鄂籍议员居正为军事代表,就近列席与会。(《军政府公报》修字第44号,1919年2月5日,"公电")

1月24日　李纯致电军政府各总裁,就陕西与福建停战问题进行沟通。

是日,李纯致电军政府七总裁,就陕西与福建停战问题进行沟通,并有所建议。陕西方面,李纯指出:"尊处所争在不得指军为匪,中央所持在不得以匪为军,纯以为皆是也。今欲释双方之争,先当分别军与匪之界限。中央停战令,本未划出陕省,但声明土匪扰乱治安,军队有妨秩序,为国人所共弃,是所重者治安秩序而已。能保治安、守秩序,有正当之将领、一定之名额与驻扎之地点,即为军;反是,则为匪。今若将各项开明,双方议定适当界限,划定暂驻区域,各守原防,则军之界限定,而区内之匪各担任剿除之责,有扰治安妨秩序者,与众弃之。尊处所认为部队者,但无妨于地方,中央不过问,无指匪为军之嫌;中央军队之入陕者,但无轶乎范围,尊处不过问,无指军为匪之争，静待会议收束解决，此关乎陕事者也。"闽省方面，李纯要求："粤军陈炯明现方力谋进攻，应请严令停止。其闽、粤方面，李所部与陈、许所部商定双方撤退，各指定界限，声明地点并区域，彼此遵守，静候解决。总期双方距离百里以外，免生冲突。有违约者，曲直自判，如尚虑区分不易，或临时发生争执，不妨由双方或居间公团派员分往指导监视，秉公商定。"（佚名：《调和南北战争》，中国社会科学院近代史研究所近代史资料编辑组编：《近代史资料》总 36 号，第 96—97 页）

　　△　杨庶堪致电军政府总裁，请促熊克武就四川督军职。

　　1918 年 3 月，熊克武被军政府任命为四川督军，但熊迟不就任。本日，杨庶堪致电军政府总裁，谓"督军为全省兵枢号令所出，动系安危，正名定分，未可久虚"，恳"垂念川民望治之殷，一致推戴之诚，明令催促克期就职，以慰群望"。（《杨庶堪请军政府促熊克武克期就四川督军电》，四川省文史研究馆编：《四川军阀史料》第 2 辑，第 333 页）

　　△　熊克武来函，称竭蹶以从。

　　上年 12 月 23 日致函熊克武，慰勉有加，熊氏接函后于本日来函，谓承乏一载，补苴无术，幸杨庶堪返里，得以专心从事戎政。有以教饬，"敬当竭蹶以从"。（《熊克武上总理函》，环龙路档案第 00641 号）

　　1 月 25 日　伍毓瑞来函，表勉力追随之意。

　　伍毓瑞因朱和中、吴铁城赴沪，托携函致意。函谓："迩者和议开端，战争中止，和平之望，胥动群伦。窃以为民国八年，干戈屡见，即此国民苟安曲徇之劣性，为之厉阶。今大势已趋于不得不然。吾人所仰望者，则惟硕德元勋，主张不挠不屈之正义，以减消他日之危险耳。"并表示"虽一领偏师，尚不敢不勉"。（《伍毓瑞上总理函》，环龙路档案第 13395 号）

　　△　唐宗尧来函，冀时赐教言。

　　前四川省议会议长唐宗尧顷由林镜台处收到孙中山照片一张，感念之下，于本日来函，略谓："先生功在国家，名满寰区，凡有血气，罔不爱戴。尧自返国以来，无善可告，近年忝长敝省议席，亦毫无建树,惟服膺先生三大主义,虽屡经丧乱,未敢稍变初衷。近者,南北议和之声哄动全国,敝会同人亦曾通电主张法律上之解决,惟众口铄金,恐将来总不免于牵就也。先生为吾国先觉,当必具有成轴,伏冀时赐教言,俾尧等有所遵循。"(《唐宗尧上总理函》,环龙路档案第00640号)

△　水野梅晓起草《对支卑见》,建议当局支持孙中山领导的革命运动。

长期关注并支持中国革命运动的日本西本愿寺中国布教僧水野梅晓,本日起草《对支卑见》,阐述对华政策的看法。该意见书于次日向日内阁大臣及政务局长提出,要求日本当局对孙中山领导的革命运动予以明确支持,敦劝北京政府恢复旧国会。然日本政府不为所动。本月31日,日内田外相派遣寺尾亨赴上海,图谋遏阻孙中山关于南北和谈主张的实现。(段云章编著:《孙文与日本史事编年(增订本)》,第590页)

1月26日　复函谢持,嘱其维持粤局。

徐谦前因欲赴上海,邀谢持出任司法次长,代理部务,并接替其代为出席政务会议。是月15日,谢持受任司法部次长,翌日并来函,报告前后经过,恳请"当此残棋败局之时,在军府中宜取如何态度,应有何种具体主张,望明白指示"。(《谢持上总理函》,环龙路档案第02238号)本日复函,告"季龙兄行止,当待其自行决定。此时粤局由兄维持,以待大局之解决。文刻殊无主张足以奉告,倘有所见,自当随时函闻"。(《复谢持函》,《孙中山全集》第5卷,第13页)

△　复函赵士北,告以私人名义赴欧较有效力。

是月14日,赵士北自广州来函,谈选派代表赴欧事宜。本日复函,告赴欧代表,因"此时南方政府尚未得各国承认,若遽尔前往,必无效果可言";"不如俟时事稍解决,以私人名义前往各国相机发言,较有效力"。(《复赵士北函》,《孙中山全集》第5卷,第12页)赵士北随接徐谦函,"知不日启程,至为快慰",又于2月6日来函,就国民外交略献

乌菟。函谓:"南方所持政见,列强视之,类多漠然。北意近今美国颇
世界推崇,故外力之持助我否,几视美国为转移,似宜对于美国求彼
同情。所虑者,美公使久受北廷待遇,成见在胸,说而不入耳。现拟
游说美人,先从在野入手,并注重教会方面。派员赴美,以私人资人
资格与各教会(美以美会、长老会、圣公会、纲纪慎会、浸信会、青年
会)联络疏通,我之真意藉以表明,彼之隔膜从而消灭,亦国民外交之
一法也。"(《赵士北上总理函》,环龙路档案第13998号)

△　唐克明来电,呼吁南北议和切勿迁就。

是日,靖国联军湖北第一军总司令唐克明通电孙中山等南方军
政显要,指出辛亥以降历史已经说明,和议并不能求得永久和平,"毋
亦多一次和议,即多一次祸机"。呼吁此次和议,"欲求吾国永久和
平,固当于法律上为根本之裁判,尤应于地球上谋势力之平衡。武昌
纲毂,固原归我范围,方能拥护约法,不然则枢纽在彼,势力不均,仍
不足以遏乱萌而定天下。吾恐和议甫成,风波又起,忽和忽战,纷扰
不休,再及数年,不待外患之来,而吾同袍已无噍类矣。公等或主持
清议,或掌握兵符,应恳切实诉诸根本解决,国命所关,幸勿迁就"。
(《军政府公报》修字第45号,1919年2月8日,"公电")

△　旅粤皖人来函,要求将惩办倪嗣冲列入议和条件。

倪嗣冲在皖七年,为祸甚烈。南北和会行将开议,旅粤皖民公推
代表前往军政府请愿,并致函军政府各总裁,痛陈倪嗣冲祸皖罪状,
恳请将惩办倪氏一事列入议和条件,电达总代表遵行。(《旅粤皖人宣
布倪嗣冲罪状》,上海《民国日报》1919年1月27日,"要闻")

△　谭浩明、谭延闿致电军政府,反对改称护法政府。

军政府改称护法政府一事,南方内部意见纷纭。是日,谭浩明、
谭延闿联名致电军政府,明示反对之意。电谓:"西南兴师护法,成立
军政府,是军政府即护法机关,固无事变更名称始为明了也。国会诸
公议论及此,自系因巩固国基,务加慎重。军府成立以之对内对外信
用已著,兹值和议期间,若忽变更,虽于实际无关,未免淆人观听,似

以仍旧贯为宜。"(《粤闻纪要》,《申报》1919 年 2 月 11 日,"要闻")

1 月 27 日　梅桂繁来函,恳电杨庶堪协助民党组织。

是月上旬,梅桂繁自黔赴渝,遇同志刘文岛、曹叔实等,谈及蜀省民党,"势力颇有可为"。本日自渝来函,谓:"曹君现在此地组织国社,以办民党之事,成绩稍著,将来大有可观。繁决于日间与刘君文岛等同赴成都,恳请钧座电致杨公沧白,俾得抵时易于为事。"(《梅桂繁上总理函》,环龙路档案第 00345 号)

△　军政府政务会议通告谢持代行孙中山总裁职权。

是日,军政府政务会议致电南方军政要人,通告司法部长兼代总裁徐谦请假赴沪省亲,由次长谢持代理部务,并代行"其代表孙总裁之权"。(《军政府公报》修字第 44 号,1919 年 2 月 5 日,"通告")

1 月 28 日　前日巴黎和会最高会议讨论山东问题,中国代表顾维钧、王正廷应邀列席。本日,顾、王正式提出有关青岛案说帖,日本政府代表牧野也提出关于山东权益主张。

△　鄂西靖国联军总司令蔡济民遇刺身死。

蔡济民,字幼香,又作幼襄,湖北黄陂人。辛亥革命元勋。民国成立后一直追随孙中山参加革命活动。1914 年加入中华革命党。1917 年被孙中山任命为鄂军总司令,参加荆襄自主之役。失败后辗转鄂西,在利川就鄂西靖国军总司令,开展护法斗争。是日,为川军旅长方化南杀害。遗骸后葬于武昌卓刀泉左侧,碑文为"首义元勋陆军中将蔡公济民之墓"。(湖北省地方志编纂委员会编:《湖北省志·人物志稿》第 1 卷,第 508—509 页)

△　复函杨寿彭,斟酌债务处理等事。

是月 20 日,旅日华侨、中华革命党驻日本大阪、神户筹饷局长杨寿彭来函,征询债券、筹款处置办法。本日复函,告"泗水付回债券,前次满提高船过沪时并未交到,俟该船再来沪时当询之。数目清单已经收到。请将该款拨贰佰元交萧纫秋,拨壹佰元交苏子谷,所余壹拾叁元伍拾壹钱,暂存尊处,预备尚有零碎使费开支也。其前次所定之飞机,应查明原委,与商废约。此事须由兄斟酌办妥。前次刘季谋来此,云欲接受此契约,究竟可否与之? 望兄就近体察情形,决定办理。如彼确能办理有效,不生别种问题,则让与之,亦复不妨;但既让之后,全然断绝关系,损益皆所不问始妥"。(《复杨寿彭函》,《孙中山全集》第 5 卷,第 14 页)

△　冯熙周来函,请促黄明堂赞助省议员选举。

冯熙周前由韶关返回海南,图谋第二届省会议员,然"似有难妥之势"。本日来函,请求帮助。函谓:"吾党失败之原因虽多,而其大端实不外军界及议会中之势力薄弱也。熙周有见及此,故辞职远扬,除自谋己身者之外,复代健全之党员力图。今竟被敌党破坏于垂成,可惜孰甚。但得琼崖道尹黄明堂助力,尚可挽回。"特恳飞函促请"该道尹极力赞助,务使其成","是岂特熙周之利,亦吾党之益"。接函后批示:"黄明堂有一次通电骂我,你不知乎? 写信一节,恐无效力,碍难照办。"(《冯熙周上总理函》,环龙路档案第 01612 号)

省会议员选举尘埃落定,冯熙周复于 4 月 12 日来函,报告选举结果,并谓:"熙周前因与明堂感情颇厚,此次归来,伊又伪为欢迎,且谓前在雷州通电反对先生,系沈鸿英私捏伊名,实未知情。熙周亦误以为然,故请先生函请伊从中帮助。迨今彼之丑态毕露,于是始愧无知人之明,且足征雷州之电,确系伊亲手署名无疑。"(《冯熙周上总理函》,环龙路档案第 02070 号)

△　徐世安、黄恩良来函,恳促鄂督释放在押同志。

是日,徐世安、黄恩良来函,略谓:和会即将开议,法律战胜强权,举凡非法机关当一扫而空之。就鄂事而论,陆军审判处兼临时军政执法处,以命令代法律,视人命如草菅,同人被残害者,不可胜计。恳请趁此和议,提议取消,为同人谋幸福。又谓:癸丑以还,同人身陷囹圄者所在多有,如徐世安、黄恩良、马之骏、刘文彬、何宝成、谢缉廷、汤承长、傅树勋、徐东山等,"恳予一并来电,迅谋释放"。(《徐世安等上总理函》,环龙路档案第 12913 号)

△　林德轩来电,通告击退王正雅军情形。

本月下旬,王正雅部勾结土匪不断袭扰林德轩部,湘西战事毫无停顿迹象。本日,林德轩致电南方军政要人,通报北军来犯及击退情形,祈转电北京政府,"饬该军遵照停战命令,毋得再开衅端"。(《王正雅勾匪图湘西》,上海《民国日报》1919 年 2 月 20 日,"要闻")

1 月 29 日　复函恩克阿穆尔,告拒任欧洲和会专使原因。

日前,广州非常国会议员恩克阿穆尔来函,就欧洲和会专使问题阐述看法。本日复函谓:"欧洲平和会议,诚为此后吾国在世界地位进退强弱之一关键。文以不才,谬承推及,实未克堪。行止一节,刻方在磋议中。"(《复恩克阿穆尔函》,《孙中山全集》第 5 卷,第 15 页)

△　吴景濂、褚辅成来函,促任赴欧议和大使,并就国内局势请示意见。

是月 25 日,非常国会众议院投票通过孙中山出任赴欧全权大使。本日,众议院正副议长吴景濂、褚辅成来函,促请赴任,并征询国内时局意见。函谓:"此次赴欧议和大使,业经国会同意群戴,我公当必能本爱国救民之忱,克全宏济艰难之量。"惟国内和平亦将开议,鉴世界潮流,懔武力之终蹶,"我公高瞻远瞩,久已成竹在胸,仍赖主持正谊,贯彻初终"。又谓:"一国政治之得失,非有公开政党,毋以谋国家之建设,促宪政之进行。现时机已到,各党趋势亦已应时而起,我公民党先河,今后政党究应如何组织,方适时势之要求,当必早有高见。"来函并告,特遣众议员易次乾、罗家衡、陈策、刘奇瑶、张瑞萱等来沪,面陈款曲,希赐接洽。(《吴景濂褚辅成上总理函》,环龙路档案第 13729 号)

△　朱念祖来函,恳拔为赴欧随员。

是日,朱念祖自广州来函,略谓:政府改组后,承参议院同人谬推为外交股委员长,近拟以个人资格赴欧考察。惟法国因战事影响,生活程度倍增,抵法后恐难支持。"因不揣冒昧,亟恳先生拔为随员,俾得免经济之恐慌;并恳先生于未抵法以前,函致儒堂先生,嘱其关照。"(《朱念祖上总理函》,环龙路档案第 01610 号)

△　凌联城来函,称和议前途堪虑,国事或仍诉诸武力。

是日,署名奉天国民一分子凌联城来函,认为此次南北和议,堪虑之点有二:一、"是否真正根本民意? 南方代表是否意见统一? 北方代表是否有代表之资格及能力? 如此糊涂开议,不啻降服于段祺瑞帐下,何和议之可言"。二、此次护法战争是否公理?"与民贼战,其中未免带有多少南方武断派之臭味。如此吾民所失者,大而和平会议,所得之利益,不过武断派占优势,吾民徒增负担,将来必有真正公理与民贼战之发现。"来函指出,"基此二点研究之,先生之大责仍未卸也。即应本护法之旨,坚持到底;如不能战胜于议场,无可如何,仍诉诸武力,势必达到民贼不死公理不张之目的不止"。(《凌联城上总理函》,环龙路档案第 12613 号)

1 月 30 日　北京政府颁发总统令,撤消援粤总、副司令。

令文曰:"据援粤总司令张怀芝呈请取消援粤总司令等语。现在南北停战,大局渐就和平,援粤总(副)司令均即撤消。该总司令等所属军队,着由陆军部派员前往妥筹收束,以专责成。此令。"(《政府公报》第 1076 号,1919 年 1 月 31 日,"命令")

1 月 31 日　批于右任函,告陕、闽问题不解决,决不议和。

南北议和虽酝酿重开,但北京政府受段派挟制,竭力攻陕,思置该省于停战范围之外。北军陈树藩、刘镇华、张宝麟、张锡元、许兰洲诸部联合攻陕,向于右任统率的靖国军节节进逼,段且密电陈树藩愿以国防军助之,陕局阴云密布,日形危殆。靖国军总司令于右任见时局紧迫,1 月 9 日来函求援,略谓:"他人进兵之猛如此,蓄谋之深如此,对西北之决心又如此,我护法各省此时若不决心援陕,制彼奸谋,使陕西数万义军为敌所覆,则西北之险要既失,西南动摇,彼时谁复与我议和? 即使议和,我尚能得胜乎?"恳请"协商军府诸公,为同盟计,即为右任蚁命计,严电川、滇统帅,限日攻下汉中,并限日出山。陕局安,和局自成。荆襄覆辙,不可蹈也"。(《致孙中山函》,全国政协文史资料研究委员会、中国国民党革命委员会中央宣传部合编:《于右任文选》,第

173—174 页）接函后于是日批复："护法政府,在吾党人中已竭力争之。陕、闽不解决,则不讲和,当始终坚持此旨。惟他派之人,则另有用意。其初,陕、闽所以有另成问题,皆由岑、陆与北京私通,特置此两省于外也。"(《批于右任函》,《孙中山全集》第 5 卷,第 15 页)

△　许崇智来函,望预计筹款购械,巩固民党根基。

许崇智因徐瑞霖、张汇滔来访,"道及粤中情形,并和议状况,颇不利于吾粤,更不利于吾党",本日来函,有所建议。函谓:"崇智百战余生,何事不可牺牲,惟是吾党势力,除川陕一小部分外,仅此闽境一隅耳。不事保存,方来无活动余地。欲求活动,在先事巩固其基,而饷械问题于此为急要。此间地瘠民贫,筹无从出,意欲于南美方面筹得一大宗款,添购新式枪械若干,余则补充饷糈。先生统维全局,规划周详,此一端盼预为计及。"并告详情托徐、张二人面陈。(《许崇智上总理函》,环龙路档案第 13396 号)

△　冯自由等来函,通告广东中华国民策进永久和平会成立。

是日,广东中华国民策进永久和平会正副会长冯自由、谭民三、张秋白暨全体会员致函广州参众两院、军政府各总裁等,通报该会本日于广州成立,旨在"图谋全体同胞真正幸福,主张合法永久和平"。(《关于南北和议之粤讯》,《申报》1919 年 2 月 14 日,"要闻")

是月　《国际共同开发中国实业计划》英文稿完稿。

《国际共同开发中国实业计划》英文稿(*The International Development of China*)上年开始撰写,本年春间完成。完稿后,交外文报刊发表,并分寄各国政要及驻华使节征求意见。据是年 3 月 17 日美国驻华公使芮恩施复函,有"来示经于二月一日收到"语,可见该英文稿撰就当在该日期稍前。(罗刚编著:《中华民国国父实录》第 5 册,第 3348 页)

△　接待近卫文麿,讨论时局。

是月,在上海寓所接待随同首席代表西园寺公望赴欧参加巴黎

和会的日本代表团成员近卫文麿，共进晚餐，讨论时局①。上年 12
月，近卫于《日本及日本人杂志》刊文《反对以英美为本位之和平主
义》，直言批判欧美列强的经济帝国主义、利己主义，呼吁亚洲各民族
联合自强。当日，谈话主题即围绕此问题展开。谈话中，孙中山畅谈
东亚民族觉醒，给近卫留下深刻印象。矢部贞治《近卫文麿》一书记
述当日情景时说："孙文的风采，至今尚仿佛在眼前。"（段云章编著《孙
文与日本史事编年（增订本）》，第 590—591 页）

　　△　沈智夫来函，请向驻华荷兰公使严重交涉爪哇排华事件。

　　非常国会参议院华侨议员沈智夫前接南洋三宝垄中华总商会
函，称上年 10 月 31 日荷属爪哇姑突土埠华侨遽遭当地土人沿户抢
掠，放火焚烧。"事后调查，死者八人，店屋被焚六十余家，财产损失
约值荷币一百万卢布以上。连日逃来三宝垄，流离失所，惨不忍述。
而荷政府对于华侨被害，绝无赔恤办法。"沈因此致函军政府诸总裁，
报告情况。函谓："此次姑埠土人乘机掠杀，荷政府之于华侨事前疏
于防备，致肇无妄之灾，事后绝不维持，益增流离之惨。我政府胞与
为怀，对于侨民岂肯任令鱼肉而不予维持，且爪哇全岛华侨六十余
万，倘不急为保护，后祸恐犹未已。"恳请"俯悯侨民之无辜受祸，亟向
驻华荷兰公使严重交涉，务必责令赔偿损失，厚恤伤亡"。（《粤闻纪
要》，《申报》1919 年 1 月 17 日，"要闻二"）

　　△　赵希岳等来函，请求拯助贵州民生社。

　　是月，贵州民生社理事赵希岳、周之德、董权瑰、张士仁联名来
函，谓该社成立年余，近因举办报馆、筹备选政，"非求大力拯助，不能
收圆满之效果"。故公举陶礼燊、彭堃二人为全权代表，赴沪代陈各

---

①　此次见面可能发生于 1 月 18—19 间。据 1 月 18 日《申报》报道："日本赴欧议
和全权委员西园寺侯等，已由日本乘丹波丸起程，预计十八日可抵沪。该船不能靠泊码
头，只可停于杨树浦下之江中。西园寺等将乘小轮登岸，寓礼查饭店，约有两日之勾留。
惟预先声明，不赴宴会。闻民党要人唐绍仪、孙洪伊、孙文等拟往访之交换意见，日本侨民
更将开大欢迎会，邮船会社已筹备渡轮以便迎送。"（《日本议和专使将过沪》，《申报》1919
年 1 月 18 日，"本埠新闻"）

情,恳请接洽,并"俯赐大款"。(《张士仁等上总理函》,环龙路档案第13192号)

2月

2月1日 张知本等来电,反对添派鄂省和议代表。

军政府政务会议日前召开时,有人提议鄂省加派一人为和议代表。本日,张知本、毕鼎琛、白逾桓等鄂籍护法议员联名致电军政府各总裁及唐绍仪等,反对此项提议。该电所提反对理由有三:其一,南北和会,系全国问题,非一隅问题,必欲按省分遣代表,转形西南狭隘;其二,此前国会谈话会,金谓和议代表,应以人才为前提,不以各省为本位;其三,南北两方代表,均以十人为限,我方若逾额派遣,易予北方以口实。是以添派代表之议,"在倡者或持之有故,惟同人等统筹全局,觉此举于和议前提无关宏旨。与其节外生枝,贻他方以误解,孰若信任现已派定之代表,用昭吾人酷爱和平,敬恭桑梓之诚意"。(《破除方域之言论》,上海《民国日报》1919年2月11日,"特约电")

2月3日 北方议和总代表朱启钤遣吴鼎昌等赴沪,与唐绍仪面商议和地点及办法。

△ 尹仲材来函,呈递论新旧国会及时局问题意见书。

老革命党人尹仲材自北京来函,详陈解决时局办法。函谓:返京后将孙中山意旨向徐世昌详达,徐氏"极表赞同","愿设法解除一切困难以赴之,俾得实现",并嘱其转达。随函并附寄书缄两封:一为《尹仲材致新旧国会友人论法律解决之书缄》,一为《尹仲材再致南中友人书》。两函均旨在为徐世昌说项,称誉徐"有容纳平民政治和平竞争之雅量",无"以南北划恩怨之界域",主张在法律问题上应采所谓"折衷",实则迁就北京政府之办法。(《尹仲材条陈解决时局意见书上总理函》,《革命文献》第48辑,第300-309页)

2月4日　复函陈炯明,告和议难成,应充实军力。

1月13日,援闽粤军总司令陈炯明因吴铁城赴沪,托其携函奉达。来函报告和议期间粤军军情,及与各方交涉图谋发展情形。(《陈炯明上总理函》,环龙路档案第13563号)本日复函指出,南北和议虽开议在即,但北廷怀挟诡谲,各方均挟权利私见,和议前途,不容乐观。"粤军于停战以后,未能亟谋发展,则固守现势,整顿内部,以待时机,亦策之得者。至筹购新式武器,以谋改良,分途并进,亦属当务之急。欲谋异日之发展,必先求内方之充实,庶为不败之道。"(《复陈炯明函》,《孙中山全集》第5卷,第16—17页)

△　复函谢持,嘱随时报告粤中情形。

1月26日,谢持来函,报告广州政府赴欧代表推选、议和代表条例通过及四川军政等情。来函细述广州国会参、众两院票决赴欧代表及孙中山高票当选情形,指出:"议员中大不满意于儒堂、亮畴,咨询案之通过乃委曲迁就,谋政府国会之融和,不然亦几遭否决矣"。来函并报告上海议和总代表案、护法政府案、派遣代表条例等波折顿挫及其内情。在述及川省军情时,来函称杨庶堪已复职视事,惟熊克武"必欲摧残"石青阳、颜德基、黄复生、卢师谛各部。顷访岑春煊,建议"据重庆联军会议所定七师次序,统由政府命令发表",岑答俟电询唐继尧再办。(《谢持告广州国会选举欧洲和会代表经过上总理函》,《革命文献》第48辑,第319—320页)

本日复函,对粤事有所指示,略谓:"粤事由兄勉力维持,极念贤劳。川事既由岑电询赓,待观其复电主张如何,再定办法。黄、卢、颜、石诸部,苟能设法维持,必须保存之也。粤中情形仍望随时报告。"(《复谢持函》,《孙中山全集》第5卷,第17页)

△　复函伍毓瑞,勉其贯彻终始,以竟全功。

伍毓瑞日前来函,"殷殷以国难为虑"。本日复函,慰勉有加。函谓:民国成立迄今,国事飘摇,共和仅为虚名。"前鉴不远,来日大难,吾党同人尤不能不勉任斯责。""兄从戎累岁,备历艰难,此次崎岖粤、闽之间,屡建伟绩,壮志弥厉。""尚冀贯彻终始,以竟全功,俾树真正共和不拔之基。文忧国之责,未敢稍懈,苟足以提倡正义,振作斯民者,亦愿尽其棉薄,勉力图之也。"(《复伍肖岩函》,《孙中山全集》第 5 卷,第15—16 页)

△　复函笹川洁,祝贺《湖广新报》创刊。

日本法学家笹川洁来函,述其在汉口创办《湖广新报》,谋中日两国国民共同发展,以应世界之大势。是日复函,对其"热情毅力,深为敬佩",并奉上祝词一纸,"以表希望之忱"。(《复笹川洁函》,《孙中山全集》第 5 卷,第 16 页)

△　复函陈肇英,冀为前途努力自爱。

浙军将领陈肇英来函,报告浙军入闽,并进驻漳州,与援闽粤军共任防务情形。是日复函,对浙军响应护法,"义声昭焯全国",表示钦佩。并指出,"近日国事虽日趋于平和,而寇氛未靖,犹赖吾党志士群策群力,以谋幹济。执事统率雄俊,尚冀勉力维持,以竟全功,实所企盼。时事方艰,所望以百折不挠之精神,树真正共和金汤不拔之基,为前途努力自爱"。(《复陈肇英函》,《孙中山全集》第 5 卷,第 17—18 页)

2 月 5 日　唐绍仪来电,请速筹应对日政府就巴黎和会施压北京政府。

据路透社报道,日本驻华公使对北京政府发出警告,要求北政府"训令在巴黎之中国代表,凡所主张非经日本同意不能提出和平会议,中日缔结之密约不能发表。中国政府如同意,则昨年九月参战借款二千万元中未付之千七百万元可以照付,否则将该借款契约取消,并索还已付之三百万元"。是日,唐绍仪就此事分别致电徐世昌及朱启钤,严正要求"即饬部据理答复,迅速筹偿该款,取消军事协约,中日一切秘密条约,得由我国全权代表随时提出,诉之万国公论"。随后,唐绍仪又急电军政府各总裁,汇报两电情况,并谓"此事于和平前途关系至巨,亟请钧府速筹应付"。(《唐绍仪致军政府电》,《时报》1919

年2月6日,"公电")

△ 卢师谛、杨虎来函,介绍段廷佐来见。

川军卢师谛部顾问段廷佐自川返滇,道经沪上。本日,卢师谛、杨虎来函,介绍段廷佐来见,并报告川军军情。函谓:段君"倾心仰慕"先生,待其到沪时,"务望先生遇之,以貌示之,以方以慰。段君景仰之殷,倘有驱使,段君当能竭忠本党,尽力奉行,而副先生之德意"。并告滇军旅长田树五现驻万县,"与谛交最契,于本党尤表赞同"。现电唐继尧"愿将所部归谛节制","则谛之成师问题易于解决,于川局之进行庶几有望"。来函并请再寄肖像二十张,"以便择人而赠",俾"联络川滇黔三省高级将校","固其仰慕先生之怀"。接函后批示,"段君请随时来见,相片往亚细亚照相馆再印,照数寄去"。(《卢师谛等上总理函》,环龙路档案第00346号)

△ 刘成勋来函,表奋迅追随之意。

前者曾子唯返川,托其携函致送川军将领刘成勋。本日刘成勋复函,极言景仰之情。在谈到四川问题时表示,"川中局势,自辛亥以还,迭经战役,亦以潮流所激荡,不惜牺牲一切,以奠邦基。心迹虽可以自明,地方已饱受其祸。迩幸锦沧两公分治军政,收束休养,渐趋宁谧。成勋谬膺戎寄,无所树立,仅此爱国爱川之心,差足以剖白于座右"。(《刘成勋上总理函》,环龙路档案第00643号)

△ 向传义来函,望折冲和议,弭祸水危机。

前托林镜台向川中将领转交肖像,并述期盼之意。本日,四川靖国军第一混成旅旅长向传义来函,对"备荷关垂"表示感谢。并谓:"此时之和议呼声,正他日之兵戈导线。""所望折冲樽俎,力伐狡谋,共振经纶,善立条件,借先生之福星舌电,弭国家之祸水危机。"(《向传义上总理函》,环龙路档案第00642号)

△ 李齐民来函,陈述和议意见。

李齐民日前来沪,因闻孙中山"政务繁冗",未便走谒,故具函陈述和议意见。函谓:南北议和固以复约法、存国会为第一要义,然惩办祸首、解散国防军以及陕闽鄂诸问题更为切要,不可让步,敬请主持而力争。又谓:此次和议,诚恐如辛丙故事,苟且迁就,堕北方奸谋,"故严辟康蔡熊诸人之荒谬"。"又恐空言无济,爰借改良社会题目,提倡平民政策,结合在野人才,为将来对付选举,以免尽受权奸之笼络。"并请资助赴各省游历,积极进行,"以备一朝缓急之需"。(《李齐民上总理函》,环龙路档案第 11130 号)

是月 19 日,李齐民复来函,称呼号奔走,欲图良法,使中日密约立可取消,则段祺瑞之后援立绝,国乱或能稍缓,次之亦足寒日人之胆。现已组织国民对日外交后援会,设事务所于法界白尔路吉益里,得各界多数同意,不日开成立大会,敬恳先生鼎力赞助,俾早观成效。(《李齐民上总理函》,环龙路档案第 09407 号)

2 月 6 日 李纯来电,通告停战办法五条。

北京政府在派定议和代表前,曾明令江苏督军李纯协办和议。本日,李纯将经与南方接商所确定的停战办法五条,以通电方式告知军政府各总裁、北京政府国务院及南北要人。电谓:近月以来,和平空气,布满全国。南北政府虽明令停战,而陕、闽、鄂西等处尚有纠葛。经多次洽商,确定简捷办法如下:一、"闽、陕、鄂西,双方一律严令实行停战";二、"援闽、援陕军队,即停前进,担任后方剿匪任务,嗣后不再增援";三、"闽省、鄂西、陕南,由双方将领直接商定停战区域办法,签字后各呈报备案";四、"陕省内部由双方总代表,公推德望夙著人员,前往监视区分";五、"划定区域,各担任剿匪卫民,毋相侵越,反是者国人共弃之"。以上五条,均已获南北政府允准,即日双方通令按照实行。所有陕闽等问题遂告解决,南北和会即可进行。(《李纯宣布解决陕事电》,上海《民国日报》1919 年 2 月 9 日,"要闻")

2 月 7 日 复函谢持,告拒任巴黎和会特使原因。

1 月 28 日,谢持来函,报告选派巴黎和会特使近情,并谓"先生究能赴欧洲否,同人无不企望,幸察纳众意,补益国家者不小"。来函又谈及徐谦事宜,认为"在粤同人每于先生前短季龙,大半涉于情感

意气之私，宜择听季龙贤者，不可使其短气"。(《谢持上总理函》，环龙路档案第 02125 号)

是日复函告，"南方派遣特使，未得国际承认，断然不能代表发言，且文亦不能受北方伪政府所委任，此事当然无从进行。若明知其不能代表、不能发言，而贸然前往，亦甚无谓。故文赴欧之行，总以将来有机会之时再往，较为适宜，望以此意转告诸同人为盼"。就对北通电联名问题，并指示："总裁个人连名电北之时，代表当然不能代文列名。兄此举办法甚合。以后关于此类之事，皆以拒绝联名为宜。"(《复谢持函》，《孙中山全集》第 5 卷，第 18—19 页)

△　唐绍仪来电，请"一致应付"南北停战问题。

南方议和总代表唐绍仪接李纯鱼电后，于是日致电朱启钤，"请其电京，迅饬前方防线各军实行停止进兵，不得再施攻击，以昭诚意而维和局"。随后，又电护法政府各总裁，"请一致应付，并速催张君瑞玑克日赴陕主持"。(《唐总代表力争陕事文电汇录》，上海《民国日报》1919 年 2 月 21 日，"要闻")

2 月 8 日　朱启钤电请北京政府迅饬前方各军停止前进。

北方议和总代表朱启钤接唐绍仪虞电后，致电北京政府，请即照条实行李纯鱼电所公布之停战办法，饬令前方各军停止前进。(《朱总代表启钤致钱总理能训电》，《革命文献》第 50 辑，第 503 页)

△　复函安健，指示川边治理事宜。

1917 年 11 月 24 日，孙中山任命安健为川边宣慰使，驻节康定。安健接命后起行，所经各地战事方殷，道途梗塞，至上年 10 月方抵成都。到川后因闻边乱愈炽，沿边城邑失陷过半，遂驻省暂设行署，略事部署，一面派员四出侦查。上月 9 日，安健来函，详细汇报川边局势及应对之方，恳请指示。函谓："健自到蓉后，川边人士多致函欢迎，陈使亦迭电敦促，惟因经济问题，一时未即解决，致暂稽时日，刻拟向本地商号拨借经费，克日驰赴该地，着手一切。"川边地方，"将来若能部署稍定，尤可资以发展。益其地幅员之广，倍于川，等于藏，矿产丰富，百物咸具……若能从事开采，洵系富国之源。拟到彼后，察取各种物质，寄呈试验，再为向华侨募集开办"。又谓："钧处所存公债票，拟请拨给二十万"，"缘此间各商筹集事项，须得此为信物，方能活动一切"。（《安健上总理函》，环龙路档案第 00453 号）

本日复函，就川边经营指示："川边地域辽阔，物力充轫，如能善为规划，则异日展拓富力，增进民智，其关系西疆甚重。""此后正宜按其缓急，相机进行，毋以着手之艰难，而挫进取之壮志。藏番边民性本淳厚，苟能抚绥得宜，接以诚信，勉以大义，使彼心悦诚服，自渐能乐为我用。"并告"所嘱公债票，文前辞大元帅职后，已由财政部结束，一并移交于改组后之军政府，此间并无储存，故未能拨给"。（《复安健函》，《孙中山全集》第 5 卷，第 19 页）

△ 胡廷翼来函，恳彻查蔡济民案。

蔡济民罹难后，凶犯究缉颇形阻滞。本日，湖北靖国第一军前敌指挥胡廷翼来函，指出柏文蔚"有查办此案之心，无查办此案之力"。恳请电询唐继尧、熊克武、黎天才，"凡关于蔡君被害之因果，以及谋害之人名，彻底清查，必能水落石出"。并谓："此案如能昭雪，则蔡君虽死之日，犹生之年，有志国事者，亦不致丧气灰心，视革命如畏途。"（《胡廷翼上总理函》，环龙路档案第 13050 号）

翌日，湖北靖国第一军前敌司令部秘书长兼中校参谋夏一鸣来函，亦谈蔡案缉凶。函谓："于护法军驻在之后方，演出残害同志中总司令之奇怪惨剧，古今中外，实所创闻。""查蔡公在生为门墙之健将，纯粹清洁，以先生之心为心"，泣恳迅予电询唐、熊、黎暨黄复生、方化南，"务将蔡公被害之原因，以及谋害者之姓字，详细查出。一面派员密赴利川附近一带，设法调查，得有真相，然后提起公诉，以白沉冤。匪独蔡公瞑目于九原，而吾党军人亦感愤兴起而乐与国事"。（《夏一鸣上总理函》，环龙路档案第 13051 号）

△ 孔昭晟等来电，请合力拒绝苏米输日。

据报载，"段祺瑞等将与日人订约，准其每年贩运苏米一百五十万石出口,以三年为限"。风声传出,外界不胜骇诧。本日,护法国会议员孔昭晟、李建民等三十余人联名致电护法政府各总裁、上海和平会议总代表等,略谓:"吾国缺米省份,多以苏米为后援","苏米出口,关系至为重大"。段祺瑞一心卖国,"不惜断民食以媚外人","万一偏灾再见","则民食问题,势将演成德、俄面包之乱"。"安危之机,间不容发,务望诸公急起挽救,合力拒绝,破厥奸谋,以消隐患。"(《国会反对苏米出口电》,上海《民国日报》1919年2月27日,"要闻")

2月9日 熊克武来电,通告当日就任四川督军职。(《军政府公报》修字第52号,1919年3月5日,"通告")

△ 王天纵来电,建议将北廷诡计诉诸友邦。

豫军总司令官王天纵致电军政府各总裁,指出北廷既和且战,目的即在"使我军不能忍受,必起而抗拒,然后以破坏和平之罪加之我军,宣告五国,俾友邦不直我军,必反戈相向。伪廷得利用友邦势力,以遂其武力能决之初心"。建议"速将伪廷此中诡计诉诸友邦,俾知所曲在彼,自有一定公论。倘友邦不以伪廷为直,则彼隐有所忌,而狐鼠之计已穷,诡谲之谋自息,和平解决或可期焉"。(《军政府公报》修字第46号,1919年2月12日,"公电")

2月10日 军政府以命令公布特任孙中山、伍廷芳为欧洲和平会议全权大使,王正廷、伍朝枢、王宠惠为欧洲和平会议全权特使。(《粤闻纪要》,《申报》1919年2月11日,"要闻")

△ 致函高鲁,勉致力研究天文学。

高鲁(1877—1947),字曙青,号叔钦,福建长乐人。1905年赴比利时布鲁塞尔大学留学,获该校工科博士学位。1909年追随孙中山参加同盟会,1911年回国。民国成立后,任中央观象台首任台长。1913年创办《气象月刊》,1915年此刊改为《观象丛报》。高鲁与孙中山多有往来,不时寄赠《观象丛报》,1919年新年之际还惠寄铜座日历及袖珍历书。是日致函表示感谢,对其"专治璇玑,学业日进","殊深欣慰"。并勉其"致力不懈,臻极微奥,俾吾国测候象数之术,日益

昌明,发扬坠绪,振起绝业,以副鄙望"。(《致高叔钦函》,《孙中山全集》第5卷,第19页)

△　孙洪伊来电,主张废除中日间一切不正当条约。

日本公使小幡酉吉威迫北京政府,限制中国于欧洲和会发言权。其参谋部复训令驻沪武官,警告西南不许于南北和议时,提议裁撤段祺瑞国防军。消息传出,舆论哗然。本日,孙洪伊致电军政府总裁等南北各方,揭批日本违背国际惯例凌轹中国各情,呼吁各界群起,"向欧洲和会请求,将欧战期间中日一切不正当条约决议取消,杜绝东亚之乱源。一面自行裁撤所谓国防军,惩治段祺瑞等,剪除亡国之导线,谋中日真正亲善之实,去世界和平之梗"。(《孙洪伊主张废除不正当条约通电》,天津《益世报》1919年2月18日,"公电录要")

2月10日前后　陈义等来函,请撤章士钊南方代表职。

本月上旬,南方议和代表章士钊赴宁接洽期间,与北方代表谈话"荒谬"。旅沪国会议员集会讨论,公推郭人漳、方潜、牟琳、茅祖权等四人赴唐绍仪处面述,并推陈义、王试功、彭养光等前来晋谒,陈述情状,恳请处置。陈义等来访时,"适遇政体违和",未能接待,故来函陈述原委,祈请万勿优容,立将章士钊撤换。(《旅沪议员致孙总裁函》,上海《民国日报》1919年2月12日,"本埠新闻")

△　闽陕湘鄂联合会来函,请速接济援闽粤军。

上月,援闽粤军总司令陈炯明多次致电军政府,催拨子弹。本月,闽陕湘鄂联合会致函军政府总裁指出,"闽陕湘鄂为护法军重要门户,敌人以和平为政策,停战为军略,不惜四面来攻,司马之心,路人皆知。现在虽云停战,而军事上之先着,要不能以人之愚我自愚,致陷援军于死地"。祈请勿分畛域,速为接济援闽粤军。(《四省联合会成立纪事》,上海《民国日报》1919年2月12日,"要闻")

是月上旬　李绍白来函,恳将东北问题提交巴黎和会。

巴黎和会召开,国人颇抱期望。东北籍护法国会议员李绍白致函孙中山、伍廷芳、唐绍仪、孙洪伊等,认为此次欧会,盖欲将国际间一切不平之事根本解决,不使留有媒介,以诱起将来世界大战。中国问题不解决,是祸源未除,世界第二次大战终必不免。而"东省一隅,又为祸源中之祸源"。"东三省之于外人,接触之繁,缪辖之多,似不无问题可以提出和会,要求解决。"(《旧议员发起世界和议讨论会》,《申报》1919 年 2 月 10 日,"要闻")

3 月 1 日,李绍白再次来函,请赐示东北问题意见。函谓:前请将东北问题提交巴黎和会公判,现拟促东省各团体奋兴,图谋进行。惟兹事体大,盖非得老成硕望赞许,以增广声援,则此重大事情,鲜能有成功希望。"先生一言九鼎,尤足以促起中外之观听,敢请于百忙中拨冗见教。"(《李绍白上总理函》,环龙路档案第 12634 号)

2 月 11 日 邓铿来函,报告行止。

是日,邓铿由厦门抵达汕头,并来函报告,谓在汕停留约一星期,随后赴粤探察各方情形。(罗刚编著:《中华民国国父实录》第 5 册,第 3352 页)

△ 杨铨来函,请将取消国防军列为和议第一条件。

南北和议,杨铨夙倡实力担保法律之论。本日来函指出,欧战平息,段祺瑞为掩人耳目,改参战处为国防军,一面"乘南北和议之际招兵筹饷,着着进行,近拟编足十师,欲执中原牛耳","备异日登台时再实行武力统治主义,压服西南而后已"。"伏念先生当今英雄,海内健者,一言出之,尤有旋转乾坤能力。万望面商议和代表,将取消段氏国防军一事列为第一条件,开始谈判,使国贼无所凭藉,共和得以永垂。"(《杨铨上总理函》,环龙路档案第 13901 号)

2 月 12 日 中国代表在巴黎和会中公开有关中日各项密约。

是月 8 日巴黎和会召开会议时,议定禁止秘密外交,公开既成密约。本日,中国代表团依议将欧战发生后中日签订的各项密约公之于众。这些密约包括《中日陆军共同防敌军事协定》《中日陆军共同防敌军事协定实施之详细协定》《中日海军共同防敌军事协定》《中日海军共同防敌军事协定说明书》《中日解决山东善后条约》等。(《中华民国史事纪要(初稿)——中华民国八年(一九一九)一至六月份》,第 201 页)

△　致电巴黎和会中国代表团,促通报交涉情形。

是日,与岑春煊等护法政府各总裁联名致电巴黎和会中国代表团,略谓:"照约宣言,以维主权。请将最近交涉真相达知,以释疑念。"(《护法方面之大注意》,上海《民国日报》1919年2月13日,"本社专电")

△　致函孟恩远,要求释放被囚爱国青年。

顷接北方同志函,称去年有史鼎孚、王涤民、王宇青、周兴周诸人,"因愤国事败坏,协谋补救,因集议南下从军,犹未成行,为长春军警所闻,遽加逮捕,系于省垣,已越一载。方今国事渐定,群趋和平,王君等皆爱国青年,自宜亟复自由",敦请力促吉林当局"迅行释出"。本日致函吉林督军孟恩远,要求"讯明情实,予以解放"。(《致孟恩远函》,《孙中山全集》第5卷,第20页)

2月13日　复函谢持,告暂不续派驻护法政府代表。

是月5日,谢持来函,报告政务会议审议上海议和条例意见纷纭情形。并谓近因川事,拟赴上海一行,与川省代表刘光烈细计解决办法。恳请敦促徐谦返粤,续任政务会议代表之职。(环龙路档案第02024号)本日复函,告"此间和议近况,仍复停顿。季龙兄近不欲遽来粤。关于代表一事,如兄能在粤维持现状,以俟解决,甚善! 如兄因川事必不能不来沪一行,则护法政府代表事,此间仓猝实无可代之人,只好暂行听之而已"。(《复谢持函》,《孙中山全集》第5卷,第21页)

△　沈佩贞来函,称稍后晋谒。

函谓:和议开会在即,承广东各省公民联合会、广西护法军事后援会、中华女子参政同盟、蒙古实业商团委托,业于昨日抵埠。容俟稍暇,当专诚晋谒,面聆教益。(《沈佩贞上总理函》,环龙路档案第02196号)

2月14日　复函黄德润,勉以救国大义提撕群众。

云南张左丞来谒,携有黄德润手书,报告滇省情形。本日复函指出:"近年国事纷纭,神奸迭起,共和徒有虚名,匡济之责,至艰至巨;非赖二三老成,提挈纲领,为国民树之仪型,则用力多而成功亦不易。

执事群望所属,尚冀以救国大义提撕群众,庶风声所被,国民皆知护法之不容缓,于以群策群力,奠共和于金瓯之固,宁非深幸。"(《复黄玉田函》,《孙中山全集》第5卷,第21页)

△　复函杨蓁,勉踔厉进行,共树真正共和。

杨蓁(1889—1925),字映波,云南昆明人,滇军军官。早年加入同盟会,先后参加辛亥革命、护国战争、护法战争,1917年任靖国联军参谋长。张左丞来谒,带有杨蓁照片。本日复函告:"方今国事纷纭,正贤才为国努力之时,兄以英明干练之资,当错节蟠根之际,所望踔厉进行,以共树真正共和于根本不拔之基。"(《复杨映波函》,《孙中山全集》第5卷,第22页)

△　复函邓泰中,勉发扬踔厉,以匡国难。

邓泰中(1888—1927),字和卿,云南东川人,滇军将领。曾留学日本,1905年加入中国同盟会。历任连长、营长等职,1916年任云南护国军第一军第一梯团第一支队长。张左丞来见,带有邓泰中手书。本日复函,对其"统率劲旅,专事训练",深为欣慰。并指示"滇中民风谆厚,兄又为朴实坚毅之才,此后发扬踔厉,以匡国难"。(《复邓泰中函》,《孙中山全集》第5卷,第22页)

△　徐谦来函,录呈吴山报告。

函谓:得吴山报告军政府事由,录呈一阅。吴关于欧洲和会意见,来书甚多,嘱并呈阅。兹择两函送上,亦足见其"属望先生之微意"。(《徐谦上总理函》,环龙路档案第02127号)

2月15日　林镜台来函,报告四川财政、军事近情。

函谓:川局自杨庶堪复任,熊克武亦于2月9日就督军职,军民两政渐趋正轨。惟财政支绌,"前日沧白商得锦帆同意,电请廖、张两君来川主持,于川局大局,裨益良深。甚望先生促速就道,用慰群情"。军事方面,熊克武近开军事会议,于编制、分防各问题同时解决,但兵额较前加多。为国家前途计,似应扩张,"亦乞先生大力主持"。(《林镜台上总理函》,环龙路档案第00454号)

2月16日 白坚武来访。（中国社会科学院近代史研究所编，杜春和、耿来金整理：《白坚武日记》第1册，第184页）

△ 王元烈来函，请为报刊赐词。

王元烈等鉴及吾国弱点，一在民生凋敝，一在民智否塞，一在民德堕落，欲图挽救，非用报章启迪。故在汉口发起组织《大中国日报》，以维持民生，开通民智，增进民德为宗旨。本日来函，述创刊缘由，谓人微言轻，牖导国民，殊属匪易。"因思我公素以灌输文明、开导国人为前提，俯赐一言，谅必乐受。"现该报出版日近，"敬恳锡示鸿词，以光篇幅"。（《大中国日报王元烈上总理函》，环龙路档案第12813号）

△ 王芸芳来函，称不日来谒。（《王芸芳上总理函》，环龙路档案第01275号）

△ 匡世德来电，陈述对于新旧国会问题的意见。

2月11、15日，天津《大公报》刊载赵炳麟致南北要人意见书，主张新旧国会合并制宪。该文刊出后，外界颇不以为然。本日，江西和平期成会代表匡世德致电护法政府总裁等南北各方，批评赵炳麟主张，认为"今欲求其法律事实两不背驰，唯有新旧国会同时解散，根据旧约法，召集第二届国会制宪，较为直捷了当。盖旧国会任期已满，当然不能存在，新国会依新选举法产出，而新选举法又非经旧国会修正者，基础亦不健全。唯根据旧约法，召集第二届国会，其中当选人才不必尽属新国会之人才，亦不必尽属旧国会之人才，将来制成宪法，即属真正民意所表见，不失为一国之根本大法"。至因国会问题牵及总统问题，则提出可以两种办法解决："第一种以新国会选出之现大总统，令旧国会通过；第二种完全由政治作用，奉现大总统为临时总统，待第二届国会产出后，再行依法选举。两种办法，任择其一，均不患元首统治之权无从取得也。"（《江西和平会之制宪主张电》，《申报》1919年2月21日，"要闻"）

△ 张钫来电，诘责护法政府坐视陕战于不顾。

2月13日，北京政府将李纯鱼电所提五项停战办法，正式电达陕西督军陈树藩遵照执行。但陕战并未顺时止息,反而愈演愈烈,陈树藩不断催军进攻于右任率领的靖国军。16 日,奉军许兰洲部及镇嵩军刘镇华部进占盩厔。本日,陕西靖国军副司令张钫致电护法政府诸总裁、参众两院暨各省护法司令,痛责"停战命令已逾三月,陕西战事益形剧烈",略谓:"所最不可解者,陕军血战经年,屏蔽滇、川,犄角鄂、豫,使北廷不敢以全力图西南,而西南得以从容议和者,未始非陕军运制之力。孰意北廷一面言和,一面图陕,驱十万豺狼之师,抗外援无救之众,诸将士死不足惜,其如天下之公论何!是陕军不死于战,而死于和,不死于北廷之屠戮,而死于西南之坐视。直接谓徐、段等杀陕西民军,间接即谓军政府杀陕西民军也。"又谓:陕西地盘如为北政府所得,则"西蜀危殆,滇、粤可知,噬脐之忧,恐将不远"。(《张钫警告西南电》,上海《民国日报》1919 年 3 月 2 日,"要闻")

2 月 17 日　唐绍仪来函,告委任蒋梦麟为通布股主任秘书。

日前曾向唐绍仪推荐蒋梦麟助理和谈,本日唐来函,谓"蒋君政学夙懋,至愿借重。兹已以本处通布股主任秘书一席,浼其担任,乞为代达,并盼速驾"。(《唐绍仪上总理函》,环龙路档案第 13988 号)

2 月 18 日　复函于右任,告陕事交涉情形。

陕西靖国军总司令于右任因北军持续进攻,军事屡遭失利,数度来函告急。接获警报后,曾积极通过唐绍仪向北方交涉,但是否有效,并无把握。本日复函,告"北既不舍,南不能救,不得已惟有藉力于和议。比倩汉民往与少川商量办法,知渠亦极肯着力,已再三与徐、钱交涉,并持以责北方代表,认为先决条件。朱桂莘等亦谓陕事未有办法,故无颜遽来。昨闻其已得钱电,宣布五条办法,因定期来沪。但北廷有无诚意,许、陈能否遵令? 李督所拟五条办法,是否有效? 证以前事,仍未敢信。现在开议在即,少川诸人认定陕事为第一问题,不肯放松,或有相当解决之方法,此诚下策。然舍此亦更无良策也"。(《复于右任函》,《孙中山全集》第 5 卷,第 22—23 页)

△　致函林森,嘱促杨仙逸、张惠长赴汕助粤军发展飞机事业。

是月 2 日，梅培自汕头来函，报告粤军飞机事业近况，并有所请恳。函谓："竞存先生对于飞机事业，拟极力扩充，尤注意于罗致人才。陈权、蔡斯度二君由美带回飞机二架，被日政府扣留。弟曾顺托高君，请其回日协助交涉，并拟着陈庆云君往日，与陈、蔡二君商量，携机前来粤军效力，惟恐力有未逮，请先生致书陈、蔡二君，劝其为党为国始终不渝；或另托亲信同志，与陈、蔡二君极意接洽。并希分函子超先生，力促杨仙逸、张惠长两君前来效力。"（《梅培上总理函》，环龙路档案第 02625 号）

本日致函参议院议长林森，谓闻有杨仙逸、张惠长于飞机"斯学甚为优长"，请嘱张、杨二君赴汕襄助，望就近敦促，"以助粤军飞机事业之进行"。（《致林森函》，《孙中山全集》第 5 卷，第 23 页）随后又复函梅培，对其"襄助粤军飞机事"表示欣慰，期望能够"努力维持，俾飞机事业，日有进步，以副所望"。并告已致函林森，嘱促杨、张二君前来汕头，襄助粤军发展飞机事业。（《复梅培函》，《孙中山全集》第 5 卷，第 24 页）

△　李根源来电，促就陕战事向北廷进行交涉。

是日，李根源致电孙中山、唐绍仪等南方要人，对停战期间北军进攻陕军不止表示愤慨。电称："查前此北廷欲藉剿匪之名，为进兵之计，经军府严词诘责，与诸公仗义执言，凡属义军，同深感佩。不意和议将开，而阴谋愈炽，竟以全力围攻陕军，是迭次派员赴陕监督划界，均系以虚词相诳，实则藉和议期间为进兵地步。对陕如此，大局可知。应请军府与唐总代表提出诘问，倘北军不将入关军队全数退出，陕西境内完全停战，万无议和余地。"（《军政府公报》修字第 54 号，1919 年 3 月 12 日，"公电"）

2 月 19 日　颜德基来函，请惩办蔡济民案祸首。（《军政府公报》修字第 54 号，1919 年 3 月 12 日，"公电"）

2 月 20 日　南北和平会议在上海开幕。

是日，南北和平会议在上海旧德国总会开幕。北方总代表为朱启钤，分代表有吴鼎昌、王克敏、施愚、方枢、汪有龄、刘恩格、李国珍、汪绍杰、徐佛苏，秘书周诒春、贾士毅。南方总代表系唐绍仪，分代表有章士钊、胡汉民、缪嘉寿、曾彦、郭椿森、刘光烈、王伯群、李述膺、饶鸣銮、彭允彝，秘书钟文耀等。

和议开幕，南北双方总代表先后发言。唐绍仪首述和平会议之源起，继而郑重声明："此次西南护法之争，揆诸正谊公理，实为不得已之正当防卫，并非挟持意气，故与北方为难。所谓西南反对北方，此种不当之名词，西南绝不能承认。"在发言中，唐特别提出了各方观瞻所系的陕事问题，称："自停战迄今，经已两月，而陕西战事仍未停止。陕民何辜，遭此荼毒。鄙人于各代表未抵沪之前，与徐菊人先生函电交驰不下十数次，直至于今，仍无效果。今且和平会议以第一次开会矣，而据昨日所得消息，尚有三原失守说。果尔，则以前所下停战令，不成为一纸空文耶？务望诸君鉴陕西人民受此额外痛苦，首将此事解决，免使全国皆跻和平，而西南一隅尚遭涂炭。"

朱启钤在讲话中表示："南北纠纷各事，原因复杂，其造因不尽在民国八年中，因沿历史而来者甚多，自应为根本之观察，定远大之计划。"在谈到军事及陕战问题时，朱启钤称："至军事方面，尤应顺世界之潮流，副国民之责望，合财政之状况，力事裁汰。惟其办法，极应详慎，当为妥筹收束，引归正轨，不可因销弭兵祸，转启争端，致使人民疮痍未苏，又遭涂炭也。再停战以来，因地域辽阔，一时致有冲突，容或有之。辛亥和议时，亦不免有此种现象。自当从速设法，以纾民困。"（《南北和平会议开幕唐总代表绍仪演说词》《南北和平会议开幕朱总代表启钤演说词》，《革命文献》第 50 辑，第 363—365 页）

△　李纯来电，告和会已开，所膺重任，可告结束。

是日和会开议，江苏督军李纯通电军政府总裁等南北要人，回顾与湖北督军王占元、江西督军刘光远力促南北和议情形，称"凡膺其任，已可告一结束"。"其后仔肩虽卸，愿望正殷，愿与当代宏达，同力匡扶，以成和局。"（《军政府公报》修字第 54 号，1919 年 3 月 12 日，"公电"）

2月21日　上海和会续开,讨论陕西问题。

此次会议,南北双方代表全体出席。就陕西问题,唐绍仪提出四项要求:一、撤消陈树藩;二、许兰洲所统入陕奉军退回原驻防地;三、自上年11月16日停战令下达后,迄2月13日五条办法宣布前,北军占领地域一律退还;四、即日讨论切实解决办法,俾张瑞玑赴陕划界时易于办理。朱启钤对于第一条"以为操切,未肯赞同",第二、三条只允2月13日五条办法宣布之日起负责任,第四条则俟当日面晤张瑞玑后再行讨论。会议无结果。(《唐绍仪发电稿》,中国社会科学院近代史研究所近代史资料编辑组编:《近代史资料》总51号,第162页)

△　杨虎来函,求授中将。

杨虎(1889—1966),安徽宁国人,毕业于南京将弁学堂。1917年12月,任中华民国军政府军事委员,次年3月任海陆军大元帅府参军。杨近阅报章,见军政府特授实官一节,遂于是日来函,恳请授予中将官阶。函谓:奔走国事,十年于兹,虽无殊功,幸鲜大过。况今游说四方,毫无凭藉,声势上未免稍受影响。"为扩张党势起见,欲得一官以昭信用,庶几权力藉此增益,对于本党不无小补。"务恳"鉴其款款之愚,准如所请,案虎官阶,晋授中将"。接函后批示:"吾辈此次护法,并未成功,所以吾党之士,当仍卧薪尝胆,艰苦奋斗,万不可立此虚名之想。且此事亦为先生万难办到,即使勉强办之,必为北京所忌,于兄有损无益也。"("中华民国"各界纪念国父百年诞辰筹备委员会学术论著编纂委员会主编、中国国民党中央党史史料编纂委员会编:《国父墨迹》,第334页)

△　汪精卫致函古应芬,述孙中山对时局及地方问题意见。

汪精卫前接古应芬两函,迟迟未复,本日复函,谈及孙中山对大局及地方问题意见。该函由陈融转交。在谈及南北和谈时,函谓:"昨日南北代表已正式开会,今日已议陕西问题。两方代表各有难处,北方代表既为有势力之主战派所挟持,又为有势力之外援所恫喝,瞻徇顾忌,在所不免(此指有良心者言之);南方代表利害既不一

致,趋向自然纷歧,トーサン(唐绍仪——引者注,下同)尤窘,盖セイガクカイ(政学会)既龉龅之,ソンバクラン(孙洪伊)派又嫉妒之,日日在围城中也。先生依然乐观,盖以英美颇左袒正当之主张也。先生因亦颇左袒トーサン,盖既怜其无助,且鉴其苦处也。兄前谓,须展兄与弟为先生及トーサン间之奔走者,以现状观之,似可无须矣。"

关于地方问题,函谓:"先生甚主张烟样为广东省长,如吾人在粤时之所讨论者。トーサン和之,其办法则由粤军归粤着手,而以チョー(钱能训?)之疏通自任。惟亦有望于烟样者,则裁兵之议,希望烟样能为之声援,作一好模样与人看,此议得吾党拥兵者之声援,应使人知吾党不专恃武力也。其实,兵在精不在多,弟已有函致烟样矣。"(《汪精卫致陈融等转古应芬函》,李穗梅主编,李兴国、朱晓秋整理:《古应芬家藏未刊函电文稿辑释》,第140页)

2月22日 派戴季陶赴日本沟通意见,要求日方停止支持段祺瑞。(段云章编著:《孙文与日本史事编年(增订本)》,第592页)

△ 护法国会来函,促查照施行两院关于陕事决议。

北军违背停战令,攻陕甚急。20日,护法国会参众两院召开联合会,决议敦促护法政府,"迅电北庭,限一星期内将该省北军全数撤退,并即解除陈树藩、刘镇华兵柄,实行停战"。如仍背约,"应即通电外交国,俾知和局破裂,责有攸归,并通告护法各军急筹抵御,一致进行"。是日,参众两院议长林森、吴景濂暨两院议员致函军政府总裁,促即"查照施行"。(《军政府公报》修字第55号,1919年3月15日,"公文")

△ 叶夏声来函,代请资助贵州民生社。

日前经彭塈介绍,贵州民生社代表陶礼燊与叶夏声接洽,并交来该社公函,嘱其代呈。本日,叶夏声来函,称近来贵州民党势力复张,民生社之力不小。现因创办日报,筹备下届省议会及国会选举,需款极殷,不有以扶植培育,则有"苗而复萎"之虞。恳请"特予灌溉,勃然生之"。接函后批示:"存,不答。"(《叶夏声上总理函》,环龙路档案第02912号)

2月23日　会见日本驻上海总领事有吉明。

是日，与日本驻上海总领事谈话，涉及日本对华政策、南北和会诸问题。略谓："如果我至今仍是政界的孤立者，则无计可施。当初作为东亚大局所必需的维持日本势力之途径，可牺牲以我为中心之南方之意见，至今我仍未见到有任何改变。""我作为一个彻底的革命者，从一开始就对此类会议（指南北和会——引者注）未给予重视。"（段云章编著：《孙文与日本史事编年（增订本）》，第593—594页）

△　复函邹鲁、叶夏声等，拒荐广东省长。

是月12日，邹鲁、叶夏声、李自芳、谢英伯等粤籍国会议员二十八人来函，请求推荐广东省长。函称："金以省长一职，关系全省治安，非才猷卓越，政绩昭著，地方人士夙所信仰者，不能膺此巨肩。胡公展堂、陈公竞存，资望相当，均足胜任愉快，敬维我公眷念时艰，俯从舆论，立电政府，就胡、陈两贤中择一任命为广东省长，固吾粤三千万人民所馨香祈祷以求者也。"（中国国民党中央委员会党史委员会编：《邹鲁先生文集》，第287页）

本日复函拒绝。函谓："粤省近年吏治堕坏，无贤执政整理庶政，诚如所言。惟推荐省长，自以国会及省会同人主张，及足以示民意所存，文个人自未便电粤推任。倘诸君主张金同，仍以就近主张，为地择人，较为适合。"（《复邹鲁叶夏声函》，《孙中山全集》第5卷，第24—25页）

△　黄元白来函，恳荐胡汉民为广东省长。

粤籍护法国会议员黄元白来函，谓广东"为民党策源之地，举足轻重"。今省长更动消息，时相有闻，邪说日作。"此时粤人心理，与事势之考虑，省长一席当以胡公展堂为最宜。"恳"急发函到吾粤全体国会议员，主持正谊，俾有所遵循"。接函后批答："吾不便直接干涉地方事，总望各人维持正义，努力奋斗。"（《黄元白上总理函》，环龙路档案第02068号）

△　吕超来函，介绍邱延薰来见。

因所部秘书长邱延薰奉熊克武命赴沪充任军事代表，吕超特嘱其前来晋谒。本日并来函介绍,恳请"指导维持"该部军事前途。

(《吕超上总理函》,环龙路档案第00479号)

2月24日　南北和会举行第三次会议。

双方仍就军事协定、八年公债及陕西停战等问题展开争辩。关于军事协约,据钱能训来电,不承认有附件,仅允抄寄海陆军协定各一件,及解释欧战终了换文一件。又以欧和会未签字为辞,不允裁撤参战军,以声明不作他用为辞,不允停止参战借款。朱启钤同意派遣专员赴京,提取关于以上各项案卷、附件及往来公牍,由和会详细讨论议决。关于陕事,朱启钤答应再电北京政府,严令前方遵照五条办理。关于八年公债,朱启钤也认为不合法。讨论结果,公债条例及铁路借款合同,推定胡汉民、刘光烈、王克敏、吴鼎昌为审查员,附审查。关于救恤湘灾案,推定章士钊、彭允彝、方枢、徐佛苏为审查员,附审查。唐绍仪除坚持裁撤参战军、停止参战借款、陕事由朱启钤完全负责外,并提出关于军事协约附件,若援用各种证据,证明其确有该项卖国之密约,全部务须公之于众。(《唐绍仪发电稿》,中国社会科学院近代史研究所近代史资料编辑组编:《近代史资料》总51号,第163—164页)

2月25日　唐绍仪来电,请严速制止粤省抵押借款。

唐绍仪因闻"粤省有人以全省电车、电话抵押借款某国,损失权利甚大,且有由某国派兵保护创办人之条件",本日致电军政府总裁及广东督军、省长,请速行制止。略谓:"当兹议和之时,我方阻止北廷借款及发行公债,今粤省亦有此等举动,何以责人?应请严速制止取消。"(《唐绍仪发电稿》,中国社会科学院近代史研究所近代史资料编辑组编:《近代史资料》总51号,第163页)

2月26日　南北和会举行第四次会议,在陕战等问题上仍无进展。唐绍仪向朱启钤表示,除非北京政府下令撤换陈树藩,否则绝不再议他事。(《唐绍仪发电稿》,中国社会科学院近代史研究所近代史资料编辑组编:《近代史资料》总51号,第164—165页)

2月27日　于右任等来电,恳严诘北军进攻。(《军政府公报》修字第54号,1919年3月12日,"公电")

2月28日　南北和会举行第五次会议。

唐绍仪批评北京政府缺乏和谈诚意,并向北方代表提出,若四十八小时内对陕事不能有明确答复,即停止会议。随后,唐绍仪迭电军政府政务会议、各总裁等,报告会议情形,主张暂持冷静态度,并暗中有所准备。电谓:"和议虽近停顿,然尚未决裂之时,四十八小时后,北廷如无满意之答复,仪当从外交方面着手,迫北廷使负不停战之责任。现时中外盼望甚切,非至万不得已,不可使之破裂。广州各方必多激论,望于未经仪电告代表职责已尽,无可转圜之前,暂持镇静态度。惟暗中准备,仍不可懈,海军尤要。"(《唐绍仪发电稿》,中国社会科学院近代史研究所近代史资料编辑组编:《近代史资料》总51号,第166页)

△　致函黄复生,饬彻查蔡济民被害案。

蔡济民在利川被害,各方函电交驰,备述死难情形。接黎天才及蔡济民所部来电,谓蔡系黄复生部方化南等所害。闻讯之下,极为骇异。本日致函黄复生指出:"文僻处沪上,鄂中情事无从详悉。惟又香兄为吾党坚贞之士,奔走国事,百折不挠,此次变起仓猝,遽罹于难,亟应彻究,以彰公道而慰义烈。望即详查见告为盼。"(《致黄复生函》,《孙中山全集》第5卷,第26页)

△　复函王安澜,告和议情形,勉群策群力,奠真正共和。

日前范亚伯携王安澜函来沪。本日复函,对其"屡克名城,为义师中坚"深表钦佩。就南北大局告:"近日国民渴望息兵,冀求善治,自和平会议在沪上开议以来,方协议根本解决,以铲除不法武人乱国之图,俾举国咸趋于法治正轨。对陕进兵一事,近方严行交涉,度北廷迫于公议,亦未必敢悍然无忌也。"并嘱其"持义不懈,国事前途,尤赖群策群力,以其奠真正共和于金瓯之固,以副国人之期望"。(《复王安澜函》,《孙中山全集》第5卷,第27页)

是月　致函海外同志,冀赞助建造广州黄花岗七十二烈士纪功石坊。

护法国会参议院议长林森来函,告"筹议劝募捐款,建筑黄花岗七十二烈士纪功石坊",约需港银二万六千余元,并将所拟建筑图说暨劝捐办法说明书寄呈,请致函海外同志募捐。为此特致函海外同志,请求捐助。函谓:"查三月廿九日之役诸烈士牺牲生命,与专制政府决斗,而海外侨胞则输助以血汗换来之金钱,接济饷械,内外相辅,卒能为先声之树,不终稔而满清竟仆,此种丰功伟烈,允宜昭示来兹。我海外同志崇拜先烈,夙具挚诚,对于林森君此举,自必乐为赞助。务望协力捐助(汇款寄广州广东银行交林森君手收),俾得早日竣工,为吾党留一绝大纪念。"(《致海外同志函》,《孙中山全集》第5卷,第111—112页)

△ 董必武、张祝南来见,报告蔡济民被杀惨况。

蔡济民被害后,受鄂西靖国军将士所托,董必武、张祝南离开利川赶赴上海,向孙中山及有关各方申诉蔡案,揭露真相。抵沪后,在詹大悲等人的帮助下,董必武前来晋谒,并拜会章太炎等,详述蔡济民被杀情形。(《董必武年谱》编纂组:《董必武年谱》,第41页;张德庚:《先祖张祝南事略》,《湖北文史资料》总34辑,第232页)

△ 余愚来函,报告蔡济民案详情。

函谓:蔡济民前在利川,唐克明以其名在己上,甚忌之,既阻止其军队开赴前线,且时怀兼并之心。迨蔡有愿受第二军黎天才编制,不愿受第一军唐氏编制之说,而唐死蔡之心遂炽。方化南系川军黄复生部下,去年八月率队援鄂,设司令部于利川,与蔡同驻一城,平日颇不相能。唐氏探知,遂以万金贿方谋蔡。方勾结匪类,施其狡狯,于1月27日进城围攻司令部,执蔡枪毙。又谓:蔡在民国,有功无罪,此次被害,造意者唐氏,实犯者方氏。"蔡公已矣,伸冤雪恨,端在我公。现在南北议和代表莅沪,祈公即将此案宣布,以伸公愤,并祈提议政府,解除方、唐二兵柄,按法惩办。"(《余愚上总理函》,环龙路档案第13053号)

△ 熊克武来函,略致问候。

刘光烈日前来沪,熊克武曾附函致意。随后因接上年12月23日函,复于本日来函,略谓:川中戎政,渐归统纪,然国内和平,隐忧甚巨。"瞻言百里,为万世规,是在先生以先知先觉,措国政于可久可大之域。"并表示"倘不遗远,有所教饬","敬当竭蹶以从"。(《熊克武上总理函》,环龙路档案第00641号)

3月

3月1日　高振霄等来电,解释军政府改称护法政府理由。

军政府改称护法政府,西南内部颇有不明所以者。本日护法国会议员高振霄、刘景云等联名致电军政府总裁等西南要人,解释改名缘由。电谓:军政府改为护法政府,不过仅易名称而已,内容并无丝毫变更,然所以不能不改者,理由有三。其一,对世界表示正大。"护法者云,护国也;护国云者,护民也。以此堂堂正正之旗,若政府之上,冠以军字,不惟护法旗帜不甚鲜明,深恐外人不明我国内情,认为武人互争权利,或讥为一丘之貉。"其二,对全国表示正大。国人心理,"鉴于历年军事,创巨痛深,深恶极惧,故军字窃恐小民怀疑。若欲求全国同情之奋兴,必先使顾名而思义"。其三,谋法治之实现。我国号称共和,历年政象,较前清专制尤厉。"今西南欲为全国范模,导入政轨,一方谋军事统一,一方谋法治实现。试问名曰政府,除海陆交通与军事有直接关系外,如内务、外交等事,其上加一个军字,同人不敏,征之世界历史、现行学说,百思而不得其解。"(《解释军政府改称护法电》,上海《民国日报》1919年3月12日,"要闻")

　△　李烈钧来电,辞参谋部长。

是日,李烈钧致电军政府各总裁,以病体不适为由,请辞参谋部长、军事委员长职,称"俟稍告痊,再当为国家勉效驰驱"。(《军政府公报》修字第54号,1919年3月12日,"公电")

3月2日 俄国共产党在莫斯科召开国际共产主义者代表会议,第三国际随后宣告成立。

△ 南方代表团通电全国,宣告和议中断。

南方代表团就陕事所提四十八小时限期答复,期满并未见北京政府明确回应。本日,南方代表团全体成员联名向中外宣布停止和议。宣言指出,自 20 日开议以来,会凡六次,"乃有理宜先决之陕西停战与参战军停募之两大事件,横生梗阻,遂致所谓根本问题讨议未遑。盖所议者和也,和战不能并立,一面言和,一面主战,此非北京政府谋和之无诚意,即其威信之不能行,有一于此,和必无幸"。是以于 28 日提出实行停战与撤换陈树藩两条件,限四十八小时答复。"届时答复如难满意或竟无答复,则证明北京政府之无诚意,和议势不得不停。今限期以届,复文未至,和议自明日起即无法进行。"(《唐绍仪发电稿》,中国社会科学院近代史研究所近代史资料编辑组编:《近代史资料》总 51 号,第 132—133 页)同日,北京政府国务总理钱能训电复朱启钤,谓南方代表有关陕西停战问题之责问,将有确实答复,但不能限于时日。(《钱总理能训致朱总代表启钤电》,《革命文献》第 50 辑,第 518—519 页)

△ 贵州省议会来电,请惩徐树铮。

本日,贵州省议会致电孙中山、徐世昌等南北要人,认为徐树铮实为破坏和局之罪魁祸首。略谓:参战处难撤、国防军独立、闽陕北军违令进攻、新近借款等等,在在均与徐树铮相关。"凡此行为,皆天人所不容,豺狼所不食。现值外交异常紧迫之日,正吾兄弟合力御侮之时,论功言罪,应去南北之成心,锄恶治奸,宜以法律为归结。诸公均为人望所归,且属战计所系,务乞伸张公道,严惩凶残,以昭炯戒。"(《军政府公报》修字第 58 号,1919 年 3 月 26 日,"公电")

3月3日 北京政府下令陕西各将领停战。

陕西问题已为和会之梗,在和会濒临破裂、各方函电交责的情况下,北京政府被迫作出姿态,于是日下令陕西各将领停战。令文略谓:"前由国务院依照协定办法,通饬停战划防,其陕省内部,并照第四项办法,派张瑞玑驰往监视区分,务在一律实行,克期竣事。各该将领,自应共体斯意,恪遵办理,倘或奉行不力,职责所在,不得辞其咎也。"(《政府公报》第1106号,1919年3月4日,"命令")同日,北京政府总统秘书长吴笈荪电复朱启钤,告陕西停战,"现既分别严饬遵守,可保一律奉行"。(《吴笈孙致朱总代表启钤电》,《革命文献》第50辑,第520—521页)停战令虽发,然北京政府仍无视撤换陈树藩要求。4日,英国驻华公使朱尔典拜会徐世昌,告"中国南北统一,若在欧议签约之后,中国即不能得有利益",催促北京政府"应速筹议"。(《吴笈孙致朱总代表启钤电》,《革命文献》第50辑,第521—522页)6日,唐绍仪致电军政府政务会议,谓北代表来言,撤陈树藩一节,目前碍难办到。"绍仪等以'停战并无保障,且前此违令之责不能不问,撤陈为各方面之要求,断难取消'答之。张瑞玑来函,亦以停战未得确实办法,尚未启程。外交及舆论俱同情于我,闻英使已向北廷劝告矣。此事我直彼曲,自当力持初议,静以待之。"(《唐绍仪发电稿》,中国社会科学院近代史研究所近代史资料编辑组编:《近代史资料》总51号,第168—169页)

3月4日 护法国会奉吉黑籍议员来函,请电巴黎和会中国代表宣布取消中日间东北各密约。

巴黎和会开议,中国代表公布中日间有关密约,国人咸感振奋。护法国会东北籍议员认为,中日各种密约,涉及东北者最多,表面看似不如二十一条及军事方面的密约危险,但"其实已攫得军事上、经济上之根据,前后各种密约,均藉此为进行之径,深入之阶"。有见及此,护法国会奉吉黑议员一面径电驻欧各使,请为宣布取消满蒙吉黑各借款密约,并电奉吉黑各团体组织外交后援,推举赴欧请愿代表;一面函电国内要人,恳请"大力主持"。

是日,吴景濂领衔,护法国会奉吉黑籍议员近五十人联名来函,略谓:"夫谓日人谋我仅限于满蒙吉黑者,固属自欺欺人,而谓满蒙吉黑之亡不致亡及全国者,恐亦无此理势。先生爱国惟诚,目光如炬,此中利害早已烛照无遗。务恳电达在欧各使,将以上两约相机宣布,设法取销;宣布其它密约,以求国际上之平等;取销满蒙吉黑各约,以恢复军事上及经济上之自由。必同时取销,始足以立国。至日人于奉属各县自由设警,接触益近,冲突时闻,日人反利用之,以为乘隙蹈瑕之计,是诚国际间未有之恶例,亦实中日间战乱之伏机。尤望力主撤除,以平民气而重国体。"(《吴景濂等上总理恳电驻欧各使设法宣布取销满蒙吉黑各借款密约函》,《革命文献》第 48 辑,第 321—322 页)

△ 张绍曾来电,述解决南北争端办法。

南北和平会议甫经开幕,即因陕事纠纷遽尔停顿,外界颇为焦虑,纷纷献计献策,亟谋和会重启。本日,一直奔走南北、力谋调和的张绍曾致电军政府各总裁、北京政府总统等,献陈意见,以备采择。张氏所提四项办法包括:(一)南北当局及代表应视和会为国家共同根本改革之举,不得视为南北权利之解决。所有一切军事行动应即撤去。(二)南北当局应征集真正民意,将各项应决问题拟一具体案,交由总代表作一次提出。此种提案务求适合国家全体,不必涉及局部私争。(三)具体案由南北总代表提出议决,双方当局应声明赋予此会议以解决之全权。(四)会议决定各条件须于和会中特别规定保障实行方法。其保障法应由当局宣示国民,负责履行。(《张绍曾对于和议之意见》,《申报》1919 年 3 月 7 日,"本埠新闻")

△ 丁克涛来函,阐述时局意见,请求资助。

中华革命党党员丁克涛本日来函,谓此次欧会,"先生被举大使,尤期从速起驾,并望力持权利不少让步,不辱我国之荣誉"。南北和议,现虽停顿,将来开议,望咨请唐绍仪"保障约法永久和平,切勿再被北廷垄断武人争衡"。来函并谓:自入同盟会以来,为国奔走,历有年所。此次寄寓沪地,困苦万状,典质借贷,业已殆尽,恳祈润赐若干,以御饥寒。(《丁克涛上总理函》,环龙路档案第 13903 号)

3 月 5 日 护法政府所设大理院开院,赵士北任院长。(《军政府公报》修字第 56 号,1919 年 3 月 19 日,"通告")

△ 云南省议会来电,请将中日密约提交巴黎和会公判。

电谓：日本于民国四年迫我订约二十一条，上年复乘我国政争，利诱北京政府私订中日密约及各种草约、借款，皆以势力侵迫，攫我利权。"应乘此欧洲和平会议之时，提出要求公判，不达取消之目的不止。"来电认为"此为我国生死存亡之关键"，恳请"一致主张，合力进行"。（《（民国）南北议和会议卷宗集成》第7册，第2929—2930页）

3月6日　美、英、法、日、意五国公使召开会议，劝告南北政府尽早恢复和议。（陈锡祺主编：《孙中山年谱长编》下册，第1160页）

△　北京政府国务院发表通电，推卸和议停顿之责。

是日，北京政府国务院通电南方要人、各省军民长官以及和平团体，备述和会发端以来的各种努力，指责唐绍仪"仅据于右任私函"所作出的四十八小时通牒，批评南方代表于迭次会议，对"根本关系之法律问题，未尝一语道及，即政府代表所提出裁兵及军民分治各议案，皆有关善后重要计划，亦以开议以后枝节纠纷，束之高阁。徒摭举外交、内政种种事实以诘难政府。既失集议本旨，且轶权限范围"，最后声明"会议之延滞，中央固不任其咎"。（《政府公报》第1112号，1919年3月10日，"公电"）9日，唐绍仪针对北京政府的卸责透过，发表通电予以批驳。

△　复函柏文蔚，勉贯彻护法初志。

上月，柏文蔚遣陈幼孳赍函赴沪，前来晋谒。函谓：闻南北和议以裁督减军、废国防筹备处及解散新旧国会为条件。"前此三者均属正当主张，惟国会一节，关系立法精神，义师之起，即因国会而致。""文蔚于此深觉耿耿于怀，谅先生必有伟议以辟其说，惟道远恨不即闻耳。"来函并谈及蔡济民之死，谓："蔡君幼襄死事惨烈，不殒命于沙场，而被戕于同类。部属三十余人，胥饮此无情之弹，随入地下。吾党之不幸，亦国家之不幸。其间详情，并托幼孳面陈，势难遽以彰之笔楮也。"（《柏文蔚（烈武）上总理函》，环龙路档案第12937号）当月15日复就蔡济民案来函，谓此案"内容颇为复杂"，特将有关往返函电及胡金桥等呈报、牟鸿勋等通电抄寄，"以明真相"。（《柏文蔚为寄呈有关蔡济民被杀一案文件上总理函》,《革命文献》第48辑,第264页)陈幼孳抵沪后来谒,奉呈柏函,并详述有关情形。

是日复函,对柏氏频年"艰阻备经","指麾诸军,号令若定",表示钦佩。就沪上和议指出:"虽为轸念民生,不忍使久处锋镝之中,然根本主张,仍在法律解决。旧国会为南方护法之基础,此次南方代表,即系受旧国会所委托,断无以解散国会为条件之理。尊处所闻消息,恐系北系所布流言,以冀摇观惑听;执事能不为所惑,具征持义之坚。"并勉其"以此意与诸同人互相淬厉,以贯彻吾人护法初志"。在叙及蔡济民被害案时,函谓:"又香死难极惨,深所悼心,此间同人现已从事调查事变始末,真相既明,自当妥筹处置,以慰英灵。"(《复柏文蔚函》,《孙中山全集》第5卷,第28页)

△　复函黎天才,告国事前途端赖贯彻护法初衷。

上月14日,湖北靖国联军总司令黎天才借军政府代表杨耀堂回粤之便,托携函致意,敬请于和议席间关注鄂事。函谓:和议之声弥漫全国,惟南北意见,终未尽行化除。"以天才之愚,即使和议告成,而西南枝干须具有精神团结之能力,然后可以拥护法治,勘定国家。此次西南基础虽已成立,而卒未得完全优胜者,盖扬子江流域我未得有根据,绾交通中心之鄂省,复有梗于中也。"此次和议,关于鄂事必有所讨论,"虽系局部问题,然对于将来我西南之发展,关系至巨"。"先生盱衡时局,烛照几先,必有以主持之。"(《黎天才上总理函》,环龙路档案第12912号)

本日复函,对黎"兴师护法""独膺其难""相持累岁,为西南之屏障"深为感佩。指出和议停顿,国事前途,端赖西南内部"贯彻护法初衷"。函谓:"此次和议之起,原为不忍国民久罹兵革之惨,故协谋和平之解决,而根本仍注重法律问题,俾全国永处于法治之域。然自开议以来,北廷仍始终攻击陕军,施远交近攻之策,始终无切实停战之表示。南方代表以其毫无诚意,故近日已停止谈判,将此意申告全国。文以为北方无信,实久在吾人意计之中。倘西南及长江各军能洞识其诡谋,互相团结,以求贯彻护法初衷,庶可不致堕其术中。"并勉其"与诸同人,以斯意互相淬厉"。(《复黎天才函》,《孙中山全集》第5卷,第29页)

△　复函叶夏声,告不便加名赞成华侨实业协进会。

国会议员叶夏声等鉴国家富强,端在实业,遂联合同志,组织华侨实业协进会,并议请孙中山为赞成人。上月24日,叶夏声来函,寄呈该会宣言及章程,邀请列名赞成人,并请"函知海外同人助成斯举",发动海外同志认股,筹办实业。接函后批示:"不便加名赞成,因国中同志所发之会太多,若赞其一,不赞其他,反为不好。"(《叶夏声上总理函》,环龙路档案第02049号)

本日复函告:"联合侨胞发展实业,此固今日切要之图。惟赞成人中可不必列入文名,以国内同志发起组织之团体太多,又多请文为赞成人;文既不能悉应其请,则不如概不列名,尚觉公允也。"(《复叶夏声函》,《孙中山全集》第5卷,第28—29页)

△　遣汪精卫宴请记者,陈述机器借款主张。

是日正午12时,汪精卫设宴大东旅社六楼,款待各报记者,并代表孙中山即席演说。略谓:"我国年来内变迭起,一时似无余力顾及其他重要问题。中山先生居恒默察世界之大变局,意谓:经此欧洲大战争后,武力上之压迫再见与否,或难断定。惟在经济上之压迫,趋势所及,仍不能幸免也。说者或以欧洲各国创巨痛深,一时元气遽难恢复,远东方面之经济活动自将从缓。而不知欧洲方面之设施,实与此种意念相反。方今英法两国均经在彼首都会议,着手对远东施展商业之方。若美利坚,已早派芝加谷银行团代表亲来东方实地查察矣。我国处此危局,不出生死两途:一则束手无策,任人之来而无所备;一则急谋完善之方,俾双方得以调合而剂其平也。统计欧洲大战消费,一日之间须耗二万四千万美金。诸君试思,如此巨额用款,果将从何而得之耶? 然彼入战诸国,亦有两途可自为计:一则即就国民生活所需,殚力搏减,至无可减而止;再则各国经此战乱之大教训,工业上骤见变更,组织趋于统一办法,化为国有生产力之扩大,骤胜平时数倍,是以尚可支持战局历久而弗敝也。战时如此,战后可知;则将来各国对于远东商场活动之不能已,与我中国将来工业失败之不能免,似又不得不早为之计也。以今日世界列强之组织更新,科学更发达,我国若仅提倡国货,期与舶来品相抵制,则小工业与大工业争,小者必败;粗制品与精制品较,粗者必应手而靡。他日各国工业品大举进输我中国后,我国可得三种时期之变化:第一时期,各洋货供过于求。屯积既多,必事贬售,则我可得廉价之便,现象似甚乐观。第二时期,我国金钱尽被吸收往海外,渐呈外强中干之势。第三时期,生货全属国产,熟货全属舶来品,工业悉归失败,生计一无可言。至此时期,则我经济上之危殆实有不堪设想者。在鄙人去岁疗臂伤,偃卧羊城某病院时,偶闻欧战停息,凯旋庆祝之声纷来,遂鳃鳃焉为我国危。独居深思,偶得机器借款之法,似足为补救将来之要图。盖我国此后借款不以金钱,而以机器,则在消极方面:(一)可防止官吏中饱,而人民之担负转轻;(二)可禁藉他名义任意挪支,而实际之效用可见也。若在积极方面,则机器既各地可运用,全国劳动界亦无往而不可自食其力、安居而乐业也;一国中之大资本家,必将因是而续渐产生矣。及抵上海,复以是说进之中山。中山先生所见不谋而合。惟中山所怀抱,尚有视鄙见为更进者。彼以各国今日正求以远东为商场,我国若骤进以是说,或非各国人所乐闻。我国必谋一统一办法,如修马路、浚运河,种种需要必须有大宗可恃之数,使他邦以机器得利,可与工业品之得利相同;使我华开发地利工业上之生机,不至转为他国所摧败。庶可两剂其平,得以通行而无阻也。"演讲完毕,汪精卫又将孙中山近著《国际共同发展中国实业计划》分赠来宾。2 时许席散。(《孙汪机器借款之主张》,《申报》1919 年 3 月 7 日,"本埠新闻")

　　△　许崇智来函,称所部日事训练,徐图进取。

　　日前李安邦赴闽,特致函许崇智推荐擢用。本日,许崇智来函,称"李君忠实勇敢,自当优遇"。并报告所部近况,谓:"闽省虽划界自守,双方停战而戒备綦严。智于所部,尤事申儆,不敢一日逸。无论和议之能成与否,所部之军当日事训练,渐致精强,以为后日之用。保持实力,徐图进取,是又日筹于中而无或释者。"(《许崇智上总理函》,环龙路档案第 13564 号)

△　赵泰纪来函,请求任用。

是日,前革命同志赵泰纪自湖南来函,谓辛亥以来,自问力薄,退守家园,改从商业。近观内政,共和毫未进步,欲为国家效力,尽国民一分子义务。惟蛰居湘地,"当道知我者寥寥","非向老同志发表,热忱终老于山林"。"敬求先生念同志谊,鉴我鄙志,可否能为泰纪提倡。"接函后批示:"代答,现无事可为。"(《赵泰纪上总理函》,环龙路档案第 04303 号)

△　湘平和期成会来电,祈和会重开。

和会停顿,处南北相争前沿的湘省各界颇为忧惧。本日,湖南平和期成会致电军政府总裁等各方要人,谓"湘民受苦日深,望治尤切,会议停顿,闻者忧惧"。恳请"鼎力挽救,以拯危局"。(《平和期成会电请挽救和局》,长沙《大公报》1919 年 3 月 7 日,"本省新闻")随后,湖南省议会、总商会等亦纷纷通电各方,谋促和会重启。

3 月 7 日　在上海《民国日报》发表《国际共同发展中国实业计划》。

此书原稿为英文,原名 *The International Development of China*。是日,上海《民国日报》以《国际共同发展中国实业计划》为题,分别刊载国际共同发展中国实业计划大纲,内容包括基本原则、具体计划及实施步骤等。

△　世界和平共进会等来电,请隆礼优恤刘人熙。

刘人熙(1844—1919),字艮生,号蔚庐,湖南浏阳人。清季领衔上书请开民选议院,湖南光复后任都督府民政司长。1914 年创办船山学社。1915 年参与反袁驱汤斗争,创办《大公报》。1918 年与上海爱国人士组织中华国民策进永久和平会,任会长,积极奔走南北和议。1919 年 3 月 6 日去世。

本日，世界和平共进会、中华国民策进永久和平会暨湖南旅沪同乡致电护法政府总裁及有关要人，称述刘人熙道德、学问、勋业"三者咸备"，恳请施以国葬，并"详征行实，以光国史"。（《刘人熙作古》，《申报》1919 年 3 月 8 日，"本埠新闻"）与此同时，湖南旅沪同乡陈家鼎、周震鳞、郭人漳等并致函孙中山、李纯、上海和议南北总代表，告刘人熙生平事功，请"一致隆礼逝者，以报贤劳"。（《旅沪湘人函请优礼刘人熙》，《申报》1919 年 3 月 9 日，"本埠新闻"）

3 月 8 日　陆荣廷电辞军政府总裁。

是日陆荣廷致电军政府，以身体为由辞谢总裁。电谓："猥承军府重寄，委任总裁一席，属以老病，未能赴粤视事，遥领虚名，无裨国是。"近沪会有成，大局可决，惟"病体衰弱，久旷职守，足疾近复剧发，尤须息静调医。应请军府开去总裁一职，俾得安心调摄。倘叨福庇，早获安痊，来日方长，自当不惜此身为国効命，以从诸公之后"。陆荣廷辞职，外界众说纷纭。有谓系因广东督军问题而发，有谓系与岑春煊意见不合，亦有谓欲与北京政府单独媾和。（《李烈钧与陆荣廷辞职说》，《申报》1919 年 3 月 19 日，"要闻二"；《专电》，《申报》1919 年 3 月 14 日；《各通信社电》，《申报》1919 年 3 月 15 日）

3 月 9 日　曹世英、王烈来函，称撤换陈树藩为解决陕事关键。

日前成伯仁由沪返陕，曹世英、王烈悉孙中山于缠绵病榻期间仍"关怀陕局，擘划精详"，本日来函报告陕局近况。函谓：目前已与北军签押停战，然北军是否出于诚意，恪守齐盟，尚难逆料。"比闻唐总代表坚持撤退陈逆，擒贼擒王，极为阨要。陈逆不去，陕祸未已，而窥觊川滇亦恐相因而至。""故目前之问题，总以撤退陈逆为唯一之要求，其他似不妨为让步。"（《曹世英等上总理函》，环龙路档案第 13237 号）

3 月 10 日　程莹来函，述时局意见，并请拔用。

函谓：对内而言，和会若开，当迅决四端："一、国会须如钧座之主张；二、惩办祸首；三、以护法军为国防军；四、毁从侮法者家并优待清室条件,以还外债。"对外方面,日来海内"咸望钧座代表国民,出席欧和会议。莹以为内而永久和平,外而公平和议,东方威尔逊特我公任也。愿钧座领袖民国,圣之神之,则中国之隆可立而待"。来函并谓:前受蔡济民之命,组织社会护法团,现已无从措手,"愿得亲圣明之光耀,求一使以自壮,然后可以尽国民之天职而无憾"。(《程莹上总理函》,环龙路档案第12914号)

3月11日　复函凌钺,告赴欧无裨国事。

凌钺前接谢持函,述及孙中山愿以国民代表名义赴欧,嘱与同人商榷,由国会议员公函请为国民代表。上月12日,凌钺来函,告联络同人正在进行中,"惟名尚未签齐,大约由梓琴兄携带赴沪"。并告因受黄元白等函委,定于本月25日赴沪,"与先生商量对内对外诸事宜,并敦劝早日赴欧,藉救国难"。来函又谈及徐谦事,谓"断不可再令返粤贻事机"。(《凌钺上总理函》,环龙路档案第13730号)

凌钺抵沪后曾于10日来访,谈任巴黎和会国民代表事,惟因"适患发热,未能多谈"。本日复函指出,充任国民代表,成效不大。函谓:"文近仍以始终不问时局为主张,故赴欧与否,现尚未能决定;即令前往,亦不能为政治上之活动。盖按国际惯例,外交上非有国家资格,决难展布,无论用何种名义,皆不能有效也。至各国民党素表同情于吾党,若议员诸君欲文赴欧之意,乃在联络各国国民,则往与不往等耳。"(《复凌钺函》,《孙中山全集》第5卷,第30页)

△　复函林森,拒绝充任巴黎和会国民代表。

上月25日,林森来函,一面告知已催杨仙逸、张惠长克日前往汕头,一面敦请充任国民代表赴欧。函谓:"欧洲和会国民代表委托书,已由田梓琴君奔走,业已签名四百数十人。参议院则由邹海滨君担任签名,不日即托古香芹君带往上海,再托觉生君向驻沪两院议员签名。在粤同人深望先生早日出发,能向美洲经过更好。广州外交后援会不日亦可成立,当日开预备会,亦曾表示敦促先生赴欧之意。"接函后批示:"予不能受徐世昌委任,当然不能向和议发言,盖国际上只认北京政府为民国之代表。"又谓:"上海和议,国会应赞助唐少川,不可为政学系利用,图推翻之也。"("中华民国"各界纪念国父百年诞辰筹备委员会学术论著编纂委员会主编、中国国民党中央党史史料编纂委员会编:《国父墨迹》,第336页)

本日复函谓:"此时国际上,只认北京政府为民国之代表,只认徐世昌为民国之元首;若我国派往欧洲代表,无论用何种代表名义,若不经徐世昌所委任,当然不能向和平会议取得发言权。而文又断不能受徐世昌所委任,故赴欧一节,现实不必速行;待时机一到,当先赴美而后往欧也。"该函并谈到上海和议及对护法国会的期待,谓:"此次上海和议,唐少川主张颇为正大。粤中国会同人,自宜一致赞助少川,为其后盾;万不可为政学会所利用,以图推翻之也。"(《复林森函》,《孙中山全集》第5卷,第30—31页)

△ 复函焦易堂,告无力赞助。

护法国会议员焦易堂,函请赞助经营实业。本日复函告:"经营实业固今日扼要之计,惟文近日经济异常困难,不能为兄之助,甚为歉仄,尚冀谅之。"(《复焦易堂函》,《孙中山全集》第5卷,第31页)

3月12日 章太炎来函,建议公开表明和议态度。

南北和会召开,因未明确表反对之意,章太炎颇为不满。日前田桐、黄大伟相继与章接谈,告以"勿听传言,勿怀异议"。本日章太炎来函,略谓:"炳麟于先生,本非有反对意也,但和议本有害于西南,而陕事未了,于战争中赓续开议,尤为人所不满。少川无奈,人言何权借先生一言,以为弭谤地步,则先生乃为彼利用也。道路传言,诚难轻信,而报章之所登载,先生亦宜作书更正,以塞群疑。"又谓:"此次战争,非驴非马,至于图穷匕见,而当事者亦不获其利,岑、唐、陆信用已堕,无可挽救。然本谋护法者,先生也。岑、唐、陆信用虽堕,而先生之信用犹存。若主张和议,为彼附翼,则信用亦随之以销。炳麟不能为岑、唐、陆恢复信用,而自处民党,尚求信用之保存。盖尝深察此中利病,而后设计发言,反对和议。异日者,西南诸公,感受痛苦,亦当复思吾言。先生之在广州,非无实事可纪,然使军政府不改组,先生不去,必无此鼠窃狗偷之和议。纵使言和,惩办祸首与国会行使职权两件,必当提出。西南权利,亦不至刮削净尽。此先生可以自表于众者也。"(《章炳麟上国父述对南北和谈意见书》,《革命文献》第 50 辑,第 418—419 页)

△ 凌钺来函,称段祺瑞密谋进犯闽粤。

函谓:昨据"确实报告","段祺瑞密运军队一万余人至浙,并拟亲自出马,先在彰德开一会议,以信阳州为大本营,与我决一死战。计在先犯闽粤,推翻我护法根据地"。并谓当晚已密函陈炯明,以便整军迎敌。(《凌钺上总理函》,环龙路档案第 03954 号)

3月13日 复函李烈钧,嘱力任其难,勉行支持。

对于南北议和,南方阵营内部意见颇不一致。护法政府总裁岑春煊、陆荣廷等一意求和,并无原则立场;参谋总长李烈钧则主张议和应先从军事问题入手,通过正当解决,使南方依旧保持制衡北方武人的军事力量。上月 12 日,李烈钧来函,陈述其关于南北议和的基本主张。函谓:"议和开始之际,必先从军事上求正当之解决,苟使南北两方不失其均衡之势,则暴力武人自不敢滥用威权,法律问题即可迎刃而解。"并告参谋部次长蒋尊簋,业经护法政府政务会议任命为军事委员,为与各方接洽先行赴沪。恳请就护法各省军事问题,"不吝教言,与伯器兄详细筹商,俾得圆满解决"。(《李烈钧上国父陈述南北议和意见函》,《革命文献》第 50 辑,第 421—422 页)本月 1 日,李烈钧以病体不适为由,致电军政府各总裁,请辞参谋部长、军事委员长等职。

蒋尊簋抵沪后,持李烈钧手书来见。本日复函,对来函意见予以肯定。略谓:"沪上和议近日仍有顿挫,然群意所趋,自以军事得双方之均衡,法律得正当之解决为标准,他事自可次第进行。惟北方群小互构,异议朋兴,和议进行,犹未易言。犹冀南中同人共任艰巨,以谋斡旋",期望其在"时事方艰"之际,放弃"称疾引退"之想,"力任其难,勉行支持,幸毋汲汲引去,以辜国人向望之殷"。(《复李烈钧函》,《孙中

山全集》第5卷,第31—32页)

△ 复函林森,告此时无赴欧必要。

是月4日,林森复来函,告国民公推代表手续"已觉完满","现外交危迫,国人渴望先生代述我国利害,冀可挽回万一,免失此机缘,终蒙外祸。日前开外交后援会时,广州各界社团均集一堂,亦深愿先生赴欧为外交援手。至出席与否,意不在此,只求有一中外孚望之人,代述我国真情于欧洲和会,各代表即以言论付诸和会新闻机关,则我国内讧,亦借外交趋势为转移。故必有国民素所信仰之人前往,较胜顾、王等万万矣。务望早日成行,以慰众念"。并告田桐近日赴沪,面述广州近情。(《林森为请任欧洲和会代表上总理函》,《革命文献》第48辑,第321页)

本日复函,再申不能充任国民代表之意。略谓:"若如兄函所谓,不在希望出席,但在表示我国真情于欧洲和议各代表及新闻机关,则文即不赴欧,亦可表示此等意见于各国也。国会诸君垂询之意,极为可感! 惟文权衡轻重,觉此时实无赴欧之必要。"(《复林森函》,《孙中山全集》第5卷,第34页)

△ 复函黄如春,嘱努力奋斗,排除瑕秽。

上月23日,黄如春来函,揭露广州执政者种种瑕秽,恳请推挹贤能,导粤省政治于正轨。本日复函指出,"吾粤频年政治窳败,执政者实不得不尸其咎",但表示"近对时事不作主张,尤不便直接干涉地方之事"。勉励黄等"以公道正义为主张,本乎良心之所安,努力奋斗,排除瑕秽,庶真理总有战胜之日"。(《复黄如春函》,《孙中山全集》第5卷,第32页)

△ 复函沈止敬,告当勉助四川义军。

四川沈止敬来函,报告"蜀中义军同人准备续战",并请赞助购买军械。本日复函,肯定义军备战"洵为要防",但"此时长江交通梗塞,若欲运输军械,万难办到,故购械一层,只好稍缓再行设法。若汉群欲援陕图甘,当属粤中予以赞助也"。又告"蜀中同志各军,多系护法桢幹,文力所能及,当勉行相助。如此次沪上平和会议中议及裁兵问题,其关于粤中各军应特别予以维持之处,当嘱南方各代表力为保全,以副诸同人之意"。(《复沈止敬函》,《孙中山全集》第5卷,第32—33页)

△　复函陶礼燊,告经济困难,无力补助。

部分贵州民党人士见及"黔居山国,见闻狭隘,非立强健党基,以图国事,则一方受黑暗之冤,一国缺圆满之憾",于是集合全省分子成立民生社,致力于民智开通工作,"作人定胜天挽回劫运之举"。民生社草创后,推举黔籍护法国会参议员陶礼燊及中华革命党党员、前军政府副官彭堃二人为代表,前往上海面谒,详陈一切,"冀思拯助"。但二氏各为事所牵,无法成行。此前,陶礼燊曾托谢持代呈该社公函。(《谢持上总理函》,环龙路档案第13197号)

3月3日,陶、彭复联名来函,报告民生社成立缘起、基本设施以及经费短绌情形,恳请"眷念黔局与国事攸关,又值组织报馆,筹备选政二者并行,生财无术之际,必能早施推解之仁,以副云霓之望"。(《陶礼燊请补助民生社经费上总理函》,《革命文献》第48辑,第352—353页)

然孙中山年来蛰居沪上,生财乏术,对于各方的种种需索早已是穷于应对,自然无法满足民生社的"拯助"要求。接函后批示:"各国团体结社,当由会员供给支会之费,支会供给总会之费,乃吾国党员,每每冠履倒置。文往稍有余力,常勉为应付。惟今后文之生活费亦将仰给于党员,故不独不能以一人而供各地之求,惟望各地党人有以接济我,否则不日当谋食于海外矣。"(《批陶礼燊等函》,《孙中山全集》第5卷,第27页)

本日复函陶礼燊,略述各国结社集会"一定之理",指出:"若分部不以经费供给总部,反欲总部以经费供给分部,则总部又何从筹措乎? 吾国党员向于此种理解,未能了然,故未免时有本末倒置之嫌,实为大误。"嘱其将此意转达同人。并告"此间经济,近实异常困难,爱莫能助"。(《复陶森甫函》,《孙中山全集》第5卷,第33页)

陶礼燊接函后又于3月27日来函,称"黔省情形与他省不同,将来开办选举,须得巨款协助,以期得占优等地位,诚以本社之存亡,视选举胜负为依归"。并谓:"俟选举期定时,又再请求,谅我公必推诚相助,定副同人之望。"(《陶礼桑上总理函》,环龙路档案第 13151 号)

△　复函林修梅,勉与同志互相策厉,力尽救国天职。

上月 8 日,林修梅遣其弟伯渠携函来沪,报告军情,就南北大局走向恳请指示。函谓:"现在南北和议虽渐接近,然解决世局之根本办法,双方均无正确表示。段氏改为国防督办,仍握有练兵重权,某国复阴为援助,危机所伏,匪惟无永久和平之望,即目前亦恐有决裂之虞。我国此次战争与妥协,实与世界政潮同一趋向,段氏种种举动,无一不与世界趋势相违反,自非设法制阻,无以餍一般国民之望。我公德识誉望,中外倾仰,必有伟谋硕划,息此群嚣,培养国脉。""郴地交通梗塞,每于大局变迁,不得其真象,尚乞时锡南针,俾有遵循。"(《林修梅上国父陈述南北议和及对段祺瑞意见函》,《革命文献》第 50 辑,第 421 页)

得函后批示"奖励",并于本日复函,称赞林修梅"主义坚定,贯彻始终,尤为吾党坚贞之士"。指出沪上和议又形顿挫,"如再事迁延,北方仍无悔祸之意,则战衅不免再启。吾人为主义而战,为正道而战,自非奠定真正之共和不能自卸其责"。勉励其与诸同人"互相策厉,力尽救国之天职"。(《复林修梅函》,《孙中山全集》第 5 卷,第 34 页)

3 月 14 日　北京政府外交部发表中日军事密约。

在巴黎和会及上海和平会议推动并获日本政府同意下,本日北京政府外交部召开记者招待会,向外公布中日军事密约,同时声称中外所签约十五六件密约均将陆续公布,其中多数为中日所订。16 日,日驻华公使突致函北政府外交部,阻止中日密约继续公布。《中华民国史事纪要(初稿)——中华民国八年(一九一九)一至六月份》,第 331－337,345 页)

△　汪精卫、廖仲恺访宫崎寅藏。

是日,汪精卫、廖仲恺在东京往访宫崎寅藏。17 日,宫崎送汪精卫自横滨乘"春洋丸"赴美。(罗刚编著:《中华民国国父实录》第 5 册,第 3383 页)

3月15日 唐绍仪再次发表宣言，批评北京政府无议和诚意。

△ 批曹羡、李焕章等来函。

曹羡、李焕章等近日来函，请求安排职务。接函后批示，查曹羡能任教员或主笔否。(《批曹羡等函》，《孙中山全集》第5卷，第35页)

△ 王伯群、王文华来函，对赐词为其母祝寿表示感谢。(《王伯群等上总理函》，环龙路档案第13200号)

△ 马君武来函，请赐文为其母祝寿。

是日，马君武自广州来函，谓"别后忽将半年。到此以来，除作工、读书以外，一切不管。"其母六十寿辰将近，"甚望先生锡文光宠，借博高堂欢"。(《致孙中山函》，莫世祥编：《马君武集(1900—1919)》，第383页)

3月16日 蒋介石来谒，旋受命返漳州。

是月5日，蒋介石请假归沪，16日来谒，此后连日前来晤谈国事。23日以即将返闽来寓辞行，领训移时，出而语人曰："吾师思想之伟大，受教弥久，慕道益笃，乃知更非侪辈所能仰希万一也。"(毛思诚编纂：《民国十五年以前之蒋介石先生》第2册，第71页)

△ 郑启聪来函，请电南洋富商劝募公债。

上月28日，郑启聪受军政府财政厅派充南洋劝募公债委员，给予债票三十万元，携赴南洋各埠劝募。本日来函，请求协助。函谓：竟膺斯职，因南洋富商邓泽如、陈汝绳、区性英、郑螺生等，"爱戴我公，有如孺子之恋慈母。若得我公发电通知，则季布一诺，三十万之巨款无难立就"。恳请"即由沪致电该四君，俾届时有所接洽"。(《郑启聪上总理函》，环龙路档案第08643号)

3月17日 与陈国栋、张国钧等密议援陕。

本日，邀鄂西护法军首领黎天才、叶荃、王安澜等派沪代表陈国栋、张国钧等，在法租界孙宅密议援陕事宜。言谈间指出，现在于右任既请设法援陕，应令张国钧与驻扎鄂西郧阳等处司令叶荃磋商一切。陈国栋谓，鄂西北军队应协同动作，以便鄂西与鄂北遥相策应。当即嘱令陈、张同时赴鄂，与叶、王两司令磋商计划。是日，陈、张二人乘日

本公司船离沪赴鄂。(陈锡祺主编:《孙中山年谱长编》下册,第 1165 页)

△ 致函刘飞尔,附寄《国际共同发展中国实业计划》。

是日,致函美国商务总长刘飞尔(William Cox Redfield),内附《国际共同发展中国实业计划》,指出:"中国之经济发展将为人类全体最大利益,不特中国人食赐。"5 月 12 日,刘飞尔复函,对该计划赞誉有加,同时有所建议。来函略谓:"以阁下所提计划如此复杂,如此溥遍,即令将其备细之点规画完竣,亦须数年。阁下亦明知书案中一小部分尚须数十万万金元,而其中多数在初期若干年间,不能偿其所投之利息与经费。是故,其必要之债所需利息如何清付,实为第一须决之问题。以中华民国收入,负担现在国债利息太重,难保新增之息必能清付。则今日似必要将此发展计划限制,以期显有利益足引至私人资本者为度。"函末并表示:"合众国政府一致努力以表示无私之友谊于中国人民,并愿由各种正当之途径,以参与增进华人最上利益之计划也。"(《附录三 美国商务总长刘飞尔覆函一通》,黄彦编:《孙文选集》上册,第 299—300 页)

△ 芮恩施来函,赞同国际共同发展实业计划。

《国际共同发展中国实业计划》英文稿写就后,陆续分寄各国政要、外交官及商界人士征询意见。上月 1 日美驻华公使芮恩施接函后,本日自北京来函,对国际共同发展实业这一重要问题,"能以宏伟精深之政策运用之",表示祝贺。赞同"用一联合政策,由国际机关与中国共同发展中国之实业"。期望中国情形有所变更,政府与人民能共同襄助计划实现。来函并谓:该计划"足见今日为中国人民领袖之心理,已日渐趋重于国家建设之事业。若奋其能力以成此事业,将来中外人民日相亲密,使将来之发展得与世界之发展共同提携,此为最可喜者也"。(《建国方略 附录二》,《孙中山全集》第 6 卷,第 405 页)

△ 宋以梅等来函,敦请即日赴欧,列席欧会。

巴黎和会开议,日本横加阻挠,国人痛愤。上月 20 日,中国国民外交后援会在广州成立。本月 15 日后援会开会集议,金谓孙中山众望所归,"此次欧洲和议关系甚大,非有硕望雄才,不足以资折冲"。本日,后援会会长宋以梅,副会长金曾澄、钟荣光等联名来函,敦促"依国会原议,即日赴欧列席,俾挽危局"。(《中国国民外交后援会宋以梅等上总理函》,环龙路档案第 02294 号)

3月19日 护法国会参众两院来电,请一致反对北廷发行八年短期公债。

上海和平会议进行期间,北京政府一面明令收束军事,一面滥发八年短期公债四千万元,以盐税余款作抵,向银行团抵押巨款,以二千万为各省军费,一千万归参战军用。本日,护法国会参众两院全体议员致电孙中山及南方政军要人,指出:"此项公债未经合法国会通过,法律上当然不生效力;且北庭〔廷〕根本违法,无发行公债之权,全国人民尤绝对不能承认。"敬请一致反对。(《军政府公报》修字第 65 号,1919 年 4 月 19 日,"公电")

3月20日 北京政府外交部公布日币一千万元垫款合同。(《中华民国史事纪要(初稿)——中华民国八年(一九一九)一至六月份》,第 369—371 页)

△ 致函康德黎夫人,寄送《国际共同发展中国实业计划》。

本日,致函英国友人康德黎夫人,寄送《国际共同发展中国实业计划》一文,并请其收集函复英国方面对此项计划的反应。函谓:"我深信您一定很乐于了解我所拟全部计划,故特寄上有关国际开发中国计划一份。""我也将此计划分送英国政府内阁的每一阁员。希望您能将英国人士对此项计划的反应情况及早函告。如果这个计划在英国反应良好,我便于最近的将来,前往英国一行。"(《致康德黎夫人函》,《孙中山全集》第 5 卷,第 35 页)

△ 伍毓瑞来函,表示矢志护法。

伍毓瑞因何天炯赴沪,托其携函奉达,并述军中近状。函谓:北廷因陕事频施狡狯,致令议席停顿。"我大总裁关怀大局,谅不肯为过度之让步,致遂奸谋,凡我护法之区,一德一心,固莫不共矢坚持。"

(《伍毓瑞上总理函》,环龙路档案第00192号)

△　陈炳堃来电,请对蔡济民从优议恤。(《军政府公报》修字第63号,1919年4月12日,"公电")

3月中旬　刘英来见。

上海和平会议正在进行,黎天才虑及"鄂事待教之处甚多",特遴派护法国会众议员刘英任湖北靖国联军代表,兼程赴沪,前来晋谒,并面陈一切。(《鄂联军代表刘英抵沪》,上海《民国日报》1919年3月17日,"本埠新闻")刘英抵沪,随即来见。接谈后复函黎天才,对鄂事有所指示。(《复黎天才函》,《孙中山全集》第5卷,第38页)

3月21日　北京政府外交部公布日币一千万元第二次垫款合同。(《中华民国史事纪要(初稿)——中华民国八年(一九一九)一至六月份》,第374—376页)

△　林葆怿暨海军全体来电,表示海军"只知本护法初心,与全国同胞共伸天讨"。(《军政府公报》修字第59号,1919年3月29日,"通告")

△　唐绍仪来电,请安绥战争区域百姓。

唐绍仪前接湖北省议会17日电,谓和议开始,鄂西战端暂息,然驻军骚扰,盗匪猖獗,惨不忍言。恳电军政府转饬南军将领,对于鄂西各属驻军严整纪律,绥辑流亡,痛剿匪徒,收束军队,俾百姓暂安故土。本日致电军政府总裁,转达该电,并谓:"军兴以来,凡属战争区域,人民往往蒙意外之惊扰,至堪悯惜。"希即"查照办理"。(《唐绍仪发电稿》,中国社会科学院近代史研究所近代史资料编辑组编:《近代史资料》总51号,第139页)

△　吴山来函,称不愿代为出席政务会议。

谢持拟离粤来沪,代为出席政务会议者又成问题。本日吴山来函,谓荷谢持重托,只允暂代署名拆行,不愿列席。"无如昨日政务会议伍秩老及冷、林诸公均主张山应出席,而秩老且密向次长云,山如不列席,渠一人势更孤矣。"然鉴"部长、次长先后出席,往往徒劳口舌,不过代表先生留一护法之精神与正义,使中外有心人士知此间尚有一缕清气而已，于事实上殊难完满贯彻"，故"决不愿出席，以免愁烦嫉妒，且自问材力绵薄，不能肩此重任。务恳先生训示方略，俾少愆尤"。（《吴山上总理函》，环龙路档案第 02133 号）

3月22日　北京政府外交部公布日币一千万元第三次垫款合同。（《中华民国史事纪要（初稿）——中华民国八年（一九一九）一至六月份》，第 381—384 页）

△　唐继尧来电，呼吁护法诸公齐心一意，贯彻护法救国主张。

南北和平会议召开后，南方内部意见不一，各种矛盾时隐时现，令北京政府颇觉有机可乘。本日，云南督军唐继尧致电孙中山、唐绍仪及南方要人，指出"军府总裁，分处各地，每遇重要事件，未能直接洽商。而政客波弄其中，敌党离间于外，或谓某公已得某项权利，或谓某公拟与某系提携，误言朋兴，不可究诘"，"于军府前途，必多窒碍"，祈请护法诸公"齐心一意，以贯彻护法救国主张"，如此则"内部既能巩固，彼敌党虽狡，而西南合全力以应付，必能操最后之胜利"。（《云南唐督军通电》，上海《民国日报》1919 年 3 月 27 日，"要闻"）

△　全国和平期成会联合会来电，吁请速行悉力解除障碍，赓续和议。（《军政府公报》修字第 63 号，1919 年 4 月 12 日，"公电"）

△　周寿臣来函，恳请救济。

周寿臣系杨虎岳父，前曾数次来函，请求济助。本日复来函，称其女久住医院，院中追款甚急，而杨虎音信全无，不得已函恳救助。（《周寿臣上总理函》，环龙路档案第 11578 号）

3月23日　致电黎天才、柏文蔚、吴醒汉，请即穷究凶手。

是月 19 日，湖北靖国联军黎天才、柏文蔚、吴醒汉等将领来电，报告高尚志被狙殒命。高尚志（1888—1919），字固群，湖北巴东人。辛亥武昌起义元勋。1912 年，民国政府授以陆军中将，叙甲等首义勋。1919 年因湖北靖国军内部矛盾被害。本日，复电黎、柏、吴暨鄂军各将领，对鄂军内部"凶暴横行"极为愤慨。电谓："高君起义元勋，有功民国，陡闻凶变，曷胜悲痛！前此蔡君幼香既已被戕，今兹高君重复遇害。以鄂军所在之地,迭出残害有功之人,凶暴横行,谁尸其咎?即希穷究主名,以昭法纪而慰英灵。"(《致鄂西各将领电》,《孙中山全集》第 5 卷,第 36 页)

△　上海各界举行追悼蔡济民大会,到会者近千人,会场中央悬挂孙中山手书之"浩气长存"挽额。(《蔡公济民追悼会纪》,上海《民国日报》1919 年 3 月 24 日,"本埠新闻")

△　夏百子来函,请求资助。

华侨革命党人夏百子年来生活困顿,上年曾托人转交"中央纸三百元",予以资助。本日来函,谓年老困窘,觅食维艰,冀函知胡毅生谋一席位,或恳胡借银数百元,营谋生理,以资糊口。(《夏百子上总理函》,环龙路档案第 02913 号)

3 月 24 日　孙洪伊来电,请急图排除徐世昌及段党。

南北和议顿挫,国人奔走调和,群以继续开会为请。本日,孙洪伊致电军政府总裁、护法国会等指出:"今日之事,非南北争持问题,乃国家存亡问题。"徐世昌为段祺瑞化身,"与卖国黩武之段党沆瀣一气",绝非可以托天下之重。"故吾民今日,第一须去依赖徐世昌之成见,第二须有排除卖国贼之决心",请诸公急起谋之。(《孙洪伊对和局之痛论》,上海《民国日报》1919 年 3 月 27 日,"要闻")

3 月 25 日　重庆红十字分会来电,请免遣该会医长阿思密。

重庆红十字分会德籍医长阿思密驻渝多年,救死扶伤,成绩昭然。因重庆及川省对其遣返一事态度不明,本日重庆红十字分会致电军政府各总裁,恳请查照遣送敌侨条例,迅电川省官署准事免遣,以重护法,而维慈善。(《军政府公报》修字第 63 号,1919 年 4 月 12 日,"公电")

3 月 26 日　赵士北来函,介绍友人来见。

是日大理院长赵士北来函,引荐友人黄某。函谓:友人黄各,学问优长,著有《革心刍议》。今拟返沪,愿任作文著书之职。敬祈接见,并引荐机关,予以安置。(《赵士北上总理函》,环龙路档案第 01172 号)

△　上海湘事维持会来电,请制止谭延闿督湘。

上海湘事维持会顷接唐继尧元电,有徇旅滇湘人朱树藩之请,赞同以谭延闿督湘列入议和条件之论。本日致电孙中山等南方要人,恳予制止。(《湘事维持会之通电》,《申报》1919年3月28日,"本埠新闻")

3月27日 北京政府外交部公布民国七年财政部证券改借款契约。(《中华民国史事纪要(初稿)——中华民国八年(一九一九)一至六月份》,第409—411页)

△ 朱启钤拜会唐绍仪,期望和议早日重开。

上海和会自3月2日停议,迄今已至二十五日。本日,朱启钤造访唐绍仪进行疏通。席间,朱备述北方困难情形,期望南方给予谅解,早日开议。唐绍仪坚持原先立场,必使陕西停战、参战军收束、参战借款停支、八年公债缓发诸问题各有切实办法,方允开议。接触无结果。(《南北议和纪事》,《革命文献》第50辑,第579—580页)

△ 熊希龄等来电,请速命闽省南军划界停战。

和平期成会联合会熊希龄等前接福建总商会、教育会及和平期成会来电,谓漳州陈炯明部推进不已,闽省恐战祸复开,本日致电军政府总裁,转述两电,恳电促在闽各军切实划界停战,以保和平大局。(《军政府公报》修字第65号,1919年4月19日,"公电")

3月29日 复函黎天才,勉为国努力,再造真正共和。

3月2日,湖北靖国联军总司令黎天才遣董用威、张祝南带呈手书,赴沪来谒,报告蔡济民案查办情形。函称:"我公手造民国,拥护约法,劳苦功高,中外共仰,此次沪上议和,有我公主持其间,当能依法解决,使法理事实两得其平也,民国前途,实利赖之。蔡君幼香为国奔走,不无劳勋,今与川军方纵队长化南同驻利城,因平日小嫌,竟酿成变端,致使蔡君殒命,殊堪悯惜。其中肇衅情节事实,前曾通电西南,谅邀鉴及。现已去电熊督,请其严行核办,以肃军纪,而慰英灵。"(《黎天才报告蔡济民被害上国父函》,《革命文献》第48辑,第265页)6日,董用威于起行前来函,谓:"读致聘述(刘英——引者注)手书,知先生正为此事痛心,拟为昭雪,此间同人莫不感泣。奸人谋害证据将次搜齐,公推用威来沪面陈一切,并请示办法。日内首途,诸容面禀。"
(《董用威上总理函》,环龙路档案第12895号)

接见董、张并阅来函后,于是日复函,对黎处理蔡案时"分电各方,力主惩办乱首,以慰英烈","甚为钦佩"。并告沪上和议尚处停顿,"然吾人无论如何,始终主依法解决。若苟且敷衍,图弥缝于一时,而贻祸于将来,非吾人救国之本旨也",复勉其"为国努力,以再造真正之共和,使国事得根本之解决"。(《复黎天才函》,《孙中山全集》第5卷,第38页)

△ 致函陶礼燊,告爱莫能助。

是月13日曾复函陶礼燊,告经济困难,无力赞襄。随后,彭塑自粤来沪,面述黔省进行现状。本日再次致函陶礼燊,重申前意。函谓:"文近况亦极为艰难,经济一层,实属爱莫能助,尚冀鉴谅。"(《复陶森甫函》,《孙中山全集》第5卷,第36页)

△ 复函陈廉伯、简照南,关切广东灾情。

广东商界领袖陈廉伯、简照南来函,报告广东灾荒以及各方救助情形,并请担任救济团体名誉督办。本日复函,对"诸君子协筹救济,为桑梓造无量福,深为敬佩"。并谓:"文侨居沪滨,深愧未能尽力",此后倘可以勉力之处,"自当敬从诸君子之后,一切进行,仍希毅力维持"。(《复陈廉伯简照南函》,《孙中山全集》第5卷,第37页)

△ 复函梅培,告张惠长、杨仙逸赴汕头事。

是月18日,梅培来函,询问张惠长、杨仙逸前往汕头襄助粤军发展航空事宜,并请筹款接济。本日复函谓:"张、杨二君事,日前得子超兄来信,谓已嘱其从速启程,想不久总可来汕也。所嘱筹款接济一节,文近亦异常困难,实属爱莫能助。"(《复梅培函》,《孙中山全集》第5卷,第37页)

△ 为文祭奠黄花岗七十二烈士。

文曰:"维民国八年三月二十九日为大祭黄花岗诸烈士之墓之辰,余以事羁海上,不获亲扫邱草,乃命执事述意为文,以奠我诸烈士之灵,辞曰:鸣呼!烈士不惜涂地以膏血,以造我民国,民国未成而烈士死于民贼,民贼经烈士之创,而心战胆裂,气为之丧,锋为之折,而民国以立,是以民国之造,皆诸烈士之宏力。然而烈士之愿,欲来者心贞志坚,以振我民德,张我国权,意曰如是,方慰吾烈士于九泉。今兹何时,忽忽者八年,泯泯纷纷,虎狼为群,魑魅为邻,国之为国,以私利合离,日异而月新,黩武自残,以戕杀良民。长此万恶,何以慰我烈士。烈士先余辈而亡,余辈后烈士而死,誓当竭余辈之精神,扫除恶氛,一我宏旨,然后尽余辈之责,烈士有知,当为色喜。鸣呼!烈士英气灵魄,临风想望,乌能忘情。念烈士之不可复见,写哀一奠,不知涕泪之纵横。尚飨。"(《祭黄花岗七十二烈士文》,陈旭麓、郝盛潮主编,王耿雄等编:《孙中山集外集》,第630页)

△　周应时来函,对和平前途甚表消极。

本日,护法政府参谋部第二局局长周应时来函,对南方在和议中丧失基本立场深为痛惜,对和平前途颇为悲观。略谓:"近日且闻惩办祸首议案,南代表恐遭拒绝,不敢提出。而两年以来,极力拥护之国会,且有牺牲之说。如此迁就,以求和平,微论此种伪和平不可以永久,则试问南方各省所挂之护法旗帜者,果护何法耶。事势人心至此,尚何可为?"并告"应时此刻,无所事事,静待解散,一俟手续完竣,仍当遄归上海,听候训示"。(《周应时上国父报告军政府改组后南方求和函》,《革命文献》第50辑,第422页)

3月30日　南北和议代表晤谈复会事宜。徐世昌以陕战已停,颁发令文,企望和议重开。(《中华民国史事纪要(初稿)——中华民国八年(一九一九)一至六月份》,第420—422页)

是月下旬　派吴铁城赴南京与李纯接洽。(《南京快信》,《申报》1919年3月26日,"要闻二")

△　张一鸣代转朱得才电,报告与方声涛、杨持平部冲突情形。

福建境内除南北两军对峙外,南军内部因各有统系,亦时起冲突。本日,张一鸣转驻闽粤军第四混成旅旅长朱得才电,称该部甫抵仙游,即遭方声涛部追踪捣乱。是月 15 日,方竟唆杨持平将该部包围,"万不得已,开枪还击,血战两日一夜","击匪五百余名,收没匪枪七百余杆,仙境肃清,安谧如常"。(《张一鸣上国父转呈朱得才报告与方声涛冲突经过代电》,《革命文献》第 50 辑,第 222—223 页)

是月　单芳润来函,冀助赴川川资。

1917 年 1 月 22 日(丙辰除夕),经杨庶堪介绍,曾资助单芳润等度岁。本日单芳润来函,称闻杨庶堪复职,近拟赴川,惟川资匮乏,恳略予援助。(《单芳润上总理函》,环龙路档案第 00617 号)

是年春　吴忠澍来函,恳资助武道明遗属。

吴忠信之弟吴忠澍因亲戚武道明家属来沪,本日来函,报告武道明为护法死难情形,恳请资助遗属。(《吴忠澍上总理函》,环龙路档案第00842 号)

△　张西曼来见,建议派代表参加共产国际第一次代表大会。

张西曼,湖南长沙人,1908 年加入同盟会。1919 年回国后任北京大学俄文专修科教员兼北大图书馆编目员,与李大钊等一起创办社会主义研究会。1918 年张还在俄留学时,曾来信介绍俄国十月革命和苏维埃政府情况。本年初自俄回国时,特绕道上海前来晋谒,详谈苏俄情形,建议派遣"富有时代政治学养"的代表参加即将在莫斯科召开的共产国际第一次代表大会,以"共同策进消灭帝国主议和其走狗的伟大业绩"。听闻后表示"详加考虑"。(王晓秋:《孙中山与北京大学》,徐万民主编:《孙中山研究论集:纪念辛亥革命九十周年》,第 338 页)

△　谷思慎来函,告返乡从事实业。

谷思慎前两次来见,因身体违和,未能面晤。本日来函辞行,告将遄返乡里,筹计实业,"以期为异日活动之助",并请著述出版后赐寄。接函后批示:"存查抄,录住址,以待寄书。"(《谷思慎上总理函》,环龙路档案第 01277 号)

△　彭毅来函,恳请荐职。(《彭毅上总理函》,环龙路档案第 01611号)

4 月

4月1日　王占元、陈光远、吴佩孚、李纯联名致电南北和议代表,吁请和议即日重启。(《鄂督王占元等致南北议和总代表朱启钤唐绍仪电》,《革命文献》第50辑,第532—533页)

△　致函杨庶堪、熊克武,告协力互助,固圉御侮。

因张群返川,本日致函四川省长杨庶堪及督军熊克武,托其转交。前函指示:“蜀中兵事未定,各将领分据要区,整理民政,自非旦夕所能就绪。然规划次第,因势利导,先立规模,然后由渐进行,积以无倦,庶可为治也。”并告“北廷所以全力图陕,原为窥川地步”,“兄在川为诸同志及各将领所崇信,宜随时晓以情势,使之捐蠲小嫌,协力互助,以为固圉御侮之计,庶此后相机因应,犹不至仓猝无备,为敌所乘”。(《复杨庶堪函》,《孙中山全集》第5卷,第39页)后函略谓:北廷全力攻陕,意在图谋川滇,“兄与蜀中诸同志多为吾党健者,想能悉其诡谋,协力互助,以谋自卫;与陕军联为一致,则前途犹有可为,否则陕军既溃,蜀之藩篱尽撤,蜀军虽质朴耐战,然器械不利,犹不足与北军久持”。(《致熊克武函》,《孙中山全集》第5卷,第40页)

△　赵泰纪来函,请求擢用。

本日,赵泰纪自湖南永州来函,略谓:民国成立迄今,“血战经年,人民痛苦颠连”,“观此凄象,难负革命初志”,敬请拔擢,以俾追随左右,“坚持护法初旨”,“扫除段逆,恢复国会”。(“中华民国”各界纪念国父百年诞辰筹备委员会学术论著编纂委员会主编、中国国民党中央党史史料编纂委员会编:《国父墨迹》,第338页)接函后批示:“今日欲维持民国,须于地方上开通民智,振起民气,使知民国及以人民为主人。使各地之人皆知尽主人之义务,则国事乃有可为也。予现时一切时事皆不问,只从事于著书,以开民智。不日当寄书来,请就翻刻,以广流传。”(罗家

伦主编:《国父批牍墨迹》,第 48 页)

4月2日　唐绍仪来访,交换和议意见①。

自南方代表发布二次宣言后,和会停顿已近一月。南北代表意见纷纭,沟通频密。本日,唐绍仪前来拜访,就和会重开交换意见。谈话间指出:"证以日来形势,除继续开议外,实无办法。此次和议,内外舆论对于吾人主张极表同情。此时如不开议,诚恐发生误会,反失内外同情。苟至开议以后,吾人公正之主张不能得北廷之容纳,则国人自有公论,国际亦有定评。"唐绍仪深以为然。(《和议续开前之消息》,《申报》1919 年 4 月 6 日,"本埠新闻")

△　胡天民来函,求稿并请赐字。

胡天民等近创教会杂志,取名"济生",以提倡实业为宗旨。本日来函,谓该刊月出数千份,运销外洋。前将《国际共同发展中国实业计划》特刊报首,倘有实业论著,敬祈惠寄。又请惠书"济生"二字,并题台衔。(《胡天民上总理函》,环龙路档案第 01615 号)

4月3日　复函广州外交后援会,告拒就欧会代表原因。

广州外交后援会来函,告团体组织谋为外交声援情形,并仍请赴欧赞襄巴黎和会。本日复函,对拒就代表有所解释。函谓:"按之国际惯例,列席国际会议,必须有代表国家之资格。今时南方未经国际所承认,无论用何名义前往,皆不能有代表国家之资格,则欲列席欧洲和会,势难办到,是行与不行等也。鄙意此后对外问题,愚见所及,仍当随时个人名义发表,较为有效力。"(《复广州外交后援会函》,《孙中山全集》第 5 卷,第 40—41 页)

△　杭海来函,寄呈弘道社宣言及简章。

杭海(杭铭渠)前与友人创立弘道社,意欲宣扬宗教精神,藉振国人救国自觉。本日来函,报告该社创立缘起,寄呈宣言书及简章,并请"代为提倡,使之不胫而走"。接函后批示:"代答,收悉。"(《杭海上

---

①　《申报》报道时未注明见面时间。据粤海关情报,当发生于 4 月 2 日。(广东省档案馆编译:《孙中山与广东——广东省档案馆库藏海关档案选译》,第 179 页)

《总理函》,环龙路档案第 14105 号)

4月5日　广东省议会通过提案,敦劝北京政府承认韩国独立。

上月1日,日本殖民当局在汉城屠杀示威群众万余人。消息传来,中国国内舆论强烈谴责日本暴行,一致对韩国反日独立运动予以同情与支持。孙中山闻讯,即强烈谴责日本罪行,呼吁承认韩国独立,并积极支持韩国独立运动。韩国革命志士吕运亨、金奎植等赴巴黎和会请愿前,曾与孙中山、章炳麟、唐绍仪、徐谦等人晤商。

本日,广东省国民议会通过康其镐等所签署提案,随后致电北京政府,敦促承认韩国独立,并电令巴黎专使将此事提交会议讨论。电谓:"孙逸仙曰:韩国,东洋之巴尔干,此问题解决之前,永久的平和不能来也。日本之对中国政策,如二十余年前朝鲜党祸之始作矣。满洲、蒙古、山东、扬子江流域之将来,皆与韩国问题有密接之关系,此重要问题也。韩国极赞中国欲脱日本之压服与支配;若韩国问题为巴黎之举论者,中国庶几有望矣,不然,则中国之危殆不远矣,东洋之将来是尤极暗淡矣!"是月17日,韩国革命志士在上海成立韩国独立政府。(段云章编著:《孙文与日本史事编年(增订本)》,第594—595页)

△　许崇智来函,报告平定闽南及从事建设情形。

本日,援闽粤军第二军军长许崇智自漳州来函,谓:3月3日由漳州出发,进取永春,德化、安溪俱下。31日抵安海。不及一月,闽南局势大定。现一切设施,"悉本先生主义以为实践,恢复地方自治,即知事亦由民选,故地方人心极表欢迎。至我军诸将领亦无不服从先生之宗旨,而急求实行先生之主张者。"又谓:"华侨中之富有资者,并望电嘱其相率归来,急为地方兴实业,谋公益,俾先生主义得由发展。"(罗家伦主编,黄季陆、秦孝仪增订:《国父年谱(增订本)》下册,第752页)

4月6日　复函许崇智,嘱固守原防,认真练军。

日前许崇智来函,报告军情"平靖无变",将往前线巡视,本日复函指出:"闽中刻既无战事,自宜固守原防,以待解决。惟于此期间,宜更令各将领于部伍认真训练,俾成劲旅,以备异日之用,尤为切要。

盖文视今日之时局，纵能解决，于国事根本仍丝毫无补"，"吾诸同志仍宜努力奋斗，负荷艰巨，庶国事可期挽救，前途可谋澄清"。（《复许崇智函》，《孙中山全集》第 5 卷，第 41 页）

△ 唐克明来函，告杨时杰来沪预闻和议。

函谓：此次和议代表，鄂西乏人，"无论和成与否，克明所有意见及关于鄂省一切善后事宜，将何所根据，以求先生之维持"。因特遣杨时杰为代表，来沪面谒，陈述意见，并预闻和议。接函后批示，不答。（《唐克明上总理函》，环龙路档案第 12934 号）

△ 彭养光等来电，请促唐绍仪将惩办祸首及国会行使职权列入议和条件。

唐绍仪虽在和会开议问题上态度坚定，但因在前期议和中未提惩办祸首及国会行使职权，颇为护法国会所诟病。本日，护法国会旅沪议员彭养光、王试功、陈家鼐等联名致电军政府各总裁，对开议两月未及惩办祸首及国会行使职权两项主要条件，颇为不解，恳请速电唐绍仪，如和议续开，应将两项条件提出，"庶西南护法戡乱之目的，不至堕坏"。并谓"万一唐总代表力持异议，不肯提出，惟有请求钧府撤换代表，以图挽救"。（《先提主要条件之请求》，上海《民国日报》1919 年 4 月 7 日，"要闻"）

4 月 7 日 北京政府外交部公布《参战借款合同》。（《中华民国史事纪要（初稿）——中华民国八年（一九一九）一至六月份》，第 445—446 页）

△ 致函何扶桑，嘱其保释陈群。

本日，就陈群保释事致函上海商界人士何扶桑，告陈"去年被侦探李道开诱捕，拘于护军使署。昨陈群已得该署通知，嘱其觅保释放。惟保人资格，须在上海中国地界营有商业者，陈群交游中殊无合格之人。想阁下在闸北经营实业，又与陈群为同乡，拟托阁下为之作保"。（《致何扶桑函》，《孙中山全集》第 5 卷，第 42 页）

4 月 8 日 南北代表就上海和会继续开议程序问题达成协议。

上海和会停顿月余，各方函电交驰，敦促开议。经陕西划界专员张瑞玑报告陕西停战情形,长江三督王占元、李纯、陈光远迭电保证,南北地方当权人士及和平团体的不断催促,本月4日,南方代表于唐绍仪宅召开紧急会议,议决自7日起继续开议。7、8两日,南北代表连续召开谈话会,就会议程序达成协议。北方代表提出的闭门会议主张,为南方代表所拒绝。(《中华民国史事纪要(初稿)——中华民国八年(一九一九)一至六月份》,第447页)

△　复函席正铭,同情师俄主张。

席正铭来函,感喟时局,称俄国可为导师。接函后"深表同情",于是日复函谓:"此次俄国革命,乃以人民自动而结合,军队自动而有同情附和平民政治,盖其成功之速,乃在人民之奋发,非以金钱为力也。中华革命党自经三次革命失败以来,既已宣言解散,外侨所认军债尚未有偿还之期,即令果得偿,恐亦难望其再为捐助。盖此试验足以证明结党用金钱而运动者,实难成功,而彼亦不乐为助也。若兄能师俄人之所为,于所接近之军人,开示以平民政治之利益,则并革命亦不须起。此一国之改良已有可望,要在同志各尽其力,以感化各地之人,使趋于革新之方面,则以人民大多数之志愿,何事不可成。若各人能尽力于此,有成绩可见,则除金钱实无可设法外,当代画种种进行之策,以冀进步。"(《复席正铭函》,郝盛潮主编、王耿雄等编:《孙中山集外集补编》,第230—231页)

△　蔡大愚来函,慨叹时局,拟来沪谒见。

蔡大愚自前年陇上起事失败回蜀,受命赞襄援陕,本年2月始返成都。是日来函,慨叹时局,谓共和数年,"武人不足责,政客又何如,北固为万恶,南亦未能善"。今北方无言和诚意,"倘和不成,则不仅内患可忧,恐西欧战局移于东亚"。敬祈"对内对外,策划万全"。并告拟来沪上,"一供狂愚"。(《蔡大愚上总理函》,环龙路档案第01507号)

△　杨虎来电,告权领鄂西靖国军。

日前鄂西靖国军副司令牟鸿勋,以总司令蔡济民被害,欲解军职,力谋昭雪,转请杨虎接任该军总司令。柏文蔚复令杨就近接任。本日杨虎致电南方要人,略述原委,表示"暂以总司令名义,出予维持。并赓续蔡公在时成议,仍归湖北靖国联军黎公节制,以资划一"。

(《杨虎权领鄂西靖国军》,上海《民国日报》1919年4月18日,"要闻")

4月9日　上海和会正式续开。

是日上午九时,上海和会正式重启,双方总代表均将所有具体议题提出。唐绍仪所提出者,计续议案六项,新提出者十三项;朱启钤所提出者,计大纲两项,分目八项。经初步交换意见,和会议题合编为国会、军事、政治、财政、善后、续议案等六项。(《唐绍仪发电稿》,中国社会科学院近代史研究所近代史资料编辑组编:《近代史资料》总51号,第177—179页)

△　南方将领林葆怿、莫荣新等通电,主张军人不干涉政治。

是日,南方林葆怿、莫荣新、李烈钧、吕公望、方声涛、李根源、程潜等联名通电,痛论军人干政之非,呼吁此后"军事即须独立于政治之外,使军政分轨,而趋各谋改革"。(《广东林葆怿等致南代表电》,《申报》1919年4月15日,"本埠新闻")

通电发出后,外界反应强烈,南北军人群起仿效,赞同此论。19日,北京政府陆军部总长靳云鹏、参谋本部总长张怀芝通电全国,"极为赞同",认为果如所论,"则内争无由而起,内争不起,则国困可复,民病可苏,空穴之风无自而来,阋墙之争,外御其侮,则国防固而境内安"。(《专电》,《申报》1919年4月23日)22日,曹锟、张作霖通电各方,亦称"凡我军界,自守天职,至与政治问题,截然两事,本无所谓政见,抑何能干及政权"。(《北方军人之表示》,天津《大公报》1919年4月25日,"紧要纪事")

△　程潜来函,请南方坚持和议初旨,勿作轻易让步。

本日,程潜遣所部秘书长李隆建携函来沪晋谒,"详陈一切"。该函首先对"前电"所引发的道路传言有所辩正,称"潜虽武夫,夙闻大义,与公以精神相感召,非自今始。道途之言,或有失实,铄金之口,尤足寒心,我公如日月之昭昭,当早能谅察"。在谈到上海和会时,该函谓:"和议仍在停顿,西南主持正义,断无终屈之理,惟望公等坚持初旨,万勿轻易让步。如果樽俎之间不能制胜,即不幸再以兵戎相见,咎有所归,吾党亦当有以谢国人也。此间有众数万,尚能戮力同心,粤中同志趣向略同。请告少川先生毋自馁,而堕奸人之谋,斯诸将士之所望。"接函后批示:"前电总望向全国公布取消,方免国人观听之迷惑。"(《程潜上总理函》,环龙路档案第 04328 号)

△　旅沪福建善后协会来电,请派员入闽监视划界。

陕西停战划界在各方努力下渐告解决,而福建划界却因南北各执一端而成相持之势,本日,旅沪福建善后协会致电孙中山及南北当局,吁恳"速派专员入闽,监视划界事宜",从而使"闽省兵祸得以缩短,和议前途得以猛进"。(《旅沪福建善后协会关于闽省划界之通电》,《时报》1919 年 4 月 11 日,"公电")

△　年煊来电,主张国会改定约法,多设总统。

护法战争以降,南北相持经年,国事一无进展。在此背景下,各种"救国"主张纷岐杂出,甚至流于怪诞一途。本日,有年煊者致电孙中山及南北要人,认为国事"欲求正当之解决,非如设总统多名不为功",因为"吾国地大人众,居处不同,见地因之而或异,一有所激,各走极端,战祸从兹始矣"。而"如能本此主张,政体固然共和,政制实为合议,效美法之精神,总统权力不如民会,仿瑞士之制度,总统额定已有七人,集全国之伟杰,以讨论于一堂",则"凡有实力之首领,不患无权位以救国,责任同负,能力相维,战何有哉,和斯得矣"。故当今之计,惟在"国会改定约法或宪法及选举法,决定总统多名,组织行政议会"。(《解决时局之怪主张》,长沙《大公报》1919 年 4 月 17 日,"公电")

4 月 10 日　北京政府外交部公布《济顺高徐二铁路借款预备合同》及《中日间之铁路借款换文》。(《中华民国史事纪要(初稿)——中华民国八年(一九一九)一至六月份》,第 457—460 页)

4 月 11 日　林修梅来电,请贯彻初衷,力争裁兵、国会、制宪三事。

是月 9 日,南方代表将和议议题一揽子提出后,引发外界多种讨论。本日,林修梅自湖南致电孙中山、唐绍仪及南方各代表,指出代表于陕事不加深究,且将各种条件一次性提出,足征南方让步且求从速解决。他认为,议和条件应该主次分明,南方必须在裁兵、国会及制宪三事上据理力争,其他局部问题则可为"适当之应付"。恳请孙、唐"两公贯彻初衷,力争此点。即令和议不成,而至于再战,胜负固所不计,而吾人亦有词以谢天下"。(《林修梅以三事告和会》,上海《民国日报》1919 年 4 月 21 日,"要闻")16 日,林修梅复来函,重申裁兵、国会、制宪三问题"关系重要,万难迁就"。认为和议"议决不难,而履行为难",敬请筹谋应对之法。(《林修梅上国父陈述北政府对和议条件未能履行函》,《革命文献》第 50 辑,第 423—424 页)

△　钟棠来函,期即任用。

华侨钟棠思图报效,前于芙蓉致函,未获回复。本年 3 月由梅县上函,接秘书室函复,悉孙中山未在省垣。本日复来函,敬恳选录。(《钟棠上总理函》,环龙路档案第 01173.1 号)

4 月 12 日　北京政府外交部公布中日电报借款合同及附件。(《中华民国史事纪要(初稿)——中华民国八年(一九一九)一至六月份》,第 466—470 页)

4 月 13 日　张敬尧来函,冀"登高振响"。

日前李梦九等携函由沪返湘,本日张敬尧复函,称频年奔走,亦唯"救民水火"。并谓"宁内以对外,要以斯时为机枢",恳请"登高振响,宏畅宗风,俾海内达人捐除意气,共济艰难"。(《张敬尧复总理函》,环龙路档案第 04718 号)

4 月 14 日　北京政府外交部公布海军部与日商所订无线电台正附合同。(《中华民国史事纪要(初稿)——中华民国八年(一九一九)一至六月份》,第 474—477 页)

△　钱能训致电朱启钤,希由双方代表拟定宪法草案及国会选举组织法,以破解法律问题僵局。

电谓:"南中近日盛传南京制宪之说,无论旧会开幕后行使职权,难于限制,即就制宪而论,新会完全撒开,势必激起反动。日来新会亦开议讨论,并质询政府。故南京制宪之说,中央已难赞同。达诠所述,我公预拟办法,既可斩钉截铁杜绝流弊,且述而不作,亦不为侵立法之

权,鄙意极为赞佩。惟此间颇有谓两方代表无议法之权者,此项办法
宣布后,难保两方国会不急切抗议,届时或南会发生暴动,或北会另标
护法,均不可知。固属必经阶段,但亦须预有对待计划,以免临时艰
棘。能否由两代表将宪法草案及选举组织法核定后,仍交两国会通过
公布。但得新会公布,则法律上手续已可自圆其说,旧会布否,不妨听
之。"(《钱总理能训致朱总代表启钤电》,《革命文献》第50辑,第539—540页)

　　△　吴山来函,报告军政府政务会议第六十七次会议议决各案。
(罗刚编著:《中华民国国父实录》第5册,第3395页)

　　△　张宗海来函,恳资助赴甘运动。

　　张宗海向持经营西北说,本日来函谓:上年本拟赴甘,"当时先生
由粤返申,加以倡和之声布满全国,于是埋首静待"。今机会已届,
"故约光复时陕西有实力之同志吴君长世等,筹划陕甘联合同举,与
北庭〔廷〕决一死战"。惟川资无着,特函恳筹措六七百元,早得夕行。
"大举图成,则我先生之政策庶可易于施行。"(《张宗海上总理函》,环龙
路档案第13271号)

　　4月15日　北京政府外交部公布吉黑两省金矿及森林借款合
同与附件。(《中华民国史事纪要(初稿)——中华民国八年(一九一九)一至
六月份》,第482—484页)

　　△　复函唐继尧,鼓励赞助民生政策。

　　唐继尧前接上海和会南方分代表缪嘉寿来函,报告在沪为孙中
山礼遇优待,并言孙中山"锐意提倡生产事业",向云南方面征求意
见。上月12日,唐继尧来函,对关心云南表示感佩,且请示知振兴实
业办法。函谓:"窃以我国近年迭更变乱,水旱饥馑,异地皆然,民生
困难,已达极点。兼之欧战结束,经济竞争之潮流,折而东趋,吾国又
适当其冲,倘不着手生产,解决此最大问题,恐一入漩涡,万劫不复。
先生以世界之眼光,鉴国民之痛苦,毅然以振起社会经济自任,如沉
阴之下,响发春霆,万汇昭苏,可操左券,发起有日,敬愿附名,办法一
切,便乞示知。"接函后批示:"来函赞同实业,甚善。如果大局早定,

当以贵省列入计划之中也。"(《唐继尧复总理函》,环龙路档案第04019号)

本日,邵元冲据批示内容复函,谓:民国成立数年,国事愈趋愈下,根源即在国人对于民生问题素未注意,"文有鉴于此,月来详加研究,拟述为专书,创导国人,庶几群策群力,见诸行事"。并谓:"贵省天产素富,矿脉尤盛,徒以交通未便,各种事业遂未能遽见猛进。今执事既表示赞助民生政策,则此后如果大局早定,文当以贵省实业发展之方法列入计划之中,并当将各种计划书寄奉,以资商榷,倘得鼎力提倡,尤为深幸。"(《复唐继尧函》,《孙中山全集》第5卷,第43页)

△　复函许道生,勉为国努力。

旅法华工许道生来函,报告拟在法国联络工界侨胞,结合团体,以为将来救国之计,请"与以一组织工业之委任"。本日复函,对许"毅力远识""极为欣慰"。略谓:"诸君远涉重洋,所游者又为共和先进、民权最发展之法国,耳濡目染,自必得非常之进步。况大战争结束以后,各国皆民气勃兴,诸君感受世界最新之潮流,又得练习最新之科学工业常识;他日此数十万侨胞联袂归来,为宗邦效力,则祖国实业前途之发展、民权之进步,又岂有限量?惟在诸君努力而已。"并告汪精卫、李石曾"二君皆素富民主精神,留法甚久,于法国情形甚为详悉;且对于在法侨胞亦欲为之设法团结",望其就近接洽。(《复许道生函》,《孙中山全集》第5卷,第44—45页)

该函非径寄许道生,而是寄给汪精卫,待其查明情况后转交。翌日特致函汪精卫,说明许函情况,嘱其就近调查,"如果系有知识,可以联络之人,宜善为抚慰,以为联络华工之助;否则,该函即留兄处,不必给与之"。(《致汪精卫函》,《孙中山全集》第5卷,第45页)

△　复函黄伯耀,告黄花岗纪功石坊未便登报招股①。

香港黄伯耀来函,建议募集黄花岗纪功石坊修建经费,可采登报

---

①　《孙中山全集》断该函日期为4月15日。(《复黄伯耀函》,《孙中山全集》第5卷,第44页)

招股方式。本日复函告:登报招股之事,似难发生效力。"刻下海外锡及橡皮价格日益低落,侨商大受影响,其窘困之状,不可胜言,自顾不暇,当然无力认股。至于三藩市方面,本党总支部受他种风潮之波及,群情涣散,方苦收束维艰,更未便以认股之事,增其担负。承嘱通告一节,文意窃以为今非其时。"(《复香港黄伯耀却登报招股函》,《国父全集》第 3 册,第 613 页)

△　吴山来函,介绍游如龙来见。

湖南省议会议员游如龙前代表省议会赴粤,与吴山盘桓数月,日前拟经沪返湘,欲就"将来挽救三湘之法"前来请教。本日吴山来函,予以介绍。来函并谓:"欧沪和后,我国即安,皆幻想也。预料上海和后,国病如昨,或更加剧。挽救之法,惟祈先生坚持正义,广播福音,尤贵多任纯正笃实之真才,预备积极进行,挽救将来发生之浩劫。"(《吴山上总理函》,环龙路档案第 01899 号)

△　颜德基来函,报告所部近情。

函谓:"前月汉卿返部,辱承指示,感谢良深,并蒙颁赐墨宝,自幸眼福。"该部"自停战后,切实收束,共有快枪五千余支,熊督军业派员前来点验,尚未到绥。一俟点验完毕,已就实际编制矣"。(《颜德基上总理函》,环龙路档案第 00537 号)

△　刘成勋来函,请示治边方略。

函谓:川中自军兴以来,"藏番乘间窃发,莽莽穷荒,失地殆尽"。军府以筹边重任见委,现"边风正急",祈"槃诲遥领,俾资佩守"。来函并谈及南北和议,谓报载段祺瑞变本加厉,举我国银行、铁道、森林、矿山赠于日本。"现既议席重开,和平曙光又已透露,先生声望隆重,夙为海内外人士所瞻仰,知必智竭囊底,以济时艰。"(《刘成勋上总理函》,环龙路档案第 00644 号)

4 月 16 日　复函邓耀,告所请于理于法不合。

邓耀自香港寄来手书及公文一件、表册四份,叙述此前军政功业,请电促军政府补行备案。本日他人代为复函,谓:"方今南北和议停而复开,大局总有解决之一日。足下不忍以前经过之事实就湮,提请军政府补行备案办法,未始非宜;惟请中山先生另行电粤一层,容有未当。盖中山先生为军政府总裁之一,群以为可者,中山先生当然表示赞成。若于足下所请者而行之,于理于法,皆不合也。"(《复邓耀函》,《孙中山全集》第5卷,第45—46页)

△ 王正廷、伍朝枢来电,请电促列强维持中国主权。

是月15日,中国代表团几经研究,将废除二十一条要求提交巴黎和会。但该项要求若非得到英、美、法、意等国支持,实难实现。本日,王正廷、伍朝枢致电军政府各总裁、护法国会议长,冀总裁以个人名义,国会以国会名义迅电英、美、法、意政府首脑,"请其主张公道,维持中国主权"。(《王正廷、伍朝枢来电(译录件)》,李家璘、郭鸿林、郑华编辑:《北洋军阀史料·吴景濂卷》第3册,第322—323页)

4月17日 北京参众两院议员通电,反对和会讨论法律问题。

法律问题是上海和会的基本议题,为南方代表所力争,乃各方观瞻之所系,但北京新国会反对将此问题纳入讨论。本日,北京参众两院数百议员王郅隆等联名通电,声称法律问题即系国会问题,"国会系国家立法机关,断非行政委任人员所能议及。倘若越权擅议,则紊乱国宪,摇动国本,必有尸其责者"。(《参众议员王郅隆等请致朱总代表启钤上海会议不应涉及法律问题电》,《革命文献》第50辑,第608—610页)

21日,北京政府国务总理函复王郅隆等,谓上海和会"本为解决国内纷争问题,法律亦其一端。所派代表,负有解决时局之责,对于此项问题,自不能存而不论"。(《钱总理能训称上海会议代表对于法律问题不能不讨论函》,《革命文献》第50辑,第611页)

4月18日 蔡大愚来函,称和议无关共和前途。

本日蔡大愚来函,阐述对和议问题的看法。函谓:真共和能否实现,非取决于和议成与不成。造就真共和,须从养成民德入手。"而养成一国民德者,即政治上之教育、实业、保卫三作用,此三作用得,则国强富,三作用失,则国乱亡。"是以"吾人欲国不亡,宜另筹所以能实现真共和者,此次和议之成与不成,固无重要关系也。"接函后批示:"不答。俟书出版,可寄一本去。"(《蔡大愚论南北议和上总理函》,《革命文献》第 48 辑,第 309—310 页)

4 月 19 日　致函杨仙逸,勉力展所长。

18 日,接梅培来函,悉杨仙逸、张惠长已由汕头抵达漳州。本日致函杨仙逸,勉其力展所长,树功前敌。函谓:"足下对于飞机学问,研究素深,务望力展所长,羽翼粤军,树功前敌。方今南北和议,虽继续开会,而政局风云变更靡定,援闽粤军,关系于本党之前途者甚巨,得足下相助为理,定能日有起色。"(《致杨仙逸函》,《孙中山全集》第 5 卷,第 46 页)

△　杨熙绩来函,寄驳谭延闿之文。

杨熙绩自湖南来函,寄驳诘谭延闿之文,并述作文命意。函谓:近为刘焕藜作文一篇,驳诘谭党。初拟自出名义,并程潜亦痛骂。嗣林伯渠等谓,"程于钧座有服从之表示,似不可拒之太甚"。然专对谭氏,"恐人谓吾党为程所利用矣(程苟诚意的服从,钧座自无所谓利用矣),遂改用刘焕藜之名,而其中仍有儆惕程潜之处"。接函后批示:"程虽有一电来,表示前次公电反对之不是,然是否诚意,不得而知。"(《杨熙绩上总理函》,环龙路档案第 04350 号)

4 月 20 日　许崇智来函,请设法维持援闽粤军。

本日,援闽粤军第二军军长许崇智来函,报告闽省划界情况,并请设法维护驻闽粤军。函谓:"此次西南护法,名义上滋多,实际上綦少,虽则武力终不胜法律,惟我国现在国民法律之思想薄弱,仍须恃武力为后盾。"环顾西南真正护法之师,援闽粤军几于硕果仅存,"革命真种子,不可令之绝",敬请就近与唐绍仪商洽,"促其注意"。接函后批示:"此后吾人之生存成功皆靠冒险,能之则生,不能则死。"(《许崇智上国父报告闽省划界及军务函》,《革命文献》第 50 辑,第 223—224 页)

△　孙宗末、孙宗昉来函,恳觅上书国会介绍人。

孙宗末、孙宗昉近欲上书非常国会,本日来函恳觅介绍人。函谓:"前承明训,佩极中国光明路,舍法律别无正轨。近开非常国会,上一

请愿书,缮陈察核。如有可采,即恳代觅法定介绍人。"批函后批示:
"对于国会已不过问。君欲上书,另为设法。"(《孙宗昉上总理函》,环龙路
档案第01174号)

△　臧善达来函,恳请救济。

函谓:来沪多日,衣物典尽,恳即济助,俾早日起程前往汕头。
(《臧善达上总理函》,环龙路档案第02915号)

4月21日　广东护法后援分会来电,祈坚守护法立场。

本日,广东护法后援分会致电孙中山、唐绍仪、孙洪伊、章太炎
等,请于议和席上力持恢复国会及惩办祸首。电谓:三年以来,国事
扰攘,究其总因,实在大法沦丧,国纲不张。祈请"遵守护法宣言坚持
到底,恢复国会,使得完全依法行使职权;惩办祸首,使即解职,受法
律之裁判。国纲既举,其余问题,迎刃自解","万勿畏难屈势,违背宣
言,断送此几年护法仅亏一篑之前功"。(《护法后援会贯彻主张》,上海
《民国日报》1919年4月30日,"本埠新闻")

4月22日　致函陈炯明,嘱委杨德麟名义,便劝导华侨回籍
兴业。

印度尼西亚东爪哇泗水福建籍华侨杨德麟来函,称泗水一带闽
籍富商巨贾为数甚众,其中以漳、泉、福、兴籍为最,皆属意振兴故乡
实业,图谋进步发展。前因福建官员多抑勒归国华侨,以致望风却
步。近闻陈炯明在闽整顿民政,咸感振奋。若能对归国华侨竭力保
护,助其兴业,则必联袂归来。请将此意转达陈炯明。如获赞同,则
请委其为荷属华侨联络劝导回国振兴实业委员,以便着手联络劝导。
本日致函陈炯明,略述杨函,并嘱:"杨君办事素称热心,倘能由伊劝
导华侨回籍振兴实业,于民政必有裨益。望酌委名义,径函泗水明新
书报社转达,以慰其热心。"(《致陈炯明函》,《孙中山全集》第5卷,第47页)
5月8日,陈炯明来函告,业已委任杨德麟为荷属闽籍华侨实业劝导
员。(《陈炯明复总理函》,环龙路档案第05149号)

△　致函柏文蔚、吴醒汉,请斟酌声讨蔡济民案元凶。

蔡济民死难在民党内部引发极大反响,凡来沪者均请为蔡"伸愤雪冤,以彰公道"。但孙中山较为悲观,认为国事混沌,正义不昭,是非公道,颇难获致。本日仍致函柏文蔚、吴醒汉,请于能力范围内有所处置。函谓:"若首谋罪人证据既确凿无疑,兄等力如能及,则声罪致讨,加以惩治,或视空言责难为有益。尊处闻见较详,尚希斟酌图之。"(《致柏文蔚吴醒汉函》,《孙中山全集》第5卷,第48页)

△ 柏文蔚来电,告湖北段派蠢蠢欲动。

本日,柏文蔚致电孙中山及南方军政要人,告鄂省北军异动,电谓:"彰德会议之吴光新于齐日回荆州整饬军旅,汰旧增新,由汉阳兵工厂运输枪支子弹甚多,开军事会议宣布宜昌以上不负责任,其重兵亦调集于宜都、枝江等处,盖有窥伺施、鹤,进据湘西,以达湘督之目的。窃查此次议和,本非段派所愿,则将来故意捣乱,自在意中。诸公高瞻远览,务祈思患预防。"(《军政府公报》修字第73号,1919年5月18日,"公电")

△ 报载孙中山殚心著书。

据中美通信社报道,孙中山"近日专以著书为事,既用英文著铁路统一论,尝登《远东时报》。兹复著一长论,亦系关于铁路计划,全用英文,约数万言,不日即当发表。此外用汉文著述者,则有《孙文学说》八。此八卷中,大抵本'行之匪艰,知之维艰'之义而发挥之,约十万言,正与商务馆交涉印行。孙氏云:'他日当赓续著论土地国有及五权宪法以问世也。'土地国有者,社会主义之一种,而五权宪法者,独孙所倡导,自来中西学者未尝论及。五权维何?曰立法、司法、行政、考试、弹劾是也。孙氏平昔演说,尝纵论及之,语多精核可喜"。(《孙中山先生殚心著书》,上海《民国日报》1919年4月22日,"本埠新闻")

4月24日 洪兆麟来函,愿为和议后盾。

邓铿前由沪返闽,汀漳镇守使洪兆麟悉沪方近况,本日来函,谓此次和议,关系国本,望"坚持平日之主张,为一劳永逸之计划"。并谓现和会续开,此间武备,未敢稍懈,盖能战然后能和。表示"愿率湘

粤健儿以为后盾"。(《洪兆麟上总理函》,环龙路档案第13907号)

4月25日 石青阳来电,请根本解决南北问题。

本日,石青阳通电孙中山及南北要人,强调和议"若徒牵就事实,绥言法律,则战之根株尚在,而前之尽力枉费",望"力主根本解决,勿贻他日之忧"。(《军政府公报》修字第73号,1919年5月18日,"公电")

4月26日 李希莲来函,主张用暗杀及印刷品解决国事。

是日,护法国会议员李希莲来函,谓在粤与照霞楼诸同志研究,罪魁不除,中国绝无澄清之日。近得高丽人郑安立计划,"即用高丽人为暗杀党,以除卖国诸犯,并资助高丽人","颇为可用",拟不日来沪报告。又谓:"对于国内之乱,最要用新闻政策或刷印物品,专开导北方一般无识之军人,使知人道主义,并拥护卖国贼之非是。"前所组织真正民意团及国民呼吁团,多已散布北方,"仍祈主持,用刷印物扩散内部为第一要着"。(《李希莲上总理函》,环龙路档案第14047号)

△ 邓慕韩来函,报告联络广州报界情况。

本日,邓慕韩自广州来函,报告近期联络报界情形。函谓:联络报馆一事,现又得《七十二行商报》《羊城报》二家赞成,共计已得八家,"于言论界中算为一最坚强之团体"。目前所可虑者,陈炯明以此为无足轻重,置之不理,"如此则不特慕韩以后信用全失,即吾党将来办事亦无人肯助"。(《邓慕韩陈述联络报馆及广东政情上总理函》,《革命文献》第48辑,第291—292页)

△ 于右任、张钫来电,请优恤井勿幕等四烈士。

陕西靖国军血战经年,死伤接踵。是日,于右任、张钫致电军政府总裁,列述前靖国军总指挥井勿幕、前第四路先锋司令张义安、前第四路支队长董振五、前警备队司令步兵上校耿直等事迹,祈予从优追恤。(《于总司令请追恤井耿张董诸烈士电》,上海《民国日报》1919年5月4日,"要闻")

△ 湘西临时参议会来电,恳电饬湘西南北停战。

是月23日,绥靖镇总兵宋祚永与靖国联军湖南第二军左翼司令方汉儒,于保靖县南门外发生战事,湖南各方颇为关注。本日,湘西临时参议会致电军政府总裁等南方要人,敬请"电饬宋、方各部立予停战,各守原防,至开衅缘由,是非曲直,仍乞详查曲直,严加惩办"。(《军政府公报》修字第75号,1919年5月24日,"公电")

　　4月27日　批复孔昭晟等来函,告主张国会行使职权始终未变。

　　孔昭晟、尹承福、赵中鹄、王葆真等在沪国会议员一百四十二人日前联名来函,探询对国会问题的看法。接函后批示:"国会行使职权,是文唯一之主张,始终不变。""想改组军政府者,乃国会之主张。文当时以去就争而无效,离粤之后,本一切不问,后以国会同人坚持要文派代表,不忍固却,遂再听多数人之请而派之。已再三声明,悉由大众指挥代表,文仍不问时局。当五国劝告之时,外论亦多不助国会。文有所不忍,遂发电请美总统主持公道,蒙彼赞成,乃电粤主张不可议和,只可请美总统为仲裁。深知南方武人必奉送国会,以换权利也。今恐不出所料。现南方代表只汉民一人尚坚持国会,其他皆惟权利是务耳。倘他日争之不得,则只着汉民辞职而已。余则无能为力矣!近且闻旧国会议员已有纷纷与新国会议员调和矣。国会议员诸君不奋斗不自爱,文奈之何哉!"(《批国会议员函》,《孙中山全集》第5卷,第49—50页)同日,又复函孔昭晟等,略谓:"近又闻国会议员纷纷北上,与非法国会谋调和,因而益为人所蔑视。是则所谓南方和议代表者,既视国会为无物;而国会议员中又间有不知自爱者及不肯奋斗之人,内蠹外邪,纷然并起,文复奈之何哉!"(《复在沪国会议员函》,《孙中山全集》第5卷,第48—49页)

　　4月28日　军政府召开政务会议,讨论国会问题。

　　国会问题为和会中争论之焦点,南北意见趋于极端。唐绍仪等坚持存旧废新,北代表坚不答允,谈判濒于破裂。是日,南代表全体致电军府,期望获得政府方面强有力的支持。军政府随即召开政务会议,同意将旧国会之存在作为南方根本主张。不过据记者观察,南方阵营内部对于国会问题,实存明显分歧。孙中山主张存旧废新,态度明确。岑春煊"观北方情形,对于规复旧会似难达到。如南方坚持到底,则和议势必决裂;且西南各省均有厌战之意,故欲稍为退让"。陆荣廷则"始终未尝以恢复旧国会为主旨"。(《国会问题之西南观》,《申报》1949年4月29日,"国内要闻")

△ 湖南省议会来电,请南北政府推诚解决国会问题。

本日,湖南省议会致电军政府总裁、北京政府总统、国务院等,阐述解决国会问题方法。电谓:南北双方在国会问题上俨然对峙,去一不可,两存不能,则"惟有两去之,而以旧选举法召集新国会为不二法门"。"和议代表为解决时局之惟一机关,所有法律问题、事实问题当然有议决之全权,不受他力之摇动。"恳请南北政府"推诚尊重,以使和议进行无阻"。(《湘省议会公电》,《时报》1919年5月5日,"公电")

△ 杨虎来电,辞权领鄂西靖国军总司令。

杨虎权领鄂西靖国军总司令未久,本日又致电军政府总裁等辞卸,电谓:"和议重开,大局将定,凡我义军,正待收束,所有集合鄂西之众,即拟令其径受黎联军总司令节制,以归统一。"(《军政府公报》修字第73号,1919年5月18日,"公电")

本年8月5日,杨虎来函,报告旋受旋辞内情。函谓:"时幼襄部属参谋长陈家瑞、团长伍国禄等,以本军之惊散无归,故主之大仇待复,商虎总领其众,以徐图行其志于将来。虎不忍视幼襄辛苦经营隳于一旦,又以锡卿所部与鄂西依为唇齿,而幼襄部属之所志,尤虎所急欲之,自恨手无寸柄者也。于是本其要求,转商锡卿得允助援,乃敢承诺就职。之后曾遵照幼襄在日与黎辅臣总司令接洽之成议,派员前往赓续前请,听其节制。讵黎别具肺肠,拒不之受,又深忌本军之成立,电告军府捏辞反对。军府远不之察,亦遂据以为辞。尔时,虎以骑虎势成不得不谋善后,即通电声明设法结束,决自引退。"(《杨虎上总理函》,环龙路档案第12971号)

是月 与日记者大江卓谈话,批评日本亚洲政策,希望日本改弦更张。

是日，与日本记者大江卓谈话，畅谈世界形势与日本当前亚洲政策，批评日本为当前世界"憎恶之中心"。希望日本改弦更张，改善与中国的关系，同意朝鲜独立，整个东亚民族团结一致，共同对抗盎格鲁逊民族的侵压。谈话内容如次：

"孙氏曰：尔日本人，非亚细亚人也。大江愕然询其故？孙氏曰：尔日本人为欧人使用而侵略吾亚细亚人者，焉得为亚细亚人乎！尔日本人若欲以亚细亚人行世乎，则将满洲权利与山东问题，早行还付中国，而许朝鲜之独立。

"今中国各地之排日运动，依然炽盛，固为遗憾。然最近中国人之排日感情，其为浸润颇深远。若谓容易而除去，此则不可能也。余亦认日本自然的澎涨不得已也。若日本为其发展地求诸中国，则其结局之为绝望，不可不言也。将来日本以其进出口向于中国，则中国人取猛烈反抗之态度，无违也。日本为目下的世界憎恶之中心，陷于非常之穷地，在中国则受中国人之排斥；在南方要求发展，则受欧、米人之反对，在西伯利〔亚〕亦一样也。惟将来日本不受排斥，充分发展之地，则赴南洋也。爪哇、斯玛透罗方面之土人勿论，而数十万之中国人，姑无对日人之恶感，故极力向此方面而发展，为良策也。况该地非日人之故乡耶！在他地不得容纳之时，则归向故乡亦自然之事也。

"反观乎世界之大势，则以今番欧洲之大战，而世界之形势一变，盎格鲁逊民族横暴日加，当此时我等亚细亚人，非事内争之时也。盎格鲁逊民族与非盎格鲁逊民族之结合与冲突，早晚间难免之运命也。对此若非中日相结为中心之势力以对抗，则不可也。故日本蓄置海军之力，中国巩固陆军之力，为必要也。

"朝鲜问题，极其困难之问题。以余意见，则日本须容韩人之要求，而承认其独立为宜也。以韩、日合并而买韩人之怨恨勿论，而中国人及其他对日本疑惑甚高，使日本陷于现在之苦境，与其莫大之影响矣。元来未有如中国民族之爱正义者，日本曾称中国侵犯韩国之独立而起清日战争,中国以战败之结果,割让台湾,赔偿巨款,然爱正义之中国人,实认其犯独立。而不惟对于日本无一言怨嗟之叫呼声,而反尊敬日本先将欧、米留学之学生,为学日本之文明使趋日本。日俄战争以后尤尊敬日本。(中略)乃至今日有反对之状态者,韩日合并为事实上最大者也。此结果对于中国人而与以非常之疑惑及不安,酿出今日之情势为其主因也。至于今日,俄帝国既为崩坏,日本对于北方无何等之威胁,而俱以消灭,则今日承认韩国之独立,无何等障碍之生。韩国反因此而表满腔之谢意,永不忘矣。中国人对于日本之侵略,而一扫其疑惑与不安之念,昔日之交情复活,东洋之平和于兹确立矣。"(段云章编著:《孙文与日本史事编年(增订本)》,第595—597页)

　　△　李炳荣来函,告前线防备仍然。

　　是日陈炯明所部李炳荣自福建来函,称"迩来和声虽唱,前线防备仍然"。又谓:"先生中华之望","一言之发,五族同钦。唯望主持正义,应变临机,荣忝军人,谨当整策三军,翘首敬听"。(《李炳荣上总理函》,环龙路档案第13905号)

　　△　邓泰中、杨虎来函,报告行止。

　　函谓:"刻已出省,泰中由资阳县绕返云南,俟见冀督后再行函陈。虎于昨抵重庆,俟川轮到时,即拟买舸来沪。"(《邓泰中杨虎上总理函》,环龙路档案第00415号)

5 月

　　5 月 1 日　出席巴黎和会中国代表向美、英、法三国代表会议提出关于山东问题抗议书。

　　4 月 22 日,巴黎和会美英法三国代表开会讨论山东问题。28日,美英法日四国代表会议中,日本代表关于山东问题提出六条建议,英法代表表示赞成,美国代表威尔逊总统仅对建议详加质询,未明示反对意见。30日会议续开,威尔逊请日本代表以书面声明将山东权益交还中国,日本代表不允,仅允以口头声明。三国会议最终依日本意旨,将山东问题定案。本日,中国代表团向三国代表会议提出抗议书,指责"三头会议欲维持和会不生破裂,竟以中国为殉,是中国运命,反因参加联合国之故,而为联合国之利益交换品"。(《中华民国史事纪要(初稿)——中华民国八年(一九一九)一至六月份》,第541—542页)

5月2日　复函林森,告已晤陈堃等。

护法国会参议院议长、福建人林森眷怀桑梓,担忧"关于闽事,苟无吾派中人在沪留意,恐不肖者利用投机,藉谋私利,捏造民意,淆惑当途,闽省前途,不堪设想",遂与同乡公推陈堃、郑忾辰、唐哲夫、林鸿超四人赴沪,向和会陈述意见。4月下旬,林森来函报告此事,并请鼎力主持闽省和议。函谓:"此数君为吾党中坚分子,久邀尊鉴,但与少川先生及各方面素少接洽。除另函致少川、展堂先生外,所有关于法律事实及地方问题,务求鼎力主持,并训示其一切进行。"(《林森上国父报告推陈堃等赴上海和会陈述关于闽事意见函》,《革命文献》第50辑,第424页)本日复函,告陈、郑、唐、林等"均已晤谈,并已与展堂接洽,由展堂介绍与他方商榷一切"。(《复林森函》,《孙中山全集》第5卷,第51页)

△　复函陈炳堃,勉力膺艰巨。

陈炳堃自四川来函,并附照片,报告川中政情。本日复函,称赞其"慨当戎政,备历艰辛,百折弥奋,尤征毅勇",并告"方今国难方殷,需才甚亟,尤望兄力膺艰巨。川中多吾党优秀之士,想能和衷共济,为前途努力"。(《复陈炳堃函》,《孙中山全集》第5卷,第51页)

△　苏成章等来电,促速查究蔡案元凶。

蔡济民被害数月,案情查办一再延宕。本日,蔡部苏成章等通电各方,痛责该案"罪魁铁证早分呈,奉令查复会审亦非一日,静待至今,迄无后命"。"唐、方身为护法军官,谋杀护法元勋,以便私图,其不法之罪,又为西南所共愤,乃求传案审讯而不可得,岂不法仅所以禁北政府欤?"泣恳"即予传案,一判曲直"。(《万县苏成章等通电》,《申报》1919年5月13日,"公电")

5月3日　王正廷来电,请接洽补救山东问题。

本日,王正廷自巴黎来电,报告山东问题交涉失败,电谓:"胶州问题,三国决议仍如陷电所陈(即交由日本还中国),即我拥政治虚名,人握经济实利。""现已提出抗议,并设法向各方接洽,以图补救。"(《王专使报告失败电》,上海《民国日报》1919年5月18日,"要闻")

△　王法勤来函,请求资助。

旅沪国会议员王法勤来函,谓"现以广东公费不能代领,住沪同人又个个艰窘,无法周转,致坐困月余,不能活动一步。务祈筹措百余元,以应急需"。(《王法勤上总理函》,环龙路档案第02916号)

△　罗鉴龙来函,求为《男女性原论》题弁。

罗鉴龙近撰《男女性原论》一书,本日来函谓:"我国纳妾之风,争继之俗,积而不革,则民族无由强,民德无由厚。撰述是书,所以导之使变。欲得先生一言以绍世,庶可拯溺俗而励行检。"(《罗鉴龙上总理函》,环龙路档案第09050号)

5月4日　北京大学等校学生举行示威游行,五四反帝爱国运动爆发。

五四运动发生时,孙中山在上海"闭户著书,不理外事",但对北大学生的创举还是及时去信表示勉励。信中指出:"文虽奋斗呼号,而素志未成者,徒以国人判别是非之心,尚嫌薄弱。文倡于前,而乏群众以盾其后,故牺牲虽巨,而薪向犹虚。逊清末造,其能力肩革命之任务为主动而卒建今日之民国者,亦端赖海外学生数十人、内地学生数百人而已。以今方昔,何能多让……吾国之一线生机,系之君等,并望诸君好自为之。"(刘蔚芊:《读了孙中山先生一封书的感想》,《国民周刊》1923年5月;吕芳上:《同声相应:革命派作为"五四人"与知识界的互动(1919—1920)》,"孙中山及其时代、人物"学术研讨会:纪念五四运动九十五周

年[2014年5月17日]会议论文)

专注于以主义救国的孙中山,虽对激进学生的理念与方式有所保留,但学生运动所迸发出来的能量,使他在反思党组织涣散的同时,开始接见学生,创办杂志,以接引这股新生力量。学生群体也逐渐与国民党"声气互通"。吴稚晖后来忆述:"五四之先,中山先生并不曾如是的明白吩咐学生,学生也并不曾预先请教过他。只是当时空气,浓厚的弥漫全国,如是的酝酿而成;不惟学生,且有学者,且有教授,且有一切文化人,都隐隐有此说不出、话不出的觉悟。到了五四,学生不知不觉,从爱国一点出发,在如火如荼的运动中,就在三民主义的帅纛旗前,扯起了两种新先生的文化大旆。只是临时的觉悟,只是急起直追的承先。"(吴稚晖:《五四产出了两位新先生》,《学生世界》第1卷第5期,1942年5月20日)罗家伦也指陈五四运动中孙中山及国民党的转向所造成的后续影响:"所以民国十三年国民党改组前后,从五四运动里吸取干部众多,造成国民革命一个新局势。"(罗家伦:《从近事回看当年》,《世界学生》第1卷第6期,1942年5月)

△ 孙宗末、孙宗昉来函,主张重视经济问题。

孙宗末、孙宗昉日前来沪,本日来函,谓此次言和,"旧国会行使职权,实罢兵息民之第一关键"。"今抛弃其最正当最重要之问题,而讨论不关痛痒之地方制度,以迁延时日","演成不死不僵之剧"。将来和议破裂,大战重起,有"中原长淮义士"可用。其领袖多人居沪,"其军实久经调查详悉,确足备一军之用而有余,惟欠缺机关枪、野战炮。再如蒙加派知兵豪杰,出而统辖,与李督接洽妥帖,藉淮徐海作集合地点,以图大举,则倪嗣冲可坐擒也"。惟困于资金,难以施展。故"总计全局,无论言和言战,而经济关头,实推首务"。(《孙宗昉上总理函》,环龙路档案第00939号)

5月6日 巴黎和会召开大会,中国代表陆征祥在会上声明,对德和约中有关中国山东条款,中国政府不能承认,应保留提请再议之权。该声明被列入大会议事录,但未发生明显作用。(《中华民国史事

纪要(初稿)——中华民国八年(一九一九)一月至六月》,第 630－635 页)

　　△　指示邵力子大力宣传北京学生反帝爱国运动。

　　是日凌晨,上海《民国日报》总编辑邵力子接北京学生运动电报,当即在报上刊出,并电话来告。电话中指示:"《民国日报》要大力宣传报道北京学生开展的反帝爱国运动,立即组织发动上海学生起来响应,首先是复旦大学。"当日,邵力子携带《民国日报》赶往复旦大学,在上海学联总干事、上海复旦大学学生自治会主席朱仲华的帮助下,紧急集合全校同学,亲自上台宣读报上的头条新闻,慷慨激昂地鼓动说:"北京学生有这样的爱国热忱,难道我们上海学生没有?!"(陈锡祺主编:《孙中山年谱长编》下册,第 1172－1173 页)7 至 17 日,《民国日报》连续以"北京学生爱国运动"为题报道运动的进展,并广泛登载各地学生运动消息。5 月 20 日起,该报又开设《大家讨贼救国》专栏,进一步鼓动风潮。国民党的一些重要人物纷纷表示对学生运动的支持,使上海学生运动同时带动包括罢工、罢市等各种社会运动。《民国日报》在上海地区爱国风潮的发动中发挥了重要的作用。

　　△　某革命同志来函,报告五四运动经过,希望顺时而起,"重组政府,以救危亡"。

　　本日,某革命同志来函,报告学生运动经过,并建议"与各同志乘时鼓吹沪上绅商各界,宣布卖国贼之罪状及北廷国务院卖国之详情,南北同时竭力奋斗,铲除贼巢,重组政府,以救危亡"。因闭门著书、不理外事置而未答。(《某呈中山先生报告五四函》,毛笔原件,中国国民党党史馆藏;吕芳上:《同声相应:革命派作为"五四人"与知识界的互动(1919－1920)》,"孙中山及其时代、人物"学术研讨会:纪念五四运动九十五周年[2014 年 5 月 17 日]会议论文)

　　△　致电志诚俱乐部同志,嘱协力同心奋斗。

　　本日,致函志诚俱乐部魏、游、陶、曹、王诸同志,嘱"川地强邻逼处,内氛未靖,正吾同志卧薪尝胆安内攘外之秋,诸兄与沧白皆患难至交,当能协力同心,向前途奋斗",并告"文现定救国方策,在使国会

完全行使职权，否则另图根本解决。各方交涉尚在进行"。(《致志诚俱乐部同志电》,《孙中山全集》第 5 卷,第 52 页)

△　朱和中来函,请乘时鼓吹推翻北京政府。

朱和中前曾来函,报告卖国派把持北京政权,梗阻和会。本日来函,主张利用学生运动形势,推翻北京政府。函谓:警所逮捕学生,"一二日内如不释放,将有大暴动。天津、济南不日亦将有同样之举动"。请"与各同志乘时鼓吹沪上绅商各界,宣布卖国贼之罪状,及北廷国务院卖国之详情。南北同时竭力奋斗,铲除贼巢,重组政府"。(《朱和中上总理函》,环龙路档案第 09180 号)

△　刘仁航来函,谈社会建设。

刘仁航日前与马相伯来见,本日复来函,述社会建设主张。函谓:向多研究佛学,旁支耶孔,然归于普度众生,"用国家社会政策办模范县"。惟当前南北对抗,土匪纷扰,难以措手,应"先组织一能有力之政党,使局势稍安,然后专从地方上建设,于各省设课吏馆,专养成模范县、模范村学派之县知事,提倡实行;或先试办数处,如昔年以崇明岛为试办之议亦好,庶不落空言,又免过激派之危险"。又谓:前阅先生在社会党演说词,主张由国家行铁道及土地增价政策,"平稳易行"。如有近著,务恳赐示。(《刘仁航上总理函》,环龙路档案第 11147 号)接函后批示:"俟书出版,寄一份与他传播。"(《批刘仁航函》,《孙中山全集》第 5 卷,第 52 页)

5 月 7 日　王天纵来函,介绍王从周来沪报告河南军情。

河南督军赵倜因与吴光新争持,遣王从周赴夔州,与靖国联军豫军总司令王天纵接洽。双方多次磋商后,王天纵于本日来函,介绍王从周来沪面陈,恳请指示机宜。并谓:"倘得义起洛阳","则靖国前途,不难达到目的"。(《王天纵上总理函》,环龙路档案第 12938 号)

5 月 9 日　六总裁致电徐世昌,责平情处理学生运动。

五四运动发生后,外界风传北京当局欲"将为首学生处以极刑,并解散大学"。是日,与军政府各总裁(唐绍仪除外)联名致电徐世昌,责其平情处置。电谓:"青年学子以单纯爱国之诚,逞一时血气之勇,虽举动略逾常轨,要亦情有可原。且此项问题,何等关系,凡属国民有常识者,类无不奔走沼汗,呼号以求,一当义愤之众,疑必有人表里为奸,则千夫所指,证之平日历史,又安得不拼命以伸公愤。其中真象若何,当局自能明了,倘不求正本之法,但藉淫威以杀一二文弱无助之学生,以此立威,威于何有,以此防民,民不畏死也。作始也微,毕将也巨,此中概括,系于一二人善自转移。执事洞明因果,识别善恶,宜为平情之处置,庶服天下之人心。"(《致徐世昌电》,郝盛潮主编、王耿雄等编:《孙中山集外集补编》,第232页)此电外,5月复致电徐世昌,"责以不能为卖国者庇护,且不能妨碍学生与各界之爱国运动"。(《致徐世昌电》,郝盛潮主编、王耿雄等编:《孙中山集外集补编》,第233页)

△ 方井东来函,主张通电全国,以伸国势。

本日,方井东自南京来函,报告学生运动情形,并请通电全国。函谓:"曹、章等卖国,全国欲食其肉而刮其骨,幸刻下北京学生发愤图强,热诚救国,正合国人心意。但此次外交棘手,全由若辈野心媚之于外,巩固自己权利,盗贼之心,路人共见。务乞先生振臂一呼,通电全国,定将若辈卖国贼等严惩,以国法从事,国人可稍舒愤激","以伸国势"。(《方井东请国父通电全国以伸国势函》,《革命文献》第48辑,第354-355页)15日,方井东再次来函,称"青岛问题关系全局,稍一让步,山东全省非中国所有,即南北二京亦甚垂危",务祈"通电全国,速将卖国贼以伸国法,而保安全"。(《方井东三上总理函》,环龙路档案第03295号)

5月10日 孙洪伊来电,请西南速决大计,停止和议。

巴黎和议将成,中国外交失败已成定局,本日,孙洪伊致电军政府总裁、护法国会及各省护法将帅,分析指出,"交涉之失败,不在巴黎而在北京,非各友邦不肯相助,实由北政府之甘心断送",吁请护法政府及国会"速决大计,将沪上南北和议停止,保存西南一片干净土,为讨贼救亡之本"。(《孙洪伊请定救亡大计》,上海《民国日报》1919年5月11日,"要闻")

是月初　胡适与蒋梦麟联袂来访。

4月底,胡适抵达上海,欢迎受邀来华讲学的杜威先生及其夫人一行。期间,胡适在蒋梦麟的陪同下前来拜访。胡适后来在讨论孙中山的"知难行易说"时,忆称:"次年(1919)五月初,我到上海来接杜威先生;有一天,我同蒋梦麟先生去看中山先生,他说他新近做了一部书,快出版了。他那一天谈的话便是概括性地叙述他的'行易知难'的哲学。后来杜威先生去看中山先生,中山谈的也是这番道理。"(胡适:《知难,行亦不易》,欧阳哲生编:《胡适文集》第 5 册,第 589 页)此外,胡适在讨论青年学生干预政治问题时,也谈到了此次拜访的印象与感想:"民国八年五月初,我去访中山先生,他的寓室内书架上装的都是那几年新出版的西洋书籍。他的朋友都可以证明他的书籍不是摆架子的,是真读的。中山先生所以能至死保留他的领袖资格,正因为他终身不忘读书,到老不废修养。其余那许多革命伟人,享了盛名之后便丢了书本子,学识的修养停止了,领袖的资格也就放弃了。"(《爱国运动与求学》,《现代评论》第 2 卷第 42 期,1925 年 9 月 26 日)

5月11日　朱和中来函,报告北京政府组阁计划。

五四运动发生后,钱能训内阁在内忧外患的冲击下岌岌可危,北京政府内部暗潮汹涌。朱和中日前密呈徐世昌,建议"乾纲独揽,速组统一内阁,以救危亡"。本日来函,附寄呈稿,恳即协助。函谓:该呈由徐世昌侍从室官长荫昌递交,荫本人"极为赞成"。来函主张,"即日由朱、唐两总代表组织统一内阁,一面并秣马厉兵,以为徐东海之后援,一面由朱、唐两总代表名义,转求各国领事通电各该公使,由各公使进谒徐东海,愿为后援,并愿代保北京秩序。若段贼祺瑞又复肇乱,各国一致予以相当惩办。如此则秩序可保,政局可定,统一可期"。并请即速与唐绍仪磋商,将呈稿传观,"以便一致主张"。(《朱和中上总理函》,环龙路档案第 09181.1 号)

　△　史明民来函,恳请救济。(《史明民上总理函》,环龙路档案第 12777 号)

5月12日　赴沧州别墅,专程拜访下榻于此的杜威,并共进晚餐。

约翰·杜威(John Dewey)是享誉世界的哲学家、教育家。应国内新知识界的邀请,杜威于4月27日结束了在日本的游历、讲学,启程来华,30日抵达上海,开始了在中国长达两年有余的巡回讲学之旅。孙中山非常敬重杜威的学识,此时他的"知难行易"思想已基本形成,《孙文学说》即将付梓,非常渴望能够听到世界著名思想家对自己理论的批评意见。是日,专程来到沧州宾馆,拜访杜威先生,并共进晚餐。

席间,话题主要围绕"知难行易"问题展开,以《孙文学说》即将出版一事相告,并语书中概要。次日,杜威在给女儿的家书中讲述了当时的情景:"前总统孙逸仙是位哲学家,这是昨晚我在与他共进晚餐时发现的。他写了一本著作,马上就要出版。书中他指出,中国人的软弱是因为他们接受了以往一位哲学家的说法'知易行难'。所以他们不愿意行动,而得到一种完全理论性的理解却是可能的。而日本人的力量正在于,他们即便在无知时也去行动,通过自己的错误进行认知。中国人由于害怕在行动中犯错误而无所作为。所以他写这本书以向人们证明,行动要比认知更为容易。"

孙中山的理论与杜威的实验主义理论颇有相合之处,此次谈话令杜威倍感愉快,难以忘怀。在翌年发表于《亚洲》杂志的一篇文章中,杜威旧事重提:"一天晚上,我曾和前总统孙逸仙度过了一段愉快的时光。他向我阐述了有关中国进步缓慢而日本却进步很快的理论。好像有位中国古代圣贤曾说过'知易行难'的话。孙先生解释说,中国人对此深信不疑。他们之所以不去行动,是害怕犯错误;他们希望事先就能得到保证,不会遭受失败或惹上棘手的麻烦。可日本人却意识到,行要比知容易得多;他们只管去做,而不在乎错误与失败,并且还相信它们会和成功取得平衡。我当然相信那位古代圣贤的影响力,因为那种封闭而厚重的环境效果强化了他的训导。"(张

宝贵编著：《杜威与中国》，第26—27页）

△　复函曹世英、王烈，告爱莫能助。

上月30日，曹世英、王烈自陕西来函，请求救助。函谓："先生眷怀西域，智珠在握，千祈及时臂划，示我周行，使茅塞之顿开，即遵循之有据。"当前秦中干旱，各营饷糈无着，哗溃时闻，"敢请先生会商军政府，速筹协济方略，或即于沪上筹集十余万元，刻日汇陕，以济要需"。接函后批示："爱莫能助。"(《曹世英王烈陈述陕情并请济助上总理函》，《革命文献》第48辑，第277页)本日复函，谓："陕中同志各义军与北方重兵相持经年，艰难坚忍，国人同钦。而兄等振作士气，坚持不懈，尤属难能。承商筹款接济一节，苟可设法，能不惟力是视？惟文处经济现亦万分困难，实属爱莫能助，尚冀谅之。"(《复曹俊甫王子中函》，《孙中山全集》第5卷，第53页)

△　复函陈汉明，愿尽力支持维护国权斗争。

五四运动发动后，各方群起响应。6日，南京华侨学生召开全体大会，筹议挽救办法。经全体表决，一电广州政府，请求坚持争还青岛，取消密约，并严惩祖日宵小；一电巴黎和会中国专使，请其力争，毋稍退让；一电北京政府，要求开释四日所捕学生。8日，代表陈汉明来函，报告大会情况，并谓："先生共和元勋，国家栋梁，一言一行，关系全国不鲜。同人等亦聊尽国民一分子而已。尚乞函军政府及各要人，请其协力坚持，一致对外。"接函后批示："奖励"，"此间有一分之力，当尽一分之力也"。(《陈汉明为青岛问题请力争国权上总理函》，《革命文献》第48辑，第354页)

本日复函，略谓："中山先生同属国民一分子，对诸君爱国热忱，极表同情，当尽能力之所及以为诸君后盾。日来亦屡以此意提撕同人，一致进行。"并望"诸君乘此时机，坚持不懈，再接再厉，唤醒国魂。民族存亡，在此一举，幸诸君勉力图之"。(《复陈汉明函》，《孙中山全集》第5卷，第54页)

△　吴山来函，报告军政府政务会议第七十五次会议议决各案。

(罗刚编著:《中华民国国父实录》第 5 册,第 3415 页)

△ 国会议员田铭璋等来电,请通电全国,力揭新国会"伪面"。

是日,国会议员田铭璋、王福缘等六人致电孙中山及南北各方,指出南北和议恐因国会问题而中梗,解决北京国会问题已是迫在眉睫,建议"以护法政府命令通电全国,述该会根本违背约法,共和国家绝不容其存在,凡我国民均有驱逐之责。想伪会份子机警者多,当能醒悟","际此外交迫切,一发千钧,万勿谬全伪面,贻害国家"。(《尊重国会问题之两电》,上海《民国日报》1919 年 5 月 21 日,"本埠新闻")

△ 全国平和期成会联合会来电,恳请力促和会即日告成。

是日,全国平和期成会联合会致电军政府各总裁,指出外交濒临失败,"揆厥原因,和会不能不任其责"。和会开议三月,毫无解决希望,对内对外,均有"陷国家于万劫"之虞。"务恳立促和会即日告成,为根本之觉悟,共南北以提携,国之存亡,合上下而负责,民之向背,觇曲直为转移。"(《平和期成联合会致南北电》,《申报》1919 年 5 月 14 日,"本埠新闻")

18 日,该会复致电军政府各总裁,再次进言,呼吁"对于和会,本爱国拯民之怀抱,合事实、法律为权衡,勿再持之过当,俾获相与有成"。(《和平期成会联合会之昨电》,《申报》1919 年 5 月 19 日,"本埠新闻")

5 月 13 日　南北和议破裂。

由于在国会问题上各执一端,无法调融,南北和会自 4 月 9 日第六次会议后实际已陷于停顿。5 月 10 日,南方代表"参照会内经过情形,斟酌双方所能办到之限度",将南方在有关问题上的立场归纳为书面意见八条,送交朱启钤,并在 13 日召开的第八次正式会议上公之于众。八条意见包括:一、"对于欧洲和会所拟山东问题条件,表示不承认"。二、"中日一切密约宣布无效,并严惩当日订立密约关系之人,以谢国民"。三、"立即裁撤参战军、国防军、边防军"。四、"恶迹昭著不洽民情之督军、省长,即予撤换"。五、"由和会宣布,前总统黎元洪六年六月十三日命令无效"。六、"设政务会议,由和平会议推出全国负重望者组织之。议和条件之履行，由其监督，统一内阁之组织，由其同意"。七、"其它已经议定及付审查或另行提议各案，分别整理决定"。以上七条，如北方同意履行，则八、"由和会承认徐世昌为临时大总统，执行职权，至国会选举正式总统之日止"。

此次会议上，南方代表将八项意见详细说明，称"此为最后之让步"。朱启钤声明"第五条由和会宣布黎令无效，北方万难照办"，"并言南方如此主张，北方惟有请西南五省补选议员，加入新国会"。由于双方立场相距悬远，唐、朱二人均表示自己才力不逮，无济时艰，惟有引退而后已。南北和议宣告破裂。会后，南方代表全体致电军政府各总裁及政务会议，报告八项条件及当日开议情形，呈请开去总分代表各职。电谓："法律问题，两方意见相去太远。其它政治改革诸条，证以会中状况及北京政情，厘定与实行，终无希望。""仪等智尽能索，愧恨交并，自以才力不胜此任，谨即申述愚情，恳将仪等总代表及分代表各职，一律开去。"(《南代表致军政府总辞职电》，上海《民国日报》1919 年 5 月 15 日，"本埠新闻")

对于南北和议及其破裂，章太炎从民党的角度进行了梳理："二月，世昌遣帝制犯人朱启钤来与唐绍仪议和。余集同志茅祖权咏熏、方潜寰如、简书孟平等为护法后援会。破徐、唐之谋也。初，启钤来，精卫以元勋讶之道左，人皆知其隐慝矣。孙洪伊辈徒恨段氏，于世昌犹矜之。绍仪力言中东密约，卖国丧权，尽祺瑞一人为之。欲移人情于反对密约，而忘世昌倡乱僭立之罪。溥泉数来候，亦不能决。余谓祺瑞勇夫，其恶皆世昌诱构成之，重以帝制、复辟、僭立三罪。今西南所以自名者，护法也。曩日为保持国会，今国会已集矣。但令世昌退位，伪国会解散已足，不当先论他事。其后陕西告急，海上论者以北军既言停战，而复攻击陕西民军，以此要绍仪停议，绍仪不得已，三月，宣告停会。洪伊与留沪议员亦稍知绍仪奸伪，且悟徐世昌不可与。而孙公与绍仪本同县人，闲居上海，相往复，中间行理，则展堂也。孙公教绍仪重开和会，绍仪以为口实，从之，士论益不韪。孙公招余饮,言和议为外人所赞,必欲反对,外人将令吾辈退出租界。余笑不应,归,力争如故。绍仪复开议,颇受徐世昌贿,唯以裁兵理财为文饰,未尝及护法事。五月四日,京师学生群聚击章宗祥,欲尽诛宗祥及陆宗舆、曹汝霖辈……事起,上海学生亦开国民大会,群指和议为附贼。绍仪不得已,逾十日,乃提八条以胁启钤。其前七条,唯国会自由行使职权,废除中日密约,为差可意。最后一条,仍言由和会承认徐世昌为临时大总统,启钤不许,和会遂散。盖自余始宣布徐、唐罪状,其后八次与绍仪书,道其隐情,留沪议员亦相与应和。至是徐、唐之谋暴著,和会始破。"(汤志钧编:《章太炎年谱长编》,第592页)

△　钱能训来电,述北京政府对巴黎和约态度。

是日,北京政府国务总理钱能训致电孙中山、岑春煊等南方要人,就舆情汹汹的巴黎和约签字问题,说明北京政府立场。电谓:归还青岛一事迭经交涉,未见进展,"此事群情迫切,举国所同。现未达最初目的,乃并无交还中国之规定,吾国断难承认。盖未经签字,尚可谋最后之补救,否则勒为定案,即前此交还宣言,亦不可恃。但若竟予拒绝,则于协商方面及国际联盟关系,亦不无影响。此间征集各方意见,金谓权衡利害,于签字一层,必宜审慎。事关外交重要问题,自应一致对外"。(《钱能训为对和约签字问题不可偏激致岑春煊等密电稿(1919年5月13日)》,中国社科院近代史研究所、中国第二历史档案馆史料编辑部编:《五四爱国运动档案资料》,第321—322页)

△　邓慕韩来函,报告联络广东各方情形。

12日,邓慕韩接林焕庭来函,称孙中山嘱其"以后如有要闻,随时报告"。是日,邓慕韩来函,报告联络各方情形,兼及粤省政情。函谓:当前广州报界共有二十六家,"以资格老而销纸多者,已为粤军得过半"。然而各种政治势力联络运动极为频繁,"先生如为吾党、为粤军在广东占势力计,宜早派人与社会平日相信者联络,以免临渴掘井,徒劳而无功"。接函后批示:"要件,存查。"(《邓慕韩报告在粤联络情形以谋再握政权上总理函》,《革命文献》第48辑,第293—294页)

5 月 14 日　张本汉来函,解释奉命宣慰缘由。

华侨革命党人张本汉近受军政府任命,前往菲律宾宣慰华侨,同志中不乏微词。本日来函,解释受命缘由,实系念及"前在菲经手筹款多次,颇得华侨协助,近则横观国事,日纷靡艾,将来吾人之冀助于华侨者正多,故不得已藉宣慰之名,欲收联络之实,张吾党之帜"。

(《张本汉致总理函》,环龙路档案第 08958 号)

5 月 15 日　军政府议决挽留唐绍仪等代表。(《各通信社电》,《申报》1919 年 5 月 17 日)

△　陈炯明来电,报告粤军在闽受压迫情形。

5 月 11 日,陈炯明致电军政府政务会议,陈述粤军在闽遭受压迫情形。是日,陈炯明将该电转致,电谓:"炯明此次护法,艰苦百战,始定半闽。自分虽不敢言功,而于大局极力支撑,地方殚心抚辑。军府畀以省长之职,亦坚定闽人治闽之义,辞不拜嘉,此心可大白于天下矣。顾乃群邪环伺,日肆阴谋,必欲消灭粤军而后已。感怀国事,早已灰心。所幸沪议垂成,烽烟既息,划疆而守,粤军亦无驻防之必要。久居此地,益增谣诼,一朝爆裂,重苦闽民,腾笑友邦,此炯明所极不忍闻者也。用恳军府立饬粤军,回粤分别遣散,并饬方会办派兵填防。炯明解甲归农,不问国事。"(《陈总司令请遣散粤军》,上海《民国日报》1919 年 5 月 24 日,"要闻")

△　衡永郴桂各教育会暨各校学生、各农工商会来电,恳请主持公道,释放被捕学生。

五四运动发生,北京政府逮捕学生多人,国内舆论大哗。是日,衡永郴桂各教育会暨各校学生、各农工商会致电孙中山及南北各方,痛斥北京政府冒天下之大不韪,"欲杀学生,解散大学,坑儒浊流之惨祸竟现于共和国家",恳请"主持公道,使被捕学子既得释放,并置卖国贼曹、章、陆等于法,以谢天下"。(《衡永郴桂各团体讨卖国贼之公电》,上海《民国日报》1919 年 6 月 4 日,"公电")

5 月 16 日　钱能训来电,告学潮处置。

9 日，军政府各总裁联名致电北京政府，促释放被捕学生。是日，钱能训复电，称："此次学生撺拾浮言，举动逾轨，构成纵火伤人之举，甚为惋惜。当场逮捕各生，翌日既经保释，听候法庭办理。外间所传，处为首学生以极刑，解散大学，并无其事。""至青岛问题，现仍严电各使坚持。"（《钱总理致各总裁电》，天津《大公报》1919 年 5 月 19 日，"北京特约通信"）

△　全国和平联合会来电，吁慰留代表继续和议。

南北代表总辞职，和议破裂，令力主南北一致应对外交者颇为失望。是日，全国和平联合会致电军政府各总裁，认为"外交万急，国运垂危，战祸连年，生机将绝，吾民之盼和平，甚于倒悬，之盼解救，国际地位之能否挽回，全视国内局势之能否统一"。"吁恳军府，一面以最腝挚之词慰留代表，一面商定最后办法，令各代表遵照进行，矢锐让之决心，促和平之实在。"（《和平联合会致南北当局电》，天津《大公报》1919 年 5 月 19 日，"紧要纪事"）

△　黎天才来函，报告近况。

因颜德基代表卢汉卿（卢师谛之弟）来沪之便，黎天才本日来函，谓和议以来，鄂西防区划定，两军相安。"惟军中饷需，奇绌万分，不免戛戛其难，而力求搏节，勉为维持，尚无他虞。"（《黎天才上总理函》，环龙路档案第 12970 号）

5 月 17 日　嘉域利亚来函，称誉《国际共同发展中国计划》。

《国际共同发展中国计划》英文稿写就后，曾寄送意大利陆军大臣嘉域利亚（Enrico Caviglia）推介。是日嘉氏自罗马复函，对惠赐"如何以国际共同组织使用战时所产洋溢之制造能力，而开发中国最大宝藏之有兴味之计划"，表示感谢。称此计划虽"有与相附丽之实际困难，稍须顾虑，而以其所造之深与其带有现代精神之活气，使我不禁为最高之评价"，并祝计划"完全成功"。（《附录四　意大利陆军大臣嘉域利亚将军覆函》，黄彦编：《孙文选集》上册，第 300 页）

△　旅沪各省公民刘影臣等来电，恳请挽留代表，维持和会。

是日,旅沪京兆、直隶、四川、江苏、浙江、安徽等多省公民联名致电军政府各总裁、北京政府总统,认为和议迁延时日,迄无结果,"实因双方各持极端,而各代表又无能力制裁"。吁恳"各总裁、大总统维持和会,挽留代表",并请"畀代表以全权,勿掣其肘,顺从民意,虚衷退让,则和议不难早告厥成。届时同心协力,一致对外,庶几国家前途,尚可延一线之生机"。(《旅沪各省公民挽回和局电》,《申报》1919 年 5 月 18 日,"本埠新闻")

5 月 18 日 钱能训来电,愿共商办法赓续和议。

是日,北京政府国务总理钱能训致电孙中山、岑春煊等,略谓:上海和议"对内对外关系极重","双方代表经已相继辞职,中央开诚,不渝始终,决不愿一线曙光由兹断绝。际兹沪会中辍,中外集目,转旋之望,迫于倒悬,或另派代表促开会议,或共商办法径图解决"。(《代表撤回中之北方态度》,《申报》1919 年 5 月 23 日,"国内要闻")

△ 陈炯明来电,就和会决裂后形势请示方针。(《军政府公报》修字第 77 号,1919 年 5 月 31 日,"公电")

△ 朱和中来函,称近日赴鄂。

沪会决裂,南北形势又变。本日朱和中来函,谓北廷假面业已揭破,"徐世昌孤立无援,且只信任旧官僚与其族党,中央统一政府万难成立。相击相搏,亦不过段贼再出,徐再步黎、冯之后尘而已"。"此时长江三督最为重要。"三督中,陈光远"无论",李纯"态度甚明",惟王占元"态度暧昧"。又谓:昨接湖北省长何佩瑢来函,因"鄂西事调聘弟前去"。拟明后日起程,将来或来沪请教。来函并询及黄大伟行止。接函后批示:"各信收悉,子荫已回沪。"(《朱和中上总理函》,环龙路档案第 09182 号)

5 月 20 日 《孙文学说》一书付印。

《孙文学说》一书,1919 年春定稿,前后共花三个月时间。全书以饮食、用钱、作文、建屋、造船、筑城、开河、电学、化学、进化十事为证,说明"知难行易"的道理。在末章"有志竟成"中,详细追述既往革命经历，以证明革命的艰难，实因国人未知为何革命之故。迨武昌举义，仅三月而响应者十余省，清朝垮台，"盖国人既知革命之必要，则行之自易也"。全书对辛亥革命以来的教训，作了较为系统的总结。

此书完成时，亲自通读校阅，邵元冲适侍在侧，曾询"先生何自苦若是？何不令他人校之"？答曰："此稿已由人校二度，此为第三度，特自校之。然尚时见讹误；校书之不易，于斯可证。"（《与邵元冲的谈话》，《孙中山全集》第5卷，第80页）6月5日，该书由上海华强书局发行。9日，上海《民国日报》刊登广告，予以推介，告《孙文学说》现已出版，该书系"破天荒之学说，救国之良药"。

据胡汉民在《孙文学说的写稿经过与内容》一文中记载，该书撰写时，"并没有用许多参考书，大概是把各种道理融会贯通了，所以才能信笔写来"。书稿完成后，曾交胡汉民、朱执信审读，在二人的建议下，对第八章中的部分文字有所修改。孙中山曾问胡汉民该书"有什么特点"，胡汉民答："这本书的文章是前后一气呵成的啊！"孙中山说："不错的，我这本书文章的特点就是在这个地方，从第一句到最末一句，一气读下去，实在是一篇文章。"（蒋永敬：《民国胡展堂先生汉民年谱》，第232—235页）

《孙文学说》出版颇费周折。原计划该书由商务印书馆出版，曾遣老革命党人、时任金星人寿保险公司总经理的卢信与商务印书馆交涉。商务方面对于出版一事较为踌躇，一则因为《孙文学说》数卷"尚未完全"，仅为原计划三卷中的一卷；一则因为"政府横暴，言论出版太不自由"，政治压力甚大。经过考量，最终决定将稿件退还，不予出版。无奈之下退而求其次，将《孙文学说》交由华强印书局、亚东图书馆等机构出版。对于商务印书馆拒绝出版自己著述一事，孙中山耿耿于怀，曾在报章登载告白予以抨击。在翌年1月29日发表的《致海外国民党同志函》中，指斥商务印书馆具有"垄断性质"，且"为保皇党余孽所把持"，"故其所出一切书籍，均带保皇党气味，而又陈腐不堪读。不特此也，又且压抑新出版物，凡属吾党印刷之件，及外界与新思想有关之著作,彼皆拒不代印"。因而提出要设立自己的出版机构。(《孙中山全集》第 5 卷,第 210 页;李吉奎:《1920 年孙中山抨击商务印书馆之原委》,《龙田学思琐言:孙中山研究丛稿新编》,第 47—54 页)

《孙文学说》出版后,流传社会,影响颇大,不但民党中人,一般趋新人士也常有购阅。是年 8 月 2 日,白坚武就在日记中记道:"阅《孙文学说》,独到之语甚多,伟人固自异于庸俦,然自尊之气概亦发挥尽致矣。"(中国社会科学院近代史研究所编,杜春和、耿来金整理:《白坚武日记》第 1 册,第 204 页)

△ 与邵元冲谈"革命学"。

本日,邵元冲在谈话中问:"先生平日所治甚博,于政治、经济、社会、工业、法律诸籍,皆笃嗜无倦,毕竟以何者为专致?"答曰:"余无所谓专也。"邵颇为不解,又问:"然则先生所治者究为何种学问耶?"答谓:"余所治者乃革命之学问也。凡一切学术,有可以助余革命之知识及能力者,余皆用以为研究之原料,而组成余之'革命学'也。"(《与邵元冲的谈话》,《孙中山全集》第 5 卷,第 55 页)

△ 湖南省议会来电,望和会继续开议,限期闭会。

上月 28 日,湖南省议会曾致电各方,主张将新旧两国会同时解散,另按旧选举法召集新国会。本月 13 日,和会终因国会等问题宣告破裂。是日,湖南省议会复致电孙中山及南北各方,批评和会演为破裂,"陷国事于绝地",南方代表、北京政府、新旧国会均难辞其咎,此时若"不激发天良",必"使国家为高丽之续"。期望"当轴诸公本爱国初衷,捐弃成见,严责代表继续开议,限期闭会。其所议之内容如何,系代表之全权,凡与两方政府、国会诸公本身私权私利有关系者,宜避嫌疑,毋庸干预"。(《湘省会对于和局之通电》,天津《大公报》1919 年 5 月 29 日,"紧要纪事")

是月中旬　与岑春煊等致电龚心湛①,为陕西战事重开,诘责北京政府。

电谓:"陕西大战之开,自在意中,刻正在紧急中。""人咸望和,彼独挑战,贼心如是,天理何存? 右任等于军府委曲求和之时,始终以维持陕局为唯一之天职,决未有稍隳战争之道德,以遗军府羞者。故兹电陈之后,陕西战事再开,右任等决不负责。敢请军府迅向北京政府严电诘责,并饬令陈军退驻原防地点,而以乾县为中立地,以免激成战祸,无任惶悚待命之至。"(《军政府为陕战重开诘责北庭电》,上海《民国日报》1919 年 7 月 6 日,"要闻")

5 月 21 日　林修梅来函,对"厚赙"祖母丧仪表示感谢。(《林修梅上总理函》,环龙路档案第 04711 号)

5 月 22 日　朱和中来函,述南北和议及鄂省局部处理意见。

是日,朱和中自汉口来函,报告南北和议主张及鄂省局部处理意见。该函分两次写就。第一部分为朱初抵汉口面见鄂省长之前所写,第二部分为拜访鄂省长及有关各方,被举为省长代表后所写。

在第一部分,朱和中分析认为,北京政府内外交困,"不出两月,将有破裂之状发生","故今日和议决裂以后,惟一之方法,即在责骂北京政府卖国借款参战军,为外人练中国兵以灭中国,并与日本浪人,图订立密约,惠□蒙古独立,以为存国防参战军之地步。不速与言和,则其势自消,其力自懈,其党自携贰矣"。

在第二部分,朱和中报告将作为鄂省长代表前往上海,与孙中山及唐绍仪商讨鄂西处理事宜,并自拟方案,希望届时唐绍仪能够在和议中提出。该方案包括:"(一)鄂省确守中立,此后若有战事发生,不得侵犯川湘陕黔各界。(二)此后若有战争,鄂省不得通过败兵。(三)此后若有战争,鄂省不得接济一方面。(四)此后若有战争,鄂省

---

①　龚原是北京政府财政总长,1919 年 6 月 13 日奉令暂代国务总理职务。原电时间不明,据函中斥责陈树藩在上海南北和议开始之时,"抗命纵兵"进犯陕西,现"和平未有破裂,又复首先挑衅"看,当先于 1919 年 5 月 21 日上海和平会议宣告最后破裂之前。

即应宣布中立与北廷断绝关系。(五)以上四项,由沪粤川滇派员监视。(六)以鄂西还鄂,有械南军认为正式南军,归鄂归川滇任其自择,惟必须离开鄂西境界。(七)川滇黔承认,不自巫陕鄂西攻取宜昌等处,尊重鄂省中立主权。以上(六)、(七)亦由双方派员监视。"朱相信,鄂西事件的解决,足以"确定长江三督中立之地位,并约束其中立之行动,监视其中立之态度。鄂西事解决,则赣南将继之,长江中立,则北庭势乃益孤,只有山东、直隶、河南、东三省而已。山西阎之自治已成,陕西则骚乱未已,甘肃则僻在西陲,再加之以借债无方,则甘心屈服矣"。接函后批示"看过"。(《朱和中报告北廷内部情况及解决鄂省纠纷意见上总理函》,《革命文献》第48辑,第267—269页)

△ 周应时来函,为新著求词。

周应时治军之余,不忘著述,曾著《战学入门》及《兵站要略》。近撰《战时后方勤务》,拟将付梓,本日函请"锡以宏词,弁诸首端",以"光增篇幅"。(《周应时上总理函》,环龙路档案第01175号)

5月23日 唐绍仪复电军政府,表示仍充南方总代表"殊不适宜"。同日晚朱启钤返抵北京后,偕吴鼎昌进谒徐世昌,谓:"南方代表唐绍仪等,于实际上无代表南方之实力。且此次提出之八条件,直使自从开会以来所协议之各种问题,完全归于徒劳。即使照此情形赓续会议,亦无效果。"虽经徐世昌慰留,朱仍固辞。(《各通信社电》,《申报》1919年5月25日)

△ 臧善达来函,恳请接济。

臧善达前来数函,请求救助。本日复来函,称前受柏文蔚面劝,来沪"复办皖南机关"。现同来数人,"困难达于极点",祈即"赏赐盘费",俾即日起程往粤。接函后批示:"着景良调查,酌量对付。"(《臧善达上总理函》,环龙路档案第02917号)

5月24日 批杨鹤龄函,告他日有用人之地,必不忘故人。

杨鹤龄(1868—1934),香山翠亨人,早期革命同志,曾并称为"四大寇"。辛亥革命后逐渐脱离革命活动,闲居澳门水坑尾,生活窘迫。

是月18日,杨自澳门上书求职,略谓:乙未举事迄今,数十年间,因"孙党二字,几于无人敢近,忍辱受谤,不知几极",自己亦"此身思为公用"。"今者国家多事之秋,如弟之宗旨不变,诚实可靠,若用作奔走,用作心膂,赵充国所谓无如老臣者,弟亦云然矣。"接函后批答:"此间现尚无事可办,先生故闭户著书。倘他日时局转机,有用人之地,必不忘故人。"("中华民国"各界纪念国父百年诞辰筹备委员会学术论著编纂委员会主编、中国国民党中央党史史料编纂委员会编:《国父墨迹》,第344页)1921年当选非常大总统后,于9月14日聘杨鹤龄为总统府顾问。

△　护法国会议员反对南北和议再行让步。

是日下午,广州护法国会参众两院举行联合会,议长林森主席。会上,李载赓提议:唐绍仪所提八项要求已极委曲迁就,绝无再行退让余地。此次议和再停,主和政策已经完全失败。应请政府速下明令开战,以武力解决。秦广礼发言赞成,并指出唐绍仪所提八条,其中承认徐世昌为临时大总统,无异于投降。王乃昌等认为兹事体大,应从长计议,暂缓表决。(《广州国会主战之大会议》,《顺天时报》1919年6月9日,"时事要闻")

5月26日　钱能训来电,吁撤销和议八条件,续开和议。

本日,北京政府国务总理钱能训致电军政府七总裁,呼吁将唐绍仪所提八项条件全案撤回,俾续开和议。该电略谓:和会此次停顿,系因唐绍仪提出八项条件,"此项八款条件,本非西南当局促进和平之初旨,若仍根据立言,是会议无望续开,大局伊于胡底?以曲徇代表等少数人之论调,而失国内多数人之同情,殊为公等惜之。双方代表既已挽留,和平曙光系此一线。务望诸公以凤昔爱护国家尊重和平之义,速将此八项条件全案撤回,或于八项条件表示切实让步之意,俾可续开会议,迅图解决。中央自必开诚商榷,共策进行"。(《钱总揆致七总裁宥电》,天津《益世报》1919年6月3日,"文电录要")

△　遣廖仲恺携函赴川,联络但懋辛、熊克武等。

是日,派遣廖仲恺携函前往四川,拜会联络但懋辛、熊克武、郭文钦、萧敬轩等军政要人,慰其劳绩,并有所期许。致但懋辛函告:和议破裂,国事前途,"晦冥已极","此时战事虽未遽起,然必我护法各省同人坚持初衷,不稍屈挠,庶国事犹有可为","川中夙著义声,兄又为川中同人夙所佩仰,以川中之形胜天赋,物力素雄,民智优秀,倘能提挈群彦,协力毕虑,以谋国事,则肃清大难,奠定共和,慰斯民喁喁之望者,皆将惟兄等是期"。(《致但懋辛等函》,《孙中山全集》第5卷,第57页)

致熊克武函谓:"川省地大物博,民力殷阜,加以兄有为之才,倘能博求良规,悉力经营,则异日发展,讵可限量。"冀其"发挥抱负,施之行事,俾川省为吾党主义实施之地,为全国之模范。"并勉与四川省长杨庶堪精诚合作,"协力提倡实业,筹设巨大之工厂"。(《致熊克武函》,《孙中山全集》第5卷,第58页)

致郭文钦函,期望护法同人坚持初衷,维持大法,并指出"宁远形势重要,异日尤可力图发展。望兄勉力经营,教练师旅,发展地力,庶屹为长城,共成救国之大业"。(《致郭文钦函》,《孙中山全集》第5卷,第59页)致萧敬轩函,对萧主持四川财政以来的"宏筹硕画"慰问有加,勉其"协力毕虑,共匡危难,奠定共和,以慰民望"。(《致萧敬轩函》,《孙中山全集》第5卷,第50—60页)

△　岳维峻来函,介绍所部代表来见。

陕军将领岳维峻来函,称和议无望,"局势与前大变,凡属护法区域,自不得不急谋通盘筹划。"故特遣所部指挥薛修文来沪,"详陈陕军近状",恳请指示。接函后批答,约礼拜三午后四时来。(《岳维峻上总理函》,环龙路档案第13238号)

5月28日　发表《护法宣言》,主张恢复旧国会。

和会停顿后,各方态度纷岐杂出,令一般民众莫知所从。本日,在上海发表《护法宣言》,明确宣示对于和议问题的看法。宣言略谓:和议至今无成,"罪在不求之于国家组织之根本,而求之于个人权利之关系"。和议初开之时,"文即以恢复国会完全自由行使职权为唯一条件","凡与合法国会不相容之机关组织悉归消灭,则和平立谈可致,外患内忧皆不足虑"。当今和平救国之法,仍在"恢复国会完全自由行使职权一途"。宣言希望,社会各界"以中华民国国民之资格,受此忠言,一致通电主张,共谋救国之业。苟使国会得恢复完全自由行使职权,永久合法之和平于焉可得,则文之至愿也。若有沮格此议以便其私者,则和平破坏之责,自有所归。尤望诸公以救国之本怀,捐弃猜嫌,与文共达此重新改造中华民国之目的"。(《护法宣言》,《孙中山全集》第 5 卷,第 60—61 页)

△ 杨庶堪来电,主张在和议问题上力维根本,坚持勿让。

南北和会破裂后,外界"群情惶惧,警电交驰,率主互让",护法大局,颇形动摇。本日,四川省长杨庶堪致电孙中山及南北要人,吁请在和议问题上坚守恢复国会主张。电谓:"治贵图本,事当分观,内忧外患,得其相权,而不得相蒙。年来奸人盗国,丧失权利,皆由无国会为之监督。唐总代表通电和议第五条,所言理由极为透切,今欲贯彻护法之初衷,杜绝卖国之秘计,自当以恢复国会,使得自由行使其职权为第一要义,此种根本问题,当然不能以外界逼迫有所迁就。"(《军政府公报》修字第 83 号,1919 年 6 月 21 日,"公电")

△ 全国和平期成会联合会来电,吁勿固执条件,赓续和议。

和议破裂,南北各执一词,将责任诿诸彼方。是日全国平和期成会联合会来电,称唐绍仪所提八条,虽未经北代表完全同意,其中各条,亦有已协商列入议题者,有数经审查正待决定者,"足证北方并无统行拒绝之事"。"如系诚意谋和,必求权衡正当",极端相抗,何言和议。吁请"本此用意,推其交让精神,不再固执条件,电复北政府催促开议,一面慰安唐总代表勿萌退志"。(《和平期成联合会斡旋和局》,《申报》1919 年 5 月 31 日,"本埠新闻")同日,全国和平期成会联合会并致电朱启钤相责。

△ 邓慕韩来函,报告新近联络广东报界情况。

是月 13 日,邓慕韩曾来函汇报联络粤省各界情形。本日来函,报告新近联络进展。函称:"二十四日,由慕韩邀请粤军在省同人,及已联络各报宴叙,各报均到。是日除将粤军在闽被方军滋扰宣布外,并拟在粤发起一广东善后协会。各人均极赞成,先由国会议员发起,报界和之。又报馆加入与粤军联络者,有民权、天民民报,前后计共十家。慕韩所发出之稿数次,各报均登载。今日各报登陆荣廷带兵数千西来,此说未必尽虚。果尔广东局面不久便有大变更也。"接函后批示,望积极进行。(《邓慕韩为解除粤军在闽压力上国父函》,《革命文献》第50辑,第225页)

5月29日 陆荣廷等通电各方,主张南北互让,回复统一。

是日,广东军政府七总裁之一陆荣廷、桂系主将陈炳焜、广西督军谭浩明、广东督军莫荣新联名致电南北要人,略谓:"当此千钧一发之际,国民渴望和平之趋向,既如此其殷,国际交涉危急之情形,又如此其亟。嗟我和会,岂尚容一再停顿,重酿祸端。应请双方政府,迅速力予维持;尤望各代表屏除私意,重开会议,各凭良心上之主张,两方极端让步,折衷办理,限以最速期间回复统一,俾得同心御侮,挽救危亡。"(《陆陈谭莫维持和局电》,天津《大公报》1919年6月5日,"紧要纪事")

△ 派代表约见学生领袖,表达支持立场。

是日,派代表在西藏路南京路口老晋隆西餐馆约见上海学生联合会主席、新加坡归国华侨学生何葆仁及总干事朱仲华,转达对学生运动的意见:"这次你们学生罢课,完全出于爱国热忱,中山先生非常赞成。但是目前这样温温吞吞的下去是不成的,势必会旷日持久,贻误时机。中山先生说,你们学生应该再大胆些进行活动,不要怕这怕那,要有牺牲精神,要有突击行动,要扩大阵线,要设法激起怒潮来。万一工部局出来抓人,中山先生已经为你们请好外国律师,一名是法国律师达商,一名是英国律师穆安素(因为在'租界'内,中国律师是不准出庭的),一定会出来办交涉的。你们放心大胆干好了。"朱仲华忆称:"由于有了中山先生这般具体有力的支持,在回来路上,我们都非常兴奋、激动。"(朱仲华:《我有幸多次得见孙中山先生》,《浙江辛亥革

命回忆录》第4辑《孙中山与浙江》,第129页)

6月2日,又约请何葆仁和另一学生领袖朱仲华到莫利爱路寓所会面,非常认真、详细地询问有关学生运动的情形及问题。据朱仲华回忆,孙中山听完何、朱的汇报后,非常高兴,肯定学生行动是"很了不起的胜利"。10日,北京政府被迫罢免曹汝霖、陆宗舆、章宗祥后,朱仲华等再次晋谒孙中山,"记得他老人家十分高兴,还操英语对我说了两句话,叫'团结就是力量,分裂导致灭亡'。这两句英语,至今还一直深深印在我晚年的记忆之中"。(朱仲华:《我有幸多次得见孙中山先生》,《浙江辛亥革命回忆录》第4辑《孙中山与浙江》,第131页)

5月30日　与岑春煊等复电钱能训,驳斥撤回八条主张。

是月15、26日,钱能训先后来电,将和议破裂归罪于南方所提八项条件。本日,与岑春煊、伍廷芳、陆荣廷、唐继尧、林葆怿、刘显世、莫荣新、谭浩明、谭延闿、熊克武联名复电,对归咎八条"期期所不敢承",指出:"南北两总代表之派出,应各畀以全权,无论提出何案,两方当局只可于会议后加以裁定,断不能于会议前遽为干涉。且既名会议,勿论提案如何,要自有磋商讨论之余地。"就来电所提撤回要求,表示:"今日之和会非若城下寻盟,只有一方之意思,既不能相强以必承,又何能明禁其不提,提与承之间尚有会议。"对于和议前途,主张"先定继续和议之办法,然后递议条件,掬诚相见"。翌日,南方将该电通告全国。(《中华民国史事纪要(初稿)——中华民国八年(一九一九)一至六月份》,第743页)

△　致函菊池良一,悼唁甲上胜逝世。

山田良政之弟山田纯三郎前来拜会时告,接菊池良一函,甲上胜近忽溘然而逝。获此噩耗,本日致函菊池良一,表示哀悼,并"寄奉日币百元",望其"转交甲上胜兄家属,聊表哀唁,并希代为慰问"。(《致日本菊池良一》,《孙中山全集》第5卷,第61页)

△　金永炎来函,主张利用民气倒段。

金永炎前在上海时有所接触,日前受陆荣廷委派,拟往联络长江三督。本日自广东来函，称陆荣廷并未与北京政府单独言和。略谓："前东海曾派人勾结武鸣两次。武鸣因情不可却，曾派人答谢，亦实有其事。此亦不过从前联冯倒段主义，外间疑其单独议和，殊为误会。至对于老段，则绝对反对，无论如何非令其解兵下野决不罢休。"又谓：年来国内民气尚存，如能除去旧有障碍，自能制造一新国家。仍望"有以提倡"，"利用此种民气，先将段推倒"。接函后批示，送书一本。（《金永炎上总理函》，环龙路档案第 13910 号）

　　△　师世昌来函，索《孙文学说》。

师世昌前曾来见，昨接邵元冲函，知流亡四川甘籍同志，已蒙孙中山函托蜀省当局，"设法维持"，本日来函感谢。并谓：日内拟赴北京，大著"如已印就，祈赐数册，俾同人先睹为快"。（《师世昌上总理函》，环龙路档案第 01177 号）

5 月 31 日　复函林支宇，勉励湘中同志，"共完救国之责"。

是月 11 日，林支宇自湖南来函，就和议前途、军实、外交诸问题请示意见。（《林支宇上总理函》，环龙路档案第 04340 号）是日复函，论析和议及外交形势，并有所指示。函谓：和会复陷停顿，是非曲直，国人自有定评。"文意以为吾人今日宜抱彻底之觉悟，知非以个人之实力，以绝大之决心解决国事，其余支支节节，概无可为。"至于外交形势，则"完全视我国民自助之能力如何以为断；我不自助，人亦无从助我"。并指示"以此意淬厉各同志，互相奋勉提撕，切实负救国之责"，"彻始彻终，黾勉不懈，以共完救国之责"。（《复林支宇函》，《孙中山全集》第 5 卷，第 61—62 页）

　　△　复函安健，指示治理川边方略。

接安健来函，知已驰赴康定，"从事进行"，极为欣慰。是日复函勉励，并指示治理川边方略。函谓："川边地广产饶，为西陲屏藩，若能处置得宜，设法展拓，联络本地边民，结之以诚信，示之以惠爱，泯其猜忌之心，然后从事规划，兴办实业，开发交通，则将来发展，讵有限量。"望发扬边民"坚朴诚挚，刚毅有为"的品质，"固结其心，使为我

用,则虽遇危难,皆可不变"。(《复安健函》,《孙中山全集》第5卷,第62—63页)

△　朱和中来函,告近期驰赴鄂西,妥筹善后事宜。

22日,朱和中来函,告近期将前来上海请示,并与唐绍仪等商讨鄂西事宜。随因和会破裂,短期无重开之望,遂改变行程,拟径赴鄂西,与各方接洽,商讨善后事宜。本日来函称,"弟对于家乡(即鄂西),以唐克明、方化南、林鹏飞等各贼首之蹂躏,下应人民之请求,上承军民两署之付托,不日将前赴该地,与黎天才、柏文蔚当面接洽,疏通一切,妥筹善后事宜","以后若南军头目,或有因劣迹昭彰,藉词挑衅之函电,请勿误会。"接函后批示:此间已着该地同志讨唐克明、方化南,以报蔡济民之仇,望协力成之。(《朱和中报告将赴鄂西解决纠纷上总理函》,《革命文献》第48辑,第269页)

△　熊克武来电,吁中国代表严词拒绝和约,并设法挽救。

是日,熊克武致电孙中山及南北要人,通报本月25日成都绅学商各界召开大会,议决巴黎和会事项情形,并谓:"武意我国为协约国之一,乃反受最不平等之处分,后此将何以立国? 此事关系全国存亡,非寻常外交可比,务望主张我国专使对于此等处分,严词拒绝,并一面设法挽救。"(《军政府公报》修字第86号,1919年7月2日,"公电")

是月底　许德珩、黄日葵等学生代表前来拜会。

五四运动发生后,北京学生为扩大运动,推选许德珩、黄日葵为代表南下串联。5月29日,许、黄二人抵达上海。随后,二人及其他几位学联代表前来拜会。据许德珩忆称:学生们"向他报告北京学生界斗争的情况以及北洋军阀政府镇压学生运动的罪行,并告诉他,我们准备在上海召开全国学联。对于中山先生在我们被捕时通电全国支持我们,表示感谢。中山先生对我们抚慰有加,表示同情和支持学界的斗争。我们请他将来在全国学联成立会上讲演,他欣然接受"。(许德珩:《许德珩回忆录:为了民主与科学》,第62页)

是月下旬　于美刊发表短文,呼吁协助中国发展实业。

在美国《独立杂志》(*The Indepedent*)发表短文"来自中国的忠告"(Plain Speaking from China),正告美方勿贷款给不能代表中国的北京政府,中国真正需要的是"智力与机器",而非金钱。文章呼吁"美国资本家与中国人联合起来发展中国实业","在中国设立工厂"。

(罗刚编著:《中华民国国父实录》第 5 册,第 3346—3347 页)

△ 命张祝南赴万县,促杨虎率部征讨唐克明。

杨虎接命后随率蔡济民遗部向施南开拔。时鄂军师长吴醒汉已与杨部驻来凤之孙团声讨唐克明,兵薄施南城下。缉拿蔡济民案之罪魁,形势大好。未料杨部未至,吴醒汉为黎天才所迫,遽与唐和。杨虎见事已难为,入施之军遂以中止。(《杨虎上总理函》,环龙路档案第12971 号)

是月 与谢良牧、焦易堂谈话,辨正所谓联络段祺瑞问题①。

据戴季陶记,护法国会议员谢良牧、焦易堂"异想天开"来见,谓"段祺瑞可以联络"。谈话间告:"我本不是当段祺瑞个人是仇敌,因为他做背叛民国的事,我所以反对他。如果他能够自己把参战军全撤废了,把所有他经手的卖国条约都取消了,而且实实在在的服从国会、服从法律,明明白白的把自己的罪恶都宣布出来,向国民谢罪,那么自然大家不会十分为难他的,有什么联络不联络?"(《孙先生联段说之辨正》,上海《民国日报》1919 年 6 月 2 日,"要闻")

△ 吴山来函,主张各总裁到粤"共筹国是"。

本月,吴山致函军政府各总裁,痛论护法战争之"大失着"及处境,主张救亡之法,关键在各总裁齐聚粤省,合力同心。函谓:军府改组以来,总裁各居一隅,声闻隔阂,意见离奇。护法政府七总裁,列席政务会议者仅伍总裁一人,余多代表之代表,无事可议,亦无事可为,是以气息奄奄,危如累卵。"拟请主席总裁电派专员,催恳唐、陆、孙、唐、林伍总裁到府,朝夕与居,共筹国是,一新国民耳目,一振将士精

---

① 谈话具体日期不明。据 1919 年 6 月 2 日上海《民国日报》载《戴季陶君之谈话》一文,谈及孙中山此次谈话的时间,"当在一个月前"。

神。根本团结,则浮言自息而意见自融","则段、徐诸逆不难授首,而垂危之局亦易振兴"。(《吴山上政务会议总裁诸公函》,环龙路档案第01988号)

△ 张敬尧来函,称常谋振兴湘省实业。

日前曾致函张敬尧,述振兴实业之紧要。该函由曾孟起携交。本日张敬尧来函,谓莅任以来,常谋振兴,终困于财力,"未能大慰素愿"。异日全湘统一,分途并进,实业"未谙之处,尚祈随时惠教"。(《张敬尧复总理函》,环龙路档案第04351号)

6 月

6月1日 孙洪伊致函各大报刊,辨正孙段联合之说。

是日,上海有报刊刊载平和通信社消息,谓昨得北京快信,安福系光云锦、王印川等在沪日与孙中山代表密议,达成一计划。即段派同意恢复旧国会于北京,而以旧国会选举段祺瑞为大总统、孙中山为副总统为交换条件。并谓(平和社)记者得信后四处刺探,获悉光、王二人已于昨日抵津,孙中山方面亦派有四人前往。孙中山又特遣人往访孙洪伊,运动赞助该项计划。

该报道还说,记者综合上述消息,两相印证,仍觉"疑信参半",遂访问"在沪熟悉政情之某要人"。该要人认为,消息"恐未必确",因其中可疑之点有三:一、孙中山为"国内富有新思想之第一人",且为"创造民主精神之急先锋",而段祺瑞"头脑颇旧,素来倾向专制政治"。此二人水火相容,提携共事,"似未合理"。二、民初孙中山弃总统如敝屣,让位于袁世凯;今不至于甘居段祺瑞之下,为一有名无实之副总统。三、段祺瑞行事素来讲求实力,不"骛虚名逞空论",很难想象"竟与著名大理想家共事"。(《关于和议之消息》,《申报》1919年6月1日,"本埠新闻")

是日,谣言主角之一的孙洪伊阅报后,立即致函沪上多家报刊,澄清事实真相。该函于6月2日刊出。函谓:"段氏与民国不能并存,即吾人与段氏不能并存。中山先生安有与段氏携手之余地?洪伊与中山先生凡事皆直接协商,向未闻及此事,亦从未有人来洪伊处言及于此。至段为大总统、孙为副总统之说,尤极离奇。此种记载既足以毁伤中山,又以离间伊与中山之交谊。该通社所报告实属传闻失实,特此声明。"(《孙洪伊来函》,《申报》1919年6月2日,"来函")

2日,有报章载文剖析该谣言,指出始作俑者实为南方某系,颇耐人寻味。文章称:"孙自离粤来沪,宣言不预政治。近乃有人谣传孙与段祺瑞携手,有副总统希望。然孙曾任大总统,何又肯纡尊降贵,不得已而求其次?据闻此说出自南方派之旅沪者某某等数人,其中蛛丝马迹,凡熟悉南方派系者不难猜想而得。"(《关于和议之消息》,《申报》1919年6月2日,"本埠新闻")

△　军政府政务会议来电,探询对唐绍仪所提八项意见,复电极为赞同。(《关于和议之消息》,《申报》1919年6月3日,"本埠新闻")

6月3日　顺直省议员十三号俱乐部来函,为《时事月刊》求赐训言。

顺直省议员十三号俱乐部创办《时事月刊》,不日出版,本日来函,请为卷首"酌赐训言"。(《顺直省议员十三号俱乐部上总理函》,环龙路档案第09060号)

6月5日　马逢伯来函,主张就外交及联段向外界表明态度。

是日,马逢伯来函,略谓:巴黎和会外交失败,"凡有血气者,莫不奋起。乃我公噤不一语,以开国之伟人,效刘胜之寒蝉,真令人百思不解其故。蜚语传来,谓我公与徐、段一鼻孔出气,然耶?否耶?我公而不欲解此嘲,则亦已耳,否则盍一言以慰国人之望乎"?接函后批答:"近日闭户著书,不问外事,如国民果欲闻先生之言,则书出版时,望为传布可也。"("中华民国"各界纪念国父百年诞辰筹备委员会学术论著编纂委员会主编、中国国民党中央党史史料编纂委员会编:《国父墨迹》,第

346 页）

6 月 6 日 全国和平联合会来电,吁请协电北京政府,立改方针。

是日,由各省社团所组成的全国和平联合会自上海致电军政府总裁等南北要人,批评北京政府对青年学生横加压制,激成上海全体罢市之举,吁请"协电政府,立改方针,俯鉴全国之奔呼,容纳学商之意见,庶可恢复原状,俾免全国离心"。(《各团体唤起正论》,上海《民国日报》1919 年 6 月 8 日,"本埠新闻")

6 月 8 日 指派戴季陶、沈玄庐、孙棣三创办《星期评论》。

学生运动对孙中山启发很大,他意识到学生群体的奋起是受新思想的激发,遂决定将宣传本党思想、促进国民觉醒作为革命党活动的主要方向。在此背景下,指派戴季陶、沈玄庐、孙棣三创办《星期评论》。6 月 3 日,戴季陶等三人联名在《民国日报》上发表《星期评论》出版公告。公告说:"中国人渐渐的觉悟起来了,中国人渐渐知道从国家的组织,政治的内容,社会的里面,思想的根底上去打算了。但是人的究竟,国家的究竟,社会的究竟,文明的究竟,是甚么样,究竟怎么样,好像大家还不曾有彻底的思索,明白的理会,切实的主张。我们出版《星期评论》就是把我们所自信的彻底的思索,明白的理会,切实的主张,写了出来,供天下人研究,求天下人批评。"(《星期评论出版》,上海《民国日报》1919 年 6 月 3 日)

是日,《星期评论》(《民国日报》附刊)在上海创刊。1920 年 6 月 6 日出版五十三期后停刊。该刊为周刊,每周一期,周日出版,期间1919 年双十节、翌年元旦及五一劳动节均出版纪念号增刊。编辑处设在上海爱多亚路新民里五号,用白话文刊行。内容分评论、世界大势、思潮、创作、研究资料、纪事、诗、小说等栏,为"五四"时期上海地区重要刊物之一。该刊除单独出售外,并随《民国日报》免费附送。(中共中央马克思、恩格斯、列宁、斯大林著作编译局研究室编:《五四时期期刊介绍》第 1 集,第 162—181 页)

　　《星期评论》由戴季陶、沈玄庐、孙棣三负责编辑。据杨之华忆称,星期评论社的成员尚有陈望道、李汉俊、邵力子、刘大白、沈仲九、俞秀松、丁宝林、施存统等。(杨之华:《杨之华的回忆》,中国社会科学院近代史研究所编:《"一大"前后(二)》,第25页)这其中除革命党的得力干将外,部分成员来自五四时期声名大噪的浙江第一师范学校;其中多人属浙江籍。是以在星期评论社结合的过程中,共同的思想旨趣与同乡关系是联结的重要纽带。《星期评论》的编者与作者虽然并不尽为国民党人,但该刊是公认的革命党人的重要言论阵地。其创刊后很快一纸风行,赢得了众多读者的追捧,发行量一度超过三万册,与北方的《新青年》《新潮》《每周评论》形成南北呼应之势,俨然成为上海乃至全国新文化运动的一个重要支点。(吕芳上:《革命之再起——中国国民党改组前对新思潮的回应》,第59页)

　　《星期评论》出版后,胡适曾于《每周评论》第28期撰文《欢迎我们的兄弟——〈星期评论〉》,细述《星期评论》的特色。文章说:"上海现在新出了一种周报,名叫《星期评论》。因为他的体裁格式和我们的《每周评论》很相像,所以我们认他是我们的兄弟。""星期评论的第一期出世时,我们看了虽然喜欢,但觉得这不过是'每周评论第二'罢了。到了星期评论第二期出版,我们方才觉得我们这个兄弟是要另眼看待的了!为什么呢?因为每周评论虽然是有主张的报,但是我们的主张是个人的主张,是几个教书先生忙里偷闲杂凑起来的主张,从来不曾有一贯的团体主张。星期评论可就不同了……这个特色分开来说是:(一)有一贯的团体主张;(二)这个主张是几年研究的结果;(三)所主张的都是'脚踏实地'的具体政策,并不是抽象的空谈。"(胡适:《欢迎我们的兄弟——〈星期评论〉》,《每周评论》第28号,1919年6月29日)

　　△　陈福禄来函,请求面见,就中国人联络商业事宜赐予意见。

　　陈福禄,原籍福建,在实力伯岛孟嘉锡埠(Macassar Celebes)从事生产经营活动,矢志创立亚细亚商业公司,推动中国、日本、南洋三地间的贸易活动。上年自孟嘉锡埠前往日本东京，在日本要人大隈侯等人的赞助下，与日方合作成立日本支那南洋贸易商社。本年 5 月前来上海，在苏筠尚的支持下，设立天成公司。考虑到中国人"联络商业之事，殊属难为"，是以本日来函，恳请赐见，听取有关意见。该函并告，如蒙赐见，同来者尚有生性"极爱祖国"、关心公益事业的南洋华侨李兴廉先生。接函后批答："请与李君于七月十一日（即礼拜五）午后三时，来莫利爱路二十九号住宅，极为欢迎。"（《陈福禄陈述经商计划并请晋见上总理函》，《革命文献》第 48 辑，第 359—360 页）

△　李齐民来电，请对北京政府"声罪致讨"。

是日，李齐民致电军政府七总裁，认为北廷绝无言和诚意，军政府"犹与言和，且与之局部谋和，诚恐五国一灭，齐将不保"。呼吁"际兹全国讨贼声浪再接再厉，罢市罢工，期达目的而后已，诸公苟真心为国，努力护法，曷弗急起直追。乘此和议破裂之时，声罪致讨，顺民意而告友邦"。（《各团体唤起正论》，上海《民国日报》1919 年 6 月 10 日，"本埠新闻"）

6 月 9 日　国会议员李载赓等来电，恳请严查陆荣廷艳日通电。

上月 29 日，陆荣廷、陈炳焜、谭浩明、莫荣新四人联名致电南北各方，呼吁重开和议，但该电衔名直列北京政府总统、国务院等名衔，显与护法国会之前通过的"以后通电均称徐世昌为先生，而不承认其总统"之规定相违背。是日，国会议员李载赓、孔庆恺等人联名致电军政府各总裁，批评陆荣廷作为总裁之一，直呼北京徐大总统、国务院之称，无异于"舍身降敌"，"不啻一举将历来护法主张完全取消，而示降服于敌人"。吁请军政府"迅即询明该电称谓是否有误，如有误应着速更正，否则国法当存，万难优容，应请严加议处，以为护法不忠变节附逆者戒"。（《国会议员请洗污点电》，上海《民国日报》1919 年 6 月 22 日，"要闻"）

同日，李载赓、孔庆恺等复致电孙中山及南方政府军界要人，通告致护法政府总裁电详情，且谓："陆荣廷艳电竟承认徐世昌为大总统，何异投降，诸公矢志护法，乞力任匡正。"（《国会议员请洗污点电》，上海《民国日报》1919 年 6 月 22 日,"要闻")

6 月 10 日　北京政府下令免除曹汝霖、章宗祥、陆宗舆等职务。(《中华民国史事纪要(初稿)——中华民国八年(一九一九)一至六月份》,第 774—775 页)

△　批罗端侯函,告"闭户著书,不问外事"。

是月 6 日,罗端侯自上海来函,揭露南北军阀构衅及北京政府卖国行径,并称"湘黔鄂蜀各属接壤之区,旧属四在,本有可图,如能召集,足称坚劲;更有良善政府为之主持,无论对于何方,皆足制胜"。"若得先生指示一切,虽汤火赴蹈所不辞也。"本日批答:"闭户著书,不问外事,所说之件,未遑及也。"("中华民国"各界纪念国父百年诞辰筹备委员会学术论著编纂委员会主编、中国国民党中央党史史料编纂委员会编:《国父墨迹》,第 348 页)

6 月 11 日　沈鸿英等通电,声讨通缉李耀汉。(《全粤军人请缉李耀汉》,上海《民国日报》1919 年 6 月 19 日,"要闻")

△　唐继尧因"祖母之丧",电辞军政府总裁。(《唐督军丁艰杂记》,上海《民国日报》1919 年 7 月 4 日,"要闻")

△　汉口警察厅报告北京政府,称孙中山派密谋颠覆政府。

报告称:"自和会停顿,外交紧迫,人心恐惶,侦查孙中山一派,会议数次,秘密筹划,借外力以破坏长江,派党徒潜赴京津一带,暗设机关,其捣乱主旨,拟从北方发动。韩恢亦受军政府密令,为京津一带指挥官,以亡国之惨语,为运动军警之法门,并乘排日风潮激烈之时,破坏京师治安。"(《汉口警察厅报告孙中山等在上海活动及武汉罢市函(1919 年 6 月 11 日)》,中国社会科学院近代史研究所、中国第二历史档案馆史料编辑部编:《五四爱国运动档案资料》,第 296 页)

6 月 12 日　北京政府钱能训内阁提出总辞职。

内忧外患交相煎迫,钱能训内阁颇为各方所不谅。11 日,钱向徐世昌提出辞职。本日召开院会,辞职主张获所有出席阁员赞同。13 日,钱能训下野前复电军政府总裁,表达赓续和议的期望。电谓:上海和议,南方代表"所提八条办法,金谓趋于极端,非能训一人之私议。今能训行已投劾引退，和会未观厥成，乃用痛心，攸负民望，罪戾深多，仍希群策群力，竟此和议全功"。（《钱干臣临别时致西南七总裁电》，天津《益世报》1919 年 6 月 16 日，"函电录要"）

　　△　军政府政务会议议决，申斥陆荣廷艳电。

　　上月 29 日，陆荣廷等通电全国，直呼北方军政要人名衔，主张南北"极端"让步，引发南方内部强烈反弹。本日，军政府召开政务会议，议决严厉申斥陆荣廷。护法国会方面亦准备提案查办。（《中华民国史事纪要（初稿）——中华民国八年（一九一九）一至六月份》，第 778 页）

　　△　复函颜德基，慰勉整顿川中军队功绩。

　　上月 10 日，援陕第二路总司令颜德基遣代表卢汉卿，赍手书赴沪来见，请教大局方针。函谓："西南义旅，原以护法，而护法之结果，乃以拥护利权。名为靖国，而靖国之结果，乃以摧锄同志。转战经年，去题益远。于此言和，何殊屈服。""迩来陈师陕境，坐待时机，瞻望前途，危险万状。"故特派代表卢汉卿，"晋谒崇阶，陈述一切"，"尚希赐教，俾基有所遵循"。（《颜德基上国父陈述护法议和之观感函》，《革命文献》第 50 辑，第 424—425 页）

　　卢汉卿抵沪后前来晋谒，奉呈颜函，并备述川中近况。本日复函谓："军兴以来，川中各军多赖兄及各同志整顿经营，屹为劲旅，遂以驱除瑕秽，张我义声。近复躬冒艰辛，陈师陕境，露布四达，益念贤劳。"又谓："川中地大物博，民德淳固，倘能善为整理，足以规模全国"，勉其"奋勉不懈，以竟全功"。（《复颜德基函》，《孙中山全集》第 5 卷，第 64—65 页）

　　6 月 13 日　报载钮传善赴沪疏通，和议有望。

　　报道称，钮传善日前赴沪，晤孙中山、唐绍仪、孙洪伊，今日事竣返宁。"闻接洽事已得要领，和议可望续开。"（《南京快信》，《申报》1919 年 6 月 13 日，"国内要闻"）

　　6 月 14 日　赵义来函，就行止征求意见。

　　本日，赵义来函，就下一步工作征询意见。函谓：今因南北停战，陈炯明欲将漳州飞机队改为学校，因非飞机师，不宜在学校任职。前顷钟荣光来函,邀返广州办理华侨实业协进会事务,但该会未有经费开办,颇不愿往。近闻廖仲恺赴四川就财政厅长,愿随同前往,请赐复意见。接函后批答:奖勉,期会羊城。期望赵义返粤办理华侨实业协进会事务。(《赵义请介绍从廖仲恺往四川上总理函》,《革命文献》第48辑,第285页)

6月15日 张铁梅、王升平来函,请示进行方略。

援闽粤军第五十一营营长张铁梅、五十二营营长王升平联名上书,请示进行方略。该函历述癸丑讨袁以迄粤军援闽期间革命经历,略称:"惟是我军,苦心孤诣,势若独行,幸远托帲幪,诸沐维持调护。迩以和议停顿,解决难期,伏思钧座念苍生属望之殷,当有所主持","尚冀不弃卑陋,俯赐方针"。接函后批示:"元冲代答,并寄书一本。"(《张铁梅王升平上国父请示方针函》,《革命文献》第50辑,第225—226页)

△ 鄂籍国会议员张知本等来函,敦请制止鄂西战乱。

5月,鄂西唐克明藉口攻击吴醒汉,护法军内乱愈演愈烈。本日,鄂籍国会议员张知本、刘成禺等十数人联名致函军政府各总裁,恳饬唐、吴停止攻击,平定鄂西之乱。该函略谓:"唐、吴交哄已成事实","法外兵祸,其何以对地方人民";"况唐总司令克明前有残杀蔡总司令幼襄之嫌,悬案尚未解决,今又攻击吴师长,自非别有肺肝,宁忍出此"。应请"一面电饬该管长官,转饬唐、吴两方停止攻击,一面迅速切实查办,并蔡案一律彻底根究,治以应得之罪,以平鄂西之乱。匪惟鄂人感激,抑亦军府整饬军纪,维持威信之急图"。(《军政府公报》修字第86号,1919年7月2日,"公文")

6月16日 全国学生联合会在上海正式成立。

是日,全国学生联合会假上海先施公司东亚酒楼礼堂召开成立大会。是日,段锡朋、许德珩、蒋梦麟等全国各地三十多个单位的学生代表二百余人参加大会。推选出全国学联理事会负责人,并决定出版《全国学生联合会日刊》(1919年6月16日出版到8月底)。(许德珩:《五四运动在北京》,中国社会科学院近代史研究所编:《五四运动回忆录》

上册,第 217 页)

孙中山出席会议。据与会者回忆:"五四之后北京各校组织起学生会来,派遣八个代表到上海联络上海学生,运动商人罢市,工人罢工,以响应北京的号召。为首的是北大学生代表在群众大会上说:'孙中山先生的革命,算不上革命,他的革命仅仅把大清门的牌匾换作中华门,这样的革命不算彻底,我们这次要作彻底的革命。'当时孙中山先生正在上海,也参加了这次大会,他听了这段话也作热烈的鼓掌。会后,他向北大同学恳切的说:'我所领导的革命,倘早有你们这样的同志参加,定能得到成功。"(金毓黻:《五四运动琐记》,中国社会科学院近代史研究所编:《五四运动回忆录》上册,第 331 页)

△　刘焕藜来函,请统率旧部,振作精神。

本日,刘焕藜自上海上书,剖陈民国成立八年祸乱相寻之原因,吁请统率旧部,有所振作。函谓:"敬读学说,知三民主义、五权宪法为革命建设之要图,不可稍缓。惜辛亥功成,各党人狃于积习,以理想太高置之,至使奠国良规,同于泡影","是以祸乱相寻,日趋于危险状况"。而当前南北政府"冥顽不灵","纯粹党员""飘零江湖,太息英雄无用武之地","先生欲贯彻主张,奠定中华,非集党员之中坚分子,坚忍卓绝,英迈果毅,确有脑筋者,进而教之,使之实力进行,恐难收效"。"焕藜管见,希望先生决心表示统率旧部,振作精神,大张旗鼓,非类者锄而去之,扫彼障碍,光我日月,奠河山于磐石,登同胞于衽席。"得函后批示,"仍闭户著书,不理外事,只望同志推广学说,劝进国民"。(《刘焕藜请采取积极救国行动上总理函》,《革命文献》第 48 辑,第 360—361 页)

△　周之贞来电,告所部遽遭莫荣新围攻。

电谓:贞部自讨龙事竣,编配成军。去岁蒙陈炯明令调赴援闽,惟以地方未靖,奉令仍旧驻防,然无日不以护法为怀。不料本月 14 日驻防清远军队,忽率大队侵入防地,将贞部猝尔围攻,竟轰毙士兵三十余名,将所有枪支尽行掠去,军民骇愤。为顾全地方治安起见,业经严勒所部退防广宁,免酿事端,而待后命。《李耀汉案要讯汇录》,

上海《民国日报》1919 年 6 月 27 日，"要闻"）

△　沈鸿英等来电，请任莫荣新暂摄广东省长。

翟汪被迫辞职后，省长职位虚悬，为桂系集团所觊觎。是日，沈鸿英、林虎等桂系将领致电军政府各总裁，陈请"任命莫督军暂行兼摄省长，以一事权而杜纷扰"；并表示："此为地方治安计，非敢别有私意存乎其间。"（《粤省长问题波折再纪》，上海《民国日报》1919 年 6 月 26 日，"要闻"）

6 月 17 日　王道来函，祈示对湘方针。

王道，湖南人，1916 年夏曾倡义湘中。护法军兴，自湘抵沪。1918 年秋赴漳州，"思为本党稍效棉薄"，但因所见各异，不久"拂衣返沪"。寓沪期间，曾来晋谒，并获赠《孙文学说》。"拜读之余，茅塞顿开"，认为"年来国人之议先生理想太高者，此书一出，驳斥最当，引证适宜，持此议者，谅可休矣"。因寓居上海时逾半载，生活日用，"无以为继"，遂决计返乡。本日王道来函，告"拟返乡后，绕道赴郴州一行。湘中武人如程颂云、林修梅、赵垣〔恒〕惕、林支宇诸人，与道尚颇有交谊。先生或有何见教，敬祈于日内函示方针，自当遵照进行可也"。接函后批示："对于各人可相机诱导。如有确能行先生方针者，可再函告，然后再定办法也。"（《王道上国父报告在闽所见及拟返湘联络函》，《革命文献》第 50 辑，第 227—228 页）

△　谢英伯来函，索《孙文学说》。

谢英伯阅报悉《孙文学说》出版，本日自广州来函，称"三民主义为吾党立党之真精神，素所服膺，而于民生主义，誓以下半生之力提倡"，请寄书一本，俾资研究。并谓：近与同人创办《互助杂志》，"多采译马克师氏学说"，俟出版"即行呈教"。（《谢英伯上总理函》，环龙路档案第 01179 号）

△　丁一钧来函，告丁泽煦身殉情形，恳予接见。

丁一钧系已故滇川黔靖国联军援陕第四路总司令、前四川护国军总指挥兼第三梯团长丁泽煦之妻。是月中旬，自川抵沪，前来请谒，"未蒙赐进"。本日遂来函，详陈其夫为国为党，毁家纾难，以至为熊克武谋诱遇难情形。恳请予以接见，以"冀钧座得了解先夫子及难之原因，能恕先夫子之无咎于党，无负于国耳"。接函后批示，着元冲往慰问之，并与卢舜卿商酌办理。（《丁一钧为其夫殉难事请晋见陈述上总理函》，《革命文献》第 48 辑，第 361－362 页）

△　碧格来函，称誉铁路建设计划。

碧格（John Earl Baker）系北京交通部顾问、铁路建设专家。因读本年《远东时报》（*Far Eastern Review*）六月号所载孙中山有关铁路建设文章，颇有所感，遂来函致意。函谓："在阁下所选定路线，仆在此时虽难遽言赞成、反对，但以一铁路联结广大之农业腹地与人口稠密之海岸之理想，感我实深。窃谓阁下于此已于铁路经济理论上直一具体之贡献。即此路线自身，已能躅解滞积，开辟一生产区，使食料价可较贱，以职业授巨额之退伍兵卒，又能使大量之硬币得有流转，而通货之位置将循之以为于正也。"（《附录五　北京交通部顾问之铁路专门家碧格君投函》，黄彦编：《孙文选集》上册，第 301－302 页）

6 月 18 日　复函蔡大愚，告《孙文学说》旨在纠正国民思想谬误。

《孙文学说》出版后，颇受各界关注。上月 31 日，蔡大愚自四川来函，对"素抱救济之怀，不得见诸行事，仅退而著书"颇有微词，慨叹"今之革命巨子，其初多为中山之培养提携，及其位望稍崇，权力稍大，不特无一能继中山之志，而于中山之培养提携亦并忘"，建议"我公之待人，宜察其真贤与否以为断，不宜以成败久暂而亲疏"。并对革命前途流露悲观之意。（《蔡大愚上总理函》，环龙路档案第 00422 号）

本日复函指出："文著书之意，本在纠正国民思想上之谬误，使之有所觉悟，急起直追，共匡国难，所注目之处，正在现在而不在将来也。试观此数月来全国学生之奋起，何莫非新思想鼓荡陶镕之功？故文以为灌输学识，表示吾党根本之主张于全国，使国民有普遍之觉悟，异日时机既熟，一致奋起，除旧布新，此即吾党主义之大成功也。"

（《复蔡冰若函》，《孙中山全集》第5卷，第66页）7月8日，蔡大愚来函，对"高识深谋，婆心苦口"极为拜服，并报告近日在川发起国民大会，图谋"养成国民心理"情形，恳请赐示《孙文学说》，俾有所遵循。（《蔡愚上总理函》，环龙路档案第00347号）

　　△ 莫荣新来电，驳斥翟汪元日通电。

　　是月12日，广东督军莫荣新通电各方，宣称前省长李耀汉阴谋乱粤，破坏大局；并同时催兵进驻肇军司令部所在地肇庆。次日，翟汪发表通电，谓李耀汉早经卸责，与肇军毫无关系，即有法外行动，自与肇军无涉。并指责"此次进兵，未先知会，设有误会，必至糜烂地方"。是日，莫荣新致电孙中山等军政府总裁及各部总长、陈炯明等，对翟汪元日通电予以驳斥。该电首指李耀汉蓄谋不轨，已非一日，虽经卸责，实与肇军"呼应犹灵"，翟汪所谓与肇军毫无关系、进兵肇庆事前未先知会等说辞，纯属欺人之谈。继而以武力相威迫，称："荣新一介武夫，未常学问，本此忠厚待人之忱，常懔阅墙外侮之戒，然为保持全粤治安计，故不能不筹策万全，而不惜以身府怨也。"（《军政府公报》修字第86号，1919年7月2日，"公电"）

　　△ 邹鲁等来电，主张任命伍廷芳兼任广东省长。

　　广东自通缉前省长李耀汉公报发表后，粤民一日数惊，嗣后更迭省长之说频传，粤局愈形动荡，人心惶恐。是月17日，广东各界多团体联名向军政府请愿，如翟汪辞职，请由政务会议速决任命伍廷芳兼任广东省长，以维持全省治安。本日，邹鲁等国会议员多人联同广东各界代表，致电孙中山等军政府各总裁及广东督军莫荣新、报界公会等，重申速任伍廷芳省长之请。该电略称："伍总裁德劭年高，中外钦仰，必能以粤人靖粤难。素稔执事关怀粤事，务请电劝伍总裁勿存谦让，力任其难，则粤民受赐多矣。"（《粤省长问题之纠纷》，长沙《大公报》1919年6月28日，"中外要闻"）

　　次日，刘芷芬、邹鲁等粤籍国会议员十九人复联名致函军政府总裁，请政务会议速行任命伍廷芳为广东省长。函谓："窃维省长一职，乃省中最高级之行政长官，为一省吏治隆污之所由系，即为一省人民治安之所攸归。吾粤年来迭因省长更动，牵引政治风潮，近日又因省长问题，发生剧烈竞争。前日各团体开会议决，金以伍总裁德高望重，极为各界所尊崇翕服之人。既为各团体之公推，即为物望所专属，以之兼任省长，最为适宜。议员等代表民意，为此函请军政府，即任命伍总裁廷芳兼任省长，以慰舆情而靖地方。"（《粤省长问题波折三纪》，上海《民国日报》1919 年 6 月 27 日，"要闻"）

6 月 19 日　复函谢持，告静观桂系内讧。

是月 3 日，谢持离沪赴粤，本日自广州来函，报告莫荣新讨伐李耀汉情形。（《谢持上总理函》，环龙路档案第 02073 号）广东督军莫荣新为剪除地方派势力，下令通缉前省长李耀汉，并由军政府下令免其肇军总司令职。同日，桂系干将林虎接任肇阳罗镇守使，代理省长翟汪被迫辞职，遗缺由张锦芳暂行护理。是日复函谢持，指出："桂系内哄，自在意中。惟局部媾和，乃彼党冲突情形，似尚在进行之中。俟以后再有变动，始能酌定办法，此时惟有静观究竟而已。"（《复谢持函》，《孙中山全集》第 5 卷，第 67 页）

△　陈家鼐来电，吁请一致奋起，敦促拒绝巴黎和会签字及取消密约。

本月，巴黎和会有关中国问题的交涉进入最后阶段。中国代表团在各种努力频频遇挫的情况下，力主拒绝和约签字，但北京政府见及与英美交涉无望，电令代表团在《对德和约》上签字。代表团成员王正廷意识到问题重大，向国内发出通电据理力争。国内各方接电后，舆论大哗。

是日，陈家鼐致电孙中山及各方要人，谓："救国之道，在取消一切密约，拒绝欧约签字，而非曹、陆、章去职便可谓已尽救国之能事也。"中国与日本签订的二十一条、民七军事协定、多种铁路条约，以致各种密约，"非一一根本取消，中国断无存在之望"。而当此举国上下誓死力争之际，北京当局对于取消密约，"不闻有一语道及，惟连电促令欧会陆、王各使签字对德和约，承认日人继承德人于山东之一切权利，是惟恐亡国之不速，而更欲促进之也"。该电最后指出："中华民国者，四万万人共有之民国，而非少数人之私产也。其存其亡，吾四万万人共负莫大之责任。当此存亡呼吸千钧一发之时，吾全国各机关、各团体，无论军、政、农、工、商、学各界，惟当一致奋起，誓死力争，一面拒绝签字，一面取消密约，不达目的不止。"（《陈家鼎拒绝签字及取消密约通电》，天津《益世报》1919 年 6 月 28 日，"时事录要"）

　　△　国民大会上海事务所来电，促军政府电诘北京政府及李厚基。

　　福建督军李厚基因学生排日事件，逮捕学生多人，毗邻之广东军政府迄无公开表示，令外界颇为不满。本日，国民大会上海事务所致电军政府各总裁，批评在全国上下一致声讨国贼的氛围下，军政府坐拥重兵，"日与卖国政府言和"。此次李厚基逮捕学生，"军府近在比邻，乃犹漠不关心，如秦越人之视肥瘠，问心何以自安"。乞请速行"电诘北京政府及福建李厚基，令其迅与释放，否则令攻闽各军立即声讨，以盖前愆"。（《国民大会近电汇录》，上海《民国日报》1919 年 6 月 21 日，"本埠新闻"）

　　△　周应时来函，索《孙文学说》。

　　周应时近阅沪报，知《孙文学说》出版，本日来函，恳"赏交十部"，"以增学识"。（《周应时上总理函》，环龙路档案第 01180 号）

　　6 月 20 日　翟汪通电，告"旧病遽发，难膺艰巨"，将广东省长职务交粤海道张锦芳护理。（《粤省长问题波折三纪》，上海《民国日报》1919 年 6 月 27 日，"要闻"）

　　△　钮永建来电，主张广东省长民选。

　　广州军政府虽倡行军民分治，但内部对广东省长产出方式并未达成共识。本日，钮永建致电各总裁等指出："凡省长缺出继任办法，须力避军阀臭味而归之于民选，由地方正式机关选出"，其他机关或个人只可贡献意见，不能纷纷举荐。此为"解决粤省长问题之正当办法"。(《广东省长问题种种》,上海《民国日报》1919年6月29日,"要闻")

是月中旬　拒发电营救陈独秀。

是月11日,北京大学文科学长陈独秀因街头散发传单被捕。据沈定一致胡适函,消息传开后,有人请孙中山发电营救陈独秀和胡适(系误传)。孙中山答:"你们要求我发电给谁?"沈定一告:"来信所传孙先生发电的事是没有的。"(《沈定一致胡适(12月16日)》,中国社会科学院近代史研究所中华民国史研究室编:《胡适来往书信选》上册,第77页)

与孙中山态度有异,7月6日,军政府七总裁之一的岑春煊致电北京政府总统徐世昌及代国务总理龚心湛,请即释放陈独秀。电谓:"顷闻北京大学文科学长陈独秀,近以市民排外嫌疑,遂至被捕,现仍严禁警厅,并不许其家人往视。风声所播,舆论哗然。窃念国家虽败,文字犹兴,际此时艰,人心浮动,不宜轻拘文士,激起社会之不平。况市民一哄,宿儒归隐,汉唐宋明党祸最酷之日,然如此事亦未之前闻。务恳迅予省释,以安民心。"(《岑西林电请释放陈独秀》,《顺天时报》1919年7月7日,"普通新闻")

△　与岑春煊等致电龚心湛,要求撤销解散欧会中国代表团电令。

获悉北京政府电令欧洲和会中国专使,在奥约签字后,即将代表团解散,并饬陆征祥、王正廷、魏宸组各使回国,顾维钧继续留办德约。是日与岑春煊、伍廷芳、唐继尧等电告龚心湛,指出:"德约关系至巨,国人注目,当此千钧一发,维系需人,岂宜将得力人员,遽召回国?王使争持最力,尤须始终其事,且匈、布、土三约签字在即,此间业已电令王使留待签约,果有召回之事,应请迅令取消,并责成陆、王等始终办理,免致国内惊疑。"(《南方阻止专使返国电》,上海《民国日报》1919年9月10日,"要闻")

△　维持粤省治安会成立,被举为名誉会长。

是月11日粤省海陆军将领通电呈请缉拿李耀汉后,谣言纷起,人心惶恐。广东各界为维持粤省治安,本日组织维持粤省治安会,伍廷芳任会长,与唐绍仪被举为名誉会长。(平生:《粤局变幻之内幕》,《申报》1919 年 6 月 22 日,"国内要闻")

6 月 21 日 军政府召开常会,讨论广东省长人选。会议无结果。(《广东省长问题之三大会》,《申报》1919 年 6 月 29 日,"国内要闻")

6 月 22 日 与戴季陶讨论社会问题。

是月 15 日,戴季陶在上海《民国日报》附刊《星期评论》发表《国际同盟和社会问题》一文,读后颇有所感。本日在寓所与戴季陶谈话,讨论社会劳动问题及社会思潮状况。据戴季陶所记,谈话中孙中山指出:无论哪一国,"他们各种思想都是有系统的,社会上对于有系统的思想的观察批评,也是有系统的。政治运动是政治运动,经济运动是经济运动,各有各的统系,都随着人文进化的大潮流,自自然然的进步。如果没有特别的压力,像我国以前那样的政治,决不会有十分激烈的变态发生出来的。中国在社会思想和生活还没有发达,人民知识没有普及,国家的民主的建设还没有基础的时候,这种不健全的思想,的确是危险。不过这也是过渡时代一种自然的事实,如果要去防止他,反而煽动人的好奇心,助成不合理的动乱"。"荒地开垦的时候,初生出来的,一定是许多的杂草毒草,决不会一起便天然生出五谷来的,也不会忽然便发生牡丹、芍药来的。这种经过,差不多是思潮震荡时代的必然性,虽是有害,但也用不着十分忧虑的。"(《访孙先生的谈话》,《星期评论》1919 年 6 月 22 日)

6 月 24 日 接受日本《朝日新闻》记者访问,谈中国人痛恨日本之原因。

第一次世界大战期间,日本借口对德宣战,出兵攻占中国山东青岛等地。大战结束后,日本在巴黎和会上又以战胜国身份全盘继承了德国在山东的权利,引起中国人民的强烈反对。是日,日本《朝日新闻》记者来访,就"中国人何以恨日本之深,及有何法以调和两国感情"等问题探询意见。

访谈间直言不讳,首先批评了近年来日本政府"每助吾国官僚",而挫与"五十年前日本维新之志士"同一怀抱之中国民党,指出日本武人"逞其帝国主义之野心，忘其维新志士之怀抱，以中国为最少抵抗力之方向，而向之以发展其侵略政策焉，此中国与日本之立国方针，根本上不能相容者也"。针对日本人关于"中国向受列强之侵略矣，而日本较之列强无以加也，而何以独恨于日本尤深"的不解与疑问，又能近取譬，以中国人颇为熟悉的卖猪仔为例，指出："中国之参战也，日本亦为劝诱者之一也，是显然故欲以中国服劳，而日本坐享其利也。此事以中国人眼光观之，为何等之事乎？即粤语所谓'卖猪仔'也。"不宁惟是，"日本今回之令中国参战也，既以此获南洋三群岛以为酬偿矣，乃犹以为未足，而更取山东之权利，是既以中国为猪仔矣，而犹向猪仔之本身割取一脔肥肉以自享也，天下忍心害理之事，尚有过此者乎？中国人此回所以痛恨日本深入骨髓者，即在此等之行为也"。

在深入驳斥日本人的各种谬说后，反诘指出："日本政府军阀以其所为，求其所欲，而犹望中国人之不生反动，举国一致，以采远交近攻之策，与尔偕亡者，何可得也？是日本今日之承继德国山东权利者，即为他年承继德国败亡之先兆而已。东邻志士，其果有同文同种之谊，宜促日本政府早日猛省，变易日本之立国方针，不向中国方面为侵略，则东亚庶有豸乎。"（《孙中山先生答朝日新闻书》，上海《民国日报》1919 年 6 月 24 日，"事件代论"）

△　曾杰来函，请示行动方略。

老革命党人、民国大学教授曾杰前读知行学说，颇有感触。本日来函谓："先生手造民国，有志竟成，惜辛壬之交，一篑功亏，至今尤为遗憾。此后风雨飘摇，国基益坏，砥柱狂澜，未审将从何下手。杰本驽骀下乘，如蒙示之南针，亦当困勉力行，以附骥末。"接函后批示："望将学说广为传布，以变易国人之思想，则国事乃有可为也。"（《曾杰读知难行易后上总理函》，《革命文献》第 48 辑，第 362 页）

6 月 25 日　史志元来函，询《抵抗养生论》出版情况。

上海法租界海宁分医院见习生史志元，前读《孙文学说》第一卷饮食篇,知孙中山昔有胃部不适之患,多方医治,未获根治。后依东京高野太吉《抵抗养生术》指示,卒获痊愈。因遍寻该书未得,本日来函询问出版情况。接函后批答:"《抵抗养生论》,高野太吉著。印刷者:佐久间衡治,东京京桥区永田町二丁目六十五番地。印刷所:秀英舍,东京京桥区西绀屋町二十七番。发行所:东京市麹町区永田町仙掌堂。"(《史志元上总理函》,环龙路档案第01181号)

△　王址舒、郑重来函,为《民翁》求赐"鸿词"。

王址舒、郑重前在哈尔滨举办《东亚日报》有年,因见"天津为首都门户,迩京都而控南北,实执全国政治商业之中枢",为国际观瞻所系,遂将该报更名《民翁》,移津发行。本日来函谓,该报图"本大公无私之宗旨,作舆论先导之中坚","总期力尽天职,唤我国魂"。冀"锡以鸿词,藉匡不逮"。(《王址舒郑重上总理函》,环龙路档案第09051.1号)

△　钟棠来函,主张因抵制日货之势图强。(《钟棠上总理呈》,环龙路档案第14001号)

6月26日　熊梦飞来函,澄清领款事宜。

上年熊梦飞受命赴湖北、河南运动,迭遭挫折。近闻沪上有人假其名义领取款项,本日来函告:"若梦飞略有进取时,自有亲笔专函,并由丁君津梁代达一切,方为有效,否则皆是假借名义者。"(《熊梦飞上总理函》,环龙路档案第00409号)

6月27日　广东各社团来电,举伍廷芳长粤。

广东省长翟汪去职,觊觎斯缺者众,粤局纷乱不堪。广东九善堂、七十二行商等三十八个社团公民代表联合团诚恐引发争端,遂迭开大会,本粤人治粤之旨,共举伍廷芳继任广东省长,并于6月27日通电孙中山等粤籍旅外人士同情。该电略谓:"伍公系粤人,既符粤人治粤之旨,而军民分治,尤今日救时要策,南北将官迭已宣言,尤当实践。经连日联赴军政府请愿,请愿任命,不达目的不止。诸公关怀桑梓,具有同情,请速通电主张,庶足救粤人于水火。"(《公举伍廷芳长粤要电》,上海《民国日报》1919年7月8日,"要闻")

上海广东各团体接电后,于7月7日午后假座广东善后协会讨论广东省长问题,到会者众。与会人士俱主张粤人治粤,赞同任命伍廷芳任广东省长。除通电致粤外,复决定各公团推选代表,于次日公谒孙中山、唐绍仪,"请其一致主张,以期早日解决粤省纠纷"。(《旅沪粤人讨论粤省长问题》,《申报》1919年7月8日,"本埠新闻")

接电后批示:"文本不问时事,然对本省之事,自当惟多数是从,望诸公极力进行。文力所能到之处,当为诸公后援就是。"(罗家伦主编:《国父批牍墨迹》,第60页)

△ 王正廷来电,报告《对德和约》情形。

电谓:"德约准明日下午三时签字,保留虽难仍坚持。如办不到,与陆决不签字。"(《德约不签字之粤讯》,上海《民国日报》1919年7月10日,"要闻")

△ 高鲁来函,赞《孙文学说》为"救时良策"。

《孙文学说》出版后寄赠高鲁,本日来函,誉该著"荩筹伟论,觉世牖民,言近人所不能言,发前人之所未发。救时良策,无过于斯"。(《高鲁上总理函》,环龙路档案第01446号)

6月28日 巴黎和会闭幕。

中国出席巴黎和会的代表陆征祥、顾维钧、施肇基、王正廷、魏宸组,在国内舆论压力及留欧学生力阻下,拒绝在凡尔赛对德和约上签字。经过长达五月余的会议,巴黎和会于本日闭幕。

6月29日 复函陈炯明,促回师广东。

是月15日,陈炯明自漳州来函,谓"自入闽以来,受尽种种恶气,对于粤省未尝一日忘怀,苟有机会,必当一试。惟现在实力未充,敌人侦探密布,我辈有谋人之心,不必使人知之,似宜密与要约,使彼先发,庶不致受治于人"。又谓:"现在岑、陆内讧,莫荣新有通缉李子云(李耀汉——引者注)电,倘彼辈发生战事,粤军有机可乘,即拟返旆。"来函并谓:"此间电信交通,未臻完备。闻美洲无线电机每副价只美金百余,现拟购备数副,以资应用,即请代函美洲支部定购为祷。"接函

后批示："焕廷照写信美洲支部,采买电机。"(《陈炯明陈述谋粤计划上总理函》,《革命文献》第48辑,第282—283页)

本日复函告:"粤局内讧,近日表面虽已宁息,而暗潮仍复甚烈,此时兄正宜竭力准备,以期相机而动,盖以此时粤军在闽之情形而观,不特四面受敌,孤立无援,而宵小复时时乘机思逞,欲思我自行瓦解。前途情势,甚为岌岌。故欲求此后之生存,必仍赖兄有冒险之精神,有奋斗之决心,始可有为。""总之,此时情势,粤军必能冒险奋进,始可望生存;不然,长此悠悠,惟有坐以待毙。一发千钧,机不可失,惟兄速决之。"(《复陈炯明函》,《孙中山全集》第5卷,第77页)

7月就购买电机,又致电陈炯明,告事已办妥:"无线电机拟买拾架,共价4万元,定在沪与华昌立合同,在沪交价,以归统一。初托美东同志筹款代办之议,着即取消。各埠筹饷,统寄上海可也。"(《致陈炯明电》,《孙中山全集》第5卷,第89页)

对陈炯明于回粤之事虚与委蛇,而又请款购买并非军事急需的无线电机,胡汉民甚为不满,因来前抱怨:"无线电机此时并不急用,将来购进不迟,竞存前此来电嘱购,是一种贪新好大心事;且彼亦不料价值之昂贵,与目前之不得用,及吾人筹款之困难也。吾人不问粤军饷源,已二十余日,幸而有款,乃以应不急之务,凶年挨饥,方劝人食猪肉粥,岂非可笑! 弟意伍(廷芳)款交来,不如统汇竞存,以作军饷。"(蒋永敬:《民国胡展堂先生汉民年谱》,第237页)

△　复函廖湘芸,望其勉力负荷,以树伟业。

日前廖湘芸遣盛钧携函来沪面谒,请示机宜。抵沪后,盛于27日来函,约翌日午后来见。(《盛钧上总理函》,环龙路档案第04708号)悉廖"救国热忱坚持不懈","深为欣慰",本日复函,慰勉有加。函谓:"湘中自前岁举义以来,其拥有重兵者多徘徊观望,日就萎靡。惟兄以孤军奋起,辛苦支持,至今日而蔚成劲旅,具此不折不挠之精神,当兹危急存亡之国运,所希望于兄者,至远且大;望益加训练淬历,以为国用,实所深盼。盖近时号称护法诸军,其名称虽极正大,实则皆为权利之争。故救国责任,仍不能不望之吾党纯洁坚贞之同志,勉力负荷,以造成真正之共和,从根本上肃清国难。"并指示"湘西各军,其有志同道合者,尤宜互相团结,以增实力,庶几待时而动,以树伟业"。(《复廖湘芸函》,《孙中山全集》第 5 卷,第 75—76 页)7 月 14 日,又就廖湘芸来函批示:着潘康时往张学济处接洽,派李武君往周伟处。(《批廖湘芸函》,《孙中山全集》第 5 卷,第 83 页)

△ 致函周蔗增,勉维持湘西大局。

盛钧来沪,并述周蔗增"保障湘西,忧国不懈,且与廖君湘芸袍泽相资,共同维持湘西大局"情形,闻听"益为欣慰"。是日致函周蔗增,略谓:"方今国步艰危,群奸窃柄,正志士为国努力之时。执事谋猷阔远,兼拥雄师,尚冀坚持不挠,克竟伟绩,以戡定国难,为民造福,实所深盼。"(《致周蔗增函》,《孙中山全集》第 5 卷,第 76 页)

△ 复函洪兆麟,勉克竟全功。

是日 14 日,洪兆麟来函,报告闽省划界,并询和议近情。函谓:"此间划界事行将告竣,双方各守范围,尚能相见以诚。宋子靖忽据永安,节经各方调停,可望和平解决,谅无意外。"又谓:和局停顿,恐时局"益形纠纷","乞将和局情形,随时指示"。(《洪兆麟上总理函》,环龙路档案第 13502 号)

本日复函指出,和议无补国事,国事解决,端赖民党同志。勉其坚持初志,奋勉不懈。函谓:"和议事,双方皆系权利竞争,所商榷者,仍系权利分配问题耳。无论此时会议已告停顿,即使重行开议,于国事前途,仍毫无希望可言。欲奠定真正之共和,谋根本之解决,仍非吾党纯洁坚贞之同志,共负救国之责任不可。"并指示:"当此大局岌岌,粤军前有大敌,后有内奸掣肘,其间困难情形有加无已。尚望兄坚持初志,奋勉不懈,与竞存兄共策进行,庶再接再厉,始得克竟全功。"(《复洪兆麟函》,《孙中山全集》第 5 卷,第 78 页)

7 月 17 日,洪兆麟复函,略谓:国内永久和平,必须从法律上解决。唐绍仪所提八项条件,为全国民意所赞许,敢请"坚持到底,贯彻

初衷"。(《洪兆麟上总理函》,环龙路档案第 13398 号)

6 月 30 日　徐东垣来函,请示方针。

徐东垣来函,认为当前局势似可利用,或可冒险一试。函谓:"近以排日风潮,日人对吾行动稍觉宽容,虽彼命意犹在,吾可乘机以逞,出动鲁东,尚可图行险以侥幸。故垣不觉蠢蠢欲动,不知是否有当,敢祈垂教,俾有所遵循。"又谓:"吉奉暗潮,不过两奸相争,终难为我用,现伪政府极力疏通,将不免化干戈为币帛矣。倘有决裂之时,吉军有若干学生,出身中下级军官,尚有血气,垣已联络成熟,彼时当能拔赵帜而易汉帜也。"接函后批示:"现宜潜养实力,不宜动作。俟各地养足实力,到有机可动之时,然后约定为一共同动作乃可也。"(《徐东垣报告吉奉暗潮倘有决裂可采行动上总理函》,《革命文献》第 48 辑,第 180 页)

是月下旬　致电徐世昌,反对中国代表在巴黎和约上签字。

6 月,巴黎和约谈判进入最后阶段,报载北京政府 12 日电令中国代表在和约上签字,舆论大哗。是月,与岑春煊等六总裁联名致电北京政府总统徐世昌,指出如果在和约上签字,"将于外交史上铸一大错","务恳顾念民意,维护主权,勿令巴黎专使以无条件签字"。(《军府之外交主张》,上海《民国日报》1919 年 7 月 6 日,"要闻")

△　复函谢持,请相机撤销议和代表。

是月 17 日,谢持来函,报告和会南方代表撤除事宜。本日复函告:"撤代表事,文不屑与政务会议诸人直接通信,可由代表观察情势,相机取消,再由文承认其事,则手续上即已完备。盖派代表入席,必须证据,若退席则可不必,望兄相机为之可也。"(《复谢持函》,《孙中山全集》第 5 卷,第 78—79 页)

是月　与邹鲁谈话,告革命党人务认真读书,并谈文章鉴别方法。

据邹鲁回忆,孙中山在某次谈话中谆谆以告:"一般人读书不认真还不要紧,我们革命党人却千万不可不认真。因为一般人读书,或是为个人的前途，或是为一家的生活，他读书不认真，成败得失，只他个人或其一家。革命党人则不然，一身负国家社会之重，如果自己读书不认真，事情做错了一点，就不但害了我们的党，连整个国家社会也被害了。"在另一谈话中，邹问及鉴别文章方法，答称："一篇文章能当做一章读，一篇文章能当做一段读，一段文字能当做一句读，这便是好文章。因为唯有这样的文章，全篇气势方能贯注，作文之道亦如此。"（《与邹鲁的谈话》，《孙中山全集》第 5 卷，第 79—80 页）

△　李夏声来函，请求资助。（《李夏声上总理函》，环龙路档案第 01373 号）

是年上半年　秦广礼来函，恳函荐唐绍仪处任事。

唐绍仪出任南方总代表，请托向唐荐职者络绎不绝。护法议员秦广礼来函谓："此次会议，关系国本，亦即吾党前途之一大转关也。今闻吴景濂等辈又由粤推荐该派多人于唐公处，实属有心作祟。广礼忝列民党，滥竽议会，国事如斯，窃为深尤。"恳函介唐绍仪处任事。接函后批答："此事万难办到，因决不欲干预和议代表之事也。"（《秦广礼上总理函》，环龙路档案第 03016 号）

△　孙宗昉来函，对西南应对时局提出详细主张。

孙宗昉来一长函，就西南应对时局问题，从巩固根本、作战计划、理财方针等三方面提出详细的建议和主张，以供采择。接函后批示："查其人如何。"（《孙宗昉上总理函》，环龙路档案第 13925 号）

7 月

7 月 1 日　上海和会南方代表联名致电军政府总裁，报告近与北方接触情形，重申对和会的基本态度。（《南代表之函电》，《申报》1919 年 7 月 2 日，"本埠新闻"）

△　梁启超致电南北当局，呼吁改弦易辙，速谋统一。

是日，梁启超自伦敦致电汪大燮、林长民，请转南北当局。该电指出："沪议杳无续耗，大局益趋混沌，循此以往，岂惟今兹所失，规复无期，窃恐有人藉口保安，称兵相压，爱我者亦无能为助。"当务之急，惟有捐弃前嫌，"快刀断麻，迅谋统一，合全国智力，谋对外善后"。（《梁启超之促和电》，《申报》1919年7月16日，"要闻一"）

对于梁启超等人所提出的"南北一致，以谋对外"之主张，胡汉民有所批评，他在致汪精卫信中指出："许多人说如今要'南北一致，以谋对外'，我说先要问对外的宗旨。如果是觉得以前种种卖国的行为不对，卖国的人不好，不能继续做去，大家回转头来想方法来对外，那自然是'一致'的好。如果并不觉得以前做的不对，还是一样换汤不换药的做法，或者更加重几味汤头，却要南北一致，那就是'一致卖国'，更比那'不一致'的害事得多，伤心得多了。"（蒋永敬：《民国胡展堂先生汉民年谱》，第237—238页）

△ 王鼎来函，主张组织暗杀团体。

是日，王鼎自上海来函，认为当前救亡之策，"非组织暗杀团体不可"，并报告近年组织暗杀活动情况，请求在经济等方面予以协助。接函后批示："暗杀一举，先生向不赞成，即在清朝时代，亦阻同志行此，以天下恶人杀不胜杀也。道在我，有正大之主张，积极之进行，则恶人自然消灭，不待于暗杀也。"（"中华民国"各界纪念国父百年诞辰筹备委员会学术论著编纂委员会主编、中国国民党中央党史史料编纂委员会编：《国父墨迹》，第352页）随即复函。

王鼎接函后，于4日再次来函，重申暗杀主张。函谓：暗杀"虽违人道"，但"儆一亦庶以戒百"，今救国之法，舍此无由。且"潜京同人誓以决心，鼎又负责组织，实不忍废于垂成"。恳"念国事之未定，鼎等有志之未成，俯予奖饬，俾得卒底于事"。接函后批答："各行其志，无不可也。惟此亦甚艰困，实无力相助。"（《王鼎请赞助在北京暗杀计划上总理函》，《革命文献》第48辑，第363页）

7月2日 胡汉民致电军政府政务会议及国会，再辞南方代表职。

经过多方协调沟通,南北和议酝酿重开。本日,胡汉民致电南方国会及政府,再申前辞南方代表之意,表示"士各有志","后此勿论和议是否继续,汉民个人不复任代表之责"。(《胡汉民致广州军府国会电》,上海《民国日报》1919年7月3日,"要闻")9日,军政府来电慰留,但胡辞意坚决,10日公开表示:"北方代表近虽有全部南下之报道,而朱启钤决无复任之事,钱能训虽被拟为总代表,而依安福派之反对,亦恐难于实现。""和议纵能续开,亦不过为形式的决议。"(罗刚编著:《中华民国国父实录》第5册,第3456页)

△ 喻士英来函,索《孙文学说》。(《喻士英上总理函》,环龙路档案第00007号)

7月3日 葛庞来函,冀利用民气,力挽危局。

葛庞自湖南来函,谓国内民气振作,若能利用,内政外交终有挽回之日。恳"本昔日元龙之豪气,毋负当年缔造之初心,率海内志士先锄非种,展老成硕划,共挽外交。勿以申江风月大足盘桓,对于国事而遂噤若寒蝉,置理乱于不问"。(《葛庞上总理函》,环龙路档案第04183号)

7月4日 湘护法军总司令程潜通电下野。

程潜前受命赴湘统率湘中护法军,对抗北军,战功卓著,但为桂系所不容。6月末,陆鸿逵事件发生,桂系借机发难,逼迫程潜离职。本日,程潜通电西南各方,详述事件经过,力辩未曾通敌,并宣布下野。(《程潜自白并未通敌》,上海《民国日报》1919年7月13日,"要闻")

陆鸿逵事件源于皖系对南方的分化政策。据事件当事人之一、段祺瑞核心幕僚曾毓隽忆述,章士钊胞兄章陶严建议,皖系应与国民党联络,对抗直桂联盟。并表示对程潜有办法,可试行联系。曾接纳建议,并获段祺瑞同意,亲笔致函程潜。章将曾函交程潜好友陆鸿逵。(曾毓隽:《忆语随笔》,《天津文史资料》第40辑,第164—165页)

陆鸿逵抵达衡州,出于安全考虑,对吴佩孚表明密使身份,称奉重要使命,往郴州晤程潜。吴遂电告程派员迎接。6月11日,陆鸿逵与程潜派来迎接的黄某行至永兴马田墟,为桂系马济部扣押,查出曾毓隽、薛大可、黄敦怿致程潜函件各一及电稿一件。(《程潜通段之证据》,上海《民国日报》1919年7月13日,"要闻")随后马济将函电缴交军政府,并通报护法国会、谭延闿及各大报馆。"通敌证据"曝光后,程潜在湖南无法立足,愤而离开郴州。

陆鸿逵事件发生,舆论哗然,南方一片讨程之声。是月8日,旅沪国会议员丁象谦、陈塈等致电各总裁,指责"程潜身总师干,职在卫国,乃甘心附逆,虽卖国亦所不计,揆情度法,均在不赦",认为应与李耀汉附段"事同一例",由军政府"接照通敌罪名协拿到案,尽法惩治"。(《国会议员请缉程潜电》,上海《民国日报》1919年7月9日,"要闻")然也有不同意见。军政府参谋总长李烈钧指出,北方来人运动十分正常,但"来说者为一事,承认与否又为一事",仅据"莫须"证据剥夺职务,显然难服人心。(《程潜案之近讯》,《申报》1919年7月14日,"国内要闻")陈炯明也赞同程潜"蒙谤之因,宜加审查",不应仓促定案。(《陈炯明对于程潜案之平论》,《香港华字日报》1919年7月14日,"粤闻三")

7月5日　与岑春煊等致电徐世昌、龚心湛,促北京政府维持中国银行现状。

1912年中国银行经孙中山批准在上海成立后,即负责代理国库、承汇公款、发行钞票等业务,履行中央银行职能。1913年,参议院议决公布中国银行则例三十条,规定该银行正副总裁由政府任命。1917年11月,北京政府核定修改中国银行则例,规定中银董监事均由股东会选举,正副总裁则由董事中选任,以保障该行相对政府的独立地位。1919年4月28日,安福系把持的北京政府众议院仓促通过恢复民二中国银行则例,并即以咨文送达参议院。5月3日,徐世昌劝告参众两院议长王揖唐、李盛铎,勿恢复民二则例,以免破坏该银行体制,扰乱金融秩序。8日,护法国会议员田铭璋、董耕云等致电孙中山、章太炎、孙洪伊及上海和会代表等,请一致抗拒段系变更中行体制,将其据为己有。电谓:"中国银行为国库根基,国家命脉所系。前被袁逆破败不堪,又经卖国贼魁段祺瑞搜刮殆尽。今犹以为不足,复唆令逆党王揖唐率其丑类,用非法机关修改条例,携其卖国厚资,加入股东地位,冀其盘据该行把持国库,作卖国收支处、猪仔兑换所之计。""查段贼等罪大恶极,人民已饱受其赐。如复据中行为己有,倘稍容忍,则为所欲为,国将不国,生命何存? 万恳一致极力抗拒,以免陆沉。"(《广州各界力为后盾》,上海《民国日报》1919 年 5 月 17 日,"要闻")

　　是月 23 日,中国银行股东联合会干事陈青峰等致电护法政府,通报情况,请求与北京政府交涉,维持中行现状。本日,军政府六总裁(除唐绍仪)联名致电北京政府总统徐世昌及财政总长龚心湛,要求北京政府停止巧取豪夺。电谓:"查中行六年则例行之有效,乃尊处利用非法机关,无端修改,扰乱全国金融,而莫之或恤,居心何若,诚可痛心。且国家于商民信用久堕,设若一再巧取豪夺,则缓急举不可恃,莫谓天下为可欺,尚望顾念舆论,维持中行现状,收拾人心,在此一举。"(《军府维持中行电》,上海《民国日报》1919 年 7 月 14 日,"要闻")

　　7 月 6 日　许协揆来函,请廖仲恺入川,并赠川中将领照片。

　　本年上半年,许协揆为熊克武排挤由川来沪,受四川省长杨庶堪委托,曾前来晋谒,"缕陈蜀省各将领倾重民治,崇佩我公诸状"。对其"勉慰有加,且允以尊影分赠诸将"。此次谒见后,许协揆数与谢持往还,"益思所以报国报我公者"。

　　本日,许协揆来函,详述川中政局以及自己来沪原由,指出熊克武"坐南向北",首鼠两端,"惟取亦战亦和亦南亦北之态度",杨庶堪处境极其艰困。恳"以非常之热念与手腕,援助蜀省同志"。许函认为,援助之法,首在两事:一为"速劝廖仲恺绕道入川,清理财政",防止四川财政大权旁落;一为速照其此前所开四川将领名单,分赠相片,驰书奖慰,以"固系军心,而策励向义"。许协揆相信,两法施行,必将使民党掌控川中大局,"一朝有事,熊氏惟奔窜出走而已";否则,坐失事机,政局变幻,极有可能造成"国难方殷,而同志赴救之根基,仅一四川而不能守"的局面。函末并开列的寄赠相片者,包括萧焕斗、傅岩、张再、王直、黄润泉、黄润余、赵鹤、何明初、吕岑楼、李小谷、冷寅东、杨啸谷、吕如渊等。上述诸人均为杨庶堪和许协揆"返川以后新行结纳之人,而为我公民治主义之干盾"。

接函后批答:"送相一节,即照办理",托许转发。廖仲恺赴川一事,由邵元冲与廖商酌回复。(《许协揆上国父陈述经营四川意见书》,《革命文献》第 50 辑,第 287—289 页)

川军军官王直接照后来函,称"亲承法相,近接光仪,虽属形势之观瞻,自觉精神之契合",并表示国事莫定,"仰体德意,惟有谨守职分,尽我国民应尽之责而已"。(《王直上总理函》,环龙路档案第 00634 号)

△　上海商业公团联合会来电,吁继续和议。(《商业公团电请续开和议》,《申报》1919 年 7 月 7 日,"本埠新闻")

7 月 7 日　批罗剑仇函,告无力资助。

是月 5 日,罗剑仇自上海来函,请予资助。接函后批答:"此月已到在陈之境,现尚想不出出陈之法,万难照办。"(《批罗剑仇函》,《孙中山全集》第 5 卷,第 81 页)21 日,罗又来函,再请"惠借二百元,以救急难"。接函后批示:照前信办理。(《罗剑仇上总理函》,环龙路档案第 13097 号)

△　旅沪广东各团体集议省长问题,决定翌日派代表前来晋谒。

粤省长问题久持不决,引起旅外广东人士的高度关注。本日午后四时,旅沪广东各团体各派代表,假座广东善后协会讨论省长问题。到会者有潮州会馆、粤侨商业联合会、嘉应五属同乡会、大埔同乡会、广东善后协会、旅沪广东报界等团体代表三十余人,公推温佑才为临时主席。会议首请护法国会粤籍议员唐宝锷、孔昭晟报告粤省情形,随后宣读广东各公团联合会来电,徐固卿、黄少岩、吴铁城、李玉书、夏重民等先后发言,"俱主张粤人治粤,促广东当局反省,尊重粤省民意,任命伍廷芳兼任省长"。会议议决通电回粤,并由各团公推代表一人,定于次日公谒在沪孙中山、唐少川两总裁,"请其一致主张,以期早日解决粤省纠纷"。(《旅沪粤人讨论粤省长问题》,《申报》1919 年 7 月 8 日,"本埠新闻")

7 月 8 日　批刘焕藜函,对其推行三民主义、五权宪法主张甚表赞同。

接刘焕藜 6 月 16 日来函后,邵元冲据批示复函,嘱其"鼓吹先生学说,溉输人民真正共和之真理,日渐月化,俾人人有真共和之知识,庶可期真共和之实现"。29 日,刘氏复函,对指示称誉有加,认为提倡方法"非照先生筹设自治会、入会会员诚心宣誓入手"不可;并表示欲于林德轩占据的湘西保靖管辖区域,"创立自治会","逐渐推行于三民主义、五权宪法,以白话报及演讲两端训导之",请函示林君赞襄此举。接函后批示:"此事甚好,当另函林德轩。"(《刘焕藜上总理函》,环龙路档案第 04352 号)

7 月 9 日　吴仁华来函,约期晋谒。接函后批示:"请本月十一日午后五时来。"(《吴仁华上总理函》,环龙路档案第 01424 号)

7 月 10 日　徐世昌就中国代表拒签巴黎和约颁令通告国人。

令文谓:"此次胶澳问题,以我国与日德间三国之关系提出和会,数月以来,乃以种种关系不克达我最初希望。旷览友邦之大势,返省我国之内情,言之痛心,至为危惧。推究此项问题之由来,诚非一朝一夕之故,亦非今日决定签字与不签字即可作为终结。现在对德和约既未签字,而和会折冲势不能遽然中止。此后对外问题益增繁重,尤不能不重视协约各友邦之善意。国家利害所在,如何而谋挽济?国际地位所系,如何而策安全?亟待熟思审处,妥筹解决。"(《政府公报》第 1232 号,1919 年 7 月 11 日,"命令")

△　岑春煊致电北京政府,议和八条可于开议后修改。

为促和议重开,为岑春煊掌控的军政府不惜牺牲南方代表团所提八项条件。本日,岑电告北京政府:"关于议和案件,已切商陆、唐平情酌理,切近易行,已得复允。惟必开议,始有表决。务促代表南

下"。又致电龚心湛,谓"八条经商唐陆得允,可由会议时修正。请速催代表南下"。(《专电》,《申报》1919年7月18日)

是月上旬　尹承福致书军政府,主张七总裁到粤议政。

七总裁分处各地,向被认为军政府分裂之征象。本日,护法国会议员尹承福致书军政府,缕述对北政策的诸项失误,主张和会开议无期,西南宜妥定国是,"由护法政府电请各总裁来粤集议一次,妥定进行方法,则各方面之意见从此交换,外来之蜚言藉以消弭。虽不能常川驻粤,有此次会议,日后驻粤各代表有所遵循,庶可免有名无实不负责任之宿弊"。(《拟请七总裁到粤议政》,上海《民国日报》1919年7月8日,"要闻")

△　文鼎光来函,促遵从民意,任命省长。

省长出缺,广东各界本粤人治粤原则,咸推粤籍德高望重人士继任,然军政府依违两可,久事拖延。粤省学界人士文鼎光致书军政府各总裁,批评军政府食粤民脂民膏,不为粤人谋事,且罔顾民意,自居非法。促遵从民意,立行解决,于伍廷芳、胡汉民二人中择一任命。(《粤省长争潮中之请愿》,上海《民国日报》1919年7月8日,"要闻")

7月11日　廖仲恺致函胡适,请评《孙文学说》。

廖仲恺致函胡适云:"前月承孙先生命,寄上新版书(指《孙文学说》——引者注)五本,未审收到否? 孙先生拟烦先生在《新青年》或《每周评论》上对于此书内容一为批评,盖以学问之道有待切磋,说理与否,须经学者眼光始能看出也。《建设》杂志8月1日可出世,第二期能赐宏文否? 孙科君日间到沪,计可勾留一两星期,先生若来,当可一图良晤也。"(《致胡适函》,廖仲恺、何香凝著,尚明轩、余炎光编:《双清文集》上卷,第126页)胡适接信后不负所托,很快完成任务,并致函廖仲恺就自己的某些看法进行沟通。

19日,廖仲恺复函胡适,一面转达孙中山对胡适意见的回应:"所论中国'文字有进化,而语言转见退化',孙先生谓此层不过随便拾来作衬,非潜深研究之结果,且于文学之途本未考求,拟请先生将关于此层意见详细开示。其他书中有欠斟酌之处,亦希一并指正,俾于再版时将尊见采入。"一面阐述自己看法:"鄙见以为,孙先生所谓中国'文字有进化',自非实在,但语言退化却系事实。唯其如此,所以我辈对于先生鼓吹白话文学,于文章界兴一革命,使思想能借文字之媒介,传于各级社会,以为所造福德,较孔孟大且十倍。唯其如此,而后语言有进化而无退化。"(《复胡适函》,廖仲恺、何香凝著,尚明轩、余炎光编:《双清文集》上卷,第131页)

20日,胡适的书评刊载于《每周评论》第31号上。该文在介绍《孙文学说》要旨、本意的同时,明确表示自己"对这书大旨的赞成",称赞孙中山是一位有"理想计画"的"真正实行家",认为"这部书是有正当作用的书,不可把他看作仅仅有政党作用的书"。"这种学说是不限于一党一系的。无论那一种正当的团体,都该有根据于正确知识的远大计画,都应该希望大家承认那种计画是'能行'的,都应该用合法的手续去消除大家对于那种计画的怀疑。换句话说,无论是何种有理由有根据的计画,必须大家有'知之则必能行之,知之则更易行之'的信仰心,方才有实行的希望。"文末,胡适也指出了若干自己"不能赞同"的"小节"。(胡适:《书评:〈孙文学说〉卷一》,《每周评论》第31号,1919年7月20日)

8月2日,廖仲恺再次致函胡适,转达孙中山阅看书评后的反应及感谢。函谓:"中山先生在《每周评论》上读尊著对他学说的批评,以为在北京地方的这种精神上的响应,将来这书在中国若有影响,就是先生的力量。还望先生于书里不很完全的地方,指示指示,第二版付印的时候可以修正,请先生不要客气。"(《致胡适函》,廖仲恺、何香凝著,尚明轩、余炎光编:《双清文集》上卷,第134页)

1920年2月1日,胡适在《新青年》发表《国语的进化》一文,主要针对的就是包括孙中山在内的一些人认为白话是文言的退化的观念,其实也可视作是胡适对《孙文学说》中"文字有进化而语言转见退步"论说的详细批评意见。该文引用《孙文学说》的相关章节作为重要的论争对象,批评"孙先生说的话未免太笼统了,不像是细心研究的结果"。"某君和孙先生都说文言因为有许多文人终身研究,故不曾退化。反过来说,白话因为文人都不注意,全靠那些'乡曲愚夫、闾巷妇稚'自由改变,所以渐渐退步,变成'粗鄙不堪入耳'的俗话了。这种见解是根本错误的。"指出:无论文言还是白话的变迁,"其实仔细研究起来,都是有理由的变迁——都是改良,都是进化!"文章还从应用的角度,论证了文言的退化和白话的进化,并总结出白话进化的两大方向。(胡适:《国语的进化》,《新青年》第7卷第3号,1920年2月1日)

△　龚心湛来电,商讨对德问题。

是月3日,护法政府致电北京政府,就对德问题提出意见。本日,北京政府代理国务总理龚心湛致电军政府各总裁,称解除中德战况,"宣告战况终了,究以何项手续为适当,实为一应研究问题","现据专使报告,协约方面,尚能担任调停,以俟调停一节,进行如何,再行确定办法。一面电询专使,宣布战况终了,究以何项手续为适当。此时国步艰屯,对外必须一致"。(《南北互商对德问题电》,上海《民国日报》1919年8月8日,"要闻")

△　罗剑仇等来电,请任命林修梅为湘南总司令。

程潜因所谓"通敌案"被迫出走,湘南总司令一职因而虚悬。本日,罗剑仇、杨熙绩、宋призан山联名来电,恳请任命林修梅接任湘南总司令。电谓:"林纵队长修梅倡义衡州,始终护法,夫以首先独立之地,而有最初讨贼之人,俾总师干,允孚众望。仰恳钧府任命林修梅为湘南总司令,以维湘局,而畅戎机。"(《请任林修梅总帅湘南》,上海《民国日报》1919年7月12日,"本埠新闻")

7月12日　复函林祖密,告即嘱陈炯明处理所部缴械事。

4月,陈炯明以南北议和、休战裁兵为由,将林祖密所部闽南军强行解散,引发闽南地区民军强烈不满。(《漳、厦间之南军情况》,《申报》1919年4月19日,"要闻二")闻报后命徐瑞霖赴闽调解。上月25日,林祖密来函,称"自归节制以还,对于闽军之擘画,固不敢居补助之功，对于粤队之经营，何敢稍犯违抗之咎"，恳"始终善全，即行谕饬竞公，发还所收枪械，回复有功将领，并待遇所部士兵，须与粤军同等"。（《林祖密上总理函》，环龙路档案第13608号）本日复函，对闽中情形"殊深恼闷"，谓："前年足下担任闽事，来就商略，时适竞存统兵援闽，文以兵谋贵于统一，乃嘱足下与竞存接洽。今据来书所述，当即转告竞存，嘱其妥为处置。至贵部与竞存既有直接关系，一切问题亦不难径商了结也。"（《复林祖密函》，《孙中山全集》第5卷，第82页）

16日，就林祖密所部事致函陈炯明，嘱酌情宽大处置，函谓："文于闽中各军情形，未能详悉，故于林君所陈各节，殊未能遥断。仍望兄按其情节，量为处置，总期于事实不生窒碍，并持以宽大之度为要。"（《致陈炯明函》，《孙中山全集》第5卷，第84页）

△　许卓然来函，请协助物色医院院长。

是日许卓然来函，报告前在安海筹建之医院，近已落成。恳请物色英美医学家中道德优纯、医术精深者，聘为院长，以诱掖后进，俾社会卫生日益进步。且谓："迩来号称革命巨子，类多诡谲倾轧。正气沉沦，国贼猖獗"，际此时局，"惟有潜踪海上，追随左右，敬承明教，藉坚道力"。（《许卓然上总理函》，环龙路档案第13283号）

7月13日　复函陈赓如，望广东各界翻然变计，推翻桂系军阀统治。

本月3日，香山同乡陈赓如自广州来函，并附抄香山护沙处总办江永隆致各都局公函及办法、陈致广东督军函稿各一纸，报告江永隆藉统一沙捐财政之名，行揽尽沙捐财权之实，香邑护沙已成有名无实，恳请公行广东督军设法挽救。（《陈赓如上总理函》，环龙路档案第02075号）本日复函，痛斥桂系视广东人为"黑奴"为"猪仔"，三年来拥兵广东，皆以敲剥为能事，而强占护沙不过其中一端。指出桂系军阀"虽号称拥兵数万，并非心腹肝胆之结合，徒以分赃为目的"，"一有患难，反对必自内部而起，纸老虎戳破，不值一钱"。勉励广东人民不必畏首畏尾，"惟事哀求"，而能翻然变计，联合华侨及绅商学界，"以广东善后为名,结立坚固弘大之团体,誓死以除一省之蠹,谋根本之解决"。
(《复陈赓如函》,《孙中山全集》第5卷,第82—83页)

7月14日 李希莲来函,报告东北政情,请拨冗筹措东北问题。

护法国会议员李希莲日前由粤返籍,道经上海,本拟前来晋谒,惜因两访邵元冲未遇而未果。返回吉林后,李希莲于本日来函,报告返籍缘由及东北政情。函谓:前在粤时,因与林森计议,"国事如此沉寂,不如鼓吹民气为根本计划,并催促同人早日回粤为最要之图",是以匆匆旋里。及抵长春,正值奉吉交恶,吉林西境几至无地无兵。吉林毗近强邻,倘奉吉交兵,则渔人得利,东三省危矣。"先生深谋远算,对此有何主张,务希拨冗筹措之。"接函后批示①:"过沪交臂相失,良用为怅。文现仍闭户著书,不理外事,故对奉吉之事毫无成见。"(《李希莲报告东北各省情形上总理函》,《革命文献》第48辑,第181页)

7月16日 广东军政府来电,通告对德恢复和平宣言。

本日,广东军政府发布宣言,宣告对德恢复和平,并致电南方各要人通告此事。宣言简略追溯中国对德宣战缘起,及巴黎和会中国交涉失败后称:"今因我专使提出保留山东问题无效,未签字于和约,此系我国保全主权万不获已之举,对于协约各国实非常抱歉,而对于德国恢复和平之意,亦与协约各国相同,并不因未签字而有所变易。我中华民国希望协约各友邦,对于山东问题三款再加考量,为公道正谊之主张,而为东亚和平永久之保障。"(《军政府公报》修字第91号,1919年7月23日,"通告")

△ 四川省议会议长选出,熊系李肇甫当选。

川省议员改选,熊克武系和杨庶堪系两派议员围绕议长归属展开激烈争夺。据《申报》报道:"熊、杨之系统最近尚将发生冲突者,即召集新省议会议长问题是也。熊、杨在此次选举,皆出巨资运动,以为本系争权地步。熊系之熊小岩(熊嶑)、李肇甫呼声最高。杨系之

---

① 该函于7月25日自吉林省农安县付邮,加上邮路费时,孙中山接函及批示时间应在8月上旬前后。

朱叔痴(朱之洪)、曹叔实(曹笃)等势力亦颇不弱。尚有其他小团体、小部份各逞势力,以为之运动。"(《杨庶堪复任时之川闻》,《申报》1919年6月18日,"国内要闻")是日,四川省议会开会选举议长,结果熊系李肇甫以九十一票当选。(《川省会议长之产出》,《申报》1919年8月3日,"要闻二")议长一席为熊系所夺,标志着川局争持中杨庶堪等孙系革命党人已明显处于下风。

7月17日 罗正文来函,请急谋救济国乱,并谓"先生不为救济,无其人矣"。(《罗正文上总理函》,环龙路档案第13735号)

7月18日 复电许卓然等,对闽中各军弃嫌修好表示欣慰。

5月,闽南护法区援闽粤军与靖国军、护法军的矛盾趋于激化,双方于安溪、永春一线发生摩擦。是月14日,陈炯明致电军政府各总裁及政务会议等,请即彻查惩办靖国军在闽破坏活动。22日,陈复向政务会议提出控诉,指责宋渊源、杨持平"无故侵害粤军",批评军政府弃执法机关角色而自居"调人地位",致使闽南局势愈演愈烈。(《陈总司令责备军政府电》,上海《民国日报》1919年6月11日,"要闻")

"安永争端"发生后,孙中山颇为关注,特派徐瑞霖赴闽了解情况。6月前后,许崇智来电,对议和复停、时局危急之际南军自起内讧深为忧虑,请示解决办法,并告"许卓然、杨持平、张贞等,皆系本党同志,素服从先生主义者,今特请陈、潘二君前来调解,意颇诚挚"。(《粤闽军议和之经过》,上海《民国日报》1919年7月18日,"要闻")

在各方的调处下,孙中山代表徐瑞霖,援闽粤军代表冯镇东、方毅,靖国军、护法军代表陈民钟、潘雨峰齐集安溪,就有关争端会商具体解决办法。稍后陈、潘来电,告以具体办法包括:(一)"闽南靖国护法各军名目,一律改编为闽军,应归何人节制,服从先生主裁";(二)"县知事之任用,由许军长保荐,陈总司令加委,惟以本党人员为标准";(三)"安溪方面由许军长酌派军队驻防";(四)"双方扣留人员应即释放,所获枪械应缴还";(五)"该方财政宜归统一";(六)"许、杨、张诸君,应公电表示服从许军长命令,即所以表示服从先生主义。"并谓："钟、峰等深知闽中同志素服从先生，倘得先生一言，当能息此纷争，请酌派人员或电示办法。"(《粤闽军议和之经过》，上海《民国日报》1919年7月18日，"要闻")

7月1日，杨持平、张贞、许卓然等来电，除告所议办法外，且表示："持平等愿蠲前嫌，重修旧好，其愿服从许军长而拥护陈竞公者，无不本诸至诚，敢告天日，以求不负先生之属望，不背吾党之宗旨。"(《粤闽军议和之经过》，上海《民国日报》1919年7月18日，"要闻")3日，三人又联名来函，称"和解及结合"业经各方共同研究。(《杨持平上总理函》，环龙路档案第13282号)和议达成后，陈民钟、冯亚佛复自闽来沪，面告近情。

迭接来电与来访，本日复电许卓然、杨持平、张贞、潘雨峰，对各同志"捐除小嫌，同心御侮，谋同志之团结，策国事之进行，大义昭然"，深为欣慰，并嘱"善后事宜，可即与汝为军长妥筹进行，庶协力救国，发扬吾党之光荣"。(《复许卓然等电》，《孙中山全集》第5卷，第85页)22日，又致函许卓然等，谆谆以告："方今国事艰危，群奸当道，吾诸同志任重致远，责任至巨，若不群策群力，何以肃清大难？""汝为军长，素怀坦白，对同志尤推诚相接，当能共策进行。竞存总司令转战入闽，劳苦功高，对闽中同志亦复极愿携手。前以道途阻隔，辗转传闻，不免有所误会；今既隔阂悉去，当无复有丝毫芥蒂。"再次勉励诸位"此后一切商榷进行，协同救国，庶以尽吾党之天职，而造成真正之共和"。(《复许卓然等函》，《孙中山全集》第5卷，第85—86页)

△　致电广东军政府，请即省释被捕工学界代表[①]。

广东因省长、外交等问题逐渐酿为风潮。是月10日，广东机器总会召集群众于广州东园召开广东国民大会，议决三事：一、惩办卖国贼；二、废除密约；三、公举伍廷芳兼任广东省长。随后前往军政府

---

①　原电无日期。《国父全集》据党史会所藏《总理对各方复电撮要》，将时间断为7月18日。(《致广东军政府嘱省释工学界被捕代表电》，《国父全集》第3册，第627页)

请愿。军政府于第一、二条允为致电北京政府,第三条则以"无力办理"见却。请愿群众也为桂系武力所驱散。广州总商会随即发出通告,定于11日一律罢市。当日,广东国民大会来电,"请立电军府国会,以维粤局"。(《广州国民大会报告罢市抗议军政府非法上国父函》,《革命文献》第48辑,第294-295页)除商人罢市外,12日,广州工人开始罢工,"以壮声援"。与此同时,广东国民大会派遣李醒庵赍函来沪接洽①,恳请"通电军府,以维粤局"。(《广州国民大会报告罢市抗议军政府非法上国父函》,《革命文献》第48辑,第295页)

14日,广东各界又兵分两路,一路由各社团代表联赴军政府请愿,请任伍廷芳兼任省长。一路由工商学界数千人前往省议会,请愿讨贼、废约及选举伍廷芳兼任省长。请愿队伍到达议场不久,上千名警察、宪兵闻讯赶至,并即开枪驱散,"致伤十数人","拘拿男女学生五十余人"。是日,广东国民大会来电,报告桂系军警凌辱示威群众情形,恳请出面拯济。该电痛斥所谓护法省份,"所有段祺瑞不敢为不忍为者,一一出以桂系之军人而不顾。粤民今日惟有痛心疾首,以待全国人民之公断,实则粤民生命之存亡在于今日,沦于奴隶亦在今日",吁恳"主持人道,断不忍三千万之粤民,被残虐于三五军阀之手,拯而出之"。(《广东国民大会通电》,上海《民国日报》1919年7月22日,"要闻")当日,在广东各界强烈要求下,军政府召开政务会议,决定将广东省长问题案"由各总裁先开谈话会,商定后再提出政务会议表决任命"。据军府中人言,"军府总裁七人,惟唐绍仪尚未宣告就职,亦未派有代表在粤,则是总裁仅得六人。除岑伍林在粤外,余唐继尧、陆荣廷、孙文均系派代表出席。将来即由三总裁、三代表开谈话会已足"。(《广州罢市前之省长问题》,《申报》1919年7月15日,"国内要闻")

15日,广东国民大会续开,拟赴护法国会请愿。12时左右,警察

① 原函无日期。《革命文献》断为1919年5月,应误。据其内容,当为7月13日前后。

厅长魏邦平亲率军警携机关枪到场，一遇学生不问理由，即以枪杆乱击，多所夷伤；且毁坏学生所持国旗，搜掠学生财物。面对桂系军阀的武力镇压，广东地区的罢工、罢市等抗争活动日益扩大。当日，广东国民大会再次来电，告以桂系军警镇压情形，恳请"为保障人权起见，竭力援助以救危厄"。(《武力下粤人之呼吁》，上海《民国日报》1919 年 7 月 25 日，"要闻")

16 日，广东国民大会于东园再次召集会议，数百军警携带机关枪随后赶至，强行驱散。当日，广东国民大会以快邮代电方式发出通电，谴责"以护法之地，而以救国救乡之人为仇"，恳请"仗义援助，以申正义"。(《武力下粤人之呼吁》，上海《民国日报》1919 年 7 月 25 日，"要闻")

除广东国民大会函电交驰、奔走呼号外，林森、古应芬等亦来电，请孙中山出面干预。电谓："广东国民大会为警察厅所解散，工人代表黄风廷、学生胡定科被拘，有枪毙之议，请先生电警察厅长释放。"(《中华民国史事纪要(初稿)——中华民国八年(一九一九)七至十二月份》，第 56 页)

本日因致电广东军政府，指出："闻警厅因国民大会拘捕工学界代表，将加以殊刑。方今文明各国，不闻有压抑民意之政府，我粤为护法政府所在之地，岂宜有此等举动？尚冀所闻之不实，万一有之，请即予省释。盖民气以愈激而愈烈，若专恃威力，横事摧残，不惟为粤人之所公愤，亦即全国之所不容也。"(《致广东军政府电》，《孙中山全集》第 5 卷，第 84 页)

7 月 19 日 孙宗末、孙宗昉来函，询南代表有无受北政府资助。

本月 17 日报载，北京政府与南代表接洽一百余万用款。是日孙宗末、孙宗昉来函询问。函谓："军政府既派代表，不能不给以相当公费，如无公费，则渠等收北方之款，似为正当，失在军政府；若有公费，则渠等收北方之款，即非正当，而失在代表。堂堂法治国之大使，而贿赂公行，何足以资表率而立纲纪？"恳示复内情，"以便彻究"。(《孙宗昉上总理函》，环龙路档案第 13987 号)

7 月 20 日 致电杨庶堪，悼周淡游病逝。

周淡游(1882－1919)，原名声德，字淡游，号日宣，以字行，浙江奉化人。1906年赴日留学，结识孙中山，加入同盟会。1910年冬，应陈其美之召赴沪，参与筹划江浙举义。民国成立后被聘为浙江都督府顾问。1913年赴沪参加"二次革命"，协助陈其美总理财务，事败后流亡日本。1915年12月，参与发动肇和舰起义。1918年奉孙中山之命赴四川，协助省长杨庶堪管理财政。1919年7月于成都病逝。

是月16日，杨庶堪来电，告以周淡游溘逝。本日复电，略谓："迩年党中英俊，相继摧折。淡游夙事奔走，万里入蜀，方冀展足，遽闻凶讯，感痛何言。后事既得仙峤主持，稍慰远念。"(《致杨庶堪电》，《孙中山全集》第5卷，第85页)

△　龚心湛来电，称闽省北军无增兵侵防。

是月11日，军政府各总裁联名致电北京政府代理国务总理龚心湛，促查闽省北军增兵一事。本日，龚心湛来电，称据福建督军李厚基18日电称："闽军自停战后，从未稍越防线，周旅亦无增兵侵防之事，真电所称并无影响"，请"查照转知林君，勿因谣传，遽滋枝节"。(《军政府公报》修字第95号，1919年8月6日，"公电")

7月21日　凌钺来函，约期来访。

护法国会议员凌钺因夫人赵连成病重，由粤返沪。本日来函，告拟于明日午后六时前来拜谒，"藉以畅叙"。接函后批示："所约之日适外出，请廿五日午后三时来。"(《凌钺上总理函》，环龙路档案第01425号)

△　贵州省议会来电，请于黔省实行军民分治，任命王伯群为省长。

护国战争以来，贵州省长之职一直由督军刘显世兼任。年来贵州绅民迭次向省议会请愿，要求实行军民分治，并任黔中道尹王伯群为省长。在社会各界的要求下，贵州省议会开会讨论，"一致赞成"。本日，贵州省议会来电，恳请军政府俯顺舆情，准如所请，"俾刘督得纾兼顾之劳,人民亦慰云霓之望"。(《黔议会请行军民分治》,上海《民国日报》1919 年 8 月 8 日,"要闻")

△ 中国银行商股股东联合总会来电,告议决三条,伏请主持公道。

日前,中国银行商股股东于上海召开联合总会,一致议决三条:(一)、"现行则例于南北未统一以前不议修改,将来非由多数商股股东同意,亦不得用普通法律案手续修改此特许性质之则例";(二)、"加股问题,审合现在时局及营业方针,议决暂不增股";(三)、"整理京钞,订定办法六条,责成董监事会实行。"本日,中国银行商股股东联合总会来电,告议决办法,"伏希主持公道,力予协助"。(《军政府公报》修字第 95 号,1919 年 8 月 2 日,"公电")

7 月 23 日 致电龚心湛,促告西藏交涉真相。

日前军政府接川督熊克武电称:"闻森姆拉会议,英代表要求中国承认西藏独立,并附苛酷条件。藏地关系中国屏藩,利害十倍青岛,祈协商共筹对付。"本日,军政府六总裁(除唐绍仪)联名致电北京政府代理国务总理龚心湛,探询真相,略谓:"此事未卜是否确实,特此电请台端将英人对于西藏交涉真相电示,俾筹对付。"(《南方协争西藏主权》,《顺天时报》1919 年 7 月 31 日,"时事要闻")

7 月 24 日 批尹天杰函,告著述情况。

尹天杰来函,请惠寄著述,以编总理文集。接函后批答:"往年有《会议通则》,今年有《孙文学说》出版,余皆不存。"(《批尹天杰函》,《孙中山全集》第 5 卷,第 86 页)

△ 彭建标等来电,揭批龙建章运动省长。

广东省长一职虚悬,觊觎者众。交通系要员龙建章"奔走京沪,极力进行,阴嗾党徒,冒发电报",推举省长文电中龙氏大名赫然在列。本日,粤籍护法国会议员彭建标、郭宝慈等来电,指出"吾粤连年祸患,凡龙济光、莫擎宇、李耀汉等先后叛乱,皆由交通系暗助,北方操纵煽动,并拨款接济。而龙建章匿居港地,阴为之策划,蛛丝马迹,历历可寻"，故对于龙建章运动长省之举，决不赞成；并请"主持正论，以维粤局"。（《反对龙建章长粤要电》，上海《民国日报》1919 年 8 月 7 日，"要闻"）

同日，粤籍护法国会议员陆祺、李洪翰等来电，请早决粤省长之任，以杜觊觎。电谓：广东省长一职，各界多以伍廷芳兼任为请，然相悬一月，仍未定案。近据报纸喧传，野心家纷出觊觎。"议员等查粤海道尹张锦芳，护理省长月余，尚能维持现状，足见老成持重，堪资长粤。伍公如未允兼任，拟请护法政府即发明令，以之代理广东省长，俾得安心任事，且免纷争，而息浮言。"（《粤闻纪要》，《申报》1919 年 8 月 8 日，"国内要闻"）

7 月 27 日 复函廖子鸣，勉与熊克武、杨庶堪一致进行。

日前，廖子裕携其兄廖子鸣手书来见，获悉廖"治军铜梁，奋厉不懈"，深为欣慰。本日复函廖子鸣指出，"年来群奸窃柄，国本飘摇，赖吾诸同志坚持初志，再接再厉，故能维持一线正气于国内。此后救国事业责任至巨，兄既于本党宗旨始终坚持，尚望贯彻斯义，继续奋斗，为前途努力，以副期望之意"。复嘱与熊克武、杨庶堪"一致进行，力竟全功，庶群策群力，造成真正之共和，完成吾党之天职"。（《复廖子鸣函》，《孙中山全集》第 5 卷，第 87 页）

△ 朱伯为来函，请贶赐祝词。

本日，《实业旬报》主任、四川旅沪同乡会会长、商业公团联合会干事朱伯为来函，略谓：欧战告终，列强疲惫，商业发展惟在远东，我国若不力图自强，必遭沦胥。自强之道甚多，而发展实业乃为根本要图。同人等因而创办《实业旬报》，"以提倡实业为宗旨，搜集实业智识以及关于各种实业之经验，贡献国人，以供研究"，定于 8 月 11 日出版。"夙稔先生提倡实业，国人共仰，用特函布，敬希指示一切，以资遵循。并恳辱贶祝词，藉光本报。"接函后批示："汉民代作祝词。"（《朱伯为请赐实业旬报祝词上总理函》，《革命文献》第 48 辑，第 364 页）

7 月 28 日 陈家鼐来函，摘呈并报告上海工界协进会创设缘由。

27日，上海工界协进会主任陈家鼐偕工会职员前来晋谒请益。本日陈家鼐来函，对昨日指教表示感谢，告该会"成立以来，整顿内容，未敢稍懈，意在扩充工业，提倡国货，为抵制日货之久远计，谋工人之自给，实行改良社会之基础"。且将该会召开报道及"不派人在外募捐筹款之启事"摘呈，俾供察阅。（《陈家鼐上总理函》，环龙路档案第11779号）

△　谭延闿等来电，请通告北廷禁止张敬尧拍卖湖南公产。

张敬尧督湘后，肆无忌惮，鲸吞湖南财富，实行残暴统治，引发公愤。前顷又将湖南第一纺纱厂机件拍卖给鄂人李紫云，遭到省议会及地方团体的一致反对。本日，由谭延闿领衔，多位湘军将领联名来电，痛斥张敬尧卖湘行为，吁请湖北督军王占元"责令李紫云退机废约，交由湘人管理，并通电保证"，并望军政府"通告北廷，严令张敬尧嗣后对于湖南地方一切公有财产毋得拍卖或抵押，免致激成众怒，牵动湘局"。（《军政府公报》修字第95号，1919年8月6日，"公电"）

7月30日　田应诏等来电，辩未与北局部议和。

南北议和停止，各种局部议和消息甚嚣尘上。日前长沙某报登载，湘西将领除周则范外，其余田应诏、张学济、胡瑛、林德轩各部，均与北军旅长冯玉祥接洽妥善，议和条件已经商定。本日，田应诏、张学济、林德轩联名来电，痛斥报载之非，谓"和议问题关系全国，自有军府主持，非一方一人所能置喙，更何局部之可言。况诏等前接奉唐、刘诸公铣电，所公布之主旨，极表赞同，并陈明竭力巩固军府，始终不渝，主意咸日通电在案。光明磊落，岂一时黑白所能混污。今该报竟妄行登载，悠悠之谈，不值一哂"。（《军政府公报》修字第100号，1919年8月23日，"公电"）

△　朱纪来函，索《孙文学说》。（《朱纪上总理函》，环龙路档案第01185号）

7月31日　谭延闿等来电，请早促南北和议，并阻和约签字。

日前各报登载消息指出,我国在巴黎和约拒绝签字后,北京政府对于青岛问题毫无办法,一般甘心卖国之徒,仍复运动继续签字。该辈欺骗国人谓,若不签字,中国即不能加入国际联盟,日本或以实力占据青岛。本日,谭延闿、赵恒惕等湘省将领来电指出,巴黎和约与国际联盟各为一事,我国拒绝签字,不致影响加入国际联盟;"至谓我不签字,日人将以实力占据青岛之说,尤不足惧。自积极方面言之,我国果能将南北和议早日结局,一致对外,自不难为正当之防卫;自消极方面言之,日人对于青岛野心勃勃,不签字固占据,签字亦占据,与其签字完成承认,继续自钳其口何如? 不签字,在国际上犹认日本为不正当,尚易为将来之挽救乎"。该电恳请"早日促成和议,一致对外,并祈设法阻止继续签字之诡谋,以延国脉于一线"。(《军政府公报》修字第97号,1919年8月13日,"公电")

是月　通电南北各军,重申今日和平救国之法,惟在恢复国会完全自由行使职权。

5月13日南北和议中止后,社会各界积极酝酿复会。在此氛围中,通电南北各军首领,重申在和议问题上的根本主张,指出和议必须"以恢复国会完全自由行使职权为唯一条件,必令此后南北两方蔑视合法国会之行动,一切遏绝,凡与合法国会不相容之机关组织,悉归消灭,则和平立谈可致,外患内忧,皆不足虑也"。舍此之外,任何续议均"理固无由可成","文惟有与我同志重行根本之解决,以改造一更合民意之政体,必使外患消除,内乱永绝。文非好言破坏也,欲谋救国,不得不然,抑且民方倒悬,亦断无束手待毙之理"。(《致各军电》,《孙中山全集》第5卷,第87—88页)

△　与常万元谈话,勉"要学科学,要爱国"。

是月,安徽学生会代表常万元因赴上海参加全国学生联合会总会成立会议,期间曾赴莫利爱路拜见。谈话略谓:"中国的将来,中国的命运,这些重大的责任,完全落在你们这一代青年的身上。你们要学科学,要爱国。否则的话,你们爱国之心虽有,但是力量不够,作用亦就不大了。有了学问,才能发挥重大的力量去爱国。"(《与常万元的谈话(1919年7月)》,陈旭麓、郝盛潮主编,王耿雄等编:《孙中山集外集》,第238—239页)

△　邰光典来函,主张引导国人思想。

函谓:通过研究国家主义、乐利主义、民治主义等近世三大政治思想之变迁,发现我国政治思想"偏于守旧",而"推求实际,则亦与世界政治现况一致前趋"。先生先知先觉,理想素称典奥,"当细审国人抱何种观念,当如何顺其程序,以导其变迁",则"我国将来转弱为强,舍先生其无属矣"。(《邰光典上总理函》,环龙路档案第13754号)

△　王缙云来函,谓阳夏正七月系家严、家慈七旬寿辰,拟集戚族祝嘏承欢,敬恳"锡赐匾额一方,以光闾里"。(《王缙云上总理函》,环龙路档案第01182号)

8月

8月1日　指派胡汉民等创办的《建设》杂志,在上海出版创刊号。

是日,《建设》创刊号在上海发行。该杂志的创行显然受五四新文化运动的影响,是革命党人对运动的参与与回应,对此后在函件中曾有明确的说明。谓:"自北京大学学生发生五四运动以来,一般爱国青年,无不以革新思想,为将来革新事业之预备。于是蓬蓬勃勃,抒发言论。国内各界舆论,一致同倡。各种新出版物,为热心青年所举办者,纷纷应时而出。扬葩吐艳,各极其致,社会遂蒙绝大之影响。虽以顽劣之伪政府,犹且不敢撄其锋。此种新文化运动,在我国今日,诚思想界空前之大变动。推其原始,不过由于出版界之一二觉悟者从事提倡,遂至舆论放大异彩,学潮弥漫全国,人皆激发天良,誓死为爱国之运动。倘能继长增高,其将来收效之伟大且久远者,可无疑也。吾党欲收革命之成功,必有赖于思想之变化,兵法'攻心',语曰'革心',皆此之故。故此种新文化运动,实为最有价值之事。最近本党同志,激扬新文化之波浪,灌输新思想之萌蘖,树立新事业之基础,描绘新计划之雏形者,则有两大出版物,如《建设》杂志、《星期评论》等,已受社会欢迎。"(《致海外国民党同志函》,《孙中山全集》第 5 卷,第 209－210 页)

《建设》杂志创刊前,胡汉民原欲命名《改造》,孙中山不以为然,认为"建设为革命之唯一目的,如不存心建设,即不必有破坏,更不必言革命",遂定名为《建设》。(蒋永敬编著:《民国胡展堂先生汉民年谱》,第 239－240 页)戴季陶后来曾细述建设社成立经过:"当年建设社之社长为总理,而总编辑为展堂先生,其余协助编辑者则为仲恺、传贤、执信三人,而云陔同志是时甫自美洲归国,亦竭其全力从事翻译。此外元冲、君武诸同志助力编辑者,不下六七人。是以两年之间,无论著作翻译,或研究经史法制,虽无大成,亦非空过。"(戴季陶:《致吴铁城、陈布雷等函》,陈天锡编:《戴季陶先生文存》第 3 册,第 1117－1118 页)

《建设》杂志旨在以精神上、物质上谋国家、社会之建设及革新为目的,内容分论说、记事、通信、杂录四门,所论多为研讨建设国家之具体问题并提供方案。(《建设章程》,《建设》第 1 卷第 1 号,1919 年 8 月 1 日)对于《建设》杂志注重建设事宜,孙中山在创刊号登载的发刊词中有清楚的说明:民国建立已有八年,国内乱象依旧,究其原因,"以革命破坏之后而不能建设也。所以不能者,不知其道也。吾党同志有见于此,故发刊《建设》杂志,以鼓吹建设之思潮,展明建设之原理,冀广传吾党建设之主义,成为国民之常识,使人人知建设为今日之需要,使人人知建设为易行之事功。由是万众一心以赴之,而建设一世界最富强最快乐之国家为民所有、为民所治、为民所享者,此《建设》杂志之目的也。"(《发刊词》,《建设》第 1 卷第 1 号,1919 年 8 月 1 日)

《建设》杂志为月刊,以六期为一卷,至 1920 年 7 月 1 日出满第二卷。因粤军回粤,受其影响,停刊了四个月,至 12 月出版第 3 卷 1

期而止,共出十三期。与《星期评论》一样,《建设》的作者同样不以党派为限制,但无疑是当时革命党人最重要的言论机关。

《建设》出刊后,外界有声音批评其为"滑头杂志""广府杂志"。居正致朱执信函中说:"《建设》出版第二天,我就买了一本……除了孙先生一篇是建设民国的大计划外,其余文章,都是一种时髦的学说,对于现在时局,毫无只字谈及,外间就发生一种批评,说是滑头杂志。又阅孙先生的发刊词,很堂皇,很正大,分明是一个大大的范围,后面载的《建设社章程》,却是狭隘得很,外间又发生一种批评,说是广府杂志。这两种批评,传入弟的耳朵内,确是有些痒痒的,因为我们是力争上游的,宁可受驳击的批评,不肯受讥诮的批评。"(《建设》第1卷第2号)朱执信在回函中对外界的质疑有所辩白。针对"不论时局"的"滑头杂志"的批评,他指出:"我们所论的还是时局,是时局所以有今日之缘故,是把这不满意的时局,变做满意的将来时局之方法,都是现在拿着政权的人不爱听的话,不过不是替这派人攻那派人,所以觉得很不动火气的样子。"对于囿于区域的"广府杂志"的责难,朱执信解释说:"社员本来只有义务,没有什么特别权利。至于发表意见,凡是合了本志宗旨的,我们是欢迎投稿,并且分请学者投稿,都登了在杂志上面。不见得多认几个社员就是大大的范围,少请了几位入社,就算狭隘……况且现在我们的结社,不是一天的事情,本来不愿意用党的界限,来画住自己在圈里。所以结社也有不是中华革命党的人在里头。"(《通讯》,《建设》第1卷第2号,1919年9月1日)

《建设》创刊号发行后,胡适在《每周评论》上撰文,对《建设》杂志的宗旨进行介绍,对创刊号所登载的文章有所评述。胡适指出,"本期内有几篇很有价值的研究的文字",有几篇足"可以表示建设社同人所主张的趋向。当这个'盲人瞎马'的时代而有这种远大的计划和主张,可算是国内一件最可使人满意的事"。他认为,"照本期的材料看来,《建设》的前途一定很能满足我们的期望"。(胡适:《介绍新出版物》,《每周评论》第36号,1919年8月24日)

对于《建设》杂志在中国近代思想史上的贡献,五四学生领袖傅斯年于1935年4月在天津《大公报》撰文指出:"记得十七八年前,内因袁世凯暴压之后之反动,外因法兰西一派革命思想和英吉利一派自由主义渐在中国知识界中深入,中国人的思想开始左倾,批评传统的文学,怀疑传统的伦理;这风气在当时的先锋重心是北京。而中山先生在上海创办《建设》杂志,实给此运动以绝大的政治动向。我们从他当时所表现的议论中清楚的看出:他是觉得专是一种文化的革新是不足的,必有政治的新生命,中国才能自主;必有政治的新方案,中国才能动转。中山先生提倡'把中国近代化'之功绩是后来中国人所万不当忘的。"(吴相湘:《孙逸仙先生传》,第1376—1377页)

△　《建设》杂志开始连载《实业计划》中译稿。

《建设》杂志自第一卷第一号起,连载《实业计划》中译稿。译者为廖仲恺、朱执信、林云陔、马君武等。本书规模宏大,涉及面广,要目包括交通之开发,商港之开辟,铁路及新式市街之建筑,水力之发展,冶铁、制钢及士敏土大工厂之建设,矿业之发展,农业之发展,蒙古、新疆之灌溉,中国北部及中部之森林建造,东三省、蒙古、新疆、青海、西藏之移民等十项,实为中国经济建设的重要蓝图。(《建国方略之二》,《孙中山全集》第6卷,第247—405页)

△　吴灿煌来函,报告联络李奎元进展。

吴灿煌自长沙来函,附寄李奎元致吴函稿一件,报告联络进展,并索寄孙文学说。函谓:抵湘次日,即与李奎元师长接洽,"陈述先生意旨,深为佩服,并言愿听指挥",恳请"先生将最近计划详示,以便磋商,积极进行"。接函后批示:相机而行可也。书照付百本。(《吴灿煌陈述宣传学说及联络湘省军人上总理函》,《革命文献》第48辑,第260页)

8月2日　复函伍廷芳,告拟辞政务总裁职务,盼一致行动。

军政府总裁伍廷芳日前来函,提出改革军政府意见。本日由胡汉民代拟复函指出:所示各策,似"拘于形式之变更,仍无系乎根本之改革",未敢赞同。"弟比来独居深念,所以救水火中之人民,驱除武人帝孽者,当别有良图;惟目前宜暂持冷静无为态度,以待时机。"并告已授意代表相机辞职,"如先生决意,便可同时行之"。(《复伍廷芳函》,《孙中山全集》第5卷,第90页)

8月5日　出席全国学生联合会评议部闭会式,发表演讲。

是日下午,在上海开会多日的全国学生联合会评议部举行闭会式。会场设于南京路先施公司屋顶花园。应邀出席,并于3时发表长约二十多分钟的演讲。受邀与会的上海各界来宾近百人,包括黄炎培、朱少屏等。演讲颇为精彩,略谓:

"鄙人自广州回沪以来一年有余,今日为第一次与公共之社会相见。第一次相见而与全国学生诸君相见于此,得毋为好事者遇事生风,谓我孙中山又将利用学生诸君乎?诸君以高尚清洁之人格邀鄙人莅会,鄙人亦以堂堂正正之态度,诚恳以与诸君相见。我人建设新中国之精神,庸不当如此乎?然彼鬼鬼祟祟之政客只知以利用不利用之生活施其鬼域者,不知又将造我人若何之谤辞,诚不值吾人一笑也。

"鄙人今日在诸君之开会秩序单上,实无鄙人之地位,盖鄙人非外宾,亦非教育家、商业家、工业家、新闻学家也。鄙人所能代表之团体为革命党,鄙人毕身之事业为革命事业。鄙人今日与全国学生诸君作第一次之见面,可谓中国之革命党与诸君为第一次之携手。鄙人瞻望前途,顿生感触,今请为诸君陈之。

"革命党三字,至今日几为一般国民所头痛矣,何以故?革命党之目的,虽未尝无可取,革命党之精神,则重在牺牲,重在破坏,重在演国民的悲剧,是故凡为革命党者,第一要有不顾身、不顾家之志愿而后可。然一般好静恶动之国民,则只知顾身,只知顾家,官僚阴谋者乘此国民之惰性,惟以顾目前之身若家,欺罔国民所谓维持现状。维持现状之一句话,自袁世凯创作以来,直至今日官僚尚视此为惟一传薪之衣钵。然而国权暗削,日日卖国,民族之生机日促,现状之不能维持,转以日亟矣。民国以来,危机四发,经过多少痛苦而人不知澈底觉悟者，皆坐此维持现状之一语自欺欺人，有以误到今日也。

"学生诸君，今次之爱国运动，所谓罢课、罢市、罢工者，皆属一种牺牲之精神、动的救国运动，根不与静的、消极的国民惰性相容者也。然而今日诸君，则胜利之诸君，完全获得国民同情之诸君也。此鄙人不能不佩诸君之智勇而祝中华民国前途之万岁者也。

"然则革命党何以从前失败乎？一言以蔽之曰，吾人所引之伙伴不良，中途叛逆民国，此为吾人所已得之教训，今愿陈之诸君之前者也。辛亥光复以前，前清之待遇我等者，彼时尚未有革命党之徽号，不曰谋叛背逆，便是朝廷之乱臣贼子。我革命党于此际，即不顾身不顾家，以与满清之朝廷奋斗。当时顾身顾家之国民及惟官自视之大僚，避吾人惟恐不及。迨复辛亥革命成功，我党之胜利逢源而至，当时彼顾身顾家之国民及惟官自视之大僚向日避吾人惟恐不及者，今则无不欲以老革命党、老同盟会自居。诸君试思革命事业本属公开，彼等自称觉悟，欲与吾人同志，吾人讵有法以拒之乎？于是虽以袁世凯之枭雄，吾人未尝不以推心置腹与共革命事业，轻大总统而让之。不意袁氏帝制自私，处处与民国为逆，此吾人招徕伙伴不良第一次革命失败之教训，不得不痛故为今日诸君道之者也。今者段党肆横，张勋乱国，民主国家所视为唯一要素之国会又遭第二次之武人迫散。我人为护法起见，再起义于广东，组设军政府，惨淡经营，始基略定，不意国会诸君至此又生崇拜势力，不慕正义之心，认二广之武人陆荣廷等，以为可与共护法事业，听其指使，成立改组军政府案。今者南北和议未成，而大总统之称谓已喧腾全国，护法事业扫地以终。个人权利之争，百世莫赎。一部民国史，从何写起？此又吾人招徕伙伴不良，不得不将其所得之教训再痛切为诸君道者也。方袁氏之既死也，使国人稍有决心，革命事业本可澈底成功，不意梁启超氏又认北方军阀，谓可与作伙伴，一纸论文，横消全国方张之民气，护法事业中道殒陨。迨后国家非特无开明之望，即彼私心欲利用段氏者无不横遭段氏之白眼。此又一认错伙伴以致失败之历史也，亦不愿与诸君道之。

"诸君,今日界线本属至清。学生之团体为学生,本无合伙与人共事业之必要。今后救国前途,诸君只须凭着良心上自己之直觉向前做去,人亦无从利用诸君,诸君亦无可与人合伙,且亦无所谓利用不利用。救国之天职,孰非国民人人所应有,人人自动的直接救国方法?此正真之救国方法。吾人惟以失败所得之教训,今日贡之诸君之前,听诸君之研究而已。惟诸君今日尚在求学时代,救国之心志始终一贯,而救国之途径固随在而可策应时势之宜。鄙人对于诸君胜利之前途,惟祝中华民国之万岁矣。

"由此观之,我人革命事业之失败,坐在成功之际,忽挽入许多武人官僚,口称同志,虚示投降,招徕伙伴不良,卒至全国无从统一。内部既乱,事业失兴,于是革命所成就之结果,全不与吾人之初衷相符矣。我人自问良心,革命以前之清廷,革命以后之民国,其政府与社会两两相较,实不如从前远甚。此则鄙人私心内疚,实应告罪于国民,然亦知革命而得今日之结果,全非我人所愿也欤。

"今日者中国不统一之现状,可谓到处皆是矣。南北各共一事业而无不同床异梦。北曰统一而有直系、段系之争,段氏之下又有徐树铮、靳云鹏等之争,直系之下又有曹锟、李纯之争,东省有奉、吉之争,交通系有新、旧之争,甚至卢永祥驻军淞沪而其部下军队(按:中山当时历举其名,记者忘却)日有至鄙人处声言其不当,请为讨伐之先驱者。南方亦同一怪现象,口称护法而心则勾结北方,是则不特同床各梦,而亦心口不能自己统一矣。今则护法之假面行且揭开,而民国之革命史又增一团恶臭矣。

"全国学生诸君乎,我人革命事业之失败,坐在同志中道误信权势,卒至招徕伙伴不良,同床各梦,无从以道义相结合而全部失其统一。此我人一身失败所得之教训也。今与全国学生诸君作第一次之见面,鄙人愿以至诚希望学生诸君之勿贪近功,中途羡慕权势,招致异类,令全国事业发生不统一之现象。此则鄙人对于诸君胜利乐观之前途愿贡其菇见者也。今日诸君行将闭会就学,实践其勤学不忘救国,救国不忘勤学之主张。鄙人愿祝诸君万岁!"(《孙中山在全国学生会之演说》,天津《益世报》1919年8月12日、13日,"特别通信")

8月6日　复函李梦庚,告救国当先唤醒社会。

李梦庚自吉林来函,陈述救济国事办法,探询处理奉吉问题意见。本日复函指出,当今国事颠踬,根本之图,"自以鼓吹民气、唤醒社会最为切要"。"执事关怀桑梓,自以唤醒社会为入手办法,则成效当未可量也。"(《复李梦庚函》,《孙中山全集》第5卷,第91页)

△　石青阳来函,请赐《孙文学说》等。

石青阳自四川来函,称《孙文学说》、《建设》杂志及《星期评论》均为"国民先觉","从征将士莫不欲一受新文化之沐浴"。请赐寄数份。(《石青阳上总理函》,环龙路档案第00348号)

△　陕西公民救陕会来电,痛陈陈树藩、刘镇华逼民种烟、勒派烟税、掳掠陕民情形,恳请和议续开后,将褫除陈、刘列入条件。(《军政府公报》修字第105号,1919年9月10日,"公电")

8月7日　致电广州国会,辞政务总裁职。

1918年5月军政府改组,改独任制为多头制,孙中山为"不坠护法初心",委曲求全,勉派代表列席政务会议。然在岑春煊及桂系军阀的操纵下,军政府藐视国会,无意护法。南北和平会议期间,不法武人及政客"或勾结叛人,或私订牺牲国会之密约,更有不经会议,径电各省以征求意见之名,唤起不利国会之主张者"。在粤人争取粤省长的风潮中,军政府陆军总长竟指挥军警,枪击公民,捕其代表,欲置死地,"用日本对朝鲜所未用之手段,敢犯伪政府所不敢犯之民意",所谓护法,实已名实俱亡。

对于军政府窳败变质,孙中山痛愤不已,决意与"止图私利,不顾国法"的武人政客分道扬镳。本日特致电广州国会,力辞军政府政务总裁职。该电历数武人政客破坏护法之大端,指出"不法武人,已以割据西南为志,故于人民参与政治之举,力图破坏,徒使民国名存实亡。彼借国会所授之权,以行国民所深恶之政治,移对付非法政府之力,以残虐尽力救国护法之人,毒害地方,结连叛逆,欺骗国会,蔑视人权"。表示"决不与之共饰护法之名,同尸误国之罪",今后对军政府之行动概不负责。希望"国会同人努力奋发,使用国会之最高权,为国家求根本正当之解决"。(《孙中山先生辞总裁电》,上海《民国日报》1919 年 8 月 8 日,"要闻")

孙中山辞去政务总裁之举,造成系列反应。据报载,"民党份子复杂,意见不一。伍总裁颇感痛苦,亦有继孙中山辞职意"。(《香港电》,《申报》1919 年 8 月 19 日)部分原拟打算赴粤参与制宪的旧国会议员,也因孙中山辞职"不免稍涉犹疑"。(《旧国会议员决定回粤制宪》,《申报》1919 年 8 月 12 日,"本埠新闻")

辞总裁电阳日拍发,广东方面于翌日下午 3 时收到。据记者探察:"自此种电报接到之后,各方人士以此事关系非常重大,对之异常注意,截至十日晚止,所得各方之情势约略述之,以告读者。孙中山此次辞职之电,专向国会拍发,然军府及其他方面亦同时接到报告,是以两日以来,各方面对于中山之辞职,虽未有何种形式上之表示,然已为私人之研究并以交换意见。据闻一部人以中山此次辞职,本为一种光明磊落之举动,并非挟有何种私见搀杂其间。中山为人其平昔与军府中人主张不同,政见因之各异,徒以国会之推举同志之要求,始勉派代表出席政务会议。迩来和议停顿,军府暨各派武人种种之举动日益暧昧,虽在国人且多不满意之处,况在中山又岂能久与共事。因之赞成中山辞职暂行退出政治潮流以外,任彼辈所为日后尚有起而纠正之余地。此大概为与中山接近之人为爱护中山之故,是以有此主张也。惟又有一部分人口虽不言,实际上则极端赞成辞职。此一部分人为谁,记者不必明言,阅者当自知也。所最难处者为国会方面。日昨晤国会议员某某两君,对于此事甚为焦虑。其故以目前军府暨各派武人之举动,国会中人早即不以为然,所以未有何种之表示者,为徐图正式不无转移之力耳。中山辞职之电处处为国会问题而发,故对于中山之辞职欲加挽留,苦于无从置辞,欲听其辞职又恐发生影响,国会议员现正为积极之研究,日内将开特别会议讨论此事。至目前有一种主张因缘于孙中山辞职问题重行提起,此说为何,即改组军府之说是也。此种主张唱之者首为章太炎氏,惟以应之者寡,故以搁起。目前中山辞职,神精过敏之人遂又触起旧日之思想主张,趁此机会实行改组军府,另以态度明了主张纯正之人代之,以期达护法之目的。惟多数人以西南实力只有此数,其主张正大者未必即为实力之人,护法效果仍不可期,是以主张改组之说仍占少数,预料或未能成为事实也。"(《孙中山辞职后之粤讯》,上海《民国日报》1919 年 8 月 18 日,"要闻")

△　复函刘湘,冀联合俊彦,协谋匡救。

6 月下旬,川军师长刘湘遣本部参谋康维(字俊卿)携带手书来沪,报告川中政情,并请示意见。(《刘湘上总理函》,环龙路档案第 00481 号)是月 26 日,四川省长杨庶堪为函作介,谓康氏此行,"藉觇近今潮流,欲谒崇阶,一聆伟论"。(《杨庶堪上总理函》,环龙路档案第 00625 号)本日复函慰勉有加,指出国事"欲期根本救治,非国中诸将帅之明于大义者群抱觉悟,共起扶持不为功",冀其"联合俊彦,协谋匡救","异日奠真正之共和,拯斯民于水火,所属望于兄者,正甚远且大也"。并告特派张左丞来川,请予接洽。(《复刘湘函》,《孙中山全集》第 5 卷,第 92 页)同日又复函杨庶堪,告"康君洞达大体,对于川事条陈,多符鄙意,倾谈甚洽。至此间详情,悉嘱康君面达,并嘱左丞同行返川,以资佐助"。(《复杨庶堪函》,《孙中山全集》第 5 卷,第 92 页)

△　陈炯明来电,澄清援闽粤军回粤谣传。

日前《岭东报》登载陈炯明致伍廷芳电,称"拟先拨调二十营返粤,候令编遣"。本日,陈炯明致电有关各方,谓"粤军护法,不避艰难,纯本创造民国之精神,毫无参杂权利之私念,苦战苦守,一以护法为职志,法律解决,绝无他求",务请查究构煽宵小,以绝奸宄。(《军政府公报》修字第 100 号,1919 年 8 月 23 日,"公电")

△　曾省三来函,恳请资助。

函谓:省三自东京党务部派遣归国,四处奔走,顷由福建过沪,偶染疾病,行囊羞涩,医药无资。恳请俯念微劳,略予救助。(《曾省三因病请求济助上总理函》,《革命文献》第48辑,第364页)

8月8日　出席美国大学同学会送别赴美学生会议。

是日下午五时,美国大学同学会在杜梅路乡野总会召开会议,送别即将赴美的清华学生及自费男女学生,应邀赴会。参加此次会议的尚有唐绍仪、蔡廷干、宋子文、陈光甫等一众沪上名流。(《美国大学同学会欢送赴美学生》,《申报》1919年8月9日,"本埠新闻")

△　吴铁城来函,报告在粤处理省长问题进展。

函谓:抵粤后"积极先从发扬民气,调和意见,为入手办法,颇有效果"。经多次协商,伍廷芳已有决心,如省长问题不得圆满解决,"非诉诸武力,即辞职而去"。如伍氏不能兼任,最低限度应由其推荐三人,由军政府择一任命。候选人须严格遵循"粤人而有政治学识经验者"及"与西南护法有关系者"两大标准。目前初拟胡汉民、徐绍桢为合适人选。来函并奉陈随后进行程序:"(一)订于本月十二日邀请各界茶会公决,具意见书于军府,一致主张伍氏暂兼省长。(二)由四代表通电西南各省,表示粤人公意,一致推戴伍氏。(三)商定军府,如伍氏兼任之说事实有窒碍,确定实任之人由伍荐代。(四)如上办法如仍无效,即认为无解决希望,即偕同伍氏辞职离粤,并电请先生及唐少川先生一致行动,并由伍氏通电中外,宣告理由,再图解决。"(《吴铁城上总理函》,环龙路档案第02244号)

但吴铁城等人的活动并无显效。本月中旬前后,吴复来函,谓省长纠纷仍无解决希望。岑春煊、莫荣新互相推诿,岑属意温宗尧,但见伍廷芳态度强硬,不便提出,省长问题陷入僵局。现在惟等伍朝枢月底抵粤后,再定行止。(《吴铁城上总理函》,环龙路档案第02246号)

△　汤松来函,约期请益湘事。接函后批示:"于十四、十五二日午后三时,俱可来见。"(《汤松上总理函》,环龙路档案第04709号)

△　前华侨义勇队队员、现广东香山良都基督教勉励会李杰来

电，恳请挥赐该会会名"勉励"二字墨宝，以饰该会第一期年报报面。

（《李杰上总理函》，环龙路档案第 01187 号）

　　△　《民国日报》发表社论，称誉"平民之孙先生"是"中国人的师保"。

　　社论称："孙中山先生本来是个平民。做革命党的孙先生是平民；做临时大总统的孙先生，做大元帅、总裁的孙先生，还是个平民；如今辞了军政府总裁的职，依旧是个平民的孙先生。

　　"我们所希望于孙先生的，自始至终也没有变更。孙先生所抱援救中国的志愿，自始至终也没有变更。前天我听他对几位外国朋友说：'中国人民现方在建设中华民国的工作中。'可见得孙先生现在正替中华民国工作着。我见他新近的种种著作《孙文学说》《建设》等，可见的孙先生现在正想用政治以外的别种方法来替中华民国工作。因这两点，所以我对于孙先生的总裁辞职电并不失望，并且愿告一般爱国平民：辞去总裁以后的孙先生，还是替中华民国工作的孙先生。

　　"更进一步说，孙先生原是不愿做总裁的，且也不配做这种总裁的。为甚么呢？因为孙先生是个平民，军政府的性质不能许平民性质的总裁有工作余地。这一年以来，孙先生因既受国会委托，苦心斡旋护法主义者已经多次，试验出来，知道是没有希望的了。所以不待辞职，先另寻别的方法替中华民国工作起来，猜孙先生的意思，自受国会敦促至辞职的中间，可以分作三期。第一期是想拉军府所属，一齐来用平民式的工作来建设民国；第二期是见武人是拉不动的，便自己先工作着，一者免得因为他人顽皮误了自己工课，再者将自身做个仪器，希望武人的觉悟。第三期见武人的觉悟是没希望的了，我行我素，有一分精神替中华民国工作一分，所谓精神一到，金石为开。武人的窍是开不来的，因此辞职电便毅然发表了。

　　"孙先生是中国人的师保，原不是军政府的总裁。我听美人林百架君说，孙先生是中国孔子以后第一人，这便含有师保的意思哩。"

（湘君：《社论·平民之孙先生》，上海《民国日报》1919 年 8 月 8 日，"社论"）

△　报载林百架对孙中山之评论。

林百架为美国法学家,曾任菲律宾高等裁判所审判官,颇为关注中国革命运动,对孙中山先生尤致景仰。据上海《民国日报》报道:林近来沪办理律师事务,在江西路设有事务所,而其"真意则在实地调查吾国革命事实,为孙先生特撰列传"。林百架尝谓"孙先生为民国惟一之真正领袖",并谓:"孙先生为我国孔子以后之惟一哲人。惜中国人民习性,对于在世之英雄往往不知爱护,孔子生前亦有道大莫容之叹。及其死后,则举国哀悼敬仰。不特中国如此,美国国父华盛顿生前,反对之者亦不少。吾人今欲使全世界人呕知此真正伟人之真相,故特为作列传。"(《民主精神之真契合》,上海《民国日报》1919 年 8 月 8 日,"本埠新闻")

8 月 9 日　参加电工联合会成立典礼。

是日晚,上海电工联合会假座三马路慕尔堂举行成立典礼,应邀以来宾身份莅场参观。会间,遣曹亚伯为代表讲演电气历史及世界潮流。(《电工联合会成立记》,《申报》1919 年 8 月 11 日,"本埠新闻")

△　致电孙科,嘱促伍廷芳、伍朝枢即速来沪。

电云:"父已辞职。唐未就职,虽电无效。此时上策,伍先生父子宜速来沪,乃有办法可想。望将此意转达。"(《致孙科电》,《孙中山全集》第 5 卷,第 97 页)

△　李六更来函,对辞总裁职极表赞同,请另组国民政府。

直隶公民李六更在香港阅报,获悉孙中山坚辞总裁职,极表赞同,于是日函达此意。函谓:"广东地盘护法,武力竞争,摧残民意民气,似有甚于北京,伍老岑臭,六更敢断言不能救国。我公本手造民国之人,实不当坐视而旁观。以六更愚见,急急在沪联络各界爱国之大群,另行组织国民政府,或者吾祖国尚有望救之一日,望公即行。"(《李六更请国父在沪组织国民政府函》,《革命文献》第 48 辑,第 310—311 页)

△　武汉学生联合会来电,痛陈济顺、高徐两路合办条约成立经过,敬恳一致主张,促徐世昌与段祺瑞"立即自毁济顺、高徐两路之

约"。(《武汉学生联合会通电》,《申报》1919年8月13日,"公电")

△ 李煜瀛、邹鲁等致电林森、吴景濂,请参众两院公电挽留孙总裁。

电谓:"读孙总裁辞职阳电,无任悚惶。当此国事吃紧之际,孙总裁遽萌退志,关系护法前途至为重大;况两院定期制宪,数日来议员南下者甚为踊跃,有此变局,恐受影响。万望公电挽留,俾任艰巨,而绥大局。"(《李煜瀛、邹鲁等就孙中山辞去护法军政府总裁职事致林森、吴景濂电》,李家璘、郭鸿林、郑华编辑:《北洋军阀史料·吴景濂卷》第3册,第364—365页)

8月11日　程志卓来函,挽请勿辞总裁。

函谓:先生民国元勋,迭次护法,国人凤以为后盾。际此国事纷纭,先生挂冠而去,则既倒之狂澜将谁挽,中流之砥柱将谁作。务请"弗灰厥志,以护法始,仍以护法终"。(《程志卓请国父勿辞政务总裁函》,《革命文献》第48辑,第311页)

△ 天津《大公报》刊发时评,对孙中山妄加讥刺。

评论称:"孙文奔走革命,垂三十余年,凭其大法螺之能力,摇唇鼓舌,以长其群。其作为颇别致,而其际遇则殊数奇。前清时之亡命无论矣。辛亥之秋,欣然提一皮包之真精神跑回祖国,作现成之大总统,不可谓非一幸运儿。然在位四十七日,不能不涕泣而禅让于袁世凯,又恢复其光棍之本色。癸丑之役,总统热又发,迄无成就。迨所谓护法军兴,于是据士敏土厂而作大元帅,卒为他系所挤,一声炮教,遁走沪滨,勉勉强强遥领一总裁之虚名,至于今日。并此挂名之总裁,而亦不能安然享受,致有发奋辞职之通电。嗟嗟孙氏,何其所如辄左耶,吾甚为大炮叹不平焉。"(无妄:《数奇之孙文》,天津《大公报》1919年8月11日,"时评一")

8月12日　龚心湛来电,告委任王揖唐为全权总代表。

电谓:前因朱启钤引疾辞职,特委任王揖唐为全权总代表,偕同分代表吴鼎昌、王克敏、施愚、方枢、汪有龄、刘恩格、李国珍、江绍杰、徐佛苏等,克期莅沪。务望毅力主持,"俾议题力从单简,议期务从短缩,屏除枝节,促进平和"。(《北京国务院致西南电》,《申报》1919年8月14日,"公电")

△ 王揖唐确定为北方和议总代表后,南方阵营意见不一。是月22日,卢信、易次乾致电吴景濂,报告自沪上打探的情况。电谓:"揖唐发表后,各方多不满意。就中以政学系反对尤力。军人方面除湘中将领反对外,余均未表示态度。其实力派则确已接洽,且有确证。中山则只问能护法与否,不问总代为何人。少公态度虽未表示,然只问八条能否先行表示容纳为前提,对人问题不欲多所语列。"(《吴景濂函电存稿》,中国近代史研究所近代史资料编辑组编:《近代史资料》总42号,第156页)北报刊文,综合各方面之观测,推断"孙(文)之辞职本为预定之行动,与前胡汉民辞去议和代表系同一意味,而于此足征其与陆、唐等实力派及政学会之反感日深"。(《孙文之预定行动》,天津《大公报》1919年8月12日,"东方通信社电报")

8月13日 广州参众两院来电,恳请打消辞意,贯彻护法初衷。

是月7日,致国会辞卸政务总裁电发出后,群情惶惑,舆论骚然。11日,广州国会参、众两院假座东园召开联合会议,讨论挽留事宜。会议由参议院议长林森主持。众议院议长吴景濂提议应切实挽留,谓:"中山护法之意志最为坚决。当次护法大业未竟全功,不能任其径去。至将来挽救时局,国会同人惟有振厉精神,期与中山同其始终。"其他议员对于辞职反应,意见可分两种。一种以刘成禺、邓天乙、刘家鼎等为代表,认为孙中山因有人欲秘密议和、牺牲旧国会而毅然出此举动,空发一纸电文,决必不发生效力,故主张不必挽留。另一种以李含芳、张知竞、吕复为代表,与吴景濂一致,主张必加挽留。刘成禺发言谓:"中山辞职,语语为国会问题起发,以故国会之于中山辞职,欲加挽留恐难措辞。"他还认为:"中山辞职电文末尾之语——希望国会行使最高权利,另行处置时局,盖隐含改组军府之意。"陈家鼎称:"中山就职之时,曾有非正式之宣言:(一)护法到底;

(二)实行平民政治;(三)专重国会。目前军府对于中山宣言均实行违反",故不主张挽留。邓天乙略谓:"目前允中山辞职,将来尚有再起之余地。"其主张必加挽留者意思大体相同,略谓空发电报于事无补,故主张一面发诚恳之电报予以挽留,一面从事实上着力做起,"使中山希望能以满意,则中山自当取消辞职"。惟吕复主张从事实上作去,"第一即为制定宪法问题,第二即为选举总统问题,若二者能以作到,中山自不辞职"。辩论移时,最后赞成挽留者居多。参议院议长林森遂指定张知竞、章兆鸿等人起草挽留电文。会议四时始散。(《旧国会挽留孙中山之会议》,《申报》1919 年 8 月 19 日,"国内要闻";《孙中山辞职后之粤讯》,上海《民国日报》1919 年 8 月 18 日,"要闻")

13 日,两院复开联合会,将挽留电文表决拍发。该电历述孙中山手创民国、护法卫国之功绩,恳请取消辞职,贯彻护法初衷。略谓:"尊电本披缨之心,为垂涕之语,并承勉以努力奋发,使国会最高权为根本上正当之解决,捧诵再三,旁皇感叹。国会遭非法解散者两次矣,同人忝列议席,深念国民付托之重,不忍屈从武力,任其毁法,为民国开一恶例,破万年民治之基。奋斗至今,未敢稍懈。本日开会决议,金谓义始义终,誓与国法同休戚,即与民国共存亡,变象纷乘,此志不改。惟当风雨晦明之时,益切牖户绸缪之念,敢以公之责同人者进而望公,务恳取消辞职,贯彻护法初衷,力挽狂澜,以为后劲,勿使国贼闻而快心,国民因以失望。"(《国会挽救孙先生电》,上海《民国日报》1919 年 8 月 22 日,"要闻")并派童杭时等赴沪转述此意。

△ 林翔来函,表示愿与共进退。

总检察厅检察长林翔来函,略谓:钧座提出辞职后,遂督促厅员预备交代。又闻国会坚决慰留,倘无可挽回,则"无论法部能否即时收束,翔个人之地位定与吾系同志相终始,决不独留"。(《林翔上总理函》,环龙路档案第 03126 号)

8 月 14 日 彭程万来函,告已于本月 1 日在广州就任护法赣军总司令,请示以矩彟。接函后批答:"先生闭户著书,不问外事,嘱代

寄语好自为之。"(《彭程万上总理函》,环龙路档案第 02702 号)

△　北报报道南方各派对辞职之态度。

报道称:"关于孙总裁之辞职,孙直系派及民党派对之极表同情,俱谓此际宜任孙氏之意思,暂时立于政治圈外。而政学系则出以极冷静之态度,又□并闻且题'孙文又发搅乱癖'以冷评之云。国会方面认此事为关系重大,当于二日中开谈话会以协议此问题。"(《孙文辞职与各方面》,北京《晨报》1919 年 8 月 14 日,"杂电汇录")

△　新任北方总代表王揖唐就南北和谈发表政见,包括:(一)不分南北畛域,国利民福为前提;(二)国家利益为重,团体利益为轻;(三)对外主御侮,对内主统一;(四)法律事实同时解决,谢绝第三者挑拨离间。(《国内专电》,《时报》1919 年 8 月 15 日)

8 月 15 日　芮恩施来函,称颂《实业计划》次编之开发商港计划。

《实业计划》第二计划撰成后,曾寄美国驻华公使保罗·芮恩施批评。芮恩施接读后,于是日自北京复函,对惠寄《实业计划》次编表示感谢,对开发商港计划称颂不置。函谓:"仆信此开发商港一事,实为现今全世界上最重要之商务计划。以上海而论,非行此种工程,必不能达其为中国中央商港之目的矣。"(《孙中山先生建国方略之一(续)》,上海《民国日报》1919 年 9 月 3 日,"社论")

△　谢纪群来函,赞同置身政治漩涡之外。

四川警官学校学生谢纪群见南北武人及旧官僚诬指孙中山为激烈派领袖,著文力辩其非。惟京报不愿刊载,蜀报又流传不广,故来函请于上海择报刊出。该函对辞总裁事颇为赞同,认为"欲扫除旧官僚派与武人派之势力,当从民智运动入手。至于政治漩涡,反累清誉"。接函后批示:"寄学说一部去。"(《谢纪群上总理函》,环龙路档案第01188 号)

8 月 16 日　报载孙中山与段祺瑞携手条件。

《申报》刊载外电消息,称自发表王揖唐为议和代表后,各方反对之声嚣然,谣诼纷起。有谓"王氏确已与西南实力派接洽者";有谓"已与在沪之孙中山接洽者";甚有谓"已与唐少川接洽得其同意者"。该消息还称:"确有北来之某君曾与孙君(中山)一度晤谈,表示段芝泉愿与提携之意。孙君云:提携吾所愿也,但有先决案件:(一)旧国会完全行使职权;(二)大总统听候国会选举;(三)南北不法之军人一律撤除;(四)变更现执之外交政策。某君唯唯而退。"(《两通信社之和议消息》,《申报》1919年8月16日,"本埠新闻")

8月17日　复函宋渊源,望与陈炯明协筹善后,贯彻救国主张。

在孙中山及各方调处下,闽南各军互斗暂告止息。7月24日,闽南护法军将领宋渊源自福建永春来函,表示绝对服从命令。该函略述追随革命的既往经历,称自己"仅有革命之躯体,而先生实予以革命之精神"。在谈及此次争端善后事宜时,宋表示拟将所部改编为福建警卫军,"加意训练,并随时灌输吾党之宗旨,使成沉雄坚忍之革命军,以供先生之驱策,倘有所命,自应绝对服从"。同时请求:(一)、"关于福建警卫军之编制,承认各项交涉事件,请为主持";(二)、"目下地方艰窘,饷糈无着,请赐设法援助,或代请援于南洋华侨";(三)、"军队整理,需才孔殷,请派军事重要人才到闽襄助,如得有通晓闽南语言者尤佳";四、"竞存方面,请电饬勿仍误会,遇事互相提携"。(《宋渊源上国父愿与在闽粤军息战修好函》,《革命文献》第50辑,第226-227页)

本日复函,对闽中各军终能"彼此推诚相见,悉除疑障",表示欣慰。并望仍与陈炯明等协筹善后,"本互让之精神,以谋扶持之道,庶以贯彻救国之主张,发展民生之乐利"。(《复宋渊源函》,《孙中山全集》第5卷,第97-98页)

△　批广州国会众议院来函,告国会行使职权系终始之主张。

日前广州国会众议院来函,表达挽留之意。孙中山对去年国会改组军政府,致酿护法误入歧途,痛愤难平。接函后批示:"国会行使职权,是文一人终始之主张。然为改组之军政府之代表其人者,始终对北方输款,言国会不成问题,请北方代表不必以国会为意。想改组军政府是国会议员之意,文当时极力反对无效,今军政府之代表,已置国会于脑后,想必得国会之授意也。文自辞职以后,一切不问,后有派代表者,亦国会之意,非文意也。"(《批众议院函》,《孙中山全集》第5卷,第99—100页)

△　北京大学生曹元庆来函,表示愿效驰驱,请求指示。

函称:自己志在改良政治,故"日夜致力于洋文,夙夕考究于政治",卒业之后"决计赴美留学,以参白人之所以兴隆,我华衰败之缘因",俾"竭犬马之力,以继我大总统大功之余"。(《曹元庆上总理函》,环龙路档案第01511号)

8月18日　黎苏来函,望永发雄心,奠定中华民国而后已。

广东新会人黎苏来函,对北方国贼弄权,国人奔走呼号,民不聊生,"公独坐视其乱者",颇为不解。谓:"时势紧迫,万勿待此不生不死之议和,以至因循误国。即使有武人掣肘,亦可设法以退之。""望公永发雄心,务要奠定我中华民国而后已。"(《黎苏上总理函》,环龙路档案第13734号)

8月19日　邓惟贤来函,请示此后方法。

函谓:近日伏处广州,得读辞职电文,"诚足夺自私自利者之魄,壮护国护法者之胆。此时或为少数军阀派之混淆,不久当为普通人群所依归"。此后方法如何,恳请示知,以便遵循。接函后批示:现无办法。(《邓惟贤为国父辞政务总裁职请示办法函》,《革命文献》第48辑,第311—312页)

8月20日　林森来函,祈勿坚辞,俾召集议员来粤制宪。

广州国会参议院议长林森来函,恳请勿再坚辞。函谓:命交伍廷芳信,已经面呈,探其意思,尚无去志。昨与吴景濂通电各军、各机关,一致发电挽留先生,"幸万莫再发来电见却,最好只不表示可否,容有时期,使召集来粤制宪人数到齐,俾可着手决定大计;倘再坚却,不但使恋位者有机可乘,且反诬我等以影响制宪不成之谤。况全国人士见前辞职电文,无人不责军政府为误事者。今既表露其过失于大众,则宜从收拾整顿为功,世人方无言可以责我为不理而退也"。况且近来四川政学会据省议会与本党相抗,若于此时与军政府脱离关系,易"生泛散之弊";一旦地盘摇动,则于陈炯明所处之福建"尤生掣肘"。(《林森上总理函》,环龙路档案第 02082 号)

△　彭自醒来函,请求资助返加船费。

加拿大华侨同志彭自醒因困于家计,决意回加,本日来函,请求资助船费二百元。接函后批答:现在无法,请回他处设法。(《彭自醒上总理函》,环龙路档案第 01375 号)

8 月 21 日　董昆瀛、张瑞萱来访,重申坚辞总裁意。

辞总裁电发出后,广州参众两院于 13 日来电,力加挽留。同日,林森、吴景濂联电驻沪国会议员董昆瀛、张瑞萱,通报当日两院联合会议决情形,并请二人代表两院,"就近晋谒孙公,代达众意。面恳留职,以挽危局"。董、张因于 21 日下午 2 时来谒,陈述国会挽留之意。言谈间答谓:"余任总裁,徒代他人受过,于所抱救国志愿丝毫无补。今承两院诸君厚意,用特切实声言,余救国之志迄未稍衰,而总裁职务则久经断念。"董、张二人再三挽劝,但孙中山辞意坚决,不为所动。董、张随将面谒情形电告两院。(《国会议员挽留孙先生》,上海《民国日报》1919 年 8 月 22 日,"本埠新闻")。

△　报载外界风传总代表王揖唐或为孙中山承认。

《申报》载平和通信社消息,称北京政府发表王揖唐为总代表后,"唐继尧与谭延闿已发电反对,措词激切,则滇湘态度业已大明。四川因段派谋川甚亟,为自卫计当然反对,最近四川代表已有数次主张反对王揖唐之电。贵州因戴循若之事与段系恶感最深,且向与云南取完全一致行动,其必激烈反对断然无疑。陆干卿一方面安福派颇造作谣言,谓王为总代表事先曾与陆已接洽妥善,此说当然毫无根据。"又谓:"孙中山并不反对与王揖唐议和,且派叶夏声赴京与段有所接洽。而筹办五族和平共进会之金某,金为许世英所派,许之态度如何不可知,但金与王揖唐颇有关系,近方到处扬言王揖唐之为总代表实早得中山之同意云云。本来孙段早有联合之风传,吾人终不敢相信,而谣言不少息。中山为护法首创之人,岂有与毁法卖国之辈提携融洽之理,中山对此事应必有所表示,以息浮词耳。"(《南方反对王揖唐之表示》,《申报》1919年8月21日,"本埠新闻")

8月22日 与张瑞萱等谈话,表示对于王揖唐无成见。

王揖唐出任北方议和总代表消息发布后,旅沪国会议员公推张瑞萱、方潜等四人为代表,分谒孙中山及在沪南方总分代表,探询意见。各代表或因业已辞职,不欲谈论,或因事先未约,过访未遇,皆未发表意见。仅孙中山、唐绍仪有较长时间谈论。孙中山在谈话中态度豁达,略谓:"余之主张惟'护法'二字。护法者余之友,坏法者余之敌。段祺瑞、徐树铮而能护法,余愿友之,何有于王揖唐?反是,则余不必明言矣。至于国事,以余观察,此时实无办法。余不久将赴欧美旅行,不欲再闻此无聊之聒絮矣。"唐绍仪态度略近,表示:"和议事件,对人不成问题。苟有议和诚意,对人无所审择;苟无议和诚意,虽徐世昌亲自出马亦复无益。"(《孙唐两氏与议员谈话》,上海《民国日报》1919年8月23日,"本埠新闻")

8月23日 批赖某函,告可于许崇智辖内发展党员,以为中华革命党国内公开活动之始。

1914年中华革命党成立以来,党务活动局限海外,在国内未见公开活动。许崇智任援闽粤军第二军军长后,开始在驻防区内发展党员。赖某因此来函,请示可否在闽建立党部。本日批示:"自本党本部成立以来,只对于海外招徕新党员;对于内地尚未进行,以不在吾人范围也。今许汝为军长既举行组织于吾人势力范围之内,自可以此为始也。以后凡在吾人势力所到之地,皆当仿行就是。"(《批赖□函》,《孙中山全集》第5卷,第100—101页)

8月24日 复函凌钺,告辞意坚定,民党同志亦宜暂不问事。

21日,凌钺来函,赞同去职,并请示大略。函谓:前见辞总裁电,甚表赞成。"处此败局,虽有善者,亦无如之何。"国会系多数制,我辈纵舌敝唇焦,奈成效甚微。近闻国会同人多主张挽留,不知钧意如何,且去职之后,对于本党将来有何规划,请指示大略,便步调齐一。接函后批示:"吾党当持冷静,暂不问事。"(《凌钺上总理函》,环龙路档案第13718号)本日复函指出:国会虽来电挽留,"然文意既决定,当不再为迁就也。文于国事,刻无确定主张,且望吾党同志亦持冷静态度,暂不问事为宜"。(《辞军政府总裁后复凌钺函》,《国父全集》第3册,第430页)

8月25日 "野民"来函,请勿与王揖唐接洽。

对与王揖唐接洽事,外界极为关注,谣诼纷纭。本日,署名"野民"者来函,力为劝阻。函谓:王揖唐南来,全国反对,先生独奉为座上客,且约谈数小时,令人生疑。"王为代表,如言和事,自有南代表与之接洽,公无论个人公名,皆无与王谈之必要。前无孙段联合之谣传,犹能为人所谅,既有孙段相联之语,公即应避嫌疑。孙段冰炭,冰炭孙段,似为协音,其实实不相谋。野民以为,南方不是东西,北方亦不是东西,如认定都不是东西,可以自高声价,一例不与还往,暂自休养,相时而动,不必借此攻彼,美名利用,利用人者,终为人所利用。"敬恳先生"平心静气,且待时机"。(《野民上总理函》,环龙路档案第13911号)

△ 报载孙中山俟时局告一段落,"即就漫游欧美之途"。(《孙文将行游欧》,北京《晨报》1919年8月25日,"杂电汇录")

8月26日 复函麦克·威廉士,感谢寄送剪报盛意,并邀其来华考察。

麦克·威廉士(C. E. MacWilliams)系美国纽约友人。日前来函,并附寄《前锋报》评论《国际共同发展实业计划》文章之剪报。本日复函感谢,并告"现在中国有很多的机会可供有资本的人士前来发展。中国人热切盼望美国人士前来协助发展这个国家。所以我希望你能在最近的将来前来中国一游,看看有什么适合你来做的工作,以

有助于这个国家的发展"。(《致威廉士函》,《孙中山全集》第5卷,第101页)

△ 复函吕复,告辞职"义难反汗",今后当致力社会事业。

日前国会议员吕复自广州来函,备致慰留之意。本日复函谓:护法之役演于今日,精神已销铄无余,究其原因,实在当日军府之改组。军府改组之后,护法根本实隳,一年以来,"南中诸不法武人、不肖政客,其诡谋日彰,而所谓护法总裁者,乃实欲卖国会以自利;且压抑民气,屠戮善良,牟利营私,举伪政府所不敢为者而恣为之"。"文既愧未能力完护法之责,又岂忍始终与坏法乱纪者为徒? 希望既绝,故不得不宣布脱离。所望国会同人勉自奋发,力尽职责,为维持国本。文既已辞职,义难反汗。此后仍当勉尽国民一份子之责,致力社会事业,以副厚意。"(《复吕剑秋函》,《孙中山全集》第5卷,第102页)

8月27日　批罗正文函,告可约期相见。

23日,罗正文来函,并献呈日记一册,略谓:内系此处境况,"先生见微知著,亦可睹其为人"。至对国家微见,当晤面再陈。接函后批示:"无暇看日记。如有何事欲见,请将其事说明","约期相见"。(《罗正文上总理函》,环龙路档案第01426号)

25日,罗正文复来函,陈述国贫之故、图强之理及求见之由。谓:民者国之本,而仁义道德,又民之本。当今道德堕落,民失其本,国因而贫弱。国之贫富强弱,固在仁义道德,而仁义道德之有无,惟在第一人而已。接函后批示:"送书一本。"(《罗正文上总理函》,环龙路档案第11723号)

8月28日　复函廖恩焘,告近仍闭户著书,冀以学说唤醒社会。

是年夏间,廖恩焘曾来沪晋谒。本月16日复来函,报告启程东行后之闻见。函谓:赴东途中,得尽读先生新著学说,胸中豁然。"盖不读先生之书,无以知先生数十年事业艰苦之状况,亦无以知先生学理精奥之发明,且无以知先生救时方针,随世变以为程序。"抵日本后,悉军阀派仍未戢其野心,"然彼政府诸人,既惕于时势之迁移,其对我手腕自必不能坚持到底,将来或不得不让步"。在谈到王揖唐就任总代表后的和议前途,廖态度悲观,谓"论人品,王不如朱;论柔滑,则朱不如王。未知将来作何结束,恐良效美果不易收成"。(《廖恩焘上总理函》,环龙路档案第07912号)

本日复函,告"近时观察国事,以为欲图根本救治,非使国民群怀觉悟不可。故近仍闭户著书,冀以学说唤醒社会。政象纷纭,未暇问也"。(《复廖凤书函》,《孙中山全集》第5卷,第103页)

△　批湖南国民大会来电,告正筹根本解决国事。

是月25日,湖南国民大会自郴州来电,谓:"奉读阳电,益钦孤抱。惟大业未彰,自裂贻讥,同舟风雨,安可中离。尚冀坚持初衷,隐忍求全。"本日批示:"文虽辞职,对于国家安危,仍尽个人责任。现正筹根本解决,为一劳永逸之谋。"(《批湖南国民大会函》,《孙中山全集》第5卷,第103页)31日复致电湖南国民大会,谓:"南中往事,国人共见,纵勉附虚名,于事何济?今文虽辞职,个人救国之责,仍未敢自懈,要当黾勉前趋,廓清危乱,以答诸君之意。"(《致湖南国民大会电》,《孙中山全集》第5卷,第105页)

8月29日　复函林森、吴景濂,告辞职无可挽回,并望国会取消军政府①。

辞总裁电发出后,广州国会参众两院议长林森、吴景濂遣童杭时等赍函来沪,力为挽留。函谓:"同人之信仰先生,及先生之爱护国会,实有相依为命之势。""固知先生此番辞职,实独具苦衷,森等以先生之心为心,何敢更参末议。但望接电之后,勿再坚辞,俾护法前途,有回旋之余地。"("中华民国"各界纪念国父百年诞辰筹备委员会学术论著编纂委员会主编、中国国民党中央党史史料编纂委员会编:《国父墨迹》,第358页)

本日复函告:此次辞职,实鉴两年来之事实及南方不法武人最近之阴谋,"觉护法之希望,根本已绝,万无再与周旋之余地"。并指出:

---

①　9月12日林森、吴景濂复函记为28日。

岑、陆勾结,国会牺牲恐终难免,"犹望诸君对此弥留之国会,为轰轰烈烈之死,先将军政府取消,使不致为群盗所居奇,则诸君犹不失个人之人格,国会之体面,且为国会留一线之正气,为历史留壮烈之纪念"。(《复林森吴景濂函》,《孙中山全集》第5卷,第105页)

林森、吴景濂接函后于9月12日复来函敦劝,函谓:自辞职电发出后,当局者受此刺激,"均有所觉悟,知军府与国会,实相依为命,尤以制定宪法,为当务之急"。两月以来,津沪议员纷纷束装就道,南下广州,"果使法定人数满足,即为行使我国会最高权之时机,届时当劝勉同人,努力奋发,为国家求根本之解决"。再恳"先生稍假时日,勿再作决绝之表示,使森等应付时局,有回旋之余地"。(《林森吴景濂复总理报告广州国会筹备制宪近况书》,《革命文献》第7辑,第95—96页)

△ 致函廖家栋等,告辞职缘由,勉为民国立不朽大业。

日前,刘重自湘西来沪,获悉诸将领艰苦卓绝,转战贤劳,颇为欣慰。本日致函廖家栋、李契隽、刘梦龙、瞿元坚、张柏森等告:自军政府中途改组,虽苦心维持,然"除通报乞降外,无一举护法之实,竟至舍战言和。和议初开,文仍本护法之初衷,主张使国会完全自由行使职权为唯一之条件,以破分赃割据之私。乃又不幸良药苦口,莫由挽救,是以有辞职之举"。"此后惟有与吾同志振刷精神,力图改造。"并望诸君"慎事择人,为民国立不朽之大业"。(《致廖家栋等函》,《孙中山全集》第5卷,第96页)

8月30日 出席中华欧美同学会成立会,发表演说[1]。

是日晚8时,中华欧美同学会假座一品香举行成立大会。到会者包括唐绍仪夫妇、吴稚晖、张继、伍朝枢及欧美同学会各埠代表、上海全体会员等。应邀偕夫人宋庆龄出席,并即席发表演说。大意谓:

---

[1] 北京《晨报》报道孙中山演讲内容时有所差异,记录如下:"孙逸仙氏演说,勉励学生效力于国家,勿徒以共和之名即自满意,但须造成真实之民主制度。一般最有学识之留学生,未曾主持政府机关。巴黎外交失败,实因北京官吏之不胜任。学生等为山东奔走呼号,表见学生联合会之力,学生等可为数百万人之先导,而彼等应操政权。孙氏后以'自知'二字勉励学生。"(《孙文褒奖学生》,北京《晨报》1919年9月2日,"杂电汇录")

"欧美留学生系学问最深、人格最高之人,应负维护国家之责。今日之政权,已落于武人、政客、顽固党之手,国家已陷于极危险之地位,诸君宜有担负国家大事之觉悟。"唐绍仪在演说中希望"欧美回国学生,不要专存做官发财思想"。(《中华欧美同学会成立记》,《申报》1919 年 8 月 31 日,"本埠新闻")

8 月 31 日 李烈钧来电,恳垂念国会挽留盛意。

电谓:国会南来,"倚公为中坚,公既进而勉之,宁忍退而委之。一发千钧,赖公维系"。"我公声望系国安危","尚望垂念国会一线之延期,达最后五分之望"。(《致孙中山电》,周元高、孟彭兴、舒颖云编:《李烈钧集》下册,第 449 页)

是月 志贺重昂刊文,称孙中山为日本"真正友人"。

本月,日人志贺重昂在《日本》杂志刊载《支那排日的善后》一文,内谓:"孙文是日本人的知友,也是知日家。在中国人中能够了解日本的,同时也是日本的真正友人要以孙文为第一。但是,像这样的友人,这样的知日家,到了今天也骂起日本来了。"(段云章编著:《孙文与日本史事编年(增订本)》,第 604 页)

△ 李炳荣来函,感谢分赠照片。

邓铿前由沪返漳,分赠驻闽粤军诸将领照片,本日李炳荣来函表示感谢。又谓:"顷闻先生有北美之行",盼"引收文化,返享祖国之同胞,以及我军人"。(《李炳荣上总理函》,环龙路档案第 13694 号)

9 月

9 月 1 日 复函于右任,述辞职原因及在沪著书目的。

于右任阅报悉辞总裁消息后,于上月 19 日来函感慨"军阀之魔力日张,民生之憔悴益甚",认为辞职通电"以警辟之议论,示人正路,不独使武人有觉悟,亦使持民治主义者,知民治精神固在此而不在彼,改弦易辙,别谋建树,冀以收桑榆之效,最为得之。故他人观察,以为先生既辞职,先生之志消极甚矣,而不知时势如此,先生岂容消极哉,抑天下岂有消极之孙先生哉。不事于彼,将事于此,今后先生之直接为大法争维系,为人道谋保障者,方长未艾"。并告近颇关注新教育及社会改造问题,恳请时赐教言。(《于右任为总理辞政务总裁表示振奋函》,《革命文献》第 48 辑,第 275—276 页)

接函后于 31 日批示:"寄《学说》数本,着翻印,以广流传。"(《批于右任函》,《孙中山全集》第 5 卷,第 106 页)本日又复函,对其"从事新教育之设备及改造社会之筹策"颇为欣慰,同时对著述《孙文学说》的真旨有所说明。略谓:"文前以南中军阀暴迹既彰,为维持个人人格计,为保卫国家正气计,故决然与若辈脱离。且默察年来国内嬗变之迹,知武人官僚断不可与为治,欲谋根本救国,仍非集吾党纯洁坚贞之士,共任艰巨,彻底澄清不为功。又以吾党同志向多见道不真,故虽锐于进取,而无笃守主张之勇气继之,每至中途而旁皇,因之失其所守,故文近著《学说》一卷,除袪其谬误,以立其信仰之基。"并表示"此后对于国事,仍当勉力负荷,以竟吾党未完之责,愿兄亦以此自勉"。(《复于右任函》,《孙中山全集》第 5 卷,第 106 页)

△ 《实业旬报》创刊,登载孙中山祝词。

祝词谓:"振兴实业以裕民生,实今日救国之急务也。然而凡事易于乐成,难以图始,盖行之非艰,而知之甚艰,是故提倡指导之,必赖于先知先觉也。《实业旬报》实先得我心,不禁为之喜跃欢迎,而祝之曰:'先知先觉,救国救民。'孙文。"(《实业旬报》创刊号,1919 年 9 月 1 日;黄志伟:《孙中山的两篇佚及其说明》,《近代中国》第 6 辑,1996 年 7 月)

9 月 2 日 复电刘治洲等,望毅然取消误国之军政府。

日前,广州国会议员刘治洲等来电慰留。本日复电,告"文以护法之局无望,特脱离军政府,得以自由行动,另图根本之救国耳,非置国事于不顾"。望"诸公行使最高职权,毅然取消误国之军政府,毋使强盗利用,以致一误再误,庶不负国民之所托"。(《复刘治洲等电》,《孙

中山全集》第 5 卷，第 107 页）

△　报载陈炯明在漳州向记者发表谈话，认为中国的出路在于促国民自觉自决。

陈炯明称："此次护法兴师，正正堂堂，余亦为参与之一人。今设有人问余：此次你们以护法始，能否真正以护法终乎？既言议和，议和之精神与目的，又能否与护法之精神与目的相贯彻而不相背驰乎……余则只有羞愧欲死，俯首无词而已……余以为救中国之危亡，非急施以一种平民的精神教育，以促国民自觉自决，而图根本之改造不为功。"（《漳州归客谈》，《申报》1919 年 9 月 2 日，"要闻一"）

9 月 4 日　陆福廷来函，恳勿萌退志。

陆福廷阅报，知辞总裁事，颇为震动。本日自汕头来函，谓：先生出处，实关民国存亡。"吾国政治不趋正轨，弊在武人专政，因半多学识浅薄，不洞大势，倒行逆施，为利所求"，"若此以往，国乱靡涯。而全国中能伸国是指迷津下针砭者，端赖先生一人而已。万恳勿萌退志，木铎众生，俾危局转安，彼利昏者醒，则先生三民五宪之政针，克展施行"。（《陆福廷上总理函》，环龙路档案第 13281 号）

△　彭程万来函，请为阵亡将士纪念碑赐撰鸿篇。

护法赣军总司令彭程万前接伍毓瑞来电，称拟于潮安城内金山建该军征闽援赣战役阵亡将士纪念碑，恳转请各总裁赐撰碑文。本日，彭程万来函，谓伍毓瑞所称各节，"洵属要图，自应量予表彰，以慰忠烈"。代恳"锡以鸿篇，宠之华衮"。（《彭程万上总理函》，环龙路档案第 00009 号）

9 月 5 日　军政府以七总裁名义致电徐世昌、龚心湛，反对王揖唐为北方全权总代表。

电称：希望和平，主持续议，固然可喜。惟总代表一席，"非得代表一方之意思，必须得各方之信仰，祛一切障碍，乃能胜任愉快"。然王揖唐与卖国密约及段祺瑞的历史现实关系，显然无益于和议。尚望"公等尊重民意，遴择适宜之人，使之充总代表，促成和议"。（《南方正式表示反对王揖唐》,《申报》1919 年 9 月 8 日,"本埠新闻")

有报纸揭示该电署名内情,谓:"军政府七总裁之一之孙中山,日前已向军府电辞总裁职。军府虽经去电挽留,而孙亦尚未承认。连日军府发出通电,俱联署孙氏名,于是人多疑之。兹查孙中山向派徐谦为代表。徐任司法部长,以代表总裁资格参预政务会议。徐赴欧后,以次长谢持为代表。谢旋亦返四川,以司长兼秘书长吴山代理部务,兼代表孙氏。闻日前军政府发出反对王揖唐为总代表电文时,由总务厅送该电到吴山处,请其代孙签名。吴不允,谓日前当孙氏辞职后,军府发出电文多通,又征求各省军对王揖唐意见,电文亦系由军府自列孙名,并无人代表签字,何为此电独委余(吴自称)代签?当即拒绝。事为某总裁所闻,当谓:此电如不列孙名,反被北方猜疑南方军府各人意见不能一致,吴不允代签,军府当可代签。于是乃签入孙名,仍照常拍发。"(《军府拒王电签名之经过》,《申报》1919 年 9 月 16 日,"国内要闻")

9 月 7 日　复电唐继尧,祈察民意,矫正一切。

本月 4 日,云南督军唐继尧来电,劝告以国事为重,勿洁身自了。本日复电指出:"鄙意大局日危,国民所企,乃在有精神之护法。今兹躯壳故存,而甚者乃假以图便其私,其所作为去民意愈远,此诚有识者之所愤慨,文复何能隐默?"并祈"深察民意所在","宏济艰难","矫正一切"。(《复唐继尧电》,《孙中山全集》第 5 卷,第 108 页)

△　张翼振来函,主张利用列强善意干涉以制日。

张翼振自云南来函,分析第一次世界大战后的国内外形势,认为美、英、法颇希望中国在东亚扮演牵制日本的角色,故中国亦可利用诸国的"善意干涉",使日本知难而退。接函后批示:"此函所述,颇有所见,暇时当照此详加研究,而后代为发布",并嘱付寄《孙文学说》一册。("中华民国"各界纪念国父百年诞辰筹备委员会学术论著编纂委员会主编、中国国民党中央党史史料编纂委员会编:《国父墨迹》,第 390 页)

△　各省各军驻广东代表联名来电,请勿拘是王非王之争,筹谋

根本解决。

5日,军政府复电北京政府,拒绝王揖唐为总代表,要求另选替人。本日,各省各军驻广东代表吴永珊、李世荣等联名来电,指出:主战派王揖唐竟被派充议和总代表,北方"岂惟无意言和,不啻公然宣战"。西南不能一误再误,拘泥于人的问题,而应"有最后之决心,以筹相当之办法"。期望"诸公及时愤发,协力进行,和则必有一定之条件,战则必须共同以动作"。(《军政府公报》修字第109号,1919年9月24日,"公电")

9月8日　致函黄复生等,勉贯彻初志,建设真正共和。

1919年下半年,川中熊克武、杨庶堪之争愈演愈烈。上月19日,谢持致电黄复生,分析熊氏计划,告以应对之策。电谓:熊"联络旧川军攻击滇黔,由邓旅锡侯与顾军争防地发难;以怒刚(但懋辛——引者注)断滇黔军联络;以兄部支队陈绍廷图兄。此事系锦帆自知川军不满意于伊,特倡对外以缓内祸,已与存厚、北庭接洽妥协,而又各怀诡谋。一则借攻滇黔以倒熊,一则借攻滇黔以弱旧军而除民军。惟据我观察,似川军尚未完全疏通,因川军大半不愿存厚返川也。兄当严备陈绍廷,或除之"。并建议黄复生与杨庶堪、石青阳等积极联络川中将领。(四川省文史研究馆史一组:《有关一九二〇年川战的谢持私电》,《四川文史资料选辑》第5辑,第75—76页)

是日,致函四川护法各军将领黄复生、石青阳、卢师谛,谓"文前以南中军阀难与为善,故辞去总裁虚名,然于救国天职,始终不敢自懈。此后仍愿与兄等贯彻初志,协力进行,以期芟除瑕秽,根本改造,建设真正共和。此文与诸同志共同之责,尤望兄等努力者也"。并告遣张左丞归川劳军,接洽一切。(《致黄复生等函》,《孙中山全集》第5卷,第109页)同日,复致函王伯常、向育人、熊慕颜、易复初、彭竹轩、吕超、颜德基、廖子鸣等四川各将领,同样勉励"共荷艰巨,努力前途,以贯彻吾人之主张,而建设真正之共和"。(《致王伯常等函》,《孙中山全集》第5卷,第110页)

关于张左丞返川的任务,谢持随后函告黄复生、卢师谛:"左丞还川,系与两兄商定联络青阳、德基、汉群、育仁及川军实行废督,听中山命令解决大局,务望秘密切实进行。"(四川省文史研究馆史一组:《有关一九二〇年川战的谢持私电》,《四川文史资料选辑》第5辑,第79页)

△　批谌伊勋函,望结合同志同学,为最后奋斗。

北洋大学学生谌伊勋读《建设》杂志发刊词后,颇有疑议,于上月6日来函请益。函谓:先生先前所破坏仅是专制这一空名词,仅是满人不再作皇帝,其余如"腐败的官僚""陈旧的习惯""专制的家庭"依然如故,并且增加了一班"卖国的政党""跋扈的武人"。似此情形,尚须大"流血"的破坏,方可倡言建设,请先生有以指教。接读后对青年人的质疑问难精神极表称许,批示嘉奖,并指出"学生思想当然如此。深望结合同学、同志为最后之奋斗,以达最后破坏之目的"。(《谌伊勋上总理函》,环龙路档案第09075号)

9月9日　复电广州军政府,告决意辞军政府总裁职。

辞总裁电发出后,军政府政务会议一再延宕,终于是月5日来电,表达挽留姿态。电谓:"我公手造共和,功在民国,此次护法南来,尤费提挈之力,遽行辞职,大局何堪?迩者外交失败,国贼披猖,一篑未成,九仞奚益?务恳领袖群贤,勉支危局,始终一致,共济时艰。"(《孙先生与军府往返电》,上海《民国日报》1919年9月10日,"要闻")

是日复电,言辞简括,谓:"文志已决,义不再留。救国文之本怀,尽力则不必在军府中也。"并声明:"所有八月十日以后发出文电署有文名者,概不能负责。以后希勿再加入文名,以昭实际。"(《孙先生与军府往返电》,上海《民国日报》1919年9月10日,"要闻")

政务会议接电后,于15日复来电,再请"勉抑高怀,始终其事",并告"业已派员赴沪,敦列尊名"。(《政务会议致孙先生电》,上海《民国日报》1919年9月19日,"要闻")19日又来函,告派代表朱履和赴沪,力为挽留。(《军府挽留孙先生》,上海《民国日报》1919年9月30日,"要闻")

针对9日复电中的署名声明,政务会议于21日开会集议。席间,众以孙中山向国会辞职,并未经国会许可,政务会议无权擅自删除署名;但又有电声明不能负责,以故署名与否颇觉两难。嗣经多数议决:辞职一事,万难听任决然引去,应由护法政府迅派得力人员,赴沪恳切挽留。至署名一节,佥谓:不署名在政务会议近于违法,因国会未许辞职;署名则本人又已声明不负责,只有照旧署名,下注一阙席之阙字,斯为暂时较妥之办法。因孙中山代表为徐谦,代理徐谦者为谢持,谢持去又由吴山暂代。今吴山亦告病假,故在政务会议实为阙席。(《粤闻纪要》,《申报》1919年9月22日,"要闻二")

9月10日　复函广州国会议员,望驱除不法政府。

本月4日,广州国会来电,请勉抑高怀,勿抱去志。电谓:"就现势推测,战既不能,和亦无望。所以株守不忍遽去者,无非欲保存此法律之统系,以待国人最后之裁判。"先生在全国系共和神髓,在西南负倡率重责。"矧国会制宪正在积极进行,外交问题犹复悬而未决,若因先生辞职,致议员来粤者裹足,卖国自利者横行,则大业败于垂成,敌计藉以得售,又岂先生护法之初衷。务恳勉抑高怀,勿抱去志,励我同人,作我士气,以与毁法叛国者角最后之胜利。"(《国会议员请国父勿辞政务总裁电》,《革命文献》第48辑,第328—330页)

本日复函,对未能如命,深致歉意。并期望国会能够"代表国民行使最高权,驱除不法政府,以达民权主义主张"。且谓:"若国会仍有推翻现制之决心,勿遽作最低限度之想,即或为牺牲于一时,尚可伸大义于天下;不然者,则在文虽有辱可忍,无重可负,诸公之属望,未免空悬矣。"(《复广州国会议员函》,《孙中山全集》第5卷,第111页)

是月上旬　接见徐世昌、段祺瑞的代表许世英,谈及胡适、陈独秀被捕事。

1919年8月底,《每周评论》被北京政府查封,外界风传胡适被捕,有人多次要求发电报营救胡适及先前被捕的陈独秀。9月上旬,由焦易堂、谢良牧、田桐、光云锦等人牵线,徐世昌、段祺瑞的代表许世英赴上海前来拜访。席间,向许世英提及胡适与陈独秀被捕事宜。

12月16日,沈定一在致胡适信函中谈及此事,函谓:"孙先生对许说:'独秀我没见过,适之身体薄弱点,你们做得好事,很足以使国民相信我反对你们是不错的证据。但是你们也不敢把来杀死;身体不好的,或许弄出点病来,只是他们这些人,死了一个,就会增加五十、一百个。你们尽做着吧!'许听了这番话,口口声声的说:'不该,不该,我就打电报去。'没有几天,我们就听到独秀出狱的消息。当时很赞同孙先生的话说的好。"(《沈定一致胡适》,中国社会科学院近代史研究所中华民国史组编:《胡适来往书信选》上册,第77页)

　　孙中山与段派接洽,民党内部反对声浪很大。据沈定一观察:焦、谢"做这票投机生意,戴、胡、廖、朱很反对的,其中以朱执信反对最烈……但孙先生认为一种政策……季陶对于这件事,根本的反对,但是他和孙先生有口头契约:'背后不反对他;不用文字反对他。'所以季陶不下什么批评。据他对我说:'将来或许以很尊敬孙先生的态度,批评孙先生。'这'将来'两字,或许被这些事造成。总之,孙＋段＝'投','系'和'耳'是万万合不拢的"。(《沈定一致胡适》,中国社会科学院近代史研究所中华民国史组编:《胡适来往书信选》上册,第77—78页)

　　9月11日　王揖唐来电,称愿诚意谋和。

　　自上月12日王揖唐被任命为北方和谈总代表后,外界反对声浪此起彼伏,但北京政府不为所动。王氏南下之前,特于本日通电南方要人,述其和谈诚意。电谓:"今肩兹重任,所自恃以与全国人士相周旋,惟一诚字耳。亦愿我全国人士,与揖唐相周旋者,其诚意举不让于揖唐,则国家法律上之真正永久和平,不难期之一旦。"(《代表南下》,天津《大公报》1919年9月12日,"北京特约通信")

　　△　甄一炉来函,称破解时局第一步当在运动国会。

　　本日,甄一炉自湖南来函,陈述破解时局之方。函谓:和会恐难于今年开议,对西南而言,当务之急在促成内部统一,而其关键一步仍在国会发动。"发动之方法,逼岑辞职一道也,提议组织正式政府又一道也。逼岑如得行,可代以孙伯兰,然后推先生为主席";"若组织正式政府,则直举先生为大总统"。请先生与孙洪伊、国会诸君有以筹之。对此一方略,孙中山显然颇不以为然,接函后批示:"不答。"(《甄一炉上总理函》,环龙路档案第01991号)

9月13日,臧善达、黄孝愚来函,探询和议意见。

上海临时和平维持会代表臧善达、黄孝愚因"和会不日重开",特来函请示"法应如何进行"。(《臧善达黄孝愚请示和会意见上总理函》,《革命文献》第48辑,第359页)接函后批答:"和议事,先生不问。"(《批臧善达等函》,《孙中山全集》第5卷,第112页)

9月14日　镰田荣吉来访。

日人镰田荣吉系伦敦时旧识,故来沪时特来拜访。镰田在会谈笔记记有:"孙中山是在伦敦的旧相识了,所以去访问他","和孙文只见过两次,一次在伦敦,一次在日本"。(段云章编著:《孙文与日本史事编年(增订本)》,第605页)

△　廖宗北来函,称联段排陆绝非善策。

廖宗北自伍朝枢处悉孙中山持排桂主义,又风闻与段派携手,协商条件系国会完全行使职权,段为大总统,孙为副总统。反复筹思,于本日来函,详陈联段排陆绝非善策,万难兑现。函谓:先生与段派在政治主张、外交方针上势若冰炭,两造合作,实属可疑。联段或为权宜之计,但察诸形势,实难达成排陆目的。总之,"桂派在所宜排,段派绝不可联,联段排陆绝非善策,亦绝办不到",请勿铸此大错。(《廖宗北上总理函》,环龙路档案第13915号)

9月16日　复电王文华,嘱与杨庶堪、石青阳合力解决川事,奠大局改造基础。

日前王文华来电,述其"发展民族精神、增进人类幸福之抱负",并运动计划。本日复电,对王于"北方固不足道,南方亦鲜振奋"之氛围中,能独审世界大势与社会思潮,且有所行动,极表赞许。并嘱其辅助杨庶堪、石青阳,"若能解决川事,既为大局改造之基础,苟筹伟略,方始发抒"。(《致王文华电》,《孙中山全集》第5卷,第

112—113 页)

△　伍廷芳来函,劝暂缓辞职。

辞总裁职前后,数次劝说伍廷芳共进退,但伍颇形迟疑。本日,伍廷芳复遣朱笑山携函来沪劝留。函谓:粤省为护法重地,而武力横暴,动加干涉,执事别图救济之方,诚属万不得已。然当今南北不战不和,南方"要贵主持之有人","此时我辈联翩远引,护法初旨既弗克达,更为北敌所快心,为大局计,似宜稍缓须臾,俟时局有无转机,然后再决行止"。(《伍廷芳复总理劝暂勿辞军政府总裁职书》,《革命文献》第 7 辑,第 96 页)

△　余𪸩照来函,请勿萌退志,积极进行。

函谓:今者和议虽然复活,但北廷为段系所迫,改派王揖唐为总代表,其居心奸险,无诚言和。"吾辈护法师旅,正宜乘此时机,和衷共济,重整旗鼓,以作最后希望。""所可虑者,西南诸将领意见纷驰,议论各是,向之所谓护法始者,今则无不以权利终也。"似此情形,和议即谓决裂,战事难冀奏功。际此危局,祈望"我公勿萌退志,仍宜积极进行,以竟全功"。函末并请收列门墙,藉供驱策。接函后批示:"此间无事可为。"(《余𪸩照上总理函》,环龙路档案第 03127 号)

9 月 17 日　石青阳来函,商购买军械。

因筹购军械事,石青阳遣赵丕臣携手书由川来沪晋谒,"乞赐教诲,指示一切"。并谓"他日西南有以首义,助吾党者,则必此军也"。(《石青阳上总理函》,环龙路档案第 00573 号)。本日复函指出:"川中形势重要,兄倘能整顿所部,维持实力,以为将来发展之计,关系实异常重要,望益努力而已。"并告:"所商购械之事,已嘱赵君另函详达,望兄斟酌情形酌夺可也。"(《复石青阳函》,《孙中山全集》第 5 卷,第 113 页)

9 月 18 日　韩锡潢来函,报告北行情况。

函谓:"自拜别已经数月,但十三日由申起行,十五日到烟台,拜会各界,提及先生之意,各界均表同情,并无一人反对。仆即起身赴济南省城,廿一日抵省会友,亟力提倡先生之意,山东友人俱依先生为屏帐,亟力赞成。"得函后批示:"不知是何许人,一查。"(《韩锡潢报告至鲁情形上总理函》,《革命文献》第48辑,第274页)

△ 广东商民公团来函,请制止粤省当局违法。

广东商民公团来函,并寄痛陈财政厅长杨永泰、警察厅长魏邦平拆城及修筑电车路合同法贻害公启一束,敬请代印分派,俾共图挽救桑梓。得函后批示:"发往各报馆。"(《广东商民公团上总理函》,环龙路档案第03098号)

9月19日 王揖唐偕同各分代表抵沪。

△ 复函廖湘芸,冀诸同志互相勉力。

本月初,廖湘芸遣该部参谋长潘康时携带手书来沪晋谒,请示进行方略。函谓:"近据各方面消息,大局日趋危险,而湘事尤属不可思议。大抵由西南之拥有重兵者,只图个人权利,不恤予人以隙,以致终无良好结果。"因派潘康时前来拜见,祈请俯赐教益,俾备遵循。(《廖湘芸上总理函》,环龙路档案第04374号)

本日复函谓:"今日国事虽至为艰危,然吾党同志如能努力进行,坚持不懈,则扫除障碍,建设真正民治,为事亦非甚难,但在决心为之耳。"关于进行方略,告"仍照前授盛华林之计划,次第施行,以期收效"。(《复廖湘芸函》,《孙中山全集》第5卷,第113—114页)

△ 复函唐继尧,冀为国自重。

上月,唐继尧遣邓泰中携函来沪,并转道四川劳军。函谓:"继尧遭家多难,居忧辞职,军府以国事方艰,仅给假二十一日。而当世贤达,又皆以金革勿避之义,交相责难。""先生垂爱素深,亟思有以教我。"(《唐继尧上总理函》,环龙路档案第04171号)

本日复函,对唐祖母及父亲先后逝世表示哀悼,请其于国事多难之秋节哀顺变,"以勘国难,屏障南陲"。并告"近专志著述,颇欲以主义普及国民,使之有彻底之觉悟。异日社会多数国民既经觉醒,则实行其主权在民之责职,协力并进,如是则真正民权乃能实现,而真正民国始可观成,较之支支节节以为之者,似觉稍进一筹"。(《复唐继尧

函》，《孙中山全集》第 5 卷，第 114 页）

　　△　朱执信在《民国日报》发表时评，批评广州军政府坚持冒签孙中山之名。

　　文章称："孙中山先生因为不赞成军政府蔑视国会之举动，所以辞职。军政府第一次叫他不要一篑未成，第二次就公然说一定要列尊名。借重尊名就是冒签的别名，就是想把罪名嫁在别人身上的手段。将来国会牺牲了，卖国条约承认了，借款瓜分了，他这冒名的事也办完了，孙先生辞职不辞职也不管了。但是想冒孙中山的名，中山的主张是人人早已晓得，不是可以一手抹过的。你冒名的电报只管打出去，人家总不会相信。前几天某报上有平和会因南方冒签孙中山名字，电请北京不承认记载。这个有什么目的，这个电报是真是假，姑且不管。总是因为冒了名，人家就不相信，弄巧成拙，何苦来。"（蛰：《冒名与借重》，上海《民国日报》1919 年 9 月 19 日，"时评二"）

　　9 月 20 日　复函卢师谛，望黾勉不懈，以奏全功。

　　上月 5 日，杨虎来函，报告总领蔡济民遗部前后情形。并谓：数月以来，既困于兵饷，又见嫉友军，无计可施，不得已多次与卢师谛磋商，"与其坐困废事，不如举而归之"。（《杨虎上总理函》，环龙路档案第 12971 号）是月 4 日卢师谛来函，报告川中近情。本日复函，对川中形势近臻稳固，深为欣慰。望勤加训练，黾勉不懈，以奏全功。并告杨虎处军队收束事宜，"自难尽如人意，外间纵有流言，亦不足为意，可听之而已"。（《复卢师谛函》，《孙中山全集》第 5 卷，第 115 页）

　　△　伍行敦来函，请俯顺舆情，勿辞总裁。

　　湖南江华公民伍行敦前来沪晋谒，并读学说，颇受感染。近阅报悉辞总裁事，特来函规劝。函谓："总裁手创民邦，躬维法治，任重道远，义不容辞，务乞俯顺舆情，收回成命，主持大计，福我邦家。"（《伍行敦请国父俯顺舆情收回辞职成命函》，《革命文献》第 48 辑，第 312 页）

　　是月上中旬　复函林修梅，论述人类生存及对待徐世昌、段祺瑞之态度。

是月 2 日、4 日,湖南靖国军第二纵队司令林修梅两次来函,报告部队近况,探询人类生存途则及对徐世昌、段祺瑞之态度。函谓:南北和会陷于沉寂,南方已隐变为联徐、联段两派,然"徐、段、冯皆北方老官僚,于世界真理何曾知得? 能以武力强制之,斯为上策;否则须具有特别之感化力导入正轨,使之不复为恶,未尝不可。但以凤无定力之人与之周旋,鲜不入其牢笼,受其污染",请指示具体处置之法。来函并谈及湘军军实短绌问题,期望"先生切实与军府磋商",俾明年粮食能有所接济。("中华民国"各界纪念国父百年诞辰筹备委员会学术论著编纂委员会主编、中国国民党中央党史史料编纂委员会编:《国父墨迹》,第 364 页)

本日复函,对林函所涉问题一一作答。复函详解人类社会进化途则,指出进化程序,"既由农业时代进而为工业时代,步步前进,永不后退";"此后世界只有日趋向前,断不能废除现世之文明进步,而复返于原始状态也"。对北方徐、段态度,函谓:与二者代表均有接洽,"文对徐不独要求具根据法律行事,且勉其以道德立身,并谓伊如能于道德无碍,予当乐为之助"。对段,"文要求以能完全赞同文学说之主张,乃有相商之余地";"必须段能完全服从我之主张,乃能引以为同志也"。"盖吾人救国,为有主义有办法之救国,必能服从主义,推诚共事,始可共策进行;否则,苟且敷衍,利未见而害已继之,万不可也。"对于湘军军实问题,告军政府皆"植党营私之徒","万不能为湘军助"。建议"督率士卒,实行屯垦,以自谋食"。(《复林修梅函》,《孙中山全集》第 5 卷,第 98—99 页)

林接函后复于 9 月 17 日来函,再论前述问题。函谓:就历史方面观察,物质愈进步,社会情形愈复杂。近来俄德革命,皆缘此复杂情形而起。今人一谈社会主义,辄侈谈政治、经济之解放。解放诚是,然"须先从自己解放,推广以及于家庭、社会始有效果。盖非由个人觉悟以图解决各问题,则主义终无贯彻之一日"。对于前函指示的

屯垦之方,林表示"实难完全实行","惟有尽力做去"。(《林修梅上总理函》,环龙路档案第 04489 号)

9 月 21 日　复函李根源,勉群策群力,以收国事澄清之效。

是月初,邓泰中来沪,李根源因托其携函致意。函谓:内部不协,无以对外。前次居正、林祖涵过韶,均有接洽。近日与林森"亦接洽甚亲,主张亦复相同"。敬请先生赐教。本日复函谓:"时势至斯,非吾党贤者协力共谋,不足以戡定危难。闻兄于文注意甚厚,深愿此后群策群力,一致并进,以收澄清之效,庶无负吾人救国之本怀也。"并指出:"韶州为粤北要冲,年来得兄之筹策经营,遂屹为天障;此后若能扩而充之",前途实无可限量。(《复李根源函》,《孙中山全集》第 5 卷,第 115 页)

△　复函黄德润,冀"从社会民生方面做切实工夫"。

老同盟会员黄德润借邓泰中来沪之便,致函并赠送大理石一件。函谓:"近读《国际共同发展中国实业计划书》,平外人之争,致中国之富,舍此莫由。又读先生学说第一卷,于行易知难,佐证精确,破前人迷疑之说,开后进奋往之途。"又谓:闻和议将裂,外患逼迫,"真能救国如先生,环顾无人",惟望"出而补救"。(《黄德润上总理函》,环龙路档案第 13736 号)

本日复函,对其精神矍铄,"救国之志,未尝稍衰",极为称誉。深盼"此后并抒嘉谟,俾南中同志共得矜式"。并指出"近日上海和议,势仍停顿,然此等和议,其内幕实为少数武人权利地位之磋商,于国计民生毫无关系。故文深望吾党同人放眼远大,从社会民生方面做切实工夫,庶基础既固,异日虽有不良政府,以国民之公意掊而去之,犹摧枯朽耳"。(《复黄玉田函》,《孙中山全集》第 5 卷,第 116 页)

9 月 22 日　接见北方和谈总代表王揖唐。

北方新国会众议院议长、安福系首领王揖唐被北京政府委任和谈总代表后,遭遇各方反对。抵沪后又为南方和谈代表所拒,恢复和谈无由推展。因虑及"孙中山先生已经辞职,希冀可以摇动",便于

22日晨特来请见，叩以和局意见。

谈话中直言无隐，斥责段祺瑞"无识坏法"，指出"现在惟一解决方法，只有恢复国会，使其自由行使职权"，并谓："此为余二年来护法之主张，亦即为全国人谋和注意之点。若能办到此层，和局今日即可成立；即不再开会，余亦可负完全责任。否则断无可商量。"王表示"北方不能办到此层"①。答谓："既不能办到，则更何和可言。"王遂失意而去。（《孙先生对和局之意见》，上海《民国日报》1919年9月23日，"本埠新闻"）

王揖唐前来造访，甚为外界所关注。《字林西报》刊文认为，"其中有两种假定理由，颇耐寻味：其一谓目下南方人物中，独中山似可接见王氏，且具有可作调人之机会"；其二谓"中山近曾接得消息，谓北京愿承认彼之要求，但彼之要求中，有国会应完全行使职权一款，故王氏此次往访，系否认上项消息，而告以此时不能承认"。对于第一种理由，该报分析认为："其作此拟议者，显以外间所传南代表一部分已允互让之说为根据。据外间所传，倘南方派人得为副总统，及阁员三人、省长十人，则双方即可和洽。惟此说自仅指南代表中之一部而言，至于南方领袖则坚持宣布军事密约之要求。"对于第二种猜测，文章分析称："按中山已辞南政府总裁，惟仍预备参预政治。彼料南北武人恒有接近之机，若此种机会一经圆满，则任何国会皆将消灭，而彼与一般护法者且皆将被逐去国。但彼又料护法派人势力亦不弱，且得舆论为后援，故即各督军亦难抵抗。因此，彼坚持其拥护国会之一要求，倘能得当，则军约与借款问题皆可听国会解决之也。"（《西报推论孙先生意见》，上海《民国日报》1919年9月25日，"要闻"）

△　广州各团体来电，请饬粤政府废除电车抵押贷款合约。

---

①　关于此次谈话中王揖唐态度，北京《晨报》记录较为详细，称王表示"在京临行时，段合肥曾嘱以国会问题不能迁就"；又自称："彼曾力劝合肥谓国会问题亦不无可以让步之点，最后合肥竟不坚持。今亦当以劝合肥之言劝中山。"（《旅沪各色要人之最近态度》，北京《晨报》1919年10月7日，"紧要新闻"）

电谓:广州市政公所近日以电车经营权作抵,向英人借款一百万元。按此合约,一切租借管理之权,转移于外人之手,广州交通悉为外人所掌控。如成事实,后果不堪设想。乞即迅电粤政府饬令该公所立予废约,"保全广东,所以保全西南,亦即所以保全中国也"。(《粤各团体力争电车案》,上海《民国日报》1919年10月2日,"要闻")

9月23日　与曹亚伯谈话。

是日,中华工业协会理事长曹亚伯对于王揖唐来沪议和,特来莫利爱路拜访,陈述工界意见。曹云:"北方不法,西南护法,吾辈工人两年来掳掠负重,驱为牛马;吾辈工人,固不反对合法的议和,但反对分赃的和议。如某为总统、某为总长、某为督军、某为省长……全国工人,无论南北,惟有拒绝不许。"答谓:"和之一字,当根本取消。若北方能服从条件,以旧国会完全自由行使职权,则南北本属一家,国民同心救国,本可减轻全国工人之负担,吾当即日将徐、段来商事宣布,使中外咸知。"(《王揖唐来沪第五日记》,上海《民国日报》1919年9月24日,"本埠新闻")

△　广州国会参、众两院致电上海国会议员,再次挽留孙中山勿辞总裁。(《两院挽留孙先生再志》,上海《民国日报》1919年9月27日,"本埠新闻")

△　方井东来函,谓王揖唐定必言与行违。

孙中山接见王揖唐消息见诸报端后,甚为各方关注。本日,方井东自南京来函,谓王揖唐道经南京时曾有一晤,据其观察,"彼准定言与行违。彼系安福领袖,此次纯以强硬巧滑作用,然代表随员仆从如此众多,专事奔走运动,倘一方面不得其平,即行瓦解"。并请若有和议机会,务乞"发表根本解决政见,铲除种种恶习"。(《方井东上国父报告北方代表王揖唐无谋和诚意函》,《革命文献》第50辑,第428页)

9月24日　龚心湛来电,告已获准辞去代理国务总理一职。(《军政府公报》修字第113号,1919年10月8日,"公电")北京政府随即宣布靳云鹏暂兼代国务总理。

△　上海《民国日报》刊《读〈孙文学说〉》。

文章称："民国人望，首推孙中山先生，其伟识毅力，实古今中外人物之所罕有。无如国民之智识有限，对于伟大之计划每觉震骇。非常之计，原为庸人所惧，遂使孙先生之政策未克见诸实行，良可慨也。间读孙文学说一书，而不禁有感矣。"该文对行易知难说、三民主义和五权宪法之于当前中国的意义及未能实行之原因有所分析，认为行易知难一语"振聩发蒙，足破数千年来之谬说，而鼓励吾人一往无前之勇气矣"；三民主义诸策若行，"中国自强之机，早见于数年之前"；而五权宪法之说，"独具只眼，允协吾国之国情，足以扫除中国政界之积弊也"。文章最后指出："伟哉孙先生！苟使全国人之心理，不为知之非艰行之维艰之语所迷惑，俾其策得畅行无阻，则中国前途之发展，岂可量乎？"（郑础庭：《读〈孙文学说〉》，上海《民国日报》1919年9月24日，"外论"）

9月25日　刘仁航来函，请核查施行推进地方自治问题三策。

刘仁航倡办、旨在培养自治人才之讲习所近在沪开学，本日来函报告情况，并有所建议。函谓：目下学员逐日增加，各省人士均有，县自治人才问题颇有解决之望。推进之法，一"能联络各省，请其令各县送人来学"；二在沪创办大学，俾"号召四方，有无数化身乃可推广"；三择大力所及区域劝行，"政界实行自治，训政法做成模范"。敬请核查施行。接函后批示："此等事必等大局定后，乃能想办法也。"（《刘仁航上总理函》，环龙路档案第09404号）

9月26日　童杭时来函，陈述对时局看法。

童杭时奉命来沪慰留未果，本日来函，告明日调棹返粤，"改组军府事，拟照常奋斗。两院同人及粤滇制各军，亦拟以个人名义竭诚联络"；并陈述对时局看法，谓："联徐倒段者固属无策，而或主张联段倒徐者亦非上策。吾人但教坚持正义，收拾人心，护法救国终有达到目的之一日。"（《童杭时上总理函》，环龙路档案第13917号）

9月27日　湖南省议会来电，请严电制止张敬尧将全湘矿产抵押借款。

电谓:张敬尧将全湘矿产,托工程司葛某抵洋五千万元,订约二十条,签字在即。请同伸义愤,严电拒押,免成实事。(《湖南省议会通电》,《申报》1919 年 10 月 3 日,"公电")

9 月 28 日　陆福廷来函,报告闽省军情。

陆福廷自广东汕头来函,对辞卸总裁职,致使"爱国者失所依归,而保位者愈无忌惮",颇为忧虑。并述及闽省军情,谓:"闻海军预备不日选派舰队出发,攻击厦门,暗劝浙潘师长守中立。陆路粤、浙、滇各军,连合出击江东桥同安之线,诚若此,则闽局不难一举而定矣。"接函后批示:"辞职者,所以表示西南之不法,而示国人以自决,不可靠南北之政府也。我各同志当各竭力奋斗,不可灰心也。"("中华民国"各界纪念国父百年诞辰筹备委员会学术论著编纂委员会主编、中国国民党中央党史史料编纂委员会编:《国父墨迹》,第 366 页)

△　国难同志会来电,请容忍勿辞总裁。

是日,国难同志会总干事陈白、雷家驹、丘焕枢、谢醇等联名来电,谓:"先生若去,原足保国父人格之尊严;先生若留,又能绵民国正统于不坠。盖先生一去,则武人愈将为所欲为,北方既有卖国者,行见西南复有卖法者矣。"请权衡轻重,容忍勿辞。(《国难同志会电》,上海《民国日报》1919 年 10 月 7 日,"公电")

△　唐绍仪辞南方总代表职。

唐绍仪因北京政府拒不换王,政学系复明拒王,和议纵开,亦难达护法救国目的,本日遣专员黄光甫持函并赍和平会议总代表关防,赴粤呈交军政府,声明辞职。(《吴景濂函电存稿》,《近代史资料》总 42 号,第 171 页)10 月 2 日下午 4 时,唐于上海老靶子路住宅东邀各分代表到场,当众说明此事。(《南总分代表谈话纪》,《申报》1919 年 10 月 3 日,"本埠新闻")军政府方面经过研商拒绝接受,并派员赴沪挽留。

9 月 29 日　徐宗鉴来函,表达追随之意。

是日,江苏省议会议员徐宗鉴自常熟来函,陈述"革命以来,为国奔走"经历,期望兹值"和局无望,战事必兴"之际,能够"留诸左右,藉供驱策"。接函后批示:"慰之以待时。"("中华民国"各界纪念国父百年诞辰筹备委员会学术论著编纂委员会主编、中国国民党中央党史史料编纂委员会编:《国父墨迹》,第368页)

△　曹元庆来函,请求资助。

在校大学生曹元庆因孤苦无依,学费无着,函请资助。函谓:"久瞻我大总统懿德穆穆,热心教育,矜愍穷士,故敢稽首上乞。"接函后批示:"代致书该校长,查此人如何。"(《曹元庆上总理函》,环龙路档案第01378号)30日,曹复来函再申前意。(《曹元庆上总理函》,环龙路档案第01195号)

是月　为姚伯麟著《战后太平洋问题》一书作序。

姚伯麟因见美、日持其巨舰大炮主义在太平洋竞争愈演愈烈,鉴及"太平洋问题与我国有死活关系,冀警醒全国人民,唤起其自卫心",故撰《战后太平洋问题》一书,并邀赐序。是序置于诸序之首,略谓:太平洋问题即世界海权问题,海权竞争的重心将转移至太平洋。"今后之太平洋问题,则实关于我中华民族之生存,中华国家之运命者也。盖太平洋之重心,即中国也;争太平洋之海权,即争中国之门户权耳。"《战后太平洋问题》一书,旨在"唤起国人之迷梦,俾国人知所远虑,以免近忧焉"。(姚伯麟著:《战后太平洋问题》之"序""例言",近代中国史料丛刊3编第18辑)

△　为山田良政纪念碑书写纪念词,并撰写碑文。

1900年,日本友人山田良政奉孙中山之命参加兴中会发动的惠州起义,事败身殉。1918年,山田良政胞弟山田纯三郎来惠州遍寻尸骨不获,遂从埋葬山田良政之地带回一抔黄土,葬在家乡。次年9月,纯三郎拟在家乡弘前菩提寺为其兄建碑,并约为山田良政书写纪念词。纪念词长七百余字,细述惠州起义及山田良政遇难经过,称赞山田"衔命冒险,虽死不辱,以殉其主义,斯真难能可贵者","外国义士为中国共和牺牲者,以君为首"。最后祝愿"斯人为中国人民自由奋斗之平等精神,尚有嗣于东国"。(《山田良政建碑纪念词》,《孙中山全集》第 5 卷,第 121 页)29 日,复为纪念碑撰写碑文。文曰:"山田良政君,弘前人也。庚子闰八月,革命军起惠州,君挺身赴义,遂战死。呜呼! 其人道之牺牲,亚洲之先觉,身虽陨灭而其志不朽矣。孙文谨撰并书 民国八年九月廿九日"。(上海市档案馆:《孙中山撰山田良政碑文及建碑纪念词》,《历史档案》1985 年第 2 期)

是年秋　复函李村农,批评其反对外资思想为一知半解。

李村农多次来函,反对《国际共同发展实业计划》中利用外资发展实业主张。在前次回函未能解惑反致误会的情况下,本次复一长函,对引进外资的重要性作了详细的分析。该函首列日本、暹罗与安南、高丽对外资的不同政策所导致的不同发展结果,说明利用外资的重要性。进而批评指出"君不知外资为何物","不知外资不尽指金钱",今日中国所缺者非金银,乃振兴实业之生产机器。这些机器"若借外资,则十年便可达到目的;若欲得资自造,则数百年恐不能致也"。中国如能"广借外资(即多赊机器),以开发种种之利源,互相挹注,互相为用,乃能日进千里,十年之内,必致中国于美之富、于德之强也"。(《复李村农函》,《孙中山全集》第 5 卷,第 121—122 页)

10 月

10 月 1 日　复函金汉鼎,勉"贯彻主义,克竟闳业"。

9 月 15 日,金汉鼎自四川富顺来函,称"先生正谊明道,许国以忠,政见无偏,救亡有术",冀时赐南针,藉资遵守;并请赐下《孙文学说》。(《金汉鼎上总理函》,环龙路档案第 00349 号)本日复函,对其驰驱戎马而"持义不懈"甚为称许,并勉其于时事方艰之际,立功救国,"贯彻主义,克竟闳业,以副想望"。(《复金汉鼎函》,《孙中山全集》第 5 卷,第 123 页)

10月2日　黎苏来函,请面陈杀贼利器。

黎苏自广东新会来函,称握有杀贼利器,约面陈其详。接函后批示:"此等现用不着,不必前来,只函详可也。"(《黎苏上总理函》,环龙路档案第01428号)

10月3日　蒋介石来谒,勖其助理军事,不许远离游学。

蒋介石前来晋谒,报告因陈炯明"外宽内忌,难与共事",呈请辞职,并拟筹措资金,游学欧美三年。交谈中勉其在国内助理军事,不许远离游学。23日,蒋再次来谒,仍坚持出游之议。复谆谆劝慰,诚其打消远离游学之念。蒋介石归而叹谓:"见中师垂爱与施教殷勤之状,不禁赧汗,盖恐难副所期也。"(毛思诚编纂:《民国十五年以前之蒋介石先生》第2册,第86页)

△　致函卜舫济,介绍邵元冲赴圣约翰大学补习课程。

中文秘书邵元冲计划赴美攻读政治学,建议其先赴圣约翰大学做好必要的补课准备,并致函圣大校长卜舫济,请其接见,并给予"特殊照顾和方便"。(《致卜舫济函》,《孙中山全集》第5卷,第123页)

△　马天民来函,披陈经营西北重要性。

中华革命党党员、漳州粤军军官讲习所教员马天民来函,报告经营西北大计。函谓:"吾党今后欲贯彻三民主张,非在军事上占一地位不可。现在西南各省中多各有党系,其间决无吾党投足之隙,是非别开生面,不足以图存","莫若经营西北之为愈"。而西北军事亦颇有把握,因与"甘肃诸马氏子弟多系保定同学,现均任甘省军事要职"。倘先生以此计为然,愿牺牲一切,即日就道,"为吾党之哥伦布"。(《马天民上总理函》,环龙路档案第13959号)

△　汪德渊来函,请筹谋弘彰邹容。

汪函详细追溯清季邹容参与革命、瘐死狱中及遍觅邹墓情形,谓近日获悉邹容为刘季平收葬于华泾镇,拟约合同志于国庆日"往展邹君之墓,并欲相其地势,为崇加封树之计"。且谓日内当来造谒,以谋营"式彰之计"。接函后批示:"请吴稚晖先生来商办法可也。"("中华民国"各界纪念国父百年诞辰筹备委员会学术论著编纂委员会主编、中国国民党中央党史史料编纂委员会编:《国父墨迹》,第 384 页)

10 月 6 日　四川省议会来电,望严拒日人诡谋。

近日报载,日人芳泽氏来华,欲以贷款作饵,诱使补签德约,或由两国单独交涉山东问题。本日,四川省议会来电,请协力拒绝,"毋再堕诡谋,致陷我于万劫不复之地"。(《军政府公报》修字第 123 号,1919 年 11 月 12 日,"公电")

10 月 7 日　广州参众两院来电,请力促军政府停止和议。

王揖唐南来,军政府虽拒绝其为北方代表,但仍对和议抱有期望。本日,广州参众两院议长林森、吴景濂、褚辅成暨全体议员致电南方军政要人,指出南北和议以来的种种事实及靳云鹏内阁的出现,足证"万无和议可言,即使成功,不过化中国为夷狄,奴五族为顺民"。敬请"周鉴舆情,速定大计,一致电请军府停止和议,下命讨伐毁法卖国之贼,率全国国民作最后五分钟之奋斗,行见正义战胜于强权,回复合法之和平与永久之和平,俾吾民循轨辙而图进取,与列强争生存于天壤"。(《军政府公报》修字第 118 号,1919 年 10 月 25 日,"公电")

△　张煊来函,请助成陈炯明创设护法大学计划。

陈炯明前通电各护法要人,合请军政府以关税余款为创办经费,设护法大学于上海或广州,然"寂然无以应者"。本日张煊来函,称誉《实业计划》第一号总论"宏纲巨制,秩序井然",第一、第二计划"原始要终,有条不紊",诚为建国良谋。而护法大学之设,可为建国"计划之预备","集举国优秀人才,而养成完全学识,于以辅佐先生,使由理思上之计划,而成为事业上之进行"。请对于该主张,"设法以达其目的"。(《张煊请赞助创办护法大学上总理函》,《革命文献》第 48 辑,第 283 页)

10 月 8 日　在上海青年会演讲"改造中国之第一步"。

是日晚八时,应上海青年会之邀出席预祝中华民国国庆举行庆祝大会,并发表演说"改造中国之第一步"。面对千数百听众指出:兴办教育、实业、地方自治固为改造中国之要件,但"还不能认为第一步的方法”。今日改造中国的第一步方法“只有革命”，“革命两字，有许多人听了，觉得可怕的。但革命的意思，与改造是完全一样的。先有了一种建设的计划，然后去做破坏的事，这就是革命的意义”。惟有通过革命，才能搬除长期以来毒害中国的旧官僚、武人和政客这三大陈土，才能“造成一灿烂庄严的中华民国”。（《孙中山先生〈改造中国第一步〉演说》，上海《民国日报》1919 年 10 月 9 日，“社论”；《国庆日余闻》，《申报》1919 年 10 月 12 日，“本埠新闻”）

10 月 9 日　张伟斌等来函，盼赐寄著述。

天津南开学生张伟斌、耿守信、张锡珪来函，称“先进之鸿篇巨制，实为我后生之好指南”，“但欲得真精奥意，不有手不停披先进之篇，不克为功”，敬祈赐寄著述。（《张伟斌等上总理函》，环龙路档案第 01196 号）

△　李振亚等来函，恳请资助。

本日，李振亚等迭上两函，谓“人夥用繁，困于逆旅”，“伏乞速解，以免绊沪倒悬之苦”。接函后批示：“助资无从为力。学说即送上两册，查明交去可也。”（《李振亚上总理函》，环龙路档案第 01400 号）

10 月 10 日　改组中华革命党为中国国民党。

1914 年 7 月 8 日，中华革命党在日本东京成立。1917 年 3 月 30 日，中华革命党通告党员，准备恢复国民党名称。本日正式通告，将中华革命党改称中国国民党（党名加“中国”二字，以与 1912 年的国民党相区别），并公布《中国国民党规约》。通告宣称：“从前所有中华革命党总章及各支部通则，一律废止。所有印章、图记，一律照本规约所定，改用中国国民党名义，以昭统一而便进行。”规约宣布：中国国民党“以巩固共和、实行三民主义为宗旨”。“凡中华革命党党员，皆得为本党党员”，“凡中华民国成年男女，与本党宗旨相同者”，皆可申请加入。“本党设本部于上海，总理全党事务”，“设总支部、支部、分部于国内及海外华侨所在地”。“本党设总理一人，代表本党，综揽党务。”本部暂设总务、党务、财政三部。（《中国国民党通告及规

约》,《孙中山全集》第5卷,第127—131页)

△　发表《八年今日》一文,纪念双十节,勉力行革命主义。

本日系武昌起义八周年,在多家报刊同刊《八年今日》一文,追溯武昌起义及民国创建的艰难历程,痛斥官僚、武人、政客为八年祸乱之根源,号召后起者继武昌英烈而起,力行革命主义,再造民国。文章最后指出:"民国由革命而来,则凡今日承认民国者,必当服膺于革命主义,黾勉力行,以达革命之目的,而建设一为民所有、为民所治、为民所享之国家,以贻留我中华民族子孙万年之业,庶几今日乃有可庆祝之价值也。"(《八年今日》,《申报》1919年10月10日,"名人感想一")

△　在《民国日报》附刊《星期评论》发表《中国实业如何能发展》一文,论述发展实业的基本要素。

文章指出:"美国之实业大王骆基化罗(今译洛克菲勒)曰:'发展实业之要素有四:曰劳力也、资本也、经营之才能也、主顾之社会也。'我中国地大物博与美同,而吾国农产之富,矿质之丰,比之美国有过之无不及。彼实业大王所举之发展四要素,劳力之人工,我即四倍于美国;主顾之社会,我亦四倍于美国;我国所欠缺者,资本也、才能也。倘我能得此两要素,则我之实业发达,不特可与美国并驾,且当四倍于美国。然则欲图中国实业之发展者,所当注重之问题,即资本与人才而已。"(《中国实业如何能发展》,《星期评论》1919年10月10日)

10月11日　旅沪湘事维持会来电,请迅电制止张敬尧卖湘合约。

旅沪湘事维持会迭接湘中来电,告张敬尧以全湘矿产向英商抵借巨款,本日致电有关各方,痛斥两年以来张氏祸湘,已"刮皮见骨",今更丧心病狂,竭泽而渔,泣恳"迅电设法极力阻止,保全湖南,即所以保全中国。并恳在南北和议未解决以前,速将张氏撤换,以救湘民"。(《湘事维持会请撤张敬尧电》,上海《民国日报》1919年10月11日,"公电")

10月12日　复函宋渊源,告仍用中华革命党名义,以发扬革命原始精神。

宋渊源自福建来函，告"振饬军旅"，并"拟重新结合党人，以发展党势"。本日复函指出：重新结合党人，"诚今日切要之图"，"惟国民党份子太为复杂，非仍用中华革命党名义，不能统一号令，发扬革命原始之精神。兄如赞同是说，请即率先宣誓，以为闽中同志之创"。并望就近与许崇智、吴忠信等妥商。（《复宋渊源函》，《孙中山全集》第 5 卷，第 136 页）

10 月 13 日　任命中国国民党本部主要职员。

本日，中国国民党本部事务所居正呈文，请迅将总务、党务、财政三部主任指定，以专责成。接呈后批示，即委居正为总务主任，谢持为党务主任，廖仲恺为财政主任。（"中华民国"各界纪念国父百年诞辰筹备委员会学术论著编纂委员会主编、中国国民党中央党史史料编纂委员会编：《国父墨迹》，第 370 页）

10 月 14 日　彭养光来函，报告国会改组军府进展。

军政府内部矛盾公开化后，重行改组声浪渐起。是日护法议员彭养光来函，报告国会内部改组意见。函谓：主张改组者，已尽人所同，惟对人问题不能解决。"陆荣廷各方均不信任；唐继尧不能舍滇而就粤，且年龄亦不及格；岑春煊仅政学会一部分推戴之，然亦不欲其为总统，只欲其作总理；伍秩庸之朽聩，已为人所共弃；唐少川之不能独立有为，亦为人所共知。就中比较倾向先生者，实较他人为多，虽吴莲伯、褚辅成等，亦不能独异。"并告：当日约集各方在褚寓开谈话会，经多人讨论对人问题，暂不提出，先派人赴军府述改组意见，俟改组议定，再提应选之人。（《彭养光报告广州国会讨论改组军政府及人选问题》，《革命文献》第 48 辑，第 326 页）

在多数议员的努力下，军政府改组案于 22 日正式通过，起草员亦已推定。随后，彭养光又来函，称"奋斗此其时"，改组方法存上中下三策。"与胡汉民、廖仲恺、朱执信、居正在沪商议，迅速派人来粤共筹进行，急起直追，力争选举，上策也。次则务令先生一系之人，平分军政权,中策也。二者不得,则吾人将局面拆倒,此下策也。"接函后批答:"国会议员应有凭良心奋斗之责,惟自我视之,则随其自然而已。所说三策,下策乃为最上,其余不敢赞一辞也。"(《批彭养光函》,《孙中山全集》第5卷,第154页)

10月15日 与会欢迎菲律宾议会议长奥思梅那一行。

菲律宾议会议长奥思梅那一行十余人,以私人资格来中国游历。抵沪后,余日章、陈辉德、宋汉章、黄炎培等人发起组织,于15日傍晚六时半在一品香旅社举行欢迎集会。列席者共约百余人,上海各界重要人物多有出席。入席后,首由余日章发言,陈述中菲之关系。继则发表演讲,演词"甚长"。晚上11时,宾主尽欢始散。(《欢迎斐律滨要人纪事》,《申报》1919年10月16日,"本埠新闻")

△ 游运炽来函,请助川路自修。

1913年川汉铁路收归国有后,修建毫无进展,且爆出股款侵吞丑闻。前川汉铁路总公司清算处主任游运炽等鉴川路隶属护法区域,一面呈请川省长署转呈军政府,"恳照成案,将成渝路段准川人自修,民业铁路所需建筑经费,即以北廷交部应还路款为基本金";一面遣朱叔痴、胡素民二人赍函来沪,请示办法。函谓:"先生总括路政,措置裕如,维持自多方法。况殷忧西顾,群深引领,倘获正谊得伸,重开和会,叔痴、素民即就便请愿于和会,为将来军政府承认四川成渝路段,准川民自修民业铁路案成立后,得以向北廷交部收回路款地步。"俟大局定后,乃能着手此事。(《游运炽上总理函》,环龙路档案第00459号)

10月16日 复函陈树人,告爱国储金奖章稍后寄上。

加拿大中国国民党支部负责人陈树人前来数函,并寄《布告录》,报告加属党务开展。本日复函,对其勤劳党史,成绩"极优",极表喜慰,并告"爱国储金奖章,刻在印铸中,尚未竣工,一俟造就,当即寄上"。(《复陈树人函》,《孙中山全集》第5卷,第138页)

△ 蒋国斌来函,恳请赐教。

1917 年冬，蒋国斌受命赴闽联络，上年冬间曾去函奖勉有加。本日蒋国斌来函，痛国事日非，恳不吝赐教。（《蒋国斌上总理函》，环龙路档案第 03065 号）

10 月 17 日　杨庶堪来函，报告川中政情动向。

函谓：四川财权为熊克武所攫，"发展殊难"，但熊亦"日入窘乡"，川东局势可暂保无虞。川中将领中，黄复生、卢师谛"殊不好处"，卢"稍败名"，黄"图穷匕见"，"乃觉悟辅佐乏才，事不能举"。石青阳、颜德基已发表任第六、七师师长，"然其意终不可测"。滇、黔联接尚固，黔"尤可保无变"，因王文华"与彼水火"。刘湘"本甚契合"，然闻其代表康某与胡景伊及北方接洽，终不可靠，"特利害上尚互相利用"。是以川局根本解决殊难，"吾党唯有青阳、锡卿可称纯粹"，期望朱执信入川相助，"拟以秘书长浼之"。

来函并述及四川省议会动态，谓郭崇渠"稍稍返本，其良心上终不忍为异派"，议员中"倾向吾党者约可得五六十人"，熊派"多数亦渐破裂，利交终不可长也"。恳请致电奖励志诚俱乐部。（《杨庶堪上总理函》，环龙路档案第 00460 号）

10 月 18 日　在上海寰球学生会演说《救国之急务》。

此次演说，上海《民国日报》曾三次登载通告。第一次以《孙先生在学生会演说》为题于 10 月 12 日刊出，谓："寰球中国学生会，定 10 月 18 日（星期六）下午 7 时，请孙中山先生演说，题为《救国之急务》。孙先生自退居林下，从事著作，道德学问，普海同钦。此次讲演，关于救国方针，必大有发挥，欲聆孙先生言论者，可径向该会索取入座券。"16 日，该报又以《孙先生定期演说再志》为题刊出通告："寰球中国学生会，定于 10 月 18 号（礼拜六）午后 7 时，请第一任大总统孙中山先生演说一节，曾志本报。兹闻日来杭、宁、镇、锡、苏等处往索入场券者甚众，已将次发完，欲聆孙先生之言论者，须速往该会索取。"17 日，该报以《孙先生演说三志》为题，再发通告："寰球中国学生会于本礼拜六（18 日）晚 7 时，请孙中山先生演说《救国之急务》等情，已志前报。

兹悉该会印送之入座券，已早送罄。该会因限于场所，故座位不能多，容后之往索者，只得宣告谢绝。"上海及江浙各界对此次演说甚为关注，听众颇多来自杭州、南京、镇江、无锡、苏州等处。

演说开门见山，痛陈民国八年，一般腐败官僚、跋扈武人、无耻政客，天天"阴谋""捣乱""作恶""卖国"，将中华民国的领土、利权尽送外国。国人若不急起拯救，国将不国。进而指出，救国方法有二：一为维持现状，一为根本解决。维持现状之法，即从速促成南北和议，恢复国会自由行使职权。该法能否实现，关键在"全国的舆论都是要求恢复国会，那北方政府就不敢不顺从民意"。否则和议纵然重启，亦不过沦为南北武人、官僚、政客的分赃聚会。而根本解决之法，就是"南北新旧国会，一概不要它，同时把那些腐败官僚、跋扈武人、作恶政客，完完全全扫干净它，免致它再出来捣乱，出来作恶，从新创造一个国民所有的新国家，比现在的共和国家还好得多"。演讲最后号召听众，"把这两条认定清楚，看哪一条可以做得到，就要积极去做。诸君莫怕无拳无勇，不能抵抗武人的枪炮。要知民意和公理，到底定能打倒强权的。"（《在上海环球中国学生会的演说》，《孙中山全集》第5卷，第142—149页）

对于演说中所提两种救国方法，听众反应不一。学生领袖许德珩后来追忆："中山先生的讲演，对学生运动是一个很大的鼓舞。"（许德珩：《许德珩回忆录：为了民主与科学》，第68页）程天放听完后，则"觉得先生在二十多年前提倡革命的精神，到现在还保持弗失，愈加佩服"，同时"对于先生的主张也有怀疑的地方"。他认为，"维持现状"方法"很不妥善"，"在官僚、军阀、政客的势力未推到以前，去要求北廷恢复国会，是弊多于利的"。唯一救国方法，"就是要革命，就是要合全国平民的力量去革官僚、军阀、政客的命，不当去要求北廷恢复国会"。（《程天放致孙先生书》，上海《民国日报》1919年10月23日，"专件"）李龙未亲聆演说，读到演词后于是月23日来函，反对"主张恢复国会自由行使职权，不赞成将取消密约列入和议条件"。认为当今之计，"惟有为国民后盾，一致主张非取消未经国民承认之私人密约不可，则不独可以战胜恶政府，并能战胜日本"。来函并谓"根本解决"亦存缺陷，"居今日而谋救国，厥惟一法，其法云何，曰摧残权利思想而已"。（《李龙上总理函》，环龙路档案第 13920 号）

△　参加马玉山饼干糖果公司开幕仪式，赠送题额。

是日下午 2 时，位于南京路 37 号的马玉山饼干糖果公司举行开幕仪式，柬邀各界知名人士莅临茗叙，中西来宾列名纪念册者共二百八十人，有孙中山、唐绍仪、胡汉民等。出席并赠送题额"脍炙人口"。（《马玉山公司上海支行开幕》，《申报》1919 年 10 月 19 日，"本埠新闻"）

△　复函田应诏，嘱联合各方，以厚实力。

日前李某携田应诏函来沪，备悉湘西军情。本日复函指出：国事益形危殆，"此后彻底解决，仍在吾党诸同志共同努力"。冀"益努力不懈，联合各方，以厚实力，并与川中各同志联为一气，互相扶助"，"庶以荡涤瑕秽，奠定共和，完成年来护法之初衷，与我党救国之本愿"。（《复田应诏函》，《孙中山全集》第 5 卷，第 149 页）

10 月 19 日　古汉光来函，望当天下之任。

许崇智部属古汉光忧心国事日非，本日来函，谓大局纷更，冀"挈领提纲，以抒和议，达到吾党最终之目的"。并望"储天下之才，当天下之任，谅不以功成遽退，雅度健安，以不出为苍生哭"。（《古汉光报告至许崇智部任事上总理函》，《革命文献》第 48 辑，第 278 页）

10 月 20 日　为《精武本纪》一书作序。

上海精武体育会创立十年，陈铁生撰编《精武本纪》付梓，受邀为该书作序。序文指出，当今之世，若我国等平和民族"善于自卫"，则世无弱肉强食之说。而今次欧战屡见，"技击术与枪炮飞机有同等作用"。精武体育会成立十年，研究提倡技击术，"成绩既多"，"于强种保国有莫大之关系。推而言之，则吾民族所以致力于世界和平之一基础"。（《〈精武本纪〉序》，《孙中山全集》第 5 卷，第 150 页）

△　复函李国柱，告国事解决，惟在同志努力奋斗。

李国柱日前来函,报告所部困难,然秣马厉兵,矢志不懈。本日复函告:"国事近日愈趋黑暗,非吾党同志具绝大之决心,努力奋斗,断无解决之望。"并指示:"兄所部既悉系湘中同志,尚望勤加训练,静以候变。待他日计划决定,自当即行通知,以收同力合作之效。"(《复李国柱函》,《孙中山全集》第5卷,第151页)

△　复函廖奉恩,告赞襄女校实爱莫能助。

是月10日,廖德山之女廖奉恩自广州来函,报告主持女校情形,并请襄助。函谓:去冬东山浸信会内华人倡办培坤女子中学,附设两等小学,被聘担任校长,现该校业已粗具规模,深望各界赞助,俾"将来达于最完美之女校"。恳请"时锡南针,俾资循守,如蒙不弃,请为敝校名誉校董,并请赐函,介绍省港澳沪各政绅商界共同助力"。(《廖奉恩上总理函》,环龙路档案第01629号)接函后批示:"答函嘉奖,但以非时,爱莫能助,惟望奋勉而已。"(《批廖奉恩函》,《孙中山全集》第5卷,第152页)当日并复函,对廖"掌教女学,诱掖后进",深为欣慰。告"所商补助及任校董一节,以此间刻亦异常困难,实属爱莫能助",冀"奋勉不倦,俾女学前途,日进光明,庶收美满之效"。(《复廖奉恩函》,《孙中山全集》第5卷,第151页)

△　复函廖德山,悼惜杨襄甫逝世。

是月9日,廖德山借李锦纶赴沪之便来函,报告近况。函谓:旧国会议员纷纷来粤,近以医道与彼等往还,如有所用,自当竭诚报效。杨襄甫上月去世,去岁离粤前夕所邀老友"又弱一人"。李锦纶夫人去年在广州东山创办培坤女子中学,聘小女奉恩为校长,该校粗具规模,"惟经费浩繁,还须有心人出而维持"。本日批答:"悼惜杨君,并谢其尽力党事。学校现无从为力。"(《廖德山上总理函》,环龙路档案第03128号)当日并复函,告已晤李锦纶,接手书悉杨襄甫逝世,"深为悼痛"。来信所商补助培坤女校一节,因"此时异常困难,实属爱莫能助"。又谓:"闻兄迩来尽力党事,奔走不懈,深感热忱。时事方艰,尚望再接再厉,努力救国。"(《复廖德山函》,《孙中山全集》第5卷,第152页)

△　梁柏明来函,请予援手。

是日梁柏明来函,述一筹莫展情状,恳予资助或荐职。接函后批答:"现尚无事可作,亦无力相助。惟期同志自谋生活,坚贞自持,以待时机。"(《梁柏明上总理函》,环龙路档案第 01379 号)

是月中旬　李载赓等来电,请回粤议政。

护法国会议员李载赓、朱念祖等见总裁分处,大计莫决,特电请孙中山、唐绍仪、陆荣廷、唐继尧回粤。电谓:总裁职务率由代行,"愿为代表者又未必躬自出席,辄复委人代表之,甚或代表之代表亦不出席,又委代表代表之代表。阶级愈多,意思之隔阂愈甚"。现时局艰危,"务恳克期命驾来粤,主持大计"。(《旧国会议员电请总裁回粤》,《申报》1919 年 10 月 19 日,"本埠新闻")

10 月 21 日　护法国会决议改组军政府,弹劾岑春煊。

广东各党派与政学系意见日深,以盐运使易人问题为导火线,新新俱乐部、石行会馆、褚寓、五十号、照霞楼等国会各派协商一致,决定于 18 日两院联合会中提出不信任岑春煊案。18 日两院联合会召开,在政学系的分化下,不信任案未能通过。(《旧两院之大冲突》,《申报》1919 年 10 月 25 日,"国内要闻")

本日下午 2 时,两院联合会重开,到会议员三百余人,由众议院议长吴景濂主席。首先讨论张知本所提不信任岑春煊案,除少数反对,余皆赞成。次表决汪建刚等所提改组军政府案,大多数赞成,不起立者仅数人。不信任岑春煊案略谓:"护法政府受民意机关之委托,以护法戡乱为天职,大纲所载,中外咸知。乃主席总裁岑春煊受任以来,假合议制之名,行独裁制之实,营私植党,别具心肝,戕法罔民,涂饰耳目,既不能筹备饷械,接济我前敌,复不能申明大义,固结我人心。国会责以讨贼,则抗不遵行;伪庭饵以甘言,则奉命维谨。似此有忝职守,形同谋叛,若非综核名实,与众共弃,则护法前途,宁堪设想。"(《旧两院联合会之大决定》,《申报》1919 年 10 月 28 日,"国内要闻")

本日午前,童杭时来函,报告不信任案情况。函谓:"别后返粤,备述先生爱护国会德意,现国会同人益深景仰,已提案不信任军政府主任总裁。日前(星期六)下午开议,业得大多数之赞同。惟或有主张省略审查即付表决,或有主张再付审查,以致大起争执,尚未议决。定本日下午再议,想可通过。"(《童杭时报告广州国会讨论不信任岑春煊案上总理函》,《革命文献》第48辑,第327页)

△ 祁大鹏来函,欲联系《建设》杂志。

党员祁大鹏前来沪晋见,曾赠书籍,返北后与友人创办《曙光》杂志,图影响学生。本日来函,谓"北京学生界内部尚作种种计划,力图社会之运动,倘得万一之效,或不致有负先生谆谆之嘱"。又谓:《曙光》杂志近期出版,冀就交换、广告、杂志代派等事,征《建设》杂志同意。(《祁大鹏为办曙光杂志上总理函》,《革命文献》第48辑,第365页)

△ 黄复生来函,介袁治齐来见。

重庆富商袁治齐,维持党务颇力,近拟在沪组织大中银行分号,并欲来见。本日黄复生应其所请,特为函介。(《黄复生上总理函》,环龙路档案第01414号)

10月22日 核准国民党本部总务部组织纲要。

本日,国民党本部总务部主任居正就职,并拟定《总务部组织纲要》呈核,即予批准。纲要对国民党本部总务部的组织、职能及办事细则作了明确规定。根据规定,总务部设机要、庶务、交际、收发、公报五科,分掌本部有关事宜。(《就总务部主任职之通告》《为请核准总务部组织纲要上总理呈》,陈三井、居蜜合编:《居正先生全集》中册,第255—257页)

△ 朱仲华来见,谈"天下为公"。

是日,上海学生联合会总干事朱仲华来见,拜谢三日前在环球学生会所作演讲。据朱仲华记述:席间谈及北京政府派代表南来议和,孙中山说:"我是坚决主张南北统一、反对分裂的。但要实现南北统一,先决的一条,必须和议双方有一个'天下为公'的思想。"言毕,兴冲冲地取来笔墨纸张,挥毫写下"天下为公"四个大字,署上"仲华先生属"和"孙文"二字的落款，还用朱印泥盖上一方印章。接着说："天下为公，要的是天下鼎鼎大公。实现了天下为公，就可以达到世界大同了！"随后又从书架上抽出一本自己译注的《会议通则》，亲笔题写"仲华先生惠阅"六个字，并谓："现在商务印书馆连我的书也不出了。他们不出，难道我不会从别处出？"（朱仲华：《我有幸多次得见孙中山先生》，《浙江辛亥革命回忆录》第4辑《孙中山与浙江》，第131—132页）

　　△　报载《字林西报》评论孙中山与段祺瑞接近。

　　文章称："南北对峙之局表面上未有接近气象，但幕后势力现尚进行，或能引起和解亦未可知。以南方各党联合全体言，南方固拒绝王揖唐，不与之议和，但在此态度未有更变之际，南方政党中之政学会现已与北京接洽矣。政学会份子所拟解决办法，系完全不顾国会与宪法主义，而以副总统、三阁员、七督军之地盘归其支配为媾和之条件。在此阴谋纷投之时，又有南党要人孙中山与北方段祺瑞联合之气象。据北京近日来电，段祺瑞颇思脱离日人，此事果成，段必求助于他处。目前孙段二人固属仇敌，但段以率直闻，段之通讯于孙，显有愿与接近之意，而孙似亦不愿拒绝之。段所引以为虑者，在脱离日本后无他国补入，以为其援耳。大约段以此问题明告孙中山，而孙亦不能予以明白之保证而遽谓：孙段交好，即可得他国之援助也。孙劝段试为之，并以美国最有援助之希望，又以英国或亦能有所助力。孙前虽未能得英国之助力，但孙希望将来努力为之，或可有效。今孙段二人间之讨论尚在萌芽时代，但孙抱有希望，以为明白之效果终可发生。"（《西报之南北和议消息》，《申报》1919年10月22日，"本埠新闻"）

10月23日　彭埕来函，请派员来粤接洽。

改组军政府案通过后，各方对孙中山颇有期待。本日，护法议员彭埕来函，告褚寓、照霞楼、新新俱乐部等政团，"以先生手创民国，尊重国会，群相仰望，极表欢迎。处此酝酿之余，不能不事前准备"。恳"一面派人来粤，与各代表暨国会接洽；一面派人赴滇与唐督疏通"。接函后批答："文对于国会议员，只望各人本良心上之主张为国奋斗

耳,余则悉听其自然也,请转布此意。"(《彭堃报告粤中政团派系上总理函》,《革命文献》第48辑,第327—328页)

△ 黄孝愚来函,愿列高足。

是日黄孝愚来函,谓正组织大会,不日成立,"如北否悛改,南苟迁就,敷衍告和,不依法解","当即分电各地,抗纳粮税,实行组织正式政府"。又谓"愿列高足",恳赐学说。接函后批答:"先生现非设帐,无收门生之事。《学说》即寄一册,如能实力奉行,则胜形式多矣。"("中华民国"各界纪念国父百年诞辰筹备委员会学术论著编纂委员会主编、中国国民党中央党史史料编纂委员会编:《国父墨迹》,第372页)

10月24日 潘嘉来函,冀提倡侨胞合办工艺。

侨商潘嘉日前来见,设宴款待。23日潘嘉抵达香港,悉本党同志、香港民生织造厂总理陈广兴力谋振兴工艺,欲于扬子江建一纱厂,本日来函请求协助。函谓:陈"欲建设大纱厂于扬子江,万商云集,乃中要之区,非得良师不可以争胜,非集大资亦难以争衡",万望"指挥提倡小吕宋侨胞合办图强,振兴工艺"。(《潘嘉上总理函》,环龙路档案第01197号)

△ 粟无忌来函,求书荐职。

函谓:自癸丑亡命,虽髀肉重生,愿为国勉尽义举。欲以乡谊求一纸书,荐于岑春煊部下投效,粤军或闽军亦可。接函后批答:"时机尚未至,南方各部亦无事可办,未便介绍。当以守现局,以俟时为佳。"(《粟无忌上总理函》,环龙路档案第01630号)

10月25日 与宋庆龄留影,纪念结婚四周年。(上海历史文物陈列馆编:《孙中山在上海》,第39页)

△ 派蒋介石访日,慰问友人。

是日蒋介石奉派携带数函赴日,慰问日本友人。致犬塚信太郎函谓:"前闻尊体未安,甚为悬悬!近得山田兄函,知犹未能霍然","兹嘱同志蒋介石专赴东京,敬候起居,想天相吉人,定能速奏勿药,以慰远怀也。至弟此间近状,亦由蒋君面陈一切。"(《致犬塚信太郎函》,《孙中山全集》第5卷,第155页)致寺尾亨、头山满两函均谓:违教以来,甚为深想。因蒋东来,嘱其敬候起居。至"此间近状,蒋君悉能详之,当能面述一切。"(《致寺尾亨函》《致头山满函》,《孙中山全集》第5卷,第155—156页)

　　28日晚,蒋抵神户,继转乘火车,29日晚抵达东京。30日上午,与山田纯三郎等人见面,下午代为慰问病中的犬塚信太郎,31日赴横滨。11月1日访山田纯三郎、萱野长知、头山满等,并访秋山定辅。11月3日在原冢处午餐,吊田中丧。5日傍晚游日比谷公园,参观菊花大会。8日偕森福、山田、菊池参观上野展览会。10日访秋山定辅,谈话一小时。11日前往京都。13日往游桃山,参观明治陵。16日由神户乘轮回国,19日返抵上海。蒋介石此次访日,历时二十余日,期间曾撰《世界各国政府对付俄国劳农政府的手段如何》及《打破外交的迷信问题》两文,投稿《星期评论》。(毛思诚编纂:《民国十五年以前之蒋介石先生》第2册,第86—87页)

　　△　复函王维白,告赠书收到。

　　王维白日前来函,寄赠所著《商法比较论》及《法政学报》《关税纪要》《商人通例》各书。本日复函,告赠书收到,并谓大著"说理详明,推勘精审,允足津逮来学,三复之余,深为欣感! 泱泱大风,当预祝前途之发达"。(《复王维白函》,《孙中山全集》第5卷,第156页)

　　△　黄玉珊、谭文谦来函,冀嘱林直勉往游南美。

　　黄玉珊、谭文谦接北美总支部函,告林直勉"业抵金门",本日来函谓:"此间同志久欲瞻聆林先生言论与丰采,但不知林能顺道一游南美否? 望先生移书嘱之。"(《黄玉珊上总理函》,环龙路档案第06379号)

10月26日　与孙洪伊、唐绍仪等发黄克强逝世三周年公奠启事。

　　启事谓:"本月三十一日为黄克强三周年讳辰,同人等愍国难之纷纭,痛英姿之长谢,缅怀遗烈,弥用怆心。兹定于是日上午九时至下午四时会集福开森路三百九十三号黄宅设奠公祭,以资纪念。"

（《黄克强三周年忌日公奠启事》，上海《民国日报》1919 年 10 月 26 日）

10 月 27 日　岑春煊通电辞职。

△　李雨春来函，称未列名告贷。

李雨春日前由宁来沪，从张汇滔处获知，近日有皖省同志数人，联名前来告贷，并列其名在内，颇为"骇异"。本日来函，谓此前所有报告，均由管鹏代呈，并无"此等无谓列名之件"。（《李雨春上总理函》，环龙路档案第 01111 号）

10 月 30 日　与胡汉民致电田中节子，悼唁其父逝世。（《致田中节子唁电》，陈旭麓、郝盛潮主编，王耿雄等编：《孙中山集外集》，第 475 页）

△　批焦易堂函，指示护法议员脱离军政府。

是日 22 日，焦易堂自广州来函，报告两院联合会通过不信任岑春煊案和改组军政府案，并谓："国会同人近多觉悟，甚望先生再出，勉膺艰巨。如果议和法律问题可以达到目的，外交事实能有改良机会，似宜商诸少川先生，密电吴、褚，由国会方面主张开议。不然，易堂恐现时护法者将来一旦权利到手，仍是乱法之人也。"本日批答："国会行使职权，北京颇有赞成之意。如果有确实消息，先生当发通电主张，此时国会议员可齐到北京，行使职权，则护法目的，可算完全达到矣。否则，必当重新革命而已。"（"中华民国"各界纪念国父百年诞辰筹备委员会学术论著编纂委员会主编、中国国民党中央党史史料编纂委员会编：《国父墨迹》，第 374 页）

△　陈炳堃来函，恳时赐训诲。

陈炳堃前数次来函，近阅《改造中国之第一步》演讲，本日来函寄呈《敬告国人书》，并谓：8 日演讲，"语语沉痛，令人钦服，不识我中华民国护法诸君子，当作如何感想"。又谓："炳堃不才，待罪戎行，已阅两载，所可自信者，以区区爱护法律之心，历万死而靡所变易。迄今虽被同事摧残，而为国为民雄心未已。如得我公不吝训诲，时启蒙昧，则正谊可伸，诱掖于吾党者更大也。"（《陈炳堃上总理函》，环龙路档案第 00660 号）

10月31日　谢鉴泉、沈凤石来函，为汉口潮嘉会馆求书长联。

汉口潮嘉会馆重修，即将落成。上海潮州会馆董事谢鉴泉、沈凤石等受托于本日来函，恳念桑梓情谊，"惠书长联一对，以备刊用"。

（《谢鉴泉等上总理函》，环龙路档案第 01198 号）

9至10月间　与童杭时谈话，告辞军政府政务总裁原委。

9月，广州世界和平共进会因孙中山辞卸军政府总裁职，担心时局愈益纷纠，公推国会议员童杭时赴沪挽留。据童杭时返粤后报告，其赴沪后，一再向孙中山诚恳挽留，"孙始则辞意甚决，继则稍示转圜"。并转述孙中山谈话谓："改组军政府采多头政治，与民国约法规定元首政治，本为不合。且总裁多不到粤，虽派代表，对于办事进行诸多困难。故余原始本不赞成，即拟辞总裁职。嗣缘国会议员挽留，故不得不牺牲个人意思，勉遵国会多数意旨，表示不辞而已。至办事上，仍难积极负责。今两年以来，徒挂虚名，毫无实效，自问其觉无谓，故此种总裁辞与不辞，殊无足轻重。现诸君恐政局上及制宪人数上或受影响，以为余似灰心护法矣，孰知余并不灰心护法，且仍积极护法，必求贯彻主张然后已。即制宪人数，决不致受影响，盖余辞职有两种意思：一因国会议员前曾函推余赴欧美，余因著书未完成，旅费未筹足，故暂缓行。今著书已脱稿，一俟筹备旅费，即拟起程，对于世界各国，说明我国国会完全恢复之必要，祈同为公道之主张。二因沪上和会将重开，余拟以国民资格要求和会提出一个条件，即国会必须完全行使职权，不得稍加制限是也。若仍挂总裁虚名，即倚一偏，诸多勿便，不如辞去，纯以国民资格较自由也。现承诸君仍再三诚挚挽留，余当又暂不再表辞意，以尊重国会及各方挽留者意旨。但在余看来，此种总裁虽挂虚名，对于护法前途实际上毫无裨益。"（《童杭时报告孙中山先生之谈话》，上海《民国日报》1919 年 10 月 14 日，"要闻"；《粤闻纪要》，《申报》1919 年 10 月 14 日，"国内要闻"）

然 10 月 17 日《民国日报》又以《孙先生辞意坚决》为题，发表记者采访通讯，对童杭时所述进行修正。报道称："孙先生月前曾以南方军政府众人，以总裁之地位，结连叛逆，盗卖国会，毒害地方，不忍与之共饰护法之名，同尸误国之罪，特向国会方面辞去总裁一职以自洁。自辞职至今，屈指已经两月，虽曾屡各方之挽留，而中山先生仍一律坚却，未尝少为移动。乃近闻粤报载和平共进会童杭时述孙先生谈话，谓孙先生曾对彼言谓：'缘国会议员众多挽留，故不得不牺牲个人意思，勉遵国会多数意旨，表示不辞而已'云云。本记者（上海《晨报》记者自称）投阅之余，早已断定决无是语，必为童某捏造无疑。日昨特亲到莫利爱路二十九号孙府访问孙中山先生，诘以童某所言有无是事。中山先生果答曰：'我并无对童说是语，报章所载，殊无根据。我既已决定辞职，一定坚辞到底，万无中途被人摇动之理。请汝在报上为我更正之'云云。然则童某造谣生事，实不知是何居心也。"（《孙先生辞意坚决》，上海《民国日报》1919 年 10 月 17 日，"本埠新闻"）

是月　会见宫崎龙介，"批判自己过去所使用的革命方式，认为当务之急是'民心开发'，强化民众基础，对日本期待民众力量去改革"。（李吉奎：《孙中山与日本关系大事记》，中山大学学报编辑部编：《孙中山研究论丛》第 6 集，第 214 页）

△　复函林德轩，告向颜德基处拨款接济碍难照办。

上月 5 日、20 日，林德轩两次来函，报告湘西军情，请于和议席上力促田应诏出长湘西，并请向颜德基处拨款接济该部。20 日来函略谓：大局解决略具雏形，湘西于西南几成瓯脱。田应诏此次兴师讨贼，功勋昭然，而提挈军政，尤为他人所不及。请于和议席上提出条件，促成田出长湘西，俾其"随附云南，得展其所抱"，且"巩固吾党之实力"。接函后批答："大加奖励。"（《林德轩报告湘西军情并推荐田应诏上总理函》，《革命文献》第 48 辑，第 270 页）本月复函，告颜部在川，军资概自行筹措，"亦异常困难"，向颜处拨款接济，"实碍难照办"。并告：余建光追悼一事，已由其弟在沪与同志商同筹备，不久约可举行。（《复林德轩函》，《孙中山全集》第 5 卷，第 158 页）

△　复函林德轩，冀努力不懈。

上月 21 日，林德轩因李劲、荆嗣佑受命赴沪为余健光治丧，托携函面谒。函谓：南北和议似已无望，就湖南内部情形而论，驱逐"伪革命"之谭延闿势在必行。近与田应诏、张学济、荆嗣佑等筹商，皆"主民党同盟独立解决之议"，拟于和议破裂之时即攻常德，请予指教。接函后批答："昔孔明未出中原，先擒孟获。吾党今日欲有发展，非先平桂贼不可。往岁长岳之役，则受桂贼之害也。如湘西将士欲为国造福，巩固共和者，必当先联络一气，秣马厉兵，与闽中同志同时并进，湘则南入郴桂，闽则西略潮惠，而桂粤内部亦同时起，则桂贼可一朝扑灭也。粤桂湘三省完全为吾党所有，然后再图武汉，则事有可为也。"（《林德轩上总理函》，环龙路档案第 04490 号）

对于湘西民党的驱谭之策，孙中山从统一全国、再造民国的根本目标着眼，显然别有所见。本月复函指出，时局晦冥，解决无期。"倘湘西各军能念唇齿相依之谊，推诚联合，成一大团体，并与川中诸同志联为一气，则呼应既灵，声势益振，一旦有事，则可协同动作，一致进行，较之株守方隅，人自为政者，其得失利害，相去何啻霄壤"。勉与田应诏"相得益彰"，"益努力不懈，贯彻主义，以完吾党救国之责"。（《复林德轩函》，《孙中山全集》第 5 卷，第 159 页）

△　复函尹承福等，告不能返粤。

是月 8 日，护法议员尹承福、徐邦俊等八人联名来函，敦请偕唐绍仪返粤共商大计。函谓：当前为制宪"不可再失之机会"，若"此时将宪法制成，日后在和议席上则制宪已不成问题，直可以国会自由行使职权为根据"，"亦以见两院议定制宪，正是表示护法之决心，为行使最高权之发轫"。敬祈偕唐绍仪返粤，坚持护法初衷，共商和战大计。接函后批示："复以普通励辞。"（《尹承福等主张制定宪法上总理函》，《革命文献》第 48 辑，第 312－313 页）随即复函告，"近专事著述，承嘱返粤一节，实未能如命"。并指出："国会之在南中，处风雨漂摇之势，所望议员诸君，能以不屈不挠之精神，为自身之奋斗，以正义为依据，而行使最高之职权。"（《复尹乐田等函》，《孙中山全集》第 5 卷，第 161 页）

△　复函曹世英、王烈，嘱坚忍待时。

上月21日，曹世英、王烈来函，报告军务维艰，请设法筹济。本日复函指出，"天下之事，莫不成于艰难困苦之后，但能打过此关，则前途必日顺利"。并告筹款接济，甚思设法，惟"近日异常困难，沪上又无从筹措，爱莫能助"，"特是近日政局异常复杂，各方酝酿之机，日加急迫，不久或将有变局发生，或能从此发生佳境"。嘱其"勉力维持，坚忍以俟，将来如有机可乘，自当竭力相助"。（《复曹俊甫王子中函》，《孙中山全集》第5卷，第159—159页）

△　复函洪兆麟，勉抱最后决心。

日前洪兆麟来函，致送土仪，随即复函表示感谢，并指出："日来国内时事，仍极晦昧，欲求根本解决，仍赖吾党同志以不屈不挠之精神，抱最后之决心，庶犹有可为。"勉其"益励不懈，时时为可以作战之准备，俾日后方略一定，即可努力前驱，尽吾人救国之天职"。（《复洪兆麟函》，《孙中山全集》第5卷，第169页）是月28日，洪复函表示，"惟整理戎行，静待训令。倘果和局决裂，誓当率队前驱，直捣贼巢，以光故物，决不与贼俱生"。（《洪兆麟上总理函》，环龙路档案第13568号）

△　复函伍毓瑞，望努力不懈。

日前徐苏中携伍毓瑞函来沪，本日复函指出：大局固极晦冥，然国民心理似有觉悟，"至吾党同志年来兴师目的既为护法，则此后当贯彻护法主张，不屈不挠，以求最后之胜利"。望"本斯主张，努力不懈，以大义淬厉部曲，以作护法干城之寄"。（《复伍肖岩函》，《孙中山全集》第5卷，第160页）

△　潘季伦来函，求治周应时药方。

潘季伦因友人周应时患"种疯之症"，在广东博济医院调治，特来函叩疗治之术。来函并及南方政情，略谓："倘组织正式政府成立，选举先生为大总统，万望弗推辞。盖前日赞成辞总裁者，即留正式总裁之地位耳，犹此正可率国民以讨贼也。然后诸事整顿改革，以达救民之目的耳。"接函后批示："代答以在医治为最上法。"（《潘季伦为周应时中风请求疗治之术上总理函》，《革命文献》第 48 辑，第 367 页）11 月 18 日，潘季伦复来函报告周病近情，谓前往周第察视，乃因著《战时后方勤务》一书，气血两亏，为庸医误当伤寒医治。现已无虞，二三月当可痊愈。（《潘季伦上总理函》，环龙路档案第 01902 号）

11 月

11 月 3 日　报载伍廷芳谈话，谓唯孙中山能胜任新政府重任。

护法国会通过改组军政府案后，有某学界要人入谒伍廷芳，叩问对于改组案意见。伍谓："现时西南军权、政权全握于武人之手，军政府命令之效力不出农林试验场一步，实为有名无实。倘改组后能令军府威令有效者，军权、政权必不为一部武人蟠踞，则改组乃为有益；否则虽改组若干次，亦属徒劳无功。目下武人之专横跋扈，较前愈甚。倘此次军府改组事成，而有人问我以肩负新政府之第一人物，余必答曰：能胜此重任者，惟有孙中山一人。其余诸人大都争权夺利，若使担任此护法之大业，必无善果。"（《军政府改组案之调停说》，《申报》1919 年 11 月 3 日，"国内要闻二"）

11 月 4 日　陈文隽来函，列受赠学生名单。

上月致函陈文隽，请其将该校学生总数报来，以便赠书。本日陈文隽复函，谓该校学生众多，且"宗旨不同，心理各异"。其中数十人，"与中山先生学说宗旨相合"，请按所列名单寄书。（《陈文隽上总理函》，环龙路档案第 01199 号）

11 月 5 日　北京政府特任靳云鹏为国务总理。

本年 6 月 13 日，钱能训内阁辞职，财政总长龚心湛旋受命暂兼代国务总理。（《命令》，《申报》1919 年 6 月 15 日）9 月 24 日，北京政府因阁潮愈演愈烈，下令免去龚心湛本兼各职，国务总理由靳云鹏暂代。（《专电一》，《申报》1919 年 9 月 25 日）经多日沟通协调，北京政府于本日

签发总统令,靳云鹏正式受命出任国务总理。(《命令》,《申报》1919 年 11 月 7 日)

△ 熊克武来电,反对军政府改组,岑春煊引退。

改组军政府案及不信任岑春煊案通过后,西南内部骤起反对声浪。本日,熊克武致电孙中山等南方军政要人,认为"果令军府改组,云老去位,旦暮之间,必生危险",恳"一致挽留,奠安危局。至于军府改组之议,尤望国会诸公审慎"。(《军政府公报》修字第 126 号,1919 年 11 月 22 日,"公电")9 日,刘显世通电各方,亦谓"国会建议改组,以致岑总裁避嫌引退。际此和局再梗,大敌当前,一旦因此动摇大局,适中北廷之计",主张"维持现状"。(《军政府公报》修字第 126 号,1919 年 11 月 22 日,"公电")

11 月 7 日 赵绳武来函,请予荐职。

函谓:流寓川中八年,家计异常窘迫,恳速赐函杨庶堪、熊克武、吕超,"切托位置知事,或征收局长之事",藉养家小。(《赵绳武上总理函》,环龙路档案第 00351 号)

11 月 8 日 复函徐世昌,陈述时局主张。

日前,徐世昌托人前来致意,希望能够发挥作用恢复南北和谈。本日复函,陈述对时局所抱意旨:(一)希望国会自由行使职权为南北议和代表所允认;(二)拟于明春赴欧美考察教育实业以贡献于社会。至于政治诸问题,嗣后决不愿再行饶舌于其间。(陈锡祺主编:《孙中山年谱长编》下册,第 1213 页。)

11 月 10 日 派黄大伟出席全国各界联合会成立会,并发表演说。

是日午后 1 时,中华全国各界联合会在四川路青年会殉道堂举行成立会,与会各团体代表共六百九十七人。遣黄大伟代为出席。来宾演说环节,首由章太炎发言,继则黄大伟演讲。略谓:"目前南北两政府之军阀官僚,其行为均属欺负国民。如废弃密约问题,现在可不向北政府乞怜。盖苟承认其有废弃密约之权,是直与以缔结密约之权,故国民须自己努力,可不必为哀求之请愿。如裁兵问题,今且甚嚣尘上,苟其借款有着,则又将增兵矣,是亦欺人之谈。要之,人民须直接监督之方有效力也。至今日南北和议问题,自王揖唐来沪后又若旧事重提,但国会问题不解决,则南方政府决不能深信其言。盖王氏反复无常,不可捉摸也。国会之好恶如何,姑不置论,但能使合法国会能自由行使其职权耳。所谓护法者,其目的在此。要之,今日苟以分赃为目的之和议,则宜绝对排斥者也。"(《纪全国各界联合会成立会》,《申报》1919年11月11日,"本埠新闻")

△　靳云鹏来电,请速任和议代表。

靳云鹏以唐绍仪辞意坚决,和议续开无期,来电促请速定继任人选,并表示:"中央对于总代表人的问题,并无丝毫成见,所希望者惟在南北双方开议之宜早耳。"(《靳总理致西南各总裁电》,长沙《大公报》1919年11月9日,"中外新闻")

11月11日　致函田应诏,勉为护法前途努力。

李劲日前来沪,为余健光治丧,携交田应诏手书,当即作复。本日又致函指出,"国事日坏,非自根本解决不为功。和议已不足道,此后救国惟恃最后之手段"。望与张学济、林德轩协力"勉为其难。将来肃清内顾,奠定中原,实以湘西为基础"。(《致田应诏函》,《孙中山全集》第5卷,第162页)

△　复函张学济,勉努力进取。

荆嗣佑等来沪,接读张学济手书,本日复函指示:"湘西各军,赖兄与诸同志奋斗不懈,至今卓树一帜,立定根基。此后仍望贯彻主张,努力进取。内之与凤丹、德轩诸君,共济艰难,整饬戎行;外之与川、鄂同志各军,互为声援,联络一气。形势既固,呼应复灵,一旦有事,自可协同动作,进行无阻,以完吾党救国最后之责。"(《复张学济函》,《孙中山全集》第5卷,第162页)

△　复函伍毓瑞,望力图讨桂。

上月伍毓瑞来函,并曾复函。收函后,伍复遣周雍能赍函来沪。

函谓:"承示以仍当贯彻护法主张,不屈不挠,法语之言,敢不书绅。惟勉以干城,愧未敢耳。四载珂乡,了无建树,械单饷绌,无所为计。惟誓以精诚贯彻此'护法'二字,以勉尽吾党之责任。"接函后批答:"桂贼不灭,民国不能生存,故救国必先灭贼而统一南方,然后乃能出师北上,力争中原。务望力作士气,以赴时机。"(《伍毓瑞上总理函》,环龙路档案第02797号)本日复函指出,护法连年,大功未竟,"此中大梗,皆由桂贼缘敌为奸有以致之"。"当今急务,在于先灭桂贼,以统一南方,然后乃能出师北上,力争中原。"望其"力作士气,以赴时机"。(《复伍毓瑞函》,《孙中山全集》第5卷,第163页)

△ 复函彭素民,勉力谋讨桂。

周雍能来沪,并携彭素民手书,主张当下"姑息不如刚决"。本日复函表示赞同,并指出:"昔武侯未出中原,先擒孟获,以除内顾之忧;今之桂贼,即孟获也。此贼不灭,民国不能生存,是以当今急务,在先灭桂贼而统一南方,然后乃能北向讨伐。"望其"与各同志力作士气,以赴时机"。(《复彭素民函》,《孙中山全集》第5卷,第163页)

△ 广西全省学生会来电,呼吁援救广东学生。

月前广东学生因抵制日货,为警察厅长魏邦平逮捕下狱者十余人。是月8日,广东学生举行示威游行,途经先施公司,又为该公司职员伙同警察殴伤三十余人。本日,广西全省学生会致电孙中山等,恳请声援广东学生。(《广西学生会援救粤学生电》,上海《民国日报》1919年11月22日,"公电")12日,广东省议会议员黄佩荃、陈秉铨等来电,细述魏邦平违反刑律,越权处置各情,恳请迅饬立将学生提释,并将凶犯及行凶警察拘送法庭,按律治罪。(《广州摧残学生之愤潮》,上海《民国日报》1919年11月20日,"要闻")

△ 李希莲等来电,请电斥设立国老会议。

护法议员李希莲、何晓川等近阅报载,北京政府拟以国会、省议会为基础,举各省名宿,设一国老会议,以共定国是,筹谋建设。本日致电孙中山等,批评该机关"非驴非马","黑幕可想而知",祈一致电斥,免成事实。(《军政府公报》修字第127号,1919年11月26日,"公电")

11月17日　吕超来函,请示趋向。

四川靖国军第五师师长吕超,因"僻处西陲,对于政局之变处,每苦不能得实",遣张蔚彬携函来沪,恳请"示以趋向之途,俾得贯彻护法卫民之本旨"。来函并询是否接受"河间巨公暨湘中诸彦"敦劝出山,"重肩重任"。接函后批答:"作函奖励,期望甚殷,为国尽力。并告以时局情形,及反对分赃和议,拟先扫除南方顽固腐败武力,以统一民治基础等等。"(《吕超上总理函》,环龙路档案第00483号)

△　唐继尧来电,主张六说为西南"矩步"。

护法国会改组军政府之议,西南内部颇有不同意见。本日唐继尧来电,认为"军府改组与否,实非先决问题,轻易更张,反于时局将蒙不利",主张"平心体察,先联合为时局之研究,立一矩步"。并将研究所得归纳为六说先行提出,分别为:一、"以民治主义制定宪法,立最高之信仰,以吸收内外之人心";二、"竭力推播正义,以倡导全国之趋向,使武力统一派之主张失所根据";三、"就西南各省,施行适当之地方制度,实行改良政治,立护法救国之表信,以待全国之转移";四、"对于和战相机回应,一面整备实力,以静待外交时局之变化";五、"以遵行宪法及取消卖国密约之主旨,为战之步趋";六、"以各省各军合一致,为进行之标准"。(《军政府公报》修字第133号,1919年12月17日,"公电")12月2日,李烈钧通电呼应,认为唐继尧六说,"前三说为西南建国之企图,后三说为西南救国之要略","洵足树矩步,相同德志"。呼吁"国会速制良模,军府早定大计"。(《军政府公报》修字第133号,1919年12月17日,"公电")

11月18日　粤省各界举行广东光复纪念日庆祝活动。

是日为广东光复纪念日,广东各界举行多场庆祝活动。国民党同人假座南关戏院召开庆祝大会。会场悬挂孙中山亲笔所书"同心协力"四字,正中悬有孙中山肖像。会议开始后,与会者群向孙中山像行三鞠躬礼,并高呼同心协力。到会者有伍朝枢、林森、褚辅成、谢

英伯、邹鲁等数百人。(《广东光复纪念之盛举》,《申报》1919 年 11 月 19 日,
"国内要闻")

11 月 19 日　致电芮恩施,请求美国支持中国民主制度。

是日致电美国驻华公使芮恩施,指出其责任重大,应发挥作用使
美国总统和人民了解中国的实情,并谓:"在中国,是民主制还是军阀
制获胜,主要依靠阁下在这阶段对我们无援百姓给予道义上的支
持。"(《致芮恩施电》,《孙中山全集》第 5 卷,第 164 页)

△　冯复元等来函,约期来见。

是年下半年,山东、上海等省市发起请愿运动,反对段祺瑞政府
出卖胶济路权益等卖国罪行。冯复元、顾唐如、张静庐等代表上海各
界北上请愿,逗留津门,又为北京政府拘捕。返沪后于本日来函,请
示对此行的意见。函谓:"先生是一位平民的总统,又是中华民国国
民的模范",不知"对于我们这一次的举动的意见是怎么样?"如愿指
导,明日下午四时前来拜见。(《冯复元顾唐如张静庐上总理函》,环龙路档
案第 11724 号)

△　覃振、林祖涵来电,称廖湘芸"一秉大公"。

是月 13 日,湘西护国军发生内讧,周则范、杨玉生为廖湘芸所
杀。本日,覃振、林祖涵来电,称廖"宗旨纯正,义勇过人",事变当日
即详电陈报一切,并请军府政务会议处分,"一秉大公"。(《广东覃振
林祖涵来电》,上海《民国日报》1919 年 11 月 30 日,"公电")

△　报载和平统一当局拟组仲裁机关,孙中山为适当人选之一。

报道称,据北京消息,和平统一南北当局拟组仲裁机关,"接洽已
有头绪",人数六至十人,速为解决南北两方争点。所拟"适当"人选
包括孙中山、黎元洪、冯国璋、段祺瑞、熊希龄、梁士诒、岑春煊、陆荣
廷、唐继尧、唐绍仪等。(《各通信社电》,《申报》1919 年 11 月 19 日)

是月中旬　与张道藩等赴法学生谈话,勉学成归来参加革命。

张道藩等十余名赴法留学青年,在上海候船期间前来晋见,听取
意见。据张道藩忆述,谈话间孙中山指出:"我们中国虽然已经推翻

了满清专制政体，建立了五族共和的中华民国，可是我们的立国的基础还没有巩固。许多官僚、政客、武人，对于共和政体还没有真正的认识。""我们全国同胞，尤其是知识分子，必须要大家齐心参加革命，才能使中国得到独立、自由和平等。"又以英国留学生作例，指出了不读死书、细心观察当地社会的重要性，并指示："我希望你们到外国去不要以能读死书求得一点知识为满足。你们应该除了专门科目而外，随时随地留心考察研究各国的人情、风俗习惯、社会状况，以及政治实情等等。这些活的知识于你们学成归国之后，对国家、社会会有很大贡献的。"（《与留法学生的谈话》，《孙中山全集》第 5 卷，第 165－166 页）

11 月 21 日　蒋介石访问日本，本月 19 日返抵上海。是日来见，报告访日情形，"畅谈时事，相与抱乐观"。（毛思诚编纂：《民国十五年以前之蒋介石先生》第 2 册，第 88 页）

11 月 22 日　批谢心准函，命与周之贞接洽讨桂。

是月 18 日，谢心准自广州来函，询对粤政策。函谓：时局变幻，粤局愈弄愈坏，"知先生断不忍旁观"。"此时对于大局之进行，及对粤局之处置，有可以书函指示者，深望赐示一二，俾知方向，以尽棉薄。或示知应与何人接洽，以便照行。"接函后批答："如尚有有力之同志可帮一臂，以扑灭桂贼。此时宜预备一切进行方法，可与周之贞接洽。"（"中华民国"各界纪念国父百年诞辰筹备委员会学术论著编纂委员会主编、中国国民党中央党史史料编纂委员会编：《国父墨迹》，第 380 页）

△　与某人谈话，阐述对议和形势的看法。

谈话中指出："靳之谋和计划已失败，料其不能久安于位。靳之计划，在南北两方武人单独媾和，而漠视护法派之条件，盖靳氏以为南方军阀能包办和局也。"在谈到议和前景及北方政情时，认为护法派主张的媾和条件，即国会必须完全行使职权，"可望承认"。并谓："此次条件既有北方承受之希望，则北方代表王揖唐将不离去沪上。其在北京方面靳云鹏与安福派对于阁员之争，现已变为徐世昌与段祺瑞之争，徐氏助靳，必欲周自齐为财长，段氏则反对之；现小徐扬言如周氏果为财长，彼将行急剧行动。"（《西报记和局转变形势（孙中山之意见）》，上海《民国日报》1919 年 11 月 23 日，"要闻"）

△　马天民来函，询对经营西北意见。

马天民前托朱执信代呈一函，略谓："吾党不思改造中国则已，苟有改造中国之决心，舍经营西北不能有所建设。"本日来函，请示意见，恳予赐复。（《马天民上总理函》，环龙路档案第 13960 号）

△　臧善达来函，恳赐学说。

上海临时和平维持会代表臧善达来函，谓和局"不死不生"，拟今日下午开会讨论对内对外方略，并请惠赐学说二部。（《臧善达上总理函》，环龙路档案第 01200 号）

11 月 23 日　邓子瑜来函，对赐送奠帐悼唁其父表示感谢。（《邓子瑜上总理函》，环龙路档案第 03049 号）

△　烟台海军学校学生来电，告散学来沪。

烟台海军学校发生学潮，全体学生因要求恢复民五考选章程，反对延长学年，于本日宣布散学。并通电孙中山等，称即日"离校来沪，务以此中痛史，宣告国人，然后分途回省，陈述一切，使国人洞明黑暗之情，亟为根本改革之计"。（《烟台海军学生公电》，上海《民国日报》1919 年 11 月 25 日，"公电"）

11 月 24 日　与邵元冲谈留学意见。

邵元冲将赴美留学，特来请示意见。谈话间告"既决意治学，亦大佳。然必须至美国中部，华人既寡，研究始专；若东美、西美，则华人众，意易致纷，不宜于学。既学必求其通，勿浅尝辄止也"。并询邵元冲求学意向，对其"此行研习，当以民生为主"表示赞同。（《与邵元冲的谈话》，《孙中山全集》第 5 卷，第 166－167 页）同日并致函美东中国国民党机关报《民气报》为之引荐，称其为"吾党贤者，国学渊通，文辞赡美，为文秘书有年，于国事、党事及文近状，备得其详"，"他日课余之暇，必更能本其经验与知识，撰著论评，用揭报端，为同志诸君之助，而共策党务之进行"。（《致〈民气报〉函》，《孙中山全集》第 5 卷，第 167 页）

11月25日　复函黎天才,告和会成功在法律圆满解决。

上月27日,黎天才遣鄂西靖国军驻沪代表刘英携函返沪,函谓:沪会迁延至今,北方实无谋和诚意。"目下为西南计,正宜内图团结,外堵狂澜,和应一筹永逸,战则万弩齐张,决不能粉饰迁延,坐糜时日。"恳祈"时赐箴规,用开愚感,庶使三军之士共成一德之心"。并谓:"嗣后倘有关于时局前途,及敝军应当进行事宜,均祈格外关照,维持一切。"接函后批答:"奖勉。告以近日情形,并查明有相赠过否?如无并寄一个。"(《黎天才上总理函》,环龙路档案第12939号)

本日复函,称赞来函有关和会主张"尤征卓识",并指出:和会"欲求永久之和平,必使法律得圆满之解决。若国会不能完全自由行使其职权,内政、外交举难得合法之处理。如苟且言和,岂独负护法之初衷,抑且种违法之后患"。(《复黎天才函》,《孙中山全集》第5卷,第168页)

△　致函张学济、田应诏等,指示"合力共作"方略。

周则范被杀后,湘西局势为之一变。本日致函张学济、田应诏、廖湘芸、林德轩、萧汝霖,指示发展方略,托罗迈、于哲士返湘时转达。函谓:周氏被戮,为发展进行大好时机。经居正与此间湘中同志切商,以为军事进行,贵在单一,彼此团结,"合力共作",尤为紧要。当务之急,设立军事统一机关,公推军政长为同志各军总领,所有同志所部军队,统一编制,共组总参谋机关,"使各部全体情事,无所扞格,声息易于相通,而军事愈得指臂之效"。再宜组建民政总机关,于同志实力所及区域慎选县长,专任吏事,恢复各县会及自治机关,俾为军民分治之基,并便于统一,条理财政。函末复嘱告,"此为成功之本",望"切实合商酌夺行之"。(《致张学济等函》,《孙中山全集》第4卷,第515—516页)

△　复函黄炽、杨满,告已汇李公武旅费。

上月24日,檀香山华侨同志黄炽、杨满来函,谓该埠维持会存款有限,无力照给李公武川资,恳将去年寄存本部的三百元先行垫付。

本日复函告,准如所请,昨已汇交李公武港币三百元,以作旅费。

（《复黄炽杨满函》,《孙中山全集》第5卷,第168页）

11月26日　接受《大陆报》记者访问,发表对时局意见。

本日,《大陆报》记者来访,就国内时局探询意见。记者首询对北京政府新内阁的看法,答谓:"新内阁人员绝对为亲日派,靳云鹏即为去年赴日参预秋操时订结中日军事协定者,而略有亲美倾向之周自齐,则已为安福国会所拒绝。"又问路透社报道英国过激派曾来函,请其发起中国劳工革命,答称:"中国并无传播过激主义之机会。"目前"尚未接到该函,恐亦未必能接到。因英国社会党人有许多致伊之信,均为英国当局扣留"。

关于各方瞩目的南北关系,详尽分析指出:"南北战事,系余发起,故余能操纵讲和条件。余之惟一条件为国会必须有全权行使职权,北京政府一经承受余之条件,和平可以立成。段祺瑞已允余之条件,惟他派人不愿国会重行召集,徐世昌不愿旧国会恢复,因彼之自身系由非法国会选出,若非法国会解散,则彼将去职也。日本亦不愿旧国会恢复,因旧国会将否认中日间一切密约也。现有此等阻力,故去和平尚远。惟北军将不与吾人作战,北方或将派兵数十万及大宗之金钱,以与南方战。然吾人有法使其失效,北军一到战地,必即投戈向南。至迟三个月内,纵不与南方为友,亦必为中立者。须知吾人殊不畏巨大之军队与新式武器也。前者徐世昌曾得南方一最有力武人之助,此人即陆荣廷,彼等曾谈判南北武人单独讲和,但今日护法派人已与陆荣廷作战,预期六个月之内,陆氏虽拥有强固武力,必将蹶败也。段祺瑞则已知悔,思补其前失,现愿与余提携,惟阻力颇多,彼目下之势力,不足以脱离其前此同伴之束缚,彼以前祖日,今虽自愿排日,而有所不能。"

谈话末段,话题转移至过激主义问题。明确指出"过激主义不至传入中国",并有所解释:"余恒主张铁路、矿产、水力均归国有（此等皆为国家实业之关键）,因为此则劳动与资本之战争将从此消灭也。

英人恒言:预防胜于疗治。国有一端,即为劳动反对资本之预防法。欧美资本主义发达,故过激主义易传入,现在英美两国似均有以路矿改归国有之倾向矣。中国则资本主义并未发达,路矿等多自始为政府所有,而过激主义不过一种劳动反对资本之方法,今中国已有预防策,即无需于治疗矣。"是以,上海出口公会所谓"过激危险遍伏于中国"之说"绝无理由","上海工界之一二行动,或有类于过激主义色彩,然绝不能谓全中国皆然"。(《西报纪孙先生谈话》,上海《民国日报》1919年11月27日,"要闻")

△ 复电徐树铮,赞其取消外蒙古自治,勉协助恢复国会。

8月,库伦都护使陈毅与外蒙古王公商订条款,外蒙古撤销自治,服从中央。时徐树铮任北京政府西北筹边使兼西北边防军总司令,力谋经营外蒙。10月,徐抵库伦,不满陈毅所订条件,令外蒙古官府径行呈请取消自治。11月17日,外蒙古官府王公喇嘛联名向北京政府请愿取消自治。22日,北京政府明令公布请愿呈文,宣布撤消外蒙古自治。

是月18日,徐树铮来电,将前日往复照会两件原文录示,告外蒙古官府情愿撤消自治。(《徐树铮录送外蒙撤销自治文件电》,《革命文献》第48辑,第297—298页)本日复电,对徐"于旬日间建此奇功"称誉有加,期望其在南北问题上亦有所建树。电谓:"文以为今日转危为安,拨乱反治,无过于依照约法使国会恢复其自由之职权,即外交之失败其遗害于国家之生存者,亦可由是而矫正消灭。""执事能立功于国境,何必不能解罪于国民? 大局转圜,事在俄顷耳。不然,内忧未宁,外患方亟,卧榻之侧,可以寒心。"(《复徐树铮电》,《孙中山全集》第5卷,第169—170页)

△ 上海《民国日报》转载《字林西报》文章,分析苏俄"过激派致书孙中山"之原因。

文章称:"昨天的本报在这一栏里面登有一段电报,讲俄国过激派在亚洲做宣传的功夫,并且说做这件事情的苏俄代表,曾经送一封信给孙中山,催他在中国领起过激派的革命,但直到今天为止,这封信是没有到过,我们没有方法决定他们想在这里做什么事情。不过就没有这种消息,我们也值得想一想,为什么孙中山的名字会夹在这里头呢？他固然是一个民生主义者,他的改造计划也是用政府来管理一切紧要的工业,但是他并不是极端民生主义者,他也没有显出什么过激派的趋向。或者有人想他离了政权这么久了,况且又站在反对政府的地位,那做一个接这种信的人,似乎很合式的。然而实在另外有一个比这个更好的解释在这里,传闻在俄国里头一般的人,除了特别对中国有兴味的人以外,都只晓得中国三个人名,就是孔夫子、李鸿章、孙逸仙。孔夫子同李鸿章都不能去接他们的信了,他们不把信给孙中山又把给谁呢？"(《西报诠释"过激派致书孙中山"的原因》,上海《民国日报》1919 年 11 月 26 日,"要闻")

11 月 28 日　郦哀黎来函,恳请救助。

上海美华书馆职员郦哀黎日前托邵元冲代呈一联,本日来函谓入不敷出,恳暂借六十元。(《郦哀黎上总理函》,环龙路档案第 01380 号)

11 月 29 日　李煜堂来函,称正查黎勇锡存款事。

是年 10 月,黎勇锡于上海病逝。为处理身后事宜,本月致函李煜堂询黎存款事。本日,李煜堂复函,告"所云黎仲实兄生前有款,存储敝粤行,当即将原函寄至广州代查,俟得复后再将详情布达"。(《李煜堂上总理函》,环龙路档案第 02999 号)

11 月 30 日　复函周震鳞,告周则范案不能与蔡济民案并论。

周震鳞来函,报告周则范为廖湘芸所杀,请示处置意见。本日复函告:"近据湘西各同志函电,皆谓周附合桂系,意图牺牲国会,分赃乞和,且将不利于湘西,故其部下杀之有辞。至廖湘芸个人,本为革命党中之勇敢善战者,含辛茹苦,其志无他,可共信也。"又指出周之死似不能与蔡济民案相提并论,望其就近调查,与覃振维持一切,"俾湘芸得成劲旅,树吾党之声援,未始非一举而两全之计"。(《复周震鳞函》,《孙中山全集》第 5 卷,第 170 页)

12月

12月1日　马伯援来访。

马伯援前自日本返国，是日下午2时前来拜访，汇报情况。席间马伯援将日本军缩运动及民主思潮逐一报告，听取后表示："如是方好，恐怕他们的国民不能有如此觉悟。但吾人对日本无多大希望，只求其不行劫可也。"话题又转移及冯玉祥。马表示："听说冯玉祥的军队颇好，余愿以宗教关系往说。"答谓："我也听说他的军队很好，又听说他不肯革命，究竟如何？不得而知。你能去看看，那是最好的一件事。"（马伯援：《我所知道的国民军与国民党合作史》，第9页）

12月2日　批李绮庵函，嘱与李海云接洽。

日前李绮庵致函冯自由，请其代为请款。接函后批答："冯自由已往美，着他与李海云接洽，并致意李海云。"（《批李绮庵函》，《孙中山全集》第5卷，第171页）

12月3日　刘英来函，报告国会制宪及改组军政府迟滞内情。

上月18日刘英离沪赴粤，22日抵粤，本日来函报告南方政情。函谓："晤吾党同人之有脑筋者，率本先生之主义以立言，日间似渐有一致之趋向。而两院多数同人，对于速成制宪一层，已有疑惑某会及上海议和总代表主持之意。故近日普通论调以为，宪法一成，军府和会即将其牺牲之，以为一种交换。此迟滞不进行之最大原因也。至改组问题，刻间似死似活，亦自有种种作用。"又谈及汪精卫办西南大学事，谓："精卫此次来粤，某会欲罗致之，以筹办西南大学，今且见诸明令，同人多有谓其不然者。究不知精卫何以处之。"（《刘英上总理函》，环龙路档案第01903号）

12月6日　陆福廷来函，报告与北军接洽。

9月末陆福廷来函，述闽省军情，当即由邵元冲代复，有所指示。

本日来函,报告与臧致平部接洽情况。函谓:"北军臧部有五连,欲向义投诚,刻下生为接洽,已大有眉目。其余他部,探询内容,无不怨李、骂李(因十余月不发军饷,皆入私囊之故),皆罕斗志。其浙军潘部,系守厦门地盘,作中立之态度。"又表示愿竭诚追随,力尽军职,"鼓吹民智,紧步后尘"。(《陆福廷报告在闽接洽北军投诚上总理函》,《革命文献》第48辑,第278—279页)

　　△　吴志馨来函,恳赐学说。

广东水雷局局长吴志馨长久未通音问,本日来函谓:"默察时局人心,决知先生之主张已在盘马弯弓,不久实现之候。盖现在一般人之心理,与先生主张之三民主义同趋向者似居多数,所有沉酣于崇拜武力万能之迷梦者,敢决其为少数人耳。"恳赐学说全篇一部。接函后批答:"慰问,并问温(树德)兄近状何似。"(《吴志馨上总理函》,环龙路档案第03133号)

12月7日　洪兆麟来函,恳时常训示。

洪兆麟来函,谓"忝领鸦军,当兹和局摇摇不定,惟有秣马砺兵,整旅待命,不敢稍涉松懈,有负厥职"。并请"训示频颁,庶几有所遵循,俾无陨越"。接函后批答:"前函已收。并慰问近好。"(《洪兆麟上总理函》,环龙路档案第13615号)

　　△　郭承惠等来函,索《孙文学说》。

北方学生郭承惠、张金恒、王玉珍、杨锡祥等前在姜般若处读《孙文学说》,"爱不释手"。本日来函谓:"愿得几本,置诸案首,终日苦读,增长学力,为将来服务社会之标准。"恳请赐寄。(《郭承惠等上总理函》,环龙路档案第01201号)

12月8日　唐宝锷来函,赞同恢复国会自由行使职权主张。

唐宝锷前在沪奔走和议,粤省省长风潮发生后,与吴铁城代表粤籍华侨回粤周旋。本日自广东来函,告"现在国会情形,人数虽可制宪,意见甚难调和,护法面具一日不去,大局一日不决"。又谓:"昨见报载先生与徐树铮往来解决电文,以国会自由行使职权为唯一条件,以护法为始终,使一般假护法二字扩张权利地盘者,无所凭藉,阴谋束手,人心大快。此事下走与北方知人通信,曾再四为之劝说,总以安福面子窒碍为词,苟能妥定解决手续,则南北统一只旦夕间事耳。"接函后批答:"无论何人,果有悔过,文无所不容也。对于徐,甚以此望之。"(《唐宝锷赞同与徐树铮往来上总理函》,《革命文献》第48辑,第297页)

12月10日 李维汉来函,请求救济。(《李维汉上总理函》,环龙路档案第04002号)11、13日又送来两函,重申前请。(《李维汉上总理函》,环龙路档案第04003号;《李维汉上总理函》,环龙路档案第01382号)

12月11日 唐继尧来函,对致祭其父表示感谢。

唐继尧之父日前亡逝,遣孙少元、严余春远往代祭,并致联幛。本日唐继尧专函致谢。(《唐继尧上总理函》,环龙路档案第04167号)

12月17日 林祖涵来函,告局部谋和愈炽。

是日,林祖涵自香港来函,报告粤政近情。函谓:国会制宪,表面虽在进行,内中阻碍实多,因政学系议员志不在此。而"军政府为二三宵小所把持",每况愈下,"动假名义,辄支不正当之巨款";对于正常支出,反一文不予。又谓:岑春煊自桂返粤后,"谋和之声,益炽闻局部,武人权利分配,已由武鸣一手派定(如悦卿长海军,协和督闽,竞存长闽,印泉督陕,其他种种),北靳亦有同意之说。观其所谓条件,无非敷衍有功,为调虎离山之计,以遂其同意两粤夙愿"。来函并谈及程潜,谓抵港时曾有晤面,"谈及往事,不胜感慨。彼实一能自觉振奋之人,而又确系虔奉先生之主义者,曩以隔膜,遂多疏忽,今当国难,益警同仇,望先生更有以掖进之"。接函后批答:"函悉,彼辈果借和议以分赃,吾党当竭诛之就是。颂云果有悔改之心,予亦何所不容,总望奋勉为国立功可也。"(《林祖涵上总理函》,环龙路档案第02028号)

12月18日 魏勘来函,恳赞成清室优待条件请愿书。

魏勘等鉴年来《清室优待条件》条文解释"颇有误会,流弊所及,遗患无穷"，于上月发起国会请愿运动，呈递请愿书。本日来函，略述运动原委，附寄请愿书。函谓：民国以来，清室违反优待条例者屡见。今"北方形势日非，且人之生命未可预期，宣统一旦身故，继承问题即生。以此时国人见解，定然承认继承者矣"。优待条件非从速解释不可。恳予赞襄国会请愿。接函后批答："民国国是多未解决，固无暇计此，当俟他日根本大计解决，然后议此未迟也。"（《魏勗上总理函》，环龙路档案第 13737 号）

12 月 19 日　胡廷翼来函，请饬黎天才解案讯办唐克明。

高辛吾受命来沪，是日胡廷翼来函，托其奉达。函谓："唐克明多行不义，结怨军民，益以蔡案嫌疑关系至大，廷翼为鄂军计，为大局计，乃命各师旅长同伸大义，厥有前日之改革。""顷已公举柏公兼任军长，人心大定，堪释廑注。惟是唐氏既有蔡案嫌疑，自应依法裁判，方足以服人心而泄公愤。"现唐尚安居夔州，恳电饬黎天才解案讯办，以伸法纪。接函后批示意："作答，励之。"（《胡廷翼上总理函》，环龙路档案第 13040 号）

△　武汉国民大会来电，请一致协争闽案。

上月 16 日，福建学生因提倡国货，抵制日货，与侨闽日人发生冲突。驻闽日本领事一面向中国严重交涉，一面电请日政府派舰前来。闽案发生后，国人群情激奋。本日，武汉各界召开国民大会，议决六项条件，包括撤换驻闽日领、日政府向我谢罪等。随即并通电全国，"恳一致协争，以重国权，而伸民意"。接电后批示："无答。"（《武汉国民大会上总理函》，环龙路档案第 12945 号）

12 月 20 日　在上海南洋商业学校作《地方自治》演讲。

是日下午 2 时，应上海民治学会邀请，为南洋商业学校自治讲习所毕业学员作《地方自治》演讲。演讲中指出：中国几千年的专制政治，所做的事"第一桩是向人民要钱。第二桩是防备人民造反。除此两桩以外，别的事，样样都不管了。他们不管，人民还是能够自己生活，这就是他能够自治的缘故。但是，要把我们中国旧社会的自治拿来和西洋文明国比较，那的确是比不上。我们中国人的自治，是敷衍的，是没有研究的。因此，社会也就不能进步"。进入民国后，人民成为国家的主人，"国内的事情，要人民去管理；国内的幸福，也是人民来享受。然而现在民国的人民，却不享得丝毫幸福。这是什么道理呢？没有别的，就是人民没有尽管理国家的责任。人民不来管理国家，把国家交给一班亡国大夫管理，这就是根本错误。要想矫正这种错误，没有别的法子，就须人民研究自治，实行自治，研究实行民治的自治"。而实行自治，关键须从一个地方做起，第一先调查户口。户口调查完备，然后才可以从事诸如改良交通（如铺马路、桥梁、修开河道等）、推广教育，振兴实业（农、工、商各业）等建设。演讲最后，又推荐听众参考《民权初步》《孙文学说》等著述。（晋卿：《孙中山先生在民治学会的演说》，上海《民国日报》1919年12月23日，"代论"）

△　偕蒋介石往上海精武体育会，参观武术表演。（毛思诚编纂：《民国十五年以前之蒋介石先生》第2册，第88页）

△　李根源来函，恳示方略。

李根源前来函请示，复函以表期许，接函后复来函致意。函谓："北江瘠苦，实冠粤中，朝夕拮据，差足应付。所幸部属用命，四民安堵，足纾廑念耳。时局益复混沌，继此以往，愈难测其究竟。"恳"时示方略，俾有遵循"。（《李根源上总理函》，环龙路档案第03066号）

12月22日　许卓然来函，恳电陈炯明、许崇智，勿为宋渊源所动。

是月中下旬，闽省南军内讧再起。本日许卓然来函，报告冲突情形。函谓：宋渊源罔顾大局，纵容部曲奸淫掳掠，不听规劝，反倒戈相向。幸张贞部军备不荒，得以自保。宋复运动杜起云发难，杨持平部未及防备，损伤颇重，现被迫退出仙游。"第闻宋现又派员往永安、漳州两处，思耸动陈总司令及许军长，欲藉其力，以图扑灭。"恳"迅电陈总令、许军长（或请许军长转电制止），勿为宋子靖等所动，使闽局内讧自兹以息"。（《许卓然上总理函》，环龙路档案第13509号）

△　余煇照来函,恳向陈炯明函介。

函谓:先生以时局混沌,闭户著书,惟吾辈以护法始,宜以护法终。和议有关法律问题,尚祈"主持公道,鼎力一争"。又谓:现拟赴陈炯明处投效,特恳"赐一荐函","易于入门"。(《余煇照上总理函》,环龙路档案第 01637 号)

12 月 23 日　复函凌钺,告徐树铮果能悔改,当无所不容。

凌钺前阅沪港各报,载与徐树铮有关外蒙古来往函电,"实难缄默"。是月 9 日来函,谓:"徐逆犯卖国大罪,久为天地所不容,先生居造国首功,正为海宇所同钦,人格比较,相差天渊。今日与之通讯,钺即认为失当。先生大度包容,以为彼能悔罪,当然予以自新,要知徐逆人面兽心,举北京之老妓官僚,尚难逃其术中。巧电蒙古情形,以钺察其用意,系施狐媚技俩,破坏吾党威信,掩盖彼等罪恶,藉此夸耀国人,曰汝等诬我卖国,试看民党领袖孙中山先生犹比我为陈汤、班超、傅介子之流,汝等尚有反对之余地耶? 果尔汝等非爱国也,直乱党耳。执此心语,质诸徐逆,亦当不寒而栗。故钺断断言曰:徐致先生巧电者,为诱先生复电也,先生之宥电一到,徐逆之贼胆愈大。在先生认为可与为善,在徐逆恃为卖国奖证。"建议自此而后,"勿为群小所煽惑,直接通讯于敌人"。"凡遇贼徒来电,均宜置之不理,并请揭载报端,后加按语。如是对待,则奸计无由得逞,而吾党之铁壁铜墙,不能乘隙而入。"(《凌钺请勿与徐树铮通讯上总理函》,《革命文献》第 48辑,第 296—297 页)

接函后批答:"徐收回蒙古,功实过于傅介子、陈汤,公论自不可没。近闻徐颇有觉悟,如真能悔过自新,文当无所不容也。"(《批凌钺函》,《孙中山全集》第 5 卷,第 177 页)本日复函指出:"奖其功而督其罪,责其前愆而启以自新之路,亦事理之当然耳。彼果能悔改,文当无所不容;彼如怙其恶而终不悛,则大义俱存,自无所谓曲宥之也。彼又何得而利用之乎? 同志有相问者,请均以此旨告之,俾得其真相。"(《复凌钺函》,《孙中山全集》第 5 卷,第 176 页)

△　批陈炯明函,告俟实业计划告竣,再从事其他。

是月5日,陈炯明自漳州来函,报告与李厚基交涉及从事地方建设情形。函谓:"闽李前有赞成先生主张之表示,炯恐其口头应酬,故特派君佩兄亲往接洽妥当,然后发电请示核夺。得稿后仍派君佩兄前往,讵彼遂变卦,以有国会一层难于复电。吾人所要求者只此一点,彼若赞成言和而不赞成主张,虽复电亦无用。""此人自食其言,殊不足谋。"又谓:实业计划各篇均经读过,规模远大。现正着手各属交通,并拟施行劳动教育,"使劳动界皆识字,思想自可变迁,然后进图社会主义之实现,亦非难事"。(《陈炯明报告李厚基变卦不足与谋上国父函》,《革命文献》第51辑,第243页)接函后批答:"关于种种建设事件,俟实业计划告竣,再从事其他。"(《批陈炯明函》,《孙中山全集》第5卷,第176页)

△　邓铿等来函,望促朱执信赴漳赞助。

是日,邓铿、洪兆麟、黄大伟联名来函,谓:"此次粤军援闽,纯以先生护法救国之主张为标准。""铿等再三筹画,以为吾党异日不欲问国事则已,如再问国事,吾党当有深远计划。凡属先生之左右人物,切当来此相助为理,务使粤军现有势力完全集存,将来作事自有基础。"并谓:"执信兄为吾党之健者,竞公有许多要事非藉执信兄之力始能解决,望催执信兄复来漳州赞助为要。"(吕芳上:《朱执信与中国革命》,第302—303页)

12月24日　方云藻来函,指责杨庶堪或变进步党首领。

函谓:国势阽危,同志应团结一致,实行三民主义、五权宪法,而救国之危亡。然杨庶堪总摄四川民政以来,"徒以周旋官僚,提携敌党,而待中华革命党同人如仇敌,访之不会,荐之不用"。"观行政各机关,除省长、厅长两位置外,纯是进步党中之狐群狗辈而任事焉。或人云蜀中行政权,已移于进步党之掌握,而杨氏亦将变为进步党之首领。"长期以往,恐"同志灰心厌世,国家前途悲观",恳"设法鼓励同志,以迅党务发展,而救国势危亡"。(《方云藻上总理函》,环龙路档案第

00395 号）

12 月 25 日　本月 21 日，蒋介石迁居法租界贝勒路第三六九号。本日来访，"嗣是不时过从"。（毛思诚编纂：《民国十五年以前之蒋介石先生》，第 84—85 页）

△　复函黄复生，勉为国尽责，并关照黎勇锡家属。

日前黄复生函介刘松云赴沪来见，本日复函指出：谢持在沪时，从他处获悉"川中颇有暗潮"，近想已获解决。"时局尚未见何等光明，吾人惟努力于所当尽之责任，锲而不舍，后必有功，可预期也。"并告黎勇锡已于前月 25 日病逝沪上，"死后遗有孤儿、寡妇，而党人大抵皆在窘境，无力为助。兄与仲实为道义之交，曾共患难"，请为其身后有所设法。（《复黄复生函》，《孙中山全集》第 5 卷，第 177 页）

翌年 1 月 18 日，黄复生复函，痛悼黎勇锡之逝，并述川中近情。函谓：患难之交，溘然长逝，"同心七人，又弱一个"。"至川中暗潮，大抵因位高权重者私见太重，甚有以致之，一时恐难解决。大局既未见何等光明。承训努力于所当尽之责任，锲而不舍，后必有功可期，诚为至论。谨当铭之座右，服膺不忘。"（环龙路档案第 00392 号）

△　陈炯明发文推崇孙中山革命论。

《建设》杂志发表康白情、戴季陶两篇讨论革命问题的文章，本日陈炯明在《闽星》发表《评康戴两君论革命书》一文，对孙中山的革命论极为推崇。文章略谓："'一、革命党的能事就在革命；二、革命党只能革命；三、革命党革命以外无能事；四、革命为革命党毕生唯一事业。'这四句话，康君说是孙中山先生所讲的。""照这些话的精神看来，似非'身体力行''深造有得'的革命者，决不能道及只字。我就可相信是中山先生所讲的，然而这些话很真实无妄，很明白易解，决没有可疑的地方，也没有语病的处所。"（段云章、沈晓敏编著：《孙文与陈炯明史事编年》，第 252—253 页）

12 月 26 日　偕夫人宋庆龄出席欢迎美国资本团代表施栋一行茶会话。

是日下午五时,商学交谊会余日章、聂云台、穆藕初等于一品香举行茶话会,欢迎美国资本团代表施栋一行。与会者有美国领事可隐含、美国国务院秘书骆吟德、孙中山及夫人等。(《国民外交盛会纪事》,《申报》1919 年 12 月 27 日,"本埠新闻")

12 月 27 日　批林修梅函,告一致讨桂。

林修梅因读报载与《大陆报》记者谈话及致徐树铮电,颇有所感,是月 13 日来电,报告湘西军情及时局看法。函谓:"现在和议绝望,北廷仍与唐、陆秘密通款,冀达局部谋和之目的。然修梅以为仍系一种延宕手段,恐对于唐、陆所商之条件,亦无履行诚意也。""明年春间,唐、陆如有觉悟,大局当有变化。"又谓:"湘军护法份子已非昔比,湘芸西起,亦是一线生机。"所部数千人,"久已遵谕仿行屯田办法,令士兵自种蔬菜,应发冬衣均酌量给资修理,聊以御寒。所幸士兵皆深明大义,官长亦甘苦与共,故能维系至今"。(《林修梅上总理函》,环龙路档案第 04492 号)接函后批答:"作复,并切实告以当赶紧预备,与湘西一致动作,先扫广西游勇,然后乃可另议其他。昔孔明未出中原,先擒孟获,今非先除游勇,必无从建造民国也。"(《批林修梅函》,《孙中山全集》第 5 卷,第 178 页)

△　葛庞来函,忧虑时局。

葛庞前曾来函,未能收到。本日来函,感喟时局,忧心忡忡。函谓:护法战争,绵延数年,"欲求根本解决,北廷则一再把持。欲即整戈直指,则西南诸将未必一致赞同。或徘徊观望,权利印于脑筋;或希图分裂,法律视等弁髦。徒使兵连祸结,生民涂炭。内讧未已,外患方来,时局岌岌不可终日"。接函后批答:"此函悉,前函未收。今日救国急务,宜先平桂贼,统一西南,乃可有为。请将此意传布湘中同志、将士知之。"(《葛庞陈述国是上总理函》,《革命文献》第 48 辑,第 262 页)

12 月 28 日　冯国璋于北京病故。(《中华民国史事纪要(初稿)——中华民国八年(一九一九)七至十二月份》,第 584—585 页)

12月29日 陈炳焜来函,称未尝醉心权利。

夏天民前由沪回渝,托其向陈炳焜转陈意见。本日陈炳焜来函,附寄10月在潼川所发布告一纸,以见其"固未尝醉心个人权利"。来函并表示:"今虽播越蓉城,而为国为民雄心未已,公诚不我遐弃,进而教之,当必有以展布我国民天职。"接函后批示:"作答,励之。"(《陈炳焜上总理函》,环龙路档案第00666号)

△ 马希元来函,报告学说传布情况。

马希元前在沪上,数度来见,本日自兰州来函告:"大著学说,夏间邮寄此间,一时热心人士,遍为传观,趋之若鹜。咸钦先生之热忱爱国,书如其人。惟边省官权特重,书业不广,骤欲发刊,坊间似有积重难返之势。必因势利导,或可办到,须持之以渐耳。"并请学说后卷如已出版,"务望颁寄数册,以资珍诵,而备周观"。接函后批答:"函悉。书尚未出版。有便请将甘省人心时事,常常详报为荷。"("中华民国"各界纪念国父百年诞辰筹备委员会学术论著编纂委员会主编、中国国民党中央党史史料编纂委员会编:《国父墨迹》,第388页)

△ 杨岳来函,索《孙文学说》等。

杨岳,贵州人,护国战争后由粤来沪。1918年元旦,曾与安健来谒。本日来函谓:因生活所厄,无力购买,恳赐《孙文学说》及《建设》月刊各期。(《杨岳上总理函》,环龙路档案第01202号)

12月30日 致函邓泽如,嘱中国国民党改组通告速寄各要地支部。函谓:"兹付国民党改组通告多通,请兄转寄各要地之支部,请速举行,从归统一为荷。如通告不足,请多印分寄可也。"(《致邓泽如函》,《孙中山全集》第5卷,第179页)

△ 签发委任状,任命多名仰光中国国民党支部职员。其中任黄德源、陈东平为正、副部长,许寿民为调查科正主任,朱伟民为交际科干事,梁卓贵为财政科干事,黄壬戌为总务科干事,朱锦乔、邝民志、陈甘敏、陈辉石为评议部评议员。(《给黄德源委任状》等,《孙中山全集》第5卷,第179—182页)

△ 杨熙绩来函,称倒谭即伐陆先声。

杨熙绩前迭次来电,报告湘西军情。本日来函谓:近居辰州一周,"以先生最近之主张,与田、张诸公商榷,均极服从。林、萧两兄原属党人,更无不竭忠从事。惟周逆初戮,反侧子尚多,而洪江问题尤为湘贼谭延闿所操纵"。因谭"节节进逼,非破坏湘西军民两政之统一不止。是以辰州当局于吾党之计划,此时暂难实行"。至廖湘芸方面,"局势日益发展,地方秩序,安谧如恒,其措置裕如,洵为吾党健者。至服从先生之命令,尤出真诚"。来函进而指出:"谭延闿不除,吾党之目的难达。现湘西当局曾发一通电,对谭有严重之表示。""以后如何实行统一军政民政之处,正在合力奋斗中。总而言之,倒谭即伐陆之先声,吾湘西绝不与吾党主义相悖。"接函后批答:"来函收悉。近日湘芸败,田、张等何以不助力?"(《杨熙绩上总理函》,环龙路档案第04356号)

△ 邱子厚来函,求赐祝辞。

老同盟会会员邱子厚近在大连创办《关东商报》,鼓吹商业,定于明年初发刊。本日来函谓:"素知先生关怀实业,热心提倡,对于敝报谅表同情。"恳"宠锡祝辞,藉光编幅"。(《邱子厚上总理函》,环龙路档案第12492号)

12月31日 报载孙中山因署名问题诘问军政府。

报道称,前军政府司法次长谢持,现代表孙中山向军政府诘问,谓:"孙文业经辞总裁之职,军政府之公电公文中何以常有孙文之署名,请明语责任之所归。"(《孙中山诘问军政府》,北京《晨报》1919年12月31日,"杂电汇录")

是月中下旬 复函吴醒汉,嘱与熊秉坤切商办理蔡案。

唐克明为蔡济民案元凶,湖北靖国军第一师师长吴醒汉早有惩治之心,与其屡起冲突。上月下旬,唐为吴扣押,旋又释放。是月12日,因高辛吾受命来沪,托赍函报告情况。函谓:"刻下柏公业已入施,醒汉即日交卸代职回防,所有一切善后事宜,概由柏公负责。惟唐克明尚安居夔州,多方鼓簧,希图淆惑观听,幸逃法网。而黎总司令前于寒电允依法办,嗣有敬电为唐氏洗刷,离奇怪诞,莫此为甚。除再电恳唐蓂公迅予电饬黎总司令,将唐克明严行看管解案讯办外,恳先生致电军府及唐蓂公,速组法廷审讯,以伸法纪。"接函后批答:"前派熊炳坤来述一切,望设法办理可也。军府、唐督处通电皆未便为,请谅之。"(《吴醒汉上总理函》,环龙路档案第 13049 号)随后复函指出:"鄂西此次改革,赖兄主持,致无溃决。""此后一切地方事宜,并关于军事进行之处,事业正多,责任綦重,未可抛卸。前派熊秉坤前来面述一切,望与切商办理可也。至来书所嘱通电军府及唐督处,文以现处地位,事诚有未便者。"(《复吴醒汉函》,《孙中山全集》第 5 卷,第 172—173 页)

11 月至 12 月　遣熊秉坤赴鄂西招唐克明来沪,并致函柏文蔚、黎天才。

是年底,鄂西内变不断,遣熊秉坤携函前往,协助各方处理。致唐克明函谓:"前接夔府来电,知兄退出施南","兹特派熊炳坤前来存问。倘得惠然来沪,面晤一切,尤所盼望。"(《致唐克明函》,《孙中山全集》第 5 卷,第 183—184 页)致柏文蔚函指出:"鄂西一隅,变端迭起,利川之骨未寒,恩施之争又起。幸厚斋兄力能应变,不至大伤元气,可为欣慰! 但是此后不求一共同奋斗之目的,非特鄂西多事,恐西南大局亦将因之瓦解。"(《致柏文蔚函》,《孙中山全集》第 5 卷,第 184 页)致黎天才函略告熊秉坤受派前来存问,即希接洽。(《致黎天才函》,《孙中山全集》第 5 卷,第 184—185 页)

是月　复电吴醒汉,嘱联络湘西一致讨桂。

吴醒汉数次来电,报告鄂西军情,并请筹助军饷。本月复电告:"唐克明在夔,尚能发电自由,相逼太甚,恐激变,缓图为上。财政一节,沧白名为省长,实亦甚困,即电知,恐不能代筹。文处沪,一介无所取与,更不能设法。请兄仍从地方财政着手整理。"并指出,"方今绿林肆毒于西南,不去绿林,西南必溃"。嘱与湘西联络一致,力谋讨桂。(《复吴醒汉电》,《孙中山全集》第 5 卷,第 183 页)

△ 为南洋路矿学校题词:"造路救国"。(《为南洋路矿学校题词》,陈旭麓、郝盛潮主编,王耿雄等编:《孙中山集外集》,第 631－632 页)

△ 熊克武来函,恭贺春禧。(《熊克武上总理函》,环龙路档案第00647 号)

是年底 柳大训等来函,请汇寄巨款。

是年 3 月,黄泽寰来沪请示意见,"勖以放胆做去,准予维持"。返湘后,黄与柳大训、黄治等联络。是年底,三人联名来函,称"目下颇有基础,士气亦义愤坚实,无如政府经济困难,时机制限,碍难坦然赞助,一切经费,大都出诸义士私囊,虽能补助于一时,究难维系于无已"。恳"汇寄巨款,俾得有所凭藉"。接函后批答:"鼓励各尽所能,为国效力。到接济款项一节,先生现在无力办到。"(《黄泽寰等上总理函》,环龙路档案第 04664 号)

是年底次年初 马特维也夫—博德雷等来访,谈十月革命。

马特维也夫—博德雷是上海俄侨事务局负责人,该局是上海进步俄侨组织。马氏很早就闻听过孙中山的事迹,非常佩服。他与俄侨事务局同事鲍格柳莫夫一同来访,一则表示敬意,一则探询对苏俄国局势的看法。言谈间,向俄国客人展示了列宁发来的法文电报和参加过十月革命、与俄国布尔什维克并肩作战的一群中国赤卫队员们寄来的信。(李玉贞:《孙中山与共产国际》,第 54－55 页)

马特维也夫—博德雷后来详细记录了他抵达办公室、初见孙中山以及开始谈话后的观察与感受。他写道:"这里的摆设一点也不奢华,整个办公室显得非常朴素和严肃。一切都服从于主人的合理的需要。一张大写字台和上面摆着的东西,说明一个真正的学者应该具有怎样的思想方法。在几乎顶到天花板的玻璃书橱里摆着许多书。书背上的字使主人知道全部书籍的名字。""这个时候,一个中国人轻轻地从楼梯上走进了办公室。这是一个上了年纪的人,个子很高,宽肩膀,脑袋很大。他的头发剪得很短,穿着一件浅蓝色的几乎拖到地板上的长袍。""主人非常朴素,他的举动和一个普通的中国知识分子没有什么不同的地方。很快就形成了同志式的、确实有点严肃的谈话的气氛。但是,只要你注视着他的面容,听着他讲话,你就会觉得孙中山是一个伟大的人物,他具有不寻常的智慧。他的完全协调的动作,他的谈话,都说明他具有非常丰富的知识。"([苏]马特维也夫—博德雷:《两次会见孙中山》,尚明轩、王学庄、陈崧编:《孙中山生平事业追忆录》,第305—306页)

是年下半年　致函蒋梦麟,冀率领学生革命。

是年7月,因五四运动风潮,蔡元培辞北京大学校长职。受其委托,蒋梦麟代理北大校务。据蒋梦麟回忆,抵达北京不久,即收到孙中山来信,中有"率领三千弟子,助我革命"之语。(蒋梦麟:《追忆中山先生》,《西潮·新潮》,第313页)

是年　致函林修梅,嘱速合湘南将士准备讨桂。

与林修梅久未通候,本日致函指出:"今日护法,首在去彼假护法以实行破法之桂派。桂派不去,就令饮至燕京,终属拒虎进狼。""既与桂为敌,则凡与吾共敌者应引为友。尊处对于张督既有所接洽,宜一意奋击桂敌,早除国贼,前驱重任,舍兄莫属。"望其"速合湘南诸将士,克期准备,共图大业"。(《致林修梅函》,《孙中山全集》第5卷,第197页)

△　制止《救国日报》受威胁事。

本年,上海《救国日报》在报纸中缝刊登南洋兄弟烟草公司广告,后有读者来信指出,该公司老板简照南兄弟已加入日本国籍,刊登这一广告,与该报向来主张救国抵制日货的立场相抵触。报社经调查发现情况属实,随即将广告撤除,并在原处换上"痛恨"二字。简氏兄弟见报后大惊,一面托人在报社活动,愿以20万元仍换上广告,一面聘请某国民党籍律师出面,赴报社进行威胁。《救国日报》就此前来投诉。听闻原委后,首先肯定了《救国日报》"贫贱不能移,富贵不能淫,威武不能屈"的态度,并对烟草公司所聘律师进行批评,制止了威胁举动。(刘望龄:《黑血·金鼓:辛亥前后湖北报刊史事长编》,第477—478页)

△　多次致电慰问秦广礼。

护法议员秦广礼身染重症,患病期间,多次致电慰问。秦病故后,又特批恤金安排后事,并向家属表示慰问。(《辛亥革命时期的秦广礼》,《巴彦文史资料》第2辑,第50页)

△　罗家伦等来访,辩论救国问题。

五四运动发生后,罗家伦代表北京学生来沪,与另两位代表来见。据罗家伦忆称:此次会见,以初生牛犊不畏虎的精神与孙中山"剧烈辩论三个钟头","而他始终娓娓不倦,越辩越起劲,硬是要说服我们"!(李云汉:《罗志希先生的大学时代》,《罗家伦先生文存》第12册附录,第787-788页)

△　乌目山僧黄宗仰重修栖霞寺,捐万元相助。

栖霞寺为六朝胜地,久经战乱与破坏。是年,法意大和尚不忍其继续荒落,恳请乌目山僧黄宗仰主持重修。山僧到栖霞后,亲自四处奔波,化缘求助。闻讯后捐助银元一万元,助栖霞重修。在山僧的主持下,栖霞古寺渐复旧观。(罗刚编著:《中华民国国父实录》第5册,第3524页;胡汉林:《南京栖霞山下的一所特异学校》,《栖霞文史》第2辑,第107-108页)

△　为居正题词:"美语曰:民国者,民之国也。为民而设,由民而设,由民而治者也。觉生先生正。"(《为居正题词》,《孙中山全集》第5卷,第200页)

△　为孙周太夫人百龄高寿撰写祝词。

祝词谓:"三从四德兮巾帼之英,贫而无怨兮德性廉明,克勤克俭兮乡党赉声,笃信基督兮不慕虚荣,获福无量兮子孙昌盛,耶和华锡兮嘏寿百龄。"(《孙周太夫人期颐祝词》,陈旭麓、郝盛潮主编,王耿雄等编:《孙中山集外集》,第632-633页)

△　为赵家艺题词:"行之非艰,知之惟艰。"(《为赵家艺题词》,陈旭麓、郝盛潮主编,王耿雄等编:《孙中山集外集》,第632页)

△　杨子元来函,提倡中美联盟。

四川省蒲江县杨子元因山东问题致书日本天皇,主张中美联盟以制日。函谓:山东案为中美同盟之媒介,应乘机邀美换盟。中美若能结盟,一转瞬可雄飞世界。"第一步改造中国,升真共和之堂,公三民主义、五权宪法而实行之;第二步,即偕美从事于改造世界之大方略,世界万国皆将资我孵翼,区区三岛,拜我下风。"来函并请审阅后即发报登载,供世人研究。(《杨子元上总理函》,环龙路档案第03297.1号)